“十二五”国家重点图书出版规划项目
交通运输建设科技丛书·公路基础设施建设与养护
交通运输建设科技项目经费支持

公路卫星勘察原理与方法

陈楚江 等著
赵喜安 主审

人民交通出版社

内 容 提 要

本书主要介绍了卫星空间对地观测进行公路交通勘察的原理和应用，全书共分为12章，详细介绍了卫星遥感平台与系统、卫星图像传感器模型、卫星图像控制与调绘、卫星图像匹配与区域网平差、卫星地质遥感及分析、数字地面模型、数字正射影像图、数字线划地形图、公路工程地质遥感勘察、公路路线及景观设计虚拟仿真、公路卫星勘察技术模式等内容。

本书可供公路勘察设计人员学习使用，也可供相关专业的师生参考使用。

图书在版编目(CIP)数据

公路卫星勘察原理与方法/陈楚江等著. —北京：人民交通出版社，2013.6

（交通运输建设科技丛书·公路基础设施建设与养护）

ISBN 978-7-114-10473-2

Ⅰ.①公… Ⅱ.①陈… Ⅲ.①卫星遥感—应用—道路测量—研究 Ⅳ.①U412.2

中国版本图书馆CIP数据核字(2013)第055210号

"十二五"国家重点图书出版规划项目

交通运输建设科技丛书·公路基础设施建设与养护

书　　名： 公路卫星勘察原理与方法

著 作 者： 陈楚江　等

责任编辑： 曲　乐　李　喆

出版发行： 人民交通出版社

地　　址： (100011)北京市朝阳区安定门外外馆斜街3号

网　　址： http://www.ccpress.com.cn

销售电话： (010)59757973

总 经 销： 人民交通出版社发行部

经　　销： 各地新华书店

印　　刷： 北京天宇万达印刷有限公司

开　　本： 787×1092　1/16

印　　张： 24.5

字　　数： 564千

版　　次： 2013年6月　第1版

印　　次： 2013年6月　第1次印刷

书　　号： ISBN 978-7-114-10473-2

定　　价： 60.00元

（有印刷、装订质量问题的图书由本社负责调换）

交通运输建设科技丛书编审委员会

总　序

“十一五”以来，交通运输行业深入贯彻落实科学发展观，加快转变发展方式，大力推进交通运输事业又好又快发展。到 2010 年年底，全国公路通车总里程突破 400 万公里，从改革开放之初的世界第七位跃居第二位，其中高速公路通车里程达到 7.4 万公里，居世界第二位；公路货运量从世界第六位跃居第一位；内河通航里程、港口货物和集装箱吞吐量均居世界第一。交通运输事业的快速发展不仅在应对国际金融危机、保持经济平稳较快发展等方面发挥了重要作用，而且为改善民生、促进社会和谐作出了积极贡献。

长期以来，部党组始终把科技创新作为推进交通运输发展的重要动力，坚持科技工作面向交通运输发展主战场，加大科技投入，强化科技管理，推进产学研相结合，开展重大科技研发和创新能力建设，取得了显著成效。通过广大科技工作者的不懈努力，在多年冻土、沙漠等特殊地质地区公路建设技术，特大跨径桥梁建设技术，特长隧道建设技术和深水航道整治技术等方面取得重大突破和创新，获得了一系列具有国际领先水平的重大科技成果，显著提升了行业自主创新能力，有力支撑了重大工程建设，培养和造就了一批高素质的科技人才，为发展现代交通运输业奠定了坚实基础。同时，部积极探索科技成果推广的新途径，通过实施科技示范工程，开展材料节约与循环利用专项行动计划，发布科技成果推广目录等多种方式，推动了科技成果更多更快地向现实生产力转化，营造了交通运输发展主动依靠科技创新，科技创新更加贴近交通运输发展的良好氛围。

组织出版《交通运输建设科技丛书》，是深入实施科技强交战略，加大科技成果推广应用的又一重要举措。该丛书共分为公路基础设施建设与养护、水运基础设施建设与养护、安全与应急保障、运输服务和绿色交通等领域，将汇集交通运输建设科技项目研究形成的具有较高学术和应用价值的优秀专著。丛书的逐年出版和不断丰富，将有助于集中展示交通运输建设重大科技成果，传承科技创新文化，体现交通运输行业科技人员的智慧，促进高层次的技术交流、学术传播和专业人才培养，并逐渐成为科技成果转化的重要载体。

“十二五”期是加快转变发展方式、发展现代交通运输业的关键时期。深入实施科技强交战略，是一项关系全局的基础性、引领性工程。希望广大交通运输科技工作者进一步增强做好交通运输科技工作的责任感和紧迫感，团结一致，协力攻坚，努力开创交通运输科技工作新局面，为交通运输全面、协调和可持续发展作出新的更大贡献！

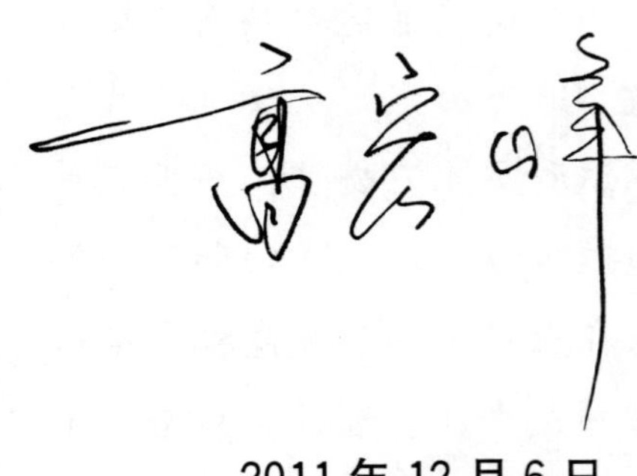

2011 年 12 月 6 日

前　　言

卫星勘察具有不受疆域限制、可重复跟踪对地观测、快速精确地获取全球任何地区多维地表信息的优势，是当今世界各国竞相研究与开发应用的重大先进空间信息技术。

交通运输是国民经济社会发展的重要基础设施和重点战略支柱产业。我国公路建设事业在近 30 年间取得了辉煌的成就。截至 2012 年年底，全国高速公路通车总里程达 9.62 万 km、稳居世界第二位。随着“五纵七横”国家主干道计划、“7918”国家高速公路网的实施，公路交通对国民经济的适应能力和服务水平不断提高，在综合运输体系中的地位日益增强。

30 年来，为进一步满足我国交通建设科学发展的需要，突破和解决特殊、复杂环境下交通基础设施空间信息获取与处理面临的重大技术问题，交通行业一直高度重视并研究应用先进的空间对地观测技术及其与交通建设的集成。1999 年 1m 分辨率商业卫星的成功发射，使从太空获取工程所需精确地形资料成为可能。中交第二公路勘察设计研究院有限公司紧紧跟踪这一世界先进的对地观测技术，于 21 世纪初率先开展了 1m 分辨率 IKONOS 卫星图像定位的研究，将其应用于我国唯一不通公路的西藏墨脱县公路的建设中。2002 年、2008 年先后主持了原交通部西部交通建设科技项目“IKONOS 卫星图像在西藏墨脱公路勘察设计中的应用研究”和“高分辨率卫星数字化勘察设计在困难复杂地区的研究与应用示范”。近 10 年已累计应用公路里程超过 2 000km，为我国公路交通发展面临的诸多关键技术问题提供了综合系统的解决方案。

本书针对公路交通建设，特别是中西部困难复杂地区、海外地区，大比例尺地形、地质信息获取难题，围绕数字化、智能化道路勘察设计，系统阐述了卫星图像空间转换、卫星图像地质灾害遥感量化分析、卫星图像勘察协同公路 CAD 设计、公路景观虚拟仿真等理论与方法。全书共有 12 章，由陈楚江组织撰写。第 1 章、第 4 章、第 7 章、第 12 章由陈楚江撰写；第 2 章、第 6 章、第 10 章由余绍淮撰写；第 3 章、第 5 章由明洋撰写；第 8 章、第 9 章由张霄撰写；第 11 章由王丽园撰写。全书由陈楚江统稿和定稿，赵喜安教授级高级工程师主审。

在本书即将付梓之际，首先要感谢交通运输部对高层次科技人才培养项目的大力资助，感谢中交第二公路勘察设计研究院有限公司为本书的完成提供资金支持和人力保障，由衷地感谢公司同仁为本书的工程应用案例提供大量的验证和对比分析数据，对本书的撰写提供了有益帮助。

限于成书时间仓促和作者水平所限，书中难免存在疏漏和不足之处，恳请读者不吝赐教！

编　者

2013 年 4 月

目　　录

第1章 绪 论

1.1 引 言

改革开放以来，特别是自 1988 年 10 月 31 日我国大陆第一条高速公路——全长 18.5km 的沪嘉高速公路建成通车以来，我国公路交通建设取得了令世人瞩目的巨大成就，实现了历史性飞跃。2007 年，总里程约 3.5 万 km 的“五纵七横”国道主干线全部建成，全国高速公路总里程达到 5.39 万 km。截至 2012 年年底，全国公路总里程达到 423.75 万 km，其中高速公路总里程达到 9.62 万 km，位居世界第二位。预计我国将在 2015 年基本建成由 7 条首都放射线、9 条南北纵向线、18 条东西横向线组成的国家高速公路网。公路交通对国民经济的适应能力和服务水平不断提高，在综合运输中的地位日益加强。

回首我国公路交通建设快速发展的 30 年，也是遥感技术，特别是卫星遥感技术快速发展与产业化应用的 30 年。从 1972 年 7 月第一颗地球资源技术卫星 Landsat-1 发射升空，1993 年年底全球定位系统(GPS)组网成功，到 1999 年 9 月第一颗 1m 高分辨率商业遥感卫星成功发射，遥感平台从航空飞机上升到航天卫星，传感器从摄影方式发展到扫描方式，商业卫星图像空间分辨率从 79m 提高到 0.5m，光谱范围从可见光逐步扩展到近红外、中红外等不可见光波段，遥感技术已发展成为现代空间高新技术的重要组成部分和空间信息科学的基础，成为国民经济发展、国家安全建设中具有核心竞争力的关键技术并发挥着重要作用。

30 年来，为满足我国公路交通建设快速发展的需求，提高交通规划、勘测设计的效率和质量，突破和解决在特殊、复杂环境下准确、经济、快速获取地形信息、地质信息及重点工程基础设施变形监测信息等方面面临的重大需求问题，国内公路勘察设计行业始终高度重视遥感技术在公路勘察设计中的研究与应用。从“六五”开始，在公路勘察设计行业开展了一系列国家级、部级重大科技攻关项目的研究与应用，为我国公路交通发展面临的诸多关键技术难题提供了综合、系统的技术解决方案。

公路勘察设计行业在遥感技术方面实施的部分科技项目详见表 1-1。

公路勘察设计行业在遥感技术方面实施的部分科技项目 表 1-1

序号	项目计划	项目名称	项 目 成 果 简 介	实施年限
1	原交通部科技攻关课题	“航测电算技术在公路勘测设计中应用的研究”	首次将航测技术引入公路勘察设计行业，形成了航测方法与计算机相结合的公路勘测设计综合应用技术，迅速、客观地获取了公路勘测设计所需要的各种地物、地貌等信息资料，成功实现公路路线方案设计和计算的计算机应用。该成果获国家科技进步三等奖	“六五”

续上表

序号	项目计划	项目名称	项目成果简介	实施年限
2	原交通部科技攻关课题	航测遥感技术在公路测设中的实用技术	首次在国内成功研制出满足路线设计技术要求的低空摄影系统，并完成数字地面模型系统的研制和公路工程地质遥感判释，为合理选择公路路线提供了配套技术保障，大大减少外业工作量并提高工效2～3倍。该成果获交通部科技进步二等奖	"七五"
3	原交通部科技攻关课题	35mm航空遥感应用于公路勘察设计的研究	项目研究了一种快速、灵活、成本低廉、易于普及的公路航空遥感实用技术，便于在短路线、重点工程以及西南等航摄天日少的地区应用航测技术，满足公路勘察设计需要	"八五"
4	国家重点科技攻关项目	GPS、航测遥感、CAD集成技术开发	项目研究了公路规划、勘察至设计全过程的多个关键技术，并结合公路勘察设计的特点，将勘察设计中的各单项技术融为一体，形成一整套集成技术，实现了从公路规划、勘察、设计、环境评估到质量评价的集成化和现代化。该成果荣获国家科技进步二等奖	1996～2000年
5	原交通部西部交通建设科技项目	GPS、航测遥感、CAD集成技术主要研究成果的推广应用	项目主要开展"GPS、航测遥感、CAD集成技术"的推广应用。集成技术主要研究成果已在西部地区12个省(直辖市、自治区)的13个省级公路(交通)设计院(所)得到推广应用，共建立典型工程40余个近4 000km，节约工程造价约24亿元，对西部地区的公路工程建设起到了良好的示范作用	2001～2002年
6	原交通部西部交通建设科技项目	IKONOS卫星图像在西藏墨脱公路勘察设计中的应用研究	首次大规模研究应用1m分辨率IKONOS卫星图像，获取满足工程精度需要的1∶2 000大比例尺地形图，并开展多源、多尺度、多时相地质遥感勘察技术研究，为我国当时唯一不通公路的西藏墨脱县的公路建设做出了突出的贡献。该成果荣获省级优秀项目奖、中国施工企业管理协会科技一等奖	2002～2004年
7	原交通部西部交通建设科技项目	基于网络的GPS单点精密定位及一机多天线技术在西部公路建设中的应用研究	针对西部公路勘察、施工和安全监测方面存在的问题，项目研究并提出了一系列在公路建设中行之有效的技术、理论与成套系统方法，对我国高等级公路建设，特别是西部山区复杂地形条件下的公路勘测设计、施工和安全监测等具有重要应用价值	2005～2008年
8	原交通部西部交通建设科技项目	GPS长距离高精度高程传递关键技术研究	项目研究了GPS高精度定位算法、高精度似大地水准面精化、高精度高程转换以及GPS高程传递等关键技术，提出了适合道路工程建设的带状GPS水准高程传递技术算法，提高了高程传递精度，对高程起伏大的地区的长大桥隧及公路的建设具有参考价值	2006～2008年
9	交通运输部西部交通建设科技项目	高分辨率卫星数字化勘察设计在困难复杂地区的研究与应用示范	针对当今中西部公路建设面临的技术难题，项目研究了用0.5m高分辨率卫星图像进行数字化公路勘察设计的关键问题，提出了基于高分辨率卫星图像测量的公路勘察设计新模式，其研究成果已广泛应用于中西部地区及海外地区公路交通建设，经济效益、社会效益显著	2008～2010年

经过数十年的技术研发与经验积累，公路勘察设计形成了以 GPS 技术、遥感(RS)技术、地理信息系统(GIS)技术为基础，以高分辨率卫星对地观测、地球重力场模型、空间分析等现代空间信息技术为核心的全新技术体系。新的公路勘察设计技术体系完全改变了传统的公路勘察设计技术方法与理念，是对传统的公路勘察设计方法的一次革命性的突破。新的公路勘察设计技术体系具有以下主要技术特点：

(1)在无地面控制的情况下，采用高分辨率卫星图像可进行1∶10 000比例尺地形测量；在少量地面控制的情况下，可进行1∶2 000大比例尺的三维地形资料获取，非常适合在有争议的地区、地面作业极度困难的地区、人为设定的禁区等区域使用。

(2)充分利用高分辨率卫星图像覆盖范围广、获取地学信息资料丰富的特点，进行路线方案的比选与优化设计。

(3)在整个道路勘察设计过程中，一次采集卫星数据，多个阶段使用，卫星测量贯穿于可行性研究、初测、初步设计等各个阶段。

(4)困难复杂地区，采用高分辨率卫星地质遥感勘察技术，不用或少用地面工作，快速、准确、大范围地获取公路勘察设计所需的大比例尺地质资料，深度达到初步勘察要求。

(5)高分辨率卫星数字化勘察成果与公路 CAD 密切集成与协同，提升困难复杂地区公路勘察设计的自动化、一体化水平。

(6)困难复杂地区，采用 GPS 技术，结合高分辨率卫星图像和公路 CAD 设计成果，实现道路工程的实时、动态放样，减少常规的测设环节，提高测设质量与效率。

(7)勘察设计成果能够快速、高效地建立三维模型，融合地面模型，并与现实地表图像及交通环境景观设计集成，实现交通工程的动态仿真，形成交通建设、管理、养护的可视化信息平台。

公路卫星勘察技术利用各种卫星对地观测数据进行公路的规划、勘察与设计，为快速获取高精度地形、地质、环境信息资料，实现现代空间信息与公路交通勘察协同设计，特别是为困难复杂地区及海外地区的公路交通勘察设计提供了一种全新的技术手段。

1.2 公路卫星勘察的应用现状

1.2.1 卫星图像测量

随着空间技术、信息技术和传感器技术的飞速发展，卫星遥感图像在空间分辨率和时间分辨率方面均有了革命性的提升。

1986 年 2 月 22 日，SPOT-1 卫星的成功发射，标志着卫星遥感发展到卫星测图的新阶段。SPOT-1 卫星上载有两台完全相同的高分辨率可见光传感器(HRV)，可获得较高的重复覆盖率和立体像对，可进行立体测图。在此之后，SPOT 系列卫星、IRS-P5 等立体测图卫星的出现，为中小比例尺大面积区域测图提供了新的技术手段。在我国“十一五”基础测绘重点项目——西部测图工程中，以 SPOT-5 HRS/HRG 图像作为我国西部 1∶50 000 地形图空白区测图工程的主要数据源，对四川省、云南省、西藏自治区、甘肃省、青海省、新疆维吾尔自治区 6 省区的资料空白区进行了大范围、大规模的地形图测绘。

1999 年，首颗 1m 空间分辨率的 IKONOS 卫星发射升空。此后，空间分辨率小于 1m 的高分辨率卫星不断涌现，如美国 QuickBird(0.61m)、WorldView-I/II(0.5m)、Geoeye(0.5m)等，标志着高分辨率卫星摄影测量时代已经全面到来。

高分辨率卫星图像测量为大比例尺地形图测绘提供了一种新的技术途径。高分辨率卫星具有分辨率高、无疆界、覆盖范围大、重复监测等优点，利用高分辨率卫星图像立体像对可以进行 4D(DEM，Digital Elevation Model；DLG，Digital Line Graphic；DOM，Digital Ortho Map；DRG，Digital Raster Graphic)数字产品的快速、大面积生产。高分辨率卫星测量与常规的航空摄影测量相比更为经济、便捷，使得采用卫星遥感图像获取高质量的地理空间数据成为必然趋势。高分辨率卫星图像的研究与应用，不仅促进了常规摄影测量与遥感的理论发展，使摄影测量与遥感发展到一个新阶段，更将现今空间对地测量的空中摄影平台提高到了空间卫星平台，使高精度、大范围、重复跟踪对地观测变成现实。

以 WorldView 卫星图像测量为例，表 1-2 列出了 WorldView 卫星图像测量与航空摄影测量的技术对比。

WorldView 卫星图像测量与航空摄影测量的比较表 表 1-2

类 别	WorldView-Ⅰ卫星	WorldView-Ⅱ卫星	航空摄影
飞行高度(km)	496	770	0.6～10
传感器	线阵扫描传感器，多中心投影	线阵扫描传感器，多中心投影	面阵扫描传感器为主，中心投影
姿态控制	超稳定平台，恒星相机、高精度陀螺仪和 GPS	超稳定平台、恒星相机、高精度陀螺仪和 GPS	飞行员操控、航空 GPS、惯性导航单元(IMU)
立体像对	同轨立体、异轨立体	同轨立体、异轨立体	航向、旁向重叠构成立体，航向重叠度约 60%、旁向重叠度约 30%
覆盖宽度(km)	星下点幅宽 17.6	星下点幅宽 16.4	幅宽一般不超过 10
覆盖范围(km^2)	单景图像覆盖范围为 246	单景图像覆盖范围为 230	单张图像覆盖范围仅为 0.5～50
地面分辨率(m)	0.5	0.5	最高<0.1
成图比例尺	1∶10 000～1∶2 000	1:10 000～1:2 000	最大可为 1:500
采集图像时间(d)	新图像<90；存档数据<15	新图像<90；存档数据<15	新摄影区域<60
价格(元/km^2)	660	660	675
光谱特征	全色黑白	全色黑白+8 个光谱波	全色黑白或者彩色图像
产品形式	数字图像	数字图像	数字图像或者胶片

2001 年，中交第二公路勘察设计研究院有限公司在国内公路勘察设计行业首次大规模开展 1m 高分辨率 IKONOS 卫星图像应用研究。针对我国当时唯一不通公路的县——西藏墨脱县公路建设面临的关键技术难题，首次大规模地应用 1m 高分辨率 IKONOS 卫星图像，重点对 IKONOS 立体卫星图像三维立体模型的建立、大比例尺 3D 产品的生成、高分辨率卫星

地质遥感勘察等在公路工程建设方面面临的重大关键技术有针对性地开展研究，在没有地面控制点的情况下，成功测绘 1∶10 000 比例尺三维地形图，用于墨脱公路的方案设计与比选，在沿线布设少量图像控制点的情况下，成功测绘 1∶2 000 比例尺三维地形图，解决了困难复杂地区公路建设迫切需要解决的一些重大关键技术问题，成功填补了西藏墨脱地区大比例尺地形、地质等基础资料的空白，为墨脱公路勘察设计提供了强有力的技术支撑。

2007 年 9 月，WorldView-Ⅰ卫星发射成功，成为国际上首颗空间分辨率达 0.5m 的商业成像卫星。针对我国中、西部地区公路交通建设面临的基础资料匮乏、摄影测量难以实施的困境，中交第二公路勘察设计研究院有限公司开展了困难复杂地区高分辨率卫星数字化勘察设计技术研究与应用。研究结果表明，0.5m 高分辨率卫星图像定位精度稳定，对控制点位置不敏感，控制点布设方案比较灵活，非常有利于困难复杂地区公路测设；在无地面控制点时，定位结果可满足 1∶10 000 比例尺地形图精度要求；沿路线不大于 10km 布设一个地面控制点，定位结果可满足 1∶2 000 比例尺地形图精度要求。高分辨率卫星遥感等现代地球空间信息技术成功解决了特殊环境下快速获取勘察设计所需的大比例尺三维数字化地形资料的难题，非常适合困难复杂地区及特殊环境下的公路勘察设计。

由于卫星图像测量的空间定位精度较高、测图精度较稳定，已成为公路交通勘察基础信息数据获取最快捷、高效的技术手段，并被全面、深入地应用到国内外公路勘察设计中，在海外市场开拓方面也具有极大的市场影响力和核心竞争力。高分辨率卫星图像测量技术不仅有力地促进了公路交通科技创新能力的提升，全面推动了我国高原、山区、边境、荒漠等极端艰苦地区以及地形条件复杂、地质条件特殊、气候条件多变、工作条件艰苦的广大中、西部地区的公路交通建设和技术进步，而且极大地促进了我国的西部大开发事业，并有力参与国际项目竞争，拓展境外市场，提升我国公路行业的国际实力与核心竞争力。

据统计，国内公路勘察设计行业每年有超过 1 500km 的公路采用卫星图像测量。采用的遥感数据源有 SPOT、IKONOS、WorldView、GeoEye 等，成图比例尺从 1∶2 000 到 1∶50 000，成功解决了困难复杂条件下及特殊环境下公路工程勘察设计中一系列重大关键技术难题。卫星图像测量主要典型代表性工程见表 1-3。

卫星图像测量典型代表性工程　　表 1-3

序号	工程名称	规模(km)	工程特点及关键技术问题	卫星图像测量应用情况
1	西藏墨脱公路	141	项目区域 1∶10 000、1∶50 000 比例尺地形图资料空白。墨脱县全境处于喜马拉雅山南侧、国家基本控制框架外侧，无国家平面控制点，无水准路线，无重力点分布，必须确立测量的平面基准和高程基准	采用 IKONOS 卫星测量，无地面控制测绘 1∶10 000 比例尺三维地形图，少量地面控制测绘 1∶2 000 比例尺三维地形图
2	西藏省道 306 线加查至桑日段	74	路线整体位于雅鲁藏布江中游深切峡谷段，河谷狭窄，两岸地形陡峭，地形高差起伏大，常规的航空摄影测量难以开展	采用 IKONOS 卫星测量，无地面控制测绘 1∶10 000 比例尺地形图，少量地面控制测绘 1∶2 000 比例尺地形图

续上表

序号	工程名称	规模(km)	工程特点及关键技术问题	卫星图像测量应用情况
3	青海西宁至武威公路大通至小沙河段	127	项目1∶10 000、1∶50 000比例尺地形图资料空白。受空域限制，以飞机为载体的传统航空摄影测量根本无法实施，人工实测满足不了勘察设计的工期要求	采用IKONOS卫星图像，无地面控制成功测绘1∶10 000比例尺地形图，少量地面控制测绘1∶2 000比例尺地形图
4	青海西宁至张掖公路门源至扁都口段	130	项目1∶10 000、1∶50 000比例尺地形图资料空白。受空域限制，以飞机为载体的传统航空摄影测量根本无法实施，人工实测满足不了勘察设计的工期要求	采用WorldView卫星，无地面控制测绘1∶10 000比例尺地形图
5	新疆乌鲁木齐至尉犁高速公路	340	项目纵贯天山中部，区域地形地貌复杂，地势险峻，地形落差极大，其中胜利达坂垭口海拔高度为4 061m，利用常规的航空摄影测量和人工勘察的方法非常困难。项目1∶10 000比例尺地形图资料空白	利用WorldView卫星测量，在两个月之内完成项目的卫星图像采集和无地面控制的1∶10 000比例尺地形图生产，为工程的可行性研究提供了数据保障
6	新疆库尔干至英沿边防公路	54	项目位于我国与吉尔吉斯斯坦边境，地形地貌复杂，交通不便。项目地区1∶10 000、1∶50 000比例尺地形图资料空白。在该地区进行航空摄影测量，实施困难	只要20d就成功采集WorldView卫星图像。无地面控制生成1∶10 000比例尺地形图，利用少量地面控制生成1∶2 000比例尺地形图，大大缩短了勘测的周期
7	河南三门峡至淅川高速公路灵宝至西坪段	166	项目受空域限制，以飞机为载体的传统航空摄影测量根本无法实施。项目里程长，工期紧，人工实测满足不了勘察设计的工期要求	采用WorldView卫星测量，无地面控制测绘1∶10 000比例尺地形图，少量地面控制测绘1∶2 000比例尺地形图
8	牙买加H2K项目南北线高速公路	65	项目整体位于南美洲加勒比海西北部的牙买加岛，地形地貌以平原区、高山丘陵区为主，且由于地处海外，不仅海外地形图收集困难，航空摄影测量更是无法展开	采用WorldView卫星测量，无地面控制测绘1∶10 000比例尺地形图，少量地面控制测绘1∶2 000比例尺地形图
9	云南瑞丽至缅甸曼德勒公路	720	海外工程项目。项目区域地形地貌复杂，存在高山、平原等多种地貌类型，地势北高南低，气候炎热，航空摄影测量无法展开。路线里程长，人工测量任务极其艰巨	采用SPOT卫星立体图像生成的Reference 3D产品，无需地面控制测绘1∶10 000比例尺地形图，极大的减少了传统航空摄影测量所需的图像控制测量工作量

1.2.2 工程地质遥感勘察

遥感技术具有宏观、准确、综合地进行动态观测与监测的能力，是人类迈向太空、对地观测、获取地表空间信息的一种先进科学技术和生产力。遥感技术为工程地质勘察提供了一种全新的技术手段与方法。

1972 年，美国第一颗地球资源技术卫星 Landsat-1 发射成功，卫星遥感技术迅速发展成为一门新兴的综合性对地探测技术。卫星遥感技术在地质环境和地质灾害领域的应用与这门技术的诞生是同步的。由于卫星遥感技术具有“广阔视野”的独特优势，从而大大延伸了人类“眼”的功能，这就决定了它在地学领域的广泛应用。

工程地质遥感勘察通过对卫星图像进行地质遥感解译，可以发现目标区域内的大型地质构造、地层、岩组、大型滑坡、崩塌、泥石流等地质信息，非常有利于地形地貌、地质条件艰苦，气候条件、生存环境恶劣的极度困难复杂地区的地质灾害调查、监控、评价、管理与综合预报。但是，20 世纪 80 年代中期以前，地学遥感技术工作还仅局限于区域“地质调查”的范畴。国际上日本、美国和欧洲等国家开展得较好，日本利用遥感图像编制了全国 1∶50 000 比例尺地质灾害分布图，欧洲等各国在大量滑坡、泥石流遥感调查基础上，对遥感技术方法进行了系统总结，指出了识别不同规模、特点的滑坡和泥石流所需要的遥感图像的空间分辨率要求。我国在 20 世纪 70 年代末期开始应用遥感技术进行地质灾害调查。在早期的应用中，大多使用航片对滑坡、泥石流进行调查。20 世纪 70 年代末期，以陈述彭为代表的 70 多家单位 700 多位专家在云南省腾冲县开展了“780”航空遥感试验，成功圈定了 122 个滑坡灾害点。20 世纪 80 年代初，从“西南高山峡谷水能开发遥感试验项目”起，中国开始应用卫星遥感技术进行区域性地质灾害调查。

公路勘察设计行业是我国遥感技术应用研究开展较早的行业之一。1986 年以来，遥感技术在公路工程地质勘察中的应用有了很大的发展。目前，全国公路行业在工程可行性研究阶段已经广泛采用地质遥感技术，尤其在工程可行性研究阶段，地质遥感研究较为充分，但初测阶段应用地质遥感手段进行工程地质勘察则相对较少。现阶段公路工程地质遥感勘察主要以 Landsat ETM＋、SPOT、CBERS 等中、低空间分辨率的遥感卫星图像为遥感资料源，对公路路线通过区域的地层岩性、第四纪地质、活动构造以及泥石流、滑坡、崩塌等不良地质体进行遥感解译，为公路路线方案的选择和线路的优化提供宏观上的工程地质依据。这些公路工程地质遥感勘察技术应用具有以下特点：①采用的遥感数据源往往为单一传感器平台，而且图像的分辨率普遍较低，遥感技术的优势未能充分发挥；②调查方法由早期阶段以借助立体镜进行目视解译航片像对为主，发展到后来以计算机辅助人工解译为主，配合一些地面验证；③多用于宏观的区域地质调查，比如工程地质遥感调查、地质灾害的遥感识别与分析等方面，深度不够。

20 世纪 90 年代末，空间分辨率突破 1m 的高分辨率商业卫星的出现，使空间对地观测达到了一个全新的阶段，使得遥感技术在地质灾害的调查、评价与预测领域更显示了深远的应用前景。多时相高分辨率遥感卫星图像的出现，使得人们在较短时间、较小空间尺度上观察地表细节变化、进行大比例尺遥感制图及监测人类活动对环境的影响成为可能，应用高分辨率卫星图像进行滑坡、崩塌、泥石流等地质灾害的识别和监测已经成为遥感地质灾害研究的重要发展趋势。在青藏公路、西藏墨脱公路、青海沿黄河高速公路等公路工程中均采用了 IKONOS、QuickBird 等高分辨率卫星图像进行公路工程地质灾害调查研究，快速获取地表更为丰富的滑坡、崩塌、泥石流等地质灾害信息。2008 年，四川省汶川特大地震发生后，高分辨率卫星遥感技术在抗震救灾与灾后恢复重建等方面更是发挥了重要作用。

近年来,遥感卫星图像呈现出多平台、多种分辨率、多波段的发展态势,促使公路工程地质遥感勘察技术发展形成了多级工程地质遥感勘察识别体系。多级识别体系包括几何尺度和目标对象两层含义:在几何尺度上体现在遥感图像上信息的多级分辨率和多波段图像的光谱分辨率上;在目标对象上则体现在对地理实体特征要素的尺度识别等级和内部结构信息划分上。多级识别体系的机理是基于不同空间分辨率遥感卫星图像,进行分阶段、分层次、灾害对象类和地理要素类的多级识别概念模型与分层信息采集。如首先基于 Landsat ETM+等中低分辨率卫星图像,进行灾害地质区域分类和不良地质体空间分布格局遥感解译与区域分析的图像识别和制图,重点解决路线工程地质的选线规划和拟定初选方案。在此基础上,采用 SPOT 等中高分辨率卫星图像,对初拟的路线方案进行工程地质专题图层设计和多层次图像专题信息识别和图形要素提取。最后,采用 IKONOS 等高分辨率卫星图像,进行灾害地质体的要素识别和空间定位信息采集,以满足公路初测阶段工程地质遥感的要求和深度。多级工程地质遥感勘察技术,能宏观、快速、准确地调查和确定公路路线走廊区域内的地质现象,为公路地质选线和大型构造物的地质选址中的重大地质问题的宏观、避绕、微观处理提供科学依据。

2005 年 4 月 15 日,我国公路交通行业的首部公路工程地质遥感勘察规范《公路工程地质遥感勘察规范》(JTG/T C21-01—2005)正式发布。该规范的颁布实施填补了我国公路行业工程地质遥感勘察规范的空白,为统一公路工程地质遥感勘察的技术标准、保证公路工程地质遥感勘察的质量、提高公路工程地质遥感勘察的水平提供了较为系统和完整的技术指导,并将对我国的公路建设,尤其是山区高速公路建设中的地质勘察、地质选线、不良地质灾害避让和防治、地质环境与生态环境保护等方面起到积极的指导作用。

当前,利用卫星遥感图像进行地质遥感解译,从图像上判断地面目标或特征,是公路勘察设计获得区域地学信息的重要手段。特别是在条件极端困难复杂地区,常规的地面勘察方法工作量大,而且还需要克服当地恶劣的生存条件、工作条件的影响,难以快速、准确、大范围地获取勘察区域大比例尺地质资料,其优势更加明显。据统计,国内公路勘察设计行业每年有超过 3 000km 新建高速公路采用工程地质遥感勘察技术。公路工程地质遥感勘察主要典型代表性工程见表 1-4。

公路工程地质遥感勘察典型代表性工程 表 1-4

序号	工程名称	规模(km)	工程特点及关键技术问题	工程地质遥感勘察应用情况
1	西藏墨脱公路	141	西藏墨脱县位于印度洋板块和欧亚大陆板块两大板块的缝合带上,地处喜马拉雅山脉、念青唐古拉山脉及横断山脉的交会部,雅鲁藏布大峡谷纵贯南北,地质活动强烈,地质灾害众多,有"世界地质灾害博物馆"、"工程建设难度世界之极"等多项世界之最。恶劣的自然条件、复杂的地质地形条件、灾害众多的自然环境致使墨脱县成为当时我国唯一不通公路的县	项目采用 Landsat-7 ETM+、IKONOS 卫星图像和 1∶25 000 航空摄影立体图像等多种遥感图像数据,进行多级工程地质遥感勘察,为公路勘察设计提供了外业地质勘察难以获取的比较丰富的地质资料,特别是外业勘察无法获取的雪崩灾害资料,填补了区域大比例尺地质资料的空白,提高了公路工程地质勘察的质量与水平

续上表

序号	工程名称	规模(km)	工程特点及关键技术问题	工程地质遥感勘察应用情况
2	西藏省道306线加查至桑日段	74	项目地处冈底斯山脉的东段和喜马拉雅山脉的东头、印度洋板块和欧亚大陆板块两大板块的缝合带,雅鲁藏布江断裂带横贯东西,地质构造复杂,地震活动频繁而强烈,沿线滑坡、崩塌、泥石流、危岩等各种不良地质现象异常发育	采用Landsat ETM+、IKONOS卫星图像为数据源,对区域地质构造、地层岩性、地形地貌、第四纪地质及不良地质等进行工程地质遥感勘察,共发现断裂构造20条、泥石流28处、滑坡9处、崩塌25处、危岩4处、沼泽地1处
3	青海西宁至武威公路大通至小沙河段	127	工程勘察区域地处青藏高原隆起区的东北边缘,祁吕贺山字形两翼褶皱带与秦昆东西向构造带之复合部位,大地构造位于北祁连褶皱带与走廊过渡带的交接部位。地质构造作用强烈,变质作用和岩浆作用突出,从而表现出区域地质构造的特殊性、复杂性。受地形和地质以及环境保护等因素的制约,线位展布难度较大	以Landsat ETM+、IKONOS卫星图像为数据源,采用周期短,覆盖面广,实时性、宏观性、综合性强的多级工程地质遥感勘察技术,经过认真详细的地质遥感解译与遥感信息采集,对路线沿线的地质构造、不良地质、地貌景观等方面进行了深入细致的勘察工作,为公路勘察设计及外业地质调查提供了比较丰富的地学资料
4	青海省沿黄公路共和至大河家段	225	工程勘察区域地处青藏高原东北缘,青海省东南部,区域内地质构造作用强烈,变质作用和岩浆作用突出,从而表现出区域地质构造的特殊性、复杂性。整个路线方案位于青海省拉脊山断裂带南侧,地形地貌、地质条件十分复杂。拉脊山位于青藏高原东北部边缘、青海省湟水和黄河干流之间,西起干子河口,东到青海省界,是青藏高原腹地与黄土高原之间地貌梯级带的分界线	采用多级工程地质遥感勘察技术体系,以0.61m QuickBird、5.8m IRS-P6、30m Landsat TM卫星图像为数据源,在路线走廊带内发现了较多的断裂构造及滑坡、崩塌、泥石流等不良地质现象,为公路勘察设计提供了比较丰富的地质资料,并指导外业地质调查,提高了公路工程地质勘察的质量与水平。工程地质遥感勘察成图比例尺为1∶10 000和1∶50 000
5	国家重点公路杭州至兰州线巫山至奉节段	64	项目位于重庆市巫山县、奉节县境内的长江北岸山区,所在区域地貌属长江北岸构造侵蚀低山、中低山、局部显中山斜坡地貌,地貌受地质构造、岩性控制明显,山岭走向近东西向,与地层走向及区域构造线基本一致。沿线地质复杂,地形陡峭,线路展布区总体地势东高西低,各种不良地质现象广泛发育	采用Landsat ETM+、SPOT-5、1∶8 000航空立体像对等多源、多尺度、多时相遥感图像数据,基于多级地学遥感分析技术,获取了路线走廊带内多方位、高可信度的地质信息,特别是灾害地质体的分布位置、规模大小及其对公路工程的危害等信息,为灾害地质的防治和不良地质体的绕避提供了全新高效的方法和丰富的信息源

续上表

序号	工程名称	规模(km)	工程特点及关键技术问题	工程地质遥感勘察应用情况
6	湖南常德至吉首高速公路	71	湖南省常德至吉首高速公路是国家重点规划建设的西部大开发8条公路之一的长沙至重庆高速公路的重要组成部分，地处湘西山地向洞庭湖平原过渡地带，沿线兼有平原、山地和丘陵。区域新构造活动明显，工程地质条件复杂，桥梁隧道多，施工难度大	初测阶段工程地质遥感采用1:8 000大比例尺航空摄影资料，并配合 Landsat TM 卫星图像资料，对路线所经地区的不良地质、地质构造、水系、第四纪地质、地貌、岩性地层等进行解译，并与外业地质勘察资料进行对比分析
7	厦门翔安海底隧道工程	8.7	厦门翔安海底隧道是中国内地第一条海底隧道，工程区域位于浔江港的最狭窄处，西北为封闭的海湾，东南为海湾通向大海的出口。区域地貌类型主要为陆域地貌、岩滩带地貌和海域地貌3种类型，隧道地质条件复杂	以 Landsat ETM+、IKONOS 为数据源，采用多级工程地质遥感勘察技术，对区域地质条件、地层岩性、地质构造进行遥感解译，特别是对水下部分的地质构造进行了遥感勘察并进行构造方向分析
8	西藏墨脱公路嘎隆拉隧道	3.3	西藏墨脱公路需要翻越岗日嘎布山脉海拔4 300m以上的嘎隆拉山口，海拔高，常年大部时间冰雪覆盖，冰崩、雪崩灾害严重。嘎隆拉隧道属于冰川地貌单元，是全线地质环境最复杂、地质病害最集中的路段，雪崩、滑坡、水毁、泥石流极为普遍，是迄今为止国内穿越断层最多、地应力最高、逆坡坡度最大的高原隧道	采用 Landsat ETM+卫星图像及多时相高分辨率 IKONOS 卫星立体图像，进行隧道工程地质遥感勘察，共发现了113处雪崩灾害，并对各个雪崩灾害进行安全性评估与危险分级，不仅有效地克服了传统野外踏勘受季节、地形地貌、交通条件等限制以及危及生命安全的危险，而且雪崩灾害的分析与评估更加全面、准确

1.2.3 空间信息与公路CAD集成

1978年公路行业开始引进并采用航测技术前，测量基本上采用皮尺、花杆等简易测量工具，实施野外实地测量，设计用的地形图是沿设计线使用平板测量完成的。当时的公路设计谈不上方案优化，仅是实地人工定线。测设手段、设计方法相对落后，路线等级低。

1978～1985年是公路航测技术的应用研究阶段。1978年起，国内的公路勘察设计单位开始引进国外的A10精密立体测图仪、PUG-5刺点仪、PSK2精密测图仪、C-120立体测图仪等精密设备，标志着公路航测的开始。国内公路勘察设计单位先后在江苏溧水、北京房山、国道105线、重庆四大路等路段进行公路航测技术试验研究。对航测的精度、作业程序、生产技术等诸多方面进行了探索，取得了不少试验数据。

随着公路GPS测量、航空摄影测量、地质遥感、数字地面模型等地球空间信息技术的快速发展，可获取的高精度路线走廊区域内的地表基础信息资料更加丰富，促使公路设计上升到一个新台阶，出现了基于空间信息技术的公路计算机辅助设计(CAD)系统。20世纪70年代末期至80年代初期，计算机图形功能逐步完善，国外这期间开发的辅助设计系统均可完成大量的设计图纸绘制工作，逐步走向实用阶段，我国开始学习和吸收国外的先进经验和研究方法并开展公路路线优化技术方面的研究，编制相关优化程序。20世纪80年代中后期，公路CAD系统的发展更加完善，并逐步向系统化、集成化、多元化方向发展，国内有关科研院所和设计单位纷纷开展了公路CAD软件的开发工作，推出了一些各具特色的公路计算机CAD系统。20世纪90年代至今是CAD软件的商品化快速发展阶段。目前，国内比较成熟并且运用广泛的软件产品主要有中交第二公路勘察设计研究院有限公司开发的公路与互通立交集成CAD系统、西安立德公司开发的纬地系列道路CAD系统、李方软件公司的集成交互式道路与立交设计系统系列以及海地公司的Hard系统、路线大师等。

从“六五”到“十一五”，国内的科研院所和设计单位一直对航空摄影测量用于公路勘察设计的关键技术问题进行深入研究，结合数字摄影测量，探讨和展示了数字摄影测量系统与公路CAD系统之间的关系和数字摄影测量在公路勘察设计一体化技术的应用价值，研究了摄影测量与遥感技术同GPS、公路CAD的集成。目前，在公路勘察设计领域广泛采用航空摄影测量技术，获取路线设计所需的地形、地貌、地物等各种原始数据，用于道路路线方案比选、设计和工程地质调查。航空摄影测量与数字高程模型技术已成为公路路线选线与设计常用方法，形成覆盖地形数据采集与处理、路线设计与优化、含设计结果输出的公路设计全过程一体化技术。公路CAD对不同来源、不同结构的地形、地质、经济等数据建立勘察设计项目数据库。在此基础上，公路设计可以进行路线平纵面线形交互布线，图形和数据同步更新，横断面智能化自动设计和可视化交互修改。桥梁设计也采用可视化的构件库进行“搭积木”式设计，并对梁式桥、斜拉桥、悬索桥、拱桥等进行三维造型。数字地面模型、路线与互通立交三维几何模型、桥梁三维几何模型能快速融合，生成公路综合模型，并与地面真实模型叠加，生成三维图像景观模型，进行场景布置与多媒体查询。

卫星空间分辨率的不断提高，打破了依靠航空摄影技术获取高精度地形信息的局面，随着我国公路建设重心逐渐向中、西部困难复杂地区转移，利用高分辨率卫星进行公路勘察设计逐渐引起交通行业的重视。将卫星图像用于公路规划，并利用卫星图像生成的数字高程模型进行土石方量估算，通过对其精度进行分析，其结果可满足工程可行性研究阶级对土石方量精度的要求；通过对遥感图像进行信息处理，获取公路沿线所经区域的地形、地貌、河流、工程地质、水文地质、植被覆盖情况等基础资料，为公路规划及选线设计提供科学依据；研究高分辨率卫星图像测图精度，进行公路工程可行性研究和初步设计，通过卫星测量技术与公路CAD的集成，实现计算机辅助的地形选线、地质选线、生态环境选线。高分辨率卫星图像、GPS、GIS、RS等空间信息技术与公路CAD的集成应用，形成了基于空间信息技术的数字化公路勘察设计新体系。

在我国中、西部地区，特别是青藏高原地区以及地震灾区等基础资料极为匮乏的困难复杂地区，由于航空摄影及人工实地勘测难以实施，可靠、翔实、准确地可用于工程设计的基础资料无法获得，而高分辨率卫星图像的公路勘察设计新模式有力地解决了公路交通建设面临的新问题和新挑战，改变了传统的公路勘察设计技术方法与理念。

空间信息与公路CAD集成典型代表性工程见表1-5。

空间信息与公路 CAD 集成典型代表性工程 表 1-5

序号	工程名称	规模(km)	工程特点及关键技术问题	工程地质遥感勘察应用情况
1	西藏墨脱公路	141	墨脱公路建设屡建屡毁的主要原因有:①地形、地貌条件极差,海拔高,山体陡峭,地形起伏大,选线与施工困难;②雪灾严重,无法查明积雪厚度,易发生雪崩。对雪崩的规模及其防治认识不足;③地质条件恶劣,区域地质构造运动剧烈,泥石流、滑坡、塌方等灾害严重;④公路设计所需的地形、地质、水文、气象等基础资料为空白;⑤技术经济条件落后,仅靠人力实地定线,无法进行路线走廊的比选与优化	在工程可行性研究阶段,采用Landsat ETM+卫星图像研究了所有可能的8个方案,然后优化到3个有比较价值的方案,再到波墨线、派墨线两个路线方案,最终优化到一个路线通道方案。采用IKONOS卫星图像,完成了推荐方案走廊带的1∶10 000和1∶2 000比例尺路线带状数字地形图与数字地面模型、1∶10 000比例尺数字正射影像图、1∶100 000比例尺遥感区域地质图、1∶50 000遥感工程地质图等一系列墨脱公路勘察设计急切需要的基础数据,对墨脱公路方案进行多方面的综合比选,完成了墨脱公路的三维设计、优化设计和环境设计,为墨脱公路的进一步实施打下了良好的基础
2	河南三门峡至淅川高速公路灵宝至西坪段	166	河南三门峡至淅川高速公路灵宝至西坪段所在区域地形地貌复杂,地质灾害频发,从安全性、经济性、合理性等方面综合确定一个好的路线走廊十分关键。而项目路线里程长,可供比选的路线走廊距离跨度大,如果采用传统的航空摄影工作量大,作业时间长,费用高,难以满足工程勘察设计要求。必须采用基于高分辨率卫星测量的公路勘察设计技术	在灵宝至卢氏段,结合1∶10 000比例尺地形图及正射影像图,在工程可行性研究阶段确定出路线走廊带。在初步设计阶段,利用1∶2 000比例尺地形资料,对11条路线方案进行了比较,最终确定了推荐方案; 在卢氏至西坪段的工程可行性研究阶段,结合1∶10 000比例尺地形图及正射影像图确定了可能的10条路线走廊带,9条比较线长达123.5km,所有路线方案的比选宽度达到了8km。利用1∶2 000比例尺地形资料对路线方案进行优化、比选,确定出项目推荐线和适合的两条比较线
3	新疆乌鲁木齐至尉犁高速公路	340	项目所在区域地形地貌、地质条件复杂,区域地形资料空白,而项目路线里程长,传统的航空摄影测量技术不仅测绘工作量大,难以满足紧张的工期要求,而且难以从宏观上进行道路走廊通道的选择与优化设计	采用WorldView卫星测量技术,在短时间内大范围获取各个路线方案的带状大比例尺、高精度地形资料,为工程可行性研究提供了数据保障。项目新增比较方案近10条,最宽处近15km,无需重新采集图像,及时完成了1∶10 000比例尺数字线划地形图的补测工作,大大缩短了工程周期,提高了勘察设计效率

1.3 公路卫星勘察的发展趋势与前景

1.3.1 公路卫星勘察的发展趋势

1998年1月31日时任美国副总统戈尔提出“数字地球”(Digital Earth)的概念。数字地球的提出是全球信息化的必然产物,数字地球的建设与发展加快了全球信息化的步伐,很大程度上改变了人们的生活方式,并创造出巨大的社会财富,为人类社会的发展做出巨大贡献。随着互联网、物联网技术的快速发展,从“数字地球”发展到“智慧地球”成为必然趋势,“智慧地球”的目标是让世界的运转更加智能化。

公路交通与“数字地球”、“智慧地球”相对应,发展趋势是“数字高速公路”、“智能交通”。“数字高速公路”、“智能交通”是“数字地球”、“智慧地球”的一个重要组成部分和重要支撑手段,是对真实高速公路及其相关现象统一的数字化重现和认识。其核心思想是用数字化、智能化的手段来处理整个高速公路诸多方面的问题,最大限度地利用资源和信息,提升交通系统的信息化、智能化、集成化和网络化,实现人、车、路与环境之间的相互交流,进而提高交通系统的效率、机动性、安全性、可达性、经济性。

“数字高速公路”、“智能交通”的核心是地球空间信息科学。地球空间信息科学技术体系中最基础和最基本的技术核心是3S(全球定位系统、地理信息系统、遥感)技术及其集成。近年来,3S技术在测绘、防灾减灾、能源环境、城市发展、交通运输、国防安全和位置服务等领域的应用越发广泛,并受到世界各国的高度重视。21世纪初前后的几场高技术局部战争,如海湾战争、伊拉克战争、阿富汗战争、利比亚战争等,卫星遥感技术更是发挥了巨大的战略支撑和战术保障作用。我国早在2004年就计划在2020年前发射100余颗卫星,涉及国土资源、测绘、水利、森林、农业和城市建设等社会发展的各个领域。2012年1月9日,我国成功发射首颗自主研发的民用高分辨率立体测绘卫星——“资源三号”,填补了我国民用测绘卫星的空白,0.8m及更高空间分辨率卫星的研发已列入我国相关计划,公路卫星勘察前景十分广阔。

根据国内外公路卫星勘察技术的研究应用现状及其所取得的研究应用成果,结合卫星遥感技术与公路勘察设计技术的自身发展趋势,可以预计公路卫星勘察的未来发展趋势将主要体现在以下5个方面。

(1)更高定位精度、更高分辨率卫星遥感技术

高分辨率卫星工程应用的关键前提是卫星遥感影像的高精度几何定位。未来一段时间内,卫星遥感技术发展的主要趋势依然是向更高定位精度、更高分辨率卫星遥感技术发展。主要有以下几个方面:①卫星遥感技术几何定位精度的大幅提高和工程应用的更加普及,测绘1∶1 000大比例尺地形图指日可待;②卫星遥感数据空间分辨率的不断提高和不同空间分辨率遥感数据的丰富,0.1m分辨率商业化卫星成为常态;③卫星遥感数据光谱分辨率越来越高和能够探测的波段范围越来越大,宽波段遥感中不可探测的丰富信息将无处藏身;④卫星遥感数据辐射分辨率的不断提高和所表现的物体细微特征的提高,遥感的定性分析与定量分析更为精确;⑤卫星遥感数据时间分辨率的不断提高和遥感信息时效性的不断加强,使24h动态监

测成为可能。

(2)多平台、多传感器卫星遥感技术

技术集成和应用技术体系构建是当今卫星遥感的发展趋势。一直以来,我国公路卫星勘察技术所采用的遥感数据源均为光学摄影成像的遥感卫星图像。近年来,由于对地观测技术的迅猛发展,公路勘察设计数据获取平台呈现向天—空—地多平台、多传感器发展的趋势。高光谱、高分辨率、热红外多/高光谱、雷达干涉、星载激光雷达系统等技术的兴起和发展,使遥感信息的应用分析从单一遥感资料向多时相、多数据源的融合与分析过渡,从静态分析向动态监测过渡,从对资源与环境的定性调查向计算机辅助的定量自动制图过渡,从对各种现象的表面描述向软件分析和计量探索过渡。

(3)高分辨率卫星定量遥感勘察技术

高分辨率卫星遥感技术的出现,为快速获取大范围、高精度数字高程模型提供了技术手段。结合精确的数字高程模型数据进行定量遥感勘察,实现遥感解译从简单"定性"向精确"定量"转变,是目前遥感技术应用发展的热点,是地质遥感勘察技术需要重点攻克的难点之一。定量遥感勘察技术主要包括:地质体及地质目标的自动识别;地质体几何参数及其变化的定量量测或量化估计,如地质体或地质构造产状,滑坡滑动方向、滑动距离和滑动体积,表形变量和形变速率等;地质体成分,主要是组成岩石的基本成分——矿物丰度和化学成分的定量反演;以遥感信息为主要信息源的遥感地质定量应用模型,包括物理模型、经验模型、统计模型、模糊模型及灰色模型等,如岩性岩相的划分与地质制图模型、地质环境评价模型。

(4)地质灾害遥感辨识、监测与预警技术

运用高分辨率、多平台、多传感器遥感技术获取地表更为丰富的地质灾害信息,结合多源数据及高精度数字地面模型进行地质灾害的自动识别与定量分析以及运用雷达干涉进行地质灾害监测是利用遥感技术开展地质灾害研究的热点和发展趋势。复杂地表环境下地质灾害的遥感辨识、监测与预警是遥感技术应用于地质灾害研究的核心,主要分为:①应用遥感技术进行地质灾害的遥感自动识别,并利用快速获取的高精度数字地面模型进行地质灾害定量分析;②建立卫星遥感监测及地面仪器监测的一体化地质灾害监测系统进行地质灾害的实时、动态监测;③建立高效、可靠地地质灾害预测评估模型进行地质灾害的综合预警。

(5)空间信息技术与公路CAD的协同设计技术

当前,公路勘察设计主要采用传统的二维平面设计方法,地形选线与优化设计和地质选线与优化设计是分开的,平面、纵断面、横断面设计是独立的,导致设计质量不高、安全性评价匮乏、与周边环境协调性评价不足等,已经无法完全满足当今公路建设的要求。随着多时相、多平台、多传感器卫星遥感数据等多源空间信息的融合与集成应用,使系统融合数据采集、遥感解译、公路选线并与CAD技术进行集成,最终形成一套适用于复杂工程环境的多源空间信息技术与公路CAD集成的协同设计模式,实现公路勘察设计的三维动态可视化、信息化、集成化,是未来公路勘察设计的重要发展方向。

1.3.2 公路卫星勘察的技术前景

随着我国经济社会的快速发展,公路交通建设等级与工程质量要求越来越高,勘察设计与施工工期越来越紧,传统的野外踏勘与常规的工程地质遥感解译技术难以满足公路交通建设的等级、工期等要求。特别是"数字高速公路"、"智能交通"技术的快速发展，使得公路交通建设已经不再局限于工程建设本身，其前期工程规划，后期的管理、养护越来越被注重，公路交通"全生命周期"对公路卫星勘察技术提出了新的技术要求。

目前，我国东部沿海经济发达地区的高速公路路网已经基本建成，但由于地区经济发展不均衡、技术经济条件局限以及区域地形地貌、水文气象等自然因素的限制，我国东、中、西各地区公路交通发展极其不平衡，中西部地区公路基础设施建设比较落后，公路数量少、路网密度小、工程质量低。全国高速公路地区分布统计见表1-6。

全国高速公路地区分布统计表(km)　　表1-6

年度(年)	2001	2002	2003	2004	2005	2006	2007
东部	10 878	13 456	15 701	17 146	19 909	20 279	22 525
中部	5 014	6 995	8 315	10 152	12 978	13 339	16 377
西部	3 545	4 679	5 729	6 991	8 118	11 717	15 011
合计	19 437	25 130	29 745	34 289	41 005	45 335	53 913

从表1-6可以看出，当前我国公路交通建设，特别是高等级公路建设的重点已转移至地形地质条件复杂的中西部地区(图1-1和图1-2)。中西部地区大多是公路建设的困难复杂地区，往往崇山峻岭、人迹罕至，气候条件恶劣，公路勘察设计与施工建设面临异常的困难，主要表现在如下几个方面：

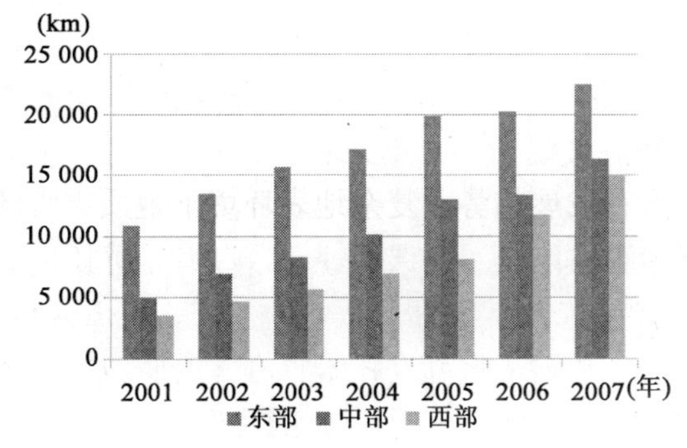

图1-1　高速公路地区分布里程图

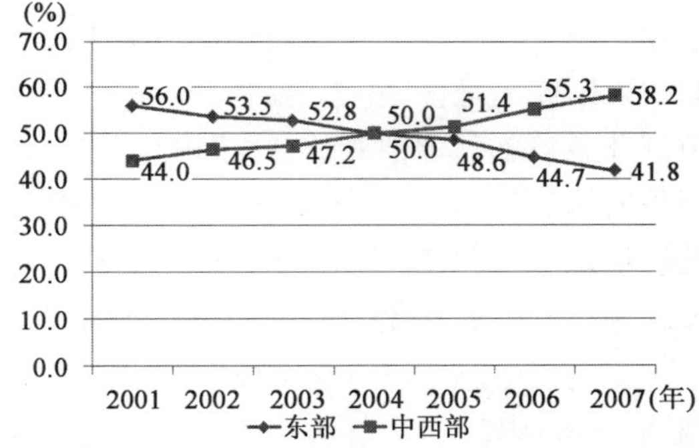

图1-2　高速公路地区分布占比图

(1)地形地貌条件特别恶劣。地形、地貌从峡谷盆地至高山、极高山，从戈壁荒漠至岩溶冰川等各种地貌单元应有尽有，极为复杂。有些地区采用人工或常规勘察方法和技术手段无法完成，必须研究建立一套更先进的勘察设计新技术。

(2)地震及其次生灾害频发，规模大、范围广。我国中、西部地区分布有喜马拉雅地震带、西北地震带、青藏高原地震带、滇西地震带等，地震灾害频发，震级大，影响范围广。地震灾害及其引发的次生灾害，往往对道路交通等基础设施造成毁灭性的破坏，传统的调查手段在地震灾区根本无法开展。

(3)地质条件极其复杂。新构造运动强烈，各种地质灾害不仅种类多、分布广、规模大，而且地质灾害严重且活动频繁。各种各样的地质现象和公路灾害的处治技术，已成为当今公路建设所面临的最为紧迫的重大难题。

(4)建设环境异常艰苦。生存条件、工作条件和气候条件往往都异常恶劣，大部分为无人区。特别是青藏高原地区海拔高、空气稀薄，具有显著的低气压、缺氧、低温、太阳辐射强、日温差大、大风、干燥等高原气候特点。公路勘察、设计与建设都异常艰难，常规的技术手段与方法难以开展。

(5)地形、地质基础资料空白。各种基础地形、地质资料普遍缺乏，详细的可用于公路勘察设计的大比例尺基础资料往往空白。

(6)生态环境十分脆弱。生态环境往往异常脆弱。环境景观对公路建设提出了更高的要求，必须且应该达到尊重自然、重视环境、提升公路综合品质，建立人、道路、自然和谐共生和显现秀美山川的最高境界。

(7)交通不便，生存条件恶劣。地形条件复杂，人烟稀少，多处地方基本无路通行，所有物资运输全靠人力、畜力搬运。即使有路的地方，道路通行条件极差，且常常受崩塌、泥石流、滑坡等地质灾害的影响，现场地质调查等外业工作很难开展，勘察设计人员的食宿、医疗等基本问题难以解决，生命安全难以得到保障。

(8)航空摄影难以实施。航空摄影测量对航飞条件、图像控制点分布等要求相对苛刻。一些边境、敏感、空域受控地区或天气条件不佳的区域，航空摄影难以实施。而这些区域往往又是困难复杂地区，必须依靠先进的空间信息技术手段来得到所需的精确地表信息。

随着 3S 技术、计算机技术、网络技术、通信技术等现代信息技术的发展，当今社会已快速发展成为一个技术全球化、经济全球化的社会。为寻找新的经济增长点，国内众多公路交通勘察设计企业充分发挥技术、资金、市场等方面的强大优势，开始将业务范围拓展到海外。目前已在非洲、东南亚、中东等地成功承接了公路工程项目的勘察设计工作。典型代表性项目如刚果(布)国家 1 号公路、牙买加 H2K 项目南北线高速公路、云南瑞丽至缅甸曼德勒公路等。对于海外道路工程，有些地区的技术水平相对落后，经济欠发达，种族矛盾严重、地区冲突不断；有些地区终年高温，艾滋病、埃博拉、马尔堡出血热、登革热等各种致命疾病肆虐，工作、生活条件极度恶劣，甚至有生命危险，地形资料的获取相对比较困难。如何快速获取勘察设计所需的大比例尺三维数字化地形资料显得尤为关键。

公路卫星勘察设计是公路交通发展的必然趋势。公路卫星勘察技术具有不受疆域国界限制，可重复跟踪对地观测，作业方式灵活，控制点少，作业效率高等优点。能快速、大范围地获取多方案、多通道地区的大比例尺、高精度地形地质资料，易于进行方案比选和路线通道的选择。公路卫星勘察技术将有力地推动我国西部高原、山区、边境、荒漠等极端艰苦地区，特别是在有争议的地区、地面作业极度困难的地区及人为设定的禁区等区域进行公路交通建设。同时，在我国交通建设实施“走出去”的战略中，公路卫星勘察技术能全面、有效地解决因政治冲突、地区战争、种族矛盾等客观原因导致的传统航空摄影测量及人工地面测量的基础地形、地质数据的获取难题，显著缩短工程建设周期、大幅降低工程建设成本，全面提升我国公路交通行业的核心技术竞争力与整体技术水平，具有广阔的应用前景。

第 2 章　卫星遥感平台与系统

2.1　引　　言

遥感技术是 20 世纪 60 年代迅速发展起来的一门综合性探测技术，是在一定距离以外不直接接触物体而通过物体发射或反射的电磁波来感知和探测其性质、状态和数量的技术。遥感科学与技术是在现代物理学、地球科学、空间科学、测绘科学、计算机科学以及其他学科交叉渗透、相互融合的基础上发展起来的一门新兴边缘学科，已成为现代高新技术的重要组成部分和空间信息科学的基础。

自 20 世纪 50 年代发射人造地球卫星以来，各种各样的空间探测卫星源源不断地提供大量、丰富的遥感信息资料。卫星遥感平台与系统技术发展迅速，遥感平台从低空逐步发展到高空，卫星种类从单一到多样，形成了空间—地面的综合立体监测平台。卫星传感器系统从低分辨率到高分辨率，从单一的黑白图像到彩色的多光谱图像，从普通的光学成像到雷达成像，所提供产品的地面分辨率、光谱分辨率、时间分辨率大为提高，已能满足工程测绘及调查应用的需要。

2.2　遥 感 平 台

遥感平台是指搭载传感器并进行遥感作业的运载工具。现代遥感平台，按平台距离地面的高度可分为 3 类：近地面平台、航空平台和航天平台。这 3 种平台各有不同的特点和用途（表 2-1）。

近地面平台是指在地面上搭载传感器的固定和可移动的装置，如三角架、遥感塔、遥感车等，高度多在 100m 以下，主要用来配合航空遥感和航天遥感使用，起校准和辅助作用。

航空平台是指高度在 100m 以上，80km 以下，用于各种调查、空中侦察、摄影测量的平台，如飞机、气球等，其中飞机是航空遥感的主要平台。航空遥感具有分辨率高、不受地面条件限制、调查周期短、测量精度高以及资料回收方便等特点。同时，航空飞行机动灵活，特别适用于局部地区的资源探测和环境监测。目前，航空遥感得到广泛地应用，成为一种实用的探测手段。

航天平台一般是指高度在 80km 以上，主要包括探测火箭、人造地球卫星、宇宙飞船和航天飞机等。航天遥感突出的特点是可以对地球进行宏观、综合、动态以及快速地观察，为地球资源探测和环境监测创造有利条件，从而大大地开阔人们的眼界，加深对某些自然现象的认识。

卫星遥感平台在地球资源探测、环境监测和数字地球中起着主要作用（表 2-1）。按其运行轨道的高度,可以分为3种类型。

(1)低高度、短寿命卫星

这类卫星的高度一般为150～200km,寿命只有1～3周,可以获得分辨率极高的图像,这类卫星多数是为军事服务的。

(2)中高度、长寿命卫星

这类卫星的高度一般为350～1 500km,寿命多为一年以上,属于这类卫星的有高分辨率卫星、陆地卫星、极轨气象卫星和海洋卫星。

(3)高高度、长寿命卫星

这类卫星也称为地球同步卫星或静止卫星,这类卫星的高度约为36 000km,一般的地球静止气象卫星、通信卫星均属于这一类。

3种类型的卫星各有优缺点。公路工程遥感应用中,主要采用中高度、长寿命卫星,其突出特点是在一定周期内,对地面的同一地区可以进行重复观察。

遥感平台及用途　　表2-1

遥感平台	高度(km)	目的、用途
静止卫星	36 000	定点地球观测
圆形轨道卫星/地球观测卫星	500～1 000	定期地球观测
航天飞机	240～350	不定期地球观测、空间试验
无线探空仪	0.1～100	各种调查、气象
高高度喷气机	10～12	侦察、大范围调查
中低高度飞机	0.5～8	各种调查、航空摄影测量
飞艇	0.5～3	空中侦察、各种调查
直升机	0.1～2	各种调查、摄影测量
无线遥控飞机	0.5以下	各种调查、摄影测量
牵引飞机	0.05～0.5	各种调查、摄影测量
系留气球	0.8以下	各种调查、摄影测量
索道	0.01～0.04	遗址调查
吊车	0.005～0.05	近距离摄影测量
地面测量车	0～0.03	地面实况调查

2.3 卫星系统

根据研究对象的不同,遥感卫星主要可分为地球资源卫星、气象卫星和海洋卫星3种类型。气象卫星的主要任务是搜集气象数据;海洋卫星的主要任务是搜集海洋资源及其环境信息;地球资源卫星的主要任务是搜集地球资源和环境信息。这3者共同构成了地球环境卫星系列,它们在实际应用中相互补充,使人们能从不同角度研究地球或某一个区域各地理要素之间的内在联系和变化规律。

公路工程卫星勘察主要以地球资源卫星为主。根据公路工程勘察的需要，可将公路工程勘察常用的卫星系统划分为高分辨率卫星、中低分辨率卫星和高光谱卫星 3 种类型。

2.3.1 高分辨率卫星

空间对地观测地面分辨率小于 1.0m 的卫星图像称为高分辨率卫星图像。目前，世界上已经有 10 余颗高分辨率商业遥感卫星，能够提供各种高分辨遥感卫星图像。

1）IKONOS 卫星

IKONOS 卫星是 Space Imaging 公司于 1999 年 9 月 24 日发射的高分辨率商业遥感卫星系统，是世界上第一颗提供米级高分辨率卫星图像的商业遥感卫星（图 2-1）。IKONOS 卫星提供的全色图像分辨率达到 1m，无地面控制可以满足1∶10 000比例尺测图精度要求。IKONOS 卫星提供用户使用的标准产品还包括 4m 分辨率的多光谱遥感图像数据和 1m 分辨率增强型彩色遥感图像数据。IKONOS 卫星图像的扫描幅宽为 11～13km，所有的图像都具有 11bit 的量化等级，因而图像包含更加丰富的信息。

图 2-1　IKONOS 卫星

IKONOS 卫星上装载有高性能的 GPS 接收机、数字式恒星跟踪仪和激光陀螺，可以提供较高精度的卫星星历和姿态参数，保证了在没有地面控制点的情况下，IKONOS 卫星图像也能达到较高的地理定位精度。

IKONOS 卫星具有灵活的侧摆能力，卫星可从星下点两边侧摆各 50°，这使得它具有很短的重访周期，对目标具有很强的机动覆盖能力。以 1m 的分辨率，IKONOS 卫星的重访周期是 3d；以 1.5m 的分辨率，IKONOS 卫星的重访周期是 1.5d。IKONOS 卫星基本参数见表 2-2。

IKONOS 卫星的传感器具有十分灵活的机械设计，可以通过 CCD 相机前后摆动获取同轨立体图像，同一像对中的两景图像采集间隔时间仅 30～40s，辐射变化极小，便于匹配处理。Space Imaging 公司对 IKONOS 卫星的成像模型保密，提供有理多项式模型代替严格成像模型。

Space Imaging 公司希望每个 IKONOS 卫星景象都能明亮、清晰，而且易于传输。然而，因为在一幅景象中，通常低端像素值比高端像素值多，所以首次观察时许多不变的场景看上去是黑色的。事实上，大多数场景的动态范围并不包含所有可能用到的动态范围。Space Imaging 公司利用一种成熟的 DRA 技术（图 2-2），在传输前将景象变亮，在确定每个数据集的实际范围后，对原始数据再加工，使其包含更多可能的动态范围。通常地，这种方法能使景象的外观变亮，也存在一些明亮的沙漠景象略微暗一些的情况。多数用户喜欢 DRA 的效果，因为它们在没有处理的情况下就取得了像样的景象。然而，也有人不满意 DRA 处理过的景象，主要是因为这种处理重新分配了数据并改变了辐射率的关联，少数情况下，这些处理破坏了景象的数值。

IKONOS 卫星的基本参数表　　表 2-2

发射时间	1999 年 9 月 24 日
操作寿命	超过 7 年
轨道(°)	98.1,太阳同步
轨道速度(km/s)	7.5
对地速度(km/s)	6.8
每日环绕地球次数(次)	14.7
绕地一周时间(min)	98
高度(km)	681
分辨率(m)	星下点:全色 0.82,多光谱 3.2
	26°偏移:全色 1.0,多光谱 4.0
图像宽度(km)	轨道底点处 11.3,28°偏移处 13.8
跨越赤道时间	上午 10:30
重访时间	40°纬度,1m 分辨率约 3d
动态范围(bit)	11
波长(μm)	全色:0.45～0.90
	蓝:0.45～0.52
	绿:0.51～0.60
	红:0.63～0.70
	近红外:0.76～0.85

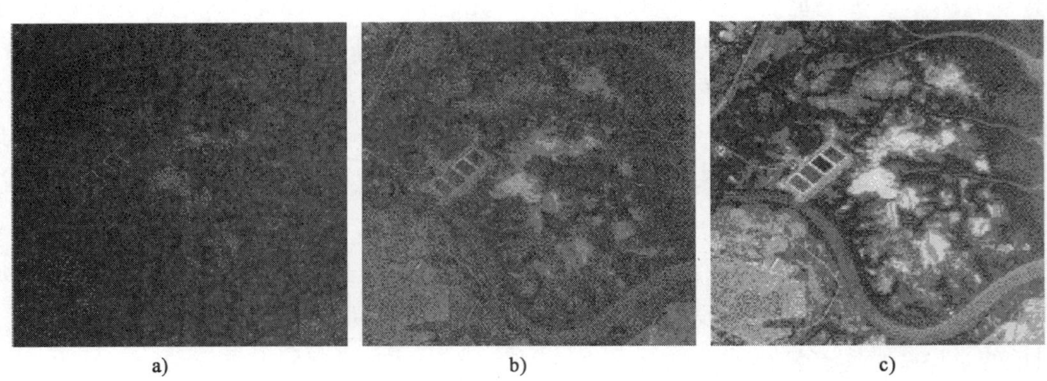
a)　　b)　　c)

图 2-2　动态范围调整

a)原始图像;b)简单的 DRA;c)优化的 DRA

IKONOS 卫星同所有其他传感器一样,都有设计上的限制。一些目标能量水平很低以至于探测器不能响应,另一些目标上限水平超过了传感器管理能量的能力。多年来,传感器的设计和功能已经有了很大的发展,重点是增加探测器的灵敏性。但这将在传感器设计范围的上端产生一个问题,特别是非常明亮的目标过饱和探测器,使得在卫星运行到另一位置和另一像素之前不能设置背景的传感器信号。当这种情况发生时，由于在前一位置接收的过剩能量使得传感器会短时失明，目标（如屋顶的后沿）就会失去或是变模糊。

许多目标能产生色调过饱和反应（BTR）。在一些地区，许多屋顶都由波浪状的金属做成，这通常会产生 BTR。冰、雪和沙在适当的背景下以及沙漠地区白色的建筑等均能产生过饱和反应（图 2-3）。由于明亮表面太阳光线反射掉而不进入相机镜头从而产生过饱和，因此某种采集角度能够避免 BTR。然而，在一些地区的某个季节，BTR 几乎不可能避免。Space Imaging 公司一直致力于避开临界角，特别是在世界上 BTR 显著的一些地区。

图 2-3　雪覆盖地区的 BTR 现象

IKONOS 卫星提供立体图像数据可分为以下 3 级：

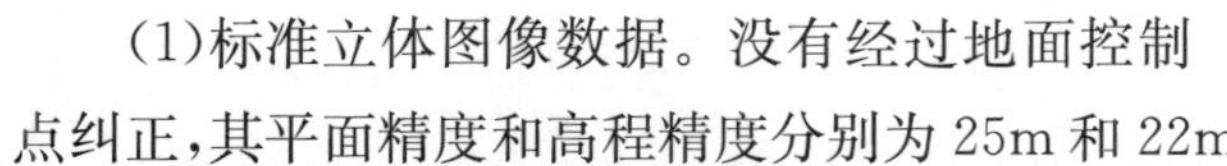

（1）标准立体图像数据。没有经过地面控制点纠正，其平面精度和高程精度分别为 25m 和 22m。

（2）精纠正立体图像数据。经过地面控制点纠正，其全色波段平面精度和高程精度分别为 4m 和 5m，多光谱波段的平面精度和高程精度分别为 6m 和 9m。

（3）增强型精纠正立体图像数据。经过地面控制点纠正，其全色波段平面精度和高程精度分别达到 2m 和 3m，主要用于测制相应比例尺地形图、图像地形图。

IKONOS 卫星图像可以提供每像素 8bit 或 11bit 格式。8bit 图像文件小、易用于视觉解译，在 8bit 图像中，每个波段的每个图像以 256 个灰度级表示。11bit 图像具有全面、动态的特点。当浏览 11bit 的图像时，使用能读 16bit 文件格式并能调整图像亮度和反差的应用软件。在 11bits 图像中，每个像素以 2 048 个灰度级表示，能分辨物体细微差别的更多信息。采用 11bit 的图像在一幅图像的亮度最高的地区，例如，一块冲刷过的雪地可以展现出冰川的流动特征；在光谱的另一端，黑色的无特征的阴影展现了有汽车、行人和地铁入口的一条街道，云影下展现出山体的细节等。另外，增加数据位对增强乌云和其他阴影下的特征尤其有用。11bit 数据展现了物体的细微特征（图 2-4）。

a)

b)

图 2-4　11bits 的 IKONOS 卫星图像

a）云影下的黑色；b）阴影中显示的细节

虽然 11bit 数据有许多优点，但是它对处理数据的软、硬件提出了更高的要求。这些要求是当前它仍不能大众化应用的“障碍”。

首先，11bit 数据，只有最先进的图像处理软件可以处理这些数据，所有其他的图形软件都只能处理 8bit 数据。在某种程度上，这个问题直到今天仍然存在。除主要的专业处理软件外，大多数 GIS 和 CAD 软件包和大众化的图像处理软件仍然不能装载 11bit 的数据。

其次，增加比特使得数据的大小比传统的 8bit 数据大得多。例如每个像素使用两个字节来存储 11bit 数据，例如，在 1m 分辨率下，$1km^2$ 地区的彩色图像（RGB 三波段）将使用 3MB 大小来存储 8bit 数据，对于同一地区的 11bit 图像将需要 6MB 来存储。因此，需要有更高的硬件要求和软件处理能力，而通常使用的系统和程序使用每个波段的 8bit 图像。更进一步地说，对更大的区域，无缝镶嵌的建立将把处理系统推到它们的极限，用户必须使用虚拟镶嵌或通过元数据定义产生图像块进行存取。在对大数据进行大比例尺测图时，需要足够的系统资源分配、有效的绘图文件处理等。

2）WorldView 卫星

WorldView 卫星是 DigitGloble 公司经营管理的高分辨率商业遥感卫星。第一颗 WorldView-Ⅰ卫星已于 2007 年 9 月 18 日成功发射，第二颗 WorldView-Ⅱ卫星于 2009 年 10 月 6 日发射升空。WorldView 卫星是目前地球上分辨率最高、响应最敏捷的商业成像卫星。WorldView-I 的全色图像分辨率达到星下点 0.41m，在倾斜 20°成像时 0.55m。由于美国政府的禁令，对于非美国政府用户，即使获得 0.41m 的图像，也必须强制重新采样到 0.5m 出售。

WorldView-Ⅰ卫星运行在高度 496km、倾角 98°、周期 93min 的太阳同步轨道上，在 1m 分辨率情况下，平均重访周期为 1.7d，在 0.51m 分辨率下，平均重访周期为 5.9d，垂直摄影时，幅宽为 18.7km。WorldView-Ⅰ卫星具有更大的星上存储系统，大容量全色成像系统每天能够拍摄多达 50 万 km^2 的 0.5m 分辨率图像。

WorldView-Ⅱ卫星运行在 770km 高的太阳同步轨道上（图 2-5），可以同时提供 0.5m 分辨率全色图像和 1.8m 分辨率的多光谱图像。星载多光谱传感器不仅具有 4 个标准谱段（红、绿、蓝、近红外），而且还包括四个额外的谱段（海洋蓝、黄、极端红和长波近红外）。多样性的谱段能够为用户提供进行精确变化检测和制图的能力，可以更为真实的表示地球的表面。

图 2-5　WorldView-Ⅱ卫星

WorldView 卫星使用超稳定平台技术（Ultra-stable platfrom）和高精度的姿态传感器、GPS 接收机，可以精确的测量卫星的姿态和位置信息，具备更高的地理定位精度。在无地面控制点情况下 WorldView-Ⅰ卫星定位精度可以达到 3.0～7.6m，WorldView-Ⅱ卫星定位精度可以达到 4.6～10.7m。该卫星还具有极佳的响应能力，能够快速瞄准要拍摄的目标和有效地进行同轨立体成像。

WorldView 卫星基本信息如表 2-3 所示。

WorldView 卫星基本信息表　　表 2-3

卫　星	WorldView-Ⅰ	WorldView-Ⅱ
发射时间	2007 年 9 月 18 日	2009 年 10 月 6 日
轨道高度(km)	496	770
轨道倾角(°)	98(太阳同步)	98(太阳同步)
轨道周期(min)	94.6	100
星上存储量(GB)	2 199	2 199
数据下载速率(Mbps)	800	800
遥感器波段	全色	全色+8 个多光谱段
姿态测定与控制	三轴稳定,控制力矩陀螺(CMG),星敏感器、固体惯性参照器和 GPS	三轴稳定,控制力矩陀螺(CMG),星敏感器、固体惯性参照器和 GPS
重新瞄准目标的敏捷性	侧摆 300km 所需的时间:10.5s	侧摆 300km 所需的时间:10.5s
延时积分(TDI)	从 8 到 64 有 6 级可供选择	全色:从 8 到 64 有 6 级可选 多光谱:从 3 到 24 有 7 级可选
地面分辨率(m)	星下点:0.5 侧视 25°处:0.59	全色:星下点 0.46,侧视 20°处 0.52;多光谱:星下点 1.8,侧视 20°处 2.4
成像带宽(km)	星下点处 17.6	星下点处 16.4
卫星重访周期(d)	1mGSD 成像时:≤1.7 偏离星下点 25°:≤4.6	1mGSD 成像时:≤1.1 偏离星下点 25°:≤3.7
动态范围(bit)	11	11
地理定位精度(m)	无地面控制点:3.0～7.6 有地面控制点:≤2.0	无地面控制点:4.6～10.7 有地面控制点:≤2.0

从表 2-3 中数据可以发现 WorldView 卫星具有如下特点:

(1)高地面分辨率:在星下点地面分辨率高达 0.5m,偏离星下点 25°处地面分辨率为0.59m,提供的高细节卫星图像非常适用于高精度地图制作以及变化监测和深层次的图像分析。

(2)高地理定位精度:使用超稳定平台技术和高精度的姿态传感器和 GPS 接收机,可以精确的测量卫星的姿态和位置信息,使得在无地面控制点情况下 WorldView-Ⅰ卫星定位精度可以达到 3.0～7.6m,WorldView-Ⅱ卫星定位精度可以达到 4.6～10.7m。

(3)超大容量:星上存储量高达 2 199GB,数据下载速率为 800Mbps,这些均保证了可以连续的获取大范围的图像数据,WorldView-Ⅰ卫星和 WorldView-Ⅱ卫星星下点的成像宽度分别为 17.6km 和 16.4km,长度不限。

(4)采集数据方式灵活:WorldView 卫星是全球第一批使用控制力矩陀螺的商业卫星。这项高性能技术可以提供多达 10 倍以上加速度的姿态控制操作,从而可以更精确、快速的瞄准和扫描目标,侧摆 300km 所耗费的时间仅需要 10.5s,由于 WorldView 卫星对指令的响应速度更快,图像的周转时间(从下达成像指令到接收到图像所需的时间)仅为几个小时。

(5)图像质量高：采用世界顶尖级别的镜头，高对比度、信噪比、11bit 灰度动态范围和可选择的 TDI 级别，都极大地增强了图像的可解译程度，有利于后继的图像数据处理。

(6)重访周期短：当成像 GSD 为 1m 时，WorldView-Ⅰ卫星和 WorldView-Ⅱ卫星的重访周期分别为 1.7d 和 1.1d，甚至更短；偏离星下点 25°成像时，重访周期分别为 4.6d 和 3.7d，可以有效保证数据采集效率。

DigitGloble 公司提供了三种级别的 WorldView 图像产品，分别是基本级别产品、标准级别产品和正射级别产品。具体如下：

(1)基本级别产品：产品又可分为基本图像和基本立体图像。基本级别产品均进行了辐射校正，并将全色波段的 50 条相互交错的线阵上的像素融合到一条虚拟的线阵上。基本立体图像为同轨立体图像，可实现用户感兴趣区域的 100%覆盖。对于该级别的图像，可认为近似保留了成像时刻的几何关系，其附带的图像支持数据提供了成像时卫星的位置、速度和姿态等信息，允许用户进行更深层次的数据处理。

(2)标准级别产品：可分为标准图像和预备正射标准图像。标准级别图像经过了辐射校正，根据用户选择的基准椭球和投影方式进行了地图投影，并将图像 GSD 重采样为相同大小。标准图像产品制作时，利用比较粗略的 DEM 进行了一定程度的地形改正。预备正射标准图像则是直接将图像投影到指定的高程参考面上。

(3)正射级别产品：该级别的图像进行了辐射校正，并利用精细的 DEM 进行地形改正，并可以利用地面控制点来提高绝对定位精度。无地面控制点时，其标称精度可以满足 1∶12 000 比例尺的精度要求；在有地面控制点时，可以满足 1∶4 800 比例尺的精度要求。

3)QuickBird 卫星

QuickBird 卫星是美国 DigitGloble 公司于 2001 年 10 月 18 日发射(图 2-6)。QuickBird 卫星的全色波段的分辨率达到了 0.61m。QuickBird 卫星同时还提供四个多光谱波段图像，地面分辨率为 2.44m。同 IKONOS 卫星一样，QuickBird 图像也具有 11bit 量化等级。QuickBird 图像产品分基本图像、标准图像、正射图像、立体像对等不同类型，从波段组成上图像产品分全色波段图像数据、多光谱图像数据、全色波段图像数据与多光谱图像数据产品包、融合图像数据。QuickBird 图像的几何定位精度，在无地面控制点的情况下，基本图像(Basic 级，未经过几何处理)可以达到 14m。DigitGloble 公司同时提供亚米传感器模型和有理多项式系数模型来处理 Quickbird 图像。

图 2-6　QuickBird 卫星

QuickBird 卫星与 IKONOS 卫星类似也具有推扫、横扫成像功能。QuickBird 卫星具有很高的地面覆盖幅宽，当垂直摄影时(分辨率 0.61m)，覆盖幅宽 16.5km，当倾斜 30°成像时(分辨率 1m)，地面幅宽为 22km。较宽的覆盖范围提高了数据的获取效率，也减少了后续镶嵌等的工作量。QuickBird 卫星具有非常好的机动编程获取能力，具有 1～3d 的重访周期。QuickBird 卫星主要成像参数如表 2-4 所示。

QuickBird 卫星主要成像参数　　表 2-4

卫星设计寿命(年)	7
轨道高度(km)	450
轨道倾角(°)	98(太阳同步极轨)
卫星质量(kg)	950
重访周期(d)	1～3
分辨率(m)	全色:0.61(星下点) 多光谱:2.44(星下点)
波谱范围(μm)	全色:0.45～0.9 蓝:0.45～0.52 绿:0.52～0.60 红:0.63～0.69 近红外:0.76～0.90
幅宽(km)	单景:16.5×16.5 条带:16.5×165
动态范围(bit)	11
辐照宽度(km)	以星下点轨迹为中心,左右各 272km

4)Peiades 卫星

Pleiades 星群是 SPOT 卫星家族的后续卫星,由 Pleiades-1 和 Pleiades-2 两颗卫星构成,Pleiades-1 与 Pleiades-2 相隔 180°,形成一个对任意点每日观测的卫星星座。首颗 Pleiades-1 卫星已于北京时间 2011 年 12 月 17 日成功发射(图 2-7)。Pleiades 卫星重约 900kg,轨道高度为 700km,采用太阳同步轨道。Pleiades-1 之后还将有 Spot-6、Pleiades-2 和 Spot-7 卫星会相继发射。Pleiades 卫星将是第一个可提供每日重访的卫星星座。

图 2-7　Pleiades 卫星

Pleiades 卫星可提供分辨率为 0.5m 的全色影像和分辨率为 2.0m 的多光谱影像产品,且幅宽达到了 20 km×20 km,是同等分辨率卫星中最宽的。Pleiades 卫星能够提供立体像对及三线阵立体影像。Pleiades 卫星可在极短的时间内提供精确空间信息的新服务以及非凡的接收能力,单颗星每天可接收 450 幅影像,其基本参数如表 2-5 所示。

Pleiades 卫星与同等分辨率卫星相比优势明显,具体如下:

(1)全球任意一点每天重访。

(2)0.5m 分辨率的正射产品。

(3)Pleiades 卫星可以在一次过境的情况下获得高分辨率的立体像对，能提供可变基高比的标准立体像对和三线阵立体影像。

(4)影像幅宽天底处为 20km。

Pleiades 卫星图像基本参数 表 2-5

波谱范围(μm)	全色:0.48～0.83 蓝:0.43～0.55 绿:0.49～0.61 红:0.60～0.72 近红外:0.75～0.95
幅宽(km)	星下点:20 最大条带长度:330
动态范围(bit)	16
影像定位精度(m)	带地面控制点:1 无地面控制点:3(CE90)
覆盖能力(km^2)	双星单日覆盖能力:1 000 000 条带模式(镶嵌的):100×100 立体像对:20×280
侧视角(°)	±45° (±30°,像素小于 1m)

(5)每天上载 3 次工作指令，近于实时的数据接收。

(6)紧急编程任务缩短至接收影像前 6h，地面站直接任务指令(小于过境前 1h)。

(7)每天覆盖 1 百万 km^2。

(8)独到的影像定位精度:无控制点情况可达 3m。

(9)4 个多光谱波段(蓝、绿、红和近红外)组成更好的自然色。

5)GeoEye 卫星

2006 年 1 月美国 OrbImage 公司成功收购了 Space Imaging 公司，创办了 GeoEye 公司，使其成为世界上最大的商业遥感卫星的营运公司。GeoEye-1 卫星为两家公司合并后第一颗以公司名称命名的卫星，于 2008 年 9 月 6 日成功发射(图 2-8)。它的全色图像具有 0.41m 的空间分辨率，四个波段的多光谱图像具有 1.64m 的空间分辨率，图像的幅宽也达到了15.2 km。GeoEye-1 卫星每天能获取 120 万 km^2 的图像，重访周期小于 1.5d。GeoEye-1 卫星基本参数和 GeoEye-1 卫星图像参数分别如表 2-6、表 2-7 所示。

6)COSMO-SkyMed 卫星

2007 年 6 月 8 日由意大利航天局和意大利国防部共同研发的全球首颗高分辨率雷达卫星 COSMO-SkyMed 成功发射。COSMO-SkyMed 系统是由 4 颗 X 波段合成孔径雷达(SAR)卫星组成的星座，运行于 619.6km 高的太阳同步轨道，每颗卫星都配有一个 X 波段(3.1cm)的高分辨率合成孔径雷达(SAR)装置(图 2-9)，并且配套有特别灵活和创新的数据获取和传输设计。目前 4 颗卫星已全部在轨运行。

图 2-8　GeoEye-1 卫星

图 2-9　COSMO-SkyMed 卫星

GeoEye-1 卫星基本参数　　表 2-6

发射日期	2008 年 9 月 6 日
运载火箭	Delta II
发射地点	加利福尼亚范登堡空军基地
卫星质量(kg)	1 955
星载存储器(Tbit)	1
数据下传速度(Mbps/s)	X-band 下载,740
运行寿命	设计寿命 7 年,燃料充足可达 15 年
数据传输模式	储存并转送;实时下传;直接上传和实时下传
轨道类型	太阳同步
轨道高度(km)	684
轨道速度(km/s)	约 7.5
轨道倾角(°)	98
降交点过赤道当地时间	上午 10:30
轨道周期(min)	98

GeoEye-1 卫星图像参数　　表 2-7

相机模式	全色和多光谱(全色融合) 单全色 单多光谱
分辨率(m)	星下点全色:0.41 侧视 28°全色:0.5 星下点多光谱:1.65
波长(μm)	全色:0.45～0.80 蓝:0.45～0.51 绿:0.51～0.58 红:0.66～0.69 近红外:0.78～0.92
定位精度(无控制点)	立体 CE90:4m;LE90:6m 单片 CE90:5m
幅宽(km)	星下点 15.2
成像角度	可任意角度成像
重访周期(d)	2～3
单片图像日获取能力(km^2)	全色:近 700 000 全色融合:近 350 000
动态范围(bit)	11

COSMO-SkyMed雷达卫星的最高分辨率为1m,扫描带宽为10km,具有雷达干涉测量地形的能力。作为全球第一颗分辨率高达1m的雷达卫星星座,COSMO-SkyMed系统将以全天候对地观测的能力、卫星星座特有的高重访周期等优势,为资源环境监测、灾害监测、海事管理及科学应用等相关领域的探索开辟更为广阔的道路。COSMO-SkyMed卫星的技术参数如表2-8所示。

COSMO-SkyMed1 卫星的技术参数 表2-8

发射日期	2007年6月8日
卫星质量(kg)	1 850
运载火箭	Delta Ⅱ
轨道类型	近极地太阳同步
轨道高度(km)	619.6
轨道倾角(°)	97.86
降交点过赤道当地时间	上午6:00
轨道周期(d)	16

根据用户需求,COSMO-SkyMed卫星系统可提供以下三种工作模式。

(1)扫描模式(SCANSAR)

扫描模式拥有较大的幅宽、较低的空间分辨率,成像采用临近条带模式。扫描模式具有WideRegion和HugeRegion两种不同方式。WideRegion模式包括3个临近的子条带,距离向和方位向幅宽都达到100km,成像时间大约15s。该模式下PRF值为2 905.9~3 632.4Hz,地面分辨率大约30m。HugeRegion模式包括6个临近的子条带,距离向和方位向幅宽达到200km,成像时间大约30s。该模式下PRF值为2 905.9~3632.4Hz,地面分辨率大约100m。

(2)条带模式(STRIPMAP)

条带模式通过沿飞行方向固定天线指向来实现,是最常用的成像模式。条带模式具有Himage和Polarimetric两种不同方式。在Himage模式下,雷达TX/RX配置不随时间变化,能够接受每个地面散射体的全多普勒波束宽度,由方位向天线波束孔径所决定。Himage模式幅宽大约40km,相应的成像持续时间6.5s,PRF值为2 905.9~3 874.5Hz,地面分辨率大约3m。Polarimetric模式通过交互改变TX/RX极化方式实现多条带获取。Polarimetric模式采用条带模式并在两种可能的极化方式中交替变换信号的极化方式,如VV、HH、HV和VH。Polarimetric模式幅宽为30km,对应于成像持续时间5s,PRF值为2 905.9~3 632.4Hz,方位向分辨率约15m。

(3)聚束模式(SPOTLIGHT)

聚束模式在整个成像时段内,通过同时在方位向和垂直平面控制雷达天线对区域成像,其持续时间要比标准的条带边观测时间长。聚束模式下,图像获取采用帧模式,此模式下方位向和距离向幅宽能够达到11km,PRF值为3 148.1~4 116.7Hz,方位向分辨率约1m。

2.3.2 中低分辨率卫星

中低分辨率卫星图像主要用于工程地质遥感勘察,中、小比例尺地形图测绘等。常见的中低分辨率卫星图像主要有美国陆地卫星Landsat、法国卫星SPOT、中巴地球资源卫星CBERS、印度遥感卫星IRS、日本ALOS卫星等。

1)Landsat卫星

1972年7月23日,美国陆地卫星Landsat首次入轨运行,开始为全世界广大用户提供遥感图像数据，现已连续发射了7颗卫星。Landsat-1、2、3以多光谱扫描图像(MSS)为主体应用图像，Landsat-4、5以专题制图仪(TM)图像为主体图像，Landsat-6、7新增加了增强型专题制图仪(ETM)通道(Landsat-6发射失败)，使Landsat图像的分辨率从79m×79m(MSS)、30m×30m(TM)，改进为15m×15m(ETM)。

美国于1999年4月15日发射了Landsat-7卫星，用以代替已经工作了15年，性能老化的Landsat-5卫星。Landsat-7卫星与以前的Landsat卫星在获取数据的地理范围、空间分辨率、校正精度和光谱特性等方面保持了一致，从而为需要数据连续性的全球变化研究和其他应用研究奠定了基础。Landsat-7卫星与Landsat-4、5一样，按近极地、近圆形、太阳同步轨道绕地球飞行(图2-10)，轨道高度705.3km，运行周期为98.9min，每天绕地球14.562 5圈，16d覆盖地球一次。白天降轨运行，穿越赤道的时间为当地时间上午10点。

图2-10 Landsat-7卫星

Landsat-7卫星覆盖全球的周期为16d，卫星共需绕行233圈，因而卫星共有233个轨道。在赤道相邻两个轨道的中心距离为171.5km。由于卫星仪器ETM的扫描角为7.5°，正对星下点成像，每点图像宽度为185km，因此相邻轨道间有一定的重叠。如同以前的Landsat卫星一样，ETM使用一个扫描行纠正器去除因扫描和轨道运行引起的行间重叠或行间间隔。

Landsat-7卫星与过去的Landsat系列卫星有许多共同点以保持图像数据的延续性，Landsat-7也采用了一些新技术在许多方面进行了改进。Landsat-7成像仪的ETM中增加了全色波段(Pan)，图像的空间分辨率提高到15m；其热红外波段的探测器阵列从过去的4个增加到8个，使得对应地面的分辨率从120m提高到60m；ETM数据的绝对辐射精度为5%，波段间配准精度为0.3像素。在不使用地面控制点的情况下，地理定位精度为250m。Landsat ETM图像数据能用于1∶50 000比例尺的成图。

当前，Landsat-5卫星和Landsat-7卫星在轨运行。其中，Landsat-7 ETM+机载扫描行校正器(SLC)出现故障，导致2003年5月31日之后获取的图像出现了数据条带丢失，严重影响了Landsat ETM遥感图像的使用。

Landsat卫星参数表见表2-9，Landsat-7 ETM+图像波段及其分辨率见表2-10。

2)SPOT卫星

SPOT对地观测卫星系统由法国空间研究中心发射，以稳定性、较高的分辨率、成功的商业运作模式而著称，也是全球最具影响力的遥感卫星之一。SPOT-1于1986年2月22日发射成功，之后的十几年，SPOT卫星每隔几年便发射一颗，以确保服务的连续性，迄今为止已发射了5颗卫星，SPOT卫星的总体特征见表2-11，SPOT卫星图像波段及其分辨率见表2-12。

SPOT卫星自发射之始就带有明显的测绘卫星的特征，至目前为止发射的SPOT-1～SPOT-5号卫星事实上已经形成了一个测绘卫星系列。目前在轨运行的主要是SPOT-5卫星。SPOT-5卫星上搭载有三种成像装置，除了前几颗卫星上的高分辨率可见光遥感器

(HRV)或高分辨率几何装置(HRG)和植被探测器(VEGETATION)外,SPOT-5 更有一个高分辨率立体成像(HRS)装置(图 2-11)。

Landsat 卫星参数表 表 2-9

参数 \ 卫星	Landsat-1	Landsat-2	Landsat-3	Landsat-4	Landsat-5	Landsat-7
发射时间	1972.7.23	1975.1.12	1978.3.5	1982.7.16	1984.3.1	1999.4.15
卫星高度(m)	920	920	920	705	705	705
半主轴(km)	7 285.438	7 285.989	7 285.776	7 083.465	7 285.438	7 285.438
倾角(°)	103.143	103.155	103.1150	98.9	98.2	98.2
过赤道的时间	上午 8:50	上午 9:03	上午 6:31	上午 9:45	上午 9:30	上午 10:00
覆盖周期(d)	18	18	18	16	16	16
扫幅宽度(km)	185	185	185	185	185	185
波段数	4	4	4	7	7	8
机载传感器	MSS	MSS	MSS	MSS、TM	MSS、TM	ETM+
运行情况	1978 年退役	1982 年退役	1983 年退役	1983 年退役	在役服务	2003 年 5 月出现故障

Landsat-7 ETM+图像波段及其分辨率 表 2-10

波　段	波段类型	波谱范围(μm)	分辨率(m)
1	蓝波段	0.450～0.515	30
2	绿波段	0.525～0.605	30
3	红波段	0.630～0.690	30
4	近红外波段	0.775～0.900	30
5	短红外波段	1.550～1.750	30
6	热红外波段	10.400～12.500	60
7	短波红外波段	2.090～2.350	30
8	全色	0.520～0.900	15

SPOT 卫星的总体特征 表 2-11

卫　星	SPOT-5	SPOT-4	SPOT-1、2、3
发射日期	2002 年 5 月	1998 年 3 月	1：1986 年 2 月 2：1990 年 1 月 3：1993 年 2 月
发射器	阿丽亚那 4 型火箭	阿丽亚那 4 型火箭	阿丽亚那 2/3 型火箭
设计寿命(年)	5	5	3
轨道	太阳同步	太阳同步	太阳同步
降交点过赤道当地时间	上午 10:30	上午 10:30	上午 10:30

续上表

卫　星	SPOT-5	SPOT-4	SPOT-1、2、3
轨道高度(km)	822	822	822
倾角(°)	98.7	98.7	98.7
速度(kpbs)	7.4	7.4	7.4
姿态控制	指向地球和偏航轴控制(用以补偿地球自转的影响)	指向地球	指向地球
轨道周期(绕地一周)(min)	101.4	101.4	101.4
轨道循环周期(d)	26	26	26
总质量(kg)	3 000	2 760	1 800
数据传输(8GHz)(Mbps)	2 × 50	50	50

SPOT 卫星图像波段及其分辨率　　表 2-12

卫　星	传　感　器	波　段　类　型	波谱范围(μm)	分　辨　率(m)
SPOT-1、SPOT-2、SPOT-3	高分辨率可见光成像仪(HRV)	绿波段 红波段 近红外 全色	0.50～0.59 0.61～0.68 0.78～0.89 0.50～0.73	20 20 20 10
SPOT-4	高分辨率可见光及短波红外成像仪(HRVIR)	绿波段 红波段 近红外 短波红外 单光谱	0.50～0.59 0.61～0.68 0.78～0.89 1.58～1.75 0.61～0.68	20 20 20 20 10
SPOT-5	高分辨率几何成像仪(HRG)	绿波段 红波段 近红外 短波红外 单光谱 A 单光谱 B	0.495～0.605 0.617～0.687 0.780～0.893 1.545～1.750 0.475～0.710 0.475～0.710	10 10 10 20 5 5
	高分辨率立体成像仪(HRS)	前视 后视	0.49～0.69 0.49～0.69	10 × 5 10 × 5

HRG 由两条线阵安置在同一焦平面的 CCD 探测器构成，它可以获取 5m 分辨率的全色图像，也可以在 Super mode 模式下，通过超分辨率还原技术，获取 2.5m 分辨率的图像。HRG 的成像条带的幅宽为 60km。HRG 可以通过侧摆，获取异轨立体图像。

图 2-11　SPOT-5 卫星

HRS 是一个非常有特色的获取同轨立体图像的双线阵 CCD 相机。它和 HRG 不同的地方是,HRS两个传感器的指向始终是沿轨道方向前视或后视,不具备侧视能力,即一个传感器以固定20°的角度指向前(前视),另一个传感器以固定20°的角度指向后(后视)。同一时刻只能有一个传感器工作,即前视传感器运行90s获取地面一个条带的图像后关闭的同时,后视传感器打开于90s内获取地面同一个条带的图像,从而在180s的时间内形成一对立体图像条带。较之SPOT系列前几颗卫星的旁向立体成像模式,也就是轨道间立体成像而言,SPOT-5卫星几乎能在同一时刻以同一辐射条件获取立体像对,避免了像对间由于获取时间不同而存在的辐射差,大大提高了获取的成功率。HRS同轨立体图像及Reference 3D增值产品,第一次在真正意义上实现了无地面控制点情况下的卫星图像测绘,从而将卫星图像测绘自动化和智能化向前推进了重要的一步。

SPOT-5卫星采用了新的恒星跟踪仪和定轨装置DORIS,可以更精确地测定卫星位置和姿态,从而有效地提高图像的定位精度。SPOT-5卫星一个条带图像的范围为长600km,宽120km,即72 000km^{2}的地面范围。垂直于轨道方向的分辨率为10 m,沿轨道方向的地面分辨率为5m,立体像对的基高比为0.84,可以获得较好的高程精度,为快速提取大范围三维地形信息提供了可能。HRS立体图像的研究应用表明:有足够控制点时,SPOT-5立体像对生成的DEM在平坦地区高程精度可达5 m,高差较大的地区可达15m,平面精度则均优于20m;没有任何地面控制点时,SPOT-5立体像对的绝对定位精度约为50m。SPOT-5立体图像的成图比例尺可达1∶50 000,并可用于1∶25 000比例尺地形图更新。

3)CBERS卫星

中巴地球资源卫星(China-Brazil Earth Resources Satellite,以下简称CBERS)是1988年中国和巴西两国政府联合议定书批准,在中国资源一号原方案基础上,由中国、巴西两国共同投资,联合研制的卫星,并规定CBRES投入运行后,由两国共同使用。中巴地球资源卫星被称为“南南合作的典范”。

中巴地球资源卫星已经发射了01星、02星、02B星三颗卫星,中巴两国正在开展资源03、04星的研制工作。中巴地球资源卫星01星由中国与巴西于1999年10月14日合作发射,是我国的第一代数字传输型资源卫星,星上三种遥感相机可昼夜观测地球,利用高码速率数传系统将获取的数据传输回地球地面接收站,经加工、处理成各种所需的图片,供各类用户使用。01星的成功发射并正常运行,结束了我国没有陆地资源卫星的历史。

图2-12 CBERS卫星

中巴地球资源卫星02星和01星为同一型号的两颗卫星,都是我国第一代传输型地球资源遥感卫星。02星于2003年10月21日在中国太原卫星发射中心成功发射,卫星准确进入轨道倾角为98.5°的太阳同步轨道,每26d可覆盖全球地面一次(图2-12)。02星采集的数据可以满足制作1∶100 000比例尺的卫星图像图的要求,局部地区可以达到1∶50 000甚至更大的比例尺。02星的成功发射标志着我国资源卫星步入系列化和成熟化轨道,是我国卫星发展的重要阶段性成果。

2007 年 9 月 19 日，CBERS-02B 卫星在中国太原卫星发射中心发射，并成功入轨，2007 年 9 月 22 日首次获取了对地观测图像。02B 星是具有高、中、低三种空间分辨率的对地观测卫星，搭载的 2.36m 分辨率的 HR 相机改变了国外高分辨率卫星数据长期垄断国内市场的局面，在国土资源、城市规划、环境监测、减灾防灾、农业、林业、水利等众多领域发挥重要作用。

CBERS 系列卫星的基本特性见表 2-13，CBERS 系列卫星传感器的基本参数见表 2-14。

CBERS 系列卫星的基本特性　　表 2-13

发射时间	01 星:1999 年 10 月 14 日 02 星:2003 年 10 月 21 日 02B 星:2007 年 9 月 19 日
轨道类型	太阳同步
平均高度(km)	778
轨道倾角(°)	98.5
降交点地方时	上午 10:30
回归周期(d)	26
重访周期(d)	3
相邻轨道间距离(km)	107.4
每日圈数	14+9/26
传感器系统	01 星、02 星:CCD 传感器、IRMSS 红外多光谱扫描仪、宽视场成像仪; 02B 星:CCD 传感器、HR 高分辨率成像仪、宽视场成像仪

4)资源三号卫星

2012 年 1 月 9 日 11 时 17 分，我国第一颗民用高分辨率立体测图卫星“资源三号”在太原卫星发射中心由“长征四号乙”运载火箭成功发射升空。资源三号卫星主要用于 1∶50 000 立体测图及更大比例尺基础地理产品的生产、更新和数据库建设需要，并兼顾资源调查、环境和灾害评估、水利、交通、城市规划以及国家安全等方面的需求。

资源三号卫星(图 2-13)在轨道高度为 506km 的太阳同步圆轨道上飞行，卫星具有侧摆功能，可对地球南北纬 84°以内的地区实现无缝影像覆盖，每 59d 实现对我国领土和全球范围的一次影像覆盖，在特殊情况下，能够在 5d 之内对同一地点进行重访拍摄。

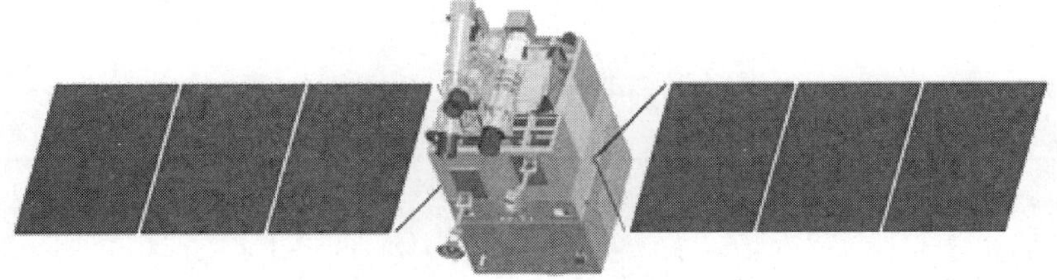

图 2-13　资源三号卫星

CBERS 系列卫星传感器的基本参数　　表 2-14

传感器名称	CCD 相机	红外多光谱扫描仪（IRMSS）	宽视场成像仪（WFI）	高分辨率成像仪（HR）
传感器类型	推扫式	振荡扫描式（前向和反向）	推扫式（分立相机）	推扫式
可见/近红外波段（μm）	1:0.45～0.52 2:0.52～0.59 3:0.63～0.69 4:0.77～0.89 5:0.51～0.73	6:0.50～0.90	10:0.63～0.69 11:0.77～0.89	12:0.50～0.80
短波红外波段（μm）	无	7:1.55～1.75 8:2.08～2.35	无	无
热红外波段（μm）	无	9:10.4～12.5	无	无
动态范围（bit）	8	8	8	8
扫描带宽（km）	113	119.5	890	27
每波段像元数（pixel）	5 812	波段 6、7、8:1 536；波段 9:768	3 456	—
空间分辨率（星下点）（m）	19.5	波段 6、7、8:78；波段 9:156	258	2.36
侧视功能	±32°	无	无	无
视场角（°）	8.32	8.80	59.6	—

资源三号卫星的基本参数见表 2-15。

资源三号卫星基本参数　　表 2-15

发射时间	2012 年 1 月 9 日	上固存容量（TB）	1
设计寿命（年）	5	降交点地方时	上午 10:30
卫星质量（kg）	2 630	轨道周期（min）	97.716
轨道高度（km）	505.984	回归周期（d）	59
轨道形式	太阳同步圆轨道	重访周期（d）	5
轨道倾角（°）	97.421		

资源三号测绘卫星利用经过适应性改进的资源二号卫星平台，装载 2.5m 分辨率正视全色 CCD 相机、4m 分辨率的前后视相机，配置形成三线阵对地面进行拍摄，并搭载有分辨率为 10m 的正视多光谱相机，实时或准实时将图像数据传回地面。资源三号卫星图像的基本参数见表 2-16。

资源三号卫星图像基本参数

表 2-16

载荷参数	三线阵相机	多光谱相机
波谱范围(μm)	0.5～0.8	蓝:0.45～0.52 绿:0.52～0.59 红:0.63～0.69 近红外:0.77～0.89
分辨率(m)	正视:2.5 前后视:4.0	10
焦距(mm)	1 700	1 750
动态范围(bit)	10	10
幅宽(km)	52	52
视场角(°)	6	6

与我国现有的资源类遥感卫星相比,资源三号测绘卫星图像分辨率高、图像几何精度和目标定位精度较高,其具有的 1∶50 000 比例尺的立体测图能力在国际上有很强的竞争力,对追赶国际卫星遥感技术具有十分重要的意义,可以确保我国资源遥感卫星长期稳定发展,为国民经济建设做出贡献。

5)IRS 卫星

IRS 卫星(Indian Remote Sensing Satellite,以下简称 IRS)是印度的资源卫星系列,属太阳同步轨道遥感卫星。1988 年 3 月 17 日,印度首颗第一代遥感卫星 IRS-1A 采用苏联的东方号火箭发射成功,使印度成为继美国、前苏联和法国之后的第 4 个拥有太阳同步轨道遥感卫星的国家。

IRS-1A 卫星重 975kg,运行在 904km 的太阳同步轨道上,星上载有两种共 3 台以推扫方式工作的线性成像自扫描相机(LISS)。1991 年 8 月 29 日,印度的第 2 颗遥感卫星——IRS-1B 由苏联的东方号火箭发射升空。它与 IRS-1A 完全相同,运行轨道也正好插在 IRS-1A 相邻的两条星下点轨迹之间,使这两颗星合成的重复观测周期缩短为原来的 1/2,即 11d。

1995 年 12 月 28 日,印度用俄罗斯闪电号火箭发射了第 2 代遥感卫星——IRS-1C;1997 年 9 月 29 日发射了与它相同的 IRS-1D 卫星。第 2 代卫星采用了许多新技术,能提供连续性数据、更高的空间分辨率、更大的光谱覆盖区和立体图像,并有重访能力。

IRS-1C/IRS-1D 卫星重约 1 330kg,运行在距地面 817km 高的太阳同步轨道上,重复观测周期是 24d,平台的性能指标高于 IRS-1A、1B 卫星。卫星上有效载荷为 3 台相机,全部采用推扫式扫描方式,并使用 CCD 作为探测器。卫星上的单谱段全色相机空间分辨率为 5.6m,且其镜头在垂直轨迹方向±26°可控,因而能缩短重访周期和进行立体观测。

印度在研制质量较大的 IRS-1C/1D 卫星的同时,还研制了较轻的 IRS-P 系列小型单遥感器卫星。IRS-P1 卫星于 1990 年由印度自行研制的极轨卫星运载火箭(PSLV)发射,由于末级火箭的故障,卫星和火箭双双坠入大海。1994 年 10 月 15 日,印度首次用自制的 PSLV 火箭成功发射了 IRS-P2 卫星，1996 年 3 月 21 日又把 IRS-P3 卫星送入太空。

IRS-P2 卫星重 870kg，运行在距地面 825km 高、倾角为 98.6°的太阳同步轨道。该星采用三轴稳定方式，其 CCD 探测器以摆动方式工作，使得每两幅图像之间在地面上沿飞行方向有 63km 的空白。所拍图像的地面幅宽为 131km。它的星下点轨迹重复周期为 24d，所获得的图像分辨率沿飞行方向为 36m，垂直于飞行方向为 32m。为便于使用，图像经过处理后作为产品给用户时分辨率仍为 36m，与 IRS-1A 和 lB 卫星的图像分辨率保持一致。

IRS-P3 卫星是 1 颗海洋研究卫星，它携带 1 台德国提供的模块化光电子扫描器(MOS)，以适应海洋研究的需要，主要用于获取海洋和海事数据。IRS-P3 卫星与 IRS-1C 卫星一样，除有宽视场相机外，还增加了 1 台短波红外相机。1999 年 5 月 25 日升空的 IRS-P4 也用于获取海洋数据。

IRS-P6 卫星，又名 RESOURCESAT-1 卫星，于 2003 年 10 月 17 日发射升空，卫星上携带三个传感器：多光谱传感器 LISS-4 和 LISS-3 以及高级广角传感器 AWIFS。接收空间分辨率为 5.8m 的全色图像信息和空间分辨率分别为 23.5m 和 56.0m 的多光谱图像信息。印度 IRS-P6 卫星的轨道为太阳同步、近极轨道；从其轨道模型看，它具有典型的光学遥感卫星的特点，与 CBERS、LANDSAT 等卫星的轨道特征非常类似。IRS-P6 卫星轨道参数见表 2-17，IRS-P6 卫星传感器参数见表 2-18。

IRS-P6 卫星轨道参数 表 2-17

轨　　道	近极地太阳同步
轨道高度(km)	817
倾角(°)	98.73
降交点时间	上午 10:30
重访周期(d)	LISS-3:24 LISS-4:5 AWIFS:5
每天轨道数(个)	14
轨道周期(min)	101.35

IRS-P6 卫星传感器参数 表 2-18

传　感　器	LISS-4	LISS-3	AWIFS
每个波段 CCD 数目	12 000	6 000	6 000
波谱范围(μm)	绿:0.52～0.59 红:0.62～0.68 近红外:0.77～0.86	绿:0.52～0.59 红:0.62～0.68 近红外:0.77～0.86 短波红外:1.55～1.70	绿:0.52～0.59 红:0.62～0.68 近红外:0.77～0.86 短波红外:1.55～1.70
幅宽(km)	70(多光谱)，23.9(全色)	141	740
几何分辨率(m)	5.8(星下点)	23.5	56(星下点)，70(边缘)
侧视能力(°)	±26	—	—
波段配准精度(pixel)	<0.25	<0.25	<0.25
重访周期(d)	5	24	5

IRS-P5 卫星又名 Cartosat-1 卫星，是印度政府于 2005 年 5 月 5 日发射的遥感制图卫星。它搭载了两个 2.5m 空间分辨率的全色波段摄像仪(图 2-14)，沿轨道方向一个前视角 26°、一

个后视角5°，两个相机获取同一景图像的时间差仅为52s，因此获取的立体像对的辐射效应基本一致，有利于立体观察和图像匹配。形成像对的有效幅宽为26km，基线高度比为0.62。Cartosat-1卫星另一个显著的特点是两个相机具有两套独立的成像系统，可以同时在轨工作，这样就能构成一个连续条带的立体像对，在地面情况良好时，该条带长度可达数千千米。IRS-P5卫星轨道参数见表2-19，IRS-P5卫星传感器参数见表2-20。

IRS-P5卫星轨道参数　表2-19

轨　　道	近极地太阳同步
轨道高度(km)	618
总轨道数	1 867
倾角(°)	97.87
降交点时间	上午10:30
相邻轨迹间时间间隔(d)	11
重访周期(d)	5
每天轨道数(个)	14
轨道周期(min)	97

IRS-P5卫星传感器参数　表2-20

幅宽(km)	29.42(前视)，26.24(后视)
星下点几何分辨率(m) (垂直轨道方向)	2.452(前视)，2.187(后视)
瞬时视场(mm) (垂直轨道方向×平行轨道方向)	2.45×2.78(前视) 2.19×2.23(后视)
地面采样间距(m)	2.5
波谱范围(μm)	0.50～0.85
动态范围(bit)	10

2007年1月10日，Cartosat-2卫星成功发射；2008年4月28日，Cartosat-2A卫星成功发射。Cartosat-2A卫星采用的单线阵CCD相机，其全色图像分辨率为1m，图像幅宽9.6km。Cartosat-2A卫星具有前后左右最大侧摆45°的能力，可以获取同轨或异轨立体图像，用于测图和三维地形建模。Cartosat-2A卫星重访周期为4d，必要时候，通过轨道机动可以提高到1d。

2010年7月12日，由印度空间研究组织自主研发并设计制造的Cartosat-2B卫星发射升空。Cartosat-2B卫星配备一部全色照相机，可以从距地800～900km的太空拍摄分辨率为0.8m的图像。Cartosat-2B卫星主要用于地理测绘以促进印度的基础设施建设和城市规划。

6)ALOS卫星

ALOS卫星是日本的陆地观测卫星，用于绘制日本和亚太地区国家的地表图，也用于监视、防灾和环境保护(图2-15)。ALOS卫星载有三个传感器：全色遥感立体测绘仪(PRISM)，主要用于数字高程测绘；先进可见光与近红外辐射计-2(AVNIR-2)，用于精确陆地观测；相控阵型L波段合成孔径雷达(PALSAR)，用于全天时全天候陆地观测。

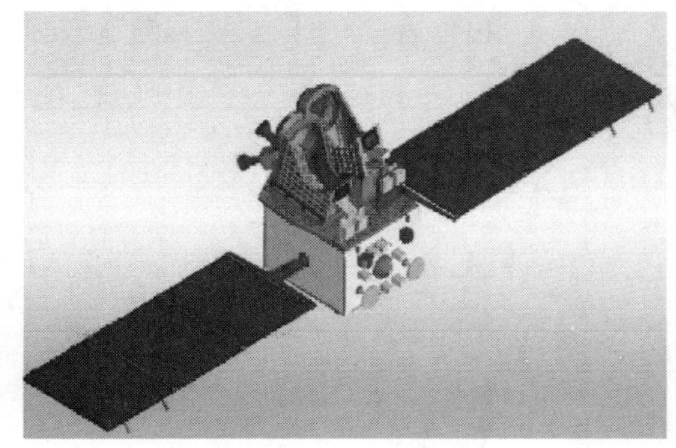

图2-14　IRS-P5卫星

图2-15　ALOS卫星

ALOS卫星上装载的PRISM是世界上第一台真正的星载三线阵测绘相机。PRISM前、正、后视相机固定的几何关系，前视和后视相机的倾角为±23.8°，基高比1.0，非常适合立体成像。比较其他同类卫星所采用的通过单台相机前后摆动获得同轨立体而言，其几何关系更为固定，图形强度更好。ALOS 的三线阵相机的设计其具有很强的同轨立体成像能力，可以获取连续的立体像对，立体像对的幅宽也较宽，大约为 30km。

新型的 AVNIR-2 传感器比早先的 AVNIR 传感器具有更高的空间分辨率，主要用于陆地和沿海地区观测，为区域环境监测提供土地覆盖图和土地利用分类图。为了灾害监测的需要，AVNIR-2 提高了交轨方向指向能力，侧摆指向角度为±44°，能够及时观测受灾地区。ALOS 卫星的基本参数见表 2-21，ALOS 卫星传感器参数见表 2-22。

ALOS 卫星的基本参数 表 2-21

发射时间	2006 年 1 月 24 日
运载火箭	H-ⅡA
卫星质量(kg)	约 4 000
设计寿命(年)	3～5
轨道	太阳同步轨道
	重复周期:46d，重访时间:2d
	高度:691.65 km
	倾角:98.16°
姿态控制精度(°)	2.0×10^{-4}(配合地面控制点)
定位精度(m)	1
数据速率(Mbps)	240(通过数据中继卫星) 120(直接下传)
星载数据存储器	固态数据记录仪(90GB)

ALOS 卫星传感器参数 表 2-22

传感器	PRISM 传感器	AVNIR-2 传感器
波段数	1(全色)	4
波谱范围(m)	0.52～0.77	1:0.42～0.50 2:0.52～0.60 3:0.61～0.69 4:0.76～0.89
基高比	1.0	—
空间分辨率(m)	2.5	10
幅宽(km)	70(星下点)， 35(联合成像)	70(星下点)
侧摆指向角(°)	±1.5	±44
动态范围(bit)	8	8

PALSAR 是一主动式微波传感器，它不受云层、天气和昼夜影响，可全天候对地观测。该传感器具有高分辨率、扫描式合成孔径雷达、极化三种观测模式，使之能获取比普通 SAR 更宽的地面幅宽。PALSAR 传感器的基本参数见表 2-23。

PALSAR 传感器的基本参数 表 2-23

模式	高分辨率模式		扫描式合成孔径雷达	极化(试验模式)
中心频率(MHz)	1270(L 波段)			
线性调频宽度(MHz)	28	14	14、28	14
极化方式	HH 或 VV	HH+HV 或 VV+VH	HH 或 VV	HH+HV+VH+VV
入射角(°)	8～60	8～60	18～43	8～30
空间分辨率(m)	7～44	14～88	100	24～89
幅宽(km)	40～70	40～70	250～350	20～65
动态范围(bit)	5	5	5	3 或 5
数据传输速率(Mbps)	240	240	120、240	240

ALOS 上装有 3 台用于姿态测量的恒星跟踪器和 1 部精确定轨的双频 GPS 接收机，通过离线处理 GPS 差分数据和星相图数据，可以获得分米级的卫星轨道精度和 0.7s 的姿态测量

精度，在没有地面控制点的情况下，ALOS 图像可以达到很高的定位精度。ALOS 卫星最初的设计出发点就是主要用于无控制点下 1∶25 000 地形图的绘制，日本科学家通过实际验证，认为 ALOS 图像达到了这一目标。著名摄影测量学家 A. Gruen 则在 ISPRS 的工作组报告中提出，在有良好的地面控制点的情况下，ALOS 立体图像的平面定位精度可达到平面 1.2～2.3m，高程 1.0～2.5m 的精度。

7)ERS 卫星

ERS-1、ERS-2 由欧洲空间局分别于 1991 年 7 月和 1995 年发射。目前仅余 ERS-2 卫星仍在运作(图 2-16)。ERS-1 及 ERS-2 是以太阳同步轨道运行，轨道高度约为 785km，轨道倾斜角约为 98.5°，轨道周期为 35d。卫星携带有多种有效载荷，包括侧视合成孔径雷达(SAR)和风向散射计等装置。由于 ERS 采用了先进的微波遥感技术来获取全天候与全天时的图像，比传统的光学遥感图像有着独特的优点。

图 2-16 ERS 卫星

ERS 卫星的 SAR 系统以 23°入射角斜视地面物摄取雷达回波资料，扫描幅宽约为 100km，其一幅图像大小约为 100km×100km，扫描轨迹中心距离卫星轨道投影中心约为 294km。ERS 卫星及其 SAR 传感器的基本参数如表 2-24 所示。

ERS 卫星及其 SAR 传感器的基本参数 表 2-24

轨道		太阳同步
高度(km)		780
轨道倾角(°)		98.52
轨道周期(min)		100.465
重访周期(d)		35
降交点的当地太阳时		上午 10:30
SAR 传感器	波长(cm)	5.6(C 波段)
	分辨率(m)	方位方向:<30 距离方向:<26.3
	幅宽(km)	100

2.3.3 高光谱卫星

高光谱分辨率遥感是在电磁波谱的可见光、近红外、中红外和热红外波段范围内，获取更多非常窄的光谱连续的图像数据的技术。高光谱遥感数据包含了丰富的空间、辐射和光谱三重信息，具有光谱分辨率高、波段多、谱像合一、信息量大等特点。随着光谱分辨率的提高，地物的光谱特征在识别中越来越占据主导地位，工作方法则由图像分析转变为以谱分析为主的图谱结合模式，并使遥感应用逐渐摆脱“看图识字”阶段，而越来越依赖于对地物波谱特征的定量分析和理解。

国际遥感界认为，光谱分辨率在 $10^{-1}\lambda$ 数量级范围内的为多光谱，这样的遥感器在可见光和近红外光谱区只有几个波段，如美国 Landsat 和法国 SPOT 卫星等；光谱分辨率在 $10^{-2}\lambda$ 的遥感信息称之为高光谱遥感。由于其光谱分辨率高达纳米(nm)数量级，往往具有波段多的特点，即在可见到近红外光谱区其光谱通道多达数十甚至超过 100 以上。随着遥感光谱分辨率的进一步提高，在达到 $10^{-3}\lambda$ 时，遥感即进入了超高光谱阶段。

1)TERRA 与 AQUA 卫星

1999 年 12 月 18 日，美国成功发射了地球观测系统(EOS)的第一颗先进的极地轨道环境遥感卫星 Terra。Terra 卫星上共有五种装置，分别是云与地球辐射能量系统 CERES、中分辨率成像光谱仪 MODIS、多角度成像光谱仪 MISR、先进星载热辐射与反射辐射计 ASTER 和对流层污染测量仪 MOPITT。它装载的五种传感器能同时采集地球大气、陆地、海洋和太阳能量平衡的信息。Terra 沿地球近极地轨道航行，高度是 705km，它在早上当地同一时间经过赤道，此时陆地上云层覆盖为最少，它对地表的视角的范围最大。Terra 的轨道基本上是和地球的自转方向相垂直，所以它的图像可以拼接成一幅完整的地球总图像。

Aqua 卫星发射于 2002 年 5 月 4 日，其装置有云与地球辐射能量系统测量仪 CERES，中分辨率成像光谱仪 MODIS，大气红外探测器 AIRS，先进微波探测元件 AMSU-A，巴西湿度探测器 HSB 和地球观测系统先进微波扫描辐射计 AMSR-E。Aqua 卫星的目标是通过监测和分析地球变化来提高我们对地球系统以及由此发生的变化的认识。

搭载在 Terra 和 Aqua 两颗卫星上的中分辨率成像光谱仪(MODerate-resolution Imaging Spectroradiometer，MODIS)是美国地球观测系统(EOS)计划中用于观测全球生物和物理过程的重要仪器(图 2-17)。MODIS 沿用的是传统的成像辐设计的思想，由横向扫描镜、光收集器件、一组线性探测器阵列和位于 4 个焦平面上的光谱干涉滤色镜组成。这种光学设计可为地学应用提供 0.4～14.5μm 之间的 36 个离散波段的图像，星下点空间分辨率可为 250m、500m 或1 000m，视场宽度为 2 330km，MODIS 每两天连续提供地球上任何地方白天反射图像和白天/昼夜的发光光谱图像数据，包括对地球陆地、海洋和大气观测的可见光和红外波谱数据。MODIS 是一个真正多学科综合的仪器，可以对高优先级的大气(云及其相关性质)、海洋(洋面温度和叶绿素)及地表特征(土地覆盖变化、地表温度、植被特性)进行全面一致的同步观测。MODIS 波段分布特征如表 2-25 所示。

2)ENVISAT 卫星

2002 年 3 月 1 日，欧空局 ENVISAT 对地观测卫星发射升空，该卫星是欧洲迄今建造的最大的环境卫星(图 2-18)，以延续 ERS-1、2 卫星的对地观测任务。星上载有 10 种探测设备，其中 4 种是 ERS-1/2 所载设备的改进型，所载最大设备是先进的合成孔径雷达(ASAR)，可生成海洋、海岸、极地冰冠和陆地的高质量图像，为科学家提供更高分辨率的图像来研究海洋的变化。其他设备将提供更高精度的数据，用于研究地球大气层及大气密度。作为 ERS-1/2 合成孔径雷达卫星的延续，Envisat-1 数据主要用于监视环境，即对地球表面和大气层进行连续的观测，供制图、资源勘查、气象及灾害判断之用。

ENVISAT 卫星参数如表 2-26 所示。

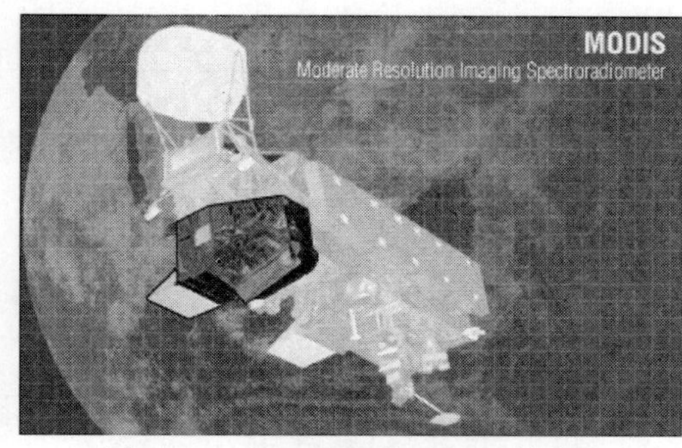

图 2-17　Aqua 卫星及其 MODIS 传感器

图 2-18　ENVISAT 卫星

MODIS 波段分布特征　　表 2-25

主要应用	波段	波段宽度(nm)	光谱灵敏度	信噪比
陆地/云界限	1	620～670	21.8	128
	2	841～876	24.7	201
陆地/云特性	3	459～479	35.3	243
	4	545～565	29.0	228
	5	1 230～1 250	5.4	74
	6	1 628～1 652	7.3	275
	7	2 105～2 155	1.0	110
海洋颜色/浮游植物/生物化学	8	405～420	44.9	880
	9	438～448	41.9	838
	10	483～493	32.1	802
	11	526～536	27.9	754
	12	546～556	21.0	750
	13	662～672	9.5	910
	14	673～683	8.7	1 087
	15	743～753	10.2	586
	16	862～877	6.2	516
大气水蒸气	17	890～920	10.0	167
	18	931～941	3.6	57
	19	915～965	15.0	250
地表/云温度	20	3 660～3 840	0.45	0.05
	21	3 929～3 989	2.38	2.00
	22	3 929～3 989	0.67	0.07
	23	4 020～4 080	0.79	0.07
大气温度	24	4 433～4 498	0.17	0.25
	25	4 482～4 549	0.59	0.25
卷云	26	1 360～1 390	6.00	150
水蒸气	27	6 535～6 895	1.16	0.25
	28	7 175～7 475	2.18	0.25
	29	8 400～8 700	9.58	0.25
臭氧	30	9 580～9 880	3.69	0.25
地表/云温度	31	10 780～11 280	9.55	0.05
	32	11 770～12 270	8.94	0.05
云顶高度	33	13 185～13 485	4.52	0.25
	34	13 485～13 785	3.76	0.25
	35	13 785～14 085	3.11	0.25
	36	14 085～14 385	2.08	0.35

ENVISAT 卫星参数 表 2-26

轨　道	近极地太阳同步			
极轨高度(km)	768			
质量(kg)	8 200,有效载荷 2 000			
重访周期(d)	35			
星载主要仪器	传感器	主要应用	空间分辨率(m)	波段范围
	双极化的合成孔径雷达(ASAR)	植被、地形、高度、积雪、冰川、海浪特征	图像:30×30 宽/幅:100×100 全球:1 000×1 000	C 波长
	跟踪扫描辐射计(AATSR)	湿度、气溶胶、陆地、地表、(海表)温度、植被特征	1 000×1 000	可见光、红外
	MERIS 水色传感器	云、辐射通量、气溶胶、陆地、植被指数、水色、混浊度、积雪、冰	300 或 1 200	可见光、近红外
	雷达高度计(RA-2)	地形、高度、海洋水准面、海面形状、海浪特征、风速		S、Ku 波段
	MIPAS 干涉仪	温度、气溶胶、陆地	3 000(垂直分辨率)	中红外
	全球臭氧层监视仪(GOMOS)	气溶胶、陆地、臭氧、微量气体	1 700(垂直分辨率)	紫外、可见光、近红外
	大气层制图扫描成像吸收频谱仪(SCIAMACHY)	大范围微量气体	3 000(垂直分辨率)	紫外、可见光、近红外
	微波反射器(MWR)	云、水蒸气、雨滴	20 000 点束直径	K、Ka 波段
	激光反射器 LRR	卫星高度与 RA-2 校正		可见光
	DORIS	地表海拔高度		

MERIS 是搭载在 ENVISAT 卫星上的一台推扫式中分辨率成像光谱仪,它是利用位于 390～1 040nm 之间的 15 个可编程波段以 1 150km 的幅宽测量地球辐射的。MERIS 可同时对一个宽视场进行空间和光谱成像。穿轨扫描由一排探测器元件进行,沿轨扫描则通过卫星的移动来实现。在 800 km 轨道高度,由于具有 68.5°的宽视场,仪器的扫描宽度为 1 150km,这使其在 3d 之内便能够覆盖整个地球。该仪器的图像是以两种不同的空间分辨率传送的。这两种空间分辨率分别是 260m 的最佳空间分辨率和简化的 1km 空间分辨率,它们是通过在卫星上对 4 条连续线上 4 个相邻探测器进行直接并合而获得的。两种分辨率图像可在 15 个

波段中同时提供。这些波段的宽度可在1.25～30nm之间调节，并可以定位在390～1 040nm可见光谱区的任何一处。MERIS波段分布特征如表2-27所示。

MERIS波段分布特征　　表2-27

波　段	中心波长(nm)	波段宽度(nm)	主要应用
1	412.5	10	黄色物质与碎屑
2	442.5	10	叶绿素吸收最大值
3	490	10	叶绿素等
4	510	10	悬浮泥沙、赤潮
5	560	10	叶绿素吸收最小值
6	620	10	悬浮泥沙
7	665	10	叶绿素吸收与荧光性
8	681.25	7.5	叶绿素荧光峰
9	708.75	10	荧光性、大气校正
10	753.75	7.5	植被、云
11	760.625	3.75	O_2 吸收带
12	778.75	15	大气校正
13	865	20	植被、水汽
14	885	10	大气校正
15	900	10	水汽、陆地

第3章 卫星图像传感器模型

3.1 引 言

卫星图像传感器模型是描述物方空间坐标系中的地面点坐标与其对应图像坐标系中像点坐标之间的几何关系。卫星图像在成像过程中，受到透视投影、摄影轴倾斜、大气折光、地形起伏等诸多因素影响，致使图像像点会产生不同程度的几何变形和失真，无法直接与正射投影的地图进行套合。

高分辨率卫星工程应用的关键前提是卫星遥感图像的高精度几何定位。在摄影测量领域，对航空框幅式图像的几何定位已经非常成熟，但对于卫星传感器，大多是线阵推扫式成像，成像机理更加复杂，线阵图像的几何处理技术还处于不断研究和发展阶段。为实现卫星遥感图像的精确几何定位，人们对线阵推扫式卫星遥感图像的几何定位模型进行了深入的研究。

卫星图像的传感器模型有多种，主要可分为以下两大类：

(1)严格传感器模型：又称严密传感器模型，该类模型考虑了成像过程中引起图像变形的诸多物理因素，如地表起伏、大气折射、相机透镜畸变、卫星位置和姿态变化等，需要比较完整的传感器信息，并且数学形式一般较为复杂，但是其在理论上是严密的、模型定位精度较高。其中，最有代表性的是摄影测量中以共线条件方程为基础的传感器模型。

(2)通用传感器模型：该类模型不考虑传感器成像的物理因素，直接利用数学函数如多项式、直接线性变换方程以及有理多项式函数等形式来描述地面点和相应像点之间几何关系。这类方法具有与传感器无关、形式简单、计算速度快等优点，属于理论不甚严密的表达形式。

在各类成像传感器中，特别值得重视的是能够实现对地立体观测的线阵 CCD 推扫式传感器。它的突出优势表现在目标定位和立体测图方面，如法国 SPOT 卫星、印度 IRS 卫星、美国 IKONOS、QuickBird 卫星和最新发射的 WorldView-Ⅰ、WorldView-Ⅱ卫星等，都载有线阵 CCD 推扫式传感器。

为建立卫星传感器严格成像模型，需要恢复摄影瞬间卫星的位置、姿态及其物方点和像方点的相互关系。对于线阵推扫式图像，尽管各扫描行的外方位元素各不相同，但对单一扫描行而言，仍严格满足中心投影关系，称之为拓展共线方程。

拓展共线方程是严格成像几何模型的基础，人们对卫星传感器位置、姿态采用不同的建模方法，发展了多种严格成像几何模型。卫星传感器的位置，可以用轨道根数和状态向量两种形式表示。在早期，轨道根数法比较常见，如 Kratky 模型中用平近点角表示传感器位置变化；Westin 模型中假定一定时间内卫星轨道为圆形，并用轨道半径、轨道倾角、升交点赤经和平近点角表达传感器位置；Gugan 提出的 UCL 模型中，传感器位置变化用真近点角和升交点赤经表示；诺威大学 IPI 实验室开发的平差系统 BLUH/BLASPO，将轨道倾角、轨道长半轴和轨道偏心率作为平差参数等。

随着卫星导航技术的提升，卫星传感器位置、速度能以较高精度获取，状态向量法得到较多应用，最为著名的是德国 Kornus、Ebner 首创的定向片法，其基本思想是根据获取的姿轨观测值，按一定原则抽取若干扫描行作为定向图像，对于其他扫描行的外方位元素，利用最邻近的 n 个定向图像外方位元素通过内插得到。其利用地面控制点仅对定向片的外方位元素进行纠正，大大减少了解算参数的数量，且可以直接对姿轨观测值列立误差方程。试验结果表明，在控制点分布良好的情况下，基于定向片的区域网平差方法可以取得相当满意的对地定位结果。此外，由于卫星平台的轨道运行比较平稳，用随时间变化的多项式表达传感器外方位元素变化是一种合理的假设，人们利用随时间变化的多项式表达传感器外方位元素变化，并将多项式系数作为未知数进行求解。依据相同原理，Poli 对长条带的单线阵、多线阵卫星图像进行了处理，首先将长条带卫星图像分成若干段，每段中卫星图像的姿轨用三次样条函数进行建模，段与段之间增加零阶、一阶和二阶光滑约束条件进行区域网平差。对于传感器姿态的建模，由于空间力矩分析极为复杂，一般采用多项式拟合法表示。

由于卫星轨道高、视场角窄的特点，定向参数的强相关性往往比较严重。为此，人们在定向参数最小二乘解算方面，分别提出了岭估计法、广义岭估计法和虚拟观测值法等来改善法方程组的病态，但结果并不十分理想，能达到的精度有限，特别在视场角很小的情况，问题更加严重。对于严格几何模型的发展方面，学者试图建立一个新的严密传感器模型，考虑将基于仿射变换的几何模型应用于摄影测量重建。因为在视场角相对较小的情况下，摄影光束可以看做是等效的平行投影。Okamoto 提出了一种利用仿射变换来处理高分辨率星载线阵 CCD 推扫式图像的方法，通过 SPOT 1 级、2 级立体图像的定位实验证明，只需 6 个均匀分布的地面控制点，就可获得 6m 的平面精度和 7.5m 的高程精度。实验表明，利用仿射投影处理线阵 CCD 推扫式图像尽管在理论上存在不足，但获得的定位精度与严格几何模型相当或更优。Okamoto 的仿射变换模型以一维仿射投影图像为基础，提出的是一种“中心投影—仿射投影”的改正方式，即利用成像时的几何关系，将行中心投影图像转化为相应的仿射投影图像后，以仿射图像为基础，进行地面点的空间定位。Susumu H.、Testu O.、张剑清和张祖勋等人进一步研究并应用了该模型。Toutin 则提出了三维物理模型，对成像过程中的各种误差源，如平台位置、速度、传感器姿态角、瞬时视场角、像元积分时间、高程差异、投影变形等进行分离合并，最终精简为一套独立不相关的参数集，保证了求解过程中的稳定。该模型已集成到加拿大商业遥感处理软件 PCI 中，可用于多种高分辨率图像的几何处理。

严格几何模型真实表达了线阵图像的成像几何，理论严密、精度较高，但是要求用户具备较好的摄影测量背景。通用几何模型，通过一般的数学函数直接描述图像坐标与地面坐标的几何关系，无需任何相关的图像内外方位元素信息，形式简单，易于计算。早期，常见的通用几何模型有多项式模型、直接线性变换模型、仿射变换模型等，它们的主要缺点在于定位精度不高。随着有理函数模型在 IKONOS 图像上应用的巨大成功，众多遥感处理软件，如 ERDAS、PCI、ENVI、ImageStation 等，均增加了基于有理函数模型参数（RPC）的图像处理模块，同时也推动了对有理函数模型（RFM）的全面研究。国际摄影测量与遥感协会（ISPRS）成立了专门的工作组研究有关 RFM 的精度、稳定性等各方面问题，加拿大 Calgary 大学也于 1999 年初启动了对 RFM 在摄影测量中应用问题的研究。目前，人们已经对 RPC 参数的精确求解、RFM

模型优化、目标三维定位和信息提取方面进行了深入研究，分析了不同的控制点数目与分布对RFM定位精度的影响；采用了正解和反解两种数学形式，分析了有理函数模型的纠正精度；对有理函数模型的精度和稳健性进行分析，并提出了误差传递的算法；提出了特定条件下的有理函数模型立体重建算法以及利用控制点更新现有模型的算法；对卫星图像的RPC参数求解方法以及RFM模型的定向和应用进行了深入的研究。

3.2 线阵推扫式卫星严格成像模型

严格成像模型从传感器的成像机理出发，依据线阵CCD行中心投影的成像特性，利用成像瞬间地面点、传感器镜头透视中心和相应像点在同一直线上的严格几何关系建立数学模型。为了恢复成像光束，需要获取传感器在成像过程中的各种几何物理参数，如镜头主距、像主点偏移、镜头畸变参数等，同时还需要已知卫星成像瞬间的空间位置、姿态等信息。卫星摄影测量中，卫星的空间位置和地面点坐标通常用地心直角坐标表示，而卫星姿态则定义为卫星本体坐标系相对于轨道平面或者地心直角坐标系的旋转关系。严格成像模型的建立，涉及多个空间坐标系的转换关系，建立的过程相比航空图像也复杂许多。

3.2.1 坐标系统

卫星图像的成像是地面物方点投影到图像上的过程，从数学意义上讲，这可以通过一系列点的坐标转换来进行描述。为构建线阵CCD推扫式卫星图像的严格成像模型，需要建立各种坐标系统。下面将以WorldView卫星为例，对其所涉及的坐标系统进行介绍。

1)图像坐标系

图像坐标系以图像的左上角为原点，行方向坐标用y表示，列方向坐标用x表示，如图3-1所示。

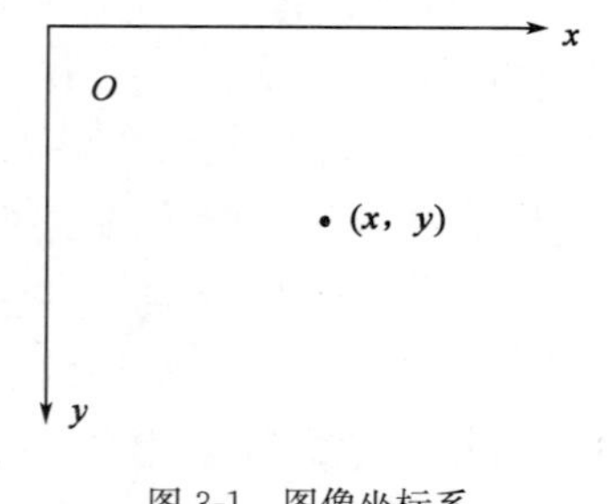

图3-1 图像坐标系

行方向坐标y反映了各扫描行图像间的时间延续关系，通过像点的行坐标，可以计算出其对应的成像时刻。

2)探测器坐标系

每个探测器为焦平面上的一条包含N个探测单元的线性阵列，列坐标范围从0到N-1。探测器坐标系原点位于列坐标为0的探测单元中心，x_d轴垂直于探测单元线阵，并指向扫描成像方向，z_d轴与相机坐标系的z_c轴平行，y_d轴与探测线阵方向平行，如图3-2所示。

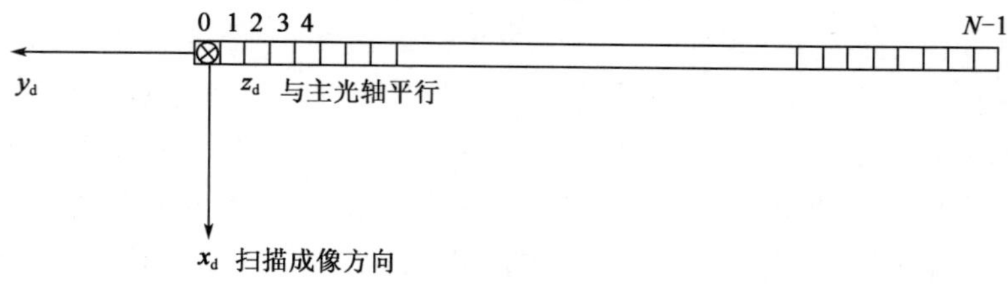

图3-2 探测器坐标系

3)相机坐标系

相机坐标系与传感器坐标系的相对位置关系可认为是固定不变的。相机坐标系的原点位于镜头投影中心，x_c 轴指向成像扫描方向，z_c 轴与镜头的主光轴平行并指向地面，y_c 轴按照右手规则建立，如图 3-3 所示。

4)传感器坐标系

传感器坐标系其原点定义为传感器质量中心，x_s 轴指向扫描成像方向，z_s 和视向方向近似平行并指向地面，y_s 轴按照右手规则建立，如图 3-4 所示。

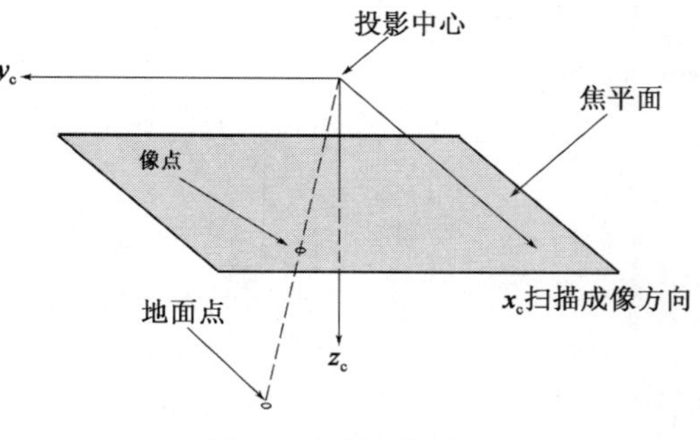

图 3-3 相机坐标系

5)地心直角坐标系

地心直角坐标系 o_c-xyz 以地球椭球体中心为原点，起始子午面与赤道面交线为 x 轴，在赤道面上与 x 轴正交的方向为 y 轴，椭球体的旋转轴为 z 轴，如图 3-5 所示。该坐标系固定于地球上，随地球自转一起运动。

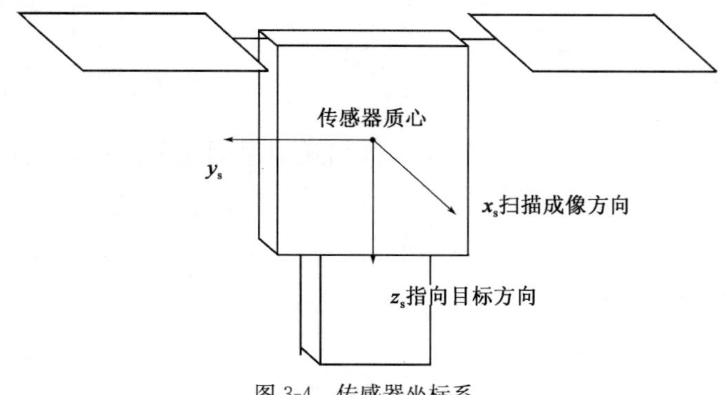

图 3-4 传感器坐标系

3.2.2 基于共线方程的传感器模型

以共线条件方程为基础建立的传感器模型，是一种典型的物理传感器模型。该传感器模型适用于框幅式中心投影图像并可推广至线阵 CCD 推扫式图像。对于线阵 CCD 推扫式传感器产生的卫星图像，它是由星载的线阵列传感器沿飞行方向扫描而形成的。虽然整幅图像上各扫描行的外方位元素各异，但对于图像中的每一行是由物镜焦面上的线阵列瞬间成像的，每一扫描行的图像与被摄物体之间具有严密的中心投影关系(图 3-6)。

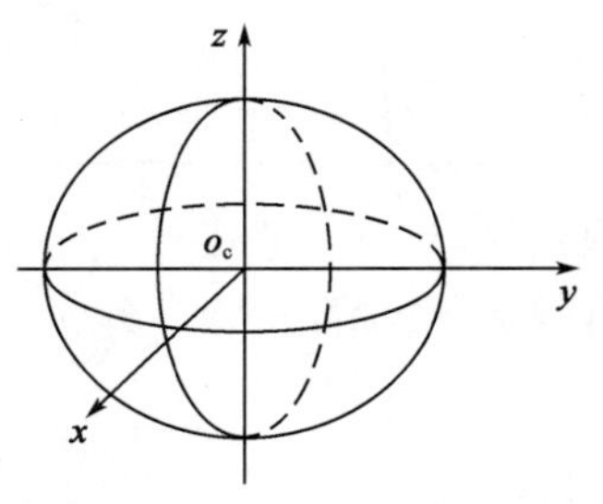

图 3-5 地心直角坐标系

下面以 WorldView 卫星图像为例，建立严格成像模型。

WorldView 图像产品除了图像本身外，还提供了一系列对图像起描述说明作用的元数据——图像支持数据。主要用到文件：元数据文件(.IMD)、姿态文件(.ATT)、星历文件(.EPH)和几何标定文件(.GEO)。表 3-1 列出了建立严格成像模型所需提取的字段及其含义。

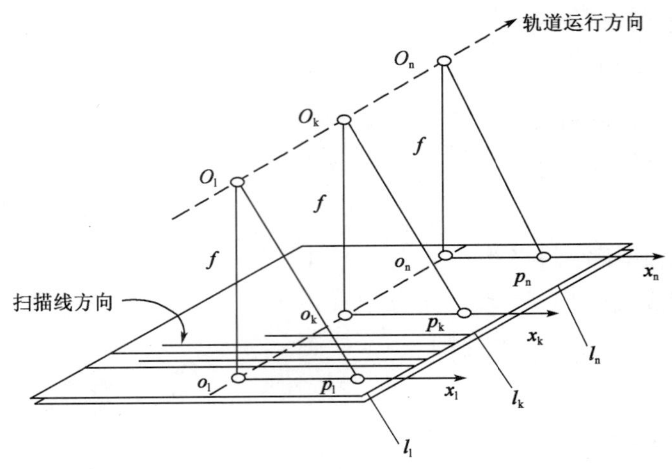

图 3-6　线阵 CCD 推扫式图像成像方式

图像支持数据提取的字段及含义　　表 3-1

文　件	字段名称	字 段 含 义
元数据文件	firstLineTime	图像第一行曝光对应的 UTC 时刻
	avgLineRate	行平均扫描速度
姿态文件	startTime	姿态数据第一个数据点对应的 UTC 时刻
	numPoints	姿态数据个数
	timeInterval	相邻姿态数据相隔时间
	attList	传感器坐标系相对于 WGS84 坐标系的姿态列表，每条记录格式为（点号，姿态四元数，协方差阵的右上角元素），共 numPoints 条记录
星历文件	startTime	星历数据第一个数据点对应的 UTC 时刻
	numPoints	星历数据个数
	timeInterval	相邻星历数据相隔时间
	ephemList	传感器坐标系原点在 WGS84 坐标系中的坐标列表，每条记录格式为（点号，空间位置、空间速度、协方差阵的右上角元素），共 numPoints 条记录
几何标定文件	principalDist	相机主距（mm）
	opticalDistortion	光学畸变参数，Basic 级别图像不需考虑
	perspectiveCenter	相机投影中心在传感器坐标系中的坐标
	cameraAttitude	相机坐标系相对于传感器坐标系的姿态，四元数表示
	detectorArray	CCD 线阵参数，包括 CCD 线阵第一个元素在相机坐标系中的坐标（mm），CCD 线阵相对于相机坐标系的旋转角度和像元尺寸大小（mm）

对于 WorldView 图像上的某一个像点 $p(x,y)$，其中 x 为图像列号，y 为图像行号。对于基本级别图像，图像扫描速率是恒定的，通过该点所在行号，可以计算其对应的成像时刻 t，具体公式如下：

$$t = y/\mathrm{avgLineRate} + \mathrm{firstLineTime} \tag{3-1}$$

式中：avgLineRate——行平均扫描速度；

firstLineTime——图像第一行曝光对应的 UTC 时刻。

获得成像时刻 t 后，利用星历文件、姿态文件中的数据，通过内插，可以计算出扫描行 y 成像时传感器坐标系相对于 WGS84 坐标系旋转矩阵的姿态四元数(q_0,q_1,q_2,q_3)和传感器坐标系原点在 WGS84 坐标系中的坐标 $S_E(t)$。利用姿态四元数(q_0,q_1,q_2,q_3)，按公式(3-2)可计算旋转矩阵 $R_S^E(t)$：

$$R_S^E(t)=\begin{bmatrix} q_0^2+q_1^2-q_2^2-q_3^2 & 2(q_1q_2-q_0q_3) & 2(q_1q_3+q_0q_2) \\ 2(q_1q_2+q_0q_3) & q_0^2-q_1^2+q_2^2-q_3^2 & 2(q_2q_3-q_0q_1) \\ 2(q_1q_3-q_0q_2) & 2(q_2q_3+q_0q_1) & q_0^2-q_1^2-q_2^2+q_3^2 \end{bmatrix} \tag{3-2}$$

式中：$R_S^E(t)$——t 时刻传感器坐标系到 WGS84 坐标系旋转矩阵。

相机透视投影中心在 WGS84 坐标系中的坐标，可按公式(3-3)计算得到：

$$C_E(t)=R_S^E(t)C_S+S_E(t) \tag{3-3}$$

式中：$C_E(t)$——t 时刻相机透视投影中心在 WGS84 坐标系中的坐标；

$R_S^E(t)$——t 时刻传感器坐标系到 WGS84 坐标系旋转矩阵；

C_S——相机透视投影中心在传感器坐标系坐标；

$S_E(t)$——t 时刻传感器坐标系原点在 WGS84 坐标系中的坐标。

然后，分别按照公式(3-4)、(3-5)和(3-6)计算，得到像点 p 在 WGS84 坐标系中的坐标。

$$\begin{gathered} x_d=0 \\ y_d=-x\times \mathrm{detPitch} \end{gathered} \tag{3-4}$$

$$\begin{gathered} x_c=\cos(\mathrm{detRotAngle})\times x_d-\sin(\mathrm{detRotAngle})\times y_d+\mathrm{detOrigin}X \\ y_c=\sin(\mathrm{detRotAngle})\times x_d+\cos(\mathrm{detRotAngle})\times y_d+\mathrm{detOrigin}Y \\ z_c=f \end{gathered} \tag{3-5}$$

$$\begin{bmatrix} X_p \\ Y_p \\ Z_p \end{bmatrix}=\begin{bmatrix} C_E(t)_X \\ C_E(t)_Y \\ C_E(t)_Z \end{bmatrix}+R_S^E(t)R_C^S\begin{bmatrix} x_c \\ y_c \\ z_c \end{bmatrix} \tag{3-6}$$

式(3-4)～(3-6)中：x——像点 p 对应的列号；

f——相机主距；

detPitch——像元尺寸大小；

detRotAngle——CCD 线阵相对于相机坐标系的旋转角度；

detOrigin$X$——探测器坐标系原点在相机坐标系中 x 坐标；

detOrigin$Y$——探测器坐标系原点在相机坐标系中 y 坐标；

(x_d,y_d)——像点 p 在探测器坐标系下坐标；

(x_c,y_c,z_c)——像点 p 在相机坐标系下坐标；

(X_p,Y_p,Z_p)——像点 p 在 WGS84 坐标系中坐标；

R_C^S——相机坐标系相对于传感器坐标的旋转矩阵；

$C_E(t)_X$——$C_E(t)$在 WGS84 坐标系中 X 轴上的分量；

$C_E(t)_Y$——$C_E(t)$在 WGS84 坐标系中 Y 轴上的分量；

$C_E(t)_Z$——$C_E(t)$在 WGS84 坐标系中 Z 轴上的分量。

根据三角形相似定理，可以得到如下公式：

$$\lambda\begin{bmatrix}X-C_{\mathrm{E}}(t)_{\mathrm{X}}\\Y-C_{\mathrm{E}}(t)_{\mathrm{Y}}\\Z-C_{\mathrm{E}}(t)_{\mathrm{Z}}\end{bmatrix}=\begin{bmatrix}X_{\mathrm{p}}-C_{\mathrm{E}}(t)_{\mathrm{X}}\\Y_{\mathrm{p}}-C_{\mathrm{E}}(t)_{\mathrm{Y}}\\Z_{\mathrm{p}}-C_{\mathrm{E}}(t)_{\mathrm{Z}}\end{bmatrix}=R_{\mathrm{S}}^{\mathrm{E}}(t)R_{\mathrm{C}}^{\mathrm{S}}\begin{bmatrix}x_{\mathrm{c}}\\y_{\mathrm{c}}\\z_{\mathrm{c}}\end{bmatrix}=R_{\mathrm{C}}^{\mathrm{E}}(t)\begin{bmatrix}x_{\mathrm{c}}\\y_{\mathrm{c}}\\z_{\mathrm{c}}\end{bmatrix}\tag{3-7}$$

式中：(X,Y,Z)——像点 p 对应的物方点在 WGS84 坐标系中的坐标；

λ——投影比例系数。

通过变形，上式可写成：

$$\begin{aligned}x_{\mathrm{c}}&=f\frac{a_1[X-C_{\mathrm{E}}(t)_{\mathrm{X}}]+b_1[Y-C_{\mathrm{E}}(t)_{\mathrm{Y}}]+c_1[Z-C_{\mathrm{E}}(t)_{\mathrm{Z}}]}{a_3[X-C_{\mathrm{E}}(t)_{\mathrm{X}}]+b_3[Y-C_{\mathrm{E}}(t)_{\mathrm{Y}}]+c_3[Z-C_{\mathrm{E}}(t)_{\mathrm{Z}}]}\\y_{\mathrm{c}}&=f\frac{a_2[X-C_{\mathrm{E}}(t)_{\mathrm{X}}]+b_2[Y-C_{\mathrm{E}}(t)_{\mathrm{Y}}]+c_2[Z-C_{\mathrm{E}}(t)_{\mathrm{Z}}]}{a_3[X-C_{\mathrm{E}}(t)_{\mathrm{X}}]+b_3[Y-C_{\mathrm{E}}(t)_{\mathrm{Y}}]+c_3[Z-C_{\mathrm{E}}(t)_{\mathrm{Z}}]}\end{aligned}\tag{3-8}$$

式中：a_1、a_2、a_3、b_1、b_2、b_3、c_1、c_2、c_3——旋转矩阵 $R_{\mathrm{C}}^{\mathrm{E}}(t)$对应的 9 个元素。

式(3-8)是 WorldView 卫星图像的严格成像模型数学公式。

3.3　通用成像模型

随着遥感技术和航天技术的发展，传感器获取立体图像的方式日益复杂，已不限于单线阵 CCD 或者三线阵 CCD 的方式获取立体图像。传统的基于物理意义的严格成像模型主要存在以下几点缺陷：

(1)针对每一种新的传感器，需要根据它的成像几何关系建立相应的严格成像模型，并在已有的摄影测量软件中加入相应模块进行支持，这大大增加了程序设计、软件升级以及维护的难度。

(2)对于高分辨率线阵 CCD 推扫式图像，一般具有长焦距和窄视场角的特征，如 IKONOS 的焦距为 10m，视场角小于 1°。这将导致定向参数之间的强相关，影响定向的精度和稳定性，从而削弱了遥感图像高分辨率的固有优势。

(3)一些高分辨率商业遥感卫星(如 IKONOS)的传感器信息出于技术保密的目的暂时不向用户公开，在不知道轨道参数和成像参数的情况下，不可能使用严格成像模型处理其图像。

成像几何模型的通用性、传感器参数的保密性以及更高的处理速度均要求使用与传感器无关的、形式简单的通用几何模型取代严格成像模型来完成卫星图像摄影测量处理任务。

通用成像模型无需成像过程中的任何信息，具有与传感器无关、形式简单、便于计算的优点。在很长一段时间内，卫星图像几何处理采用的通用模型主要为直接线性变换模型、仿射变换模型、一般多项式模型等，但其精度均无法与严格成像模型相比拟。

1999 年高分辨率卫星 IKONOS 发射运营后，其图像附带的有理多项式参数充分显示出其定位精度高、内插性能好等特点，迅速引起了业界关注。此后，越来越多的高分辨率卫星遥感图像将 RPC 参数作为标准的图像定位辅助数据随图像一并提供给用户，主流遥感图像处理软件(如 ERDAS、PCI、ENVI 等)也相应增加了基于 RPC 参数的图像几何处理模块。开放 GIS 组织(Open GIS)将有理多项式函数模型列为四种标准的通用成像几何模型之一。

3.3.1　传统通用几何模型

1)直接线性变换模型

直接线性变换(Direct Linear Transformation,DLT)的具体形式为：

$$\begin{cases} x = \dfrac{L_1X + L_2Y + L_3Z + L_4}{L_9X + L_{10}Y + L_{11}Z + 1} \\ y = \dfrac{L_5X + L_6Y + L_7Z + L_8}{L_9X + L_{10}Y + L_{11}Z + 1} \end{cases} \tag{3-9}$$

式中：L_i——直接线性变换参数(i=1,2…11)；

(x,y)——像点在像平面坐标；

(X,Y,Z)——像点对应地面点的物方坐标。

其中,L_i 可根据框幅式中心投影共线方程的内外方位元素推导得出。针对星载 CCD 多中心投影特性,Okamoto 和 Younian Wang 先后提出改进的 EDLT(Extended DLT)和 SDLT(Self－calibration DLT)模型,分别如式(3-10)和式(3-11)所示。

$$\begin{cases} x = \dfrac{L_1X + L_2Y + L_3Z + L_4}{L_9X + L_{10}Y + L_{11}Z + 1} + L_{12}x^2 \\ y = \dfrac{L_5X + L_6Y + L_7Z + L_8}{L_9X + L_{10}Y + L_{11}Z + 1} + L_{13}xy \end{cases} \tag{3-10}$$

$$\begin{cases} x = \dfrac{L_1X + L_2Y + L_3Z + L_4}{L_9X + L_{10}Y + L_{11}Z + 1} \\ y = \dfrac{L_5X + L_6Y + L_7Z + L_8}{L_9X + L_{10}Y + L_{11}Z + 1} + L_{12}xy \end{cases} \tag{3-11}$$

EDLT 为扩展的直接线性变换模型,是根据航天 CCD 阵列传感器的投影性质,对 DLT 进行改化而形成。SDLT 为自检校型直接线性变换模型,SDLT 模型不需要任何的传感器参数,如内方位元素、侧视角和星历信息,也不需要对原始图像进行几何预纠正,因而适合一些未公开传感器和星历信息的高分辨率遥感图像,如 IKONOS 的近似处理。

2)仿射变换模型

由于卫星传感器视场角很小,在扫描行方向可以近似地用平行投影代替中心投影。基于平行投影图像,Okamoto 利用仿射变换建立起图像坐标和物方坐标之间的数学关系,如式(3-12)所示。

$$\begin{cases} x = A_1X + A_2Y + A_3Z + A_4 \\ y = A_5X + A_6Y + A_7Z + A_8 \end{cases} \tag{3-12}$$

试验证明,在图像覆盖范围较小,地面高程变化不大的情况下,仿射变换模型可以取得相当理想的定位结果。

3)一般多项式函数模型

一般多项式的基本思想是将图像的总体变形看作平移、缩放、旋转、仿射、偏扭、弯曲以及更高层次的基本变形的综合作用结果,并选择适当阶数的多项式加以表达,如式(3-13)所示。

$$\begin{cases}x = a_0 + a_1X + a_2Y + a_3X^2 + a_4XY + a_5Y^2 + a_6X^3 + a_7X^2Y + a_8XY^2 + a_9Y^3 + \cdots \\ y = b_0 + b_1X + b_2Y + b_3X^2 + b_4XY + b_5Y^2 + b_6X^3 + b_7X^2Y + b_8XY^2 + b_9Y^3 + \cdots\end{cases} \tag{3-13}$$

式中:(x,y)——像点的像平面坐标;

(X,Y,Z)——像点对应地面点的物方坐标;

a_i、b_i——多项式的系数($i=1,2,3\cdots$)。

一般多项式只考虑了地面点平面二维坐标和像点间的关系,忽略地形起伏引起的图像变形,所以它虽然解算简便,运算量较小,但仅适合于地形起伏平坦地区。

在地形起伏较大的区域,可将地面高程值引入一般多项式中,得到以下改进多项式:

$$\begin{cases}x = a_0 + a_1X + a_2Y + a_3Z + a_4X^2 + a_5Y^2 + a_6Z^2 + a_7XY + a_8XZ + a_9YZ + \cdots \\ y = b_0 + b_1X + b_2Y + b_3Z + b_4X^2 + b_5Y^2 + b_6Z^2 + b_7XY + b_8XZ + b_9YZ + \cdots\end{cases} \tag{3-14}$$

改进多项式能考虑地形的起伏变化,当选择适当的阶数时,定位精度有所提高。但一般多项式解算容易产生解的振荡现象,其稳定性和实用性仍不理想。

3.3.2 有理多项式函数模型

1)有理函数

(1)多项式函数

定义:设 n 为非负,且 $a_0, a_1, a_2 \cdots a_{n-1}, a_n$ 为实数,$a_n \neq 0$,函数

$$f(x) = a_0 + a_1x + a_2x^2 + \cdots + a_{n-1}x^{n-1} + a_nx^n \tag{3-15}$$

为 n 次多项式函数。其中,$a_0, a_1x, \cdots, a_nx^n$ 是多项式函数的项;常数 $a_0, a_1, \cdots, a_n$ 是多项式函数的系数。

零函数 $f(x)=0$ 是多项式函数。它为零次,且无前导系数。

低阶多项式有特定名称,其中 2 阶多项式叫二次方程式(Quadratic Equation);3 阶多项式叫三次方程式(Cubic Equation);4 阶多项式叫四次方程式(Quartic Equation);5 阶多项式叫五次方程式(Quintic Equation);6 阶多项式叫六次方程式(Sextic Equation)。

两变量带常系数的多项式表达为:

$$f(x,y) = a_{00} + a_{10}x + a_{01}y + a_{20}x^2 + a_{11}xy + a_{02}y^2 + \cdots + a_{nm}x^ny^m \tag{3-16}$$

定义:多项式函数零点的重数

如果 f 是多项式并且 $(x-c)^m$ 是 f 的因数,但 $(x-c)^{m+1}$ 不是,那么 c 是 f 的 m 重零点。$m \geqslant 2$ 重零点是重复零点。

多项式的实零点不多于它的阶次,但它可能会少。

奇数与偶数重零点及其图形特征:

如果多项式函数 f 有奇数重实零点,那么 f 的图形在 $(c,0)$ 穿越 x 轴,并且 f 的值在 $x=c$ 处改变符号。

如果多项式函数 f 有偶数重实零点,那么 f 的图形在 $(c,0)$ 不穿越 x 轴,并且 f 的值在 $x=c$ 处不改变符号。

多项式可进行分解。设 $f(x)$ 和 $d(x)$ 是多项式，f 的阶大于等于 d 的阶数，且 $d(x)\neq 0$，那么有唯一多项式 $q(x)$ 和 $r(x)$，称作商式和余式，$f(x)=d(x)\cdot q(x)+r(x)$，其中 $r(x)=0$ 或 r 的阶数小于 d 的阶数。

分解算法中，函数 $f(x)$ 叫被除数，$d(x)$ 叫除数，如果 $r(x)=0$，$f(x)$ 被 $d(x)$ 整除。有时，分解以分数形式表达：

$$\frac{f(x)}{d(x)}=q(x)+\frac{r(x)}{d(x)} \tag{3-17}$$

(2)有理函数

定义：设 P 和 Q 是多项式函数且 $Q(x)\neq 0$，那么函数：

$$R(x)=\frac{P(x)}{Q(x)}=\frac{a_0+a_1x+\cdots+a_nx^n}{b_0+b_1x+\cdots+b_mx^m}(a_n\neq 0,b_m\neq 0) \tag{3-18}$$

是有理函数。

式中 $P(x)$ 和 $Q(x)$ 没有公因式，$R(x)$ 在 $Q(x)$ 的零点上取值∞，那么 $R(x)$ 在扩充平面上连续。

当 $n>m$，$R(x)$ 在∞处有一个 $n-m$ 阶零点；当 $n<m$ 时，∞是 $R(x)$ 的 $m-n$ 阶极点；当 $m=n$ 时，有：

$$R(x)=\frac{a_n}{b_m}\neq 0\text{ 或 }\neq\infty \tag{3-19}$$

在扩充平面上，有理函数的零点的个数(包括∞是零点在内)等于极点的个数。它等于 m 与 n 中较大的一数，有理函数的阶数就用它来定义。因此，一个 k 阶的有理函数 $R(x)$ 有 k 个零点和 k 个极点。

$m=n=1$ 时的有理函数就是常用的分式线性函数。

有理函数的域是除其分母为零的一系列实数。每个有理函数在它的域上是连续的。

(3)有理函数的性质

①有理插值问题存在唯一性。有理插值若有解，则其解必唯一。

②有理函数的逆函数也是有理函数，即：

$$y=f(x)=\frac{a_0+a_1x+a_2x^2+\cdots+a_nx^n}{1+b_0x+b_1x^2+\cdots+b_mx^m} \tag{3-20}$$

$$\varphi(y)=\varphi(f(x))=f^{-1}[f(x)]=x \tag{3-21}$$

$$x=\varphi(y)=\frac{A_0+A_1y+A_2y^2+\cdots+A_ry^r}{1+B_0y+B_1y^2+\cdots+B_sy^s} \tag{3-22}$$

2)有理函数模型

在科学领域中，存在大量需要解决的非线性问题。由于有理函数仍属于简单函数类，它虽然比多项式要复杂，但用它来表示复杂的非线性问题时，却比多项式更灵活、有效，能反映复杂非线性问题的一些固有特性。近年来，有理函数在逼近问题上，计算机辅助设计中常常受到人们的偏爱，应用非常广泛。在工程设计领域，有理函数逼近在图像压缩与重建，CAD 中圆弧曲线及旋转曲面向量有理插值等领域大量应用。有理函数逼近构造简单，运用方便、灵活。

高分辨率卫星图像数学模型极为复杂,它是一个很典型的非线性问题。在高分辨率卫星图像的有理函数模型中,像点坐标(x,y)表示为以对应地面点大地坐标(Lat,Lon,Height)为自变量的多项式的比值,即:

$$\begin{cases} \bar{x} = \dfrac{p_1(P,L,H)}{p_2(P,L,H)} \\ \bar{y} = \dfrac{p_3(P,L,H)}{p_4(P,L,H)} \end{cases} \tag{3-23}$$

式中:$\bar{x}$、$\bar{y}$——像点坐标(x,y)的规格化坐标;

(P,L,H)——地面点大地坐标(Lat,Lon,Height)的规格化坐标。

($\bar{x}$、$\bar{y}$)和(P,L,H)分别通过对像点坐标(x,y)和地面点大地坐标(Lat,Lon,Height)进行平移和缩放后得到,其变换关系为:

$$\begin{gathered} P = \frac{\text{Lat} - \text{LAT\_OFF}}{\text{LAT\_SCALE}} \\ L = \frac{\text{Lon} - \text{LON\_OFF}}{\text{LON\_SCALE}} \\ H = \frac{\text{Height} - \text{HEIGHT\_OFF}}{\text{HEIGHT\_SCALE}} \\ \bar{x} = \frac{x - \text{SAMP\_OFF}}{\text{SAMP\_SCALE}} \\ \bar{y} = \frac{y - \text{LINE\_OFF}}{\text{LINE\_SCALE}} \end{gathered} \tag{3-24}$$

式中:LAT_SCALE、LON_SCALE、HEIGHT_SCALE——物方大地坐标规格化缩放参数;

LAT_OFF、LON_OFF、HEIGHT_OFF——物方大地坐标规格化平移参数;

SAMP_SCALE、LINE_SCALE——像方坐标规格化缩放参数;

SAMP_OFF、LINE_OFF——像方坐标规格化平移参数。

规格化后的坐标,其值位于(−1.0~1.0),这样做的目的是为了减少解算过程中由于数量级差异过大引入的舍入误差。

多项式的 $p_i(P,L,H)(i=1,2,3,4)$ 的一般形式为:

$$p_i(P,L,H) = \sum_{j=0}^{m_1}\sum_{k=0}^{m_2}\sum_{l=0}^{m_3} a_{ijk} P^j L^k H^l \tag{3-25}$$

多项式中每一项的各个坐标分量(P,L,H)的幂最大不超过 3,即 $0 < m_1 \leqslant 3$,$0 < m_2 \leqslant 3$,$0 < m_3 \leqslant 3$,且每一项各个坐标分量的幂的总和也不超过 3(通常有 1,2,3 三种取值),即 $0 < m_1 + m_2 + m_3 \leqslant 3$。另外,分母项 p_2 和 p_4 的取值可以有两种情况:

①$p_2 = p_4$(可以是一个多项式,也可以是常量 1);

②$p_2 \neq p_4$。

根据 RFM 模型中多项式阶数、分母组合的不同,其一般可分为 9 种不同的形式(表 3-2)。

RFM 模 型 形 式　　表 3-2

形　式	分　母	阶　数	RPC 参数个数
1	$p_2 \neq p_4$	1	14
2		2	38
3		3	78
4	$p_2 = p_4 \neq 1$	1	11
5		2	29
6		3	59
7	$p_2 = p_4 = 1$	1	8
8		2	20
9		3	40

一般情况，RFM 模型采用 $p_2 \neq p_4$ 情况下的三阶多项式进行表达，即：

$$
\begin{aligned}
p_1(P,L,H) = & a_0 + a_1 H + a_2 L + a_3 P + a_4 HL + a_5 HP + a_6 PL + a_7 H^2 + \\
& a_8 L^2 + a_9 P^2 + a_{10} PLH + a_{11} H^2 L + a_{12} H^2 P + a_{13} L^2 H + \\
& a_{14} L^2 P + a_{15} P^2 H + a_{16} P^2 L + a_{17} H^3 + a_{18} L^3 + a_{19} P^3 \\
p_2(P,L,H) = & b_0 + b_1 H + b_2 L + b_3 P + b_4 HL + b_5 HP + b_6 PL + b_7 H^2 + \\
& b_8 L^2 + b_9 P^2 + b_{10} PLH + b_{11} H^2 L + b_{12} H^2 P + b_{13} L^2 H + \\
& b_{14} L^2 P + b_{15} P^2 H + b_{16} P^2 L + b_{17} H^3 + b_{18} L^3 + b_{19} P^3 \\
p_3(P,L,H) = & c_0 + c_1 H + c_2 L + c_3 P + c_4 HL + c_5 HP + c_6 PL + c_7 H^2 + \\
& c_8 L^2 + c_9 P^2 + c_{10} PLH + c_{11} H^2 L + c_{12} H^2 P + c_{13} L^2 H + \\
& c_{14} L^2 P + c_{15} P^2 H + c_{16} P^2 L + c_{17} H^3 + c_{18} L^3 + c_{19} P^3 \\
p_4(P,L,H) = & d_0 + d_1 H + d_2 L + d_3 P + d_4 HL + d_5 HP + d_6 PL + d_7 H^2 + \\
& d_8 L^2 + d_9 P^2 + d_{10} PLH + d_{11} H^2 L + d_{12} H^2 P + d_{13} L^2 H + \\
& d_{14} L^2 P + d_{15} P^2 H + d_{16} P^2 L + d_{17} H^3 + d_{18} L^3 + d_{19} P^3
\end{aligned}
\tag{3-26}
$$

式中：a_i——有理函数多项式 p_1 的系数（$i=0,\cdots,19$）；

b_i——有理函数多项式 p_2 的系数（$i=0,\cdots,19$）；

c_i——有理函数多项式 p_3 的系数（$i=0,\cdots,19$）；

d_i——有理函数多项式 p_4 的系数（$i=0,\cdots,19$）。

通常 b_0 和 d_0 取值为 1，这样公式(3-23)也可写成如下形式：

$$
\begin{aligned}
\bar{x} &= \frac{(1\,H\,L\,P\cdots L^3\ P^3)\cdot(a_0\ a_1\ a_2\ a_3\cdots a_{18}\ a_{19})^{\mathrm{T}}}{(1\,H\,L\,P\cdots L^3\ P^3)\cdot(1\,b_1\ b_2\ b_3\cdots b_{18}\ b_{19})^{\mathrm{T}}} \\
\bar{y} &= \frac{(1\,H\,L\,P\cdots L^3\ P^3)\cdot(c_0\ c_1\ c_2\ c_3\cdots c_{18}\ c_{19})^{\mathrm{T}}}{(1\,H\,L\,P\cdots L^3\ P^3)\cdot(1\,d_1\ d_2\ d_3\cdots d_{18}\ d_{19})^{\mathrm{T}}}
\end{aligned}
\tag{3-27}
$$

在模型中，由光学投影引起的畸变表示为一阶多项式，地球曲率、大气折射和镜头畸变等产生的误差能很好的用 RFM 模型的二次项来表示，其他一些未知的具有高阶分量的误差如相机振动等，可用 RFM 模型中的三次项来模拟。式(3-23)是 RFM 的正解形式，其反解的公式如下式所示：

$$P = \frac{p_5(\bar{x},\bar{y},H)}{p_6(\bar{x},\bar{y},H)}$$
$$L = \frac{p_7(\bar{x},\bar{y},H)}{p_8(\bar{x},\bar{y},H)} \tag{3-28}$$

不同于共线方程，有理函数模型只能提供物方到像方或者像方到物方之中某一个方向变换，反变换需要对正变换模型线性化，通过一定初始值下的迭代过程来完成。

3)有理函数模型系数

有理函数模型系数是空间变换数学模型的重要数据。以 IKONOS 卫星图像 RPC 为例，Space Imaging 公司发布的 IKONOS 卫星图像 RPC 参数共有 90 个，其中 80 个为有理函数系数，10 个为规格化参数。它们一起可以构成 IKONOS 卫星图像的有理函数模型。

卫星图像 RPC 参数提供的形式有两种，一种是 GeoTiff 数据文件格式，另一种是 NITF 数据文件格式。对应 GeoTiff 图像文件的 RPC 数据以 ASCII 文本文件存储，并采用 LF/CR 终止符。每个数值一行，格式见表 3-3。

GeoTiff 图像的 RPC 格式 表 3-3

字　段	名　称	数据位数	值　域	单位
LINE_OFF	扫描线偏移量	10	−999 999. 99～999 999. 99	pixel
SAMP_OFF	采样偏移量	10	−999 999. 99～999 999. 99	pixel
LAT_OFF	纬度偏移量	12	−90. 000 000 00～+90. 000 000 00	°
LONG_OFF	经度偏移量	13	−180. 000 000 00～+180. 000 000 00	°
HEIGHT_OFF	高度偏移量	9	−9 999. 999～+9 999. 999	m
LINE_SCALE	扫描线比例因子	10	−999 999. 99～999 999. 99	pixel
SAMP_SCALE	采样比例因子	10	−999 999. 99～999 999. 99	pixel
LAT_SCALE	纬度比例因子	12	−90. 000 000 00～+90. 000 000 00	°
LONG_SCALE	经度比例因子	13	−180. 000 000 00～+180. 000 000 00	°
HEIGHT_SCALE	高度比例因子	9	−9 999. 999～+9 999. 999	m
LINE_NUM_COEFF_1	扫描线分子系数 1	22	±9. 999 999 999 999 999E±99	
至	…	…	…	
LINE_NUM_COEFF_20	扫描线分子系数 20	22	±9. 999 999 999 999 999E±99	
LINE_DEN_COEFF_1	扫描线分母系数 1	22	±9. 999 999 999 999 999E±99	
至	…	…	…	
LINE_DEN_COEFF_20	扫描线分母系数 20	22	±9. 999 999 999 999 999E±99	
SAMP_NUM_COEFF_1	采样点分子系数 1	22	±9. 999 999 999 999 999E±99	
至	…	…	…	
SAMP_NUM_COEFF_20	采样点分子系数 20	22	±9. 999 999 999 999 999E±99	
SAMP_DEN_COEFF_1	采样点分母系数 1	22	±9. 999 999 999 999 999E±99	
至	…	…	…	
SAMP_DEN_COEFF_20	采样点分母系数 20	22	±9. 999 999 999 999 999E±99	

NITF格式的IKONOS图像数据也定义像方坐标与物方坐标关系的有理函数模型的系数和规格化参数。NITF 2.1 的 RPC00B 扩展的定义域格式和描述详列于表 3-4。

NITF 2.1 的 RPC00B 扩展的定义域格式和描述　　表 3-4

域	名　称	数据位数	取值范围	单位
CETAG	唯一扩展标识	6	RPC00B	
CEL	整个标记记录长度	5	01041	bit
SUCCESS		1	1	
ERR_BIAS	误差偏移,相关图像的68%非时间变化的误差估计	7	0 000.00 到 9 999.99	m
ERR_RAND	随机误差,相关图像的68%随时间变化的误差估计	7	0 000.00 到 9 999.99	m
LINE_OFF	扫描线平移量	6	000 000 到 999 999	pixel
SAMP_OFF	采样点平移量	5	00 000 到 99 999	pixel
LAT_OFF	纬度平移量	8	±90.000 0	°
LONG_OFF	经度平移量	9	±180.000 0	°
HEIGHT_OFF	大地高平移量	5	±9 999	m
LINE_SCALE	扫描线比例因子	6	000 001 到 999 999	pixel
SAMP_SCALE	采样点比例因子	5	00 001 到 99 999	pixel
LAT_SCALE	纬度比例因子	8	±90.000 0	°
LONG_SCALE	经度比例因子	9	±180.000 0	°
HEIGHT_SCALE	大地高比例因子	5	±9 999	m
LINE_NUM_COEFF_1 (至) LINE_NUM_COEFF_20	扫描线分子系数,共20个	12 — 12	±0.999 999E±9 — ±0.999 999E±9	
LINE_DEN_COEFF_1 (至) LINE DEN_COEFF_20	扫描线分母系数,共20个	12 — 12	±0.999 999E±9 — ±0.999 999E±9	
SAMP_NUM_COEFF_1 (至) SAMP_NUM_COEFF_20	采样点分子系数,共20个	12 — 12	±0.999 999E±9 — ±0.999 999E±9	
SAMP_DEN_COEFF_1 (至) SAMP_DEN_COEFF_20	采样点分母系数,共20个	12 — 12	±0.999 999E±9 — ±0.999 999E±9	

3.3.3　有理多项式系数的求解

1)最小二乘求解 RFM 模型参数算法

有理函数模型是非线性的,按最小二乘原理求解有理函数系数时需要进行线性化,以正解RFM为例,说明有理函数系数求解过程。

将式(3-27)线性化得出下述误差方程式：

$$\nu_{\bar{x}}=\begin{bmatrix}\frac{1}{D} & \frac{H}{D} & \frac{L}{D} & \frac{P}{D} & \cdots & \frac{L^3}{D} & \frac{P^3}{D} & \frac{-\bar{x}H}{D} & \frac{-\bar{x}L}{D} & \cdots & \frac{-\bar{x}L^3}{D} & \frac{-\bar{x}P^3}{D}\end{bmatrix}\cdot \boldsymbol{J}-(\bar{x}_{观测}-\bar{x})$$

$$\nu_{\bar{y}}=\begin{bmatrix}\frac{1}{E} & \frac{H}{E} & \frac{L}{E} & \frac{P}{E} & \cdots & \frac{L^3}{E} & \frac{P^3}{E} & \frac{-\bar{y}H}{E} & \frac{-\bar{y}L}{E} & \cdots & \frac{-\bar{y}L^3}{E} & \frac{-\bar{y}P^3}{E}\end{bmatrix}\cdot \boldsymbol{K}-(\bar{y}_{观测}-\bar{y})$$

(3-29)

其中：

$D=(1\,H\,L\,P\cdots L^3\ P^3)\cdot(1b_1b_2b_3\cdots b_{18}b_{19})^{\mathrm{T}}$；

$\boldsymbol{J}=(a_0\quad a_1\quad \cdots\quad a_{19}\quad b_1\quad b_2\quad \cdots\quad b_{19})^{\mathrm{T}}$；

$E=(1\,H\,L\,P\cdots L^3\ P^3)\cdot(1d_1d_2d_3\cdots d_{18}d_{19})^{\mathrm{T}}$；

$\boldsymbol{K}=(c_0\quad c_1\quad \cdots\quad c_{19}\quad d_1\quad d_2\quad \cdots\quad d_{19})^{\mathrm{T}}$；

$\boldsymbol{M}=\begin{bmatrix}\frac{1}{D} & \frac{H}{D} & \frac{L}{D} & \frac{P}{D} & \cdots & \frac{L^3}{D} & \frac{P^3}{D} & \frac{-\bar{x}H}{D} & \frac{-\bar{x}L}{D} & \cdots & \frac{-\bar{x}L^3}{D} & \frac{-\bar{x}P^3}{D}\end{bmatrix}$；

$\boldsymbol{N}=\begin{bmatrix}\frac{1}{E} & \frac{H}{E} & \frac{L}{E} & \frac{P}{E} & \cdots & \frac{L^3}{E} & \frac{P^3}{E} & \frac{-\bar{y}H}{E} & \frac{-\bar{y}L}{E} & \cdots & \frac{-\bar{y}L^3}{E} & \frac{-\bar{y}P^3}{E}\end{bmatrix}$；

$R=\bar{x}_{观测}-\bar{x}$；

$C=\bar{y}_{观测}-\bar{y}$。

行列同时解算时，上述误差方程的矩阵形式为：

$$V=TI-G \tag{3-30}$$

其中，$V=\begin{bmatrix}v_x\\v_y\end{bmatrix}$，$T=\begin{bmatrix}M & 0\\0 & N\end{bmatrix}$，$I=\begin{bmatrix}J\\K\end{bmatrix}$，$G=\begin{bmatrix}R\\C\end{bmatrix}$，对每对点列立上述误差方程，按照最小二乘原理得到的法方程矩阵形式如下：

$$T^{\mathrm{T}}TI-T^{\mathrm{T}}L=0 \tag{3-31}$$

可以求解出 RFM 模型的对应参数，由于标准的 3 阶不同分母 RFM 模型共含 78 个参数，参数间存在一定的相关性，通过引入岭参数或者谱修正迭代法可改善法方程状态，取得更高的解算精度。

2)RFM 模型参数求解方案

RFM 的未知参数解算既可以在严格传感器模型已知的条件下进行，也可以在未知条件下进行，因此它的解算有两种方案：地形无关和地形相关。如果严格的传感器模型是已知的，我们就可以采用地形无关的方案，否则 RFM 的解算只能采用与地形有关的方案而严格依靠控制点。

(1)地形无关的解算方案

如果有严格的传感器模型可以利用，则可用该模型建立一组虚拟的三维空间格网点作为控制点来解算 RPC。这些格网点的坐标可以利用严格传感器模型计算得到(通常是利用像坐标和高程值计算地面点的平面坐标,其中高程值的确定是通过估计地面的起伏,在地面的起伏范围内,取若干高程面),而不需要实际的地形信息,因此这种解算方案与实际的地形无关。采用这种方案,可实现有理函数模型对严格传感器模型的精确拟合,进而取代严格传感器模型完成图像信息处理。

地形无关解算方案的流程图如图 3-7 所示。

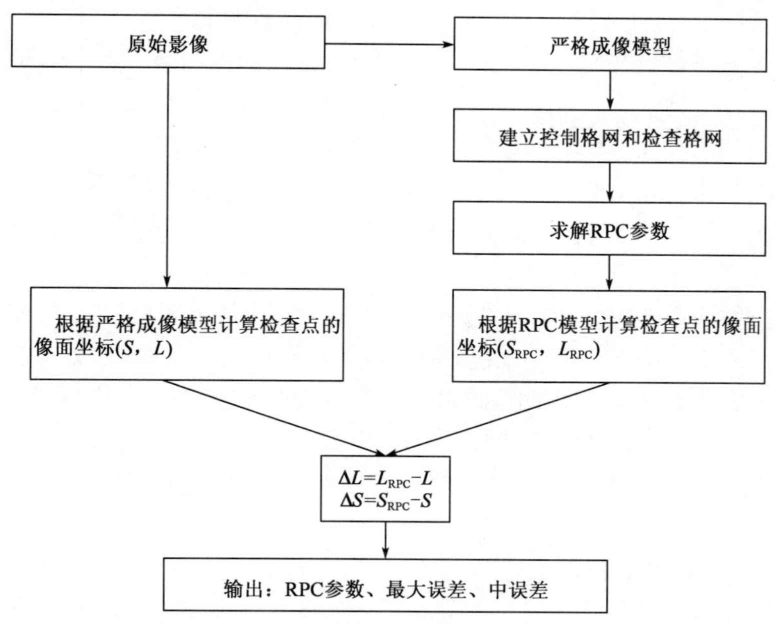

图 3-7　求解 RPC 参数流程以及精度分析

解算步骤如下:

①控制点获取

a. 将整幅图像均匀分成 $m\times n$ 个网格,通常 m、n 取相同的值。当 $m=n=10$ 时,在整幅图像上有 $11\times11=121$ 个均匀分布的像点。

b. 由严格成像模型的正变换,计算图像的四个角点对应的地面范围。根据美国地质调查局提供的全球 1km 分辨率 DEM(Global 30-arc-second Digital Elevation Model),计算图像覆盖区域的高程范围($h_{\min}\sim h_{\max}$)。然后,在高程方向上以一定的间隔分为 k 层(为避免法方程出现病态,一般 $k>3$),每层具有相同的高程 Height,并都有上述$(m+1)\times(n+1)$个均匀分布的像点。这样就产生$(m+1)\times(n+1)\times k$ 个平面、高程上均匀分布的格网点,并且每个格网点的像点坐标(x,y)及高程 Height 均已知。

c. 利用图像的严格成像模型,根据每个控制点的像点坐标(x,y)和高程 Height 计算出对应大地坐标(Lat,Lon),这样就得到$(m+1)\times(n+1)\times k$ 个格网点的全部坐标。

最后生成的层状控制格网点分布如图 3-8 所示。

②检查点获取

a. 将整幅图像覆盖的地面区域均匀分成 $m\times n$ 个网格,通常 m、n 取相同的值。当 $m=n=20$ 时,在整幅图像上有 $21\times21=441$ 个均匀分布的地面格网点。

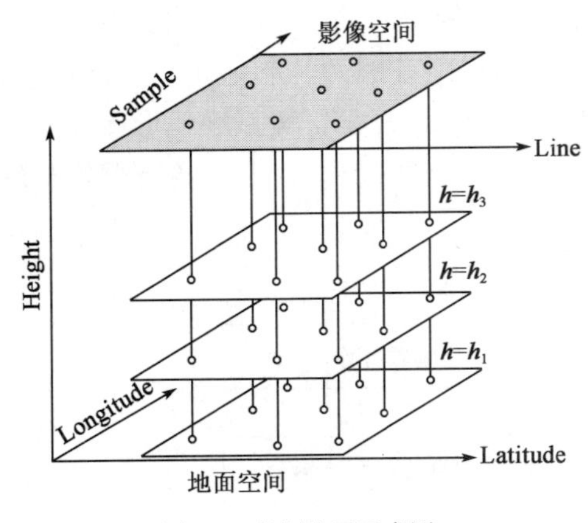

图 3-8　控制格网示意图

b. 根据上述地面点的平面坐标，利用该区域已知的 DEM 数据内插出上述每一个地面格网点的高程值 Height，这样每个格网点地面坐标均已知。

c. 利用图像的严格成像模型，根据每个检查点的大地坐标(Lat，Lon，Height)计算出像点坐标(x,y)，这样就得到$(m+1)\times(n+1)$个格网点的全部坐标。

③RFM 系数的解算

用上述的层状控制格网点来解算 RFM 的系数。

④精度检查

用解算出来 RFM 的系数计算这些格网检查点的地面位置或相应像点的位置。通过比较解算的坐标和已知的格网点坐标就可以获得精度。

(2)地形相关的解算方案

如果没有严格传感器模型的定向参数，为了解算 RFM 的未知系数，必须通过从图上量测或者野外实测的方式获取若干真实的地面控制点。在这种情况下，解法完全决定于实际的地形起伏以及控制点的数量与分布，因此这种方法与地形严格相关。当传感器的模型过于复杂很难建立或者精度要求不是很高的时候，这种方法就变得相当适用。由于高阶 RFM 需要的控制点比较多，故当控制点数目不足时，可视当地地形变化程度，考虑仅利用 RFM 的二阶形式。

3)有理多项式函数模型拟合试验

在本节试验中，将对 RFM 模型拟合目前空间分辨率最高的 WorldView 卫星图像的精度进行分析，并讨论不同模型参数、不同格网大小和不同高程分层层数的影响。为此，选取了我国青海地区某一景 WorldView 卫星图像进行了试验，该图像获取时间为 2009 年 10 月 2 日，Stereo1B 级别产品，图像大小为 14 272 行×34 771 列，覆盖区域属于山区，地形起伏较大，地面最低高程为 2 870m，地面最高高程为 3 778m，高程起伏近 900m。

(1)不同形式的 RFM 模型参数求解精度对比

在该组试验中，设置控制格网大小为 40×40，高程分层数为 5，检查点格网大小为 80×80，对表 3-2 中不同形式的模型参数进行了试验，结果如表 3-5 所示。

分析表 3-5 的结果，可以得出如下几点结论：

①有分母的 RFM 模型比没有分母的 RFM 模型拟合精度更高，分母不相同的 RFM 模型比分母相同的 RFM 模型拟合精度更高。在三阶情况下，当 $p_2\neq p_4$，即分母不相同时，检查点像平面精度为 0.010 20 pixel，控制点平面精度为 0.010 21 pixel；当 $p_2=p_4\neq 1$ 时，即分母相同但不恒为 1 时，检查点像平面精度为 0.010 47pixel，控制点平面精度为 0.010 46pixel；当 $p_2=p_4=1$，检查点像平面精度为 0.010 29pixel，控制点平面精度为 0.010 29pixel。

②三阶模型的精度比二阶模型的精度高，一阶模型的精度最差。当采用三阶 RFM 模型时，拟合精度可达到相当高的水平，无论在检查点像平面精度和控制点平面精度上，均接近 0.01pixel。这也说明 RFM 模型对 WorldView 高分辨率卫星图像严格几何模型具有可替代性。

不同形式 **RFM** 模型的拟合精度(pixel)　　表 3-5

不同形式	控制点残差						检查点残差					
	列方向		行方向		平面		列方向		行方向		平面	
	最大误差	中误差	最大误差	中误差	最大误差	中误差	最中误差	中误差	最大误差	中误差	最大误差	中误差
1	7.200 89	2.062 40	4.910 23	1.583 48	8.715 68	2.600 17	8.636 69	2.121 32	5.235 75	1.549 65	10.099 78	2.627 05
2	0.059 43	0.014 01	0.010 29	0.003 59	0.060 31	0.014 46	0.064 13	0.014 04	0.011 89	0.003 58	0.065 22	0.014 49
3	0.043 25	0.009 61	0.008 03	0.003 45	0.043 99	0.010 21	0.046 17	0.009 59	0.008 31	0.003 45	0.046 91	0.010 20
4	14.497 70	4.076 30	8.134 24	1.889 27	16.623 75	4.492 83	16.931 46	4.067 21	8.169 40	1.868 77	18.799 29	4.475 99
5	0.479 55	0.072 38	0.142 15	0.025 03	0.500 18	0.076 58	0.487 88	0.069 71	0.152 58	0.024 34	0.511 18	0.073 84
6	0.041 24	0.009 89	0.007 82	0.003 40	0.041 98	0.010 46	0.044 60	0.009 91	0.007 94	0.003 40	0.045 30	0.010 47
7	91.480 69	16.804 68	27.750 71	7.453 33	95.597 17	18.383 40	91.480 69	16.583 37	31.438 31	7.373 60	96.732 02	18.148 77
8	1.078 93	0.191 20	0.131 18	0.023 69	1.086 87	0.192 66	1.124 44	0.184 39	0.147 38	0.023 66	1.134 05	0.185 90
9	0.043 64	0.009 56	0.008 40	0.003 82	0.044 45	0.010 29	0.043 64	0.009 56	0.008 53	0.003 82	0.044 47	0.010 29

(2)不同格网大小对 RFM 模型参数求解精度的影响

在该组试验中,设置高程分层数为 5,检查点格网大小为控制点格网大小的 2 倍,将控制点的格网大小分为设置为 15×15,20×20,30×30,40×40, 50×50, 60×60,用来评价格网大小对 RFM 模型参数求解精度的影响,结果如表 3-6 所示。

不同格网大小时 **RFM** 模型参数求解精度(pixel)　　表 3-6

格网大小	控制点残差						检查点残差					
	列方向		行方向		平面		列方向		行方向		平面	
	最大误差	中误差	最大误差	中误差	最大误差	中误差	最大误差	中误差	最大误差	中误差	最大误差	中误差
15×15	0.038 73	0.010 12	0.007 53	0.003 37	0.039 45	0.010 67	0.048 23	0.010 07	0.008 51	0.003 43	0.048 97	0.010 63
20×20	0.041 74	0.009 88	0.007 53	0.003 40	0.042 41	0.010 45	0.054 14	0.009 97	0.007 87	0.003 42	0.054 71	0.010 54
30×30	0.042 61	0.009 76	0.007 94	0.003 44	0.043 34	0.010 34	0.046 63	0.009 75	0.008 19	0.003 44	0.047 34	0.010 33
40×40	0.043 25	0.009 61	0.008 03	0.003 45	0.043 99	0.010 21	0.046 17	0.009 59	0.008 31	0.003 45	0.046 91	0.010 20
50×50	0.040 79	0.009 48	0.007 95	0.003 48	0.041 56	0.010 10	0.047 52	0.009 48	0.008 15	0.003 47	0.048 45	0.010 10
60×60	0.042 87	0.009 25	0.007 94	0.003 49	0.043 60	0.009 89	0.042 93	0.009 22	0.008 07	0.003 49	0.043 68	0.009 86

从表 3-6 中可以发现,随着控制点格网的增大,每层控制点数目的增加,检查点平面中误差和控制点平面中误差有变小的趋势。但是,同时也发现,当格网大小达到一定程度后,继续增大格网的大小,RFM 模型拟合严格成像模型的精度提高的越来越缓慢。为了追求速度和精度的平衡,建议控制格网大小为 40×40。

(3)高程分层数对 RFM 模型参数求解精度的影响

该组试验中,控制格网的大小为 40×40,检查格网大小为 80×80,高程分层数分别设置为 3,4,5,6,7,以评价高程分层数队 RPC 参数求解精度的影响。具体结果如表 3-7 所示。

不同高程分层数时 RFM 模型参数求解精度(pixel)　　表 3-7

高程层数	控制点残差						检查点残差					
	列方向		行方向		平面		列方向		行方向		平面	
	最大误差	中误差	最大误差	中误差	最大误差	中误差	最大误差	中误差	最大误差	中误差	最大误差	中误差
3	0.041 41	0.009 63	0.008 01	0.003 47	0.042 18	0.010 23	93.081 44	17.011 60	37.143 55	8.313 97	100.218 75	18.934 54
4	0.043 53	0.009 66	0.007 96	0.003 46	0.044 25	0.010 26	0.048 31	0.009 64	0.008 22	0.003 45	0.049 01	0.010 24
5	0.043 25	0.009 61	0.008 03	0.003 45	0.043 99	0.010 21	0.046 17	0.009 59	0.008 31	0.003 45	0.046 91	0.010 20
6	0.043 96	0.009 60	0.008 04	0.003 45	0.044 69	0.010 20	0.044 32	0.009 58	0.008 32	0.003 45	0.045 09	0.010 18
7	0.043 50	0.009 61	0.008 10	0.003 45	0.044 25	0.010 21	0.043 61	0.009 55	0.008 37	0.003 45	0.044 41	0.010 15

可以发现,随着高程分层数目的增加,检查点和控制点平面中误差有变小的趋势。当分层数较少仅为 3 层时,平面拟合精度为十几个像素,究其原因在于该地区地形起伏较大,过少的高程分层数使得 RFM 模型不足以充分拟合严格几何模型。但是,当高层分层数达到一定数量,进一步增加高程分层数,对 RFM 模型拟合精度的提升影响不大。

第4章　卫星图像控制与调绘

4.1　引　　言

为了实现全球定位，卫星轨道坐标系均采用全球坐标系，例如美国的高分辨率卫星均采用WGS84坐标系，因而直接利用卫星图像附带的原始参数获得的地面点坐标是全球坐标系下的坐标。然而，公路工程通常是在不同国家和地区的地方坐标系下设计和施工的，所以需要建立全球坐标系与地方坐标系的转换关系，才能使卫星图像为公路工程建设服务。

不同坐标系的转换是通过坐标转换参数实现的。当不同坐标系之间关系明确时，可直接应用转换参数实现转换。但是，由于多种原因，这些坐标系统间的参数往往无法直接得到，因此需要利用具有两套坐标系统的公共点，实现系统间转换。坐标系统转换的方法是根据这些公共点的坐标列出转换方程，采用最小二乘原理解算出转换参数。用于系统转换的这些公共点就是控制点。测定控制点平面位置和高程的过程称为控制测量。

卫星图像要实现高精度定位和测量，控制测量是必需的。卫星图像的控制测量过程是：首先，在测区内建立基础控制网；其次，在卫星图像上布设一定数量的图像控制点，并在野外实地对照图像进行控制点选刺；最后，基于基础控制网采用地面测量方法测出图像控制点的平面位置和高程。

卫星图像调绘是根据卫星图像的成像规律及特点，将图像上所反映出的地物、地貌，实地对照、调查，并将其绘注在图像上，供内业制图时使用。此外，线路、地质、桥隧、路基和施工预算等各专业的调查工作可结合野外像片调绘一起进行。

4.2　基础控制测量

控制测量是在工程建设区域内建立控制网而进行的测量。控制网在整体上把测量误差的传递和积累控制在一定的范围之内，以保证工程建设准确施工。

控制测量分为平面控制测量和高程控制测量，在测量之前首先需要选择坐标系统。一个完整的坐标系统是由坐标系和基准两个要素所构成的。坐标系指的是描述空间位置的表达形式，而基准指的是为描述空间位置而定义的一系列点、线、面。在大地测量中基准一般是指为确定点在空间中的位置而采用的地球椭球或参考椭球的几何参数和物理参数，及其在空间的定位、定向方式，以及在描述空间位置时所采用的单位长度的定义。

4.2.1　平面坐标系统

1）WGS84 坐标系统

WGS84（World Geodetic System，1984）坐标系统是一种国际上采用的地心坐标系（图

4-1)。WGS-84 大地坐标系的几何定义如下。

(1)原点在地球质心。

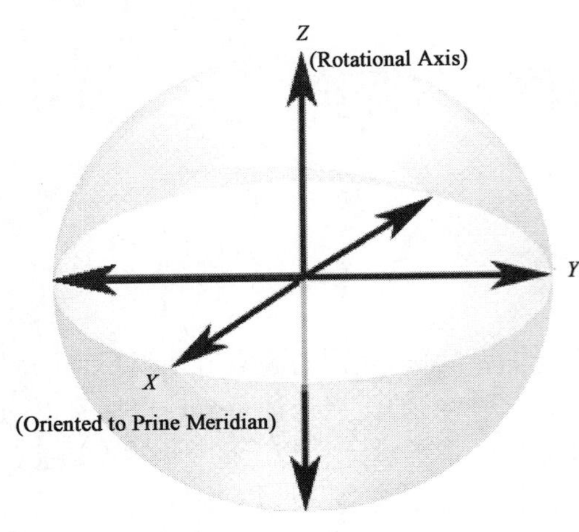

图 4-1 WGS84 坐标系统

(2)Z 轴指向 BIH 1984.0 定义的协议地球极(CTP)方向,X 轴指向 BIH 1984.0 的零子午面与 CTP 赤道的交点,Y 轴与 Z、X 轴成右手坐标系。

WGS-84 椭球及相关常数为:

①地球(含大气层)引力常数GM=3.986 005×10^{14}m^3·s^{-2}。

②长半轴 a=6 378 137m。

③正常化二阶带谐系数 $\bar{C}_{2,0}$=−484.166 85×10^{-6}。

④地球自转角速度 ω=7 292 115× 10^{-11} rad/s。

⑤短半轴 b=6 356 752.314 2 m。

⑥扁率 α=1/298.257 223 563。

⑦第一偏心率平方 e^2=0.006 694 379 990 13。

⑧第二偏心率平方 e'^2=0.006 739 496 742 227。

⑨椭球正常重力位 U_0=62 636 860.849 7m^2·s^{-2}。

⑩赤道正常重力位 γ_0=9.970 326 771 4m·s^{-2}。

2) 2000 国家大地坐标系

2000 国家大地坐标系(China Geodetic Coordinate System 2000,CGCS2000)是采用 2000 参考椭球,原点在地心的右手地固直角坐标系。其 z 轴指向 BIH1984.0 定义的协议极地方向,x 轴指向 BIH1984.0 定义的零子午面与协议赤道的交点,y 轴按右手坐标系确定。

2000 国家大地坐标系的参考椭球基本参数和主要的几何、物理常数为:

(1)长半轴 a=6 378 137m。

(2)地球(含大气层)引力常数 GM=3.986 004 418×10^{14}m^3·s^{-2}。

(3)二阶带谐系数 J_2=1 082.629 832 258×10^{-6}。

(4)地球自转角速度 ω=7 292 115×10^{-11}rad/s。

(5)短半轴 b=6 356 752.314 1m。

(6)扁率 α=1/298.257 222 101。

(7)第一偏心率平方 e^2=0.006 694 380 022 90。

(8)第二偏心率平方 e'^2=0.006 739 496 775 48。

(9)椭球正常重力位 U_0=62 636 851.7149m^2·s^{-2}。

(10)赤道正常重力位 γ_0=9.780 325 336 1m·s^{-2}。

3)1980 西安坐标系

1980 西安坐标系的大地原点设在陕西省泾阳县永乐镇,位于西安市西北方向约 60km

处，简称西安原点。

在大地原点上进行了精密的天文测量和水准测量。地球椭球的定位和定向时的条件如下：

(1)椭球短轴平行于地球地轴[由地球地心指向 1968.0 地极原点(JYD)的方向]。

(2)起始大地子午面平行于格林尼治平均天文台起始子午面。

(3)椭球面同似大地水准面在我国境内最为密合。

1980 年国家坐标系的参考椭球基本参数和主要的几何、物理常数如下：

①长半轴 $a=6\ 378\ 140\text{m}$。

②地球(含大气层)引力常数 $GM=3.986\ 005\times10^{14}\text{m}^3\cdot\text{s}^{-2}$。

③二阶带谐系数 $J_2=1\ 082.63\times10^{-6}$。

④地球自转角速度 $\omega=7\ 292\ 115\times10^{-11}\text{rad/s}$。

⑤短半轴 $b=6\ 356\ 755.288\ 2\text{m}$。

⑥扁率 $\alpha=1/298.257$。

⑦第一偏心率平方 $e^2=0.006\ 694\ 384\ 999\ 59$。

⑧第二偏心率平方 $e'^2=0.006\ 739\ 501\ 819\ 47$。

⑨椭球正常重力位 $U_0=62\ 636\ 830\text{m}^2\cdot\text{s}^{-2}$。

⑩赤道正常重力位 $\gamma_0=9.978\ 031\ 8\text{m}\cdot\text{s}^{-2}$。

4)不同坐标系统的转换

在公路工程测量中，所使用卫星图像的定位基准为 WGS84 坐标系，而我国工程测量成果一般采用 CGCS2000、1980 西安坐标系。为了满足实际工程的需要，必须将卫星测量成果精确的转换到工程所需的坐标系中。

对于 WGS84 坐标系，其坐标基准为 WGS84 椭球，而 1980 国家大地坐标系采用 1975 年国际大地测量与地球物理联合会第 16 届大会上推荐的 4 个椭球基本参数建立。

坐标基准的转换有三参数转换法、七参数转换法等。其中，三参数转换法认为两个坐标系统之间仅存在一个原点的平移，该方法计算简单，仅需利用一个公共控制点即可计算，但是精度较低。在实际工程作业中，常用的方法为七参数转换法。该数学模型不仅考虑了坐标系统的平移，还考虑了坐标系之间的旋转、尺度不一等因素，需要解求的参数为三个平移量、三个旋转角度和一个尺度变化参数，即所谓的布尔莎公式转换。其数学模型如下：

$$\begin{bmatrix}X_2\\Y_2\\Z_2\end{bmatrix}=\begin{bmatrix}\mathrm{d}X\\\mathrm{d}Y\\\mathrm{d}Z\end{bmatrix}+(1+k)R(\alpha)R(\beta)R(\gamma)\begin{bmatrix}X_1\\Y_1\\Z_1\end{bmatrix}\tag{4-1}$$

式中：$(\mathrm{d}X、\mathrm{d}Y、\mathrm{d}Z)^{\mathrm{T}}$——空间转换坐标平移量；

$(X_1、Y_1、Z_1)^{\mathrm{T}}$——待转换坐标系统中某公共点的地面点坐标；

$(X_2、Y_2、Z_2)^{\mathrm{T}}$——目标坐标系统中某公共点的地面点坐标；

$\alpha、\beta、\gamma$——三个旋转角度；

k——尺度缩放参数。

当已知的公共点多于 3 个时，通过最小二乘平差方法，可以解算出上述 7 个转换参数。需

要指出的，$(X_1,Y_1,Z_1)^T$ 和 $(X_2,Y_2,Z_2)^T$ 一般为对应坐标基准下的空间直角坐标系的坐标，当公共点坐标为高斯投影平面坐标或者大地经纬度坐标，需先进行转换为空间直角坐标后，再利用布尔莎公式进行 7 个参数的解算。

4.2.2 平面控制网技术设计

工程建设平面控制网的坐标系统应该保证长度变形不超过 2.5cm/km（相对变形为 1/40 000），当长度变形超过这一容许值时，要对控制网的坐标系统进行重新选择。但由于高速公路需要形成遍及全国的大范围路网，且许多线路需要互相连通，所以高速公路的路线平面控制网只能在统一的坐标系中，而且该坐标系必须具有广泛的适应性。于是，国家统一的坐标系统便成为必然选择。这样，高速公路线路平面控制网在某些地区长度变形会超过容许值，但为保证线路坐标的统一，一般不再进行坐标系的重新选择，而是建立与测区相适应的坐标系统。根据测区所处地理位置及平均高程情况，可按下列方法选定坐标系统：

(1)当投影长度变形值不大于 2.5cm/km 时，采用高斯 3°带平面直角坐标系。

(2)当投影长度变形值大于 2.5cm/km 时，可采用公路抵偿坐标系统，并可选用下列方式：

①投影于国家大地坐标系椭球面上的高斯投影任意带平面直角坐标系。

②投影于抵偿高程面上的高斯投影 3°带平面直角坐标系。

③投影于抵偿高程面上的高斯投影任意带平面直角坐标系。

1)地图投影

地图投影就是指建立地球表面（或其他星球表面或天球面）上的点与投影平面（即地图平面）上点之间的一一对应关系的方法，即建立地球表面点与地图平面点之间的数学转换关系，保证了空间信息在区域上的联系与完整。这个投影过程将产生投影变形，而且不同的投影方法具有不同性质和大小的投影变形。

目前常用的投影方法有墨卡托投影（正轴等角圆柱投影）、高斯—克吕格投影、斜轴等面积方位投影、双标准纬线等角圆锥投影、等差分纬线多圆锥投影、正轴方位投影等。

高斯—克吕格投影，又称高斯投影。该方法将一个横椭圆柱套在地球椭球体上（图 4-2）：

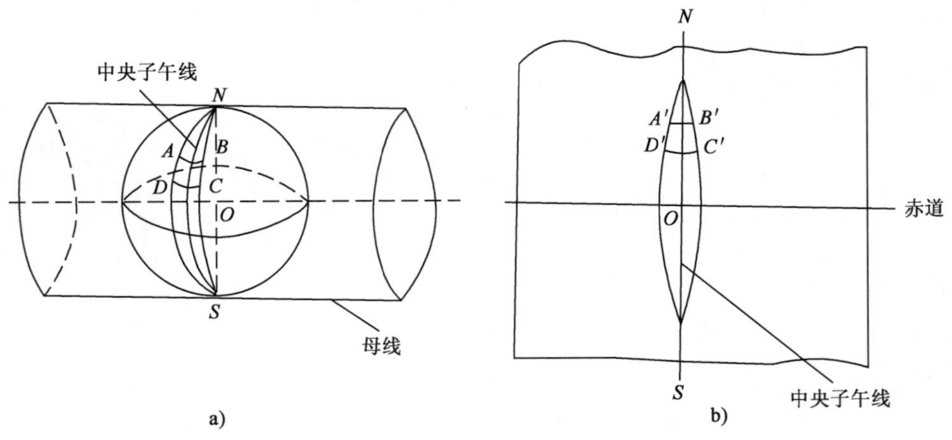

图 4-2　高斯—克吕格投影

椭球体中心 O 在椭圆柱中心轴上，椭球体南北极与椭圆柱相切，并使某一子午线与椭圆柱相切，此子午线称中央子午线。然后将椭球体面上的点、线按正形投影条件投影到椭圆柱上，再沿椭圆柱 N、S 点母线割开，并展成平面，即成为高斯投影平面。

在此平面上：

(1)中央子午线是直线，其长度不变形，离开中央子午线的其他子午线是弧形，凹向中央子午线。离开中央子午线越远，变形越大。

(2)投影后赤道是一条直线，赤道与中央子午线保持正交。

(3)离开赤道的纬线是弧线，凸向赤道。

高斯投影可以将椭球面变成平面，但是离开中央子午线越远变形越大。这种变形将会影响测图和施工精度。为了对长度变形加以控制，测量中采用了限制投影宽度的方法，即将投影区域限制在靠近中央子午线的两侧狭长地带，这种方法称为分带投影。投影带宽度是以相邻两个子午线的经差来划分，有 6°带、3°带等不同投影方法。

6°带投影是从英国格林尼治子午线开始，自西向东，每隔 6°投影一次。这样将椭球分成 60 个带，编号为 1～60 带(图 4-3)。

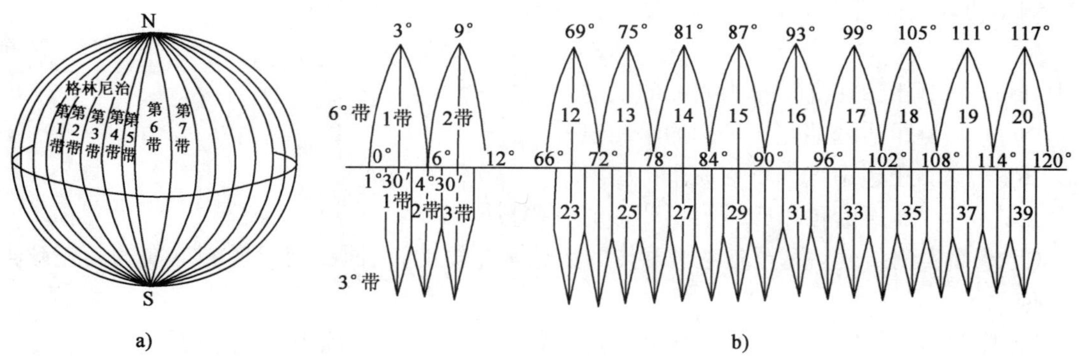

图 4-3　高斯—克吕格投影 6°划分示意图

各带中央子午线经度可用下式计算：

$$L_0^6 = 6n - 3 \tag{4-2}$$

式中：L_0^6——6°带中央子午线经度；

n——6°带的带号。

已知某点大地经度 L，可按下式计算该点所属的带号：

$$n = \frac{L}{6} \tag{4-3}$$

上式有余数时，为 n 的整数商加 1。

3°带是在 6°带基础上划分的，其中央子午线在奇数带时与 6°带中央子午线重合，每隔 3°为一带，共 120 带，各带中央子午线经度为：

$$L_0^3 = 3n' \tag{4-4}$$

式中：L_0^3——3°带中央子午线经度；

n'——为 3°带的带号。

我国幅员辽阔，含有 11 个 6°带，即从 13～23 带(中央子午线从 75～135°)，21 个 3°带，从 25～45 带。北京位于 6°带的第 20 带，中央子午线经度为 117°。

2)任意中央子午线投影

国家坐标系统为了控制长度变形,虽然采用了分带投影,以满足测图的基本要求,但长度变形依然存在,尤其是在投影带的边缘,长度变形不能满足高等级公路勘测和施工的要求。减弱长度变形的办法是根据精度要求和测区所处的精度范围来选择中央子午线和投影带的大小,重新确定分带投影,这种分带投影称之为任意中央子午线投影。

将公路工程平面坐标纳入国家统一坐标系统需要将线路控制测量的测距长度归算到国家统一的参考椭球面。归算到参考椭球面上的测距边长度,按下式计算:

$$D_1 = D_0(1 - H_m/R_A) \tag{4-5}$$

式中:D_1——归算到参考椭球上的测距边长度;

D_0——测距两端点的平均高程面的水平距离;

H_m——测距边所在高程面对于椭球面的高差;

R_A——测距边所在方向的椭球曲率半径。

归算到参考椭球面后,还需进行高斯投影。

测距边在高斯投影面上的长度,按下式计算:

$$D_2 = D_1(1 + y_m^2/2R_m^2) \tag{4-6}$$

式中:D_2——测距边在高斯投影面上的长度;

y_m——测距边两端点横坐标的平均值;

R_m——测距边中点的平均曲率半径。

由式(4-5)和(4-6)可以归纳投影变形的主要特征如下:

(1)地面实测长度归算至参考椭球体面上总是缩短的,地面点与参考椭球面的高差越大,变形越大。

(2)椭球面上长度归算至高斯面上总是增大的,离中央子午线愈远变形愈大。

(3)由于高程归化投影变形与高斯投影变形符号相反,所以在一定的区域内,两种变形可以相互抵偿。

通过人为的方法,重新选择中央子午线进行投影,以达到使两项变形良好抵偿的目的。一般选择测区中心经度作为中央子午线进行重投影。

3)投影坐标的换带计算

将平面坐标由一个投影带转换到另一个投影带的过程称为换带计算。在公路勘察设计中,经常需要进行换带计算,主要是因为:

(1)路线走廊带有可能为东西走向,跨越若干个高斯投影带,在两个相邻带边缘地区需要将邻带坐标转换到同一带内进行平差解算。

(2)在分界子午线附近地区进行测绘时,为实现两相邻高斯投影带地形图的拼接和使用,往往需要用到另一带的控制点,需要将这些控制点的坐标换算到同一带中。

(3)在公路工程测量中,为将长度变形控制在规范要求之内,可能会采用 3°度或者任意带,而国家控制点通常只有 6°带坐标,这将产生 6°带与 3°带或者任意带之间坐标换算问题。

对于高斯投影坐标的换带计算,方法有多种,目前主要采用基于高斯投影正、反算公式的邻带坐标换算方法。

高斯投影正算公式如下：

$$\begin{cases} x = X + \dfrac{N}{2\rho''^2}\sin B\cos B l''^2 + \dfrac{N}{24\rho''^4}\sin B\cos^3 B(5 - t^2 + 9\eta^2 + 4\eta^4)l''^4 + \\ \qquad \dfrac{N}{720\rho''^6}\sin B\cos^5 B(61 - 58t^2 + t^4)l''^6 \\ y = \dfrac{N}{\rho''}\cos B l'' + \dfrac{N}{6\rho''^3}\cos^3 B(1 - t^2 + \eta^2)l''^3 + \dfrac{N}{120\rho''^5}\cos^5 B(5 - 18t^2 + t^4 + 14\eta^2 - 58\eta^2 t^2)l''^5 \end{cases} \tag{4-7}$$

式中：x、y——投影后平面坐标；

B——纬度；

l''——该点与中央子午线的经度差；

X——自赤道量起的子午线弧长；

N——卯酉圈曲率半径；

t——$t=\tan B$；

η——$\eta=e'\cos B$，其中 e' 为子午椭圆的第二偏心率；

ρ''——$\rho''=206\,264.806\,247\,096\,355''$。

高斯投影反算公式如下：

$$\begin{cases} B = B_f - \dfrac{t_f}{2M_f N_f}y^2 + \dfrac{t_f}{24M_f N_f^3}(5 + 3t_f^2 + \eta_f^2 - 9\eta_f^2 t_f^2)y^4 \\ l = \dfrac{1}{N_f\cos B_f}y - \dfrac{1}{6N_f^3\cos B_f}(1 + 2t_f^2 + \eta_f^2)y^3 + \dfrac{1}{120N_f^5\cos B_f}(5 + 28t_f^2 + 24t_f^4)y^5 \end{cases} \tag{4-8}$$

式中：y——投影后平面坐标；

B——纬度；

l——经度；

B_f——投影底点纬度；

M_f——投影底点子午圈曲率半径；

N_f——投影底点卯酉圈曲率半径；

t_f——$t_f=\tan B_f$；

η_f——$\eta_f=e'\cos B_f$，其中 e' 为子午椭圆的第二偏心率。

同一个地面点，在不同的高斯投影带中有不同的平面坐标，但是在椭球面上有唯一的大地坐标。该方法的实质就是将椭球面上的大地坐标作为过渡坐标，实现任意带平面坐标的换算。

该方法的基本步骤如下：

(1)首先利用高斯投影坐标反算公式，将某一高斯投影带的坐标(x_1，y_1)换算成椭球面上的大地纬度 B 和相对于该带中央子午线 L_0^1 的大地经度差 l_1。

(2)计算得到该点对应的唯一的在椭球面上大地坐标(B,L)，其中 $L=L_0^1+l_1$。

(3)根据目标带的中央子午线经度 L_0^2，计算该点在目标带中的经度差 $l_2=L-L_0^2$。

(4)由大地坐标(B,l_2)，利用高斯投影坐标正算公式，计算该点在目标投影带的高斯平面坐标。

不难发现，利用这种方法进行坐标邻带换算，不仅适用于6°带与6°带、6°带与3°带以及3°带与3°带之间的相互坐标换算，而且适用于任意带之间的坐标换算，具有理论严密、转换精度

高、通用性强等优点。该方法也成为高斯投影坐标换带计算的最基本方法。

4)抵偿高程面

由式(4-5)和式(4-6)可知,如果适当选择椭球的半径,使距离化算到这个椭球面上所减小的数值,恰好等于由这个椭球面化算至高斯平面所增加的数值,那么高斯平面上的距离同实地距离就一致了。这个适当半径的椭球面,就称为"抵偿高程面"。

设重新选定高程参考面的大地高为 H,测距边相对于新的高程参考面的高程为 ΔH,测距边两端点相对于重新选定中央子午线的横坐标平均值为 y_m,则满足高速公路对投影变形要求的条件式可近似表示为:

$$\left|\frac{{y_m}^2}{2{R_m}^2}-\frac{\Delta H}{R_A}\right|\leqslant\frac{1}{40\,000} \tag{4-9}$$

展开上式:

$$\left(\frac{{y_m}^2}{2R_m}-\frac{R_A}{40\,000}\right)\leqslant\Delta H\leqslant\left(\frac{{y_m}^2}{2R_m}+\frac{R_A}{40\,000}\right) \tag{4-10}$$

式中:R_A——归算边方向参考椭球法截弧的曲率半径(m);

R_m——测距边中点的平均曲率半径(m)。

依据式(4-10)的约束条件,即可进行具有抵偿高程面的工程坐标系设计与建立。

确定了抵偿面高程后,需要重新计算点在指定高程面下的坐标。因此,需要采用椭球变换法。

(1)椭球膨胀法

椭球膨胀法的基本思想是膨胀前后椭球中心保持不动,椭球扁率保持不变,椭球长半轴变化,对椭球进行缩放,使得缩放之后的参考椭球的椭球面与独立坐标系所选定的平面相切。

$$da = dN\sqrt{1-e^2\sin^2 B} \tag{4-11}$$

式中:da——椭球长半轴的变化量;

dN——基准点的大地高;

e——椭球偏心率;

B——基准点纬度。

首先确定项目中心区域(基准点)的大地坐标(纬度 B 和经度 L),根据 GPS 测量得到基准点大地高,利用式(4-11)计算出新椭球的长半轴变化量 da 和新椭球的长半轴 $a_1=a+da$,然后以新椭球为基准进行投影,得出指定高程面下的坐标。

(2)椭球平移法

椭球平移法的基本思想是将国家参考椭球沿独立坐标系的原点所在的法线进行平移,使椭球面与该点相切,将坐标转换到基于平移后的参考椭球的坐标参照系,以平移后的椭球为依据,对坐标进行投影变换,得到指定高程面上的坐标。

$$\begin{aligned} dX_0 &= \Delta h\cos B_0\cos L_0 \\ dY_0 &= \Delta h\cos B_0\sin L_0 \\ dZ_0 &= \Delta h\sin B_0 \end{aligned} \tag{4-12}$$

式中：　B_0——基准点纬度；

L_0——基准点经度；

Δh——大地高变化量；

$\mathrm{d}X_0$、dY_0、dZ_0——投影后的坐标变化量。

首先确定项目中心区域(基准点)的大地坐标(纬度 B 和经度 L)，根据 GPS 测量得到的基准点大地高，将大地坐标转换成空间直角坐标，利用式(4-12)计算出新椭球的计算椭球中心的平移量($\mathrm{d}X_0$,$\mathrm{d}Y_0$,$\mathrm{d}Z_0$)，然后以新椭球为基准进行投影，得出指定高程面下的坐标。

(3)椭球变形法

椭球变形法的基本思想是先将椭球面沿基准点的法线方向膨胀到所定义的参考面，椭球中心保持不动，变化新椭球的扁率 α，使得基准点处的法线方向派生前后重合。基准点的经纬度不发生变化。

$$\Delta a = (N_0 + \Delta h)\sqrt{1 - \frac{e_{E_0} N_0 \sin^2 B_0}{N_0 + \Delta h}} - a_{E_0} \tag{4-13}$$

$$e_{new}^2 = \frac{N_0}{N_0 + \Delta h} e_{E_0}^2 \tag{4-14}$$

$$N_0 = \frac{a_{E_0}}{\sqrt{1 - e_{E_0}^2 \sin^2 B_0}} \tag{4-15}$$

式中：N_0——卯酉圈曲率半径；

Δh——大地高的变化量；

a_{E_0}——变换前的椭球长半轴；

Δa——椭球长半轴变化量；

e_{E_0}——变换前的椭球偏心率；

e_{new}——变化后的椭球偏心率。

首先确定项目中心区域(基准点)的大地坐标(纬度 B 和经度 L)，将大地坐标转换成空间直角坐标，利用式(4-13)～式(4-15)计算出新椭球长半轴的变化量和新的椭球扁率，确定新椭球的各项参数，然后以新椭球为基准进行投影，得出新椭球下的坐标。

5)西宁至武威公路高速公路平面控制网设计

青海省西宁至武威公路大通至小沙河段高速公路起于大通桥头镇老营庄，经东峡河谷穿大阪山，跨大通河后分为两支。往武威方向的一支继续向北，经吐拉沟、穿冷龙岭、沿宁昌河谷往武威；另一支折向西，沿 S302 岗青公路走廊经东川乡、门源县城、青石嘴，再沿 G227 走廊向张掖市。路线全长 117.75km。

工程区域地处青藏高原隆起区的东北边缘，祁吕贺山字形两翼褶皱带与秦昆东西向构造带之复合部位，大地构造位于北祁连褶皱带与走廊过渡带的交接部位(图 4-4)。区域内地形条件复杂，常规方法获取地形资料难以开展，采用高分辨率卫星图像测量公路勘察设计所需的地形资料。沿路线控制点高程断面图如图 4-5 所示。

测区采用标准高斯 3°带投影，测区平均高程为 3 000m，需建立抵偿面才能满足“投影长度变形不大于 2.5cm/km”的要求。

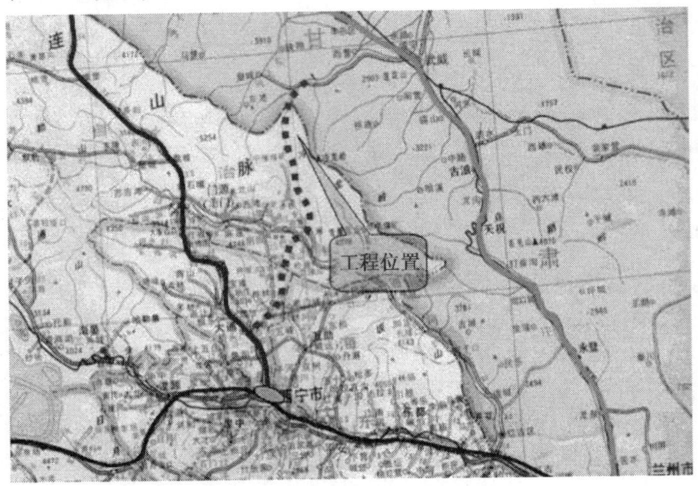

图 4-4 工程所在位置图

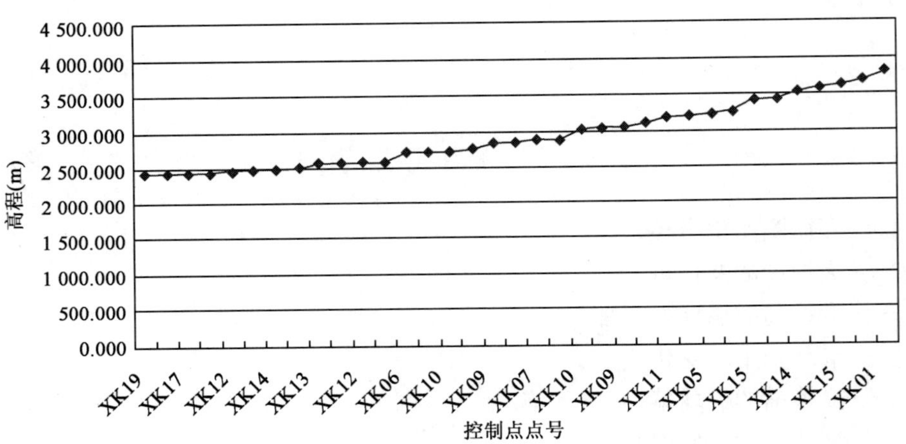

图 4-5 沿路线控制点高程断面图

本项目采用抵偿面计算过程如下：

控制点(X_c、Y_c、H_c)由于高斯投影产生的变形量为：

$$\Delta S_1 = \frac{(Y_c - 500\,000)^2}{2R_m^2} \tag{4-16}$$

式中：R_m——测区椭球平均曲率半径；

ΔS_1——高斯投影产生的变形量；

Y_c——控制点纵坐标。

控制点(X_c,Y_c,H_c)由高程面归算到椭球面上产生的变形量为：

$$\Delta S_2 = \frac{H_c - H}{R_m} \tag{4-17}$$

式中：H——抵偿面高程；

ΔS_2——高程面归算到椭球面上产生的变形量；

R_m——测区椭球平均曲率半径；

H_c——控制点高程。

则满足高速公路对投影变形要求的条件式可近似表示为：

$$|\Delta S_1 - \Delta S_2| \leqslant \frac{1}{40\,000} \tag{4-18}$$

式中：ΔS_1——高斯投影产生的变形量；

ΔS_2——高程面归算到椭球面上产生的变形量。

展开式(4-18)，并将式(4-16)，式(4-17)代入有：

$$\left[H_c - \frac{(Y_c - 500\,000)^2}{2R_m} - \frac{R_m}{40\,000}\right] \leqslant H \leqslant \left[H_c + \frac{(Y_c - 500\,000)^2}{2R_m} + \frac{R_m}{40\,000}\right] \tag{4-19}$$

式中：R_m——测区椭球平均曲率半径；

H——抵偿面高程；

Y_c——控制点纵坐标；

H_c——控制点高程。

对于测区内的每个控制点由式(4-19)可以求出满足高速公路对投影变形要求的抵偿面高程范围。

如果所有控制点抵偿面高程范围存在重叠范围，则在重叠范围内选择一个高程值作为抵偿面高程。否则，可以沿线路将控制点分为几组，建立几个抵偿面。

本项目由于线路长，高程变化大，所有控制点抵偿面高程区间不存在交集，因此沿线路将控制点分为五组，建立了五个抵偿面分别为：2 580m，2 880m，3 150m，3 450m 和 3 700m。

抵偿面高程确定后，即可将控制点投影到抵偿面上，控制点(X_c,Y_c)投影后的坐标为：

$$\begin{aligned} X_p &= X_c + \frac{(X_c - X_0) \times H}{R_m} \\ Y_p &= Y_c + \frac{(Y_c - Y_0) \times H}{R_m} \end{aligned} \tag{4-20}$$

式中：X_0、Y_0——每个抵偿面中选择的投影原点坐标；

H——抵偿面高程；

R_m——测区椭球平均曲率半径；

X_c、Y_c——控制点坐标；

X_p、Y_p——控制点投影后的坐标。

测区内 25 个控制点转换结果见表 4-1。

控制点转换前后坐标表(单位：m)　　表 4-1

点号	X_c	Y_c	X_p	Y_p
2 580 高程面，投影原点 NC10，R_m=6 372 790				
NC19	4 183 204.783	498 854.917	4 183 208.634	498 858.464
NC18	4 182 765.914	498 545.032	4 182 769.587	498 548.453
NC17	4 182 010.951	497 863.637	4 182 014.318	497 866.782
NC16	4 181 834.304	497 808.407	4 181 837.600	497 811.530

续上表

点号	X_c	Y_c	X_p	Y_p
2 580 高程面，投影原点 NC10，R_m=6 372 790				
XK02	4 181 374.062	497 154.592	4 181 377.172	497 157.450
XK01	4 181 656.130	498 089.933	4 181 659.354	498 093.170
NC14	4 180 427.181	496 246.269	4 180 429.907	496 248.759
NC15	4 180 756.828	496 366.435	4 180 759.688	496 368.974
NC13	4 176 921.410	493 656.652	4 176 922.717	493 658.094
XK03	4 176 729.765	493 825.986	4 176 730.994	493 827.497
NC12	4 176 559.942	493 739.880	4 176 561.103	493 741.356
XK04	4 176 377.043	493 596.027	4 176 378.129	493 597.445
XK06	4 173 872.569	490 346.929	4 173 872.642	490 347.031
NC11	4 174 164.587	490 534.820	4 174 164.778	490 534.998
NC10	4 173 693.346	490 094.579	4 173 693.346	490 094.579
2 880 高程面，投影原点 NC10，R_m=6 372 790				
NC10	4 173 693.346	490 094.579	4 173 693.346	490 094.579
XK05	4 173 762.055	489 874.304	4 173 762.086	489 874.204
NC09	4 170 836.746	488 100.134	417 0835.455	488 099.233
NC08	4 170 468.845	487 709.457	4 170 467.388	487 708.379
XK07	4 170 229.883	487 689.682	4 170 228.318	487 688.595
XK08	4 169 995.306	487 734.098	4 169 993.635	487 733.031
XK10	4 167 281.520	486 395.463	4 167 278.622	486 393.791
NC07	4 167 297.864	486 854.624	4 167 294.974	486 853.160
3 150 高程面，投影原点 NC07，R_m=6 372 790				
NC07	4 167 297.864	486 854.624	4 167 294.974	486 853.160
XK09	4 167 145.039	486 555.883	4 167 142.073	486 554.271
NC06	4 167 005.330	485 955.053	4 167 002.295	485 953.144
XK11	4 165 907.346	485 004.224	4 165 903.769	485 001.845
XK12	4 165 307.591	484 839.167	4 165 303.717	484 836.707
NC05	4 164 672.061	484 605.394	4 164 667.873	484 602.818
NC04	4 164 003.979	484 760.292	4 163 999.461	484 757.793
3 450 高程面，投影原点 NC04，R_m=6 372 790				
NC04	4 164 003.979	484 760.292	4 163 999.461	484 757.793
XK13	4 160 168.987	486 042.956	4 160 162.393	486 041.151
NC03	4 160 340.140	485 983.326	4 160 333.639	485 981.489
XK14	4 159 399.757	486 884.422	4 159 392.746	486 883.073
NC02	4 158 760.881	486 867.149	4 158 753.525	486 865.791

续上表

点号	X_c	Y_c	X_p	Y_p
3 700 高程面，投影原点 NC02，R_m=6 372 790				
NC02	4 158 760.881	486 867.149	4 158 753.525	486 865.791
XK15	4 158 891.483	487 254.751	4 158 884.203	487 253.618
XK16	4 158 055.927	487 507.162	4 158 048.162	487 506.176
NC01	4 156 483.959	487 368.673	4 156 475.281	487 367.606

4.2.3 平面控制测量

根据公路等级、构造物的长度，公路平面控制测量应实施不同等级的控制测量，作为基础控制测量。高速公路工程的平面控制网一般要求在四等以上，以便为高速公路测设、放样和施工等测量工作，提供基础性的控制。各等级平面控制测量要求见表 4-2。

平面控制测量精度要求 表 4-2

测量等级	最弱相邻点边长相对中误差	平均边长(km)	适用情况			
			高架桥、路线控制测量	多跨桥梁总长度 L(m)	单跨桥梁总长度 L_k(m)	隧道贯通总长度 L_c(m)
二等	1/100 000	3	—	$L \geqslant 3\ 000$	$L_k \geqslant 500$	$L_c \geqslant 6\ 000$
三等	1/70 000	2	—	$2\ 000 \leqslant L < 3\ 000$	$300 \leqslant L_k < 500$	$3\ 000 \leqslant L_c < 6\ 000$
四等	1/35 000	1	高速公路、高架桥	$1\ 000 \leqslant L < 2\ 000$	$150 \leqslant L_k < 300$	$1\ 000 \leqslant L_c < 3\ 000$
一级	1/20 000	0.5	一级公路	$L < 1\ 000$	$L_k < 150$	$L_c < 1\ 000$
二级	1/10 000	0.3	其他等级公路	—	—	—

1)平面控制点的选择

在选点时，首先调查收集测区已有的地形图和控制点的成果资料，一般是先在中比例尺(1:10 000～1:100 000)的地形图上进行控制网设计。公路工程平面控制网应满足以下要求：

(1)平面控制点相邻点间平均边长参照表 4-2。

(2)控制点应选在土质坚硬、稳定的地方，以便于保存点的标志和安置仪器。

(3)控制点应选在地势较高，视野开阔的地方，以便于进行加密和施工放样。

(4)路线平面控制点距路线中心线的距离应大于 50m，宜小于 300m，每一点至少应有一相邻点通视。特大型构造物每一端应埋设 2 个以上平面控制点。

(5)每隔一定距离应布设一对相互通视的控制点，以便加密时可布设成附合导线形式。

(6)布设 GPS 点时，点位附近不应有强烈干扰卫星信号接收的物体。点位距大功率无线电发射源的距离不得小于 400m。

2)GPS 测量

全球卫星定位系统(Global Positioning System)，是以人造地球卫星为观测对象的无线电导航系统。该系统能为用户提供精密的三维空间坐标、运动物体的三维速度和标准时间，具有全球性、连续性和全天候的功能。它由导航星座、地面台站和用户定位设备三部分组成。导航星座是由24颗位于地球上空约20 000km轨道上卫星网所组成，它们分布在6个不同的轨道面上，这6个轨道面与赤道面倾角为55°。轨道相互间隔120°，相邻轨道面邻星相位差为40°，运行周期为11h58min。卫星网的这种布置格局保证了在地球上任何地点任何时刻至少能同时观测4颗卫星，最多时可观测到11颗卫星播发的导航信号，实现三维精确定位。卫星发射有三种信号，即精密的P码(广泛应用于军事领域)、非精密的捕获码C/A(用于民用方面)和导航电文。地面台站由一个主控站、五个监控站组成。主控站根据各监控站观测到的数据计算出每颗卫星的轨道等数据，注入到各卫星存储器。用户定位设备即GPS接收机，由天线、信号识别和处理装置、微机操作板、指示器、数据存储器、精密振荡器、电源六大部分组成，其主要功能是接收卫星播发的信号并利用本身的伪随机噪声码取得观测量以及内含卫星位置和钟差改正信息的导航电文，然后计算出接收机的三维坐标和运动速度。

(1)GPS定位原理

GPS定位的基本原理是根据高速运动的卫星瞬间位置作为已知的起算数据，采用空间距离后方交会的方法，确定待测点的位置。

GPS测量的几何观测量是GPS卫星与用户接收机天线之间的距离ρ，已知卫星的瞬时坐标(X_s，Y_s，Z_s)，即可确定用户接收机天线所对应的点位。设接收机天线相位中心坐标为(X，Y，Z)，则：

$$\rho=\sqrt{(X_s-X)^2+(Y_s-Y)^2+(Z_s-Z)^2} \tag{4-21}$$

式中：X_s、Y_s、Z_s——卫星的瞬时坐标；

X、Y、Z——接收机天线相位中心坐标；

ρ——GPS卫星与用户接收机天线之间的距离。

卫星瞬时坐标(X_s，Y_s，Z_s)可根据接收到的导航电文求得，所以式中只有X，Y，Z是未知数，理论上观测三颗卫星到接收机的距离即可解算出接收机的位置，在实际测量中，GPS定位受多种因素影响会产生误差，需要观测四颗或四颗以上的卫星并采用一定的方法和措施消除误差。

根据所采用的观测值的不同，GPS定位分为两类：

①伪距定位

伪距定位所采用的观测值为测距码。测距码是用以测定从卫星至接收机间距离的一种二进制码序列。利用测距码测定卫星到接收机间距离的基本原理如下：首先假设卫星钟和接收机钟均无误差，都能与标准的GPS时间保持严格同步。在某一时刻t卫星在卫星钟的控制下发出某一结构的测距码，与此同时接收机则在接收机钟的控制下产生出结构完全相同的测距码。由卫星所产生的测距码经过Δt时间的传播的传播后到达接收机并被接收机所接收。由接收机所产生的测距码则经过一个时间延迟器延迟时间τ后与接收到的卫星信号进行比对。如果两个信号尚未对齐，就调整延迟时间τ，直至这两个信号对齐为止。此时延迟时间τ就等于卫星信号的传播时间Δt，将其乘以光速c后即可得伪距ρ：

$$\rho=\tau c=\Delta t c \tag{4-22}$$

式中：ρ——GPS卫星与用户接收机天线之间的距离；

τ——时间延迟器延迟时间；

Δt——卫星所产生的测距码传播到达接收机所经过的时间；

c——光速。

由于卫星钟和接收机钟实际上均不可避免地存在误差，故用上述方法求得的距离 ρ 将受到这两台钟不同步的误差影响；此外，卫星信号还需穿过电离层和对流层才能到达接收机，在电离层和对流层中信号的传播速度要小于光速，所以据式(4-22)求得的距离 ρ 并不等于卫星至接收机的真正距离，故称其为伪距。伪距定位的优点是数据处理简单，对定位条件的要求低，不存在整周模糊度的问题，可以非常容易地实现实时定位；其缺点是观测值精度低，C/A码伪距观测值的精度一般为 3m，而 P 码伪距观测值的精度一般也在 30cm 左右，从而导致定位成果精度低，另外，若采用精度较高的 P 码伪距观测值，还存在电子欺骗的问题。

②载波相位定位

载波相位定位所采用的观测值为 GPS 的载波相位。假设某卫星 S 发出一载波信号，该信号向各处传播。在某一时刻，该信号在接收机 R 处的相位为 φ_R，在卫星 S 处的相位为 φ_S。则卫星到接收机间的距离为：

$$\rho = \lambda(\varphi_S - \varphi_R) \tag{4-23}$$

式中：ρ——GPS 卫星与用户接收机天线之间的距离；

λ——载波波长；

φ_R——信号在接收机 R 处的相位；

φ_S——信号在卫星 S 处的相位。

上述方法存在的一个问题是 GPS 卫星并不量测载波相位 φ_S，解决该问题的方法是利用接收机产生基准振荡信号重建载波从而替代卫星的载波，此时任一时刻的接收机处的基准振荡信号相位与卫星载波相位相等，就可以利用式(4-23)求得卫星至接收机的精确距离。载波相位定位的优点是观测值的精度高，一般优于 2mm；其缺点是数据处理过程复杂，不但要考虑到各种 GPS 定位误差的影响，还存在整周模糊度求解的问题。

根据 GPS 的定位方式的不同，GPS 定位可分为绝对定位和相对定位。

①绝对定位

根据卫星星历以及一台 GPS 接收机的观测值来独立确定该接收机在 WGS84 坐标系中的绝对坐标的方法称为单点定位，也称绝对定位，其定位原理示意图如图 4-6 所示。绝对定位的优点是只需用一台接收机即可独立定位，外业观测的组织和实施较为方便自由，数据处理也较为简单。但绝对定位的结果受卫星星历误差、卫星钟的钟差以及卫星信号传播过程中大气延迟误差的影响较为显著，故定位精度一般较差。

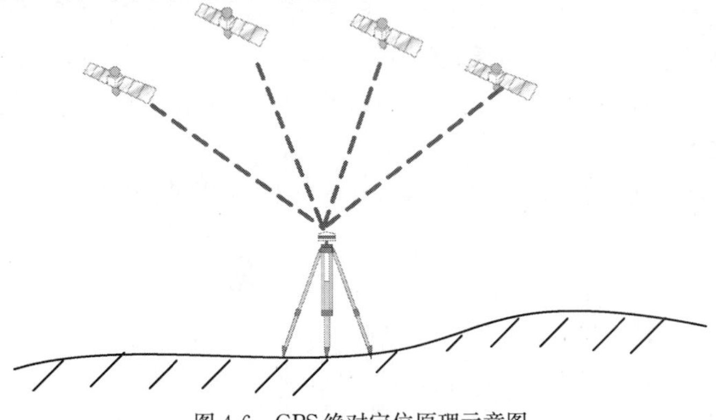

图 4-6 GPS绝对定位原理示意图

②相对定位

确定同步跟踪相同的 GPS 卫星信号的若干台接收机之间的相对位置的定位方法称为相对定位(图 4-7)。两点间的相对位置可以用一条基线向量来表示，故相对定位有时也称为基线测量。由于用同步观测资料进行相对定位时两站所受到的许多误差是相同或大体相同的(如卫星钟差、卫星星历误差、电离层延迟、对流层延迟等)，在相对定位的过程中这些误差可得以消除或大幅度削弱，故可获得很高精度的基线向量，从而使这种方法成为精密定位测量中的主要作业方式。但进行相对定位时至少需用 2 台接收机进行同步观测，外业观测的组织实施及数据处理均较为麻烦，实时定位的用户还必须配备数据通信设备。在公路 GPS 测量中，路线控制网或大型构造物控制网均采用相对定位方法。

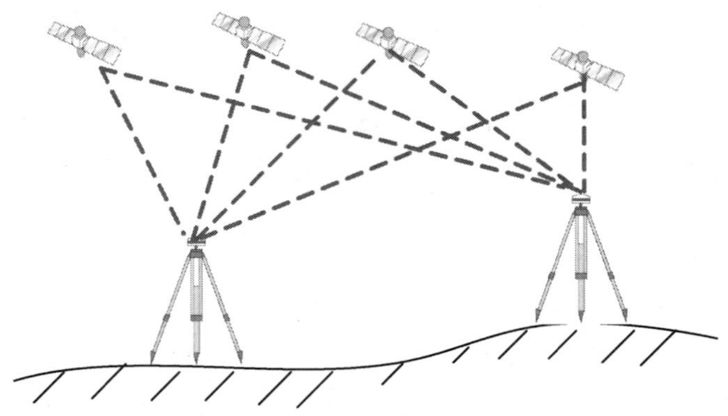

图 4-7　GPS 相对定位原理示意图

(2)GPS 测量作业模式

GPS 测量的作业模式是指利用 GPS 定位技术确定观测站之间相对位置所采用的作业方式，它与 GPS 接收设备的硬件和软件密切相关。不同的作业模式，其作业方法、观测时间及应用范围亦不同。目前已有多种作业模式可供选择，主要包括：静态定位、快速静态定位、准动态定位及动态定位等。在公路平面控制测量中，一般要求采用静态定位或快速静态定位。

①静态定位模式是将 GPS 接收机安置在基线端点上，观测中保持固定不动，以便能通过重复观测取得足够的多余观测数据，以提高定位的精度。这种作业模式一般采用两台或两台以上的 GPS 接收设备，分别安置在一条或数条基线的端点上，同步观测 4 颗以上的卫星。可观测数个时段。静态定位测量是当前 GPS 测量中精度最高的作业模式。

②快速静态定位模式是在测区的中部选择一个基准站，并安置一台接收机，连续跟踪所有可见卫星；另一台接收机依次到各点流动设站，并且在每个流动站上静止观测数分钟。这种作业模式要求观测中必须至少跟踪 4 颗卫星，而且流动站据基准站一般不应超过 15km。

(3)GPS 测量精度要求

GPS 基线测量的中误差按式(4-24)计算，各等级控制测量固定误差 a、比例误差系数 b 的取值参照表 4-3。

$$\sigma = \pm\sqrt{a^2 + (b \times d)^2} \tag{4-24}$$

式中：σ——标准差(mm)；

a——固定误差(mm)；

b——比例误差系数(mm/km)；

d——基线长度(km)。

GPS测量的主要技术要求 表4-3

测量等级	固定误差 a(mm)	比例误差系数 b(mm/km)
二等	≤5	≤1
三等	≤5	≤2
四等	≤5	≤3
一级	≤10	≤3
二级	≤10	≤5

(4)GPS测量特点及其在公路测量中的优势

在高速公路测量中,由于地形较为复杂,公路等级高,如若采用常规测量方法要保证测量精度要求相应较困难,因此在路线平面控制测量中采用了先进的GPS测量,既省时又省力且确保路线测设精度。

GPS测量主要有以下特点:

①测站之间无需通视。测站间相互通视一直是测量学的难题。GPS这一特点,使得选点更加灵活方便。但测站上空必须开阔,以使接收GPS卫星信号不受干扰。

②定位精度高,一般双频GPS接收机基线解精度为5mm+1×10^{-6}mm,而红外仪标称精度为5mm+5×10^{-6},GPS测量精度与红外仪相当,但随着距离的增长,GPS测量优越性愈加突出。大量试验证明,在小于50km的基线上,其相对定位精度可达12×10^{-6}mm,而在100～500km的基线上可达10^{-6}～10^{-7}mm。

③观测时间短。在小于20km的短基线上,快速相对定位一般只需5min观测时间即可。

④提供三维坐标。GPS测量在精确测定观测站平面位置的同时,可以精确测定观测站的大地高程。

⑤操作简便。GPS测量的自动化程度很高。在观测中测量员的主要任务是安装并开关仪器、量取仪器高和监视仪器的工作状态,而其他观测工作如卫星的捕获、跟踪观测等均由仪器自动完成。

⑥全天候作业。GPS观测可在任何地点,任何时间连续地进行,一般不受天气状况的影响。

由上可以看出GPS测量在高速公路测量中具有以下优点:

①GPS测量作业有着极高的精度。它的作业不受距离限制,非常适合于国家大地点破坏严重地区、地形条件困难地区、局部重点工程地区等。

②GPS测量可以大大提高工作及成果质量。它不受人为因素的影响,整个作业过程全由微电子技术、计算机技术控制、自动记录、自动数据预处理、自动平差计算。

③GPS测量可以极大地降低劳动作业强度,减少野外砍伐工作量,提高作业效率。一般GPS测量作业效率为常规测量方法的3倍以上。

(5)GPS控制网布设

在公路测量中,GPS控制网的布设应根据公路等级、沿线地形地物、作业时卫星状况、精度要求等因素进行综合设计。

GPS 网的网型设计核心是如何高质量低成本地完成既定的测量任务，通常进行 GPS 网设计时必须顾及测站选址、卫星选择、用户接收机设备装置和后勤保障等因素。当网点的位置和接收机台数确定后，网的设计主要体现在观测时间的确定、图形的构造及每个观测点观测的次数。

常用的 GPS 网形主要有以下两种形式。

①点连式

点连式布网方法就是在公路带状范围内，相邻同步图形之间仅有一个公共点连接（图 4-8）。这种布网方法，目前主要应用于公路主控制网的建立。控制网中点的精度，在相同的观测条件下，主要取决于点在网中的位置，待定点与已知点距离越近，精度可能会越高，待定点与周围点联系越紧密，精度也可能会更高。由于连接点是作为两分区的公共点，其定位误差将影响后一分区的精度，且带有一定的系统性。

假设“网中每个点必须至少独立设站观测两次”，任一由 n 个点组成的网，若有 m 台接收机，则布测完成该网的最少时段数 s_p 为：

$$s_p = 1 + \mathrm{int}[(n-m)/(m-1) + 0.5] \tag{4-25}$$

式中：n——网中点的个数；

m——接收机台数；

s_p——观测的最少时段数。

最少必要观测的基线数为 $n-1$，s_p 个同步图形中共有 $s_p \times (m-1)$ 条独立基线。

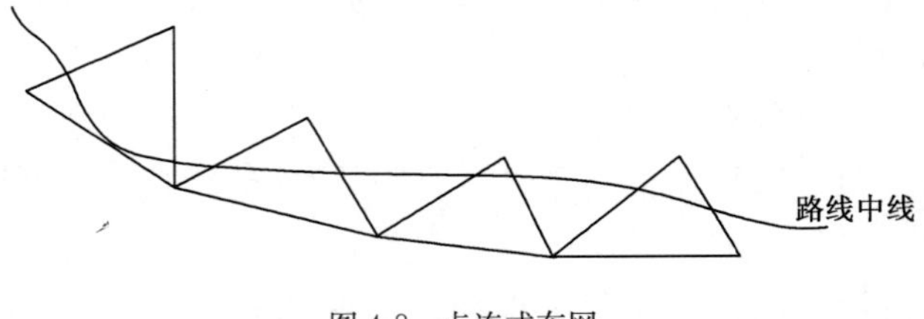

图 4-8　点连式布网

②边连式

所谓边连式布网方法，是指相邻同步图形之间具有两个公共点相连接，也就是同步图形采用一条公共基线进行连接，如图 4-9 所示。

假设任一个由 n 个点组成的网，若有 m 台（$m \geqslant 3$）接收机，采用边连式布网方法组成的同步图形个数 s_i 最少为：

$$s_i = 1 + \mathrm{int}[(n-m)/(m-2) + 0.5] \tag{4-26}$$

式中：n——网中点的个数；

m——接收机台数；

s_i——同步图形个数。

总基线数、独立基线数和多余独立基线数分别为：

$$s_{i总} = s_i \times (m-1) \times m/2 \tag{4-27}$$

$$s_{i独} = s_i \times (m-1) \tag{4-28}$$

$$s_{i多} = s_i \times (m-1) - (n-1) \tag{4-29}$$

上述式中：n——网中点的个数；

m——接收机台数；

s_i——同步图形个数；

$s_{i总}$——总基线数；

$s_{i独}$——独立基线数；

$s_{i多}$——多余独立基线数。

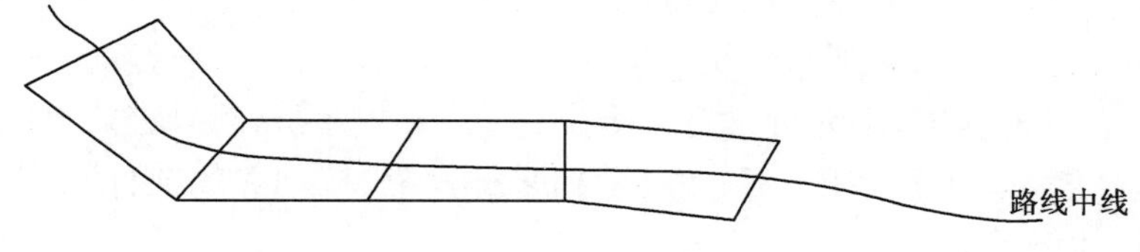

图 4-9　边连式布网

由此不难看出，采用边连式布网方法有较多的非同步观测图形闭合条件，且有大量的重复基线存在。比较边连式与点连式布网方法，边连式 GPS 网几何强度较点连式高，有较高的可靠性指标。该种方法在公路路线首级控制网的建立中最为常用。

(6)GPS 观测

GPS 观测的主要技术要求参照表 4-4。

GPS 观测的主要技术要求　　表 4-4

项目＼测量等级		二等	三等	四等	一级	二级
卫星高度角(°)		≥15	≥15	≥15	≥15	≥15
时间长度	静态(min)	≥240	≥90	≥45	≥45	≥40
	快速静态(min)	—	≥30	≥15	≥15	≥10
平均重复设站数(次/点)		≥4	≥2	≥1.6	≥1.4	≥1.2
同时观测有效卫星数(个)		≥4	≥4	≥4	≥4	≥4
数据采样率(s)		≤30	≤30	≤30	≤30	≤30
GDOP		≤6	≤6	≤6	≤6	≤6

①天线安置

a. 在正常点位，天线应架设在三脚架上，并安置在标志中心的上方直接对中，天线基座上的圆水准气泡必须整平。

b. 刮风天气安置天线时，应将天线进行三向固定，以防倒地碰坏。雷雨天气安置时，应该注意将其底盘接地，以防雷击天线。

c. 架设天线不宜过低，一般应距地 1m 以上。天线架设好后，在圆盘天线间隔 120°的 3 个方向分别量取天线高，三次测量结果之差不应超过 3mm，取其三次结果的平均值记入测量手薄中，天线高记录取值 0.001m。

②开机观测

观测作业的主要目的是捕获 GPS 卫星信号，并对其进行跟踪、处理和量测，以获得所需要的定位信息和观测数据。

天线安置完成后，在离开天线适当位置的地面上安放 GPS 接收机，接通接收机与电源、天线、控制器的连接电缆，并经过预热和静置，即可启动接收机进行观测。

通常来说，在外业观测工作中，仪器操作人员应注意以下事项：

a. 当确认外接电源电缆及天线等各项连接完全无误后，方可接通电源，启动接收机。

b. 开机后接收机有关指示显示正常并通过自测后，方能输入有关测站和时段控制信息。

c. 接收机在开始记录数据后，应注意查看有关观测卫星数量、卫星号、相位测量残差、实时定位结果及其变化、存储介质记录等情况。

d. 一个时段观测过程中，不允许进行以下操作：关闭又重新启动；进行自测试（发现故障除外）；改变卫星高度角；改变天线位置；改变数据采样间隔；按动关闭文件和删除文件等功能键；人员或其他物体触动天线或遮挡信号。

e. 在观测过程中要特别注意供电情况，除在出测前认真检查电池容量是否充足外，作业中观测人员不要远离接收机，听到仪器的低电报警要及时予以处理，否则可能会造成仪器内部数据的破坏或丢失。对观测时段较长的观测工作，建议尽量采用太阳能电池或汽车蓄电池进行供电。

f. 仪器高一定要按规定始、末各测一次，并及时输入及记入测量手簿之中。

g. 接收机在观测过程中不要靠近接收机使用对讲机；雷雨季节架设天线要防止雷击，雷雨过境时应关机停测，并卸下天线。

h. 观测站的全部预定作业项目，经检查均已按规定完成，且记录与资料完整无误后方可迁站。

i. 观测过程中要随时查看仪器内存或硬盘容量，每日观测结束后，应及时将数据转存至计算机硬盘上，确保观测数据不丢失。

③记录

a. 观测记录

观测记录由 GPS 接收机自动进行，均记录在存储介质（如硬盘、硬卡或记忆卡等）上，其主要内容有：

a）载波相位观测值及相应的观测历元。

b）同一历元的测码伪距观测值。

c）GPS 卫星星历及卫星钟差参数。

d）实时绝对定位结果。

e）测站控制信息及接收机工作状态信息。

b. 测量手簿

测量手簿是在接收机启动前及观测过程中，由观测者随时填写的。其主要包括：测量员、点名、点号、观测日期、观测时段、数据文件名、天线高、卫星状况等。

（7）GPS 数据处理

①数据预处理

存储在接收机内的观测数据应每天及时传输至计算机中进行数据质量检查和其他数据预

处理。

失周较多或接收质量较差时段的数据，其观测数据剔除率应小于10%，否则应予重测。

同步环各坐标分量及全长闭合差均满足：

$$W_x \leqslant \frac{2\sqrt{n}}{5}\sigma \tag{4-30}$$

$$W_y \leqslant \frac{2\sqrt{n}}{5}\sigma \tag{4-31}$$

$$W_z \leqslant \frac{2\sqrt{n}}{5}\sigma \tag{4-32}$$

$$W = \pm\sqrt{W_x^2 + W_y^2 + W_z^2} \leqslant \frac{2\sqrt{3n}}{5}\sigma \tag{4-33}$$

$$\sigma = \pm\sqrt{a^2 + (b \times d)^2} \tag{4-34}$$

式中：W、W_x、W_y、W_z——同步环坐标分量闭合差(mm)；

σ——弦长标准差(mm)；

n——同步环基线个数；

a——GPS接收机固定误差(mm)；

b——GPS接收机比例误差(mm)；

d——环中基线的平均长度(km)。

异步环的坐标分量及全长闭合差均满足：

$$V_x \leqslant 3\sqrt{n}\sigma \tag{4-35}$$

$$V_y \leqslant 3\sqrt{n}\sigma \tag{4-36}$$

$$V_z \leqslant 3\sqrt{n}\sigma \tag{4-37}$$

$$V \leqslant 3\sqrt{3n}\sigma \tag{4-38}$$

式中：V、V_x、V_y、V_z——异步环坐标分量闭合差(mm)；

σ——弦长标准差(mm)；

n——异步环中的边数。

②GPS平差计算

GPS网的平差计算，首先进行基线向量网的三维无约束平差。三维基线向量网的无约束平差在WGS-84坐标系中进行，然后进行二维基线向量网的坐标转换和与地面网的约束平差。

4.2.4 高程基准

为了表达地球自然表面点相对地球椭球的空间位置，除采用椭球坐标(即大地经度及纬度)外，还要应用高程。点的高程对地貌研究及工程建筑物勘测、设计、施工等都具有重要意义。在大地测量中常用的高程系统有大地高、正高和正常高。

大地高 H 是指从一地面点沿过此点的地球椭球面的法线到地球椭球面的距离。它由两部分组成：地形高部分(正高 H_g 或正常高 H_r)及大地水准面高 N 或似大地水准面高 ζ。地形高基本上确定着地球自然表面的地貌，大地水准面高度又称大地水准面差距，似大地水准面高度又称高程异常。它们基本上确定着大地水准面或似大地水准面的起伏。

图 4-10 中，H 为椭球高(大地高)，H_g 为正高，H_r 为正常高，ζ 为高程异常，N 为大地水准面差距。

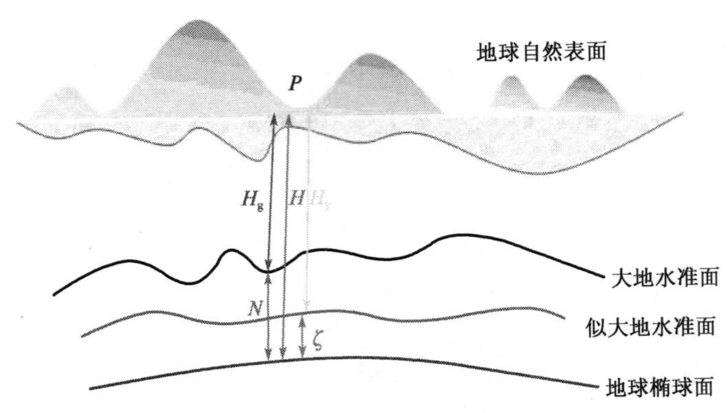

图 4-10　高程系统间的关系

我国主要应用正常高系统。大地高与正常高之间的关系可表示为：

$$H = H_r + \zeta \tag{4-39}$$

为了建立全国统一的高程系统，必须确定一个高程基准面。高程基准面就是地面点高程的统一起算面，由于大地水准面所形成的体形——大地体是与整个地球最为接近的体形，因此通常采用大地水准面作为高程基准面。新中国成立以来先后建立了 1956 年黄海高程基准和 1985 国家高程基准，并建立了 1954 年似大地水准面基准和 1980 高程异常基准。

1)1956 年黄海高程基准

20 世纪 50 年代初，我国虽然在统一高程基准方面作了许多努力，建立了 1954 年黄海高程基准，但由于验潮资料和精密水准测量少等多种原因，致使该基准问题较多。1954 年我国在青岛市观象山上建成了国家水准原点，在原点周围同时建立了原点网并进行了一等水准测量。利用 1950～1956 年青岛验潮站平均海面高度计算出国家水准原点高出黄海平均海面 72.289m，从而建立了 1956 年黄海高程基准。

中国东南部地区精密水准网由 55 个闭合环组成，共 35 000km 左右，从青岛国家水准点的高程起算，通过平差计算求得这一地区精密水准路线上各点属于 1956 年黄海高程基准的高程。接着又以东南部地区精密水准网点的高程为起算点进行了东北部地区、西北地区、青藏地区的一、二、三、四等水准平差。20 世纪 60 年代中期，我国大陆水准点高程基准实现了统一，均采用 1956 年黄海高程基准。

2)1985 国家高程基准

为了适应国家经济建设发展和考虑到国家水准网的更新周期的需要，我国从 1976 年开始按照统一规划和技术标准布设国家第二期一等水准网。这是我国第一个同期布测的全国性的高精度高程控制网。它的布测全面提高了我国高程控制骨干网的精度，增强了高程成果的现势性，同时也需要建立相适应的精确可靠的高程基准，因此决定更新 1956 年高程系统，建立

1985 国家高程基准。

确定 1985 国家高程基准所依据的黄海平均海面是采用青岛验潮站 1952～1979 年共 28 年的验潮数据，并用中数法的计算值推算出来的。其值高出验潮站工作零点 2.428 9m，比 1956 年黄海平均海面高 3.89cm。

1985 国家高程基准仍采用青岛国家水准原点为全国统一高程起算点，水准原点网经观潮和平差，求得高程为 72.260 4m。

3)1954 年似大地水准面基准

利用 GPS 定位技术，可以观测点在 WGS84 坐标系下的大地高 $H_{大地}$，但在工程建设中应用的是正常高 $H_{正常}$。大地高和正常高对应的基准面分别为椭球面和似大地水准面，两者之间的高程差值称为高程异常 ζ。国家坐标系在确立时，都会计算高程异常，建立高程异常基准，利用该基准下的高程异常值即可在不进行水准的情况下，精确求得某点的正常高。

54 系高程异常值 ζ 采用 1954 年坐标系的预平差值加天文水准项和重力改正项而得。绝对重力值为波茨坦系统，理论重力值采用 1901～1909 年赫尔默特公式计算。各点高程异常值由大地原点起算。大地原点高程异常值 ζ_0 由凉马台天文点推算。而凉马台的高程异常值则是以前苏联 1955 年大地水准面差距重新平差结果为依据，按我国的天文重力水准路线传算而得。

54 系高程异常基准与 54 北京坐标系相似，有如下几个特点：

(1)椭球参数误差较大，与现代较精确的椭球参数相比，长半径约大 105m。

(2)参考椭球与我国大地水准面密合程度较差；因为确定 54 高程异常时没有再进行“多点定位”。这使得该椭球同我国大地水准面有较大倾斜。在西部地区数值较小，而往东则系统地增加。

(3)由于采用一点定位，致使原点的高程异常误差无条件地带给所有推算点。因此，前苏联普尔科沃原点经两国天文重力水准路线推算至我国大地原点，其误差累计将不容忽视。

4)1980 高程异常基准

1980 高程异常基准与 54 系基准相比，许多方面都有了改进。首先采用了国际上先进、较精确的参考椭球参数—1975 IUGG 推荐的椭球参数。而且将几何大地测量的参考面与物理大地测量的参考面相统一，椭球几何参数与物理参数相匹配。参考椭球实现了中国境内的局部密合定位(多点定位)。这种局部密合定位是依 1954 北京坐标系似大地水准面差距图，按 1°×1°间隔，在全国均匀选取约 100 点，再按局部密合条件：

$$\sum_{i=1}^{n}(\zeta_i^2)_{80} = \min \tag{4-40}$$

求得凉马台 ζ_{80} 之后，再由凉马台与大地原点的 $\Delta\zeta$ 求得原点 $(\zeta_0)_{80}$。求得的 $(\zeta_0)_{80}$ 与 1954 系统的相应值相比，表面值差 40m 以上。

但是，1980 高程异常系统与 1954 高程异常系统相比，精度上并无本质提高。这是因为：首先，观测手段并未改变，观测精度没有本质提高；再者，采用了 1954 系的高程异常值列弧度测量方程式，如此求得的 $(\zeta_0)_{80}$ 包含了 1954 系统高程异常的系统误差。因为通过式(4-40)表示的极小条件不能消除或减弱任何常量系统误差。也就是，新定位的参考椭球，只是与带有系统误差的似大地水准面实现了局部密合。显然，从原来前苏联 1942 年坐标系推算积累的系统误差仍包含在 1980 系统的国家高程异常值之中。

4.2.5 高程控制测量

高速公路基础高程控制测量多采用三、四等水准测量。当水准测量困难大或无法施用时，可考虑采用三角高程测量。高程控制测量应满足以下要求：

(1)同一个公路项目应采用同一个高程系统，并与相邻项目高程系统相衔接。

(2)各等级公路的高程控制网最弱点高程中误差不得大于±25mm；用于跨越水域和深谷的大桥、特大桥的高程控制网最弱点高程中误差不得大于±10mm；每千米观测高差中误差应小于表4-5的要求。

高程控制测量的技术要求 表4-5

测量等级	每公里高差中数中误差(mm)	
	偶然中误差 M_{Δ}	全中误差 M_{W}
二等	±1	±2
三等	±3	±6
四等	±5	±10
五等	±8	±16

1)高程控制点的布设要求

高程控制点通常以水准测量方法建立，称为水准点。水准点的选定应满足以下要求：

(1)路线高程控制点相邻点间的距离以1～1.5km为宜，特大型构造物每一端应埋设2个(含2个)以上高程控制点。

(2)高程控制点距路线中心线的距离应大于50m，宜小于300m。

(3)水准点应选在能长期保存，便于施测，坚实、稳固的地方。

(4)水准路线应尽可能沿坡度小的道路布设，尽量避免跨越河流、湖泊、沼泽等障碍物。

(5)选择水准点时，应考虑到高程控制网的进一步加密。

采用三角高程测量方法建立高程控制点时，其选点方法与水准点的选择方法相同。

2)数字水准测量

水准测量又名“几何水准测量”，是用水准仪和水准尺测定地面上两点间高差的方法。在地面两点间安置水准仪，观测竖立在两点上的水准标尺，按尺上读数推算两点间的高差。水准测量不是直接测定地面点的高程，而是测出两点间的高差。即在两个点上分别竖立水准尺，利用水准测量的仪器提供的一条水平视线，瞄准并在水准尺上读数，求得两点间的高差，从而由已知点高程推求未知点高程。

目前工程上普遍采用的是数字水准测量技术，数字水准测量技术是继全站仪、GPS技术之后常规数字测量技术的又一里程碑。数字水准测量采用电子水准仪进行。电子水准仪是集电子光学、图像处理、计算机技术于一体的当代最先进的水准测量仪器。它具有速度快、精度高、使用方便、作业员劳动强度轻、便于用电子手簿记录、实现内、外业一体化等优点，代表了当代水准仪的发展方向，具有光学水准仪无可比拟的优越性。

电子水准仪区别于水准管水准仪和补偿水准仪(自动安平水准仪)的主要不同点是在望远镜中安置了一个由光敏二极管构成的线阵探测器,仪器采用数字图像识别处理系统,并配用条码水准标尺。水准尺的分划用条形编码代替厘米间隔的米制长度分划。线阵探测器将水准尺上的条码图像用电信号传送给信息处理机,信息经处理后即可求得水平视线的水准尺读数和视距值。

目前电子水准仪采用的电子读数方法主要有以下五种:相关法、几何法、相位法、RAB 原理及叶氏原理(图 4-11)。这几种方法的主要区别在于编码方式和解码原理。

相关法是最为常用的一种方法,其基本原理是线阵探测器获得的水准尺上的条码图像信号(即测量信号),通过与仪器内预先设置的"已知代码"(参考信息)按信号相关方法进行对比,使测量信号移动以达到两信号最佳符合,从而获得标尺读数和视距读数。

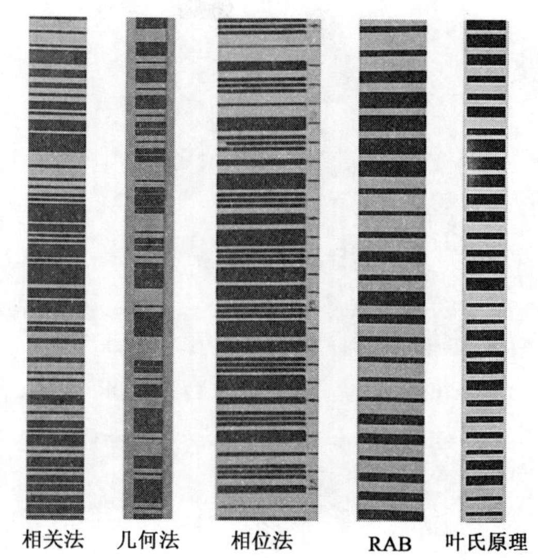

图 4-11 不同电子水准编码方式

自第一台水准仪推出以来,电子水准仪已经发展到第三代。由于在设计之初就定位在中高精度的水准测量,因此目前市场上的电子水准仪分为两个不同的精度等级,中等精度的每千米往返测中误差为±1.0～1.5mm,高精度的每千米往返测中误差为±0.3～0.4mm。

4.3 卫星图像控制测量与调绘

4.3.1 卫星图像控制点的布设与选刺

立体卫星图像数据采集完后,为了提高工作效率,需先在数字摄影测量工作站上利用卫星自带的 RPC 参数恢复卫星图像的立体,选择图像特征清晰、反差适中、易于辨认且 GPS 观测条件好的地方,并考虑立体卫星图像采集时间和季节等特点,合理布设像控点。立体卫星图像的像控点布设与航空像片不同,它没有严格的位置、数量要求,沿公路设计路线小于 10km 布设一个像控点,单景卫星图像组成的立体像至少应布设一个像控点。

选择像控点时,每景尽量选择一个以上特征明显、交通便利的点,尽量避开高压线、大面积水域等,点位选择宜在如下所述位置。

(1)围墙的拐角处地面上。房屋的围墙是一个很好的线性目标,宜选在墙角地面上,并注明围墙的高度,如图 4-12 和图 4-13 所示,注意卫星图像扫描方向以及阴影的方向。

(2)道路交叉处地面上。全色图像上的水泥路纹理很清晰,选作控制点精度相对较高,如图 4-14 和图 4-15 所示。

(3)篱笆交叉点处地面上。根据成像扫描的倾斜方向及阴影,很容易识别篱笆的交叉点,如图 4-16 和图 4-17 所示。这些交叉点应注意内外角的差异,并注意测量时的位置。

图 4-12 高分辨率卫星图像上的点位(拐角)

图 4-13 野外实际点位(拐角)

图 4-14 高分辨率卫星图像上的点位(道路交叉)

图 4-15 野外实际点位(道路交叉)

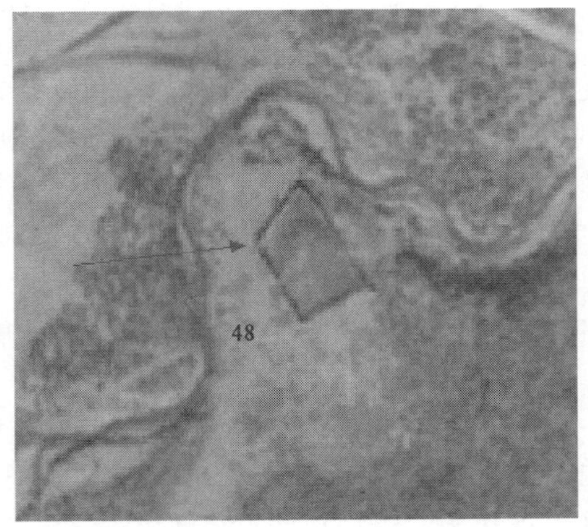

图 4-16 高分辨率卫星图像上的点位(篱笆)

图 4-17 野外实际点位(篱笆)

(4)田埂的交叉处。图像上地垄或坎交叉点处有明显的纹理。控制点选在地面平整处的交叉部位中心处,如图 4-18 和图 4-19 所示。

像控点选择完后，打印像控点处平面位置图，比例尺 1∶3 000～1∶5 000 为宜，打印设备采用像片打印机，并标记出指北针与点号，装订成册，以便野外像控刺点。

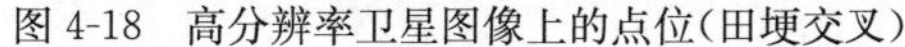

图 4-18　高分辨率卫星图像上的点位(田埂交叉)

图 4-19　野外实际点位(田埂交叉)

内业控制点选择完成后，需要野外进行刺点与控制点测量。像控制点的选刺是指把事先在像片上选好的控制点落实到地面上，并把确定好的地面点位再准确地刺到像片上的过程。这是卫星图像测量外业非常关键的工作，刺点的准确性，直接影响到内业加密或测图的精度。由于一般情况下影响点位精度的观测误差较小，而且观测及计算过程中的检核条件比刺点作业严密得多，因此外控测量的成果质量在很大程度上取决于刺点误差的大小。假如刺点不当而产生了粗差，则将造成内业加密或测图无法进行的严重后果。

像控点是在野外选刺的，选刺人员手持像片到野外进行实地对照，在像片上圈定的范围内，选出控制点的位置，并在地面钉上木桩作为标志。选点除了应满足地形测量的一般要求如通视良好、交会方便及便于架设仪器观测等外，还特别要注意卫星图像上其图像位置可以明确辨认，即目标明显的点。较理想的目标点如：近似直角形状且水平的固定田角、坪角和道路交叉点。在地物稀少地区，宜选在固定的线状地物端点或像片图像上较小的点状地物中心。对于弧形地物、阴影、狭窄沟头、水系、高程急剧变化的陡坡，以及卫星扫描后有可能变动的地物均不能选作控制点。高程控制点应选在较平坦地方，不宜选在谷底、山尖、高差变化较大的陡坡的斜坡处，因为在这些地方，点位稍有误差，高程会产生很大的变化，而且也不利于内业切准地面。

野外控制点选定后，要在像片上准确地刺出小孔，以具体标示出点位，并绘制出点位略图(图 4-20 和图4-21)。

图 4-20　像控片野外刺点

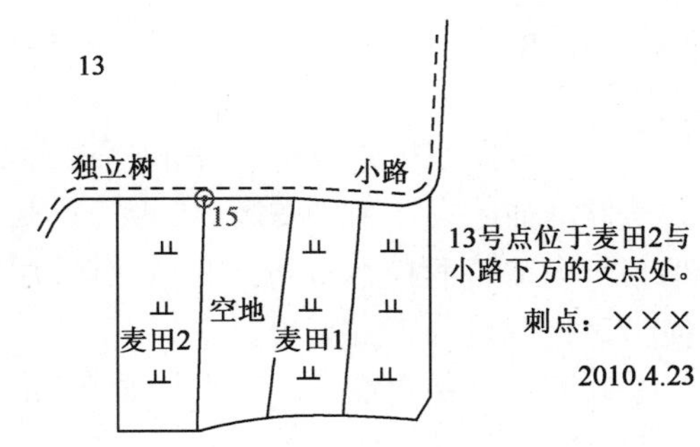

图 4-21　像控点点位略图

4.3.2 卫星图像控制点测量

卫星图像外业控制点测量的任务就是将卫星图像像控点联测到已知的高等级基础控制网上，从而测得卫星图像像控点的平面位置和高程。平面控制点和平高控制点对最近基础控制点的平面位置中误差不应超过地物点平面位置中误差的 1/5，高程控制点和平高控制点对最近基础控制点的高程中误差不应超过基本等高距的 1/10。

1）平面测量

外控点平面位置测量常用的方法是 GPS 测量方法。像控点 GPS 测量可采用快速静态测量或者 RTK 测量。

（1）快速静态测量。在测区选择一个或两个高等级控制点作为基准站，并安置接收机，连续跟踪所有可见卫星；另将 GPS 接收机依次架设到像控点上，并且静止观测数分钟。这种作业模式要求观测中必须至少跟踪 4 颗卫星，而且像控点据基准站一般不应超过 10km。快速静态测量具有成本低、速度快等优点。像控点 GPS 快速静态测量的主要技术要求参照表 4-6。

像控点 GPS 快速静态观测的主要技术要求 表 4-6

项　目	技术要求	项　目	技术要求
卫星高度角(°)	≥15	数据采样率(s)	≤30
观测时间长度(min)	≥15	GDOP	≤6
同时观测有效卫星数(个)	≥4		

（2）RTK 测量。将一台 GPS 接收机架设在测区高等级控制点上设置成基准站。根据基准站已知精密坐标，计算出基准站到卫星的距离改正数，并由基准站的专用电台实时地将改正数发送给流动站。流动站在进行 GPS 观测的同时，利用收到的改正数对实时定位结果进行改正，从而提高定位精度。RTK 测量技术效率极高，RTK 测量流动站距基站的距离一般不超过 5km，测量像控点时，应观测 3 次，每次观测历元数不少于 20 个。

2）高程测量

像控点高程测量可根据地形条件选用水准测量、GPS 水准测量等方法。

（1）水准测量。水准测量是最常用的像控点高程测量方法，该方法通过联测基础控制网的控制点，推算出像控点的高程。水准测量主要用于高差不大的平原微丘地区，起闭于水准点、经水准联测的三角点。观测时前后视距尽量相等，视距不得超过 100m，其技术要求参照表 4-7。

（2）GPS 水准测量。GPS 测量在像控点平面控制测量的同时可得到高程，但该高程是基于大地椭球面的大地高程系统，代表的只是一个几何量，不具物理意义。GPS 水准测量是将 GPS 点与已知高程的水准点进行联测，采用曲面或曲线拟合方法将 GPS 量测得到的大地高程转换为该控制点的正常高程。

①联测的已知水准点宜不少于 6 个，并均匀分布在带状区域的周边。

②高程拟合殖差中误差不应大于 1/12 基本等高距。

③拟合所得 GPS 正常高应进行充分检核。

水准测量主要技术要求　表 4-7

<table>
<tr><td rowspan="2">每公里观测高差全中误差(mm)</td><td colspan="2">水准路线长度(km)</td><td rowspan="2">视线长度(m)</td><td colspan="2">观测次数</td><td colspan="2">往返较差、附合或环线闭合差(mm)</td></tr>
<tr><td>附合路线或者环线</td><td>支线</td><td>附合或闭合路线</td><td>支线或与已知点联测</td><td>平原、微丘</td><td>重丘、山岭</td></tr>
<tr><td>≤20</td><td>≤6</td><td>≤3</td><td>≤100</td><td>往一次</td><td>往返各一次</td><td>$\leqslant 40\sqrt{L}$</td><td>$\leqslant 12\sqrt{n}$</td></tr>
</table>

4.3.3　卫星图像调绘

像片调绘就是根据图式、规范和技术设计的要求，对卫星图像进行野外判读、调查、量测、描绘和整饰的综合过程。像片调绘是在像片上选择和表示地形图内容的一项重要工作，是卫星图像内业成图的一项依据。

在卫星图像调绘之前需要做的准备工作包括以下几个方面：

(1)以公路路线方案为中心，确定测图范围，一般为路线两侧各 300m。

(2)确定打印比例尺，测绘 1∶2 000 地形图时，调绘图的图像比例尺一般为 1∶3 000～1∶5 000。

(3)在 Photoshop 中裁剪分幅，按 A4 的幅面打印。

(4)对调绘片进行编号，并打印结合表。

1)调绘的综合取舍原则

在进行像片调绘时，并不是要把所有的地物、地貌不分主次地调绘在像片上，而是根据测图和设计的实际需要，经过合理地取舍之后，有选择的调绘在像片上。这样才能既一目了然地了解地物、地貌情况，满足测图和设计的要求，又不增加不必须的工作量。综合取舍的原则，总的来说就是以满足勘测设计的需要为前提，既适应图面允许载荷量又保持实地特征为原则。实际工作中可按以下方面来考虑。

(1)根据地物、地貌在勘测设计中的作用来决定取舍：对公路线路勘测设计、放样定线具有重要意义的地物、地貌在调绘时必须着重表示，不能舍去。

(2)根据地物的密度决定综合取舍：地物的密度不同，取舍的要求也就不同。一般来说，地物密应多舍一些，地物稀少的地区则应少舍或不舍。

(3)根据成图比例尺决定综合取舍：由于不同比例尺的地形图其应用范围不同，要求图面上所表示的内容多少也不同。公路勘测设计需要使用大比例尺的地形图，要求图面内容详细，因此调绘时应多取少舍、少综合。而作为其他用途的小比例尺地形图，则应按实际需要多综合。总之，经过综合取舍，在像片上调绘的地物、地貌元素应该做到位置准确、重点突出、主次分明、形态逼真。

2)野外调绘

野外调绘法是卫星图像外业调绘作业的主要方法。调绘前应计划具体调绘路线和调绘面积，要立体观察确定调绘重点和疑难地物，以便做到心中有数，调绘时有的放矢。选择调绘路线既要少走路又不漏掉要调绘的地物地貌为原则。平坦地区通视良好，一般沿居民地和主要道路调绘。居民地分布零乱地区可以采用“放射花形”或“梅花瓣形”为调绘路线，如图 4-22 所示。微丘地区沿连接居民地的道路调绘，从山沟进入走到山脊，从山脊再下到另一条山沟形成之字形路线。山地应尽量沿半山腰走，以便兼顾看到山脊山沟的地物地貌。城市、集镇先调绘外围再进入街区，至于河流、公路等线状地物可以打破片号顺序沿着线状走向按线调绘。

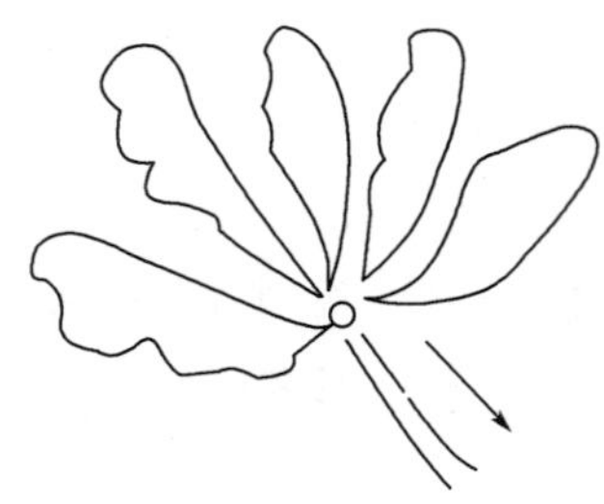

图 4-22　调绘路线

实地野外调绘时，相隔一定距离要停下来“站立”调绘，每个站立点要标定像片的方位，要辨认出站立点在像片上的位置关系，然后对照地物与图像经比较辨认用符号将判读的地物地貌标记在像片上，调绘的内容主要包括：方位物、居民点、道路、水系、电力线、通信线及管道、农田、植被、地貌、境界及地理名称等。

3)综合判读调绘法

综合判调的主要工作是室内判绘和野外调绘。

室内判绘是在室内依据测区收集的各种资料，对图像进行观察、分析和比较然后判读出图像的内容、数量、性质，并着墨描绘，对于不确定判读的地物则用铅笔画出后供野外调绘确定。

室内判绘前要全面收集测区资料，其中包括测区保存的现有资料、踏勘采集的典型判读调绘样片、典型样片图集以及测区自然地理气候状况、农植物分布种植等。测区保存的现有资料有行政规划图、交通图、电力线及通讯布置图、水利工程图、农业规划土壤图和测区地名普查图等，这些资料虽然原始粗略，但对室内判读仍有参考价值。

综合判读调绘第二项工作是野外调绘。野外调绘是对室内判绘的检查与补充。事先要计划调绘路线、调绘重点以及一般查看的内容。调绘要重点检查室内判绘不确定的地物，如微小的线状点状地物、依比例尺与不依比例尺或半依比例尺独立房屋相互间的区别。室内判绘的地物在实地如果发现错误要马上修改补绘。

综合判读调绘法可以将大量外业调绘工作转入室内完成，能减轻外业调绘的劳动强度和提高像片调绘的工效，与全野外调绘相比有明显的优越之处。但是目前由于受到客观条件的限制，室内判绘的准确率还达不到全野外调绘的水平，在我国尚未广泛普及使用。

4)调绘片整饰

调绘内容整饰按图式符号规定执行，但宜分色清绘。

(1)黑色：正规表示的各种地物，独立地物；房屋及其附属设施：轮廓线、结构、层数；大车路、乡村路、小路、桥梁、道路附属设施、内部道路、境界、人工地貌、植被符号、管线、直线上的电杆符号、地理名称等。

(2)红色:以简化符号表示的铁路、公路、地类界;电力线、通信线、拐点、叉点符号;各类植被、土质的文字注记、补调的地物、变压器放电符号、房屋附属设施的宽度数据等。

(3)绿色:水涯线、沟渠及宽度注记、流向、干沟、水井、泉、输水管、水准点及房屋数字等。

(4)棕色:冲沟、陡崖等自然地貌和沙地、砂砾地、露岩地、石块地等土质符号及山脉注记等。

第5章　卫星图像匹配与区域网平差

5.1　引　　言

立体卫星图像的精确几何定位是航天卫星测量的主要内容，也是获取公路勘察设计所需基础地形资料的关键前提。在卫星测量的各种定向方法中，区域网平差以每张图像构成的光束为平差单元，以控制点和连接点的像点坐标为观测值，同时解求各种图像的外方位元素和待定点坐标，是理论上最为严密、定位精度最高，同时所需控制点较少的一种方法。在高分辨率卫星遥感图像可采用的平差方案中，对光束法平差的研究最多，其可认可度也最高。

在进行线阵CCD推扫式卫星图像的区域网平差之前，需要精确可靠的量测图像之间的同名连接点。虽然目前一些商业软件及模块提供了卫星图像自动转点功能，如ERDAS LPS和SOCET SET等，但都存在较多问题，难以满足实际需要。试验发现，ERDAS LPS软件对设置的图像匹配参数敏感，有时对于一些纹理信息丰富的图像，仍无法实现连接点的成功匹配。SOCET SET软件的匹配功能比较强大，可以匹配出较多的图像间连接点，但存在大量的错误匹配点，即使利用其提供的粗差剔除功能进行删除，为保证匹配结果的可靠性，仍然需要大量的人工编辑。针对线阵CCD推扫式卫星图像连接点量测自动化的要求，将基于有理函数模型的区域网平差融入到图像匹配中去，并且在此基础上，建立核线几何约束，进行匹配窗口的几何粗纠正和错误匹配点的定位、删除，可以使得匹配结果具有良好的可靠性。

图像区域网平差的基准是由控制点确定的。地面控制点的数量和分布，会对区域网平差的结果产生直接影响。目前，在卫星图像的应用方面，主要集中在中小比例尺大面积区域测图。而在线状工程，如公路、铁路等的测图应用方面，通常为利用一两对立体图像对某一工点进行测图，对长达几百公里的狭长区域测图较少涉及。

随着我国公路建设的重心逐渐向西部困难复杂地区转移，这些地区或崇山峻岭、或人烟稀少、或交通不便等，野外布设地面控制点异常困难。在一些敏感地区，如军事禁区、国家边界，航空摄影领空权的申请往往十分困难，甚至无法开展摄影测量作业。为此，研究适合于困难复杂地区的公路勘察设计的卫星图像测量非常有实际意义。

5.2　基于有理函数模型的卫星图像匹配

5.2.1　卫星图像匹配技术

在计算机视觉和摄影测量领域，立体视觉是获取物体三维信息的重要手段。而实现立体视觉的关键技术问题就是如何快速、准确的实现图像匹配。这一方面的研究已有几十年的历史，其间也涌现出种类繁多各具特色的图像匹配的理论和算法，有些匹配技术已经得到部分成功的应用，但是匹配技术的难题并未得到全面的解决，至今没有一种图像匹配算法能自动、准确、可靠的适用于各种类型的图像内容。分析主要原因可以归纳为以下两个方面：

(1)人们还没有揭开人类视觉的奥秘。尽管有众多的从事生理学、神经生物学、哲学、人工智能、计算机科学等研究，但由于人类视觉的复杂性，人们尚未提出一种有效的模型来描述人眼获取的二维图形如何经人脑加工而使人能感知和理解三维世界的工作原理。这就使得人们进行的研究无法给予一种完整的理论，导致各种各样图像匹配理论和算法的出现。它们主要是基于一些人们可以理解和接受的假设，如视差的变化是连续的等，大多数算法都不具备实际应用的能力。

(2)由于把丰富复杂的三维客观世界投影成二维图像时丢失了大量的信息，从而导致由二维图像恢复三维模型变成一个病态的问题(数学上的不确定问题)。

尽管图像匹配困难重重，但是一旦建立计算机图像自动匹配系统，将可在许多领域得到广泛的应用。图像匹配的学科交叉特色和诱人的应用前景使得它吸引了各专业中大量学者的研究兴趣。

1)图像匹配的分类

图像匹配是从图像自动提取空间三维信息的关键技术之一，并广泛应用于各种领域，如摄影测量与遥感、计算机视觉、模式识别、人工智能。在摄影测量与遥感领域，图像匹配技术已被广泛应用于图像的自动内定向和立体像对的相对定向、空中三角测量、图像配准和DSM自动生成等。在计算机视觉领域，被用于获取物体的三维表面信息进行三维重建等。对图像匹配技术的研究迄今持续了40多年，由于研究背景、范围、分析方法等方面的不同，形成了多种图像匹配方法。

基于灰度的图像匹配是一种起步最早、理论上最成熟的匹配算法。其以左、右图像上相应的目标区和搜索区中像元的灰度为基础，采用某种相似性测度来判定两个图像块的相似程度，进而确定同名点。常用的相似性测度有协方差、相关系数、标准化相关系数、零平均相关系数和快速标准化相关系数等。因成像过程中高程信息的丢失、图像畸变和噪声的影响，图像匹配问题是一个病态问题，为此在匹配过程中，人们引入各种附加的知识，提出了很多以灰度匹配为基础加上各种约束条件构成的方法，如带核线约束的相关系数法、顾及共线条件的高精度最小二乘图像匹配方法、多点匹配乃至多片匹配的最小二乘图像匹配方法以及同时采用几种相似性测度作为判据的多重信息多重判据方法。同时也采取相应的策略，如金字塔图像匹配策略，将上层金字塔图像匹配结果约束下层的匹配，提高了匹配的可靠性。基于灰度区域的匹配方法，有些方法可以达到相当高的匹配精度，但当图像的纹理信息不丰富，信噪比较小，或者匹配图像之间存在较大的尺度差异或者旋转角度时，都很难得到正确的匹配结果。

为此，人们发展了基于特征的图像匹配方法。考虑目标窗口的信息量，遵循先宏观、后微观，先轮廓、后细节，先易于辨认的部分、后较为模糊的部分的人类视觉匹配规律，利用特征本身进行匹配，可以有效提高图像匹配的可靠性、降低图像噪声、几何畸变等的不利影响。基于特征的匹配可以分为基于点特征、边缘和面特征的匹配。但基于特征的匹配存在特征无法精确定位、无法进行密集匹配等缺点，一些研究者提出将多种匹配方法相结合，如灰度区域匹配与特征匹配相结合的方法，以及多种特征的联合匹配方法等。

无论是基于灰度的图像匹配，还有大部分基于特征的图像匹配，都是基于单点(局部)的图像匹配，即匹配结果的正确与否与周围的点并无关系或者只有很弱的关系。这种孤立的、不考虑周围联系的单点(局部)图像匹配结果之间必然会出现矛盾。但是，毕竟局部匹配算法的大部分结果是正确的，只有少部分的错误结果与大部分的正确结果不一致或者不相容，那么考虑相容性、一致性和整体协调性，就可以纠正或避免错误的结果。

为此，学者们提出了整体图像匹配方法，主要有：多点最小二乘图像匹配、动态规划图像匹配、松弛法图像匹配、人工神经元网络图像匹配等。其中研究较多的是动态规划图像匹配和松弛法图像匹配。

Baker 等最早将动态规划应用于图像匹配，用 Viterbi 动态规划算法进行整体图像匹配，用灰度差的绝对值作为代价，对噪声比较敏感，可靠性并不高。在立体图像匹配中，同时存在着两个方向的匹配，一个是沿核线方向，另一个是核线间的方向，即所谓的线内方向和线间方向。目前大多数的基于动态规划的整体匹配方法，仅仅考虑了核线方向上的相容性而不考虑另一个方向的相容性，即一维动态规划。一维动态规划图像匹配只是一条核线上的匹配结果，而不是整个区域的整体最优。为此人们对其进行了扩展，并利用一维动态规划方法解决二维图像区域的整体匹配。以动态规划为理论基础的二维图像整体匹配，可以严格获得整体最优解。但是，随着行数的增加使得状态组合数急剧增加，大大增加了计算量。从另一个方面来看，格网点之间的相关结果的相关性，随着距离的增加而减弱，相关结果之间的相关性主要反映在邻近的格网点上。从这个意义上说，整体最佳都是由每个可拼接的局部最佳所组成的。

最常用的整体图像匹配方法是松弛法图像匹配。其一般基于地形局部连续性假设，通过局部松弛来选出匹配点和传递匹配点信息，并通过图像金字塔上的多级匹配来实现整体匹配的可靠性。Rosenfeld 等最早提出了松弛法图像匹配，其后又出现了多种松弛图像匹配算法。仇彤和 Zheng 等提出了一种简易且有效的基于规则格网的整体松弛匹配方法。该方法以规则格网作为松弛匹配的节点，以格网的八连接点为邻域系统，建立概率松弛公式，通过金字塔图像的多级匹配策略实现匹配的整体最优。但格网的规则性忽略了图像信息分布的不均匀性，试验表明，格网的细微平移和格网大小的改变可能会引起匹配结果较大的变化。为此，江万寿等提出了在图像的格网划分与特征的三角网联网基础上进行松弛迭代。该方法在点密集的区域使用相邻格网内的点作为邻接点，在点稀疏的区域使用三角网的邻域点，提高了整体图像匹配的可靠性，但是存在着由于特征提取阈值难以确定和格网、三角网结点不一定有可靠匹配点等问题。针对上面的整体松弛图像匹配方法仅考虑了表面的光滑和连续特性，没有顾及其他先验知识，对于城区大比例图像，由于人工建筑物的大量存在，强加的视差连续约束难以在匹配中取得满意的结果。范永弘依据视差的受控连续性约束，提出了带边缘特征约束的松弛法图像匹配。该方法在地形连续且不存在边缘特征时，主要利用视差连续约束；在地形深度不连续时，主要利用特征约束；在地形连续又存在边缘时，同时利用视差约束和特征约束得到匹配结果。张力提出了多基元多图像匹配方法，并利用约束三角网的结构进行松弛迭代，通过引入边缘作为约束边，有效解决了视差断裂和视差连续的矛盾，并获得令人鼓舞的结果。

图像匹配的最高层次是基于图像理解和解译的匹配。这种方法通过对图像物理进行结构和语义描述，达到匹配的目的。它不仅可以自动识别相应的像点，而且还可以自动识别目标的性质和描述目标间的相互关系，理论上具有极高的可靠性和精度。但是由于该方法涉及诸如计算机视觉、模式识别和人工智能等许多领域，不仅仅依赖于这些领域理论上的突破，而且有待于高速并行处理计算机的研究。到目前为止，这类算法还没有明显的进展。

2)线阵 CCD 推扫式图像匹配的困难

线阵 CCD 推扫式传感器通常有两种立体观测方式：第一种方式是异轨侧视立体，即构成立体观测的两个观测点分别在两条轨道上。这两个观测点之间的连线称为立体观测基线。基线长度与卫星高度之比称为基高比。异轨侧视立体观测方式的基高比比较大，有利于提高地面目标定位的精度。其缺点是容易碰到云层遮挡等而不能形成立体观测像对，并且在两条轨道上成像有一定的时间间隔，造成地物光谱成分的变化，导致立体图像之间往往辐射差异较大，同时由于相邻轨道数据因拍摄倾角不同，分辨率和一些高出地面的地物(如建筑物等)的倾斜方向就不同，容易造成大的几何变形。第二种方式是同轨立体，即构成立体观测的两个观测点在卫星运行的同一条轨道上，传感器中的探测器以前视、后视和中视三种角度观测地球，或者传感器通过前后左右的复合运动而构成立体观测。在同轨前后视立体中基线的长度是靠卫星移动到一定位置能构成立体观测时的移动距离，尽管同轨构成立体图像的两观测点间，时间间隔很短，地物光谱能量变换不大，但是为了达到较大的基高比以提高立体交会的精度，其倾角必然增大，而同轨立体的不同倾角同样也造成了大的几何变形。尤其在高分辨率卫星遥感图像上，这两种成像方式造成的几何变形更为突出。

对于卫星图像的自动匹配，主要面临如下困难，如图 5-1 所示。

(1)受拍摄时间、大气云层状况等影响，图像间的辐射特性可能会存在显著差异。

(2)由于卫星扫描角度不同，造成像元分辨率有差异，图像存在一定程度的几何变形。

(3)由于图像拍摄时卫星轨道不同，使图像间产生较大的旋转角度，容易造成匹配失败。

在图像匹配中，图像辐射特性方面较大的差异，会使得计算出的相关系数值偏低，因无法达到指定的阈值而造成匹配失败；图像间较大的旋转角度和像元几何变形，会造成同名点初始点位预测不准确、匹配窗口图像显著差异等问题，无法成功匹配出同名点。此外，核线在框幅式中心投影图像的立体匹配中发挥着重要作用，主要表现在两个方面：一是利用核线约束可以实现匹配过程由二维向一维简化，从而提高匹配速度；二是核线重采样可以消除左右图像之间因姿态差异而引起的几何变形，使匹配结果更具可靠性。但对于线阵 CCD 推扫式图像，由于其复杂的几何特性，因而不存在传统意义上的核线，因此也就无法应用经典的核线匹配理论(包括实现匹配过程由二维向一维的简化以及消除左右图像之间大的几何变形，不含投影变形)。综上所述，对于线阵 CCD 推扫式图像的处理，除了面临同传统的航空图像类似的匹配困难外，还有因其复杂的立体成像方式和几何关系而呈现出的新特点。

5.2.2　基于 RFM 模型的连接点自动匹配算法

针对卫星图像匹配的上述特点，提出了一种基于 RFM 模型的自动可靠匹配算法。该算法的基本思想是，将基于 RFM 模型的区域网平差融入到逐层金字塔图像匹配过程中，通过不断精化图像的 RFM 模型参数，实现图像间空间几何关系的精确表达，从而完成同名点初始点位的预测、核线几何约束的建立、匹配窗口图像的粗纠正以及错误匹配点的有效删除。融入金字塔从粗到精匹配策略，上层匹配结果引导和约束下层金字塔图像的匹配，直到原始图像层，从而完成卫星遥感图像同名点的可靠匹配。匹配算法的流程图如图 5-2 所示。

a）

b）

c）

图 5-1　卫星图像的匹配困难

a)拍摄时间引起的图像辐射差异；b)扫描角度不同引起的图像变形；c)不同拍摄轨道造成的图像旋转

1)数据预处理

在数据预处理阶段，主要进行了 Wallis 滤波图像增强、金字塔图像的生成、特征点的提取等图像匹配准备工作。

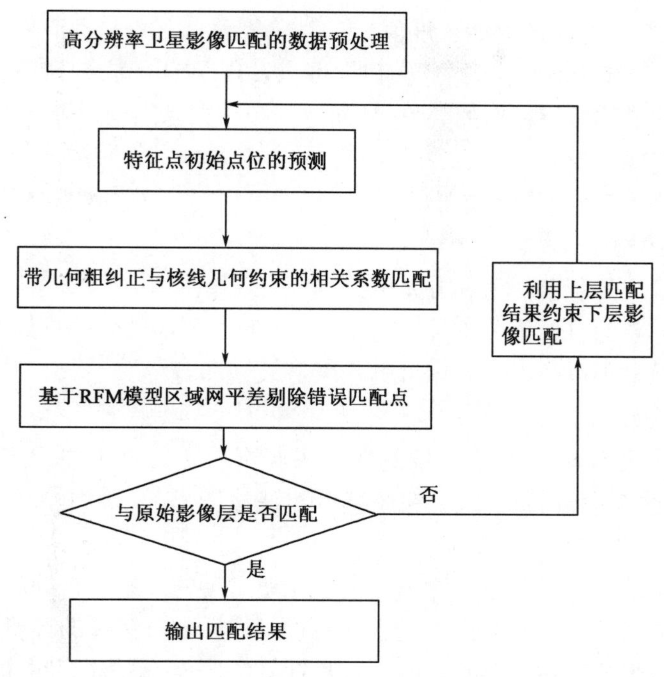

图 5-2　基于 RFM 模型的连接点自动匹配算法

(1)Wallis 滤波图像增强

Wallis 滤波器是一种比较特殊的滤波器。它可以增强原始图像的反差并同时压制噪声，特别是它可以大大增强图像中不同尺度的图像纹理模式，所以在提取图像中的点特征时可提高点特征的数量和精度，而在图像匹配中则提高了匹配结果的可靠性和精度。该滤波器的目的是将图像的灰度均值和方差(即图像灰度的动态范围)映射到给定的灰度均值和方差值。它实际上是一种局部图像变换，它使在图像不同位置处的灰度方差和灰度均值都具有近似相等的数值，即图像反差小的区域的反差增大，图像反差大的区域网的反差减小，使得图像中灰度的微小变化信息得到增强。上述特性使 Wallis 滤波器对低反差图像和反差不均匀的图像有特殊的作用。由于该滤波器在计算图像的局部灰度方差和均值时使用了平滑算子，所以它在增强图像有用信息的同时抑制了噪声，提高了图像的信噪比。

Wallis 滤波器的一般形式为：

$$
\begin{aligned}
g_c(x,y) &= g(x,y)r_1 + r_0 \\
r_1 &= (c \times s_f)/(c \times s_g + s_f/c) \\
r_0 &= bm_f + (1-b-r_1)m_g
\end{aligned}
\tag{5-1}
$$

式中：m_g——图像中某一像素的一定邻域的图像灰度均值；

s_g——图像中某一像素的一定邻域的灰度方程；

m_f——图像均值的目标值；

s_f——图像方差的目标值；

c——图像反差扩展常数，通常采用 0.75～1 的值；

b——图像亮度系数，通常采用 0.5～1 的值；

g_c——Wallis 滤波后像素的灰度值；

g——图像中某一像素的原始灰度值。

当不同图像的 m_f 和 s_f 均取相同的数值时，可以发现 Wallis 滤波器使得图像不同位置处的灰度方差和灰度均值均具有相似的数值，从而达到减少图像间辐射差异的目的。

Wallis 滤波的实现过程如下：

①把数字图像分为互不重叠的矩形区域，区域的尺度对应于要增强的纹理模式的尺度，矩形区域大小一般为 20～70pixels。

②计算各矩形区域的灰度均值和方差值。

③灰度均值和方差的目标值分别设定为 1 024 和 600～850 之间的数值，其中后者应随着区域网尺度的减小而减小以防止大量像素的灰度值被饱和，然后计算出各区域的 Wallis 滤波器乘性系数和加性系数 r_0。

④由于各矩形区域不重叠，数字图像的任一像素的系数 r_1 和 r_0 采用双线性内插得到，并依据公式(5-1)计算该像素新的灰度值，完成 Wallis 滤波增强。

(2)金字塔图像的生成

金字塔图像匹配的策略是基于生物学上人们先粗后精的观察事物的过程。这种分层控制和多级引导的匹配方式可以使整个匹配过程在一种可靠性较有保证的环境中有条不紊的高速进行。在金字塔图像形成以后，图像匹配就可以按图像的分辨率由低到高进行多级图像匹配。图像匹配从金字塔顶层开始，这一层图像尺寸小，图像是经过多次滤波后得到的，低频成分多，视差搜索的范围也小，比较容易匹配。在这一层匹配完后进入下一层图像，在下一层频率较高的图像上，利用上一层的匹配结果作为“控制”，对其他点进行匹配或者内插。如此进行下去，直到在最底层的图像得到精确的相关结果(图 5-3)。

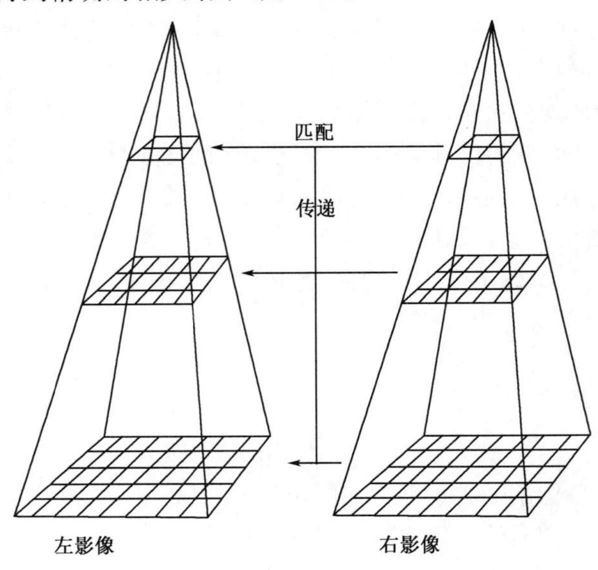

图 5-3　影像金字塔数据结构与多级影像匹配

生成金字塔图像的方法主要有 Gaussian 金字塔、Facet 金字塔、小波图像金字塔等。相关研究表明，使用不同方法生成的金字塔图像进行匹配，对最终结果影响并不大，不是关键因素。为此，金字塔图像采用实用、简单的 3×3 像元平均法，将测区所有图像生成 3 级金字塔图像。首先对原始图像的每 3×3 个像元计算其平均灰度值，并赋给第一级金字塔图像的对应像元，生成第一级金字塔图像。依此类推，直至生成第三级金字塔图像。

(3)特征点的提取

对于特征点的提取，为获取均匀分布的特征点，首先将图像划分为均匀格网，格网数可以依据图像大小给定，一般将图像划分为 40×40 以内的格网即可，采用摄影测量中常用的 Förstner 特征提取算子在每个格网内提取一个最佳特征点。如果某格网内的特征信息不明显，则将网格中心点作为特征点，并存储为文件形式，供后继图像匹配使用。

Förstner 算子通过计算各像素 Robert 梯度和像素(c,r)为中心一定大小窗口(如 5×5)的灰度协方差矩阵，在影像中寻找具有尽可能小而接近圆的误差椭圆的点作为特征点，具体步骤如下：

①计算各像素的 Robert 梯度：

$$g_{\mathrm{u}}=\frac{\partial g}{\partial u}=g_{\mathrm{i+1,j+1}}-g_{\mathrm{i,j}}$$

$$g_{\mathrm{v}}=\frac{\partial g}{\partial v}=g_{\mathrm{i,j+1}}-g_{\mathrm{i+1,j}} \tag{5-2}$$

式中：$g_{\mathrm{i+1,j+1}}$、$g_{\mathrm{i,j}}$、$g_{\mathrm{i,j+1}}$、$g_{\mathrm{i+1,j}}$——影像灰度 g 在相应位置的取值；

g_{u}——影像灰度 g 的$\frac{\pi}{4}$方向导数；

g_{v}——影像灰度 g 的$\frac{3\pi}{4}$方向导数。

②计算 $l\times l$ (5×5 或更大)窗口中灰度的协方差矩阵：

$$Q=N^{-1}=\begin{bmatrix}\sum g_{\mathrm{u}}^{2} & \sum g_{\mathrm{u}}g_{\mathrm{v}}\\ \sum g_{\mathrm{u}}g_{\mathrm{v}} & \sum g_{\mathrm{v}}^{2}\end{bmatrix} \tag{5-3}$$

其中：

$$\sum g_{\mathrm{u}}^{2}=\sum_{i=c-k}^{c+k+1}\sum_{j=r-k}^{r+k+1}(g_{\mathrm{i+1,j+1}}-g_{\mathrm{i,j}})^{2}$$

$$\sum g_{\mathrm{v}}^{2}=\sum_{i=c-k}^{c+k+1}\sum_{j=r-k}^{r+k+1}(g_{\mathrm{i,j+1}}-g_{\mathrm{i+1,j}})^{2}$$

$$\sum g_{\mathrm{u}}g_{\mathrm{v}}=\sum_{i=c-k}^{c+k+1}\sum_{j=r-k}^{r+k+1}(g_{\mathrm{i+1,j+1}}-g_{\mathrm{i,j}})(g_{\mathrm{i,j+1}}-g_{\mathrm{i+1,j}})$$

$$k=INT(l/2)$$

式中：$\sum g_{\mathrm{u}}^{2}$——开辟窗口内影像灰度 g 在$\frac{\pi}{4}$方向梯度平方和；

$\sum g_{\mathrm{v}}^{2}$——开辟窗口内影像灰度 g 在$\frac{3\pi}{4}$方向梯度平方和；

$\sum g_{\mathrm{u}}g_{\mathrm{v}}$——开辟窗口内影像灰度 g 在$\frac{\pi}{4}$和$\frac{3\pi}{4}$方向梯度乘积之和；

Q——(c,r)处像素对应的灰度协方差矩阵；

l——计算灰度协方差矩阵所使用窗口的大小；

k——窗口大小的一半。

③计算兴趣值 q 与 w：

$$q = \frac{4\det N}{(\mathrm{tr}N)^2}$$
$$w = \frac{1}{\mathrm{tr}Q} = \frac{\det N}{\mathrm{tr}N} \tag{5-4}$$

式中：$\det N$——矩阵 N 的行列式；

$\mathrm{tr}N$——矩阵 N 的迹；

w——该像元的权；

q——像素(c,r)对应误差椭圆的圆度。

④确定待选点：如果兴趣值大于给定的阈值，则该像元为待选点。阈值一般为经验值，参考值如下：

$$T_q = 0.5 \sim 0.75$$
$$T_w = f\bar{w} \text{ 或 } cw_c \tag{5-5}$$

式中：$\bar{w}$——权平均值；

w_c——权中值；

f——常数，取值范围一般为 0.5～1.5；

c——常数，一般取值为 0.5。

当 $q > T_q$，且 $w > T_w$ 时，该像元为待选点。

⑤选取极值点：以权为依据，在一个合适窗口内选择最大的极值点为待选点。

2)特征点初始点位的预测

同名点的初始位置预测有助于缩小搜索范围，提高图像匹配效率。对于卫星遥感图像，通用方法是首先在左右图像上确定若干同名点，建立图像间的仿射变换关系，再依此几何关系进行其余同名点的预测。这种方法实现简单，但很难判断预测范围的大小，并且需要一定的人工干预，自动化程度低。

在图像提供了 RFM 模型参数的条件下，可以直接用图像定向参数和已知的空间坐标信息进行特征点初始点位的预测。在最高层金字塔图像层，利用测区平均高程，首先计算基准图像上特征点投影到测区平均高程面的物方坐标。然后，利用待匹配图像的定向参数，将其投影到待匹配图像上，从而完成初始点位的预测。

在其他金字塔图像层，直接利用该特征点上层匹配结果所获得的物方坐标，将其投影到待匹配图像上，完成在下层金字塔图像上初始点位的预测。对于上层匹配失败的特征点，认为其与之邻近的特征点具有近似的高程而进行初始点位的预测。

3)带几何粗纠正与核线几何约束的相关系数匹配

相关系数匹配，是应用最为广泛的灰度匹配方法。利用归一化的相关系数，可以克服灰度幅度线性变化带来的影响，但是要对图像尺寸和旋转进行归一化则比较困难。对于航空摄影的立体像对，其左右图像之间的比例尺变化非常小，并且一般都是近似垂直摄影，所以图像的尺寸无需进行归一化，相关系数匹配在航空图像的摄影测量处理中得到了广泛的应用。对于航天线阵CCD推扫式卫星图像而言，无论立体构像方式是同轨立体还是异轨立体，其左右图像均存在图像尺寸的变化和图像之间的旋转。因此利用相关系数匹配时，必须消除图像尺寸和图像旋转的影响。此外，为了提高图像匹配的可靠性和速度，在匹配过程中建立了动态核线来约束相关系数匹配。下面将分别对核线几何约束方程的建立和匹配窗口图像的几何粗纠正方法进行详细介绍。

(1)核线几何约束方程的建立

框幅式图像"核线"的基本原理是：通过摄影基线所作的任意一个与像片面相交的平面，与图像相交，可以在左、右图像上获得一对同名核线，左右图像上的同名像点必然位于同名核线上。利用核线的几何约束关系可以将同名点的二维相关问题转化为沿核线的一维相关问题，从而大大减少相关的计算工作量，并提高匹配结果的可靠性。经典核线关系在生成DEM的图像匹配和图像立体测图方面有着十分广泛和重要的应用。

线阵CCD推扫式卫星遥感图像与框幅式中心投影图像相比，几何关系相对比较复杂，每一行图像均有其自身的投影中心与方位元素。正是由于其多中心投影的几何特性，不存在唯一的摄影基线，使得它不可能像常规的框幅式中心投影图像那样具有严格的核线定义。许多摄影测量学者作了不懈努力，试图建立线阵CCD推扫式图像的核线关系，为此学者们提出了几种近似核线理论。其中一种是基于左右图像同名像点坐标多项式拟合的方法，简称多项式拟合法。这种方法采用的多项式形式如式(5-6)或式(5-7)所示：

$$y_2 = a_0 + a_1 y_1 + \{a_2 + a_3 y_1 + [a_4 + a_5 y_1 + (a_6 + a_7 y_1) x_2] x_2\} x_2 \tag{5-6}$$

$$\begin{aligned} y_2 = & a_0 + a_1 y_1 + \{a_2 + a_3 y_1 + [a_4 + a_5 y_1 + (a_6 + a_7 y_1) x_2] x_2\} x_2 + \\ & \{a_8 + [a_9 + (a_{10} + a_{11} x_2) x_2] x_2\} y_1^2 \end{aligned} \tag{5-7}$$

式中：x_2——右片 x 坐标；

y_2——右片 y 坐标；

y_1——左片 y 坐标；

a_i——多项式系数($i=0,1,\cdots,11$)。

式(5-6)将右片的 y 坐标表示为左片 y 坐标和右片 x 坐标的四次多项式，式(5-7)将多项式的次数提高到5次。这种多项式拟合法有它的不足：

①为了拟合近似核线，需要在左右图像上配准相当数量尽可能均匀分布的同名点，作为数据点来解算拟合近似核线的多项式系数。

②确定近似核线后，由于其近似性，所以不能实现真正的一维匹配，而只能在 y 方向有控制的二维匹配，这与核线相关的初衷有一定的距离。

另一种核线定义是基于光线上点的升降。它的定义是沿着左片(或右片)像点的光线升降物点高程，把该物点投影到右片(或左片)得到一系列像点的轨迹，称为核曲线。如果核曲线能够用一条直线来近似，则可得到与传统核线定义类似的核线，这种方法称为投影轨迹法。由于上述核线关系式"点对线"的关系，为区别框幅式图像"线对线"的核线关系，一般称之为动态核线。实际上，大量研究表明，尽管真实核线为曲线，但是在局部范围内可近似为一条直线。投影轨迹法的关键前提是必须精确知道图像的方位元素。对于卫星图像匹配，在进行基于RFM模型的区域网平差后，可以很好解决精确图像方位元素的获取问题。

在精确图像方位元素和特征点概略地面高程已知的前提下，对于基准图像上的任意一点，无需按投影轨迹法求出其在待匹配图像上的所有投影点，而是根据高程最大值和最小值求出待匹配图像的两个投影端点，以其连线代替核曲线(图 5-4)。

(2)匹配窗口图像的几何粗纠正

除了建立基于动态核线的近似直线约束条件，通过增加约束条件来解决匹配不确定性问题以外，还有一个重要的方法就是使匹配依据更具显著性，使之有唯一匹配点存在。为此在实际匹配中不只是比较一个点的灰度，而是对一定尺寸的灰度阵列进行比较，如基于灰度的匹配通常利用左图像上 $n \times n$ 的窗口灰度阵列与右图像上 $n \times n$ 的窗口灰度阵列进行匹配。假设两窗口中心是同名像点，每对对应像元灰度一致，相关系数将达到最大，但这种情况在实际匹配计算中是不存在的。基于灰度相关的图像匹配算法经常受到匹配窗口中灰度值变化的影响，造成图像灰度的系统变形主要有两大类原因：一类是辐射畸变，由于噪声、辐射畸变、地物在不同方向的反射特性不同，使得同名图像灰度的不一致；另一类是几何畸变，产生几何畸变的原因有摄影机方位不同所产生的图像透视畸变、图像的各种畸变以及由于地形坡度所产生的图像畸变等。

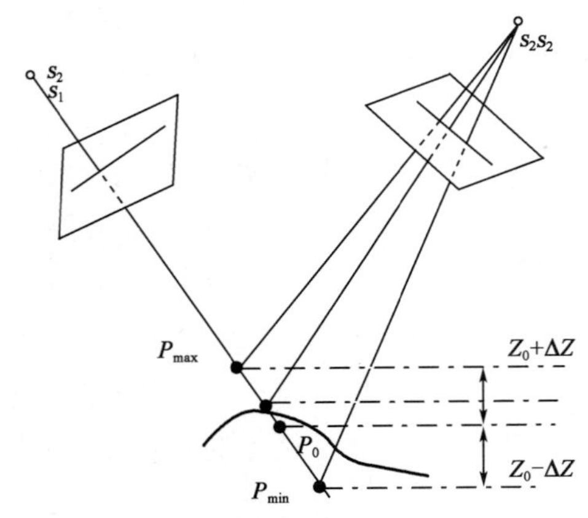

图 5-4 动态核线建立的示意图

为了获取立体卫星图像，线阵列 CCD 遥感图像的立体成像方式有两种：异轨侧视立体和同轨前后视立体。异轨立体是指在相邻的轨道上，对指定地点在垂直于轨道平面内做左右方向的倾斜摄影，以构成旁向立体像对。同轨立体是指沿卫星轨道方向向前倾斜摄影和向后倾斜摄影以及垂直摄影，三者摄影图像任一组相配合，可得出具有航向(前后)重叠的立体图像。对于卫星立体图像的上述两种立体方式，由于图像间姿态不同，造成地面单位面积对应相邻图像的区域有着不同的尺寸和形状。为了提高匹配依据的显著性，需要在相关之前设法对图像的几何畸变进行必要的改正。

一般说来，这需要已知图像的外方位元素和必要的地形信息。所幸的是，对于卫星图像的图像匹配，这两个条件是可以近似满足的，原因如下：

①首先，每景卫星图像均自带有图像的 RPC 参数，其是对图像严格几何模型的精确拟合，虽然含有一定大小的系统误差，但是在最高层金字塔图像匹配时，其所容许的误差范围较大，图像原始的 RPC 参数文件可认为是非常准确的。在其他金字塔图像层，由于利用上层匹配结果进行了基于 RFM 模型的区域网平差，对卫星图像的 RPC 参数进行了精化，精化后的图像 RPC 可作为图像精确的外方位元素。

②在最高层金字塔图像，特征点的高程信息可用区域的平均高程近似，在其他金字塔图像层，因利用上层匹配结果进行了基于 RFM 模型的区域网平差，在获取图像精确 RPC 参数的同时，前方交会计算出匹配点对应的物方坐标，即匹配点的高程信息近似已知。

基于以上两点，可以采用如下的办法在进行相关系数匹配之前消除由于像元大小不同和图像旋转造成的几何变形的影响。匹配窗口图像的几何粗纠正，具体实现步骤如下：

①利用上层匹配结果获得连接点 p 的高程信息 $Height_p$。

②在物方坐标空间取一个高程为 $Height_p$ 的小平面元 Γ_p，利用基准图像和待匹配图像的定向参数将面元 Γ_p 分别向像方投影，得到两个四边形 ξ_1 和 ξ_2。

③利用仿射变换来描述几何畸变，并利用两个四边形 ξ_1 和 ξ_2 的四个角点解算出六个仿射变换系数。

④利用解算出来的仿射变换系数，将待匹配图像的四边形 ξ_2 重采样为新的图像窗口 ξ_3。当利用窗口 ξ_3 与窗口 ξ_1 匹配时，可以消除大部分几何畸变对匹配结果的影响。

试验表明，该方法可以克服由于图像交会角度变化引起的变形，非常适用于卫星图像采集角度差异较大的情况。

4）错误匹配点的剔除

图像匹配，本质上是一个病态问题。错误匹配点的有效剔除是获取可靠匹配结果的关键。将 RFM 模型区域网平差融入到金字塔图像匹配过程中，利用其表达的同名光线对对相交的几何约束条件，可以发现错误的匹配点。关键问题在于匹配点观测值权值的计算，这里采用基于验后方差估计原理的选权迭代法。

选权迭代法是把含有粗差的观测值视为与其他同类观测值具有相同的期望、不同方差的子样，含粗差观测值的方差将异常的大。从惯常的最小二乘平差开始，迭代计算过程中，于每次平差之后，根据观测值的残差及有关参量，按所选权函数不断改变观测值在各次迭代平差中的权，只要权函数选择得当，且粗差可定位，则含粗差观测值的权将愈来愈小，最终趋于零。当迭代中止时，观测值的残差将直接给出其粗差的大小，而平差结果不会受粗差的影响，从而实现错误匹配点的自动定位和删除。

匹配点观测值采用如下的权函数：

$$p_i^{(k+1)} = \begin{cases} 1 & 当\ T_i < F_{\alpha,1,r} \\ \dfrac{\hat{\sigma}_0^2 r_i}{v_i^2} & 当\ T_i \geqslant F_{\alpha,1,r} \end{cases} \tag{5-8}$$

式中：T_i——统计量；

v_i——观测值 i 的残差；

r_i——对应的多余观测量；

$\hat{\sigma}_0$——单位权中误差；

$F_{\alpha,1,r}$——给定的阈值，通常取值为 3.29。

对于多余观测量 r_i 的计算，采用单杰提出的重复计算可靠性矩阵的逐次递归快速算法。假设在区域网平差的第 k 次迭代中，获得的可靠性矩阵 $\boldsymbol{Q}_{VV}\boldsymbol{P}_{ll}^{(k)}$ 为：

$$\boldsymbol{Q}_{VV}\boldsymbol{P}_{ll}^{(k)} = \begin{bmatrix} r_{11}^{(k)} & \cdots & r_{1i}^{(k)} & \cdots & r_{1n}^{(k)} \\ \vdots & \cdots & \vdots & \cdots & \vdots \\ r_{i1}^{(k)} & \cdots & r_{ii}^{(k)} & \cdots & r_{in}^{(k)} \\ \vdots & \cdots & \vdots & \cdots & \vdots \\ r_{n1}^{(k)} & \cdots & r_{ni}^{(k)} & \cdots & r_{nn}^{(k)} \end{bmatrix} \tag{5-9}$$

那么，当第 $k+1$ 次迭代中，当第 i 个观测值的权 $p_{ii}^{(k)}$ 改变为 $p_{ii}^{(k+1)}$ 时，则该观测值在 $\boldsymbol{Q}_{vv}\boldsymbol{P}_{ll}^{(k+1)}$ 矩阵中对应的主对角线元素 $r_{ii}^{(k+1)}$ 可按如下公式计算：

$$r_{ii}^{(k+1)}=\frac{1}{1+C_{ii}^{(k)}p_{ii}^{(k+1)}} \tag{5-10}$$

其中：$C_{ii}^{(k)}=\dfrac{1-r_{ii}^{(k)}}{r_{ii}^{(k)}p_{ii}^{(k)}}$。

5)试验结果与分析

选取青海省西宁至武威公路大通至小沙河段、西宁至张掖公路门源至扁都口段的相交处作为试验区，约呈“7”字状，进行了自动连接点匹配试验。WorldView 数据共包括四个扫描条带，条带号分别为 41 410、41 331、41 041 和 40 948 每个扫描条带由若干景构成，共 22 景图像。其中，条带 41 041 和条带 40 948 的图像在南北方向构成同轨立体，而条带 41 410 和条带 41 331的图像在东西方向构成同轨立体，并在西向尾部和南北方向立体图像具有一定重叠。该试验图像包含了复杂的地形、地貌，图像纹理类别丰富，地区高程起伏显著且重叠处图像存在很大的旋转角度，涵盖了许多图像匹配中可能会遇到的困难和问题，具有很好的代表性。

首先利用 Forstner 特征算子在每幅图像上均匀提取约 500 个特征点，然后在每层金字塔图像匹配中，利用上述算法寻找同名点，并采用区域网平差的方法删除错误匹配点。最后，在每张图像上均匀分布 15 个标准点位，每个点位提取 2 个点，共得到 389 个连接点，其分布图如图 5-5 所示。其中，红色表示 2 度重叠连接点，蓝色表示 3 度及以上重叠连接点。

由图 5-5 发现，所匹配得到的连接点在图像上分布比较均匀，且在东西、南北条带的图像重叠区域，可以匹配出较多的 3 度及以上重叠连接点，多余的同名光线有利于构建更加稳固的几何关系，增强区域网平差的可靠性。利用上述连接点匹配结果进行无地面控制点区域网平差，单位权中误差为 0.27 pixels，表明连接点整体具有较高的匹配精度。

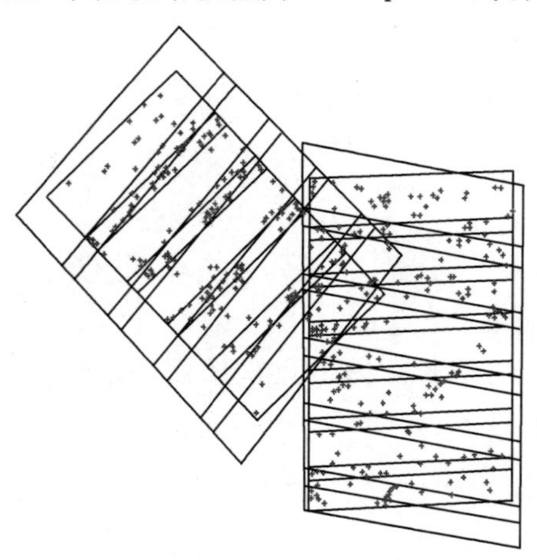

图 5-5　连接点分布示意图

为了更好分析本课题提出匹配算法的效果，图 5-6 列出了三组图像匹配结果。其中图 5-6a)为东西向条带立体图像匹配结果局部图，图 5-6b)为南北向立体图像匹配结果局部图，图 5-6c)为东西、南北条带重叠处匹配结果局部图。

从图 5-6 中可以发现，对于东西向条带图像，由于其覆盖地区较为平坦，纹理也比较丰富，虽然由于图像立体采集时不同的侧视角度造成一定程度的几何变形，仍可以匹配出量较多、分布均匀的同名点。对于南北向条带图像，主要覆盖高山、峡谷等地形，高差起伏剧烈，通过利用上层匹配结果所获得的物方坐标来进行初始点位的预测，具有与视差变化无关的特性，可以保证高山区同名点初始点位的准确计算，最终获得较好的匹配结果。对于东西、南北条带重叠处图像，其主要特点是图像间存在较大的旋转角度，约 45°，通过匹配前进行匹配窗口图像几何粗纠正，可以有效补偿几何旋转对匹配的影响，获得较理想结果。

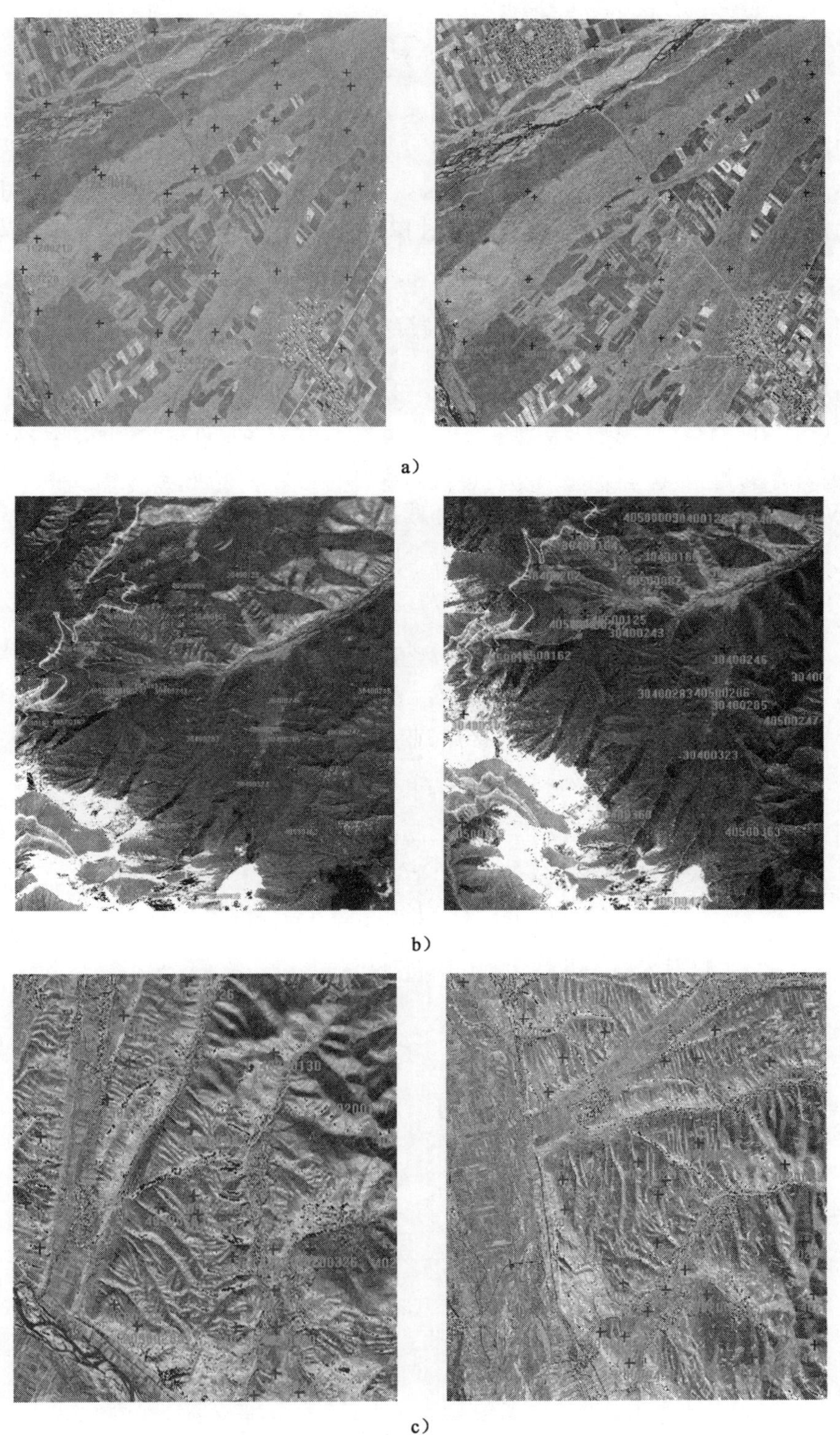

图 5-6 不同条带立体图像匹配结果

a)东西向条带立体图像;b)南北向条带立体图像;c)东西、南北条带重叠处立体图像

5.3 无地面控制卫星图像区域网平差

当已知同名点对应图像行列号和所在图像的 RPC 参数，可以利用前方交会直接计算对应的物方坐标。采用无地面控制区域网平差的方式，可以在平差解算的过程中，利用图像连接点所提供的图像间相互几何约束关系，一定程度补偿图像自带 RPC 参数中的系统误差，从而提高定位精度。

5.3.1 无控平差误差方程式的建立和求解

卫星头文件提供的轨道位置、姿态等参数不可避免含有测量误差，当采用地形无关方案计算 RFM 模型参数时，该误差将引入其中，利用式(3-23)、式(3-24)计算得到的地物点对应像点坐标(x,y)将与真实的像点坐标(sample，line)存在误差。但是该误差具有明显的系统性，为了提高 RFM 模型的定位精度，通常采用像方仿射变换来进行校正。通过带像方仿射变换的 RFM 模型，建立地物点和对应像点之间精确的空间几何关系，其表达式为：

$$\begin{cases} F_{\mathrm{x}} = p_{x_0} + p_{x_1} x + p_{x_2} y + x - \mathrm{sample} = 0 \\ F_{\mathrm{y}} = p_{y_0} + p_{y_1} x + p_{y_2} y + y - \mathrm{line} = 0 \end{cases} \tag{5-11}$$

式中：p_{x_i}、p_{y_i}——仿射变换系数($i=0,1,2$)；

sample、line——地面点对应像点在图像上真实坐标的列号和行号；

x、y——利用 RFM 模型参数将地面点投影到图像上的行列号。

无控卫星图像区域网平差误差方程式的建立时，对每个连接点，以仿射变换系数和其对应的物方坐标为未知数，对公式(5-11)线性化，列立误差方程：

$$V = At + Bx - L, P \tag{5-12}$$

式(5-12)中：

$$\begin{cases} V = \begin{bmatrix} v_{\mathrm{x}} \\ v_{\mathrm{y}} \end{bmatrix} \\ A = \begin{bmatrix} \dfrac{\partial F_{\mathrm{x}}}{\partial p_{x_0}} & \dfrac{\partial F_{\mathrm{x}}}{\partial p_{x_1}} & \dfrac{\partial F_{\mathrm{x}}}{\partial p_{x_2}} & \dfrac{\partial F_{\mathrm{x}}}{\partial p_{y_0}} & \dfrac{\partial F_{\mathrm{x}}}{\partial p_{y_1}} & \dfrac{\partial F_{\mathrm{x}}}{\partial p_{y_2}} \\ \dfrac{\partial F_{\mathrm{y}}}{\partial p_{x_0}} & \dfrac{\partial F_{\mathrm{y}}}{\partial p_{x_1}} & \dfrac{\partial F_{\mathrm{y}}}{\partial p_{x_2}} & \dfrac{\partial F_{\mathrm{y}}}{\partial p_{y_0}} & \dfrac{\partial F_{\mathrm{y}}}{\partial p_{y_1}} & \dfrac{\partial F_{\mathrm{y}}}{\partial p_{y_2}} \end{bmatrix} \\ B = \begin{bmatrix} \dfrac{\partial F_{\mathrm{x}}}{\partial \mathrm{Lat}} & \dfrac{\partial F_{\mathrm{x}}}{\partial \mathrm{Lon}} & \dfrac{\partial F_{\mathrm{x}}}{\partial \mathrm{Height}} \\ \dfrac{\partial F_{\mathrm{y}}}{\partial \mathrm{Lat}} & \dfrac{\partial F_{\mathrm{y}}}{\partial \mathrm{Lon}} & \dfrac{\partial F_{\mathrm{y}}}{\partial \mathrm{Height}} \end{bmatrix} \\ L = \begin{bmatrix} -F_{x0} \\ -F_{y0} \end{bmatrix} \\ t = \begin{bmatrix} \mathrm{d}p_{x_0} & \mathrm{d}p_{x_1} & \mathrm{d}p_{x_2} & \mathrm{d}p_{y_0} & \mathrm{d}p_{y_1} & \mathrm{d}p_{y_2} \end{bmatrix}^{\mathrm{T}} \\ x = \begin{bmatrix} \mathrm{dLat} & \mathrm{dLon} & \mathrm{dHeight} \end{bmatrix}^{\mathrm{T}} \end{cases} \tag{5-13}$$

式中：　　　　　P——权矩阵

$\frac{\partial F_x}{\partial Lat}$、$\frac{\partial F_x}{\partial Lon}$、$\frac{\partial F_x}{\partial Height}$——$F_x$ 对地面点坐标的偏导数；

$\frac{\partial F_y}{\partial Lat}$、$\frac{\partial F_y}{\partial Lon}$、$\frac{\partial F_y}{\partial Height}$——$F_y$ 对地面点坐标的偏导数；

dLat、dLon、dHeight——连接点物方坐标的改正数；

$\frac{\partial F_x}{\partial p_{x_i}}$、$\frac{\partial F_x}{\partial p_{y_i}}$——$F_x$ 对仿射变换系数的偏导数($i=0,1,2$)；

$\frac{\partial F_y}{\partial p_{x_i}}$、$\frac{\partial F_y}{\partial p_{y_i}}$——$F_y$ 对仿射变换系数的偏导数($i=0,1,2$)；

dp_{x_i}、dp_{y_i}——图像仿射变换系数的改正数($i=0,1,2$)；

F_{x0}、F_{y0}——未知参数取近似值时 F_x、F_y 的计算值；

v_x、v_y——F_x、F_y 虚拟观测值的改正数。

相应的法方程式为：

$$\begin{bmatrix} A^T PA & A^T PB \\ B^T PA & B^T PB \end{bmatrix} \begin{bmatrix} t \\ x \end{bmatrix} = \begin{bmatrix} A^T PL \\ B^T PL \end{bmatrix} \tag{5-14}$$

或

$$\begin{bmatrix} N_{11} & N_{12} \\ N_{12}^T & N_{22} \end{bmatrix} \begin{bmatrix} t \\ x \end{bmatrix} = \begin{bmatrix} L_1 \\ L_2 \end{bmatrix} \tag{5-15}$$

消除未知数 x 以后，可得改化法方程：

$$(N_{11} - N_{12}N_{22}^{-1}N_{12}^T)t = L_1 - N_{12}N_{22}^{-1}L_2 \tag{5-16}$$

通过列立改化法方程的策略，我们可以实现两类未知数 t 和 x 的分步解求。

5.3.2　无控区域网平差试验

为了评价无地面控制点情况下高分辨率卫星图像的定位精度，选取了青海省西宁至武威公路大通至小沙河段、西宁至张掖公路门源至扁都口段的相交处作为试验区进行了试验，卫星图像资料情况可详见上一节中的试验结果与分析部分。

在试验区范围内，沿公路路线前行方向，按照相邻点对间距 3～5km 的密度进行布设四等基础控制点，共布设了 15 对，每对点之间保持通视，间隔介于 500～1 000m。图像控制点的布设是在四等基础控制的基础上，每隔约 3km 距离布设一排平高图像控制点。对于每排图像控制点，在图像像幅的约 10km 宽的范围内，每间隔 3km 左右布设一个图像控制点。试验区内共均匀分布了 52 个图像控制点，其分布示意图如图 5-7 所示。

图像控制点选择在图像特征清晰、易于辨认且 GPS 观测条件良好的地点，并打入木方桩标定下来。在进行 GPS 图像控制点测量时，需要在开始测量前和结束测量后，两次记录仪器高并取平均值。同时，在打印成册的 WorldView 图像图集上进行刺点并描述。

图像控制点平面测量，采用 GPS 静态观测得到。将两个固定站设在四等 GPS 基础控制网上，图像控制点与固定站构成三角形网。图像控制点的高程采用水准测量的方法，闭合于四等基础高程控制网上，形成附和水准路线，精度为五等水准要求。GPS 观测的具体技术要求如表 5-1 所示。

GPS 测量基本技术要求　　表 5-1

项　　目	技 术 要 求	
	四等控制网	像控点
卫星高度角度(°)	≥15	
有效卫星观测总数	≥4	
卫星有效观测时间长度(min)	≥60	≥30
数据采样间隔(s)	15	
图形强度因子(GDOP)	≤6	

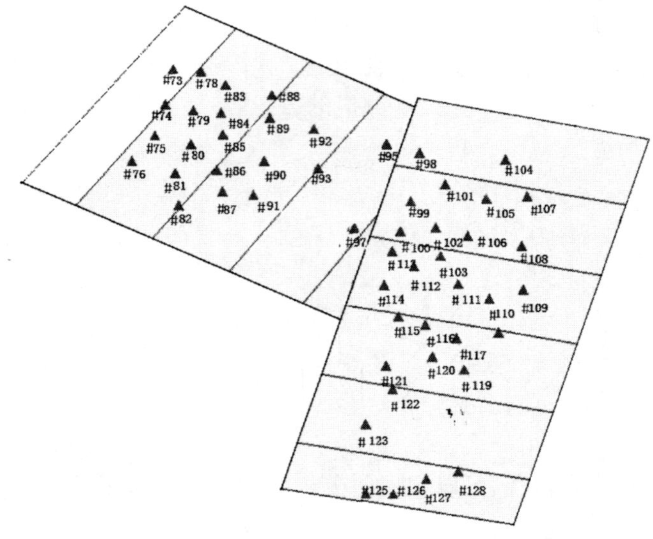

图 5-7　影像控制点分布示意图

在分析无地面控制点情况下卫星图像测量定位精度时，将 52 个图像控制点全部作为检查点，并采用四种方案对试验区 WorldView 卫星图像进行了试验。方案具体如下：

(1)对东西向同轨 WorldView 立体条带图像进行无控平差。

(2)对南北向同轨 WorldView 立体条带图像进行无控平差。

(3)对东西向、南北向异轨 WorldView 条带图像进行无控平差。

(4)利用 RPC 参数直接前方交会计算地面点坐标。

具体平差结果见表 5-2，检测点的平面、高程误差向量图如图 5-8 所示。

无地面控制卫星图像区域网平差结果　　表 5-2

方　　案	检查点个数	中　误　差　(m)			
		X	*Y*	*Z*	点　　位
一	21	2.262	1.586	0.695	2.849
二	31	4.647	0.659	0.933	4.785
三	52	1.395	0.886	1.578	2.285
四	52	3.906	1.115	0.905	4.161

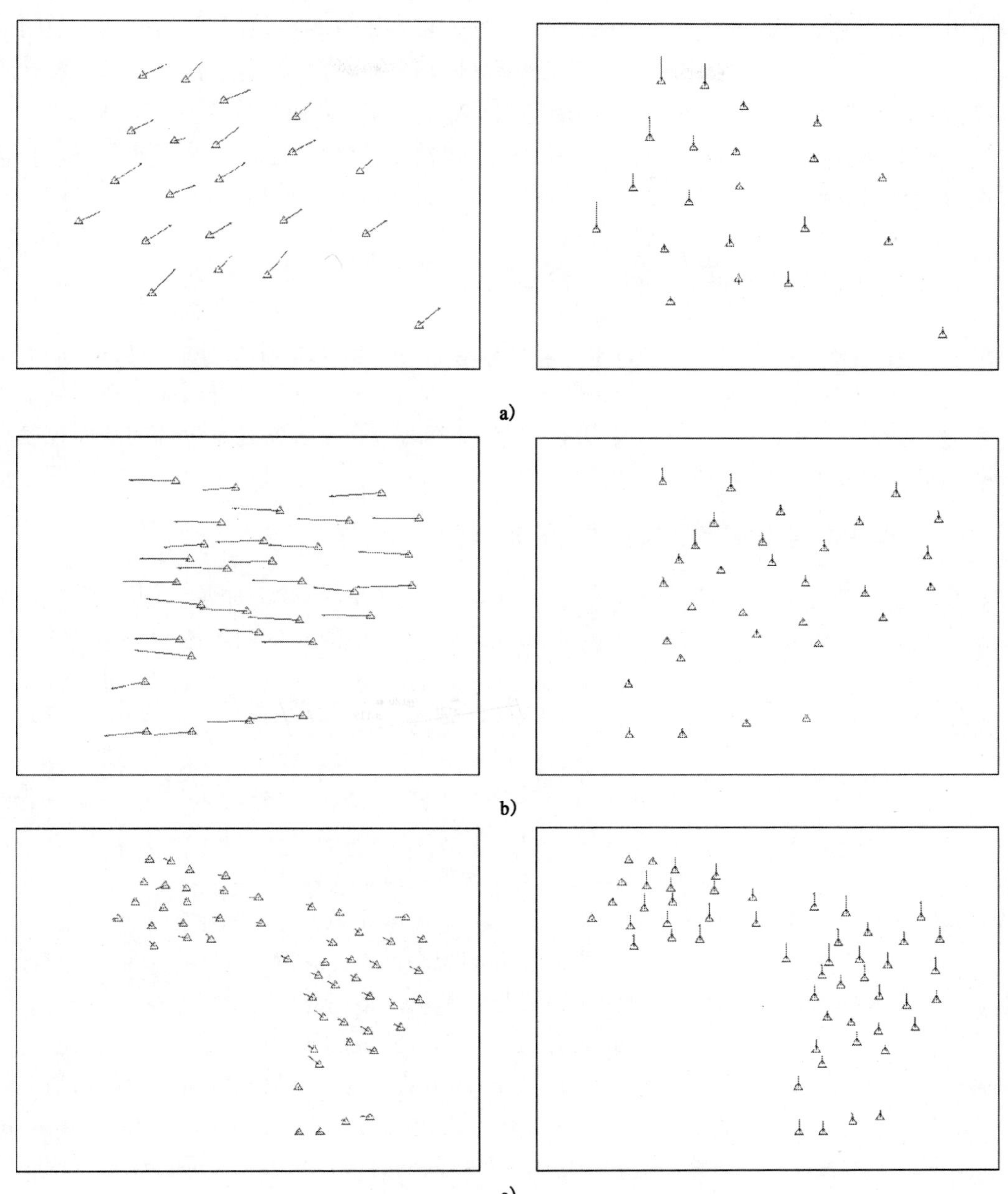

图 5-8 不同方案无控平差的平面、高程误差向量图

a)东西向无控平差的平面、高程误差向量图；b)南北向无控平差的平面、高程误差向量图；c)整体无控平差的平面、高程误差向量图

从上述图表中数据可以看出，在无地面控制情况下，东西、南北构成的多条带图像整体平差的精度要优于单条带同轨图像平差结果。主要原因在于，对于单一条带图像，WorldView卫星沿着同一个方向进行扫描成像，不可避免的存在一定程度的系统误差。由于两个条带的系统误差方向相反，将其进行整体平差时，通过图像间连接点的约束关系，可有效补偿部分系

统误差。此外,无地面控制区域网平差的定位精度要优于直接前方交会方法的定位结果。这主要是由于当采用直接前方交会方法时,忽略同名点量测坐标误差,其定位精度完全由图像提供的 RPC 参数精度决定。而采用无地面控制的区域网平差方法时,由于其顾及了同名点所确定视线需对对相交的几何约束条件,可以消除部分定位误差,从而达到提高定位精度的目的。在定位精度上,无地面控制点的 WorldView 卫星图像的定位精度均满足规范对于 1:10 000 比例尺地形图测图的精度要求,可用于公路勘察设计中工程可行性研究。

5.4 有地面控制卫星图像区域网平差

随着我国公路建设的重心逐渐向西部困难复杂地区转移,这些地区或崇山峻岭、或人烟稀少、或交通不便,野外布设地面控制点异常困难。此外,对于一些敏感地区,航空摄影领空权的申请往往十分困难,根本无法开展航空摄影作业。因此,适合于公路勘察设计的地面控制点布设方案及平差处理方法显得尤为重要。

5.4.1 有控平差误差方程式的建立和求解

有控平差误差方程式的建立和求解,同样采用基于像方仿射变换的 RFM 模型区域网平差。在获取地面控制点图像坐标后,对每个连接点和地面控制点,按照公式(5-12)列立对应的误差方程。

此外,对于地面控制点的物方坐标,视作带权观测值进行处理,列立如下的误差方程:

$$\begin{bmatrix} v_{\mathrm{Lat}} \\ v_{\mathrm{Lon}} \\ v_{\mathrm{Height}} \end{bmatrix} = \begin{bmatrix} \mathrm{dLat} \\ \mathrm{dLon} \\ \mathrm{dHeight} \end{bmatrix} - \begin{bmatrix} \mathrm{Lat} - \mathrm{Lat}^0 \\ \mathrm{Lon} - \mathrm{Lon}^0 \\ \mathrm{Height} - \mathrm{Height}^0 \end{bmatrix} \quad \text{权值 } P_c \tag{5-17}$$

式中: v_{Lat}、v_{Lon}、v_{Height}——地面控制点物方坐标虚拟观测值的改正数;

dLat、dLon、dHeight——地面控制点物方坐标参数的改正数;

Lat、Lon、Height——地面控制点物方坐标的观测值;

Lat^0、Lon^0、Height^0——地面控制点物方坐标参数的近似值;

P_c——地面控制点物方坐标虚拟观测值的权矩阵。

有控平差误差方程式只包括两类未知数 t 和 x,其中 t 为各卫星图像所对应的仿射变换系数,x 为连接点及其地面控制点所对应的物方坐标。同样,可以建立如式(5-14)形式的法方程,通过列立改化法方程的策略,实现上述两类未知数的分步求解,最终完成有地面控制点的卫星图像平差。

5.4.2 不同地面控制点布设方案

为对不同地面控制点布设方案的平差精度进行分析,对同轨、异轨多模型立体图像分别采用不同形式、间隔和点位的控制点布设方案进行试验。

1)异轨多模型立体图像

(1)不同控制点布设形式

针对前述青海试验区的 WorldView 立体卫星图像,控制点布设形式设计方案如下:

方案一：仅利用一个地面控制点；

方案二：沿垂直路线方向布设一排控制点；

方案三：测区四角布设地面控制点；

方案四：沿路线方向布设地面控制点。

不同形式布点方案的平差结果见表 5-3。

不同形式布点方案的平差结果　　表 5-3

方案	控制点点号	中误差(pixel)	控制点精度(m)				检查点精度(m)			
			X	Y	Z	点位	X	Y	Z	点位
一	73	0.27	0.243	0.015	0.058	0.250	0.974	0.846	1.714	2.145
	75	0.27	0.175	0.126	0.168	0.273	1.139	0.675	1.483	1.988
	85	0.26	0.230	0.137	0.256	0.370	1.097	0.667	0.981	1.616
	100	0.27	0.209	0.012	0.228	0.310	0.995	0.905	0.999	1.675
	126	0.27	0.143	0.011	0.127	0.191	0.989	0.970	0.646	1.529
二	73 74 75 76	0.27	0.237	0.318	0.274	0.482	0.820	0.845	1.867	2.207
	98 100 114	0.27	0.662	0.519	0.436	0.947	0.597	0.889	0.806	1.340
	125 126 127 128	0.27	0.549	0.275	0.231	0.656	0.636	0.915	0.679	1.305
三	73 82 97 104 125 128	0.27	0.409	0.393	0.494	0.752	0.556	0.759	0.478	1.055
四	76 97 125	0.27	0.170	0.309	0.503	0.614	0.676	0.787	0.759	1.285

分析表 5-3 的数据，可以得出如下结论：

①对于公路长条带图像数据，仅利用一个地面控制点时，虽然可以显著提高定位精度，但是仍有较大的提升空间。此外，选取不同位置的地面控制点，总体平差结果会有一定程度的差异，究其原因在于 WorldView 卫星图像由东西、南北两个方向条带图像构成，而从前面无控平差的平面、高程残差向量图可知，不同方向条带的系统误差特性并不完全一致，从而使得用一个统一的平移参数进行整体纠正时结果会存在一定差异。

②当沿垂直路线方向布设一排控制点时，其定位精度与仅在相同位置布设一个控制点时相当。其主要原因在于，如此方式布设一排控制点，主要可以消除其所在模型及其与之有近似误差特性模型的系统误差，而仅利用一个地面控制点时，足以达到相当的效果。

③沿四角布设地面控制点，可以取得较为理想的定位结果。其主要缺点在于，对于西部困难复杂地区，会遇到地形地貌复杂、交通不便等困难，对控制点的外业测量提出了较高的要求。

④沿路线布设少量地面控制点，取得了较好的定位精度。由于仅沿路线布设，即使在困难复杂地区，交通条件相对良好和便利，非常有利于外业测量人员进行控制点施测。

(2)不同控制点间隔

为了更深入地对沿路线布点方案进行分析，下面分别沿路线取不同的控制点间隔进行布设，并与四角布设地面控制点的方案进行结果比对和联合处理，对方案进行分析，具体布点方案如下：

方案一：区域四角布设地面控制；

方案二：沿路线每 4km 布设一个地面控制点；

方案三：沿路线每 8km 布设一个地面控制点；

方案四：沿路线每 10km 布设一个地面控制点；

方案五：沿路线每 14km 布设一个地面控制点；

方案六：区域四角并沿线每 8km 布设一个地面控制点。

地面控制点布设方案如图 5-9 所示，控制点不同间隔布设方案的平差结果见表 5-4。

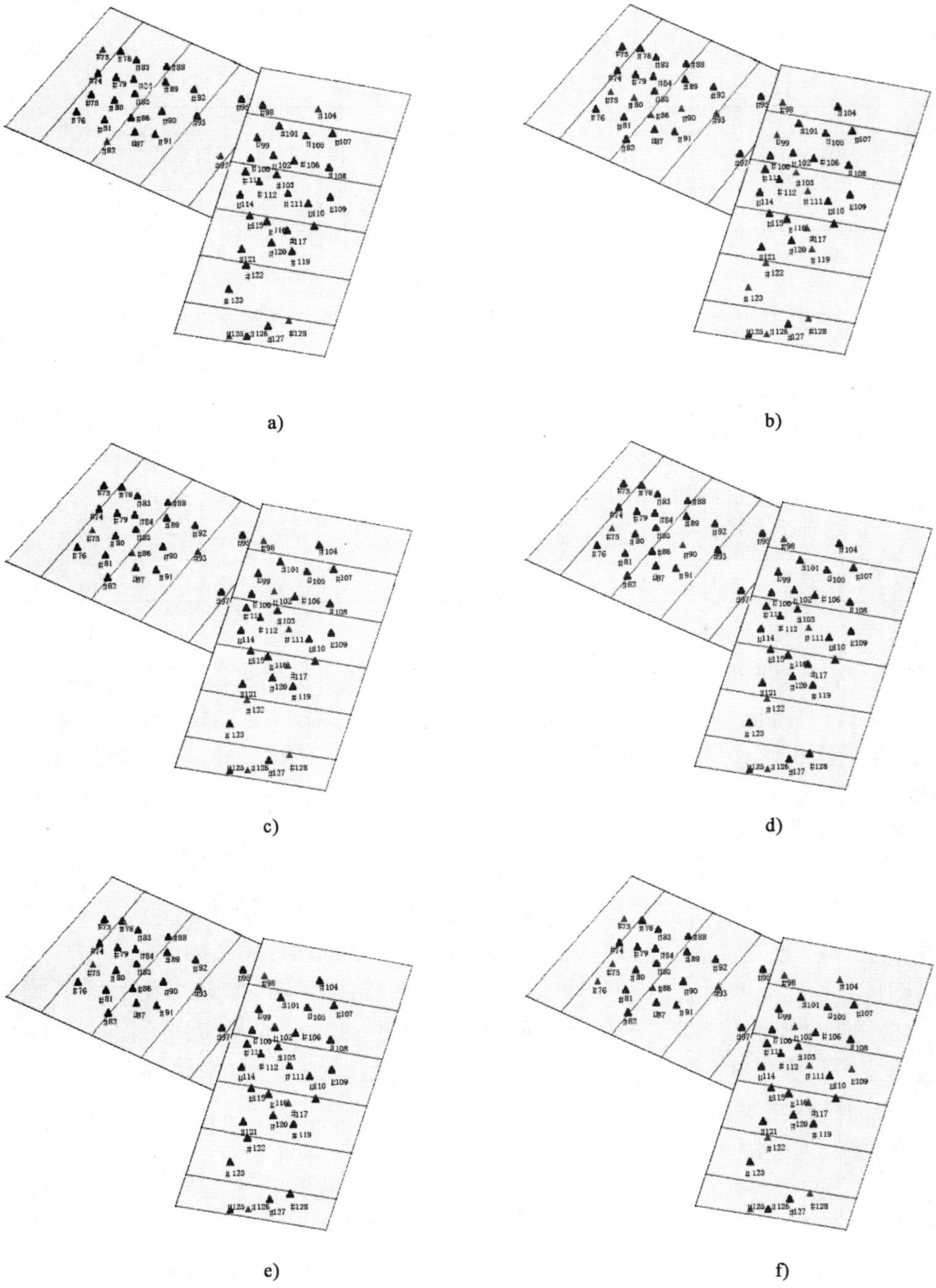

a) b)

c) d)

e) f)

图 5-9 地面控制点不同间隔布设方案的示意图

a)方案一；b)方案二；c)方案三；d)方案四；e)方案五；f)方案六

地面控制点不同间隔布设方案的平差精度 表 5-4

方案	中误差(pixel)	控制点精度(m)				检查点精度(m)			
		X	Y	Z	点位	X	Y	Z	点位
一	0.27	0.409	0.393	0.494	0.752	0.556	0.759	0.478	1.055
二	0.28	0.558	0.540	0.296	0.831	0.543	0.554	0.505	0.924
三	0.28	0.504	0.500	0.333	0.784	0.563	0.578	0.468	0.933
四	0.28	0.610	0.603	0.436	0.962	0.549	0.587	0.515	0.955
五	0.28	0.486	0.452	0.722	0.981	0.661	0.634	0.880	1.270
六	0.27	0.522	0.472	0.366	0.793	0.561	0.610	0.411	0.925

分析表 5-4 中数据,可以得出如下结论:

①当沿路线每 4km 布设一个地面控制点时,获得了比四角布设地面控制点更优的定位精度,这也从侧面表明了沿路线布设地面控制点的有效性。相比四角布设控制点的方案,虽然沿线布设控制点方案利用了较多的地面控制点,但是由于沿路线方向,通常交通比较便利,且其对控制点位置要求比较灵活,地面控制点的外业测量更加容易实施。

②沿路线不大于 10km 布设一个地面控制点,可满足规范对于 1∶2 000 比例尺地形测图的精度要求。

(3)不同控制点位置

为了进一步研究控制点位置对平差结果的影响,在上述方案二和方案三的基础上,分别采用近似相同的控制点间距,变换控制点的位置,构成如下 4 种方案。

方案一:沿路线每 4km 下部布设一个地面控制点;

方案二:沿路线每 4km 按 Z 形布设一个地面控制点;

方案三:沿路线每 8km 下部布设一个地面控制点;

方案四:沿路线每 8km 按 Z 形布设一个地面控制点。

地面控制点布设方案如图 5-10 所示,平差结果见表 5-5。

地面控制点不同位置布设方案的平差精度 表 5-5

方案	中误差(pixel)	控制点精度(m)				检查点精度(m)			
		X	Y	Z	点位	X	Y	Z	点位
一	0.29	0.471	0.608	0.410	0.872	0.524	0.536	0.520	0.912
二	0.30	0.536	0.567	0.365	0.861	0.487	0.536	0.428	0.841
三	0.28	0.437	0.547	0.378	0.796	0.609	0.651	0.444	0.996
四	0.29	0.531	0.622	0.421	0.919	0.616	0.619	0.413	0.966

从表 5-5 的数据可以看出,WorldView 卫星图像定位精度非常稳定,变换地面控制点的位置,对定位精度的影响亦较小,也表明卫星测量的控制点布设方案具有很好的灵活性。

2)同轨多模型立体图像

针对同轨多模型立体卫星图像,采用相同的控制点布设方式对其定位精度进行讨论,并与异轨多模型的定位精度进行比对分析。控制点布设方案设计同本节异轨多模型立体图像。

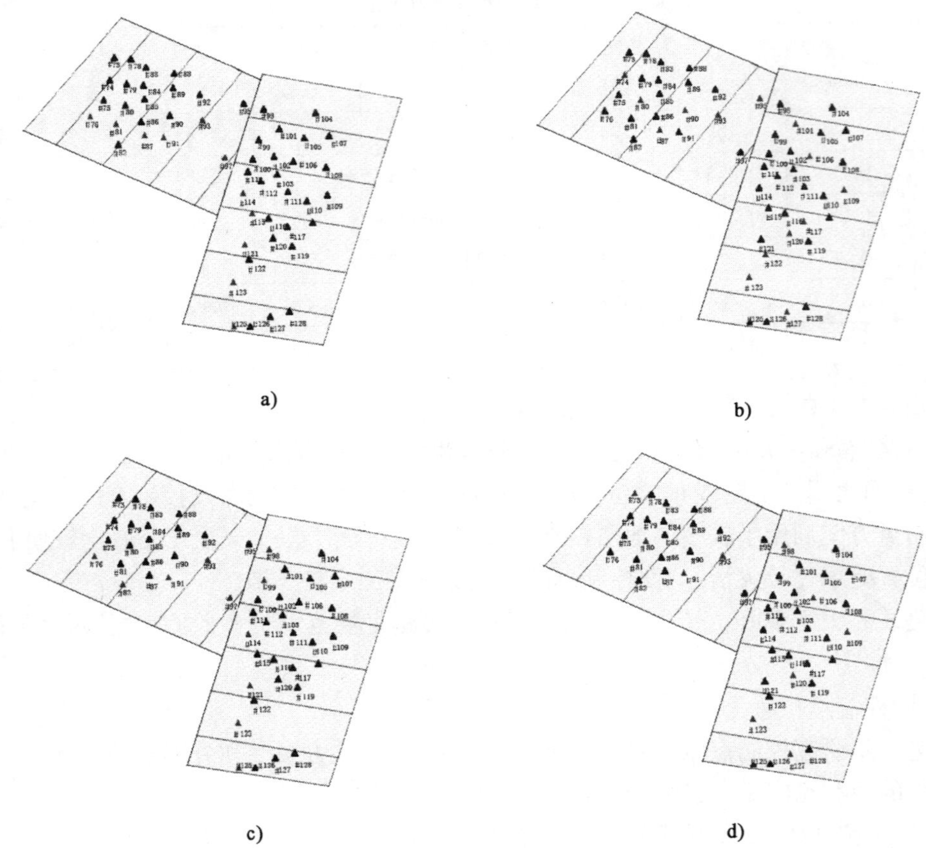

a) b) c) d)

图 5-10 地面控制点不同位置布设方案示意图

a)方案一；b)方案二；c)方案三；d)方案四

(1)不同控制点布设形式

对东西向、南北向同轨立体图像采用不同形式布点方案，平差定位结果见表 5-6、表 5-7。

东西向同轨立体图像不同形式布点方案的平差结果 表 5-6

方案	控制点点号	中误差(pixel)	控制点精度(m)				检查点精度(m)			
			X	Y	Z	点位	X	Y	Z	点位
一	73	0.22	0.313	0.133	0.014	0.340	0.491	0.710	1.593	1.812
	75	0.23	0.317	0.190	0.012	0.370	0.553	0.541	1.066	1.317
	85	0.23	0.301	0.190	0.042	0.358	0.545	0.539	0.745	1.069
二	73 74 75 76	0.23	0.242	0.320	0.268	0.482	0.539	0.607	1.547	1.747
	83 85 86 87	0.24	0.496	0.253	0.260	0.615	0.446	0.557	0.831	1.095
三	73 76 92 97	0.24	0.428	0.255	0.389	0.631	0.526	0.594	0.842	1.157
四	75 87	0.24	0.621	0.148	0.191	0.666	0.491	0.552	0.900	1.163

南北向同轨立体图像不同形式布点方案的平差结果 表 5-7

方案	控制点点号	中误差(pixel)	控制点精度(m)				检查点精度(m)			
			X	Y	Z	点位	X	Y	Z	点位
一	100	0.28	0.599	0.092	0.193	0.636	1.449	0.985	0.975	2.005
	126	0.27	0.539	0.108	0.110	0.561	1.576	0.956	0.622	1.945
二	98 100 114	0.28	0.679	0.378	0.287	0.828	0.804	0.758	0.690	1.302
	125 126 127 128	0.28	0.572	0.275	0.241	0.679	0.828	0.941	0.775	1.474
三	98 104 125 128	0.29	0.790	0.164	0.330	0.872	0.657	1.065	0.414	1.318
四	98 117 126	0.28	0.604	0.525	0.335	0.868	0.890	0.637	0.369	1.155

分析表 5-6 和表 5-7 中的数据，采用不同的控制点布设形式，两个同轨立体条带图像的定位精度是相当的，且与异轨定位精度相吻合。布设一个地面控制点，可以显著提高定位精度，但是仍然有较大的提升空间。沿垂直路线方向布设一排控制点，相比仅布设一个地面控制点，精度并不显著提升。沿路线布设地面控制点，可以获得相比于四角布设控制点更好的定位精度。

(2)不同控制点间隔

对东西向、南北向同轨立体条带图像，分别沿路线每 4km、8km、10km 和 14km 布设一个地面控制点，构成方案一、二、三和四，区域四角并沿线每 8km 布设一个地面控制点构成方案五。不同布设方案的定位精度和使用的控制点点号见表 5-8 和表 5-9。

东西向同轨立体图像地面控制点不同间隔布设方案的平差精度 表 5-8

方案	控制点点号	中误差(pixel)	控制点精度(m)				检查点精度(m)			
			X	Y	Z	点位	X	Y	Z	点位
一	74 79 85 90 93 97	0.29	0.470	0.508	0.445	0.823	0.511	0.559	0.545	0.933
二	74 86 93 97	0.23	0.076	0.202	0.522	0.565	0.543	0.554	0.542	0.946
三	74 90 97	0.25	0.185	0.262	0.609	0.688	0.530	0.543	0.612	0.975
四	74 97	0.22	0.124	0.220	0.468	0.532	0.515	0.520	0.719	1.026
五	73 75 76 86 92 93 97	0.25	0.393	0.300	0.444	0.665	0.497	0.589	0.521	0.930

南北向同轨立体图像地面控制点不同间隔布设方案的平差精度 表 5-9

方案	控制点点号	中误差(pixel)	控制点精度(m)				检查点精度(m)			
			X	Y	Z	点位	X	Y	Z	点位
一	98 99 103 111 117 119 122 123 126 128	0.31	0.655	0.614	0.261	0.935	0.520	0.513	0.326	0.799
二	98 102 111 117 122 126 128	0.29	0.585	0.550	0.278	0.849	0.579	0.571	0.318	0.872
三	98 111 122 126	0.29	0.697	0.670	0.241	0.995	0.635	0.574	0.390	0.940
四	98 117 126	0.28	0.604	0.525	0.335	0.868	0.890	0.637	0.369	1.155
五	98 102 103 104 109 117 122 125 128	0.30	0.617	0.537	0.242	0.852	0.591	0.638	0.310	0.923

从表中数据可以看出，南北向同轨立体图像的定位精度略高于东西向同轨立体图像，尤其是在高程方向上。究其原因在于，南北向同轨立体图像具有比东西向同轨立体图像更大的交会角。南北向同轨立体图像中 40 948 和 41 041 条带图像轨道内平均侧摆角分别为 9.0°和 −29.5°，交会角大小近似为 38.5°，而东西向同轨立体图像中 41 331 和 41 410 条带图像轨道内平均侧摆角分别为 28.1°和 −2.6°，交会角大小近似为 30.7°，较大的交会角使得其具有更优的高程精度。此外，地面控制点立体量测中存在的误差也会对最终的平差结果造成一定影响。总体而言，同轨和异轨立体图像的区域网平差精度是相互吻合的。

(3)不同控制点位置

采用异轨立体条带图像相同的控制点布设方案，分别沿路线每 4km 下部布设一个地面控制点、每 4km 按 Z 形布设一个地面控制点、每 8km 下部布设一个地面控制点、每 8km 按 Z 形布设一个地面控制点，构成布设方案一、二、三和四。平差结果如表 5-10、表 5-11 所示。

东西向同轨立体图像地面控制点不同位置布设方案的平差精度 表 5-10

方案	控制点点号	中误差(pixel)	控制点精度(m)				检查点精度(m)			
			X	Y	Z	点位	X	Y	Z	点位
一	76 81 87 91 93 97	0.26	0.366	0.455	0.512	0.777	0.518	0.540	0.515	0.908
二	73 79 80 86 87 91 93	0.30	0.515	0.588	0.526	0.942	0.483	0.520	0.495	0.865
三	76 82 91 93 97	0.26	0.125	0.562	0.495	0.759	0.575	0.625	0.485	0.977
四	73 82 93 97	0.25	0.129	0.443	0.542	0.712	0.557	0.573	0.549	0.970

南北向同轨立体图像地面控制点不同位置布设方案的平差精度 表 5-11

方案	控制点点号	中误差(pixel)	控制点精度(m)				检查点精度(m)			
			X	Y	Z	点位	X	Y	Z	点位
一	98 99 111 114 115 121 123 125	0.30	0.578	0.610	0.291	0.889	0.557	0.518	0.368	0.845
二	98 101 106 109 117 120 122 123 127	0.32	0.689	0.699	0.245	1.012	0.470	0.491	0.363	0.771
三	99 111 115 121 123 125	0.30	0.499	0.669	0.322	0.835	0.566	0.523	0.480	0.908
四	98 106 107 114 115 119 120 123 127	0.31	0.605	0.618	0.317	0.920	0.545	0.516	0.320	0.816

从表中的数据可以看出，对于同轨立体条带图像，其定位精度也是非常稳定的，变换控制点的位置，定位精度所受影响较小，且与整体异轨立体图像的定位精度相当。

第6章 卫星地质遥感及分析

6.1 引 言

卫星地质遥感技术是卫星遥感技术与地球科学相结合的一种新兴遥感技术，其理论基础是物理学的电磁辐射与工程地质学。其研究对象是地球表面和表层地质体(如地层岩性、断裂构造)、地质现象(如滑坡、崩塌、泥石流)的电磁辐射的各种特性。研究目的是为了有效识别地质体的物性与运动状态，为地质构造研究、区域地质调查、环境和灾害地质监测等工作服务。

根据地质学原理和地物光谱特性，卫星地质遥感勘察可以从遥感图像上识别地表存在的大多数地物、地质体和地质现象，能突破常规地面地质调查方法受视域、交通、地形、生存条件、原始森林覆盖等条件的局限，能快速、准确、大范围地对关注区域的地形、地貌和地质条件进行宏观与微观的遥感勘察，获取各种工程建设、灾害预报、环境评估等所需的资料图件，并能发现地下隐伏地质现象。

卫星地质遥感技术的研究内容主要包括：

(1)各类地质体的电磁辐射(反射、吸收、发射等)特性及其测试、分析与应用。

(2)遥感数据资料的地学信息提取原理与方法。

(3)遥感图像的地质解译与制图。

(4)遥感技术在地质、工程等领域的具体应用和实效评估。

卫星地质遥感技术具有以下方面的技术特点：

(1)探测范围广、采集数据快。卫星地质遥感技术能在短时间内对大范围地区进行对地观测，为宏观掌握地物、地质现象的现状情况创造了极为有利的条件。

(2)遥感数据综合性、现实性强。卫星地质遥感所获取的是同一时段、覆盖大范围地区的遥感数据，宏观地反映了地球上各种事物的形态与分布，全面地提示了地物间的关联性，现实性强。

(3)能动态反映地物的变化。卫星地质遥感可周期性、重复性的对地同一地区进行对地观测，有助于通过所获取的遥感数据，对地物、地质现象的发生、发展进行动态监测。

卫星遥感图像是地表景观在图像上的综合缩影，真实、客观、全面、宏观地反映了地表的综合景观特征和各种地物、地质体、地质现象等个体特征及个体之间的相互关系。运用遥感信息技术及地理信息系统技术，能实现遥感图像处理、信息融合、地质遥感解译、数据采集、专题制图一体化的计算机综合处理分析，能快速、准确、大范围地获取路线走廊带的地形地貌、地层岩性、第四纪地质、水文地质、断裂构造、隐伏构造等地学信息。通过对沿线的泥石流、滑坡、崩塌、雪崩、断裂构造、软土等不良地质现象和特殊性岩土的空间位置、规模大小、所处的状态进行分析，可以推测其危害程度及未来可能的发生发展趋势，为不良地质体的绕避和灾害地质的防治提供准确的地质资料。

6.2 地质遥感原理

6.2.1 电磁波与电磁波谱

电磁辐射是传感器与远距离探测目标联系的纽带,各种遥感技术都是利用目标地物的电磁辐射信息来探测目标的。遥感技术的本质就是通过探测器接收物体或现象自身发射或反射外来的电磁辐射信息,进而转变成遥感数据或图像。

1)电磁辐射的特性

电磁辐射是电磁波能量的传递过程,是自然界中以"场"的形式存在的一种物质。电磁辐射具有波动性和粒子性两方面特征,即波粒二象性。也就是说,电磁辐射是一种高速运动的粒子流,由于其在空间的传播具有波动性,所以又称为电磁波。电磁辐射的波动性主要表现为电磁波能产生干涉、衍射、偏振、散射等现象,其粒子性主要表现为电磁辐射的光化学作用和光电效应等现象。

电磁辐射具有明显的波粒二象性,连续的波动性和不连续的粒子性是相互排斥、相互对立的,但两者又是相互联系并在一定条件下可以相互转化的。可以说波是粒子流的平均统计,粒子是波的量子化,在传播过程中以波动性为主,遵守波动规律,当与物质发生作用时又以粒子性为主。电磁辐射波长的大小影响波粒二象性的表现,波长较长、能量较小的波动性明显,波长较短、能量较大的粒子性显著。

2)电磁波谱

不同的辐射源产生的电磁波的波长是不相同的,其变化范围很大。将各种电磁波按其波长或频率的大小,依次排列画成图表,即电磁波谱。在电磁波谱中,各个波段的划分是相对的,它们之间并没有明显的界限,实际上整个电磁波谱是连续的。目前遥感技术应用的波谱段,主要是从紫外到微波的范围。其划分见图 6-1。

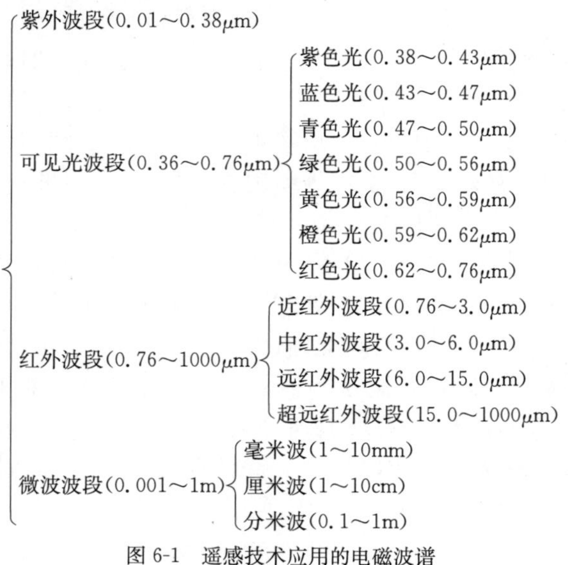

图 6-1　遥感技术应用的电磁波谱

6.2.2　大气对电磁辐射的影响

遥感传感器接收到的电磁辐射，必须经过大气层的作用。受大气散射、吸收和透射的影响，电磁辐射在大气中传输时会发生衰减和畸变。

1)大气散射

电磁辐射在传播过程中遇到细小微粒而使传播方向改变，并向各个方向散开的物理现象，称为散射。散射主要发生在可见光波段，其性质和强度取决于大气中分子或微粒的半径与被散射光的波长之间的相互对比关系。散射现象的实质是反射、折射和衍射的综合反映。

2)大气吸收

电磁辐射穿过大气层时，大气分子特别是水汽、臭氧、二氧化碳等对电磁波的某些波段具有选择吸收的作用，使辐射能量变成分子的内能，引起这些波段的电磁辐射强度衰减。电磁辐射被吸收后，电磁辐射的连续光谱上产生许多吸收暗带。

3)大气窗口

大气对不同波段的电磁波有不同的透射率。大气对电磁辐射吸收和散射都很小，而透射率很高的波段叫大气窗口。为了更多地接收到地面目标的电磁波信息，遥感使用的探测波段必须选在大气窗口之内。目前已知的大气窗口主要有 0.30～1.30μm、1.5～2.4μm、3.0～5.0μm和 8.0～14.0μm 等，其中，以可见光为主体的 0.30～1.30μm 窗口是目前应用最为广泛的一个大气窗口。

6.2.3　物体的波谱特性

任何物体都具有反射和发射电磁辐射的特性，但是地物在不同波长处其反射和发射电磁辐射的能力是不同的。这种辐射能力随波长改变而改变的特性，称为地物的波谱特性。不同地物由于其内部组成物质及其表面状况不同，或同一地物在不同的环境条件下，由于入射辐射的不同，它们具有不同的波谱特性。这种差别被传感器探测记录下来，形成了不同的图像特征，成为人们识别地物及地质体的依据。

1)反射波谱

地物对电磁辐射的反射能力与入射的电磁辐射的波长有着十分密切的关系，不同地物对同一波长的电磁辐射具有不同的反射能力，而同一地物对不同波长的电磁辐射也具有不同的反射能力。地物的反射系数(率)随入射波长变化的规律即是该地物的反射波谱。地物的反射波谱常用反射波谱曲线来表示。如水体的反射率在整个波段范围内都很小(图6-2)，其反射波谱曲线的形态近似于直线，而且随波长加长，反射系数变小。

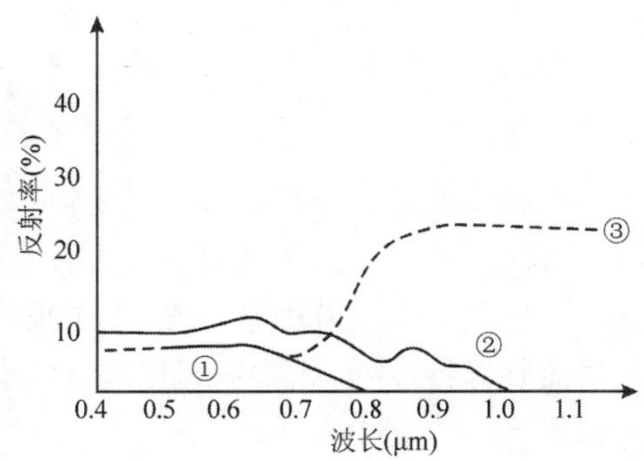

图 6-2　水的反射光谱曲线

①-清水；②-含砂水流；③-藻类浮游物

2)发射波谱

发射率对描述和分析物体表面或材料的电磁辐射特性具有和反射率同等重要的作用。

地物对不同波长的电磁辐射发射能力的变化规律叫做地物的发射波谱。在相同温度条件下,物体的发射率取决于它的表面性质和内部热学性质。一般来说,表面比较粗糙和颜色较深的物体,具有较高的发射率,表面比较光滑和颜色较浅的物体,发射率较低。

6.3 工程地质遥感解译

6.3.1 地质遥感解译标志

遥感图像解译的依据是地物、地质体、地质现象在图像上的图像特征,包括形状、大小、色调或色彩、花纹、图案等。其中,能帮助识别、区分某一地质体、地质现象的存在,并能说明它们的特点、性质和相互关系的图像特征,称为地质遥感解译标志。遥感解译标志又分为直接解译标志和间接解译标志两类。直接解译标志是指地物、地质体或地质现象自身属性在图像上直接表现出来的图像特征,如形状、大小、色调或色彩、阴影、图案花纹等。间接解译标志是指与地物的自身属性有内在联系,通过相关分析能够推断地物或地质体性质的图像特征,例如岩性、构造可以通过地貌形态、土壤类型、水系格局、植被土壤等图像特征反映出来。直接解译标志与间接解译标志是一个相对的概念,常根据解译对象的不同而相互转化。

在地质解译过程中,经常使用的解译标志包括:形态、色调或色彩、水系分析、地貌形态、影纹图案、土壤植被及人文环境等,其中最重要的是形态和色调(或色彩)标志。

1)形态

形态标志包括地物的几何形状和大小。在地质遥感解译中,有很多地物、地质体都能够根据其独特的形态特点直接识别出来,如侵入岩体的浑圆状外部轮廓、喷出岩的火山锥及火山口,沉积岩的条带状图像,泥石流、洪积物的堆积扇,以及断层、节理、岩脉的线性延伸特征等,都是直接而可靠的解译标志。因此,利用形态标志进行地质遥感解译时,一般不需要做过多的分析,可以直接判断得出结论。图 6-3 为 Landsat ETM+遥感卫星图像上的现代冰川,其独特的平面形状将其与周围地物区分开,冰川的移动痕迹也清晰可见。

2)色调与色彩

图像的色调是地物光谱在遥感图像上的综合反映,是常用而且重要的地质遥感解译标志。在地质遥感勘察中,对全色黑白图像的色调描述包括色调深浅(浅色调、中等色调、深色调)、色调均匀性(色调均匀、色调有规律性变化、色调紊乱)、边界清晰程度(边界清晰、边界模糊)等内容。影响色调深浅的因素很多,除了地物本身的物质成分、物理化学性质、结构构造、含水率及光学性质等特征外,地质地理环境、植被的覆盖程度、成像时间、摄影方式等外部因素也能改变物体的色调。

彩色图像有真彩色图像和假彩色图像之分,前者的颜色具有与地物相同或相似的颜色,反映了实际地物的颜色特征,更符合人们的视觉习惯,在地质解译中更有助于识别目标。多光谱合成彩色图像和红外彩色图像则属于假彩色,图像的色彩不代表地物的真实色彩,但假彩色图像能够选择性地增强显示某些地物的图像信息,有助于解译复杂的地物。

图 6-4 所示为西藏墨脱地区冬季的 Landsat ETM+遥感图像,图像上黑色的冰蚀湖(白色箭头所示)、浅白色的常年积雪(黑色箭头所示)与周边浅灰色的植被形成了鲜明的色调对比。

图 6-3 遥感图像上的现代冰川

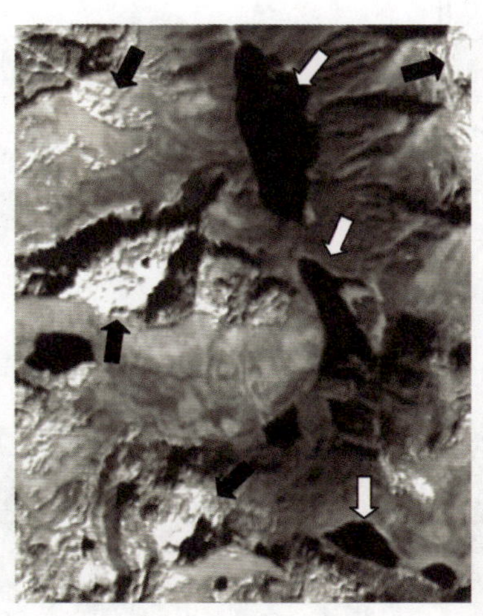

图 6-4 冰蚀湖与常年积雪

3)阴影

阴影是由于太阳光线的直线传播,遇地物遮挡而形成的阴暗区,是常用的解译标志之一。地物的大小、形状、高度,均可以通过阴影而显现于图像上。在地质遥感解译时,借助阴影,有利于建立立体感,能帮助解译人员观察到物体的侧面形态,弥补摄影的不足。借助阴影还可以测量地物的高度,推断图像的方位。阴影有本影和落影之分(图 6-5),它们在遥感解译中具有不同的作用。本影有助于地物产生立体感,有利于地貌的解译,例如,利用山体的本影可以识别山脊、山谷、冲沟等地貌形态特征。落影有助于识别地物的侧面形态及一些细微特征,并可根据其长度,估测物体的高度。

4)水系

在遥感卫星图像上,河流水系往往是最直观清晰的图形特征之一。一个地区的水系特征,往往是由该地区的地层岩性、地质构造和地形地貌共同决定的,它在地质解译中是一种能够敏锐地反映最新地质年代的地质变动的解译标志,对于揭示现代地壳运动具有重要意义。正确理解各种水系图形形成的地质条件将有助于解译当地的地层岩性、地质构造特点。但是影响水系图形的因素很多,它的可变性较大,水系分析必须结合其他地质遥感解译标志综合考虑,才能获得比较准确的地质结论。

在进行工程地质遥感勘察时,首先从遥感卫星图像上对区域分布的河流长度、流向,支流数量与分布形态,河网形态、密度,河道的宽窄、弯曲、深浅等多个方面对一个地区的水系特征进行遥感解译与分析,并进而判断该地区所处地质环境条件(图 6-6)。

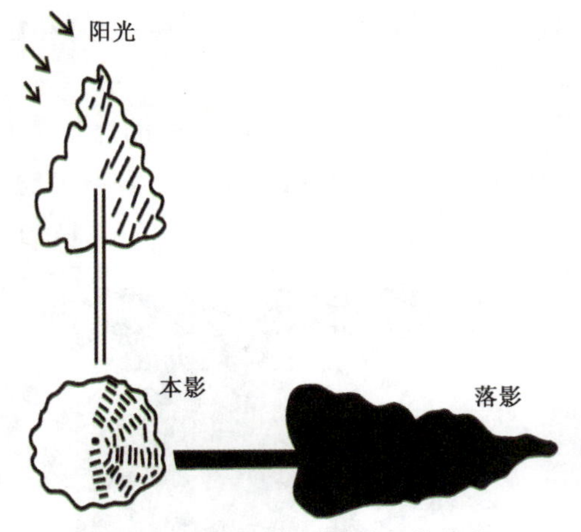

图 6-5　地物本影和落影之间的关系

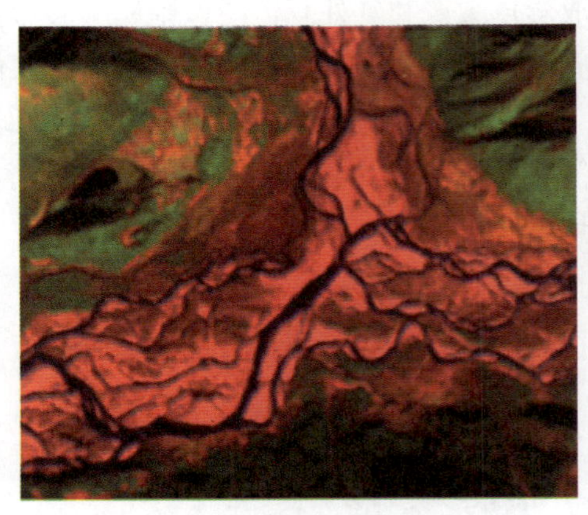

图 6-6　辫状水系

图 6-7 为湖南省常德市至吉首市高速公路常德段工程地质遥感勘察采用的 15m 分辨率的 Landsat ETM+遥感卫星图像。图的上部地区岩性以白垩纪泥岩、砂岩为主，图像色调较浅，岩石风化强烈，微细切沟十分发育，水系密度非常大。图 6-7 中的中部地区岩性以白垩纪块状砂岩、厚层砂岩为主，图像色调浅灰色，定向线性构造及小型冲沟十分发育，水系密度较大，水系类型为树枝状水系。图的下部地区岩性地层为中元古界板岩、变质砂岩互层，图像色调较深，水系极不发育。

图 6-7　水系特征与地层岩性的关系

5)地貌形态

地貌形态是地层岩性、地质构造、岩层产状、地质发育历史和外地质营力等多种因素综合作用的结果。一般来说，大的地貌形态与大的构造轮廓有关，小的地貌形态多半反映岩性或小的构造特征。例如在沉积岩出露地区，地貌形态多受地层岩性、地质构造共同影响，而在古老变质岩区，起控制作用的主要是断裂构造。

地貌的形态特征分析，包括宏观和微观两个方面：宏观地貌形态指高山区、中山区、低山区、丘陵区和平原区等；微观地貌形态包括单个山体的形态特征及微地貌等。

6)其他解译标志

除了上述几种常见、易用的地质遥感解译标志外，还有影纹图案、土壤植被、水文、人类活动等其他地质遥感解译标志，这些解译标志除影纹图案标志外，其他多属间接解译标志。

(1)影纹图案标志。影纹是指在一定的范围内，地物的图像所显示出来的花纹特征。它们往往构成各种各样的图案。影纹图案是由色调(色彩)、水系、山体等多种因素综合反映出来的。影纹图案可以反映大面积出露的某一种地物或地质体，也可以反映许多细小地物的群体组合。

(2)土壤、植被标志。由于土壤类型不同，其上的植被发育程度也不相同，因此，可以根据土壤、植被的发育情况推断下伏基岩的性质。

(3)水文标志。水文标志主要指基岩及松散堆积物的含水性、渗透性等陆地水文特征。它们在一定程度上能反映地质体的物质成分、结构特征。

(4)人类活动标志。有史以来人类活动遗留下的痕迹,有很多与地质有关。如古代的矿井遗迹、现代人类经济活动的道路、建筑、地下采水工程、地热工程、煤窑、灰窑、采石场等多种标志,均可作为地质解译的间接分析标志。

上述各种解译标志,都是地质体某一个侧面或某一种性质的反映,不能反映地质体的全貌,进行地质解译时,应该多种标志综合分析运用,互相补充印证。

6.3.2 地貌景观解译

地貌是各类地质体、地质现象的外部形态表现。区域地貌景观是一种宏观现象,遥感卫星图像具体而微地显示了成像地区的地表形态特征。利用遥感卫星图像解译地貌,可以从遥感图像上直观地识别各类地貌的单个形态及其组合形态、展布规律、空间关系,以及它与其他景观,特别是与地质体之间的关系,以及它们的发展动态。

地貌千姿百态,规模大小不等,成因复杂多样,并在地表处于不同的发展阶段。按规模大小不同,自然界的地貌景观可分成不同的等级:巨型地貌(大陆、洋盆)、大型地貌(山地、高原、平原)、中型地貌(山岭、谷地)和小型地貌(阶地、沙丘、火山)。不同等级的地貌在空间上叠加在一起,小型地貌总是叠加在大型地貌之上的,在成因上是相互依存的,其展布特点服从剥蚀—搬运—堆积这一统一的外力作用过程。

地貌景观遥感解译主要从地貌学原理出发,分析图形特征、色调和阴影等直接解译标志,再根据地质、水文、土壤、植被等地理要素的相关信息,综合分析解译。

1)流水地貌解译

(1)侵蚀沟解译

侵蚀沟是遥感图像上常见的图像特征(图 6-8)。侵蚀沟的形态特征,主要取决于地层岩性,因而也是地层岩性解译的标志之一。侵蚀沟一般呈线状图像,沟中若有较多砂砾堆积,色调大多较浅。在遥感卫星图像上,可以清楚地看到不同规模、不同类型侵蚀沟的组合特征及其展布规律,甚至可看到侵蚀沟网发生、发展趋势及其形成的条件。粗粒的、透水性好的坚硬砂岩形成V形沟,沟头多呈缓浅集水盆地,沟床坡陡而均匀。黄土状土层形成U形沟,沟头呈围椅状陡坎,河床呈多级陡坎的复合坡。黏土状岩土层透水性差,形成开阔的U形沟,沟头呈线形,割切浅,沟底坡缓。侵蚀沟谷在平面上的形态一般在均匀岩性处,如没有构造控制时,呈树枝状,当受构造控制时,则为束状树枝状或格状树枝状。

(2)河道和河谷中流水地貌解译

在遥感图像上解译河流中的泥沙运动、河流地质作用过程是很有效的。在遥感图像上,流动的水呈较浅的色调,而静止的水呈较深的色调;较清的水呈较深的色调,混浊的水呈较浅的色调。在高分辨率遥感图像上可见到波纹状的水下沙波和河床蚀余堆积物。用多时相的遥感图像进行对比分析,还可以研究河流上游侵蚀和下游堆积、凹岸侵蚀和凸岸堆积的变化,以及河床深槽和心滩或江心洲移动的形迹。

河曲的演变形迹在遥感图像上清晰可见。在河流曲流凸岸一条条砂坝的组合图像称迂回扇，它表现为一条条明暗相间、断续延伸的弧形条带，砂坝的收敛方向指向河流下游。一些弯曲河段(曲流环)通过截弯取直，被封闭而成牛轭湖，它的形态明显，即使湖水干涸成曲流痕，其形态也会以湿地草丛特有的色调或牛轭湖被改造成耕地田地展布的特殊形态显示出来。

图 6-9 为西藏省道 306 线加查至桑日段起点附近雅鲁藏布江河流地貌的遥感卫星图像，图中的河流阶地、古河道、心滩等地貌形态图像特征清晰，心滩的收敛方向表明图中的河流流向是从左至右。

图 6-8　侵蚀沟

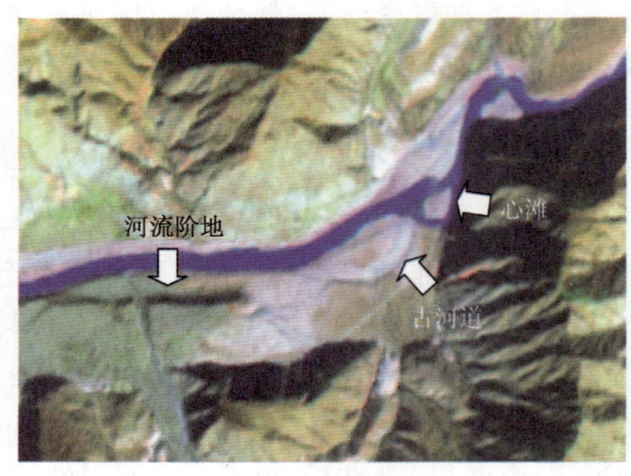

图 6-9　河道流水地貌

(3)河流阶地解译

在遥感图像上，常常能够观察到沿河岸呈条带状断续展布的河流阶地。台阶状的外形，缓缓倾斜的或海拔高度大致相同的阶地面，阶面上比较集中的耕地、公路网和居民点，都是解译河流阶地的极好标志。较新的阶地位于河床两侧，阶面因侵蚀较弱而形态平整，色调较深；较老的阶地位于较新阶地外侧或谷坡之上较高的地段，由于侵蚀较强而使阶面分割破碎，两阶地间的陡坎色调多数较深。一般情况下堆积阶地的色调均一，耕地和居民点较集中；侵蚀阶地的阶面和阶坎色调较暗；而基座阶地在阶地陡坎上能观察断续的陡崖和基岩出露地段，色调较暗，阶面色调相对较浅。

河流阶地是新构造抬升运动的标志。利用遥感图像研究阶地的级数、各级的相对高度、阶地的物质组成与阶地类型，有利于了解区域新构造活动的特点。

西藏省道 306 线加查至桑日段改建工程所在地区在宏观大地构造体系的位置上属于青藏歹字形头部与帕米尔—喜马拉雅歹字形尾部的复合部位，地处冈底斯山脉的东段和喜马拉雅山脉的东段、印度板块和欧亚板块两大板块的缝合带，雅鲁藏布江断裂带横贯东西，地质构造相当复杂，地震活动频繁而强烈，地壳处于不断的上升过程中。图 6-10 为路线起点附近的 Landsat ETM＋卫星图像，该处河流阶地十分发育，至少有四级，反映了该地区在多个时期的地表不断抬升，河流不断侵蚀下降的新构造活动过程。

(4)冲积锥和洪积扇解译

冲积锥和洪积扇是干旱地区山地河流出山口形成的堆积物，冲积锥和洪积扇及其组合形态，在干旱区山麓带、河流出山口处广泛发育(图 6-11)。在遥感图像上，二者的单个形态多呈扇形，冲积锥坡度较大，规模较小；洪积扇坡度较缓，规模较大。两种地貌的表面都发育有扇状水系，冲积锥由于组成物质粗大在图像上色调较浅，洪积扇顶部或中上部，由于组成物质粗大，且水流下渗，色调明亮较浅，上具暗色斑点，而边缘部分因物质较细，且有地下水接近地表或甚至溢出地面，所以色调较暗。

图 6-10　河流阶地

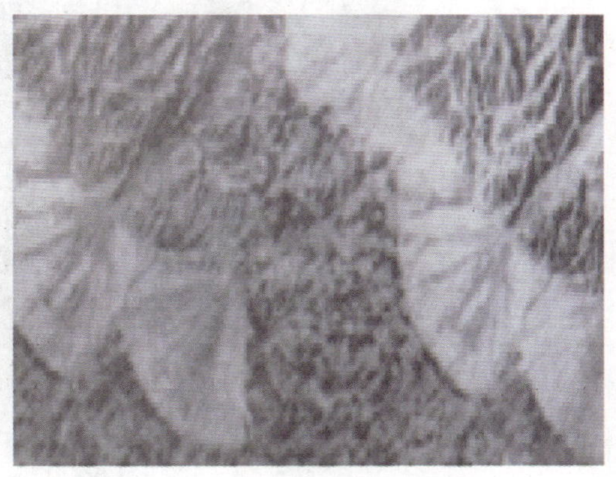
图 6-11　洪积扇

在遥感图像上利用山麓洪积扇形态和叠置关系可以分析隐伏构造和活动构造。洪积扇顶端或前缘呈直线状排列，或扇面被切割成台地等现象，是山前活动断裂存在的反映。洪积扇呈叠瓦状或串珠状排列，是山麓带近期抬升的反映。洪积扇呈偏斜展布是山麓构造不均衡升降的反映。

2）湖泊地貌解译

湖泊无论其规模大小，在遥感图像上总是最为醒目的。在遥感图像上能够观测到湖泊的地理分布、形状、大小、湖水的清浊等，还可以解译出湖盆的成因和湖泊的演变状况，湖岸和水下地貌的细节，在较大比例尺遥感图像上显示得也很清楚。

自然界中湖泊的轮廓，湖群的展布格局，常常是有规律性和方向性的，其形态特征或展布异常，显示出构造控制的特点。自然界中湖泊的变迁、扩张或萎缩，以及岸线的演变，也都在遥感图像上有直观的形态显示。

图 6-12 为西藏墨脱公路工程可行性研究阶段的波密至墨脱方案 K36 附近错拉隧道出口的遥感图像，该图像采用 2001 年 11 月航空摄影的 1∶25 000 比例尺的航片与 2001 年 12 月成像的 Landsat ETM＋卫星图像进行信息融合而成。图上黑色的错拉冰湖最为醒目，其周边冰湖沉积的图像特征也十分独特。原路线设计方案的错拉隧道出口紧邻冰湖，且出隧道后的路线方案以大桥形式通过冰湖，考虑到工程施工对冰湖环境的破坏以及冰湖沉积对路基工程的危害，后将错拉隧道出洞口向右移一定距离后路线绕冰湖通过。

3）海岸带地貌解译

（1）滨海水上地貌解译

海滩是分布于海岸带的平坦地貌，遥感图像上呈条带状浅色调。它的上部常有平行于岸线的堤状地形，称为砂堤。砂堤是沿岸沉积物横向堆积的产物，其组成物质为松散砂砾。多条砂堤出现在海滩时，图像上多构成明显的线状亮带。砂堤间常有沼泽或泻湖构成的洼地。在图像上洼地的深暗色调与砂堤的明亮色调开成鲜明对比。如有多条砂堤存在，它们的相对高度的变化，常常反映海陆相对高差的变化。当近陆地砂堤高于近海新砂堤时，经常是陆地上升

或海面下降的重要显示。有时一系列新老砂堤以一个角度相交，其成因可能与活动断裂有关。

图 6-12　墨脱公路的错拉冰湖

(2)滨海水下地貌解译

水域色调的深浅是水质清浊的重要标志，不同波段图像的色调深浅，是不同透视深度水中水质清浊不同的显示。但在水浅而清澈的条件下，水域色调的深浅，有时反映的就是水体和海底的相对深浅。在水浅而浑浊的条件下，色调浅的水域，在多数情况下，有时也是水深较浅的地方。

滨海海峡深槽的深浅，通常以条带状深浅色调显示出来，深槽的色调随深度加大而变深。水下构造陡坎通常以不同色调界面而显示出来。水下溺谷在遥感图像上具有喇叭口状的形态，而且以深色调的深水部位从河口地段向海陆两个方向伸展。水下河槽为河流主流线所据，水质偏清色调呈深色条带。珊瑚礁通常呈浅亮色调，而其周围水域色调深暗，这是珊瑚礁生活所在水域水质清澈的显示。

厦门翔安隧道(厦门东通道)是厦门市第三条对外出岛通道，连接厦门市本岛和大陆架翔安区，该工程采用钻爆法海底暗挖隧道方案，是我国内地第一座大断面海底隧道，对我国隧道建设技术的进步和发展起到了里程碑式的作用。该项目工程地质遥感勘察以 2003 年 3 月成像的 15m 分辨率的 Landsat ETM＋卫星图像、2001 年 12 月成像的 1m/4m 分辨率的 IKONOS 卫星图像等遥感图像数据为信息源，工程地质遥感勘察在该区域海底解译出三条规模较大的断裂构造，如图 6-13 的虚线所示。

4)风成地貌的解译

最常见的风成地貌有风蚀地貌、风积地貌等几种类型。干旱区松散层上最显著的风蚀地形是风蚀洼地和雅丹地形。前者为规模大小不一的浅圆形洼地，后者为无数条深度浅而延伸长的平行凹槽。在遥感图像上呈定向展布的环斑状和条带状图案。在坚硬岩层上风的磨蚀作用扩展已有的裂隙，使某些构造形迹显得特别醒目，在图像上表现为明亮的线条。

风积地貌多发生在有地形阻挡和风力衰减的地区。在遥感图像上，根据沙丘组合宏观展布特征，可以确定沙丘的类型，如沙丘链、沙垄等。依据不同时相的遥感图像中显示的地面干湿状况，植被有无和疏密程度等对比，还可解译沙丘的动态变化。根据风蚀丘陵地形的综合图形异常，还可揭示下伏的基岩构造。

图 6-14 为西藏省道 306 线加查至桑日段公路位于桑日县县城附近的 Landsat ETM＋遥感卫星图像。从图中可以清楚地看到沙丘链的遥感图像特征，其上无植被生长，沙漠化程度较高。

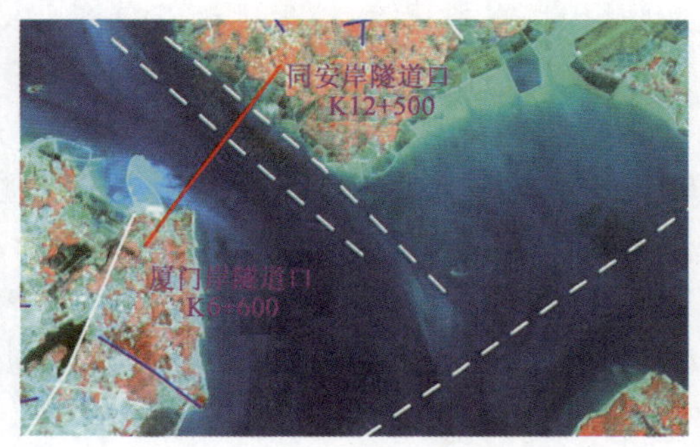

图 6-13　厦门翔安隧道遥感解译的断裂构造

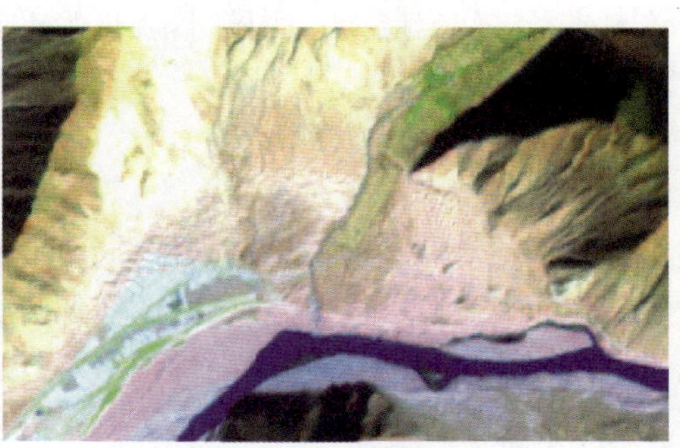

图 6-14　遥感解译的沙漠化

6.3.3　地质构造解译

构造解译主要是指线性构造与断裂构造、褶皱构造、环形构造、隐伏构造等地质构造的遥感解译，是遥感图像地质解译的重点。遥感图像具有宏观性、概括性、客观性及全面性等特点，利用其进行地质构造解译的效果明显。构造解译程度的高低，对岩性、地层等其他专题的遥感解译影响很大，并在很大程度上决定了地质解译效果的好坏。遥感图像上解译出的各种构造成分，还需要与区域地质背景联系起来，从空间分布、发展历史、地质成因上作综合的区域构造分析。

地质构造的识别特征包括：色调标志及识别模式、地质—地貌综合标志。主要解译标志有色调标志、地层岩性标志、构造标志、地貌标志、水系标志、土壤标志、植被标志及综合景观标志等。各种标志都有其普遍性和特殊性。

1)褶皱构造解译

褶皱构造是地壳中最醒目和最常见的地质构造，它是成层岩石中的层面或各种面理(层理、劈理、叶理、断层面等)因塑性变形而发生的弯曲变形现象。褶皱构造解译首先要利用低分辨率遥感图像作宏观分析，确定褶皱的存在，然后利用较高分辨率遥感图像确定其形态类型、细部特征，并分析其成因类型及力学机制，最后结合多尺度遥感图像的综合解译分析，研究褶皱构造与公路路线方案的相互关系及其影响。

(1)褶皱构造的解译标志

①色调、形态标志

遥感图像上色调或色彩不同的平行条带状图像，呈半封闭环状、同心圆状、弧状、绸带状的图形，或者有规律地转折为马蹄形、弧形、三角形，并具有明显对称性的图形图像特征，都是褶皱构造存在的最醒目的标志。

②构造地貌对称性分布

岩层三角面、单面山、猪背岭等构造地貌沿某一界面出现对称或重复也是判断褶皱存在的重要标志，也即三角面尖端相向或相背分布。有时虽然三角面尖端指向同一方向，但是，如果沿某一界面的形态有明显的差别时，也有可能是倒转褶皱造成的。

③岩层对称重复出现

遥感图像上岩层的对称重复主要表现为色调、色彩的条带对称重复出现。其次，当岩层厚度较大或岩层间岩层差异明显时，表现为不同的微地貌组合、水系花纹、植被土壤的对称重复出现。

④转折端

转折端是识别褶皱的重要标志，寻找转折端是确定褶皱存在与否的主要手段。当发现遥感图像上带状弯曲图像特征的岩层，同时具有岩层三角面的产状有规律地偏转，构成马蹄形、弧形等几何形态，这是褶皱转折端的图像特征。褶皱转折端的岩层产状反映到地形上，常常表现为一坡陡、一陡缓的类似单面山地形，缓坡在外侧称为外倾转折端，缓坡在内称为内倾转折端。外倾转折和内倾转折是在遥感图像上判断背斜和向斜的重要依据之一。

⑤水系标志

水系标志可以作为分析褶皱存在的线索，而不能作为确定褶皱存在的依据。特殊的水系类型是由特定的地形引起的。放射状、向心状、环形水系是褶皱较为常见的水系类型。向斜盆地形成向心状水系，穹窿则易形成放射状水系；正常褶皱的两翼往往有对称或相似的水系类型；转折端部位则常发育收敛状的或撒开状的水系类型。

图 6-15 为贵阳至新寨高速公路都匀至新寨段所在地区的 Landsat ETM＋遥感图像，褶皱构造的图像特征明显。都匀至新寨段公路工程整体位于川黔南北向构造带东南隅及南岭东西向复杂构造带北侧的交汇地带。除部分地段有少许北东向及构造体系归属不清的构造带成分展布外，其余广大地区均为南北向构造体系所占据，区内褶皱构造发育。图上褶皱构造的色调标志清晰，圆弧状平面形态特征独特，并具有明显对称性的图形图像特征。

(2)褶皱类型解译

褶皱类型多种多样，可以从不同的角度，用不同的方法对其进行分类。利用遥感方法确定褶皱类型，主要是根据两翼岩层的产状、转折端形态以及褶皱在平面上的展布特征。

①背斜、向斜解译

根据褶皱地层的新老排列关系及其形态特征，可以将褶皱分为背斜和向斜两种基本类型。背斜核心部位的岩层年代较老，两侧的岩层年代较新，岩层一般向下弯曲；向斜核部为新岩层，两侧为老岩层，岩层一般向上弯曲。正常情况下，背斜两翼岩层三角面尖端指向相对、单面山缓坡朝外倾，具有外倾转折端及撒开状水系；向斜完全相反，两翼岩层三角面尖端指向相背、单面山缓坡朝里倾，具有内倾转折端及收敛状水系。

②倒转褶皱解译

倒转褶皱两翼岩层向同一方向倾斜，岩层三角面尖端和单面山的缓坡也指向同一方向。进行倒转褶皱的地质遥感解译时，首先从岩层的图像入手，寻找各套岩层的归宿，利用转折端和岩层图像的对称重复来确定倒转褶皱的存在。不对称的倒转褶皱较易识别，其两翼岩层出露宽度和三角面的差异可作为其识别的标志。区分倒转背斜和向斜的主要标志是转折端，根据转折端的地形及水系特征判断岩层是内倾还是外倾，内倾为背斜，外倾为向斜。

③褶皱构造的组合形态分类

褶皱构造的组合形态是指由一系列背斜或向斜组成的具有一定分布规律和内在联系的褶皱总体样式。地壳中各种褶皱都不是孤立存在的，它们往往成群出现，相互之间存在着密切的成因联系。在一个地区的背斜和向斜总是相间排列的，其中的各个背斜或向斜在形态的朝向上往往是一致的。

根据遥感图像上褶皱群体所组成的图形特点，褶皱构造的组合形态可以分为以下几种类型。

a. 紧密型褶皱

紧密型褶皱由一系列排列的线状向斜、背斜组合而成，在平面上表现为重复、密集的条带状图案。延伸远、排列紧密，翼部岩层很陡，甚至直立或倒转，一般不发育岩层三角面，转折端多呈尖棱状。紧密型褶皱构造在地貌上常表现为大致平行的长条状褶皱山系，多呈高山深谷，水系严格受构造控制，为顺向河谷，组成平行状及肋状水系。

图6-16是贵新公路都匀至新寨公路所在地区典型的紧密型褶皱构造遥感图像，图中褶皱构造由一系列北东向排列的线状向斜、背斜组合而成，具有重复、密集的条带状平面图案。

图6-15　褶皱构造

图6-16　紧密型褶皱构造

b. 宽展型褶皱

宽展型褶皱也是由一系列平行的褶皱组成，与紧密型褶皱不同的是，背斜、向斜的发育程度及形态差别很大，背斜与向斜的发育强度经常是一强一弱、一宽一窄，形态特征不相同，褶皱构造的方向性比较明显和稳定，因而在遥感图像上表现出疏密相间的条带状色带。

宽展型褶皱多发育在构造运动比较强烈的地带，它们的成因经常与基底的断裂活动及其他构造原因引起上部岩层的滑动有关。在地貌上常表现为一组大致平行的直线状山脊，山体之间距离较大，地势相对平缓，水系多受构造控制，主流基本平行于构造线方向。

c.平缓型褶皱

平缓型褶皱的图形表现为零散分布的环带状图形，在遥感图像上多呈椭圆形、环形、同心环形等图形特征。平缓型褶皱包括短轴背斜、短轴向斜、穹窿和构造盆地等，它们在空间分布上是各个褶皱彼此隔开，褶皱轴向多数缺乏明显的方向性，某些情况下可以成串出现，或斜列分布组成雁行状，反映局部地区构造线的方向。

平缓型褶皱多发育在构造运动比较微弱的地带。一般形成顺地形（背斜山、向斜谷），少数也可能为逆地形。水系受构造控制，表现为放射状、环状水系，穿越穹窿的河流常常由于地壳的缓慢上升而形成深切峡谷。

2）断裂构造解译

断裂构造属于公路工程中的不良地质现象。断裂构造活动与否，都会对公路工程的安全特别是对大型桥隧构造物的安全构成威胁。应用遥感卫星图像进行断裂构造解译，往往比常规的野外地质调查工作更有效，遥感卫星图像解译除了能更容易地识别出大规模的断裂构造外，也能较好地识别隐伏断裂构造。

（1）线性图像特征

遥感图像上由色调、色彩或地形地物所显示的大体沿空间上某一方向有规律地展布所构成的直线状或微弯曲的线状图像，就是线性图像特征。构成线性图像的因素很多，有的与地质构造有关，如断裂、节理、劈理、岩层界线等地质构造现象，有的间接有关，如走向笔直的分水岭、沟谷、河流等天然地形地物，有的则毫无关系，如公路、铁路等人类工程。

遥感图像上那些与地质作用有关或受地质构造控制的线性图像，被称为线性构造。线性构造具有平直或微弯的直线状形态特征，这种形态特征多半是通过地形、色调（色彩）、影纹图案、植被以及水系的线性变化等表现出来的。

断裂构造解译的主要内容是寻找识别遥感图像上的线性图像特征，解译与区分其中的线性构造，确定断裂构造的存在及其性质。

（2）断裂构造的解译标志

断裂构造的地质遥感解译标志，主要依靠色调（色彩）标志与图形形态两类标志，但也不能忽视大小、位置、阴影等遥感解译标志，各种标志都有其普遍性和特殊性。

①色调标志

在遥感图像上，断裂构造常表现出线状或带状的色调、色彩界面，并与背景色调、色彩存在显著差异。由于引起线性图像特征的因素很多，色调标志没有其他解译标志作用明显，往往只能作为断裂构造解译的间接标志。色调标志可以分为以下几类。

色调异常线：与背景色调、色彩有较明显差别的线状色调异常。这种色调异常线有的是断裂本身的地表出露线，有的则是通过后期岩脉或岩墙反映出来的。

色调异常带：异常的色调构成有一定宽度的条带。色调异常带反映的多半是规模巨大的断裂或断裂带。

色调异常界面：即沿着某一线性界面两侧的色调、色彩明显不同。在第四纪沉积物覆盖地区，色调异常界面常常是解译隐伏断裂的重要线索。

②地层岩性标志

岩性、地层图像标志被切割和错开、地层重复或缺失，以及两套岩层沿走向斜交等现象，都指示断层的可能存在。

③构造标志

断裂的构造标志包括构造破碎带、地质构造的不连续以及岩浆活动的直线分布等。

规模大的断裂常形成构造破碎带，它们在遥感图像上表现为忽宽忽窄、时隐时现、断续延伸较远的线状图像特征。地质构造不连续是指构造形迹沿某一界面中断或突出，如界面两侧岩层走向线斜交，断裂、褶皱沿走向错移，构造格局不协调，褶皱沿走向突然带宽变窄等。此外，岩浆活动与断裂常有密切的关系，岩浆活动的规律性分布是解译基底断裂、隐伏断裂的重要标志。

④地貌标志

遥感图像上断裂构造的地貌标志主要有断层三角面、断层崖、山脊线的错动及许多微地貌呈线状排列而成线性负地形等地貌标志（图 6-17）。断层三角面是断层经剥蚀而裸露残留的部分，它代表了断层面的产状。断层三角面的形态一般呈三角形，个别呈梯形，沿断裂的许多三角面彼此呈现整齐的线状排列。随着长期的外力破坏，断层三角面逐渐不明显而至消失。断层崖是断层破碎带后期遭受强烈侵蚀或崩塌作用后形成的。断层崖的阴影明显，坡度陡峭，色调阴暗，具有一定的延伸长度，但时断时续。断层崖只是一段坡度较陡的地形，本身并不是断层面，它只能作为识别断层的标志，而不能用来测定断层面的产状。断层三角面、断层崖呈直线状分布并断续延伸一定距离，往往是断层的反映。

山脊错动现象：与山脊走向垂直或斜交的断层，由于两盘相对扭动，可以把整个山脊错开。

线性负地形：与断裂有关的线性负地形不同于一般侵蚀负地形，如平直延伸较远的线状沟谷或深切沟谷，呈线状展布的溶蚀洼地、落水洞、坡立谷、断陷盆地等。它们有明显的方向性，延伸较远，有时成组出现，互相平行，其展布方向与当地山系格局不一定协调。

冲积锥、洪积扇的线状排列：山间洼地和山前冲积锥、洪积扇的直线状排列也是断层的解译标志，特别是有新活动的山前断裂，这样的现象更为明显。

⑤水系标志

水系的类型、疏密、流向等特点受断裂构造、线性构造的影响和控制作用比较明显。在进行构造解译之前，先行进行区域性的水系解译，了解水系格局，注意水系异常点及特殊地段，对于构造解译，特别是活动构造的解译是非常有利的。

图 6-18 为湖南省常德市至吉首市高速公路初测阶段工程地质遥感勘察解译的大型断裂构造，该断裂构造控制着区域内河流的流向和地貌的发育，两侧的地貌形态迥异，水系特征差异悬殊，图像特征清晰，解译标志明显。

图 6-17　断裂构造对地貌的控制

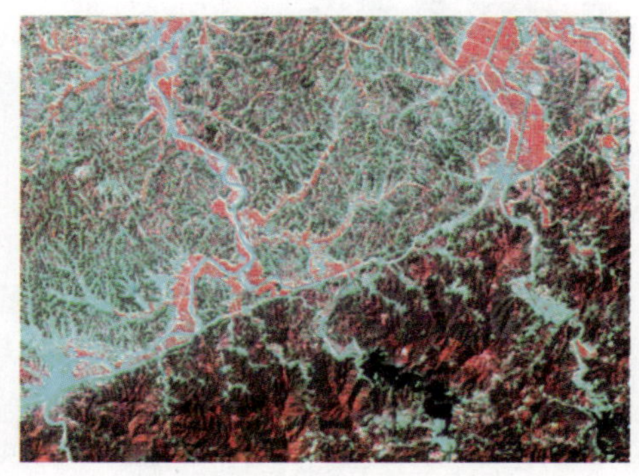

图 6-18　断裂构造对水系的控制

水系类型:格子状水系类型和角状水系类型是严格受断裂控制的,此外,水系类型沿着某一线性界面发生突变,也可能为断裂所致。

河谷异常段:直线状、折线状河谷段,河流呈直角状和锐角状的急转弯,深切河谷段,多条河流的拐点、汇流点呈直线状排列等,所有这些现象都可能与断裂有关。湖泊、海岸线的直线段和折线段、水深的突变带等异常段也多与断裂构造有关。图 6-19 为厦门翔安隧道所在地区的 Landsat ETM+遥感卫星图像,从图中可以清楚地看到,图上的线性湖泊受断裂构造的控制作用明显。

地下水溢出点:地下水溢出带或泉水呈直线状分布多属断层控制,泉水成群出现则多在几组断裂的交叉点上。地热异常呈直线分布也往往与断裂有关。

⑥土壤、植被标志

断裂带上的土壤异常有时能够反映到遥感图像上。在干旱地区,这种土壤异常能形成盐碱地或形成沿断裂带分布的盐土。由于断裂带内地下水比较丰富,有利于植被生长,因此,在干旱地区若植被沿直线状或带状生长分布,也可作为断裂构造解译的标志。在松散堆积物地区,植被的带状异常现象更应引起重视。

⑦综合景观标志

规模较大的断裂常是多条断层成组出现的断裂带,在地质发展过程中,其控制了断裂两侧的差异性沉积作用、岩浆作用、成矿作用、构造变动等,其两侧的地貌形态、水系类型、构造线方向、构造发育程度、土壤成分、植被密度和种类、土地利用情况等景观特征往往大不相同,从而在遥感图像上表现出不同的色调和形态图像特征。

图 6-20 为西藏墨脱公路所在地区的岗日嘎布断裂带。在 15m 分辨率的 Landsat-7 ETM+遥感卫星图像上,该断裂带线性沟谷清楚,发育有清晰的断层崖,断层破坏了现代冰川,在地貌上多为陡崖或垭口,且该带附近崩积物发育,对公路方案线的隧道有极大的影响。从密集的剪切破裂带发育、对现代冰川的破坏和形成的断层崖地貌来看,其活动历史较新。从遥感卫星图像上分析,该断裂带具有挤压逆冲、平移特征,呈北西西向在区内延伸,属于区域上的察偶、嘉黎走滑断裂带。该断裂构造控制着区内燕山期花岗闪长岩的侵入活动。

图 6-19 断裂对湖泊的控制

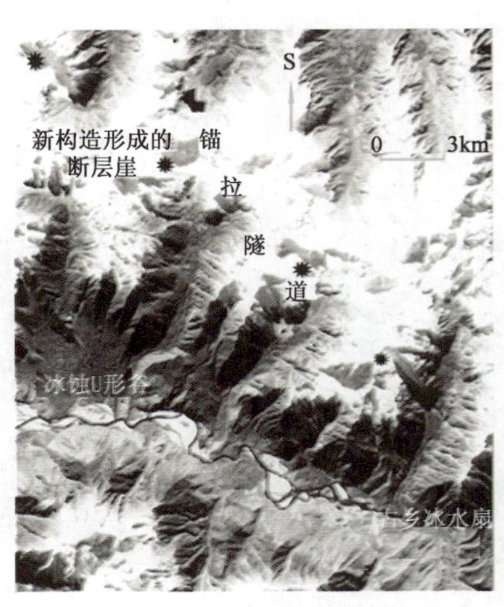

图 6-20 岗日嘎布断裂构造(图中 * 号表示)

(3)断裂性质的解译

在遥感图像上确定断层的性质,与常规地质调查方法所用的原则一样,都是根据断面产状及两盘相对运动方向来判定。在遥感图像上测定断层面产状必须有完好的断层面才能进行,当断层面产状或两盘相对运动方向不能确定时,需要根据断层本身的图像特征来推断其性质。

①断层两盘相对运动方向的解译

断层两盘相对运动方向在遥感图像上有的可以直接看到,有的则要通地层对比或构造分析以后才能判断出来。

直接解译标志:断层两盘岩性、岩体、洪积扇、构造线、岩脉等地质体被截断或错开可以直接表明断层两盘的位移方向。山脊、河谷等地形线的错位也能够作为解译标志。平面上的错位可能反映了断层两盘的水平扭动,但也可能是升降运动引起的地面效应。

间接解译标志:断裂活动产生的牵引构造可以用做推断两盘相对运动方向,如牵引褶曲、岩层的牵引现象等。当岩层难以判别时,山体或水系的牵引现象也可作为判断相对运动方向的标志。此外,大型断裂两侧或内部发育的伴生构造和派生构造,如人字形分支断裂、共轭扭裂面、构造透镜体等,也可以用来分析主断裂的两盘相对运动方向。

根据地层新老关系判断上升盘或下降盘:在图像上确定断层两盘的升降关系较为困难,通常需要有地层时代和岩层组合资料才能进行分析。与褶皱有关的横断层和斜向断层可以利用褶皱出露宽度的变化来判断上升盘或下降盘。

②不同性质的断层图像特征

正断层:正断层是指断层上盘沿断层面向下滑动的断层。正断层产状一般较陡,断层面倾角多为45°～60°,且其产状往往从上到下会逐渐由陡变缓,在整体上呈铲状。沿着断层出露线常常发育有断层崖、断层陡坎和断层三角面,有的则形成沟谷或断续延伸的小型断陷盆地,形成一些色调稍深、松散沉积物较发育,并有较多植被和耕地发育的地段。

逆断层:逆断层是指断层上盘沿断层面向上移动的断层。逆断层在地表的出露线呈舒缓波状,连续性较强。逆断层一般不形成陡崖和三角面,在地形上常常形成一连串阶梯状崩塌地段。在高分辨率遥感图像上常常能看到沿逆断层发育的构造透镜体和断片。

平移断层:平移断层是指断层两盘运动轨迹与断层面走向一致的断层。在遥感图像上,平移断层水平错位的迹象,在地形、水系上反映最为明显。平移断层具有极为平直和清晰的图像特征,平直的线性负地形、明显的色调界面、对水系格局的控制作用、沿断层两侧的一些派生扭动构造,使它比其他性质的断层更易识别。

逆掩断层:逆掩断层在遥感图像上不易识别。逆掩断层规模较大,断层面的倾角较小,断层两盘地层层序或产状不协调,在遥感图像上通过地层和岩层产状异常变化的分析,有可能为确定逆掩断层的存在提供一些线索和依据。

(4)节理解译

节理和断裂构造都是岩石中的构造破裂面,它们之间并无严格的界限。在构造地质学中,常将沿破裂面两侧无明显位移的断裂称作节理,其规模较小。由于节理与断层本质上的相似性,使它们在遥感图像上具有相似的图像特征,如线性形态、成组出现、剥蚀后形成负地形,有岩脉贯入等。节理的遥感研究对岩性解译及大型构造解译有较大意义。例如,节理密集地带常常反映大断裂的存在,某些节理群与深部构造有一定的依存关系。

3)活动断裂解译

在公路工程中,活动断裂构造一般理解为目前还在持续活动,或在历史时期或近期地质时期活动过,并且极有可能在不远的将来重新活动的断裂构造。活动断裂构造对公路工程的影响较稳定断裂更为复杂,其破坏力更大。遥感图像由于具有概括性好、宏观性强、视域广阔、信息量多、可多次重复成像、包含丰富的"透视"信息等特征,利用其确定断裂构造是否具活动性、活动强度的大小及对工程的影响程度等方面非常有效。

(1)活动断裂的解译标志

在遥感图像上,活动断裂除在色调、水系方面表现有线性异常外,受其控制及改造,地貌、水系、土壤、植被等现代地貌要素的图像特征也会有异常表现。其色调标志一般比较清晰,常表现为粗细、深浅、长短、隐显不同的线状、带状色调,更多的是不同色调的界面。有些活动断裂的线性图像虽不很明显,但却往往控制着一系列活动异常点的线状展布,如新生代侵入岩体或火山口的线状展布、多条河流同步拐点的连接线,若与断裂所在的位置相吻合,那么它们亦可作为断裂活动的佐证。根据这些色调、形态、阴影等图像特征的分析,根据现代地貌受影响的程度,即可判断断裂是否具有活动性。

不同的地质体和地貌体,一般具有不同的色调与形态,而当两种地质体和地貌体的分界线呈特定的几何图形时,往往是活动断裂的线性图像。如隆起区与沉降区的分界线,不同地貌景观、地貌类型、地貌形态的分界线,都可能受活动断裂控制。在隆起区,断裂的活动不仅反映在其两侧的色调和形态的差异上,而且也反映在断裂两侧阴影的显著差异上。在沉降区,断裂的活动可造成其两侧第四纪沉积物的成因类型、岩性和时代的不同、地下水的含量与埋藏深度的不同,故呈现不同的色调,这种不同色调的分界线可能代表有活动断裂存在。

图 6-21 为四川省广元至巴中高速公路遥感卫星图像,图中箭头处可见明显的岩层错移现象。

(2)活动断裂的垂直错动标志

在解译活动断裂时,可以根据沿断裂形成的特殊的构造地貌形态或其他特殊现象推断活动断裂的垂直错动特征。断裂的垂直错动一般表现为一盘上升、一盘下降,或者两盘同时上升或同时下降但幅度不一致,这些在遥感图像上均可以鉴别。

活动断裂的上升盘由于遭受外营力的剥蚀作用,地形起伏,图形复杂,阴影明显,色调较深。其中强烈上升盘形成侵蚀构造山地或丘陵,地形陡峻挺拔,山脊线明显,谷地狭窄深切,跨断裂的河谷呈悬谷或瓶状谷,由上升盘到下降盘河床往往突然展宽,或者成为扇状水系;而微弱上升盘则形成剥蚀丘陵,地面微缓起伏,有的呈长垄状,有的呈浑圆状,谷地宽阔,树枝状水系发育较好。倘若山脉走向、河谷流向与活动断裂的走向平行,还可以从山坡、谷地的不对称性分析哪一盘上升幅度比较大。倘若活动断裂控制构造盆地的发育,而盆地中又出现了丘陵或丘陵化阶地,则表明该盘已从断陷转为上升。

图 6-21 活动断裂

活动断裂的下降盘一般为全新统所覆盖,地势平坦,没有阴影,图像色调较均一。断裂的下降盘地下水埋藏一般较浅,或者较为富集。因此,当活动断裂控制山前全新世洪积物的发育时,图像上深色调的扇形地往往比较清晰,或者具湖沼化现象;当断裂两盘都表现为下降而两盘下降幅度不同时,活动断裂在图像上则成为深浅色调的分界线;当活动断裂控制构造盆地的发育,盆地中为全新统覆盖时,则反映该盘仍在继续下降。

(3)活动断裂的水平错动标志

水平错动显著的活动断裂,不仅线形平直,而且图像上还可见到地层和地貌形态等的扭动变形。现今的地貌形态,一般为新构造运动与外营力联合塑造,所以受活动断裂错断的地貌形态的变形,往往可以作为分析断裂平移错动的标志。例如,断裂将山体错成两截,山脊线发生位错或扭动变形;跨断裂河流出现同步拐弯,或者河谷谷坡的同步不对称;受断裂控制的洪积扇、冲积扇的偏移变形,湖泊的错开变形等。

在遥感图像上,根据断裂两侧地貌形态的变形方式,可以初步判定两盘平移运动的方向。山脊、河谷的弧形凸出方向,表征其所在盘的平移前进方向。河流的S形、反Z形、反L形,反映断裂的左旋平移性质;反之,则为右旋平移性质。

4)隐伏断裂构造解译

隐伏断裂是指被地表松散沉积物掩盖而未出露(或大部分未出露)地表的,以及隐伏在地表基岩之下的断裂构造。隐伏断裂的解译也是以色调、色彩或图形形态标志作为主要的地质遥感解译标志。隐伏断裂的色调、色彩边界比较模糊,轮廓相当隐晦,常以线状、带状等外部形态和由一种或几种色调组成的色带、色斑表现出来,不易识别。隐伏断裂在图形方面显示的异常,表现出它对地貌、水系的发育,对表层的构造、沉积作用、岩浆活动发育、形态、分布特点等方面的控制,形成一些与表层构造不相协调的构造异常。虽然其解译标志比较隐晦,又常常和其他构造的解译标志混杂在一起,较难识别,但相对于地面地质调查研究工作而言,利用遥感图像研究隐伏断裂显得更为有效。

(1)松散沉积物掩盖区的隐伏断裂的解译

松散沉积物掩盖区的隐伏断裂解译,需要从较大的范围进行推断分析,并尽可能利用不同种类、不同波段、不同时相的图像反复对比,才能发现异常。如果松散沉积物覆盖不厚,又可以充分利用邻近基岩露头区的已知构造,用外延方法来帮助解译,则隐伏断裂的可解译程度较高,准确性较大。隐伏构造的新构造活动的时代愈新,活动愈剧烈,其解译标志也就越明显。

松散堆积物掩埋下的隐伏断裂(图6-22)主要通过其直线状的色带异常、两种不同色调的界面,水系的异常、湖盆沿直线状分布,或直线状的湖岸线等反映出来。另外,平原区的微地貌异常有时也能反映隐伏断裂,例如残山、丘岗、洼地呈带状分布。

遥感图像上观察分析隐伏断裂的最主要方法是通过水系形态、类型、发育密度的对比,因为水系可以敏感地反映隐伏断裂的存在。在隐伏断裂对应的地表范围内,常常发育特殊的水系类型,或者水系长度、宽度、密度的突然变化,以及河流的深切、曲流、绕行、改道等现象。

(2)基岩区隐伏断裂的解译

基岩区隐伏断裂的解译标志,很多与线性构造和断裂构造的解译标志是相同的。其表现形式主要为自身的某些迹象(如强裂破碎带)和控制表层构造及其他地质体的发育方面。基岩区隐伏断裂的标志有时比较明显,特别是规模大或后期不断活动的隐伏断裂,其解译标志如下:

①岩体边界呈直线状，可能因岩体是沿深部断裂侵入的。

②岩体、火山机构沿直线分布，一般都同深部断裂有密切关系。

③地表岩石中的节理、劈理密集带，它们常表现为比背景略深的线性色调异常和线性负地形。其标志有时是连续的，有时断续延伸。

④表层构造的不连续，局部的阻隔，突然中断现象，或沿某一界面向同一方向发生偏转。

⑤互相平行的表层褶皱一致扬起、一致倾伏，或沿走向向背斜、向斜的转换带。

⑥地表岩层中发育的雁行式褶皱、小断层、大型节理、断陷盆地等。

5)火山机构解译

火山机构是指在一定时间和空间范围内火山活动产物的总和，包括火山锥、火山通道及其附近的潜火山岩体和有关矿体，它们的产出状态和相互关系，以及由此决定的火山整体形态。火山机构在遥感图像上具有浑圆的轮廓、均匀的色调、特殊的地形和水系，并且常常成群出现。

其形态、色调图像特征归纳为以下几方面解译标志(图 6-23)：

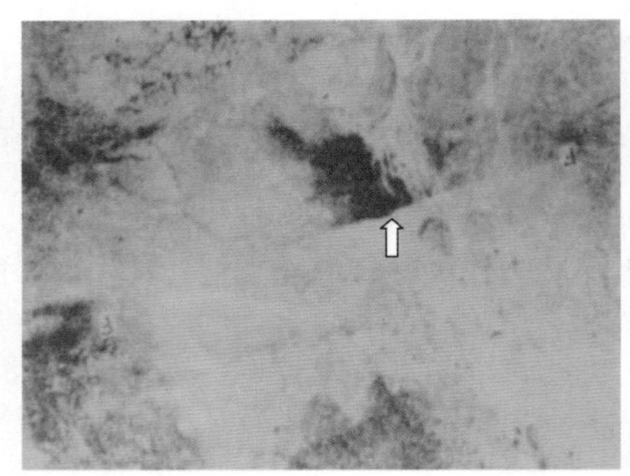

图 6-22　隐伏断裂

图 6-23　Landsat ETM+卫星图像上的典型火山机构

(1)具有特殊的形态和地形标志。

(2)火山锥周围有熔岩流动构造。

(3)火山机构的水系以放射状、环状、向心状最为常见。

(4)火山机构在遥感图像上常成群出现，空间分布上有一定方向性。

6.3.4　地层岩性解译

遥感图像能够真实地记录分布在地壳表面的三大岩类的波谱特征和形态特征。根据它们的图像特征即可对三大岩类进行遥感解译识别。由于岩石物质组成、结构构造、风化类型与覆盖程度有所差别，以及受成像时的气候、光照等因素的影响，三大岩类的波谱特征和形态特征可以有较大的变化，在不同地区，岩性解译效果和解译程度大不相同。

岩石地层的图像识别特征主要包括：地貌景观色调特征、岩石地貌单元及结构、地理空间要素、水系网样式及密度分析标志。

1)三大岩类的基本解译标志

沉积岩、岩浆岩和变质岩 3 大岩类在遥感图像上的图像特征主要表现在色调(色彩)和图形形态两个方面，色调(色彩)反映了 3 大岩类的波谱特征，图形形态特征则是区分 3 大岩类的主要形态标志。

沉积岩层在地球表面分布比较广泛，产状十分复杂。沉积岩的主要构造特征是成层性——层理。成层的沉积岩以不同的产状，在不同的地区和构造环境中形成朵状条纹条带，直线形条纹条带，弧形、环形等各式各样的图形类型。这些图形类型不仅能够鉴别沉积岩层及其产状和构造形态，还有利于区分碎屑岩、黏土岩和碳酸盐岩类岩石。

侵入岩的产状形态较为复杂，在遥感图像上主要表现为圆形、椭圆形、环形、似长方形、透镜状、串珠状、不规则块状、脉状等图像图形特征。在基岩裸露区的侵入岩体，常以与围岩不同的色调、地形和水系类型组成上述的图形轮廓。在半覆盖和覆盖地区，色调已不是主要标志，而以地形、水系、植被和人文标志等景观显现出侵入岩体的图形特征。

与沉积岩、岩浆岩相比，变质岩的矿物成分更为复杂多样，其在遥感图像上的图形类型也更加复杂多样。正变质岩在遥感图像上具备岩浆岩和变质作用产物的双重图像特征，而副变质岩在遥感图像上则具备沉积岩和火山岩与变质作用产物的双重图像特征。

如图6-24所示，在处理后的30m分辨率的Landsat TM遥感卫星图像上，墨绿色的混合岩体(M)与紫红色的侏罗纪地层(J)呈现出迥然不同的图像特征。

图6-24　地层岩性的遥感解译

2)*岩浆岩的解译*

三大岩类中，岩浆岩比较容易解译，其中，中、酸性小型侵入体在遥感图像上的图像特征最为醒目，解译效果最好。

(1)中、酸性岩体的解译

最常见的中、酸性岩类主要有花岗岩、花岗闪长岩等。花岗岩类岩体有规模较大的岩基，也有规模较小的岩株岩墙。花岗岩类岩体具有块状图形和不规则的地形水系等共同的基本解译标志，但受区域性条件的控制和影响，其解译标志也有一定的差异。

花岗岩岩基多为不规则的块状图像，块状体有时在一个或两个方向上有一定延伸。裸露的岩体具有浅灰色调、分布均匀，但多数情况下，因植被、土壤及地形的复杂性，使花岗岩分布区的色调具有不均匀的斑状分布特点，它们反映了地物光谱的综合反射特性。

中小型中、酸性岩体分布比较普遍，它们在遥感图像上具有醒目的圆形、椭圆形、透镜状、脉状等图形，轮廓一般容易与围岩图像区分开。决定岩体轮廓的标志主要根据色调、地形和水系类型等，岩体的边界有的整齐，也有的凹进凸出弯弯曲曲。

(2)基性、超基性岩的解译

基性、超基性侵入岩体多成团块状、串珠状、链状及脉状外形的中小型岩株、岩墙和岩脉产出，规模大多数较小，常成群成带产于规模较大的强烈活动构造带如强烈褶皱带内。大多数岩体容易风化剥蚀成负地形，风化后残积土壤较多，有的地区植被较发育，在那些基岩裸露较好，或风化残积土壤为绿色者，在黑白图像上表现为深灰色至浅黑色色调，在岩体基本看不到发育的岩脉和裂隙组成的束状、格状、弧形和环形的线状图像，也少见俘虏体图像。

(3)岩脉的解译

岩脉是一种分布较为普遍的受构造裂隙控制的小型脉状侵入体，大多数脉状侵入体分布在成分相关的侵入体附近，在块状侵入岩体发育地区及岩体内部相对集中，成群成带分布，而有些岩脉具有区域性分布的特点。一般情况下，岩脉呈垄状线形图像，它的一侧明亮，另一侧为深暗的阴影，其明亮部位的色调为岩脉的真实色调。根据色调的深浅可大致判断岩脉的类别：色调较浅者岩性偏酸、碱性；色调较深者岩性偏基性、超基性。

3)沉积岩与松散沉积物的解译

地球表面沉积岩分布最广，遥感图像的宏观性和真实性为分布广泛的沉积岩的遥感解译创造了许多便利条件，沉积岩的地质遥感解译在 3 大岩类的地质遥感解译中是较易的。

(1)松散沉积物的解译

第四纪坡积物、残积物、洪积物、风积物和冰碛物等各类松散沉积物是人类赖以生存的基础之一。其岩性主要有碎屑沉积物、化学沉积物、生物沉积物、火山堆积物和人工堆积物等，其中碎屑沉积物在大陆上和浅海地带分布极广，是第四纪松散沉积物解译的主要研究对象。

山区和丘陵区松散沉积物分布的地貌位置和沉积物地形形态，是鉴别它们不同成因类型的主要解译标志，如山前河谷口的洪积扇、河谷内的冲积阶地及山麓区的坡积裙等。松散沉积物的解译标志，除利用其图形和分布地貌位置外，色调标志同样重要。

(2)碎屑岩的解译

碎屑岩包括中粗粒砂岩、砾岩、含砾砂岩等。这类基岩坚硬、抗风化、成层性好，节理(特别是垂直岩层走向的张性节理)发育，节理与层理对微地貌微水系的控制明显。

砾岩：具有一定厚度的砾岩，常为似层状、透镜状、块状等，层理不发育，色调较暗，阴影发育，地形起伏较大，节理数量少而明显，沿主要节理发育方向常有陡崖、陡坎、脊状垅岗，水系不发育。在高分辨率遥感图像上表现为斑点状、斑块状等不均匀的深色调，砾石陡崖或陡坎处常有倒石锥，基岩出露区植被不发育。

砂岩：质软、层理发育的砂岩一般组成和缓的地形、岗状山脊，出露良好时，以条纹或条纹夹条带状图形为主，图形清晰，质硬厚层砂岩一般构成较突出的正地形，其水平岩层往往构成桌状山或平顶山及陡坎。砂岩分布区水系密度较小，多为平行羽状树枝状水系、平行束状水系等，在单面山和猪背岭的顺向坡水系平行稀疏，逆向坡平行密集。

在四川省广元至巴中高速公路工程可行性研究阶段的 Landsat TM 遥感图像上，侏罗纪砂岩的紫红色条带状图像与周围白垩纪、三叠纪地层形成明显的界线，易于识别(图 6-25)。

(3)粉砂岩、黏土岩的解译

粉砂质岩石和黏土岩类具有相似的图像特征，在实际解译时，常将两者作为一个岩组进行解译。该类岩石一般岩性软弱，容易风化剥蚀，多组成平缓起伏的波状地形，地形的相对高差起伏不大，分水岭浑圆，地处丘陵、山区的黏土岩类呈负地形。透水性较差，水系密度较大，小冲沟发育，为典型的树枝状水系。低山丘陵区的蠕虫状、姜块状、细菱格状影纹图案，也是该类岩性的显著解译标志。

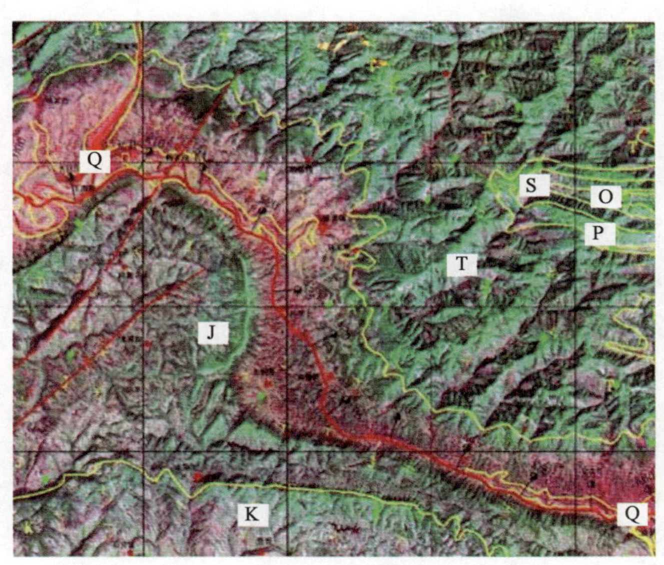

图 6-25　岩性解译

(4)碳酸盐岩的解译

在湿热气候条件下，碳酸盐岩的岩溶地形表现明显。在高分辨率遥感图像上，可以很好地看到溶蚀峰林、溶蚀洼地、坡立谷、漏斗、落水洞、暗河等岩溶地貌形态呈斑点状、斑块状、密集圆斑状、角状、不规则断续暗带状等图形特征。在中、低分辨率的卫星图像上，各种岩溶地貌形态呈现密集棋盘格状、网脉状影纹。湿热气候条件下的岩溶地区的水系特点是河流稀疏，河流主流明显但支流少、河谷多为陡峭深谷。

在干旱气候条件下，碳酸盐岩的岩溶地貌不太发育，裸露的基岩表面只发育有石芽和溶沟，呈浅灰至灰色色调，色调不均匀，植被不发育。河流与冲沟不发育，常与其他沉积岩共同组成平行束状水系和平行羽状树枝状水系类型。当碳酸盐岩层理发育、出露良好时，在图像上具明显的条纹状带状图形，在地貌形态上常形成桌面山和猪背岭地形。

4)变质岩的解译

根据变质作用类型，可将变质岩划分为接触变质岩、气—液变质岩、动力变质岩、区域变质岩和混合变质岩5类。其中，区域变质岩是变质岩类中分布最广的岩石，是变质岩遥感解译的主要对象。其他种类的变质岩分布不广，规模小，只在某些特定地质构造地段出现。

变质岩在遥感图像上的特征与原岩有着较大的关系。当原岩为岩浆岩时，则反映出岩浆岩的图像特征，当原岩为沉积岩时，则表现为沉积岩的图像特征。随着变质程度的加深，岩浆岩和沉积岩的图像特征逐渐减弱，直至突出变质作用及其产物的图像特征。如果变质岩经历了强烈的构造变动和复杂的混合岩化作用，变质岩的图像特征会变得更加复杂。

(1)区域变质岩的解译

区域变质岩的主要解译标志包括:

①变质岩石的微地貌、微水系及冲沟的发育,常受劈理、节理的控制。

②在遥感图像上有时会看到隐约显示的细的纹线构造。

③经风化剥蚀会形成像谐和的皱纹状、密集的蠕虫状等几何形态的影纹图案,以及环形、弧状构造标志。

④变质岩系内常常有未变质的沉积盖层不整合其上,或晚期侵入的岩体、脉体在区域变质岩发育地区,单调的景观显得构造上不协调而格外醒目易于识别。

(2)其他变质岩的解译

动力变质岩带的分布总是局限在非常狭小地区,容易风化为较低地形,植被不发育,沿区域大断裂带展布是主要解译标志。

5)岩层产状解译

岩层的原始产状通常呈水平或近水平状态,由于在地壳运动过程中岩石受力而发生永久性变形,引起岩层的抬升或下降、弯曲和倾斜甚至倒转,形成水平和近水平、倾斜、直立的产状。

(1)水平岩层的解译

倾角小于5°的岩层称为水平岩层。在地势平坦区,由于地形切割不深,图像上只能反映水平岩层的顶部特点,不能显示下伏岩层及层理结构,因此色调单一,水系均匀。而在地形遭受强烈切割地区,水平岩层的下伏基岩被剥露,遥感图像上岩层界线围绕山包或山梁呈封闭的同心圆形或椭圆形。

(2)倾斜岩层的解译

与水平面呈一定交角的岩层称为倾斜岩层,是最常见的岩层产状类型。在地势平坦、地形切割微弱地区,倾斜岩层的地表露头线只能表现其平面形态,即呈直线状,在遥感图像上表现出与直立岩层相似的图像特征。而在地表遭受强烈切割地区、倾斜岩层在遥感图像上表现为由不同色调或微地貌条带组成的一系列平行折线状、锯齿状、弧线状等图像特征。

(3)直立岩层的解译

直立岩层是指倾角大于80°的直立或近于直立的岩层。直立岩层的最重要解译标志是其地表出露线不受地形起伏的影响,在遥感图像上表现为平行的直线状条带,其伸展方向即为岩层的走向。当直立岩层的走向发生变化时,其露头线表现为平行的弧形条带。

6.3.5 不良地质解译

不良地质是指地球的内、外力作用产生的对人类活动造成危害的地质作用和现象。公路工程作为一项庞大而复杂的带状工程,常常需要跨越不同的地形地貌、地质条件单元,会遇到各种各样的不良地质现象。常见的不良地质现象主要有断裂构造、滑坡、崩塌、岩堆、泥石流、岩溶、软土及雪崩等。传统的地面调查方法对于单个不良地质调查具有无可比拟的优势,但对于公路工程走廊带的大范围不良地质调查,具有较大的局限性。利用遥感图像地质解译,可以直接按图像勾绘出不良地质的范围,并确定其类别和性质,查明其产生原因、分布规律和危害程度。某些不良地质的发生较快,利用多时相的遥感图像进行对比研究,往往能对其发展趋势和危害程度作出准确判断。

1)滑坡解译

滑坡是各种工程活动经常遇到的地质灾害之一。斜坡上的岩体由于种种原因在重力作用下及水的参与下,沿一定的软弱面整体向下滑动的现象叫滑坡。产生滑坡的主要条件:一是地质条件和地貌条件;二是内外营力和人为作用的影响。滑坡的发育条件主要有以下几个方面:

(1)岩土类型:岩、土体是产生滑坡的物质基础。通常,结构松软、抗剪强度和抗风化能力较低的松散覆盖层、黄土、泥岩等岩、土的存在为滑坡的形成提供了良好的物质基础。

(2)地质构造:各种节理、裂隙、层理面、岩性界面、断层发育的斜坡,特别是当平行和垂直斜坡的陡倾构造面及顺坡缓倾的构造面发育时,最易发生滑坡。

(3)地形地貌:只有处于一定地貌部位、具备一定坡度的斜坡才可能发生滑坡。江、河、湖、海、沟的岸坡地带,地形高差大的峡谷地区,山区公路、铁路、工程建筑物的边坡地段等地带为滑坡形成提供了有利的地形地貌条件。

(4)水文地质条件:地下水活动在滑坡形成中起着重要的作用,尤其是对滑坡的软化作用和降低强度作用最突出。暴雨、强降雨及连续性的降雨极易诱发滑坡发生。

(5)人类工程活动:公路工程中的开挖坡脚及堆填加载等破坏斜坡稳定条件的工程活动极易诱发滑坡。

滑坡是常见的重力地貌,它有明显的地貌特征。发育完全的新生滑坡具有滑坡体、滑坡壁、滑动面、滑坡床、滑坡舌、滑坡台阶、滑坡周界、滑坡洼地、滑坡鼓丘、滑坡裂缝等要素。在遥感图像上,其平面形态多呈环状和椭圆形,上部为半圆形围椅状陡坎,下部为滑坡体,多呈舌状体,也称滑坡舌,其表面多裂隙,其前缘有时有向上翘起的斜坡,滑坡有时单个出现,也有时成群存在。如果滑坡是新近形成的,其上的树林常形成歪斜的“马刀树”、“醉汉林”,易于辨认。在大比例尺遥感图像上能见到明显的滑坡壁、滑坡台阶、封闭洼地、滑坡舌和滑坡裂隙等滑坡要素。

利用遥感图像不仅能解译滑坡及识别滑坡的形态要素,还能区分滑坡体是否稳定。已稳定滑坡体往往后壁较高,长满了树木,找不到擦痕,且十分稳定;滑坡平台宽、大,且已夷平,土体密实,无沉陷现象;滑坡前缘的斜坡较缓,土体密实,长满树木,无松散坍塌现象,前缘迎河部分有被河水冲刷过的迹象;目前的河水已远离滑坡舌部,甚至在舌部外已有漫滩、阶地分布;滑坡体两侧的自然冲刷沟切割很深,甚至已达基岩;滑坡体舌部的坡脚有清晰的泉水流出等。不稳定的滑坡则具有如下图像特征:滑坡体表面总体坡度较陡,而且延伸较长,坡面高低不平;有滑坡平台,面积不大,且不向下缓倾和未夷平现象;滑坡表面有泉水、湿地,且有新生冲沟;滑坡体表面有不均匀沉陷的局部平台,参差不齐;滑坡前缘土石松散,小型坍塌时有发生,并面临河水冲刷的危险;滑坡体上无巨大直立树木。

滑坡地貌解译时应注意滑区的断裂构造、地貌特征、岩性和水文条件,特别是规模大的活动断裂地段,地形坡度大于35°的山体最容易发生滑坡。滑坡的规模大小多与地质构造有关,在岩性脆弱、岩层倾向或坡向一致或大型节理发育地区和活动断裂带附近,常发生规模较大的滑坡。

通过遥感图像进行滑坡的解译,能快速、准确地将滑坡体动态变化信息显示出来,为灾害地质现象调查和研究、公路路线方案选择开拓了广阔的前景。此外,还可以用不同时相的图像进行对比分析,预测滑坡的发展趋势。

图6-26为青海省沿黄(河)公路共和至大河家段0.61m分辨率的QuickBird卫星图像上解译的滑坡体。从遥感卫星图像分析,该处滑坡属于典型的黄土滑坡,滑坡体表面植被稀疏,滑坡体上部被黄土覆盖,下部由第三系砂岩、泥岩、黏土岩等组成。其成因一般为地表水或地

下水湿润第三系黏土岩，使黏土岩抗剪强度急剧下降，坡体失稳而形成。滑坡后壁平直，滑坡平面分布呈“鸭梨”或“舌”状。滑坡体顶部呈台阶状，分布有小冲沟。

2）崩塌解译

崩塌是较陡斜坡上的岩体或土体在重力作用下突然脱离母体崩落、滚动、翻转、堆积在坡脚的地质现象，也属于重力地貌。崩塌发育的基本条件有岩土类型、地质构造、地形地貌等地质条件，地震、暴雨、强降雨和长时间的连续降雨、地表水的冲刷、浸泡及不合理的人类活动等外部因素都能够诱发崩塌发生。坡度大于50°的高陡斜坡、孤立山嘴或凹形陡坡，坡体中裂隙越发育，越易产生崩塌，与坡体延伸方向近于平行的陡倾构造面，最有利于崩塌的形成。

崩塌常发生在岩性坚硬、节理发育地区的陡坎周围，形成由岩块、岩屑堆积成的倒石堆和岩屑堆。前者坡面陡直，大比例尺遥感图像上呈深色调，后者坡面下凹，大比例尺遥感图像上呈浅色调，两者由于坡面不稳，上面没有植被生长，图像上多呈现白色亮点。

在遥感图像上，新的崩塌的陡崖色调较浅，老的陡崖色调较深。新生的崩塌体植被少，古老的崩塌体植被生长较为茂盛。崩塌的规模不一，大型崩塌体常发生在活动构造或地震区、高山区，它的上方常有弧形裂缝或断裂构造，大型崩塌区大量的崩塌物可以堵塞河谷，迫使河流改道。

崩塌与滑坡都属于重力地貌类型，但图像特征存在显著差异。崩塌主要表现为块体的垂直运动，与以水平运动为主的滑坡不同。崩塌也主要发生在坚硬与软弱岩层相间的地层中，并且岩体节理比较发育，使岩体形成天然的块体，在条件适宜时失去稳定坠落至山坡下，从而给人类工程活动带来灾害。崩塌物常堆积在山坡脚，呈锥形体，结构凌乱，没有滑坡体那样规则的几何形状；崩塌体完全脱离母体，而滑坡堆积物常具有一定的外部形状，滑坡体整体性较好，反映出层序和结构特征，滑坡体很少是完全脱离母体的，多属部分滑体残留在滑床之上；崩塌体表面基本上不见裂缝分布，而滑坡体表面，尤其是新发生的滑坡体，其表面有很多具有一定规律性的纵横裂缝。

图6-27为西藏省道306线加查至桑日段改建工程沿江线所在雅鲁藏布江峡谷区中发育的一系列崩塌体。从Landsat ETM+遥感卫星图像信息场分析，该系列崩塌体均发生在坡体笔直、基岩裸露的深切峡谷两侧，平面形态上表现为坡面陡直或下凹，崩塌体完全脱离山体，崩塌物堆积在山坡脚形成岩堆与倒石堆，平面形态呈锥形体，结构凌乱，表面无裂缝分布。如果在IKONOS高分辨率卫星图像上，崩塌体表面多呈现斑点。

图6-26　QuickBird卫星图像上的滑坡

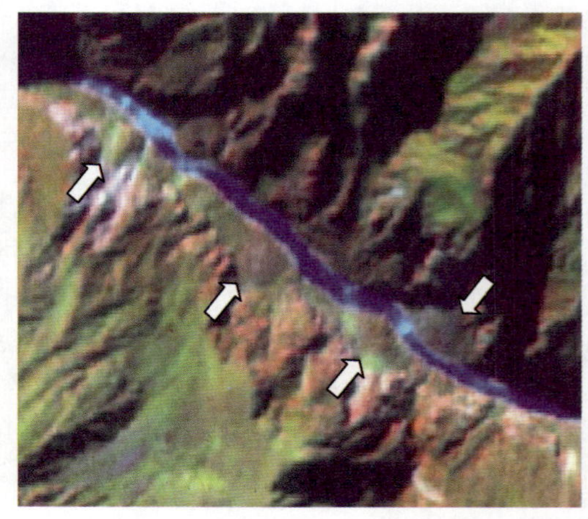

图6-27　遥感卫星图像上的崩塌

3)泥石流解译

泥石流是山区沟谷中,由暴雨、冰雪融水等水源激发的,含有大量泥砂石块的高黏度、高密度和高速运动的重力流。泥石流是一种山地常发的严重的自然灾害,常常具有暴发突然、来势凶猛、迅速之特点,其能量大、搬运能力大、破坏力强,对人类危害极大,并兼有崩塌、滑坡和洪水破坏的3重作用,其危害程度往往比单一的滑坡、崩塌和洪水的危害更为广泛和严重。泥石流对公路的危害主要表现在毁坏公路、摧毁路基、桥涵等设施,致使交通中断,甚至迫使道路改线,还可引起正在运行的汽车颠覆,造成重大的人身伤亡事故,泥石流灾害在我国西南地区、青藏高原地区比较常见。

泥石流的形成必须同时具备以下3个条件:陡峻的便于集水、集物的地形地貌;丰富的松散物质;短时间内有大量的水源。物源区要有足够数量的岩屑,流通区沟谷横断面窄而深,纵向坡陡多岩坎,有利于泥石流加速。一旦碎屑物质被水饱和,摩擦阻力减小,在重力和其他触发因素作用下即可爆发泥石流。泥石流在具备其形成条件下,可以缓慢向下流动,也可以在数秒钟内倾泻而下。

泥石流在遥感图像上极易识别。泥石流的遥感解译主要依据该地区的泥石流发生条件是否具备和其在遥感图像上的图像特征。一般情况下,标准型的泥石流流域可清楚地分辨其形成区(泥石流物源区)、流通区(泥石流沟)和堆积区(泥石流扇)。在遥感图像上泥石流的顶部呈瓢形,三面环山,一面通向出山口,并且地势陡峻,植被稀少,岩石强烈破碎,色调深浅不一,图像特征比较粗糙。冲沟内有大量松散固体物质呈浅色,冲沟没有沟槽,无植被生长。流动的泥石流呈条带状扇形,轮廓不固定。泥石流最显著的特征是其堆积区,在遥感图像上呈扇形、三角形或不规则形,一般位于泥石流出山口处。泥石流扇的顶部或中上部,由于物质粗大且水流下渗,色调明亮较浅,而边缘部分因物质较细且有地下水接近地表或甚至溢出地面,所以色调较暗。泥石流发育地区常是崩塌、滑坡发育地段,图像交织错乱,色调变化大。

图6-28为西藏省道306线加查至桑日段改建工程沿江线上的泥石流灾害,在15m分辨率的Landsat-7 ETM+遥感卫星图像上,该处4条泥石流的形态特征较典型,各个泥石流的物源区形态、大小,松散物质的松散程度、丰富程度,泥石流沟的地形地貌条件全都一目了然,图像表现直观、清晰,易于遥感解译识别。由于几处泥石流的前缘均直接通往雅鲁藏布江内,泥石流堆积物质几乎全部被水流湍急的雅鲁藏布江水带走,未形成典型的泥石流堆积扇,故在15m分辨率的遥感卫星图像上尚不能清晰地识别各个泥石流堆积扇,但在几处泥石流沟流入雅江的部位,可以清楚地看到雅江的江水变浅、流速变急,形成了与雅鲁藏布江其余江段明显不同的图像特征,说明部分体积巨大的泥石流物质在此堵塞雅鲁藏布江。

遥感图像上对泥石流的解译直观、清晰,而且还能利用多时相遥感图像进行对比分析,研究不同时期泥石流的发生和发展趋势,综合分析区域泥石流发生的地质背景和可能发生的地段,并测算其面积和土石方量,从而减少泥石流所造成的损失。

泥石流与滑坡、崩塌的关系也十分密切,易发生滑坡、崩塌的区域也易发生泥石流,只不过泥石流的发生多了一项必不可少的水源条件。崩塌和滑坡的物质还经常是泥石流的重要松散固体物质来源。滑坡、崩塌还常常在运动过程中直接转化为泥石流,或者滑坡、崩塌发生一段时间后,其堆积物在一定的水源条件下生成泥石流,即泥石流是滑坡和崩塌的次生灾害。泥石流与滑坡、崩塌有着许多相同的促发因素。在泥石流的遥感解译中,除了重视泥石流自身的几

何形态外，泥石流与滑坡、崩塌的相互关系也不能忽视。

墨脱地区是我国泥石流最发育、最活跃、类型最齐全、危害最严重的地区之一，该区域的古乡泥石流，规模之大，可谓全国之首。西藏墨脱公路工程可行性研究阶段工程地质遥感勘察表明，墨脱公路经过地区泥石流的类型明显与地形、地貌、气候相关，呈垂直梯次分布，由高山到河谷依次是：冰湖溃决型泥石流—冰川型泥石流—暴雨型泥石流—雨水型泥石流（图 6-29）。冰川型泥石流发育在高山冰川或积雪的边缘地带，以冰碛物、冰崩、雪崩堆积物为主要固体物质补给来源，受夏季大量的冰雪融化激发而形成的泥石流。暴雨型泥石流是以暴雨形成的地表径流为主要水源的泥石流，其疏松物质来源为坡残积、崩塌滑坡堆积等第四纪堆积物。雨水型泥石流则是日降雨量 50mm 以下的持续大雨形成的泥石流。冰湖溃决型泥石流是由于冰湖决堤后产生洪水引起的泥石流。

图 6-28　泥石流的影像特征

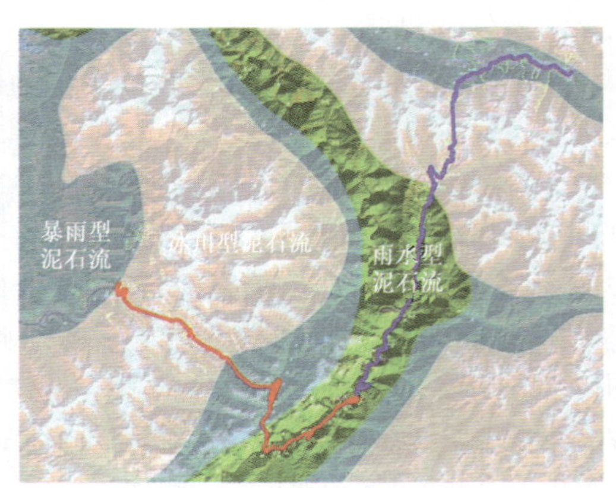

图 6-29　墨脱公路所在地区泥石流类型分区

4）*岩溶解译*

岩溶是裂隙发育的可溶性岩类在含 CO_2 水的长期作用下形成的一种地貌景观类型，具有独特的地貌形态。在炎热多雨的热带和亚热带最为发育，在遥感图像上岩溶地区一般表现为山体外形浑圆，无明显棱角，地表水系较不发育。在遥感图像上表现最明显的是溶沟和溶蚀残山，此外还有漏斗、溶蚀洼地和坡立谷等岩溶形态。

遥感图像上的溶沟色调较浅，其图形呈线状或菱形网格状图案，受石灰岩岩性和构造控制形成的溶沟，其图形呈脑纹状图案。

溶蚀残山和峰林，其形态受岩层厚度、产状和岩溶发育阶段的影响。在高分辨率遥感图像上可解译出各种形态的峰林，常见的有锥状峰林和筒状峰林，前者在倾斜岩层区发育，后者在水平岩层区发育。在低分辨率遥感图像上，它们均呈深色调密集的斑点状图案，也有的呈桔皮状或花生壳状花纹图案。

溶蚀漏斗主要是石灰岩层上溶蚀而成的圆形、椭圆形或不规则圆形的碟状洼地，在遥感图像上，常呈大小不同的斑点状图案，底部多呈深灰至淡黑色色调，但常被第四系沉积物填充而呈灰白色色调。溶蚀漏斗在岩层水平条件下轮廓为圆形，在岩层倾斜条件下轮廓为椭圆形，长轴顺岩层走向延伸。成串展布的漏斗多在互层石灰岩层或与其他不溶岩层接触处出现，有时顺断裂破碎带发育。

溶蚀洼地是溶蚀漏斗不断扩大或合并而形成的形状不规则的封闭洼地，溶蚀洼地底部常发育有落水洞。落水洞位于洼地底部，四周有水流汇入洞中，并有一定的汇水面积。若洼地底部有松散沉积物堆积，则色调较浅。

坡立谷是一种比溶蚀洼地规模更大的与地质构造关系更密切的负地形，面积可达几十或几百平方千米，是岩溶作用发育充分的后期产物。盆地边缘常受区域线性构造控制，且发育有落水洞和残山，盆地中间一般发育有河流、峰林和松散沉积，盆地地形平缓，而耕地、居民点集中，色调较周围背景浅些。

在石灰岩分布的遥感图像上，经常可以见到呈线状不连续出现的盲谷。分析盲谷、干谷、成串漏斗等岩溶形态在遥感图像上呈线状展布的特征，可以确定地下暗河的存在位置。

图6-30为贵新公路都匀至新寨段Landsat ETM+卫星图像，该地区岩溶地貌景观十分发育，图中箭头所示处发育有地下暗河。

国家重点公路杭州至兰州线巫山至奉节段位于重庆市巫山县、奉节县境内长江北岸。该地区的岩性主要为可溶的石灰岩、白云质灰岩、灰岩、泥岩、页岩等，岩溶地易见景观十分发育，分布较为广泛。路线走廊带大部分路段从非岩溶地区通过，岩溶较不发育。但在线路遇灰岩、泥灰岩路段，岩层普遍发育有溶蚀地貌景观。特别是在摩天岭隧道、比较线的骡坪隧道等处，隧道洞身段随处可能遇到溶洞、溶隙等岩溶形态，对隧道工程造成了较大的安全隐患。图6-31为该地区Landsat ETM+遥感图像上典型的岩溶地貌景观。

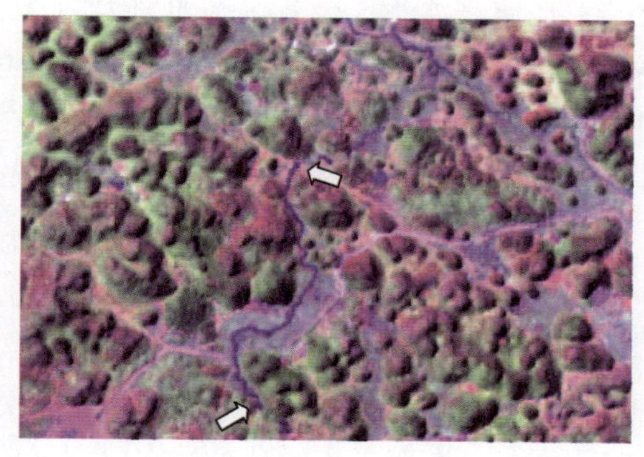

图6-30 地下暗河

图6-31 岩溶地貌景观

5)冰川与冻土解译

冰川是一种在年平均温度低于0℃的高纬度及高山地区，在其自身的压力及重力作用下沿斜坡流动的一种具有可塑性的天然冰体。根据冰川形态、规模和所处地形条件，冰川可分为山岳冰川、冰原、冰帽和冰盖等几种类型，其中，较常见的山岳冰川又可分为冰斗冰川、悬冰川、山谷冰川、山麓冰川等亚类。利用遥感图像可以确定不同高度、不同气候带的冰川类型。

利用多源、多尺度、多时相的遥感图像从事现代冰川的研究，特别是从事人迹难至的高山冰川和冰川类型的研究，优越性明显。现代冰川明亮的色调、特殊的形态，在遥感图像中易于辨认。冰川的分布范围、覆盖面积和冰的储量也易于确定。在遥感图像上，冰斗外形近似卵形或三角形，周围高，中间低，形成一个围椅状洼地。两个冰斗之间的山脊是刃脊，呈锯齿状。角峰是由两个以上冰斗交汇的山峰，形状似金字塔形，放射状山脊，山顶崎岖不平。冰川谷谷底较开阔，谷坡陡峭呈U形谷。在冰川谷中有垅状地形，如侧碛垅、中碛垅和尾碛垅，由于侧碛垅和中碛垅不易保存，在冰川谷中以平行于冰川谷断续分布的垅状地形显示。尾碛垅呈弧状或垅状地形垂直于冰川谷。尾碛垅色调深，在垅内侧有沼泽，垅外面有扇形地形，称冰水扇。尾碛垅经受后期流水切割成丘陵状地形，最终的尾碛垅是确定第四纪冰期的重要依据。利用高分辨率遥感图像还可以确定冰川地貌的独特形态细节，如冰斗、刃脊、角峰以及冰碛垅、冰碛丘陵、鼓丘和冰水扇等。

图6-32为西藏墨脱公路所在地区15m分辨率的Landsat ETM+遥感卫星图像，图像上的现代冰川最引人注目，冰川顶部位于常年积雪区域，冰川谷有大量冰碛物堆积，图像特征十分清晰。用不同时相的遥感图像进行对比分析，还可以查明冰舌的进退和雪线高度的变化，从而推断冰川的积累和消融。正在发展的冰川具有均匀的浅白色调，退化的冰川具有较深的色调和斑点状花纹特征。

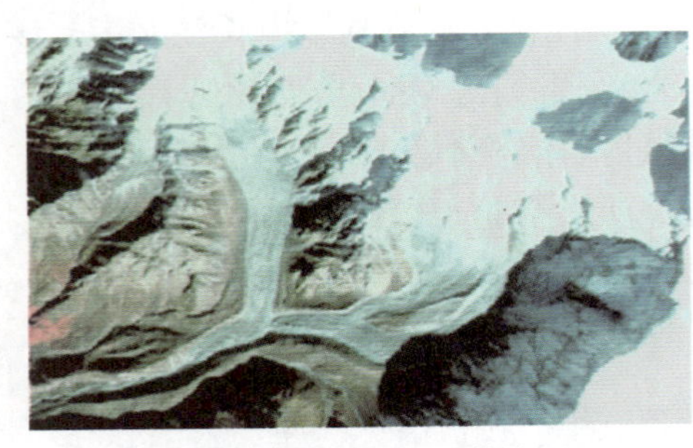
图6-32 现代冰川的影像特征

冻土一般分季节冻土和永久冻土，季节冻土只在冬季存在，夏季融化，永久冻土是位于季节冻融线以下，并且连续3年以上在夏季也不会融化的冻土。冻土多数是在降水少、温度低、气候干冷、不足以形成冰川的高纬和高山地区形成的，但冻土也可以是冰川消融后的遗存。冻土地貌具有独特的外貌形态。多边形土是冰缘冻土区常见的典型地貌现象，它们大小不一，呈蜂窝状图案。融冻泥流呈浅白色或深暗的飘带状，石海呈不均匀浅色调的斑点状图案。微微高出地表的冻丘多成群出现。在冻丘群出现的地方，往往有地下水发育，常见地下冒出泥浆现象，在图像上表现为色调紊乱的图案，图像结构粗糙。

6)软土与沼泽解译

软土与沼泽的含水率很高或地下水位接近地表，特别是沼泽的含水率达到了饱和状态。软土、沼泽一般位于河流入海口或洪积扇前缘，由于河流的游荡迂回，在广大范围内形成了欠固结且地下水位较高的沉积。在遥感图像上，软土与沼泽多分布于平坦洼地处。在黑白遥感图像上，图像呈灰色色调，轮廓线明显。当含水率不均匀时，色调呈斑点状。在多光谱遥感图像上，依据不同的波段组合，软土与沼泽以各种不同色调和色彩明显区别于周围邻近地区。

根据这些地貌部位再结合对水体反映比较敏感的图像波段，可以确定软土与沼泽的范围。

采用15m分辨率的Landsat ETM+遥感卫星图像7(R)、4(G)、1(B)波段组合图像，贵新公路都匀至新寨段公路的K201+800～K202+600、K206+250～K207+200、K239+300～K242+200等多个路段，地势低洼，图像色彩为紫红色，其纹理、图案等图像特征也与周边地物有着较大差异，属于软土发育地段(图6-33)。由于软土普遍具有厚度大、孔隙比大、压缩性大、含水率高、透水性弱、易触变、承载力小等工程地质特征，其对公路工程的路基安全会有较大影响。

7)雪崩解译

雪崩是大量积雪从高处突然崩塌下落的一种自然现象。高山区域斜坡上的积雪往往处于不稳定状态，大风或温度的悬殊变化很容易造成大量积雪的突然坍塌并顺坡下滑，形成雪崩。

雪崩一旦发生，其势不可阻挡。成千上万吨的积雪夹杂着岩石碎块，以极高的速度从高处呼啸而下，由于冰雪重力及其加速度，所过之处将一切扫荡净尽。有些雪崩中还夹带大量空气，这样的雪崩流动性更大，有时甚至可以冲过峡谷，到达对面的山坡上，气流巨大，破坏力巨大。

雪崩在遥感图像上的图像特征表现明显，主要表现为积雪区图像较为零乱，纹理粗糙，有时可清楚地见到许多大裂缝。根据积雪区的面积大小以及地形情况，还能有效地区分出雪溜、沟槽雪和跳跃式雪崩等雪崩类型。

西藏墨脱公路部分路段地处高山冰雪区域，雪崩灾害时有发生。图 6-34 为西藏墨脱公路工程可行性研究阶段推荐方案——派乡至墨脱方案拉格附近 4m 分辨率 IKONOS 卫星图像上的雪崩，图像特征清晰。该处山顶常年积雪，从放大后的 IKONOS 卫星图像上可以清晰的看到该处积雪的不稳定状态以及该处所具备的陡峭地形，由此判断该处的雪崩灾害极易发生。最初的公路设计线（黑线）直接从雪崩下方通过，受雪崩灾害的威胁较大，工程地质遥感勘察推荐路线方案从沟谷的另一侧（白线）通过，有效减少了雪崩对公路工程安全的危害。

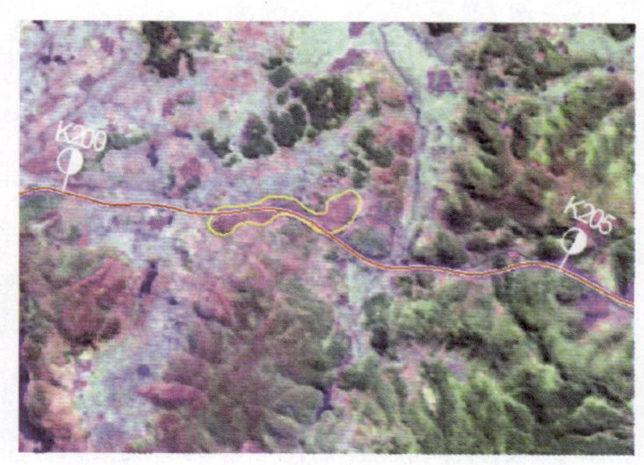

图 6-33　软土

图 6-34　IKONOS 卫星图像上的雪崩

6.4　地质灾害量化分析

高分辨率卫星遥感技术的出现，实现了遥感技术从定性分析到定量分析的快速发展。基于高分辨率卫星遥感等现代空间信息技术获取的高精度数字地面模型，通过地形曲面几何分析和流水物理模拟分析等数字地形分析计算，可实现斜坡坡度、坡向、坡长、阴坡/阳坡、水流流向、水流累积量等地质灾害要素及地形因子的数量计算，为灾害分析提供了量化指标。

下面以高分辨率卫星影像生成的矩形格网 DEM 为例，列出几种地形因子计算方法。

6.4.1　坡度、坡向

坡度指水平面与局部地表之间的夹角，表示了地表面在该点的倾斜程度。坡度是最重要的地形因子之一，直接影响着地表的物质流和能量的再分配，影响着地质灾害的发育、发生及发展情况。

坡向指地表面上一点的切平面的法线矢量在水平面的投影与过该点的正方向的夹角。对于地面任何一点来说，坡向表征了该点高程值改变量的最大变化方向。对坡向值可作如下规定:正北方向为0°,顺时针方向计算,取值范围0～360°。

采用拟合曲面法计算坡度、坡向。在3×3的DEM栅格窗口中(图6-35),对3×3栅格的高程值采用一个几何平面来拟合,中心栅格的坡向即此平面的方向,其坡度值采用平均最大值方法来计算。

坡度、坡向计算公式如下:

$$\text{Slope} = \arctan\sqrt{\text{Slope}_{sn}^2 + \text{Slope}_{we}^2} \tag{6-1}$$

$$\text{Aspect} = 270^\circ + \arctan(\text{Slope}_{we}/\text{Slope}_{sn}) - 90^\circ \times \text{Slope}_{sn}/|\text{Slope}_{we}| \tag{6-2}$$

$$\text{Slope}_{sn} = \frac{(e_7 + 2e_4 + e_8) - (e_6 + 2e_2 + e_5)}{8 \times \text{cellsize}} \tag{6-3}$$

$$\text{Slope}_{we} = \frac{(e_8 + 2e_1 + e_5) - (e_7 + 2e_3 + e_6)}{8 \times \text{cellsize}} \tag{6-4}$$

e_5	e_2	e_6
e_1	e	e_3
e_8	e_4	e_7

图6-35 坡度、坡向计算示意图

式中:Slope——坡度;

Aspect——坡向;

Slope_{sn}——南北方向高程变化率;

Slope_{we}——东西方向高程变化率;

cellsize——格网DEM的间隔长度;

e、e_1、…、e_8——单元格高程。

6.4.2 水流流向

采用最大坡降算法计算DEM格网单元的水流流向,其基本原理可以简单的描述为:水往低处流,在3×3的DEM栅格窗口中,即中间的栅格单元水流流向定义为邻近8个格网中坡度最陡的单元。DEM单元格水流方向与最大坡降一致。

中心栅格单元同相邻8个栅格单元之间坡降的算法为:

$$\text{Slope} = D_z/D_i \tag{6-5}$$

式中:Slope——两个栅格之间的坡降;

D_z——两个栅格单元之间的高程差;

D_i——两个栅格单元中心之间的距离($i=1,2,\cdots,8$)。

6.4.3 坡长

坡长即坡面的长度,其定义为从地表径流的起点到坡度降低到足以发生沉积的位置或径流进入一个规定渠道的入口处的距离。基于DEM进行GIS分析,标识出局部最高点(没有其他格网单元流入,或有其他单元流入,但与流入单元之间坡角为0°的单元格)作为地表径流的起点,采用式(6-6)分别计算单个DEM单元格在流向方向上的长度。

$$L = \begin{cases} 1/2 \times \text{cellsize} \times \arctan\theta (\text{出流为坐标轴方向的局部最高点}) \\ \sqrt{2}/2 \times \text{cellsize} \times \arctan\theta (\text{出流为对角线方向的局部最高点}) \\ \text{cellsize} \times \arctan\theta (\text{出流为坐标轴方向的非局部最高点}) \\ \sqrt{2} \times \text{cellsize} \times \arctan\theta (\text{出流为对角线方向的非局部最高点}) \end{cases} \tag{6-6}$$

式中：L——单元格坡长；

cellsize——格网 DEM 的间隔长度；

θ——斜坡坡度。

依据格网单元流向，将流入当前格网单元的上游格网单元非累计坡长进行累加，即可得到格网单元的累计坡长，也即斜坡长度。如果当前格网单元的上游单元不止一个，则取当前格网单元上游最大坡长值作为当前格网单元的上游累计坡长。

实际地形中，当坡度降低到一定程度时会发生由侵蚀到沉积的转变，用中断因子来表现。中断因子定义为格网单元对应的坡度值与其上游流向方向的格网单元坡度比值的临界值，这一比值反映了当前格网坡度相对于上游格网坡度的减小程度。若当前格网与上游格网坡度比值小于中断因子，则水流到此产生沉积，坡面结束。中断因子越小，对坡度减小的程度要求越高。

6.4.4 面积

地质灾害面积主要指地质灾害的表面积。基于规则格网 DEM，通过将格网 DEM 的每个格网分解为三角形，将区域内所有三角形面积累加即可获取地质灾害的表面积。

计算三角形的表面积方法参见本书第 7 章中的 7.6.4。

6.4.5 相对高差

地质灾害的相对高差对于评估地质灾害的危害程度具有十分重要的作用。基于规则格网 DEM，直接获取地质灾害边界线上的最大高程值与最小高程值，并在此基础上计算地质灾害的相对高差。地质灾害的相对高差的计算公式如下：

$$\Delta H = H_{max} - H_{min} \tag{6-7}$$

式中：ΔH——地质灾害的相对高差；

H_{max}——地质灾害边界的最大高程；

H_{min}——地质灾害边界的最小高程。

除了坡度、坡向、水流流向、坡长、面积等地质灾害因子，基于规则格网 DEM，采用相应的算法或相关的 GIS 软件平台进行二次开发，还可实现阴坡/阳坡、水流累积量等多种地形因子的计算。

6.5 地质灾害危险性评估方法

地质灾害危险性评估是地质灾害风险分析的核心内容和重要组成部分，是认识地质灾害灾情、制订防灾政策、实施防治措施、进行项目管理的坚实基础。地质灾害的发生受一系列地质因素和外界因素的影响，地质因素与外界因素的组合作用影响地质灾害的稳定性程度。由于地质灾害过程、形成条件、诱发因素的复杂性、多样性及其变化的随机性、非稳定性，导致地质灾害的危险性评估十分困难。目前，地质灾害的危险性评估几乎都是基于历史资料结合区域地质环境以及降雨情况，采用各种评估模型进行预警。

6.5.1 地质灾害因子

地质灾害危险性评估的前提是地质灾害因子研究。地质灾害因子主要是指影响地质灾害与不良地质现象发育、发生及发展的各种自然与人文因素。地质灾害孕灾环境复杂，致灾因素众多，因此进行地质灾害的遥感量化分析，实现地质灾害危险区段的划分与危险性评价，合理选择地质灾害因子至关重要。

通过研究区域地质灾害的孕灾环境、致灾条件，统计、分析工程区域内各种地质灾害与不良地质现象的分布特征，归纳、总结各类地质灾害分布与地质环境和诱发因素的关系。同时，广泛借鉴前人在地质灾害领域的研究成果与区域现有地质灾害资料，探讨区域各类地质灾害的孕育因子、几何因子的表达与描述。

考虑到各种常见地质灾害的特性及其所处地质环境条件与外界诱发因素等，通常可将地质灾害因子分为Ⅰ、Ⅱ两级，其中Ⅰ级因子是主要因子，主要包括地形条件、地质条件、地貌条件、灾害信息、监测信息及其他因素 6 大类别；Ⅱ级因子则是Ⅰ级因子的子类和细分，如斜坡形态、斜坡坡度、坡向、坡长、地层岩性、地质构造、植被垫层、有无人类活动等。

各种常见地质灾害的影响因子通常有以下类型(表 6-1)。

常见地质灾害因子 表 6-1

Ⅰ级因子	Ⅱ级因子	类型
地形条件	斜坡坡度	
	斜坡坡向	
	斜坡坡长	
	斜坡形态	直线型、凸型、凹型、复合型
	阴坡/阳坡	
	地表水汇集情况	易汇水的低洼段、较易汇水的直线段、不易汇水的拱凸段
地质条件	地层岩性	易滑地层、较易滑地层、不易滑地层
	第四纪地质	基岩、残积物、崩积物、冲积物、人工堆积物等
	地质构造	断层上盘、下盘、其他、无断层通过
	控滑结构面	节理裂隙面、土岩接触面
地貌条件	河流冲刷作用	强冲刷凹岸、直线岸、凸岸、支沟冲刷、不受河流影响
	植被垫层	植被覆盖率、植被类型、植被高度
	地形粗糙度	
	地形起伏度	

续上表

Ⅰ级因子	Ⅱ级因子	类型
灾害信息	灾害类型	土质、半岩质、岩质
	堆积厚度	
	分布面积	
	堆积体积	
	绝对高程	
	相对高差	
	灾害稳定性	稳定、较稳定、不稳定
	灾害史	有/无发生灾害
监测信息	滑移	有/无滑移、滑移量、滑移速度
	降雨	有/无降雨、降雨强度、降雨量、持续时间
	降雪	有/无降雪、降雪强度、降雪量、持续时间
	温度	
	湿度	
其他因素	人类活动	有/无开挖
		有/无堆填
	区域经济状况	人口数量、经济发达程度
	地震情况	有/无地震、地震强度

然而，并非所有可能的地质环境及外界影响因素，都会对地质灾害的孕育、发生及发展造成决定性影响。通过对区域地质灾害孕育生成的条件组合或潜在能力进行分析评价，找出区域各种地质灾害的主要灾害因子，通过对各地质灾害因子进行提取与量化统计分析，实现地质灾害“潜势度”分析，为地质灾害单因素预警或综合预警提供基础指标，是建立地质灾害危险性评估模型的关键。

6.5.2 地质灾害危险性评估模型

地质灾害危险性评估，就是把灾害危险性程度看成是随地质因素和外界因素变化而变化的随机变量，通过各种地质因素和外界因素的变化，建立一种可以反映地质灾害危险性程度的函数关系，也即地质灾害危险性评估模型。

目前可用的地质危险性评估模型较多。国内外学者提出了多个地质灾害预测预报理论模型和方法，比较典型的包括：灰色 GM(1,1)模型、BP 神经网络模型、协同预测模型、回归模型等。同时，为了提高地质灾害预测预报的精度，尽量消除外界随机因素对预报结果造成的影响，还有针对性地提出了一系列有关灾害监测数据的预处理方法，如平滑、滤波等。

多元回归模型是典型的地质灾害危险性评估模型。回归分析是研究随机变量之间关系的一种数理统计方法，它能从不存在明显确定关系的大量观测数据中找出相关变量之间的内部规律性，可以根据一个或多个变量值（自变量）预测另一个变量（因变量）的取值，并且估计这种预测能达到的精确度，还可以在共同影响的一个变量（因变量）的许多变量（自变量）中，找出哪些是重要的，哪些是次要的以及它们之间的关系。

由于常见的地质灾害因子，既有基于 GIS 地形分析或仪器监测获取的，可以进行量化分析的影响因子，又有基于工程地质遥感解译获取的，难以量化而宜采用定性的方式进行表达的地质因素，可采用二态变量的多元统计方法建立预测模型进行地质灾害的危险性评估。

首先将工程勘察区域按一定规则划分为若干个细小单元，并从中选取一定数量的单元用作样本，并对其地质灾害自变量与因变量进行二态变量（0 或 1）赋值。

根据最小二乘法原理建立多变量的回归预测方程：

$$P_{\mathrm{i}} = a_1 x_{1\mathrm{i}} + a_2 x_{2\mathrm{i}} + \cdots + a_{\mathrm{m}} x_{\mathrm{mi}} \tag{6-8}$$

式中：P_{i}——第 i 号单元产生地质灾害的回归预测值；

a_{j}——回归系数（$j=1,2,\cdots,m$）；

x_{ji}——第 i 号单元中变量的取值，0 或 1（$j=1,2,\cdots,m;i=1,2,\cdots,n$）。

假设共有 n 个单元，变量数为 m，则有矩阵：

$$X = \begin{bmatrix} x_{11} & x_{12} & \cdots & x_{1\mathrm{m}} \\ x_{21} & x_{22} & \cdots & x_{2\mathrm{m}} \\ \vdots & \vdots & & \vdots \\ x_{\mathrm{n}1} & x_{\mathrm{n}2} & \cdots & x_{\mathrm{nm}} \end{bmatrix} \quad P = \begin{bmatrix} P_1 \\ P_2 \\ \vdots \\ P_{\mathrm{n}} \end{bmatrix} \tag{6-9}$$

$P_{\mathrm{i}}(i=1,2,\cdots,n)$取值为 0 或 1，即该单元为已知地质灾害单元时取值为 1，否则取值为 0。

把 X 和 P 代入式(6-8)，运用最小二乘法原理，由下列线性方程组求解回归系数 a_{j}：

$$\begin{bmatrix} \sum_{j=1}^{n} x_{\mathrm{j}1} x_{\mathrm{j}1} & \sum_{j=1}^{n} x_{\mathrm{j}2} x_{\mathrm{j}1} & \cdots & \sum_{j=1}^{n} x_{\mathrm{jm}} x_{\mathrm{j}1} \\ \sum_{j=1}^{n} x_{\mathrm{j}1} x_{\mathrm{j}2} & \sum_{j=1}^{n} x_{\mathrm{j}2} x_{\mathrm{j}2} & \cdots & \sum_{j=1}^{n} x_{\mathrm{jm}} x_{\mathrm{j}2} \\ \vdots & \vdots & & \vdots \\ \sum_{j=1}^{n} x_{\mathrm{j}1} x_{\mathrm{jm}} & \sum_{j=1}^{n} x_{\mathrm{j}2} x_{\mathrm{jm}} & \cdots & \sum_{j=1}^{n} x_{\mathrm{jm}} x_{\mathrm{jm}} \end{bmatrix} \times \begin{bmatrix} a_1 \\ a_2 \\ \vdots \\ a_{\mathrm{m}} \end{bmatrix} = \begin{bmatrix} \sum_{j=1}^{n} P_{\mathrm{j}} x_{\mathrm{j}1} \\ \sum_{j=1}^{n} P_{\mathrm{j}} x_{\mathrm{j}2} \\ \vdots \\ \sum_{j=1}^{n} P_{\mathrm{j}} x_{\mathrm{jm}} \end{bmatrix} \tag{6-10}$$

把通过方程组(6-10)求解得到的回归系数代入方程(6-8)，并对方程(6-8)进行显著性检验，在满足检验条件的情况下，利用回归方程进行滑坡、崩塌等地质灾害危险区段划分。

回归方程的显著性检验就是考查用所建立的方程进行地质灾害预测的效果好坏程度，或者说所建立的回归方程在多大程度上反映地质灾害与各变量之间的线性关系，一般可采用 F 统计量进行回归方程的显著性检验。

$$F = \frac{SS_{\mathrm{R}}/p}{SS_{\mathrm{D}}/(n-p-1)} \tag{6-11}$$

式中：SS_{R}——回归平方和，为回归估计值与因变量原始观测值平均数之差的平方和，代表由于自变量的变化而引起的趋势性变化；

SS_D——剩余平方和，代表除自变量外的其他因素引起的随机变化；

n——样本数目；

p——自变量数目。

6.5.3 地质灾害危险性临界值确定

通过建立的地质灾害危险性评估模型，可将地质灾害的危险性进行量化表达，实现一定时间内某空间区域在某种诱发因素作用下发生地质灾害的可能性评估。而地质灾害的危险性等级，则依赖于地质灾害危险性临界值的确定。

首先通过对工程地质遥感解译发现地质灾害区域进行回归预测值计算，并进行地质灾害回归预测值统计分析，作地质灾害回归预测分布图(图 6-36)。

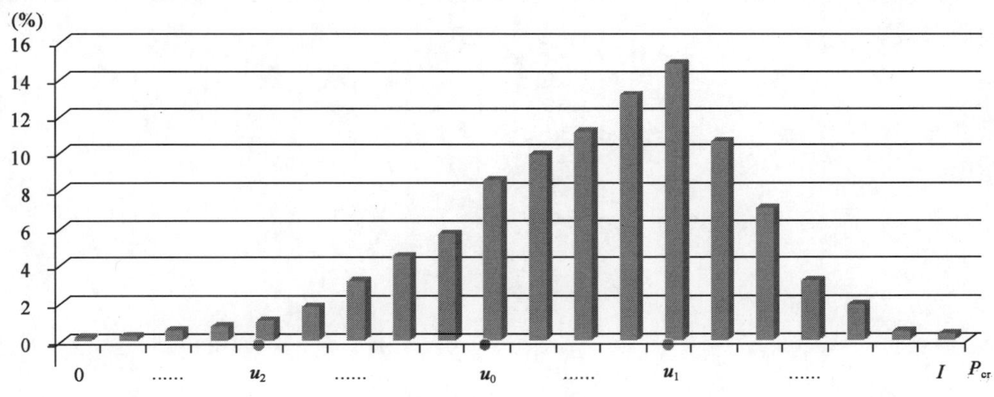

图 6-36 预测回归值分布图

根据地质灾害回归预测分布图，确定图上频率分布出现突变处的突变预测值(图 6-36 中的 u_0 点)，同时在此值之上的区间应该包括足够多的已知灾害单元，以此作为地质灾害危险性临界值。点 u_0 的右侧为地质灾害相对集中区，表明已知灾害的预测值多处于该区间；而左侧为无地质灾害区发生区域，主要是由于统计预测误差而造成少数灾害单元预测值偏小。从理论上讲，点 u_0 处应具有突变性。遵循这一原则，以 $P_{cr}=P_{u0}$ 作为区域回归预测的灾害危险性临界值。

6.5.4 地质灾害危险级别划分

为满足公路工程地质选线的需要，可采用 Fisher 准则下的两组判别分析，进一步对稳定、不稳定两类区域进行相对不稳定性等级亚类的划分。

在 $P_{cr}\geqslant P_{u0}$ 的地质灾害单元中，若以 P_u 把它们划分成危险区段$[P_{u0},P_u]$和高危险区段$[\geqslant P_u]$，其最优划分原则是：使相同区段内的离差尽可能小，而不同的两区段间的离差尽可能大。用判别式表示如下：

$$Q=\frac{(\bar{P}_a-\bar{P}_b)^2}{\sum_{k=1}^{n}(P_k-\bar{P}_a)^2+\sum_{k=1}^{m-n}(P_k-\bar{P}_b)^2} \tag{6-12}$$

式中：$\bar{P}_a$——$[P_{u0},P_u]$区段的重心，即平均值；

$\bar{P}_b$——$[\geqslant P_u]$区段的重心，即平均值；

n——$[P_{u0},P_u]$区段内的单元数；

m——$[\geqslant P_{u0}]$区段内的已知灾害单元数。

根据 Fisher 准则，当 Q 达到最大值时，P_u 为所期望的亚类分界值，计算得到 P_{u1}。根据同样的原理，计算得到的 P_{u2} 是回归预测的另一亚类等级划分界线。

根据以上各灾害等级界线值，把预测区划分为极危险区 $P\geqslant P_{u1}$、危险区 $P_{u1}>P\geqslant P_{u0}$、较稳定区 $P_{u0}>P\geqslant P_{u2}$ 和稳定区 $P\leqslant P_{u2}$。

采用相同的危险区段划分原则，可以将区域地质灾害危险性划分更多的危险等级。

在实现地质灾害危险区段划分与危险性评价的基础上，结合公路工程路线方案即构造物方案，即可实现地质灾害对公路工程的危险度评估分析，实现基于地质灾害遥感量化分析与评估的地质选线。

第7章 数字地面模型

7.1 引 言

数字地面模型(Digital Terrain Models, DTM)最初是美国麻省理工学院Miller教授为了高速公路的自动设计于1956年提出的。此后,该模型被用于各种线性工程设计及其工程数量计算。

数字地面模型是地形起伏的数字表达。它由对地形表面取样所得到的一组点的平面坐标和高程(X,Y,H)和一套对地面提供连续的描述的算法组成。简单地说,数字地面模型是按一定结构组织在一起的数据组,代表着地形特征的空间分布。数字地面模型是建立地形数据库的基本数据,可以用来制作等高线图、坡度图、专题图等多种图解产品。数字地面模型是公路勘察设计一体化、自动化的重要组成部分。

数字地面模型出现以来,产生了许多含义相近的术语。如数字高程模型DHM(Digital Height Model)、数字高程模型DEM(Digital Elevation Model)、数字地面模型DGM(Digital Ground Model)。这些术语表达的含义相互之间略有差异,但数字地面模型表达的意义更加广泛。一般地,数字地面模型简称为DTM,数字高程模型简称为DEM。

数字地面模型的研究与发展经过了5个时期。20世纪50年代末是概念形成时期。20世纪60~70年代对DTM的内插问题进行了大量研究,如Schut提出的移动曲面拟合法,Authur、Hardy提出的多面函数内插法,Kraus和Mikhail提出的最小二乘内插法及Ebner等提出的有限元内插法等。20世纪70年代中、后期对采样方法进行了研究,其代表为MaKarvic提出的渐进采样,PROSA(Progressive Sampling)及混合采样(Composite Sampling)。20世纪80年代以来,对DTM的研究已涉及到DTM系统的各个环节,包括DTM表示地形的精度、地形分类、数字采集、DTM粗差检测、质量控制、DTM数据压缩、DTM应用及不规则三角网(Triangulated Irregular Network, TIN)的建立与应用等。20世纪90年代开始,DTM的研究涉及到海量数据无缝的DTM建立算法,考虑地形特征的约束三角网模型CDT的算法,DTM的可视化及其系统集成等。进入21世纪以来,DTM研究重点转向三维空间建模及可视化。

国外著名的道路设计软件,如德国的CARD/1、美国Intergraph公司的Inroads等,均有极强的数字地面模型作为支撑,数字地面模型与道路设计集成化程度较高。这些著名的商业化的软件,可以满足不同用户的应用需求。为满足不同CAD用户的需要,它们均有在AutoCAD环境和Microstation环境下开发的应用软件。

国内公路数字地面模型的研究与应用从1987年开始起步。当时,交通部将"七五"攻关计划重点项目"航测遥感在公路中的实用技术"下达给原交通部第二公路勘察设计院(现中交第二公路勘察设计研究院有限公司)。其中数字地面模型应用软件是研究的重点。在研究过程中,重点研究了不规则三角网、矩形格网、离散点等多种模型的建立方式及其精度,对特征线、特征点的增、删方法也进行了研究,并研究了数字地面模型与公路 CAD 的接口,为 CAD 提供所需的地形基础数据。

在道路设计软件中,数字地面模型作为其核心,可以快速地进行不规则三角网的建模,并且可以考虑地形特征线。道路设计软件可实时在模型中获取设计所需的地面数据,如地形等高线、坡度坡向、纵横断面地面线、面积、体积等,并且可以进行模型合并操作,且具有实时动态增、删、改功能。

数字地面模型包括数据采集、数据处理、地面模型建立及应用等。其工作程序包括:

(1)数字地面模型技术设计。

(2)搜集测区相关地形、工程等资料。

(3)数据采集。

(4)数据转换处理。

(5)数字地面模型建立。

(6)数字地面模型应用。

7.2 数据采集形式

地面数据的采集是数字地面模型的基础。数据采集的质量直接影响到数字地面模型的质量。

数字地面模型的数据采集分野外和室内采集。野外采集直接采用仪器设备测量地面数据;室内采集通过模型量测或数字化间接获取数据。根据数据获取方法不同,数据来源主要分为以下 4 个类型:

(1)摄影测量立体采集。采用数字摄影测量系统从航空/航天遥感图像上采取数据。

(2)野外实地测量。在实地采用仪器设备直接测量地面点的平面位置和高程。

(3)遥测系统测量。车载、机载或星载平台的雷达和激光测高系统获取地表数据。

(4)现有地形图数字化。纸质图件经扫描装置扫描后,形成数字化文件,经矢量化,采集地面信息。

7.2.1 地形数据获取方式

数据获取方式有多种,如卫星图像测量、航空摄影测量、激光扫描测量、GPS－RTK 测量、全站仪测量及现有纸质图的数字化等。

1)卫星图像测量

随着卫星传感器的发展,卫星图像测量对地面的分辨率已达到 1m 以内,形成了高分辨率的卫星图像,如 IKONOS 卫星、GeoEye 卫星,QuickBird 卫星和 WorldView 卫星等,且这些图像通过控制系统采集同轨立体图像,并且通过随星携带的恒星跟踪系统及陀螺装置可以提供精确的传感器姿态参数。

立体卫星图像通过构建立体模型,可以得到三维地表空间信息。高分辨率卫星甚至可以提供满足公路测设要求的高精度大比例尺地形资料,如1:2 000比例尺地形资料等。

这种方式获取的地表三维数据具有不受国界、天气等因素影响,可连续覆盖感兴趣地区,覆盖范围广,地面控制工作量少等优点,非常便于公路方案比选,是一种现代化的地面数据获取方式。

2)航空摄影测量

航空摄影测量是通过飞机按一定的规则摄取有重叠的地面立体像片,并采用严密相机模型恢复立体,采用专用设备进行量测而获得地面三维空间信息资料的测量手段。

这是一种非常成熟的数据采集方法,早已被广泛采用。它获取的地表信息范围广,速度快,精度也比较高,同样适用于路线方案设计与比选。航空摄影测量获取地表信息的精度可达分米级。当采用机载GPS时,可精确测量摄影瞬间航空相机的空间位置,从而可以大量减少地面控制点,获取地面信息更具优势。

3)激光扫描测量

激光扫描测量有两种获取地表信息的方法:一种是机载激光测量,将激光扫描装置放在飞机上,对地面进行激光扫描获取地表信息;另一种是将激光扫描装置架设在地面固定点上或移动车辆上,对感兴趣目标密集扫描,形成密集激光点云。

机载激光测量地面点间隔可以设定,扫描间距可小于2m。为保证平面坐标的精度,一般都配备有惯性导航系统IMU、定位系统GPS等。激光测量的精度对于自然状态的地表可达分米级,对于裸露地表可达厘米级。

地面激光扫描是将设备放在已知坐标的固定站上,对目标体,如桥、隧、工点等扫描成像。车载激光扫描通过车辆移动扫描获取沿途的激光点云。地面或车载激光扫描成像点的间距视设备与目标距离而定,其密度可达5mm,形成密集的点云。设备的扫描速度可达50万点/s。

扫描的点云通过基站点的坐标和方位,以及定位定姿系统的信息,精确得到每个点的三维空间坐标,从而形成三维空间点云集。其数据格式可为las,含有每个激光点的X、Y、Z,直接为AutoCAD或Microstation接收并处理。

这种点云精度极高,非常便于细节展示及成果的可视化,是三维建模的良好数据源。

4)GPS测量

GPS测量不受距离、天气、通视等限制,测量精度高,相对精度达10^{-8}～10^{-7}级,GPS静态和快速静态测量是高等级控制测量的优先选用技术手段。而GPS-RTK,即GPS实时动态测量是快速获取地表空间信息的有效方法。

GPS-RTK将一台GPS接收机放在已知固定点上,其他GPS接收机位于要测量的点上,通过数据链及其通信,接收固定点上GPS发出的已知信息,经过差分计算,准确测定移动站的空间坐标。其精度可达厘米级,可用于公路勘察设计放样,地面点采集以及控制测量等。

GPS-RTK将大量的精确数据记录下来,并回放到计算机中,是建立精确数字地面模型的良好数据源。

5)全站仪测量

全站仪测量通过测站与觇标间的方位、角度及距离测定地面点空间坐标。由于具有实时计算功能，并带有相应的改正参数模型，全站仪可以实时测量并精确计算目标点的三维空间坐标。其测定的目标点坐标精度同样可以达到厘米级，也是建立精确地面模型的重要数据源。

全站仪测量的数据可以自动记录并予以编码，并通过通信接口，将测量数据传输到计算机中进行处理与应用。

6)纸质图数字化

尽管数字化、信息化是当今数据源获取的主要方法，但纸质图数字化仍是一项主要的建模数据源。这主要是由于一些主要的数据来源于电子化时代以前的纸质成图，如 1∶10 000、1∶50 000、1∶200 000 纸质图以及早期的各类纸质图等。

为便于计算机建模处理，纸质图应进行数字化。纸质图数字化有两种方法：一是手扶跟踪数字化，另一种是扫描数字化。无论哪种方式，对纸质图的定位及纠正是必不可少的。它可将数字化的坐标系统统一到图面坐标系统。

手扶跟踪数字化是将纸质图放在数字化仪上，用一个带十字丝的鼠标，手扶跟踪纸质图纸的线型或符号，以记录平面坐标，高程则需要人工输入。这种方式由于速度慢、人工劳动强度大而未被广泛采用。

纸质图数字化主要还是将纸质图扫描后传输到计算机中，对栅格图形采用计算机识别方式自动跟踪或人工交互，其平面坐标计算机自动记录，高程采用计算机识别或人工输入后，按给定的增(减)量及方向，计算机递归完成赋值，从而形成三维空间数据源。

这种自动、半自动交互式纸质图扫描数字化方法不仅减轻了人工劳动强度，而且使数字化工作快速高效地完成，非常适宜于纸质图数字化。

7.2.2 数据记录格式

数据采集后，应按一定的格式予以记录，以便于数字地面模型的建立及其应用。采集的原始数据可按下列结构形式或它们之间的组合形式进行记录：

规则格网形式采集的网格交点高程$\{H\}$及起算点坐标(X_0,Y_0)。

任意离散点的平面坐标及高程$\{X,Y,H\}$。

按断面形式采集离散点的平面坐标及高程$\{X,Y,H\}$。

沿等高线采集线串的平面坐标$\{X,Y\}$，并给定每一独立线串的高程 H。

沿地形特征线采集线串的平面坐标及高程$\{X,Y,H\}$。

采集地物点的平面坐标及高程$\{X,Y,H\}$。

文件的记录格式主要是文本格式或图形格式。图形格式目前常用的有 AutoCAD DWG 格式和 MicroStation DGN 格式。

7.3 数字地面模型形式

数字地面模型是用数字方式对地形表面的描述。这种描述既可以是点的方式、线的方式，也可以是面的方式。点的描述，即一定密度分布的散点，每点含有平面、高程信息(X,Y,H)。

线,即是按不同间隔的断面或一连串点来表示地表,如断面线、特征线、等高线等线串采样。每一个线串由一系列的点组成。面可以用三角面、矩形面来逼近地表面。面的方式可以设计在仪器上采集,亦可按一定的规则在后处理中重建。

在卫星图像测量、摄影测量、野外测量、地形图数字化这几种数字地面模型采集方法中,点、线、面这几种描述均可实现。目前,主要方法是点、线采样,面采样运用较少。

采样数据经过一定的转换处理,就可形成一定形式的数字地面模型,如散点数模、线串数模、矩形格网数模、三角形数模。建立了数字地面模型,就可进行等高线追踪、高程插值,路线纵/横断面、路线平面图、透视图的输出等操作。

数字地面模型主要有 5 种形式,即散点数字地面模型、线串数字地面模型、矩形格网数字地面模型、三角网数字地面模型及混合数字地面模型。

(1)散点数字地面模型

散点数字地面模型是以一定密度分布的离散点的信息表示地表,其数据记录格式为(X,Y,H)。这种数字地面模型灵活,其未知点可用其周围点组成函数推估表示。其精度取决于数据点的密度。它需要较大的计算机存储空间。

(2)线串数字地面模型

线串数字地面模型是用线(等高线、特征线等)并辅助少量的点(高程注记点、点状地物等)表示地表面,其记录格式为{X,Y,H}。它能充分考虑地表特征,易于理解。三维线划地形图是其很好的数据源。其未知点的确定采用考虑地形特征的插值处理,精度较高。这种数字地面模型所需的计算机存储空间亦较大。

(3)矩形格网数字地面模型

矩形格网数字地面模型是采用一系列在 X、Y 方向都是等间隔排列的高程阵列{H}来表示地形表面,形成格网数字地面模型。其最小单元可为正方形或矩形格网。它是比较通用的数字地面模型,所需的计算机存储空间较少。

(4)三角网数字地面模型

三角网数字地面模型是以三角面为最小单元逼近地形表面,互不重叠的三角面形成网络覆盖整个地表。三角网数字地面模型精度较高,但所需计算机存储量较大。

(5)混合数字地面模型

混合数字地面模型是用上述 4 种模型组合来表示地形表面。在一个项目中可以对于不同的区段建立相应的数字地面模型,并统一管理,也可以是一个模型中几种形式并存,充分发挥不同形式模型的优势。

例如,对矩形格网数字地面模型和三角网数字地面模型来讲,混合建模方法是首先建立基础的正方形或三角形网,如果数据中包含特征线,则规则格网或三角网分解成局部不规则三角网。对格网数字地面模型来说,可将其分解为三角形网络;反之,对不规则三角网经内插处理,也可形成格网数字地面模型。三角网数字地面模型与矩形格网数字地面模型的组合,可以发挥格网数字地面模型数据量少而三角网数字地面模型精度高的优点。

5 种数字地面模型的比较见表 7-1。

数字地面模型的比较　　表 7-1

形式	最小单元	模型的建立	难易度	精度	建模耗时	存储量	地形特征	内插方法
散点	点	对点的管理	简单	一般	最短	较大	无	曲面、线性
线串	点、线	对线串、点的管理	简单	较高	较短	一般	有	曲面、交线
格网	矩形	高程点的有序排列	简单	最低	一般	最小	无	双线性、有限元
三角网	三角网	邻近点按规则形成三角形并有效索引	复杂	最高	较长	最大	有	三角面
混合		对点、线、面的有效管理与索引	复杂	较高	较长	较大	有	曲面、双线性、有限元、三角面

从表 7-1 中可以看出，各种数字地面模型均有其自身特点。对于数据量极为庞大的应用来说，衡量模型的好坏显著特征有两个，即精度与速度。

假定不考虑数据点本身的精度，即采集的地形数据点的误差影响可以忽略，模型的精度就与它对数据的组织管理有关。虽然线串数字地面模型和三角网数字地面模型精度较高，但只要数据点足够密，散点数字地面模型和格网数字地面模型的精度也很高。

模型建立或应用的速度与计算机的性能和数据量的大小密切相关。以前，由于计算机的性能较差，速度与数据量的关系明显，几种模型中，往往偏好数据量小的格网数字地面模型。随着计算机性能的日益提高，数据处理日益强大，数据量影响模型的应用速度不太明显，各种模型建立和应用的速度指标均能满足要求，精度反而成为衡量数字地面模型的主要指标。

7.4　三角网数字地面模型

7.4.1　海量数据三角网快速整体生成

三角网数字地面模型(Triangulated Irregular Network，TIN)能以不同层次的分辨率来描述地形表面。与格网数字地面模型相比，TIN 模型在某一特定分辨率下能利用更少的空间和时间，更精确地表示更加复杂的表面。特别当包含有大量地形特征时，如断裂线、构造线，TIN 能更好地顾及这些特征从而能更精确合理地表达地表形态。

对于 TIN，其基本要求主要有以下 3 个方面：

(1)TIN 是唯一的。

(2)力求最佳的三角形几何形状，每个三角形尽量接近等边形状。

(3)保证最邻近的点构成三角形，即三角形的边长之和最小。

在所有可能的三角网中，狄洛尼(Delaunay)三角网在地形拟合方面表现最为出色，因此常常被用于 TIN 的生成。狄洛尼三角网为相互邻接且互不重叠的三角形的集合，每一个三角形的外接圆内不含其他的点。

狄洛尼三角网的各种生成算法基本上可以分为 3 类：分割—合并算法(又称分治算法)、逐点插入法和三角网生长法。

三角网生长法的思路是，先找出点集中距离最短的两点连接成为一条 Delaunay 边，然后按狄洛尼三角网的判别法则找出包含此边的狄洛尼三角网的另一端点，依次处理所有新生成的边，直到最终完成。这种算法的不同实现主要体现在搜寻“第三点”上，近年来已经较少采用。目前比较流行的是分割—合并算法和逐点插入法。

分割—合并算法的思路是，递归地分割点集，直至子集中只包含三个点而形成三角形，然后自下而上地逐级合并生成最终的三角网。从时间复杂度上来讲，分割—合并算法最好，但是由于递归地执行需要较大内存空间。

逐点插入法思路简单，算法容易实现。首先建立一个初始三角网包含所有的数据点，然后将其余的点逐一插入，对于每一个点用 LOP 算法局部优化，确保其成为狄洛尼三角网。这种算法在不做优化的情况下，时间复杂度较差，但占用的内存最小。

在建立三角网过程中，邻近点总是优先考虑的，即距离最近的点优先作为边。在三角网组成的四边形中，最短的对角线优先作为连接边，满足三角形长度和最小和角度最大的原则。Lawson 提出的最大最小角度法，即在相邻三角形组成的凸四边形中，交换两条对角线，形成等角性最好的三角形，可作为三角网建立的局部优化方法。

公路设计的路线可能长达数百千米，原始地面数据点可能达到数千万个点，占用磁盘空间数百兆，构成的三角网数据至少应是原始数据的 2.5 倍，加上派生信息，数据量更加庞大。采用分治算法，在点数很少的情况下，可获得最好的性能。随着点数的增加，在现有的计算机发展水平下，内存很难达到要求，速度急剧下降。因此，公路数字地面模型系统(BID-Land)采用逐点插入法，基本算法过程如下：

(1)生成一个包含原始数据域的初始三角网。

(2)数据点的逐点插入。

①从点集中取出一点 P，找到包含该点的三角形，P 与包容三角形的顶点相连，更新拓扑关系，将新生成的三角形(边)加入优化队列 Q 中。

②若 P 点在某一三角边上(图 7-1)，将该点与三角边相对的顶点相连，分裂三角形，更新拓扑关系，并将新三角形(外围边)加入优化队列。

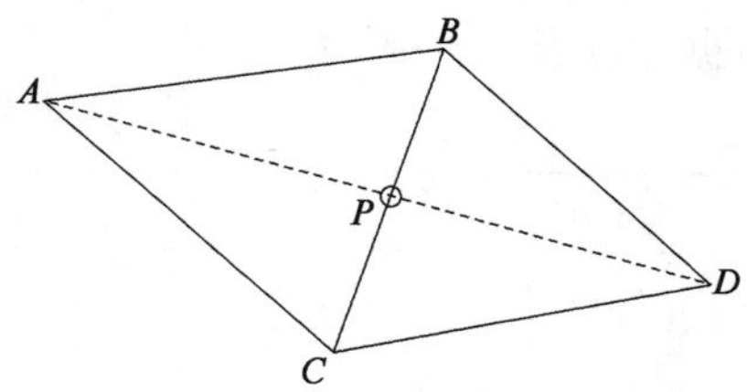

图 7-1　待插点在三角形边上的三角剖分

③三角网局部优化。从队列 Q 中取出一个边，判断具有该公共边的两三角形是否符合空圆法则，是则转下一边；否则交换四边形的对角线，将四边形的边加入优化队列，直至队列 Q 为空。局部优化过程中应维护拓扑关系。

④建立索引关系。

⑤边界追踪，删除无效三角形。

7.4.2　约束 Delaunay 三角网生成

当特定的线段被作为预先定义的限制条件作用于 TIN 的生成时，则必须考虑带约束条件的狄洛尼三角网(CDT)。

带约束条件的狄洛尼三角网与标准狄洛尼三角网非常相似，只是考虑了预先给定的约束条件。CDT 可以引入特征线(断裂线)作为三角形边的约束条件，精确地描述地表。

带约束条件的狄洛尼法则：只有当约束条件一侧三角形外接圆内不包含任何其他点，且其3个顶点相互通视时，此三角形才是一个带约束条件的狄洛尼三角形。

带约束条件的狄洛尼 Lawson LOP 交换：只有在带约束条件的狄洛尼法则满足的条件下，由两相邻三角形组成的凸四边形的局部最佳对角线才被选取。

一旦标准狄洛尼三角网建立起来，便可加入预先给定的约束线段以完成带约束条件的狄洛尼三角网的构建。在三角网中插入一约束线段具体思路是：确定边与约束线段相交的三角形，如果两个这样的三角形有公共边，则将此公共边删除，最后形成约束线段的影响多边形；将影响多边形按约束线段划分为左区 L 和右区 R；对 L 和 R 进行三角剖分，应用带约束条件的 Lawson LOP 对三角形进行优化，更新影响多边形内的三角网。这样约束边成为三角网中的一边，即约束线段被插入。

CDT 基本算法过程如下：

(1)在三角网中插入一约束线段。

(2)判断该线段是否为三角形的边，是转下一特征线，否则进行调整。

(3)确定边与约束线段相交的三角形，如果两个这样的三角形有公共边，则将此公共边删除，最后形成约束线段的影响多边形；将影响多边形按约束线段划分为左区 L 和右区 R。

(4)对 L 和 R 进行三角剖分。

(5)应用带约束条件的 Lawson LOP 对三角形进行优化。

7.4.3 数据结构

三角网数字地面模型采用直接表示三角形及邻近关系的结构。每个三角形都作为数据记录直接存储，并用指向3个网点的编号定义(表7-2)。三角形3个边的邻接三角形标号也作为数据记录直接存储(表7-3)。

点 坐 标 表 表7-2

ID	Attri	X	Y	Z
1	A_1	x_1	y_1	z_1
2	A_2	x_2	y_2	z_2
…	…	…	…	…
n	A_n	x_n	y_n	z_n

三角形及邻接关系表 表7-3

ID	$P1$	$P2$	$P3$	Attri	$V1$	$V2$	$V3$
1	P_{11}	P_{21}	P_{31}	A_1	V_{11}	V_{21}	V_{31}
2	P_{12}	P_{22}	P_{32}	A_2	V_{12}	V_{22}	V_{32}
…	…	…	…	…	…	…	…
n	P_{1n}	P_{2n}	P_{3n}	A_n	V_{1n}	V_{2n}	V_{3n}

定义三角形索引为一维数组，数组的下标号为网格号，数组存储该网格的首三角形号。这种数据结构的最大特点是拓扑关系效率高，便于内插、TIN快速显示与局部结构分析。

点的数据结构：

```
typedef struct tagPoint{
        long ID;
        long Attri;
        double X,Y,Z;
    }POINT
```

三角形数据结构：

```
typedef struct tagTriangle{
        long ID;
        long Attri;
        long p[3];
        long V[3];
            }TRIANGLE
```

7.4.4 海量数据CDT快速整体生成

公路勘察设计中，区域海量的地形数据，即使采用逐点插入法，也无法保证将公路工程所需的海量原始数据及三角网全部数据放入内存。为了达到最佳效益，在资源允许的情况下应将点和三角形数据放入内存。在物理内存不够的情况下，应采取内存调度策略，实现整体构网。除此之外，采用文件映射技术，申请小块内存，将磁盘文件与该内存地址相关联，从而使系统能够定位磁盘文件，从而使得程序可以像存取内存一样，对映射文件进行实时读写。这些策略有效地保证了海量数据的高效管理和调度。

公路数字地面模型系统BID-Land采用自动探测系统资源的方法，优先将三角形数据进入内存，其次是顶点数据。在内存不足的情况下，采用文件映射技术，将文件作为内存使用，实时读写，将计算机的资源发挥到最大效益。

海量数据的三角网建立过程中，采用约束Delaunay算法对三角网局部优化，使特征线(断裂线)成为三角形的边，是CDT三角网的关键。CDT三角网高效建立的核心是迅速找到以该特征线段端点为顶点的三角形和与该线段相交的三角形的边。BID-Land采取了索引机制与快速查找算法相结合使得这部分时间花费很少。在对左右两个分区的初始三角形形成上做了优化，使得需要做Lawson LOP交换的三角形个数达到最少，并且程序更为稳定。

公路数字地面模型系统BID-Land采取点的顺序插入方法，将新生成的三角形标记，从该三角形开始利用拓扑关系，能够很快找到包含待插点的三角形，并使点插入之后需要做LOP处理的三角形最少，需要交换对角线的四边形个数最少。在既有的算法上进行优化，在点数增加的情况下，构网速度基本达到均匀一致。在DELL 6300 Intel Core 2 CPU，1. 86GHz，内存1Gb的普通计算机上，构网效率如表7-4和图7-2所示。

三角网构网效率 表7-4

总点数	建模用时(s)	构网速度(点/s)	总点数	建模用时(s)	构网速度(点/s)
60 416	1	60 416	714 646	12	59 554
106 770	2	53 385	960 829	16	60 052
194 920	3	64 973	1 225 547	22	55 707
266 927	5	53 385	1 767 483	31	57 016
325 280	6	54 213	3 606 813	71	50 800

从图 7-2 中可以看出，构网速度基本恒定，构网速度每秒超过 50 000 有效原始数据点。

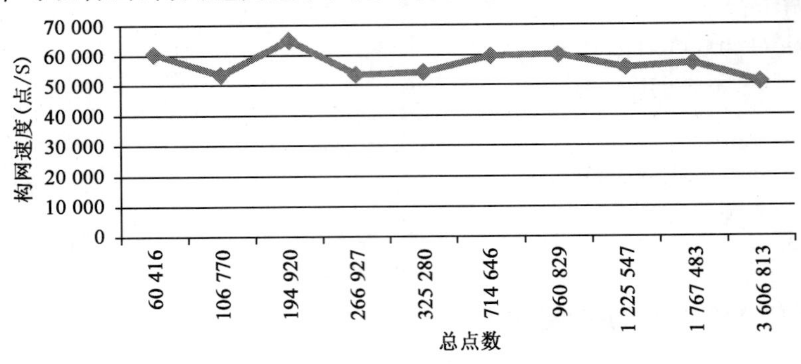

图 7-2　构网速度与总点数的关系

7.4.5　CDT 实时更新

1)*点更新*

点更新可以划分为加点、删点、移点和改点。

(1)加点

与逐点插入法的三角网生成方法相同，加点首先找到包含该点的三角形，再对该三角形进行剖分，新增两个新的三角形，并将剖分以后产生的新三角形加入优化队列，运用 LOP 交换进行三角形优化。

(2)删点

删点首先找到与待删点共顶点的多个三角形，形成该点的影响多边形；再对该影响多边形进行三角剖分，并将产生的新三角形加入优化队列，运用 LOP 交换进行三角形优化。

(3)移点

若点移动的位置仍在原点的影响范围以内，则将原点的坐标修改为新坐标。将影响范围内的三角形加入优化队列，进行 LOP 优化。若点移动的位置超出原点的影响范围，则可以分解为两步，先删除原始点，再加入点到新位置。

(4)改点

在模型中，迅速查找到离待改点距离最近的点，直接修改该点的高程。

2)*线更新*

线更新可分为加线、删线和移线。

(1)加线

加线首先将线上的点逐个插入已形成的模型，再将各线段采用带约束条件的 Lawson LOP 对三角形进行优化，逐条嵌入。

(2)删线

删线即首先删除线上的待删除点，再根据线的连接关系，去除该约束条件，重组局部三角网。

(3)移线

移线算法同移点，不同的是在点移动之后，仍需要对三角网引入约束条件。

7.4.6 NT 资源与 AutoCAD 结合

AutoCAD 的优势在于其图形数据组织管理能力。为了与路线 CAD、桥梁 CAD 相集成，直接读取 AutoCAD 的 DWG 格式数据并与 AutoCAD 相交互，必须以 AutoCAD 为图形支撑环境。作为二次开发而言，存在的问题是难以突破软件本身的限制，达到在 Windows 环境下的内存和其他硬件资源的独立使用。

数字地面模型因为涉及到大量的浮点运算并占用大量的内存、磁盘空间和 CPU 时间，需要充分发挥计算机软、硬件性能。公路数字地面模型系统 BID-Land 采用 AutoCAD 最新的 ObjectARX 开发工具，其开发产品实际是一个 dll 与 AutoCAD 共享地址空间，深入程序内核，可以达到独立产品的性能。

BID-Land 开发组曾经将 Arx 与 Windows 独立程序就构网的时间效率作了对比，结果证明是几乎相等的。

公路数字地面模型系统 BID-Land 具有下列优势：

(1)直接与 AutoCAD 交互，可直接存取 DWG 文件信息。

(2)Windows 独立产品的性能。

(3)标准中文版 Windows 界面和 AutoCAD 命令结合(图 7-3)。

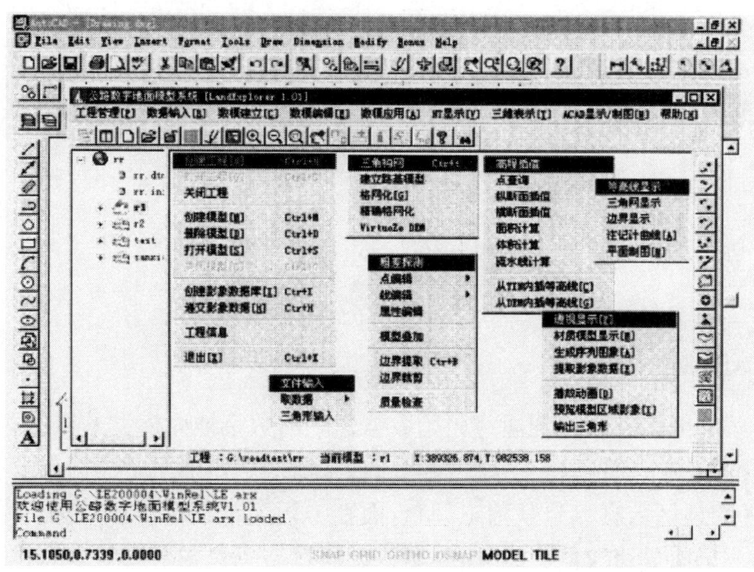

图 7-3 BID-Land 主界面(图中弹出菜单是粘贴的示意图)

7.4.7 AutoCAD 环境下海量数据显示

对于常规配置的计算机来说，数百万、甚至数千万个三角形，形成的图形文件达数百兆，需要的内存在 Auto CAD 图形窗口内显示还要在此基础上乘以 3～4 倍，刷新、漫游相当困难，甚至是无法进行的。因此，公路数字地面模型系统 BID-Land 运用 NT 资源，生成自己的图形窗口，在此窗口内进行图形的显示和刷新。

即使是在 NT 窗口，显示数百万个三角形也是很困难的。BID-Land 采用了灵活的索引机制，在用户对图形进行局部放大和局部更新时，只显示图形窗口内的三角形、等高线等需要重画的部分，也即局部刷新技术。

BID-Land 采用临时文件来存储屏幕坐标，加快显示速度。在显示控制功能中，NT 窗口可供选择的显示内容包括：模型边界、三角网、特征线、等高线、坡度分色图、流水线、散点及格网(图 7-4)。

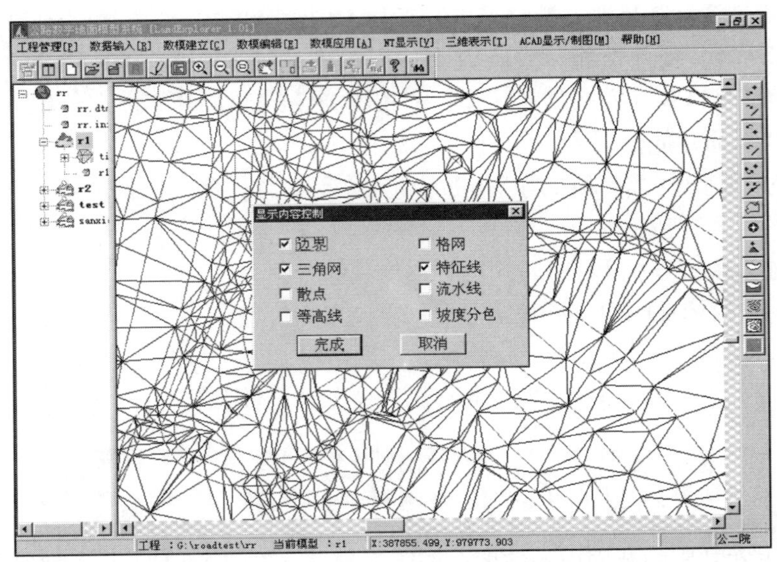

图 7-4　BID-Land 图形显示

7.5　质量控制

7.5.1　数据质量

原始数据的质量极大地影响到通过原始数据建立的数字地面模型的质量。原始数据的质量可使用原始数据的三个属性(精度、密度和分布)来衡量。如果原始数据点没有好的分布，如在粗糙、起伏不平的地区数据点只是稀疏分布，而在平坦光滑的地区数据点却密度很高，则显然可以认为原始数据质量比较低。另外，原始数据质量的重要因素是数据点自身的精度。

从数据采集方法上来看，原始数据主要包括平面位置和高程数据两种信息。可以通过地面测量(全站仪、GPS、激光测距仪)、摄影测量、卫星图像测量以及既有地形图上得到。卫星图像测量速度快、范围广、费用低，但主要适用于工程可行性研究和初测、初步设计阶段的要求。摄影测量以其精度好、速度快、费用较地面测量低廉，能满足公路设计的要求，特别适合困难地区和较大范同内的数据获取。地形图数字化速度快，精度较低，费用少，但现势性较差，精度较低。地面测量精度最高，但缺点是费用高，更新困难，作业强度大，适用于范围比较小的区域。

从生产实践来看，为保证用于数字地面模型构建的原始数据质量，对于原始数据有些特别要求。主要表现在以下几个方面：

(1)反映地形信息的线、点应带有正确的高程。如山脊线、路、等高线、水涯线、高程注记点及控制点等。

(2)线状地物应具有完整性。如陡坎、斜坡等,建议采用实测坡顶、坡底两条线的方法。

(3)特殊地区,如既无等高线、高程注记点又达不到规定密度的城镇街区、沼泽、乱掘地、密林区、陡石山、水域区等,应做特殊处理,应加密高程注记点、实地量取树高、实测水深、标注水底高程等。

(4)应具有分离属性的能力,如 AutoCAD 或 Microstation 图形应以层名、线型名或符号名区分开不同性质的地形、地物符号。

(5)地形不连续的地区应做特殊处理。对于湖、线状河等,除实测水涯线外,还应实测河岸线、河堤等,形成封闭区域。

(6)应对原始数据做严格的检查,包括检测系统误差、偶然误差,并剔除粗差等。

(7)作为数字地面模型系统应具有智能代码识别功能,能够根据不同的数据编码方式,对数据进行分类,区分用于参加构网的数据和不参加构网的数据。对于特殊的高程值作出过滤,只有高程在某一范围内的数据点才会参与地面模型的建立。

7.5.2　TIN 错误发现

在对原始数据进行了较为严格的检查之后,仍有可能含有少量错误点。在公路数字地面模型系统中还可采用以下几个方式进行检测。

1)粗差探测

对于每一点在其影响范围内的坡度和高差应具有合理性,若大于某一阈值或统计值,则认为该点为粗差点。不同于传统的数据粗差探测,数字地面模型系统顾及到地形特征线对模型的影响和多个粗差点的综合影响,因而更加准确、快速,不仅能够探测到单个粗差点,而且可以探测到含有粗差数据的特征线(图 7-5)。

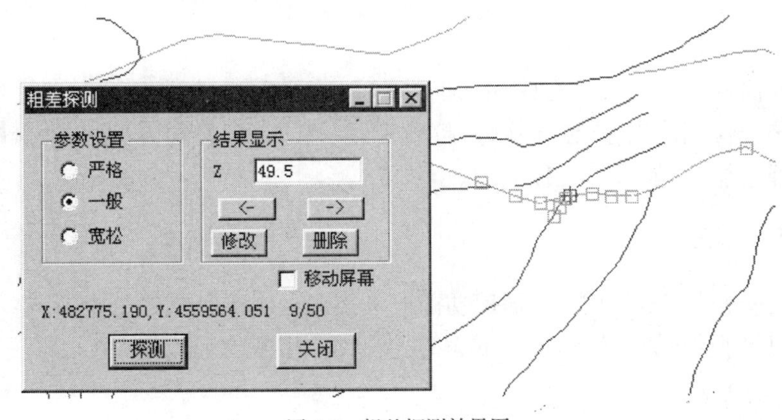

图 7-5　粗差探测效果图

2)等高线套合检验

公路数字地面模型系统错误检查还可采用系统的跟踪等高线与采集的等高线或特征线叠合显示并对照,若发现有较大的偏移(超过一个等高距)则原始点可能存在粗差。原始数据点的错误引起等高线偏移如图 7-6 所示。

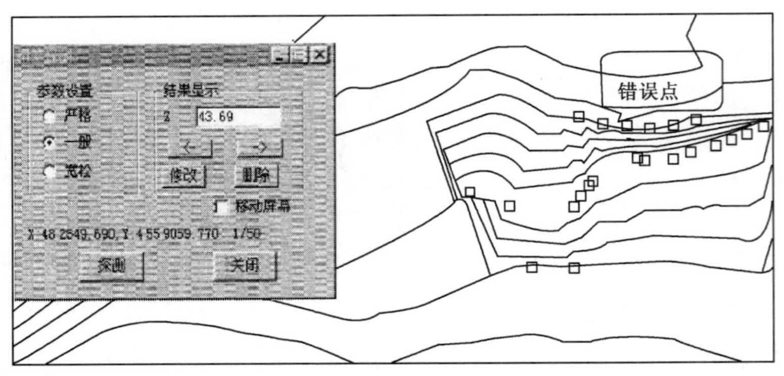

图 7-6　粗差探测与等高线套合检验

3)透视显示

透视显示可以最直观地检查原始点有无错误存在并发现概略位置。数字地面模型系统可提供灰度晕渲、线框透视和景观模型三种透视形式,可对模型进行不同的方位、视角、距离的观察和检查(图 7-7)。

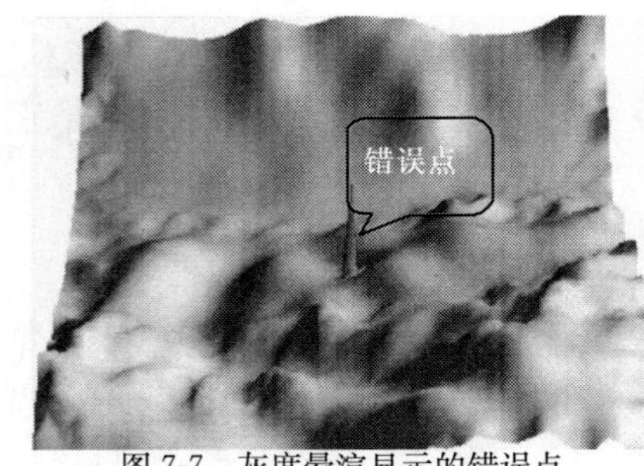

图 7-7　灰度晕渲显示的错误点

7.5.3　错误纠正

对于由于原始点的错误引起的数字地面模型质量问题,数字地面模型系统采用自动剔除或人工交互的方式修正。在怀疑的三角形顶点附近点击,直接修改原始点的高程。在无法获得该点的高程时,可以直接删除该点。

7.6　数字地面模型功能

公路数字地面模型系统应具有建立工程与模型管理机制,方便对数据进行管理。公路数字地面模型系统包含创建工程,创建模型,打开工程,关闭工程,打开模型,关闭模型,当前模型切换等项目管理功能,并能进行各种应用。

7.6.1　高程插值

在数字地面模型的众多功能中,插值功能极其重要。对于不同的采样方式,不同的数字地面模型建立,要采用不同的插值模式。下面简述几种常用插值模式。

1)移动拟合面插值

移动拟合面插值适用于散点数模。若带特征线须去掉与特征线异侧的点方能使用(图 7-8)。

移动拟合面插值方法原理是:

$$h = Ax^2 + Bxy + Cy^2 + Dx + Ey + F \quad P_i \tag{7-1}$$

式中:A、B、C、D、E、F——多项式系数;

x、y——待插点平面坐标;

h——待插点的高程；

P_i——权值。

各点到待定点的距离平方的倒数作为权值，即 $P_i=1/d_i$。根据多于 6 个已知点的(x,y,h)，采用最小二乘法确定 A,B,C,D,E,F 这 6 个参数。

2）双线性插值

双线性插值适用于矩形格网插值，计算速度快。其原理是：

$$h=a_0+a_1x+a_2y+a_3xy \tag{7-2}$$

式中：a_0、a_1、a_2、a_3——多项式系数；

x、y、h——平面坐标与高程。

已知四个点的平面坐标和高程，可确定多项式系数。据此，可计算出内插点(x,y)的高程值 h。

对于边长为 L 的正方形格网（图 7-9），计算 P 点高程 H 的公式为：

$$h=h_A\left(1-\frac{x}{L}\right)\left(1-\frac{y}{L}\right)+h_B\left(\frac{x}{L}\right)\left(1-\frac{y}{L}\right)+h_C\left(\frac{x}{L}\right)\left(\frac{y}{L}\right)+h_D\left(1-\frac{x}{L}\right)\left(\frac{y}{L}\right) \tag{7-3}$$

式中：h_A、h_B、h_C、h_D——格网点的高程；

h——待插点高程；

x、y——待插点在格网中的平面坐标；

L——格网边长。

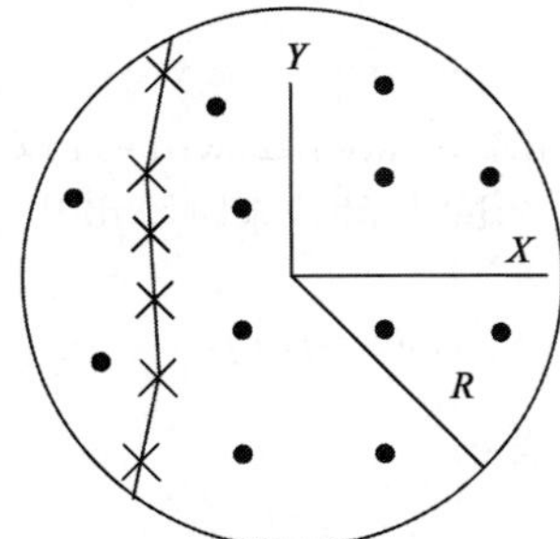

图 7-8　移动面插值

×-特征点；•--一般点

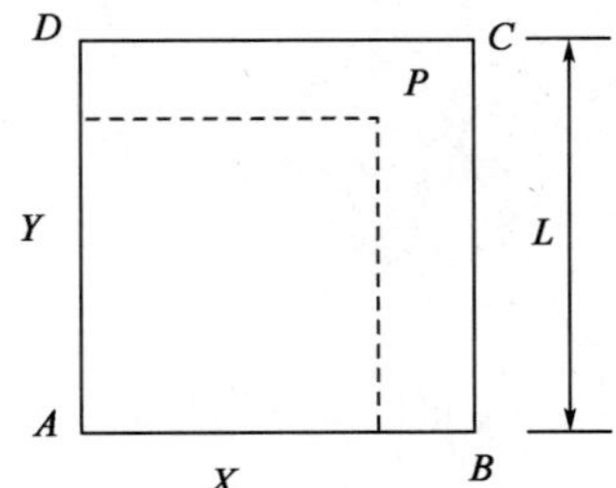

图 7-9　双线性插值

3）三角面插值

（1）单三角面插值

三角面插值适用于考虑地形、地貌特征的采样，局部用三角面代替地形表面，能反映地形特征，插值精度高。

假定三角形包含待定点(x,y)，其三顶点坐标分别为$(x_A、y_A、h_A)$、$(x_B、y_B、h_B)$、$(x_C、y_C、h_C)$，则三角面方程：

$$\begin{vmatrix} x & y & h & 1 \\ x_A & y_A & h_A & 1 \\ x_B & y_B & h_B & 1 \\ x_C & y_C & h_C & 1 \end{vmatrix}=0 \tag{7-4}$$

式中：x_i、y_i、h_i——三角形顶点的平面坐标和高程（$i=A,B,C$）；

x、y、h——待插点平面坐标和高程。

令：$x_{BA}=x_B-x_A$；$x_{CA}=x_C-x_A$；

$y_{BA}=y_B-y_A$；$y_{CA}=y_C-y_A$；

$h_{BA}=h_B-h_A$；$h_{CA}=h_C-h_A$；

解方程(7-4)，可求出 H：

$$h=h_A-\frac{(x-x_A)(y_{BA}h_{CA}-y_{CA}h_{BA})+(y-y_A)(h_{BA}x_{CA}-x_{BA}h_{CA})}{x_{BA}y_{CA}-x_{CA}y_{BA}} \tag{7-5}$$

(2)内外三角面插值

内外三角面插值适用于考虑地物、地形特征线，插值精度很高。其原理是：设待定点所处 ΔABC 的三边所邻接的 $\Delta AA'B$、$\Delta BB'C$、$\Delta CC'A$，分别有邻接的三角形外插出待定点 P 的高程值(图 7-10)。设由 $\Delta AA'B$ 外插出的高程为 h_1，其权值为 P_1；由 $\Delta BB'C$ 外插出的高程为 h_2，其权值为 P_2；由 $\Delta CC'A$ 外插出的高程为 h_3，其权值为 P_3。设 S_1、S_2、S_3 分别为 ΔPAB、ΔPBC、ΔPCA 的面积，$P_i(i=1,2,3)$的确定按式$P_i=C/S_i$，若取 $C=S_1\times S_2\times S_3$，则 $P_1=S_2\times S_3$，$P_2=S_1\times S_3$，$P_3=S_1\times S_2$。

若 AB 边为由特征线组成的边，则取 $C=S_2\times S_3$，$P_1=0$，$P_2=S_3$，$P_3=S_2$，其余类推。若 AB、BC 边为特征线组成的边，则 $P_1=0$，$P_2=0$，$P_3=1$，其余类推。

若三边全由特征线组成，不外插。

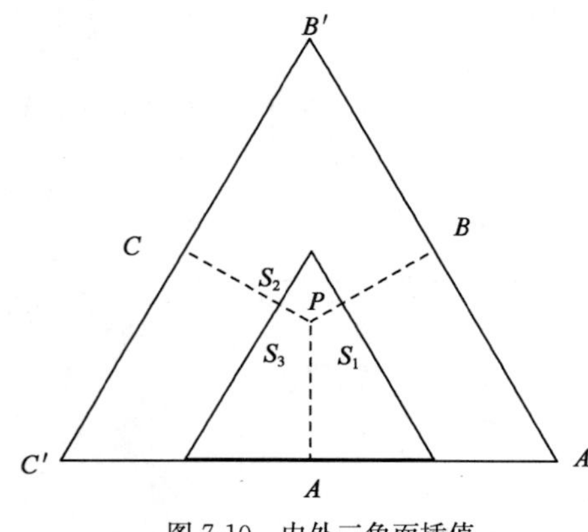

图 7-10 内外三角面插值

P 点的外插高程由带权平均值求出：

$$h_w=\frac{h_1S_2S_3+h_2S_1S_3+h_3S_1S_2}{S_2S_3+S_1S_3+S_1S_2} \tag{7-6}$$

式中：S_1、S_2、S_3——分别为 ΔPAB、ΔPBC、ΔPAC 的面积；

h_1、h_2、h_3——分别为 $\Delta AA'B$、$\Delta BB'C$、$\Delta CC'A$ 外插的高程值；

h_w——外插高程由带权平均值。

最后 P 点的高程值 h 可按式(7-7)得出：

$$h=(1-K)h_n+Kh_w \tag{7-7}$$

式中：h_n——内插高程值；

h——内、外插高程值；

K——调节系数，K 的取值范宜为 0.3～0.5，一般取 0.4。

4)十字型插值

十字型插值适用线串性数模，如沿等高线、地形特征线、地物构造线采样形成的数模，能很好的反映地形特征。插值精度较高，计算速度较快。其原理是：先提取待定点(x_i、y_i)所处区域(I、J)的所有线段(图 7-11)。

$$\begin{cases}I=\text{int}(y_i-y_0)/S_i+1\\J=\text{int}[(x_i-x(I)_{\min})/S_i]+J(I)\end{cases} \tag{7-8}$$

式中：I、J——管理格网的行列号；

x_i、y_i——待插点平面坐标；

S_i——管理格网间距；

y_0——格网起始纵坐标；

$x(I)_{min}$——管理格网第 I 行起始横坐标；

$J(I)$——第 I 行起始单元数。

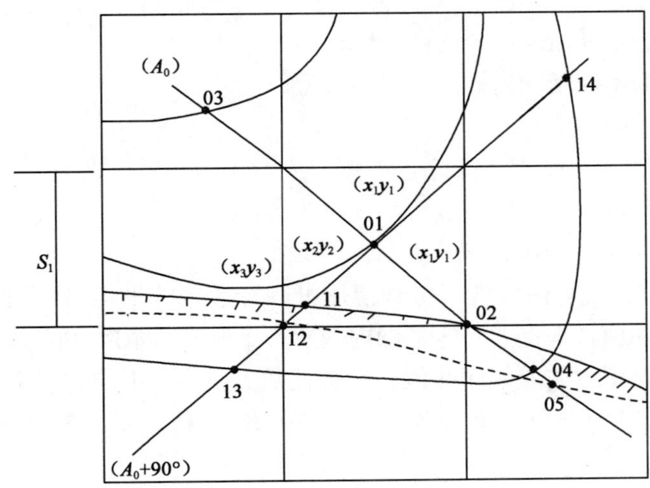

图 7-11 十字型插值

在(I,J)内先找出与断面线相交的一线段$(x_1,y_1)-(x_2,y_2)$，利用线性插值求待定点 A_0 方向与其交点 01：

$$\begin{cases} x_{01}=[(x_1T_2-x_iT_1)-(y_1-y_i)]/(T_2-T_1) \\ y_{01}=y_i+(x_{01}-x_i)T_1 \\ T_1=\tan A_0 \quad T_2=\dfrac{y_2-y_1}{x_2-x_1} \end{cases} \tag{7-9}$$

式中：x_{01}、y_{01}——第一个交点平面坐标；

x_1、y_1——线段中第一点平面坐标；

x_2、y_2——线段中第二点平面坐标；

x_i、y_i——待插点平面坐标。

利用上述方法再求出 02，将交点坐标予以存放，然后在此格网四周找出方向线与区域边交点，以判断方向线向哪个方区域延伸，再提取下区域线段，求其交点。这样，直至待定点在方向两侧延伸一定距离为止。这些交点按序排列，实质上就是一个断面。这些断面上的点都是与特征线、等高线的交点。

将断面点从小到大排列，线性内插出待定点(x_i,y_i)处的高程值(图 7-12)。

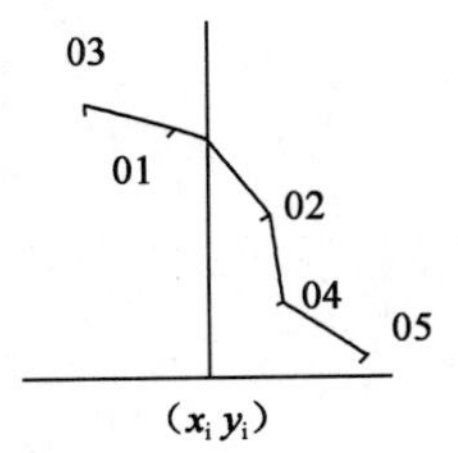

图 7-12 A_0 方向断面插值

同上述方法，求出($A_0+90°$)方向线断面上的交点，得出该方向线上待定点(x_i，y_i)的高程值，而后两方向的高程值加权平均。

设 A_0 方向得出的高程为 h_1，断面点数为 n_1，$A_0+90°$方向得出的高程为 h_2，断面点数为 n_2，则待定点最后值为：

$$h = h_1 P_1 + h_2 P_2 \tag{7-10}$$

$$P_1 = \frac{n_1}{n_1 + n_2} \quad P_2 = \frac{n_2}{n_1 + n_2}$$

式中：h_1、h_2——分别为不同断面内插的高程值；

P_1、P_2——分别为不同断面内插的高程的权值；

h——内插的高程值。

当 $n_1 \leqslant 2$，$n_2 > 2$ 时，$P_1 = 0$，$P_2 = 1$。

当 $n_1 > 2$，$n_2 \leqslant 2$ 时，$P_1 = 1$，$P_2 = 0$。

当 $n_1 \leqslant 2$，$n_2 \leqslant 2$ 时，$P_1 = 0$，$P_2 = 0$。

当 $P_1 = 0$，$P_2 = 0$ 时，此算法失败。这种情形可解释成地势平坦，地形构造线少。此时补救措施为局部三角面插值。即提取一定范围内的所有点形成三角网，再用三角网方法插值。

十字型插值可推至多方向取剖面插值。设剖面数为 K 个，不同方向剖面间角度为 $180°/K$，其方向值分别为 $A_0+(i-1)\times 180°/K(i=1,2,\cdots,K)$。待定点的高程值为 K 个剖面内插值的加权平均值。

在与等高线求交点中，如图 7-13 情形极多。这种现象称之为"削平"现象。这时，如果"削平"的两点外还有点，就可拟合出曲线：

$$H = A + Bd + Cd^2 \tag{7-11}$$

式中：A、B、C——多项式系数；

d——横坐标值；

H——高程。

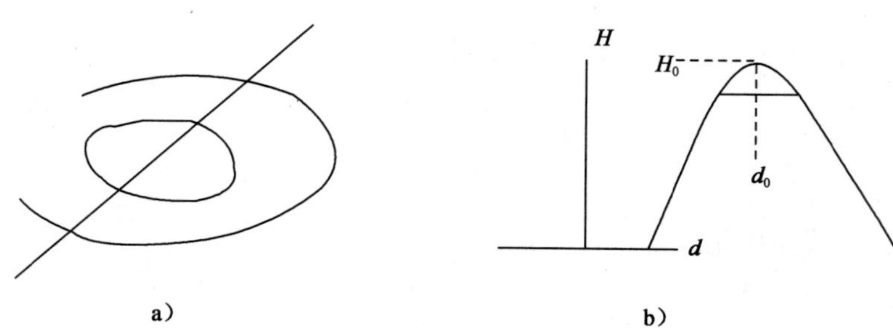

图 7-13 十字型插值的特殊情况

对上式求导：

$$H' = B + 2Cd \tag{7-12}$$

令 $H'=0$，则：

$$d_0 = -B/2C$$

$$H_0 = A - B^2/4C \tag{7-13}$$

此时在断面点串中，补进最大(最小)点(d_0, H_0)即可。若“削平”点两侧均无点，只能当“平”处理了。若待插点处于其中，其高程值为“平”。

7.6.2　点查询

寻找包含给定点的格网或三角形，是数模应用的核心算法之一。

对于格网数字地面模型，按照给定点的坐标(x_p, y_p)、格网间距及起始点坐标，可确定该点所处的格网。

对于三角网数字地面模型，采用三角形索引机制，利用拓扑关系找到包含给定点的三角形。查出给定点所在三角形的顶点信息，以及三角形属性、坡度、底面积、表面积、流水线方向等信息。

给定一点的平面坐标$P(x_p, y_p)$，寻找包含P点的三角形的基本步骤如下：

(1)根据(x_p, y_p)求出该点所在的管理网格号，取出该网格中的首三角形T_1。

(2)判断点P是否与三角形T_1每一顶点均在该顶点所对边的同旁。如果是，则三角形T_1包含点P，否则，找到与该对边有公共边的三角形T_2。

(3)$T_1 = T_2$，转到步骤(2)；直到找到包含P点的三角形。

令三角形T的顶点为$V_1(x_1, y_1)$，$V_2(x_2, y_2)$，$V_3(x_3, y_3)$，则V_1V_2的直线方程为：

$$L_{12}(x, y) = (y_2 - y_1)(x - x_1) - (x_2 - x_1)(y - y_1) \tag{7-14}$$

若

$$L_{12}(x_p, y_p) \cdot L_{12}(x_3, y_3) < 0 \tag{7-15}$$

则V_3与P点在V_1V_2的两侧，否则位于同侧。

7.6.3　断面插值

对线段Q_1Q_2进行断面插值，等间距插值可直接线性内插出待插点的平面位置(x, y)，再由(x, y)进行高程插值得到h。不等间距插值则要计算出线段Q_1Q_2与格网或三角网边的交点$(x_1, y_1, h_1), \cdots, (x_n, y_n, h_n)$。

对于格网数字地面模型，查找出线段Q_1Q_2某一端点所在格网，双线性内插出端点高程；然后，计算线段与格网边交点，线性内插出交点高程，并按方向查找出下一格网，依次计算出格网交点及高程，直到另一端点为止。

对于三角网数字地面模型，断面插值的基本步骤如下：

(1)找到端点Q_1所在的三角形T_1，并内插h_1，同时处理端点Q_2。

(2)找到线段Q_1Q_2与T_1的相交边，求出交点(x_2, y_2, h_2)。

(3)根据拓扑关系找到与T_1共此相交边的三角形T_2，判断与另外两条边的相交情况，求出交点(x_3, y_3, h_3)。

(4)重复执行步骤(3)，直到取出的三角形为Q_2所在的三角形。

7.6.4　面积计算

计算三角形的表面积使用海伦公式：

$$S = \sqrt{P(P - D_1)(P - D_2)(P - D_3)} \tag{7-16}$$

$$P = \frac{1}{2}(D_1 + D_2 + D_3)$$

$$D_i = \sqrt{\Delta x^2 + \Delta y^2 + \Delta h^2} \quad (i = 1,2,3)$$

式中：Δx、Δy、Δh——两点之间的坐标增量；

D_i——第 i 对顶点之间的空间距离($i=1,2,3$)；

S——三角形的表面积；

P——三角形周长的一半。

格网数字地面模型单元表面积，可将格网剖分为三角形，采用上述方法计算表面积。整个格网数字高程模型的表面积则是每个三角形表面积的累加。

底面积可根据边界的角点坐标进行计算。如果一个多边形由顺序排列的 N 个点(x_i，y_i)组成并且第 N 点与第 1 点相同，则水平投影面积计算公式为：

$$S = \frac{1}{2}\sum_{i=1}^{N-1}(x_i y_{i+1} - x_{i+1} y_i) \tag{7-17}$$

式中：x_i、y_i、x_{i+1}、y_{i+1}——多边形角点坐标($i=1,\cdots,N-1$)；

S——底面积。

如果多边形顶点按顺时针方向排列，则计算的面积值为负；反之，为正。面积的数值应按该数的绝对值取用。

7.6.5 体积计算

体积可由四棱柱和三棱柱的体积进行累加得到。四棱柱上表面可用抛物双曲面拟合，三棱柱上表面可用斜平面拟合，下表面均为水平面或参考平面。计算公式为：

$$V_3 = \frac{h_1 + h_2 + h_3}{3} \cdot S_3$$

$$V_4 = \frac{h_1 + h_2 + h_3 + h_4}{4} \cdot S_4 \tag{7-18}$$

式中：h_i——表示网点高程($i=1,2,3,4$)；

S_3、S_4——分别表示三棱柱或四棱柱的底面积；

V_3、V_4——分别表示三棱柱或四棱柱体积。

根据式(7-18)，可计算工程的挖、填方数量。在对地表进行挖或填后，体积可由原始数字高程模型中的体积减去新的数字高程模型体积求得。

$$V = V_{DEM1} - V_{DEM2} \tag{7-19}$$

式中：V——挖、填方数量；

V_{DEM1}——原始数字高程模型体积；

V_{DEM2}——新数字高程模型体积。

当 $V>0$ 时，表示挖方；当 $V<0$ 时，表示填方。

7.6.6 坡度坡向计算

坡度即地表面倾斜程度。坡度可以有两种表示方法，即度(水平面与地形面之间夹角的度数)和百分比(水平面与地形面之间夹角正切值×100)。

坡向即该点高程值的最大变化方向。

矩形格网数字地面模型的坡度坡向计算参见第六章第四节的方法。

三角网数字地面模型计算坡度坡向采用下述方法。

对于每一个三角形，由三个顶点 $A(x_1,y_1,h_1)$，$B(x_2,y_2,h_2)$，$C(x_3,y_3,h_3)$确定一个平面：

$$h = Ax + By + C \tag{7-20}$$

式中：h——高程；

x、y——平面坐标；

A、B、C——多项式系数。

将三点的坐标代入式(7-20)解方程，可得：

$$A = \frac{(y_1 - y_3)(h_1 - h_2) - (y_1 - y_2)(h_1 - h_3)}{(x_1 - x_2)(y_1 - y_3) - (x_1 - x_3)(y_1 - y_2)} \tag{7-21}$$

$$B = \frac{(x_1 - x_3)(h_1 - h_2) - (x_1 - x_2)(h_1 - h_3)}{(x_1 - x_3)(y_1 - y_2) - (x_1 - x_2)(y_1 - y_3)}$$

$$C = h_1 - Ax_1 - By_1$$

式中：x_i、y_i——三角形顶点平面坐标($i=1,2,3$)；

h_i——三角形顶点高程($i=1,2,3$)。

坡度

$$\alpha = \arccos(\sqrt{A^2 + B^2 + 1}) \tag{7-22}$$

坡向

$$\beta = \begin{cases} 0°(A > 0, B \approx 0) \\ 180°(A < 0, B \approx 0) \\ \arctan(A/B)(A > 0, B > 0) \\ 180° + \arctan(A/B)(A < 0, B > 0) \\ 90° - \arctan(A/B)(A < 0, B < 0) \\ 270° - \arctan(A/B)(A > 0, B < 0) \end{cases} \tag{7-23}$$

7.6.7　等高线生成

1)三角网数字地面模型

三角网数字地面模型采用直接存储拓扑关系的表达方法，生成等高线较为快速。对于搜索某一给定的等高线高程 h，基本步骤如下：

(1)与所有三角网点高程比较，若网点高程 $h_i=h$，则 $h_i=h+\varepsilon(\varepsilon=10^{-5})$。

(2)设立三角形标记数组，对处理过的三角形做标记，以后不再处理。

(3)按顺序找到等高线的搜索起点，并搜索离去边，内插平面坐标。

(4)根据拓扑关系，进入相邻三角形，搜索离去边，内插平面坐标。

(5)重复步骤(4),直至到达模型边界(开曲线)或相邻三角形为起始三角形。

(6)对于开曲线回到起点,从另一方向搜索等高线,直到模型边界。

(7)根据三角形标记数组,重复步骤(3)～(6),直至全部三角形处理结束。

2)格网数字地面模型

规则格网数字地面模型生成等高线的基本步骤如下:

(1)利用规则格网点的高程内插出格网边上的等高线点。

(2)等高线点顺序排列。

(3)插补加密,生成光滑曲线。

格网数字高程模型生成等高线,对于给定的某一高程 h,判断通过等高线的网边,对每一格网分别计算并判断其网边是否通过等值点,判断公式为:

$$\Delta = \frac{h - h_1}{h_2 - h_1} \tag{7-24}$$

式中:Δ——等值线通过判别因子;

h——给定的等值线高程值;

h_1、h_2——格网两端点高程值。

当 $0<\Delta<1$ 时,等值线通过该网边;$\Delta=0$ 或 $\Delta=1$ 时,等值线通过网格节点;$\Delta=$其他,无等值线通过。

当等值线通过格网节点时,在节点加上一微量,使其通过网边以便于等高线的追踪。

在具有等值点通过的网边上连续追踪等值点,形成一条完整连续的等值线。等值线追踪顺序是:首先从每列格网的底部和顶部寻找等值线的线头,然后向下追踪直至返回起点形成闭曲线或其他格网边缘形成开曲线;其次,从每列格网的横边上寻找线头,并向两侧分别追踪(图7-14),最终合并成一条完整的等值线。

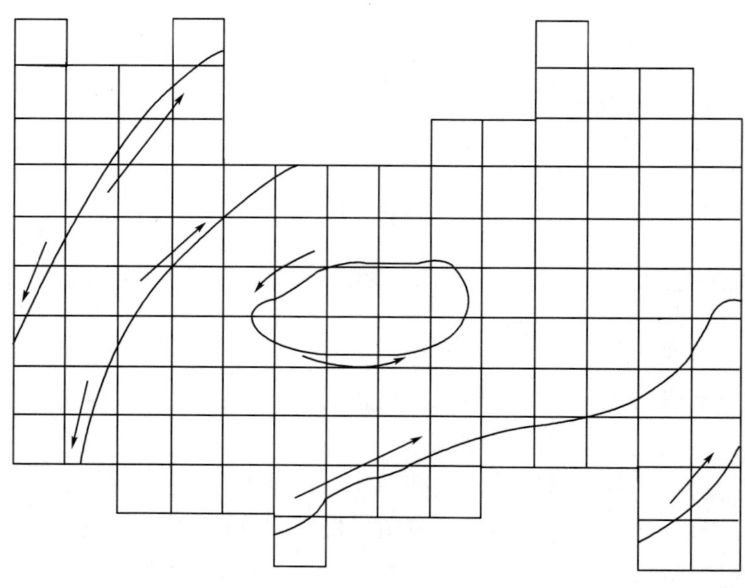

图 7-14　等高线追踪示意图

多义性判断:在同一格网四边都通过等值点时,等值线走向产生多义性(图 7-15)。

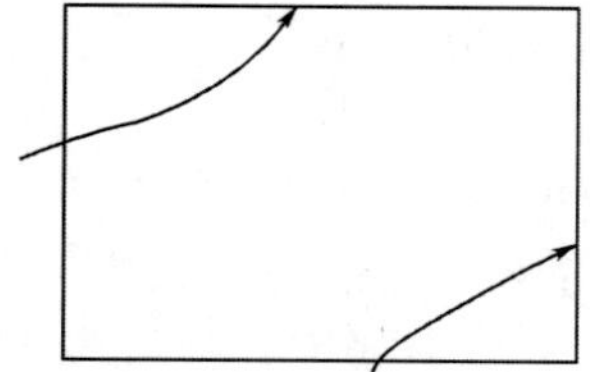

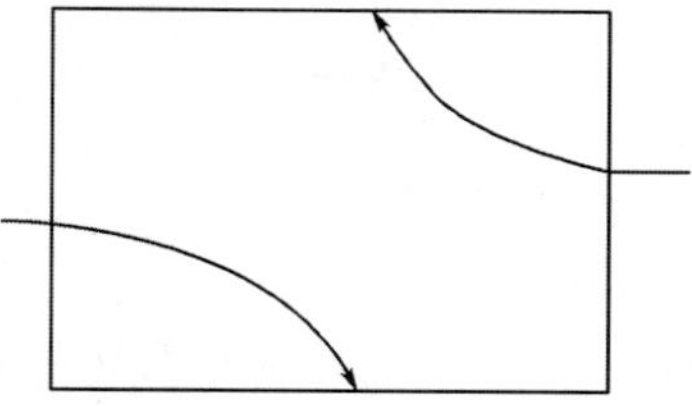

图 7-15 等高线走向多义性

判断等高线走向的多义性是通过在该矩形格网中心内插一高程值,并计算中心点与四个角点连线上的等值点通过状况(图 7-16)。

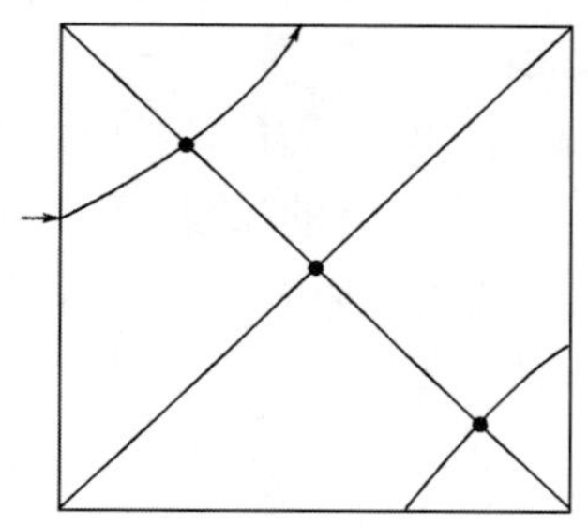

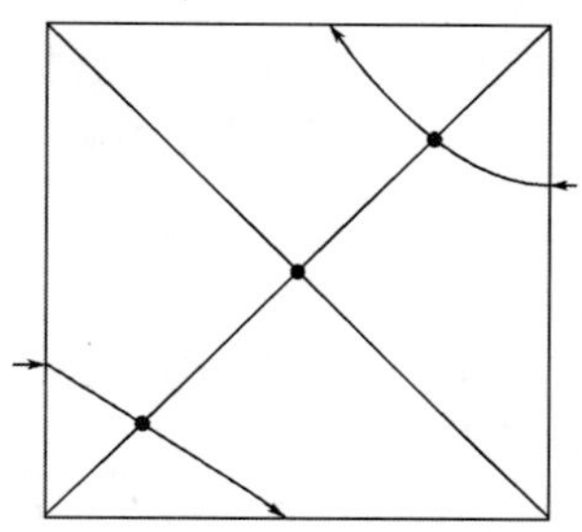

图 7-16 等高线正确走向

在相邻两边所夹的对角线通过等值点时,该两边连接等值线为正确的追踪方向。中心点的高程由双线性内插得出。

等值点坐标计算。根据等值点所处的格网和起算点计算各等值点的坐标。首先计算等值点在本模型上的局部坐标,以起算点为原点,格网行方向为横方向,格网列方向为纵方向:

$$
\begin{aligned}
x &= (J-1)\times S_i + \Delta\times(1-IHV)\times S_i \\
y &= (I-1)\times S_i + \Delta\times IHV\times S_i
\end{aligned}
\tag{7-25}
$$

式中:x、y——等值点平面坐标;

I、J——格网行列号;

S_i——格网间距;

Δ——坐标增量;

IHV——取 0 或 1,当等值点在横边时取 0,在纵边时取 1。

将分向追踪的开曲线连接成一条完整的等值线;闭曲线补充结束点使之与起始点重复。等值线数据记录顺序按等高线注记朝高处的走向从左到右排列顺序。

7.7 三维表示

三维表示采用透视变化原理,按剖面方向消隐,从而可得到有较好的地形起伏立体感的图形。

消隐处理曾是计算机三维图形绘制中的重点研究难题,现在已有多种成熟而有效的算法。其中代表性的算法有油画家算法、深度缓冲区算法和光线跟踪法等。

7.7.1 线框透视

1)图形变换

屏幕显示的内容完全由观察者的位置(称为视点 Viewpoint)和视线方向确定。先将实际地面从地面空间坐标系 $O-XYZ$ 变换到以视点为中心的坐标系——目视坐标系(Eye Coordinate System)$O_e-X_eY_eZ_e$,然后再将其投影到显示屏上。这一系列变换统称为图形变换。图形变换是平移、旋转、缩放和投影等变换的组合。

地面空间坐标系和目视坐标系都为右手三维笛卡儿坐标系。目视坐标系的原点固定在视点,负 Z_e 轴指向观察方向。三维空间矢量用三个方向余弦来表示,有利于两种坐标之间的转换计算。后续的可见面识别、投影变换、明暗处理等都将在目视坐标系内进行。图 7-17 表示了这两种坐标系之间的关系和各目视坐标轴的方向余弦。

根据给定的视点坐标$(X,Y,Z)_{O_e}$和观察方向(方位角 α 和俯视角 β),即可算出目视坐标轴的方向余弦。为了简化计算,可令从视点到地面空间坐标系原点的矢量 O_eO 和视线方向合二为一,并把该方向作为将来的投影方向。这样,只要给出视线方向和视距 D_s,即可算出视点的坐标:

$$\begin{pmatrix} X \\ Y \\ Z \end{pmatrix}_{O_e} = \begin{pmatrix} D_s \times \cos\beta \times \cos\alpha \\ D_s \times \cos\beta \times \sin\alpha \\ D_s \times \sin\beta \end{pmatrix} \tag{7-26}$$

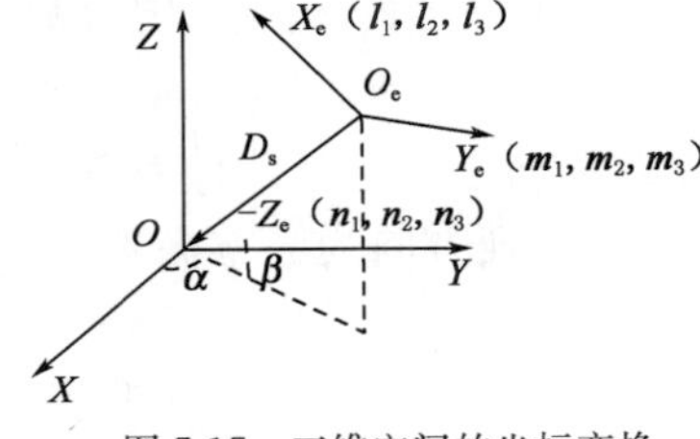

图 7-17 三维空间的坐标变换

式中:$(X\ Y\ Z)_{O_e}^{T}$——目视坐标系坐标;

D_s——视距;

α——方位角;

β——俯视角。

从图 7-17 中,可以得到地面空间坐标(X,Y,Z)与视点坐标(X_e,Y_e,Z_e)之间的关系:

$$\begin{pmatrix} X_e \\ Y_e \\ Z_e \end{pmatrix} = \begin{pmatrix} l_1 & l_2 & l_3 \\ m_1 & m_2 & m_3 \\ n_1 & n_2 & n_3 \end{pmatrix} \left[\begin{pmatrix} X \\ Y \\ Z \end{pmatrix} - \begin{pmatrix} X \\ Y \\ Z \end{pmatrix}_e \right] \tag{7-27}$$

式中:$(X_eY_eZ_e)^T$——目视坐标系坐标;

l_i、m_i、n_i——目视坐标轴方向余弦($i=1,2,3$);

$(X\ Y\ Z)^T$——地面坐标系坐标;

$(X\ Y\ Z)_e^T$——目视坐标系原点在地面坐标系中的坐标。

将平行于 $X_eO_eY_e$ 平面且离视点的距离等于 f 的平面作为投影面,那么目视坐标系中的一点在显示器上的坐标(x,y)可由下式进行计算:

$$x = \frac{X_e}{Z_e} \times f$$

$$y = \frac{Y_e}{Z_e} \times f \tag{7-28}$$

式中：X_e、Y_e、Z_e——目视坐标系坐标；

x，y——显示器坐标；

f——投影面距离，类似于照相机的焦距。

2）消隐处理

在现实世界中，人们放眼望去，只有距观察者最近的、朝向观察者、不被遮挡的物体或其部分才是可见的。要在计算机中对物体或模型实现如现实世界的观察效果，称之为物体或模型的可视化。要真实的反映这一情况，必然要对按观察者位置和方位的物体或模型透视变换后的物体或模型中不可见部分，或其隐藏部分，从视图中消除掉，以使人们获得对物体或模型的真实客观的认识。

消除不可见或隐藏部分的算法较多，有油画家算法、区域子分算法、Z 缓冲器算法、区间扫描线算法等。这里主要介绍油画家算法及区间扫描线算法。

（1）油画家算法

油画家算法是按数字地面模型面元距观察者的远近来建立优先级表，距观察者远的优先级低，近的优先级高。从优先级低的面元开始，依次把面元颜色填入帧缓冲区中形成面的图形。当优先级高的面元图形放入帧缓冲器后，整个模型的线框透视图就完成了。

对于油画家算法，其关键是按观察者的视点的位置及视线方向，对数字地面模型中各个面的纵深或称之为 Z 坐标进行排序。其具体算法如下：

①计算出每个面元（矩形、三角形）中的 Z 坐标最小值。

②对数字地面模型中涉及到的面元 Z 坐标最小值按大小进行初排序。

③将 Z_{min} 最小的面元作为优先级最低的面元 A，在面元序列中取出与 $[A_{Z_{min}}, A_{Z_{max}}]$ 中的面元 B，与 A 比较。

a. 如果 $A_{Z_{max}} < B_{Z_{min}}$，则 A 的序列不变，再与下一个 B 作比较。

b. 如果 $A_{Z_{max}} > B_{Z_{min}}$，则对下列情况作比较检查：

a）A 和 B 在 OXY 平面上的投影的边界盒在 X 方向上不相交。

b）A 和 B 在 OXY 平面上的投影的边界盒在 Y 方向上不相交。

c）A 的各顶点均在 B 的偏离视点的一侧。

d）B 的各顶点均在 A 的靠近视点的一侧。

e）A 和 B 在 OXY 平面上投影不相交。

c. 上述情况，只要有一项成立，A 就不遮挡 B（图 7-18），则 A 的序列不变。否则将 A、B 交换，再作上述 5 项检查。

④重复上项（3）步骤工作，直至全部数字地面模型面元次序排列完毕。

（2）Z 缓冲器算法

Z 缓冲器算法是最简单的消除隐藏面算法之一。Z 缓冲器是一组存储单元，其单元个数和屏幕上像素的个数相同，它们之间是一一对应关系。Z 缓冲器中每个单元的位数取决于图形在 Z 方向上的变化范围，其单元值是对应像素对象的 Z 坐标值。图形消除和生成的过程就是给 Z 缓冲器相应单元填值的过程。

如果把 Z 缓冲器单元大小取为屏幕上一行的大小，就变成了扫描线 Z 缓冲器算法。这样就把消隐问题分解到每条扫描线上去解决，使问题简单化。

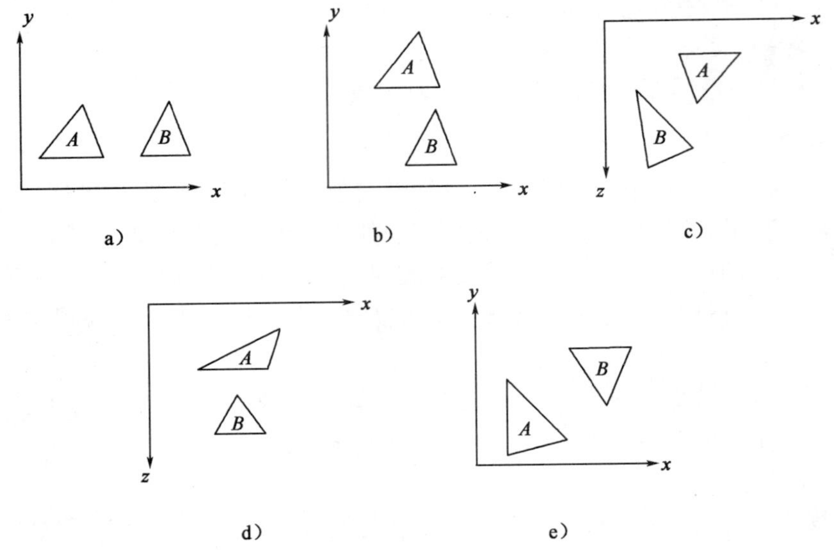

图 7-18　A 不遮挡 B 的情况

区间扫描线算法就是在扫描线 Z 缓冲器算法的基础上，按照 $O—XY$ 平面上，数字地面模型块状单元或三角面单元将扫描线分割成不同区间，对于每个区间，找出 Z 坐标值最大的一个面，作为可见面，其他为被遮挡面，区间内的每个像素颜色由可见颜色表示。

区间扫描线算法具体步骤如下：

①对三角面或四边形的 y 坐标进行排列，并建立对应表。

②自上而下对每条扫描线进行处理。

a. 对于扫描线相交的三角面或四边形进行排列，并建立对应表[图 7-19a)]。

b. 划分扫描线中的三角面或块状单元分割的区间[图 7-19b)]，图中自(x_1,x_2)，…，(x_5,∞)划分为 5 个区间。

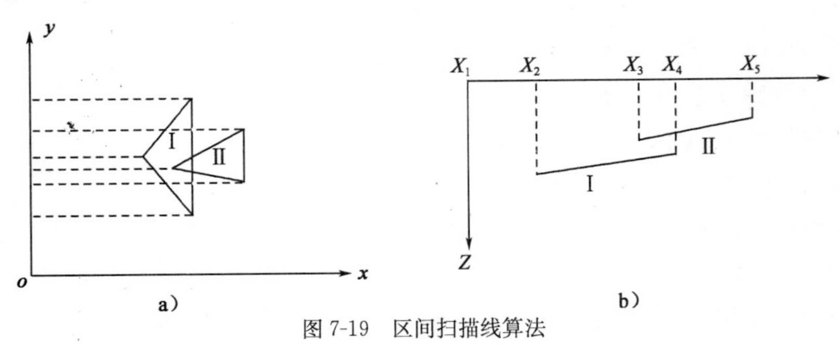

图 7-19　区间扫描线算法

a)纵坐标对应表；b)扫描线区间

c. 找出区间内三角形或块状单元最大的 Z 值，亦即距观察者最近的单元，图 7-19b)中(x_3,x_4)有两个面元，其中 I 更靠近观察者。

d. 填充相应的颜色，进行消隐。图 7-19b)中，区间(x_2,x_3)，(x_3,x_4)以 I 的颜色表示，区间(x_4,x_5)以 II 的颜色表示。

不同的消隐算法具有不同的优缺点。区间扫描线算法简单、可靠，不需对显示对象预先进行排序，消隐效率较高。缺点是需要 Z 缓冲存储器。油画家算法非常适宜于动态漫游及浏览。对于某一观察点，其对象间的相对位置与关系已排列好，当视点发生变化时，相对关系不变。这样，消隐过程可以加速，从而实现动态显示。缺点是需要对每个单元进行优先次序的排列。

7.7.2　灰度晕渲

线框透视对于所建数字地面模型只是线条透视图。而数字地面模型的可视化，具有颜色和明暗色调表现模型景观的几何形状、空间位置及表面状况的灰度晕渲透视图更有应用价值。它能使观察者观察到其实质感的透视图形。

数字地面模型建立完成后，要生成灰度晕渲效果图，根据光源的位置和颜色、地面的形状和方位、地面的光谱特性等计算画面中每一点的颜色灰度，应进行以下步骤：

(1)将三维的数字地面模型转换为二维透视图。以观察者位置为透视中心，设定视距及方位，进行透视变换。

(2)确定视域中所有可见面，并消去视域之外的物体表面及被遮挡的不可见面。

(3)根据光照模型计算可见面投射到观察者眼中的光亮度大小，并转换成灰度值，确定透视图中每一像素的灰度值，并生成图形。

(4)显示所有可见的面片。

(5)景观显示除上述以外，还需做纹理映射。

1)Phong 光照模型

物体表面的反射光是环境反射、漫反射、镜面反射三个分量的组合，对于特定的物体表面，这三种分量具有一定的比例(图 7-20)。设 K_a，K_d 和 K_s 分别表示环境反射、漫反射和镜面反射分量的比例系数，其 Phong 光照模型可表示如下。

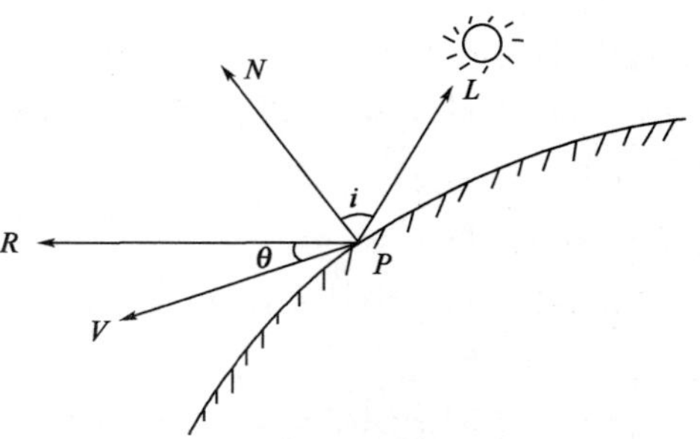

图 7-20　Phong 光照模型中各方向向量

$$I = K_a I_{pa} + \sum [K_d I_{pd} \cos i + K_s I_{ps} \cos^n \theta] \tag{7-29}$$

式中：I——观察者接收到的反射光亮度；

K_a——环境反射比例系数；

K_d——漫反射比例系数；

K_s——镜面反射比例系数；

I_{pa}——环境反射光亮度分量；

I_{pd}——漫反射光亮度分量；

I_{ps}——镜面反射光亮度分量；

$\sum$——所有特定光源求和；

i——光源入射角(入射光线与表面法向量的夹角)；

θ——镜面反射方向和视线方向的夹角；

n——镜面反射光的会聚指数。

Phong 光照模型实际上是纯几何模型，一旦反射光中三种分量的光亮度及它们的比例系数 K_a，K_d 和 K_s 得到确定，从景物上某点到达观察者的反射光亮度 I 就仅仅与光源入射角 i 和视角 θ 有关。在实际计算中，对物体表面的每一点，只需求出它们的法向量 N，光线向量 L，

视线向量 V 和镜面反射向量 R，从而可得：

$$\cos i = (L_0\ N_0)$$
$$\cos\theta = (R_0\ V_0) \tag{7-30}$$

式中：L_0、N_0、R_0、V_0——分别为 L、N、R、V 相应的单位向量；

i——光源入射角；

θ——镜面反射方向与视线方向夹角。

2)Gouraud 明暗处理及 Phong 明暗处理

地形表面是连续变化的，而数字地面模型采用矩形面元或三角形面元来逼近地表。按照光照模型，同一面元其法线是一致的，对于观察者其光亮度也是一样的，这与地表连续变化其光亮度呈现连续变化是矛盾的。为了解决这一问题，可采用 Gouraud 明暗处理及 Phong 明暗处理技术。

Gouraud 明暗处理上对离散的光亮度作双线性插值以获得一连续的光亮度函数。Couraud 明暗处理技术是先计算出数字地面模型中面元各节点处的光亮度值，然后以此光亮度值值插计算出面元内任一点的光亮度。

Gouraud 明暗处理简单易行，但它不能正确模拟高光，还会产生与马赫带效应，克服这些缺点的一种方法是采用 Phong 明暗处理。

Phong 明暗处理是对数字地面模型中面元的顶点法向量作双线性插值，构造一个连续的法向量函数。将这一连续的法向量插值函数代入 Phong 光照模型计算，即可产生一个非线性的光亮度插值结果。

Phong 明暗处理技术由于每一点亮度都要采用 Phong 光照模型计算，因而计算量很大，但对三角网数字地面模型的三角形表面，可采用更简便的形式，使用增量法进行计算。

对于三角网数字地面模型首先确定三角形每个顶点处的灰度，而三角形内部各点的灰度则由这些顶点的灰度内插得到。三角形顶点处的光亮度或灰度采用 Phong 模型计算，其法方向取与关联的所有三角形面元的法方向之平均值。灰度内插方法可用扫描增量法(图 7-21)。令 A、B、C 各点的屏幕坐标和灰度值分别为 $(x,y)_i$、g_i $(i=A,B,C)$ 那么先用顶点的灰度值线性内插当前扫描线($y=y_k$)与三角形的边之交点(L 和 R)处的灰度值：

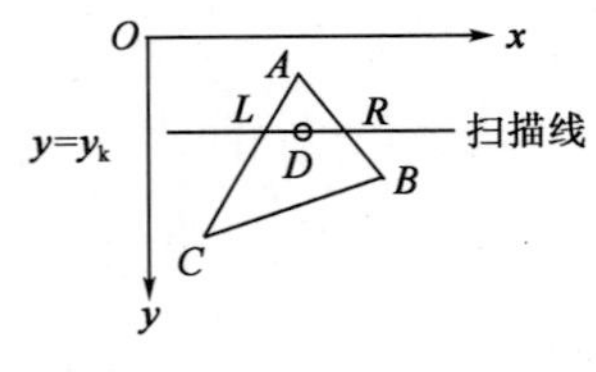

图 7-21 扫描线增量法

$$g_L = g_A + \frac{y_K - y_A}{y_C - y_A}(g_C - g_A) \tag{7-31}$$

$$g_R = g_A + \frac{y_K - y_A}{y_B - y_A}(g_B - g_A) \tag{7-32}$$

式中：g_A、g_B、g_C——分别为 A、B、C 处的灰度值；

g_L、g_R——分别为 L、R 处的灰度值；

y_A、y_B、y_C、y_K——分别为 A、B、C、K 处的纵坐标。

位于 L 和 R 之间的点 P 的灰度不是用常规的线性内插方法进行计算，而是用增量法沿扫描线从左到右逐像素进行计算。任一点 P 的灰度为：

$$g_P = g_{P-1} + \Delta g \qquad (P = 1,\cdots,x_R - x_L) \tag{7-33}$$

$$g_0 = g_L, \Delta g = \frac{g_R - g_L}{x_R - x_L}$$

式中：g_P——P 点灰度值；

g_L、g_R——分别为 L、R 处的灰度值；

Δg——灰度值增量。

7.7.3 景观模型

景观模型实际上就是在透视图的可见面贴上图像(图 7-22)。

图 7-22 景观模型

如果建立了图像库，则图像坐标和地面空间坐标均是已知的。从图像空间到三维地面的映射，最精确的方法自然是根据中心投影原理建立屏幕坐标(U,V)与三维目视坐标(X_e,Y_e,Z_e)之间的直接映射。如采用简化方法，也可以采用从像点坐标到大地坐标的直接线性变换方法建立。

采用一个简单的近似的仿射映射也都能取得令人满意的结果。

$$\begin{aligned} U &= a_1 X_e + b_1 Y_e + c_1 Z_e + d_1 \\ V &= a_2 X_e + b_2 Y_e + c_2 Z_e + d_2 \end{aligned} \quad (7\text{-}34)$$

式中：X_e、Y_e、Z_e——三维目视坐标；

a_i、b_i、c_i、d_i——多项式系数(i=1,2)；

U、V——屏幕坐标。

7.8 数字地面模型精度

7.8.1 数据精度

数字地面模型产品的数据精度主要与采样点间距、采集精度等有关。

数字地面模型格网点间距一般按表 7-5 规定执行。根据需要可从两种合适尺寸中选取一种。对不属于基本比例尺系列的数字地面模型，可参照表 7-5 作适当调整。

数字地面模型格网点间距　　表 7-5

比　例　尺	格网点间距(m)	格网点间距(″)
1∶1 000 000	1 000/500	30/15
1∶500 000	500/250	15/7.5
1∶250 000	250/100	7.5/3
1∶100 000	100/50	3/1.25
1∶50 000	50/25	1.25
1∶25 000	25/12.5	1.25/0.625
1∶10 000	12.5/6.25	0.625
1∶5 000	6.25/2.5	0.625
1∶2 000	5.0	—
1∶1 000	2.5	—
1∶500	1.0	—

用航空/航天摄影测量方法和野外实测方法生成的数字地面模型，其格网点高程中误差应不大于相应比例尺地形图测图的等高线高程中误差。

以地形图数字化方法生成的数字地面模型，其格网点高程中误差应不大于相应比例尺地形图的 2/3 等高距。

相邻数字地面模型接边不应出现漏洞，两数字地面模型间相邻行(列)格网点平面坐标应连续且符合格网间距要求，高程应符合地形连续的总体特征，重叠部分高程应一致。

7.8.2 数字地面模型精度估算

1)沿剖面的误差传播

对于线性插值，讨论误差传播时，首先应该考虑的是剖面上的误差传播。如图 7-23 所示，假设点 A 和点 B 是间距为 d 的两节点，点 P 是 AB 之间需内插的点。如果从点 P 到点 A 的水平距离是 x，则：

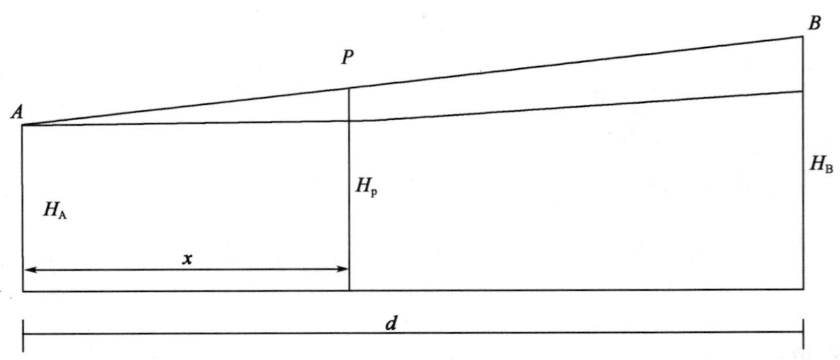

图 7-23　点 AB 之间对点 P 的线性内插

$$H_p = \frac{x}{d}(H_B - H_A) + H_A \tag{7-35}$$

式中：H_A、H_B——分别为点 A 和点 B 的高程；

x——P 点距 A 点的距离；

d——A、B 点间距；

H_P——点 P 经内插计算后的高程。

如果点 A 和点 B 的量测精度以 m 表示，则点 P 从两格网点传递过来的中误差 m_p 可表示为：

$$m_p^2 = \left[\left(\frac{x}{d}\right)^2 + \left(1-\frac{x}{d}\right)^2\right]m^2 \tag{7-36}$$

式中：m_p——内插点高程中误差；

m——采样点数据中误差；

x——内插点距 A 的距离；

d——点 A 和点 B 的距离。

对于沿线段 AB 所有可能点的总体平均值，可将图 7-23 中距 A 点的水平距离 x 看作一变量，其变化范围从 0(在点 A 处)到 d(在点 B 处)。因此在点 A 和点 B 之间所有点的平均中误差如下：

$$m_p^2 = \frac{1}{d}\int_0^d \left[\left(\frac{x}{d}\right)^2 + \left(1-\frac{x}{d}\right)^2\right]m^2\,\mathrm{d}x = \frac{2}{3}m^2 \tag{7-37}$$

式中：m_p——内插总体平均中误差。

对剖面上点的总体精度来说，还需考虑因线性表达地形表面而导致的精度损失，从而可得到下式：

$$m_{pr}^2 = m_p^2 + m_T^2 = \frac{2}{3}m^2 + m_T^2 \tag{7-38}$$

式中：m_p——内插中误差；

m_T——因线性表达地形表面而导致的精度损失；

m——采集数据点的中误差；

m_{pr}——在间距为 d 的剖面上的总体中误差。

2)数字地面模型精度估算

(1)矩形格网数字地面模型内插精度

对于矩形格网数字地面模型的双线性插值，点的内插在两个相互垂直的方向上进行。假设点 A、B、C 和 D 为四个节点，点 Q 为需内插的点。首先在线段 AB 和 DC 上分别使用式(7-35)内插点 P 和 P'，然后在 PP'之间内插点 Q，即：

$$H_Q = \left(\frac{y}{d}\right)(H'_p - H_p) + H_p \tag{7-39}$$

式中：H_Q、H_p、H'_p——分别是点 Q，P 和 P'的高程；

y——点 Q 到点 P 的距离。

图 7-24 中点 P 和 P'精度与点 A，B，C 和 D 的精度不同，其实际精度值随点 P 和 P'在两节点间位置及地形表面特征的变化而变化。因此式(7-38)所表达的 m_{pr}应作为图 7-24 中点 P 和 P'的精度值。对剖面 PP'来说也存在因线性表达所带来的精度损失，因而与式(7-39)对应，可得到从线性表面上所获取的内插点的精度：

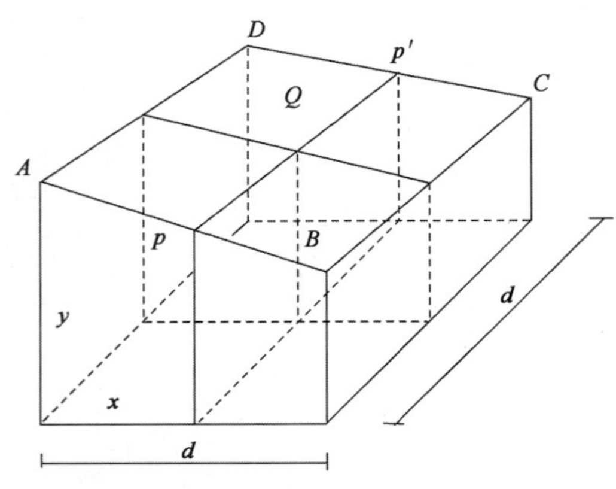

图 7-24　四个节点对点 Q 的双线性内插

$$m_{\mathrm{Q}}^{2}=\frac{2}{3}m_{\mathrm{P}}^{2}+m_{\mathrm{T}}^{2} \tag{7-40}$$

将式(7-38)代入到式(7-40)中，可得到如下表达式：

$$m_{\mathrm{Q}}^{2}=\frac{2}{3}m_{\mathrm{p}}^{2}+m_{\mathrm{T}}^{2}=\frac{4}{9}m^{2}+\frac{5}{3}m_{\mathrm{T}}^{2} \tag{7-41}$$

式中：m_{Q}——双线性插值中误差；

m——矩形格网点数据的中误差；

m_{T}——线性表达地形而导致的精度损失。

比较式(7-38)与(7-41)式可以看出式(7-41)中 m 的系数要比式(7-38)中的对应值小。这是因为与线性内插相比，双线性内插使用了更多的格网节点。当内插点位于四个节点的中间时，最弱点的内插点精度为$\frac{1}{2}m$；而当内插点在格网边的中点时，其精度为$\frac{1}{\sqrt{2}}m$。

(2)三角网数字地面模型内插精度

对于三角形内插，也可应用上述线性内插原理对精度进行估算。

如图 7-25 所示，Q 为内插点，CQ 交 AB 于 P，由 AB 线性内插 P 点的精度同式(7-35)。CP 边内插待定点 Q 时，其估算公式为：

$$m_{\mathrm{Q}}^{2}=\left(\frac{y}{d}\right)^{2}m^{2}+\left(1-\frac{y}{d}\right)^{2}m_{\mathrm{p}}^{2} \tag{7-42}$$

式中：m_{Q}——内插点中误差；

m——数据点中误差；

m_{p}——P 点中误差；

y——内插点距 c 点距离；

d——数据点间隔。

对上式积分并取平均精度为：

$$m_{\mathrm{Q}}^{2}=\frac{1}{3}m^{2}+\frac{1}{3}m_{\mathrm{p}}^{2} \tag{7-43}$$

考虑到地表逼近精度，并将上式代入有：

$$\begin{aligned}m_{\mathrm{Q}}^{2}&=\frac{1}{3}m^{2}+\frac{1}{3}\left(\frac{2}{3}m^{2}+m_{\mathrm{T}}^{2}\right)+m_{\mathrm{T}}^{2}\\&=\frac{5}{9}m^{2}+\frac{4}{3}m_{\mathrm{T}}^{2}\end{aligned} \tag{7-44}$$

式中：m_{Q}——内插点中误差；

m——数据点中误差；

m_{T}——线性地形逼近的精度损失。

以上为三角面线性内插的精度估算公式。从中可以看出，内插精度与采样点的精度和地形逼近精度有关。而逼近精度与三角面的最小单元的构成及采样点的密度直接有关。

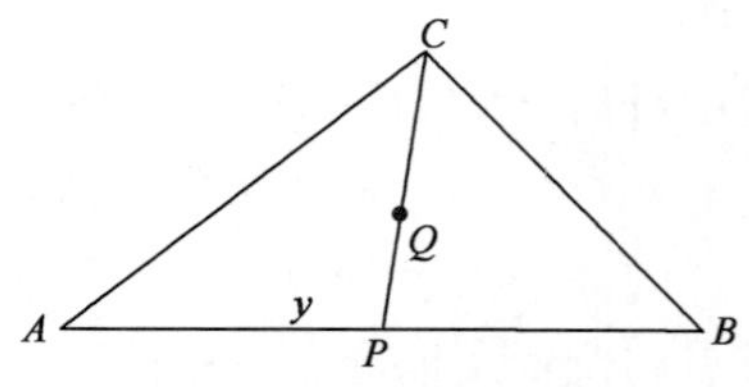

图 7-25　三角形内插示意图

要改善数字地面模型的逼近精度，可以采用不同的插值方法，利用最小单元附近更多的采样点信息，如有限元内插法、内外三角面内插法及有理函数曲面拟合法等。

比较上述矩形格网和三角网插值精度估算公式，可以得到：

①忽略地形逼近精度，即采样点准确表示地形，矩形格网用到了四个点内插，而三角形用到了三个点内插，同等采样精度的矩形格网内插精度略高于三角网的内插。

②考虑地形逼近精度 m_T，三角网的插值精度比矩形格网要高。这主要是由于三角网能很好地考虑地形特征，其地形逼近精度 m_T 较高，而矩形格网较低。

7.8.3 m_T 的估算

地形表示的精度较难确定，这主要是因为地表起伏变化不规则。矩形格网或三角网模型表示地表毕竟是以块状和三角面作为最小单元来表示地形表面的。严格意义上讲，块状面元和三角面元内仍存在地表起伏。以多大的块状面元和多大的三角面元来表示是一个值得讨论的问题，也就是地表逼近精度 m_T 问题。

为了估算地表逼近精度 m_T，假定无论是块状面元还是三角面元逼近地表，其逼近误差呈现正态分布。按照概率论的原理，1 倍 m_T 内的概率为 68.3%，2 倍 m_T 概率为 95.4%，3 倍 m_T 概率为 99.7%。可将 3 倍的误差作为极限误差，亦即最大误差。这时只要估算出逼近引起的最大误差，就可估算出逼近精度 m_T。

对于矩形格网，其最大误差 E_{max} 往往产生在地形变化点处(图 7-26)。

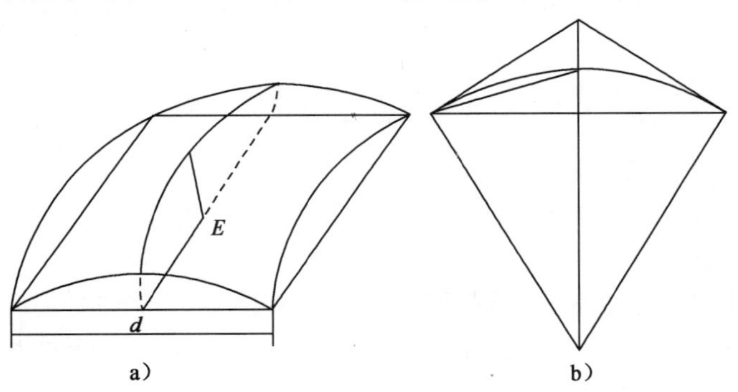

图 7-26 格网情况下地形变化点

对于某一矩形格网的边产生的地形逼近误差 E 为：

$$E = \frac{d}{2}\tan\frac{\alpha}{2}$$

$$E_{max} = 2E = d\tan\frac{\alpha}{2} \tag{7-45}$$

式中：E_{max}——最大误差；

E——地形逼近误差；

d——格网间距；

α——地面平均坡度。

式(7-45)就是最大逼近误差与格网间距及平均地面坡度之间的关系式。

若平原、微丘 m_T 取 0.05m，重丘、山岭区取 0.10m，以 3 倍 m_T 为极限误差 E_{max}，对应的格网间距见表 7-6。

格网数字地面模型的格网间距要求 表 7-6

地形类别	平原	微丘	重丘	山岭
E_{max}(m)	0.15	0.15	0.30	0.30
平均地面坡度(°)	2	4	15	25
格网间距(m)	8.6	4.3	2.3	1.4

将上表取 0.5m 的整倍数，平原、微丘、重丘、山岭地区格网间距分别为 8.5m，4.0m，2.0m，1.0m。

对于三角网，往往考虑地形特征点和特征线。与矩形格网相比，在地形变化点处有采样点，三角网数字地面模型有着更高的地表逼近精度(图 7-27)。

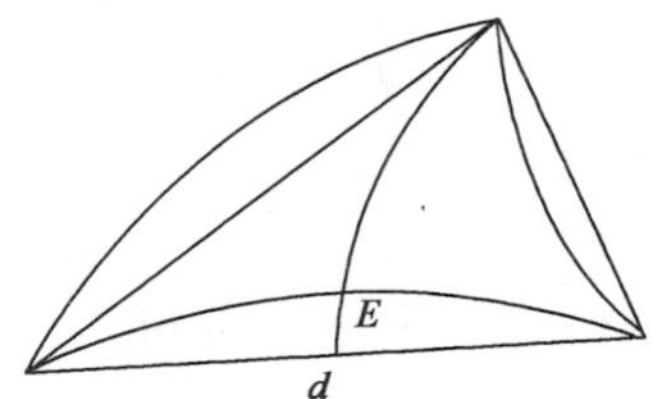

图 7-27 三角网情况下地形变化点

从等边三角形讨论，最弱点应位于三角点重心处，距 E 处还约有 0.287d 的距离，最大误差 E_{max} 为：

$$E_{max}=\frac{d}{2}\tan\frac{\alpha}{2}+0.287d\tan\frac{\alpha}{4} \tag{7-46}$$

式中：E_{max}——最大逼近误差；

d——点间距；

α——平均地面坡度。

式(7-46)是三角网数字地面模型逼近最大误差与点间距和地面平均坡度的关系式。实际上，除非特定采样，在考虑特征的三角网数字地面模型中，等边三角形是非常少的。对于窄长三角形，往往起控制作用的是长边。

若 m_T 平原、微丘取 0.05m，重丘、山岭区取 0.10m，以 3 倍 m_T 为极限误差 E_{max}，三角网数字地面模型点间距应满足表 7-7 要求。

三角网数字地面模型点间距要求 表 7-7

地形条件	平原	微丘	重丘	山岭
E_{max}(m)	0.15	0.15	0.30	0.30
平均地面坡度(°)	2	4	15	25
点间距(m)	13.4	6.7	3.5	2.1

将表 7-7 取 0.5m 的整倍数，平原、微丘、重丘、山岭地区三角网数字地面模型数据采集密度分别为：13.0m，7.0m，3.5m 和 2.0m。

按照式(7-45)和式(7-46)，如果已知矩形格网间距和三角网平均长边距离，可以计算出地形逼近的最大误差 E_{max}，并反算出地形逼近的中误差。

7.9 工程应用

7.9.1 青海西宁至武威公路大通至小沙河段、西宁至张掖公路门源至扁都口段

青海西宁至武威公路大通至小沙河段、西宁至张掖公路门源至扁都口段是青海省重要的北部出口通道之一，建成后将起到连通青海、甘肃、内蒙古、宁夏、陕西等西北五省区的作用，也是西宁向北方向快速出口通道，是G227重要的备用通道。

项目起于大通桥头镇老营庄，经东峡河谷穿大阪山，跨大通河后分为两肢(图7-28)。往武威方向的一肢继续向北，经吐拉沟、穿冷龙岭、沿宁昌河谷往武威，路线长117.75km；另一肢折向西，沿S302岗青公路走廊经东川乡、门源县城、青石嘴，再沿G227走廊向张掖，路线长152km。

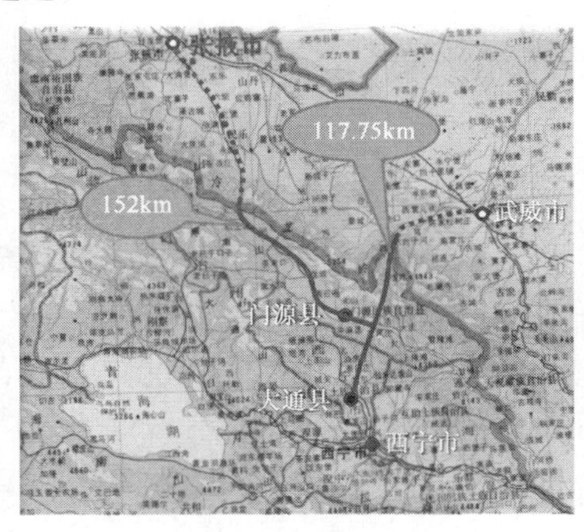

图7-28　项目路线示意图

西宁至张掖公路门源至扁都口段采用0.5m高分辨率WorldView卫星进行公路勘察设计，西宁至武威公路大通至小沙河段采用1.0m高分辨率IKONOS卫星进行公路勘察设计。两个项目的高分辨率卫星采集情况见表7-8、表7-9、图7-29和图7-30。

西宁至张掖公路门源至扁都口段 WorldView 卫星采集情况　　表7-8

采集时间	最小侧视角(°)	最大侧视角(°)	最大偏离天底角(°)	最小太阳高度角(°)
2009-9-17	25.68	30.19	33.64	52.98
2009-9-22	25.27	37.03	33.21	50.46
2009-10-22	41.59	41.66	33.84	40.41

西宁至武威公路大通至小沙河段 IKONOS 卫星采集情况　　表7-9

拍摄日期	采集方位角(°)	采集高度角(°)	太阳方位角(°)	太阳高度角(°)
2008-6-12	342.699 2	61.588 89	134.439 0	71.786 29
2008-6-12	261.117 0	73.029 05	134.932 6	71.90763
2008-7-1	11.925 8	65.887 30	129.330 6	69.774 29
2008-7-1	11.925 8	65.887 30	129.330 6	69.774 29
2008-7-1	197.843 2	83.192 38	129.738 0	69.900 42
2008-7-1	197.843 2	83.192 38	129.738 0	69.900 42
2008-8-3	0.968 2	65.236 34	138.980 9	65.164 63
2008-8-3	0.968 2	65.236 34	138.980 9	65.164 63
2008-8-3	340.697 0	80.040 47	138.949 1	65.263 47
2008-8-3	218.408 7	76.558 36	139.448 0	65.291 56
2008-8-3	218.408 7	76.558 36	139.448 0	65.291 56
2008-8-3	218.408 7	76.558 36	139.448 0	65.291 56

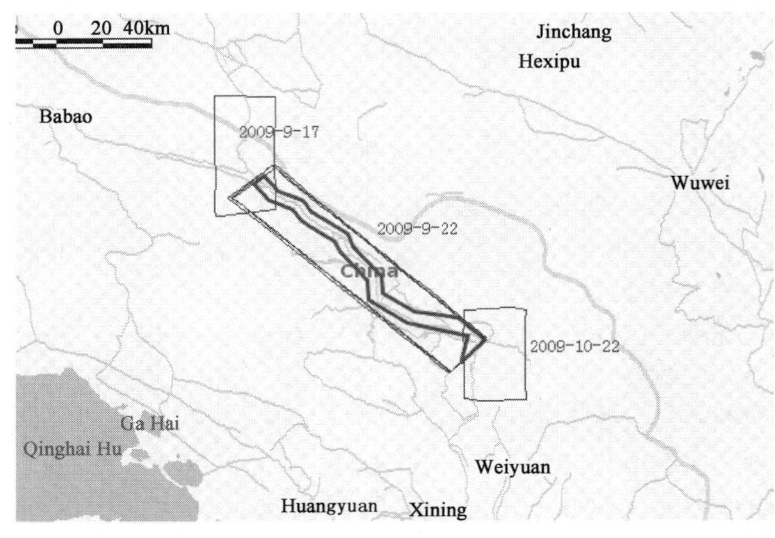

图 7-29　西宁至张掖公路门源至扁都口段 WorldView 卫星采集范围

数字高程模型的生成采用数字摄影测量软件 ERDAS LPS 作为平台。首先，建立工程，添加 WorldView 卫星图像，并导入相应的 RPC 参数文件，构建立体模型。完成立体卫星图像的区域网加密后，生成数字地面模型。

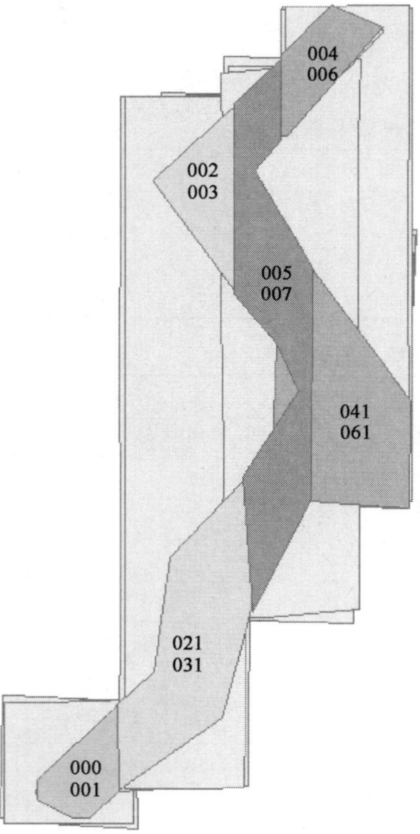

数字地面模型采用人工编辑三角网点的方法，在立体卫星图像中人工添加地面点，构建三角网。数据采集是数字地面模型生成的关键问题。采样点太稀疏，会降低数字高程模型的精度；采样点太密集，会增大数据量、处理工作量和不必要的存储量。

为了同步考虑采样的效率与合理性，通常首先按比较稀疏的间隔进行采集，获得一个较稀疏的格网，这样可以保证采样点可以合理地分布。然后，根据地形复杂情况，决定是否加密采样点以及加密采样点的形式。在地形复杂及陡峭的地区，可采用沿等高线跟踪的方式进行数据采集，在等高线曲率大的地方，采集较多的点，在等高线较平直的地方，采集较少的点。在地形平坦的地区，可以依据一定大小间隔按格网规则进行采样。最后，为了准确的反映地形，需要对地形突变区域进行特征点和特征线的采集，如沿山脊线、山谷线、断裂线以及变化点（如山顶点等）。通过采用多种数据采集策略，可以保证所记录的数据既能很好的描述地形，又不会导致数据量过大。

图 7-30　西宁至武威公路大通至小沙河段 IKONOS 卫星采集范围

自动生成数字地面模型，可在图像质量较好，匹配成功率高的时候采用。此时，利用立体卫星的图像连接点、控制点、检查点等坐标信息作为种子数据，但仍需要进行人工编辑。在森林、树木等植被覆盖的地方，需让采集点切准地面而不是树上。在河流、湖泊以及地面非常平坦的地方，需要进行适当的平滑保证高程位于同一个平面。在山脊、山谷、断裂、陡坎、河岸、水涯等地形特征的地方，需要补测特征点和特征线，以提高采集数据精度。

为检查高分辨率卫星生成数字地面模型的精度，在工程现场利用 GPS 接收机实地测量了大量的检查点。检查点野外观测时所执行的技术要求见表 7-10。

检测点 GPS 观测技术要求　表 7-10

有效卫星数(个)	≥4
卫星高度角(°)	≥15
时段长度(min)	≥10
PDOP	≤8
对中误差(mm)	≤3

WorldView 生成的数字地面模型精度检查是在 WorldView 立体像对恢复的空间模型上，利用地面点形成的三角网内插出检测区域内的外业检测点的高程值，并将检测点的高程值与之比较，统计出精度指标。实地检测点总数为 209 个，分布如图 7-31 所示，试验区 WorldView 立体卫星图像生成的 DEM 的误差区间分布统计结果见表 7-11。

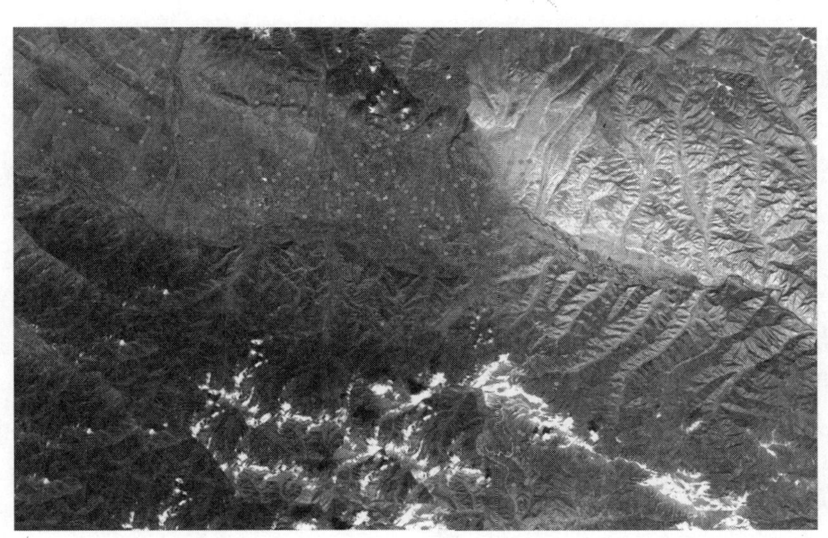

图 7-31　检查点分布图

WorldView 立体卫星图像生成的 DEM 误差区间分布统计表　表 7-11

误差(m)	<−1.5	−1.5～−1	−1～−0.5	−0.5～0
检测点(个)	2	3	16	75
误差(m)	0～0.5	0.5～1	1～1.5	>1.5
检测点(个)	84	22	6	1

WorldView 生成的 DEM 的误差区间分布统计直方图见图 7-32。

对检测的 WorldView 立体卫星图像生成的 DEM 精度的 209 个检测数据进行统计分析，其精度统计见表 7-12。

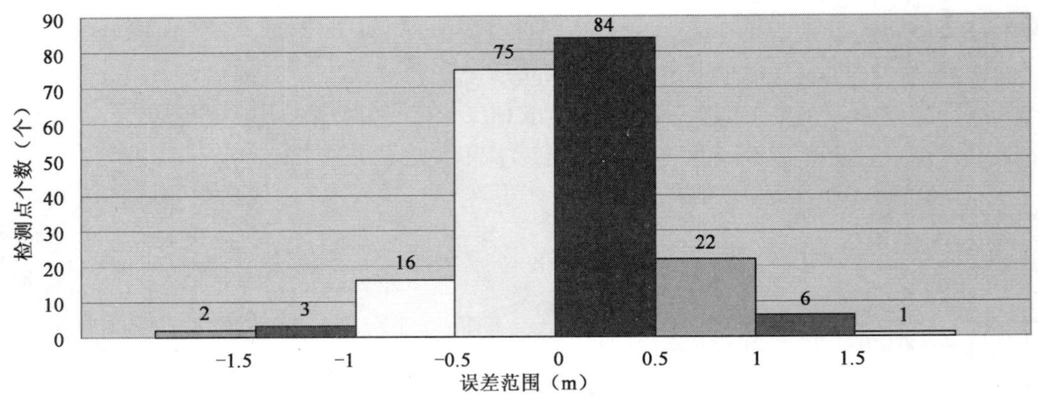

图 7-32　WorldView 立体卫星图像生成的 DEM 误差分布直方图

WorldView 立体卫星图像生成的 DEM 的精度(m)　　表 7-12

最大误差	最小误差	均　值	中　误　差
1.503	−1.931	0.038	0.503

在所有的 209 个检测数据中，有 6 个检测数据大于 2 倍中误差，占总数的 2.9%。

7.9.2　国道 106 线和国道 208 线

1）国道 106 线

国道 106 线的数字地面模型应用段位于广东省境内，主要对不同形式数字地面模型的建立及其性能指标进行比较，并对数字地面模型应用于勘察设计的土石方数量、土石方调配及自动定坡与优化效果进行比较。

项目的相关数据如下：

航片比例尺：1∶8 000；

像幅：23cm×23cm；

摄影焦距：152mm；

摄影时间：1987 年 12 月；

地形：山区；

测点：路线（平丘二级）纵断面高程数据；

采集设备：C120 解析测图仪，COMPAQ 386S 计算机。

整个路段桩号数 N=236，数字地面模型的指标见表 7-13，从表 7-13 可以看出，三角网数字地面模型精度最高，但花费时间较长。

数字地面模型性能指标　　表 7-13

数字地面模型	插值模式	考虑地性特征线	精度(m)	速度(″/点)
散点	移动拟合面	一般	0.308	1.0
矩形格网	双线性	困难	0.409	0.7
三角形网格	三角面	容易	0.221	1.4

土石方数量比较、土石方调配情况比较及纵断面自动定坡与优化效果比较分别见表7-14～表7-16。

土石方数量比较表（m^3） 表7-14

地段	挖方			填方		
	数模	人工	误差(%)	数模	人工	误差(%)
K65～K66	36 587	36 736	−0.4	11 285	15 276	−26.1
K66～K67	89 887	84 763	6.0	66 623	65 741	1.3
K67～K68	91 277	88 356	3.3	80 967	84 426	−4.1
K68～K69	177 073	175 776	0.7	21 856	22 760	−4.0
K69～K70	52 414	53 218	−1.5	67 196	63 575	5.7
K70～K71	83 260	80 785	3.1	18 418	19 872	−7.3
K71～K72	73 411	71 809	2.2	43 852	46 142	−5.0
K72～K73	17 586	14 414	22.0	9 533	11 467	−16.9
总计	621 495	605 857	2.6	319 730	329 259	−2.9

土石方调配比较表（m^3） 表7-15

	本桩利用	最大运距(m)	调运方	借方	废方	计价方
数模	47 694	1 000	272 037	2 965	301 764	624 461
人工	46 012	1 000	283 246	2 925	276 500	608 694
误差(%)			−4.0	1.4	9.1	2.6

纵断面自动定坡与优化效果比较表 表7-16

	人工拉坡	自动定坡	增量(%)	人工拉坡优化	增量(%)	自动定坡优化	增量(%)
挖方(m^3)	621 608	480 660	−22.7	592 261	−4.7	471 779	−24.1
填方(m^3)	323 039	352 012	9.0	343 867	6.4	346 073	7.1
借方(m^3)	2 965	18 009	507.4	2 013	−32.1	12 276	314.0
废方(m^3)	301 533	146 657	−51.4	250 405	−17.0	137 982	−54.2
砌石(m^3)	389	316	−18.8	196	−49.6	293	−24.7
挡墙(m^3)	1 240	1 970	58.9	1 114	−10.2	1 938	56.3
计价(m^3)	624 573	498 669	−20.2	594 274	−4.9	484 055	−22.5
造价(元)	1 236 146	1 059 742	−14.3	1 159 511	−6.2	1 009 935	−18.3

从表7-14、表7-15、表7-16中可以看出：

(1)总的土石方数量相差不大，但个别断面相差较大，从而影响该段土石方数量。

(2)一般情况下，个别断面误差对整个路段的土石方数量影响并不太大。

(3)纵坡优化设计能在初始纵坡的基础上使土石方工程造价降低约5%～10%。

工程应用表明，数字地面模型是能够满足公路路线初步设计的要求。

2)208 国道

208 国道的数字地面模型应用段位于山西省境。208 国道主要是利用航空摄影测量采集地面数据建立三角网数字地面模型和线串数字地面模型。对两种形式的数字地面模型指标进行了比较，并对土石方数量进行了对比。

项目相关数据如下：

航片比例尺：1∶10 000；

像幅：23cm×23cm；

摄影焦距：152mm；

摄影时间：1991 年 12 月；

地形：破碎的黄土高原；

测点：路线纵横断面高程数据，平、纵、横设计图；

采集设备：C120 解析测图仪，COMPAQ 386S 计算机。

整个路段桩号数 N=1 111，数字地面模型的指标如表 7-17 所示。

数字地面模型性能指标 表 7-17

数字地面模型	插值模式	考虑地性特征线	精度(m)	速度(″/点)
线串	十字型	容易	0.365	0.2
三角网	三角面	容易	0.608	1.0

从表 7-17 可以看出，线串数字地面模型精度高，计算速度快。

土石方工程数量比较如表 7-18 所示。

土石方数量比较表 表 7-18

分段		挖方 (m^3)	填方 (m^3)
K515+000～K519+000	数模	76 442	176 018
	实测	66 638	213 426
	差率(%)	14.7	−17.5
K519+000～K526+400	数模	652 239	226 004
	实测	542 189	268 973
	差率(%)	20.3	−16.0
K526+400～K529+500	数模	164 546	65 688
	实测	177 699	61 258
	差率(%)	−7.4	7.2
K529+500～K534+400	数模	205 950	212 482
	实测	164 239	207 556
	差率(%)	25.4	2.4

208 国道数字地面模型的应用，由于地形极为破碎，沟壑较多且深，在 40°以上的坡上存在点位平面偏移，从而影响高程精度，对比不能真实反映数字地面模型的效力。

然而，通过航测设备采集数据，经过数字地面模型处理，加上路线设计 CAD 系统，无论是计算速度,还是设计质量都超出了手工作业水平,测设质量高、速度快、野外作业时间缩短、测设经费降低,获得了满意的效果。数据的自动采集与数字地面模型及路线 CAD 的结合,使公路勘察设计迈向自动化。

7.9.3 贵阳至遵义公路改扩建工程

贵阳至遵义公路改扩建勘察设计利用摄影测量得到的数字地形图和实测的高精度路基三维数据,通过数字地面模型系统建立了数字地面模型。

全线航测数字地形图共 208 张,利用数字地面模型系统,一次性将所有地形图数据读入,用时 144s 建立全线整体数模,该数模包含点数为 5 335 271 个,三角形为 10 405 169 个。

由于在数字地面模型系统中采用了约束 Delaunay 三角网快速生成和海量数据整体构网的技术,使数字地面模型得以快速建立,为利用公路 CAD 对贵遵公路方案进行多方面的综合比选提供了有力的保障(图 7-33)。

1)数字地面模型系统的改进

(1)数据粗差编辑

贵遵线的航测地形图测绘工程由于测绘人员对公路数字地面模型的理解及成图习惯不同等多种原因,出现图形属性和地面数据的采集要求与设计方案不尽相同等问题。

数字地面模型系统 BID-Land 设立了一定的错误校验机制,并可进行动态的编辑更新,但是只能局限于数模本身的修改,当错误大量出现时,就显得有些被动。为此,在数据采集过程中进行了两方面的改进:高程过滤和数字地形图编辑。

高程过滤可由用户给定一定的条件对地形图中的数据错误进行过滤,将错误数据在建模时予以剔除,从而提高数模质量和采集数据的准确性(图 7-34)。直接对地形图按照给定的条件进行错误筛选,并由用户按条件批量修改,将错误从源头上予以解决,并极大地提高工作效率。例如由于对数据采集要求的理解不够,对图层的使用混乱,多种对象放在同一层上,同一类对象放在不同层上。使用地形图编辑工具,可以快速批量地对图形中的这些错误进行过滤和编辑,使图形满足数据采集要求(图 7-35)。

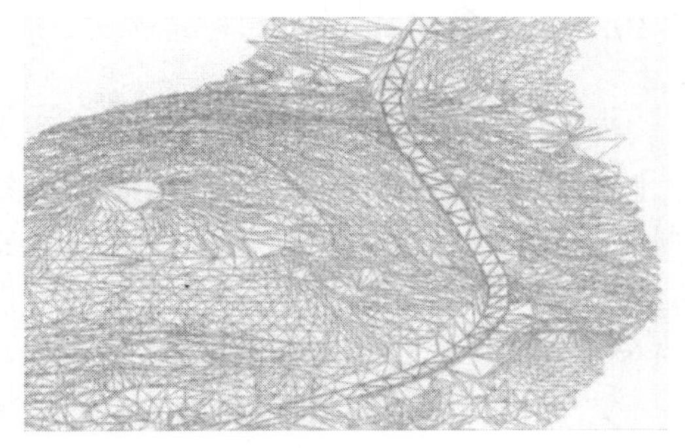

图 7-33 贵遵公路数字地面模型

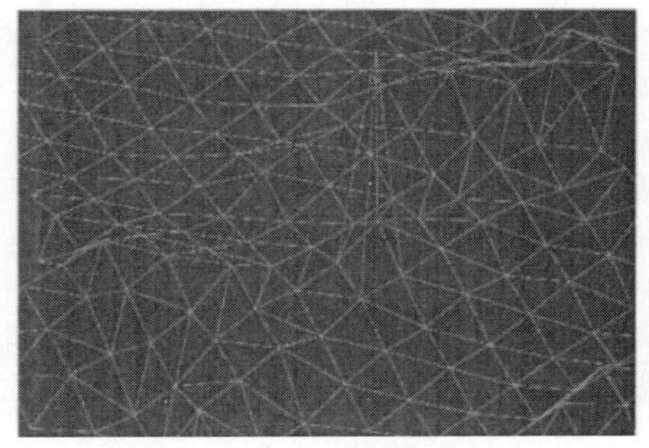

图 7-34 粗差过滤与编辑

(2)二维数字地形图的利用

三维数字地形图是近几年随着工程应用需求和 GIS 地理信息系统的发展才出现的一种

新的测绘产品，原来测绘部门大量测绘的地形图都是二维平面地形图。针对这种情况，开发了二维地形图的高程赋值功能，使二维地形图通过编辑成为三维地形图，可以用来建立数字地面模型。使大量的二维地形图这种宝贵的资源得到了充分的利用。

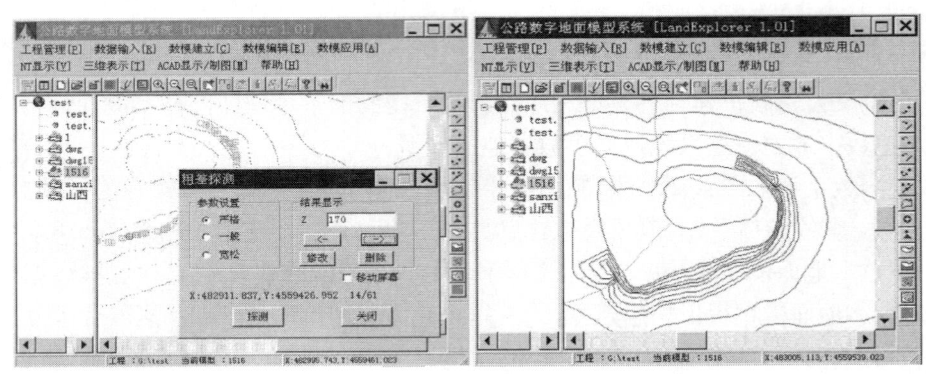

图 7-35　编制工具软件对地形数据进行批量过滤编辑

(3)消除平三角形

在利用数字地形图生成数字地面模型时，在等高线回头而又没有测绘山脊线或山谷线等地形特征线的地方，在构网建模时通常会产生平三角形，这样会使数字地面模型失真。对这些地方进行高程插值时，会产生误差，当等高距比较大时，高程的误差也较大，在断面线上表现为一段平的地形线，不能反映真实的地面起伏情况。针对这种情况，系统采用添加特征线的方法来消除平三角形。

(4)离散点的识别

系统中原来对离散点数据的处理是通过代表高程点的块或点的三维数据读取的，在使用过程中发现，地形图中有很多其他的对象也是用块或点表示，同时图层管理又非常混乱致使散点和其他属性的对象难以区分。增加了通过高程注记来读取散点高程的功能，使系统的数据读取功能得到进一步加强。

2)公路 CAD 的地面数据生成

由于采用了与数字地面模型系统的集成技术，在公路 CAD 系统获取设计所需的地面数据变得非常容易。

在公路 CAD 系统通过项目管理导入数字地面模型的路径、名称以及模型等信息，以便进行数字数字地面模型的插值、应用等操作。在建立逐桩地面数据命令中，根据项目中导入的数字地面模型项目，选择相应的模型名称，确定纵向桩号间距、横向插值宽度和是否插入曲线要素桩，完成地面线生成方式选择和确定相应的参数，单击应用按键，系统开始建立横断面逐桩地面数据，地面数据建立完毕，对话框左侧列表中会显示横断面的桩号和相应的桩地面高程。

以路线设计里程 K81＋120～K86＋800 为例，每 20m 插值一个横断面，全线共 285 个横断面，用时 4s，在如此短的时间内完成 5km 的横断面插值，这在以前是无法想像，正是由于数字地面模型系统与公路 CAD 系统的集成，使真正的路线多方案比选成为可能。

3)路基模型建立

在既有道路改扩建工程中，既有道路路基数据测量精度要求高，要满足相应模式的改建要求，并且还应不干扰交通，保证测量人员的安全等特殊要求。既有道路测量方式主要有传统人工实地测量、采用 GPS-RTK 的实地测量、航空摄影测量等。

建立正确路基模型的关键是得到准确的人工构造物特征线。人工构造物特征线可以由两种方式获得：

(1)通过 GPS-RTK 采集数据。

(2)由已知特征线根据相对关系推算所求的特征线。

路面测量就是前一种获得方式，高精度的路面测量为建立精密路基模型准备了大量的基础数据。

挡土墙墙脚特征线由于 GPS 信号的原因，就无法采用前一种方式获得，只能采用推求特征线的方法。在实际测量过程中，根据不同人工构造物特征线的特点，采用了不同的获得方式。

(1)对于挖方边沟和平台，它们的几何形状比较规则。虽然它们的特征线可以利用 GPS-RTK 采集数据，但每条特征线都利用 GPS-RTK 采集数据，测量工作量将非常大，因此，采用推求特征线的方法，有效地减少测量工作量，提高了测量的效率。

(2)对于挖方边沟和平台、路边水渠、挡土墙等几何形状比较规则的人工构造物，采用了实地段落调查的方法，记录桩号段落和几何尺寸，通过推求特征线的方法得到特征线。

(3)对于挖方坡顶这类几何形状不规则的人工构造物特征线，利用 GPS-RTK 采集特征线数据。通过得到的人工构造物特征线，建立了路基模型(图 7-36)。

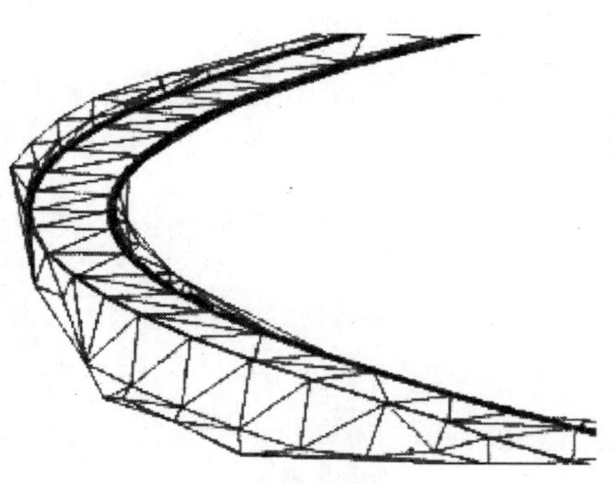

图 7-36　路基模型

根据建立的路基模型，对 K81＋000～K86＋000 插值得到的横断面，对于横断面中结构物的形态进行了检测与统计分析，得到结果如表 7-19 所示。从表中可以看山，插值得到的断面形态真实，正确反映路基的形状。

路基模型横断面结构物形态统计表　　表 7-19

类型	基本准确		不准确		无反映		总数
	数量	(%)	数量	(%)	数量	(%)	
路面	133	100%	0	0	0	0	133
边沟	107	100%	0	0	0	0	107
挡土墙	26	100%	0	0	0	0	26

4)路基模型与地面模型的叠加

在设计过程中存在两个模型，实测的路基数字地面模型和航测的设计走廊带数字地面模型，使用时非常不方便，必须将其融合起来，这样可以利用路面数模高精度的同时也便于设计。

在数字地面模型系统 BID-Land 中提供了模型融合的功能，系统可以先将航测生成的设计走廊带数模中被实测路面数模覆盖的部分删除，再将实测路面数模填充到挖空的地方，最后系统生成一个含实测路面数模的设计走廊带数模。

实测路面数模的原始数据是将测量结果以文本格式存在计算机中的，航测走廊带数模的原始数据是ACAD图形格式，要建立单一的数字地面模型必须将这两种数据格式统一。数据格式统一有两种方法可选。

(1)将实测路面数模的原始数据转化为ACAD图形。

(2)将航测数模的ACAD图形转化为文本格式。

数字地面模型系统BID-Land具有多种数据接口的功能，可以将ACAD图形数据转化为文本格式的数据，这样为后一种方法的实施，提供了便利的工具。

将航测数模的ACAD图形转化为文本格式后，将两部分文本格式数据一起录入到数字地面模型系统BID-Land中。由于在测图时，对于各种类型的特征线放在不同的层上做了严格的规定，转化后的文本格式数据保存了相应的特性代码。在数字地面模型构网时，利用系统提供的特性代码表的功能，将航测数模原始数据中有关路面的数据，根据特性代码将它们屏蔽，使其不参加构网，这样构网形成的数字地面模型中路面部分完全采用实测路面数模的原始数据。

通过以上方法，最后形成的数字地面模型是高精度实测路面数模与航测走廊带数模的集合体(图7-37)，正是由于这个数字地面模型的建立，既保证了高精度实测数据在设计中的充分应用，又提高了设计的效率。

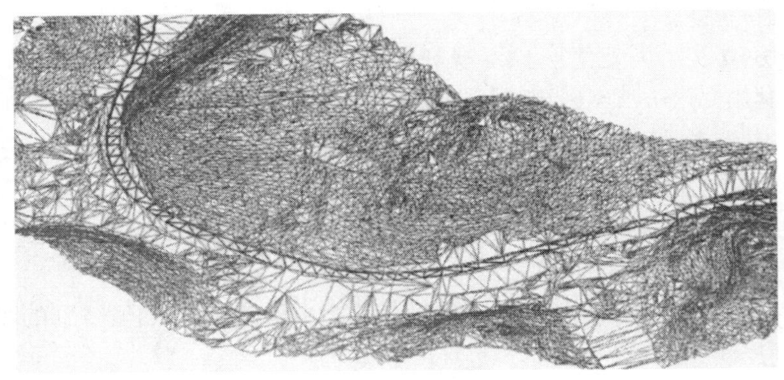

图7-37　实测路基数模与航测数模融合模型

5)道路改扩建设计中生成地面线的精度

(1)数模地面线精度

在常规路线测量工作中，横断面测量往往需要投入大量的人力和物力，但还是不能控制测量的质量。

在贵遵高速公路改扩建工程中横断面测量采用三种测量方法：

①传统的实地测量方法。

②GPS-RTK实地测量。

③数模直接插值法。

对于改扩建工程，采用前两种方法最大的困难是在不中断交通的情况下，测量人员无法控制断面测量方向，从而产生较大的测量误差；旧路两侧林木茂密，建筑物密度也较大，这些因素都使常规横断面测量中对方向的控制和 GPS-RTK 测量工作难以进行。因此，项目部分路段考虑采用融合数模直接插值作为获取横断面地面线的方法。

利用公路数字地面模型系统 BID-Land，将外业检测点的平面数据输入，通过插值得到航测数字地面模型对应平面位置的高程，将航测数字地面模型上的高程值与检测点实测高程值进行对比，得出了检测点处的高程误差。

将误差统计数据按高程误差的数值大小分区间进行了检测点数量的统计，统计结果见表 7-20。利用表 7-20 的统计成果，以航测数模的高程误差为横轴 X，以每一区间内分布的检测点的数量为纵轴 Y，绘制了航测数模的高程误差分布直方图(图 7-38)。从图 7-38 中可以清楚地了解航测数模的高程误差分布范围。

航测数模高程误差区间分布统计表　　表 7-20

误差(m)	≤4.5	−4.5～−3.9	−3.9～−3.3	−3.3～−2.7	−2.7～−2.1	−2.1～−1.5
检测点数(个)	1	1	7	4	6	3
误差(m)	−1.5～−0.9	−0.9～−0.3	−0.3～0.3	0.3～0.9	0.9～1.5	1.5～2.1
检测点数(个)	4	168	293	76	12	0
误差(m)	2.1～2.7	2.7～3.3	3.3～3.9	3.9～4.5	≥4.5	
检测点数(个)	1	0	4	0	1	

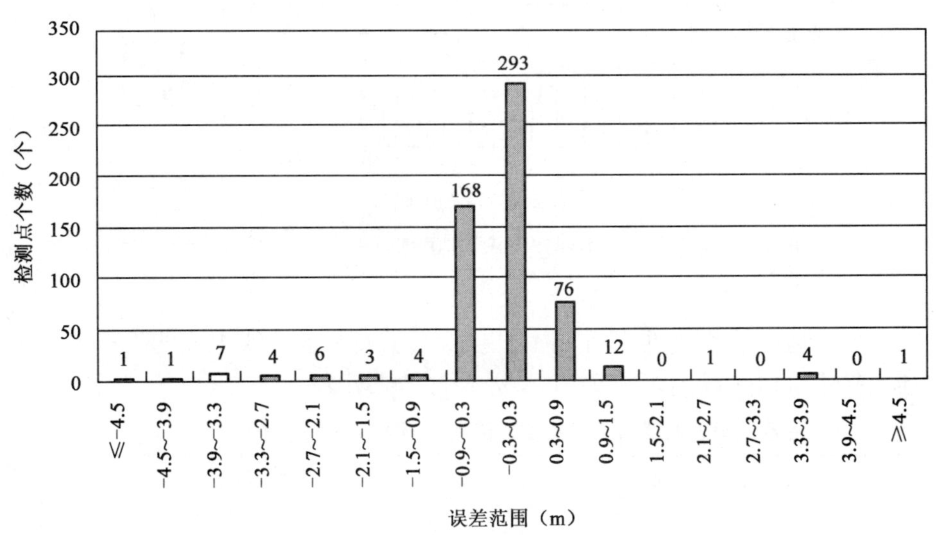

图 7-38　航测数模高程误差分布直方图

对上述 581 个航测数模的高程误差数据的各种统计数据见表 7-21。高程误差大于 2 倍中误差的检测点共 28 个，占总数的 4.82%，符合误差分布规律。

航测数模的高程误差统计特征(m)　　表 7-21

最大值	最小值	平均偏差	中误差
4.653	−4.563	0.467	0.807

由于航测和 GPS-RTK 测量方式的误差源不同，其断面散点的高程相互间存在一定的误差，误差分布符合正态分布规律，精度达到要求，可用于路线方案比选和初步设计。

(2)人工实测地面线与融合数模插值地面线的比较

①横断面面积互差比较

将以融合数模地而线生成的横断面面积与以人工实测地面线生成的横断面面积进行对比,就可得到该桩号的横断面面积的差值。按互差大小分区间进行统计,得到表7-22的互差区间分布统计表,并以此得到图7-39的横断面面积互差分布直方图。

本路段内融合数模地面线与人工实测地面线横断面面积中,挖方和填方的互差绝对值在1m^2以内的占总数的67.16%和54.23%,挖方和填方的互差绝对值大于10m^2的仅占总数的4.98%和2.99%,总体互差绝对值较小。

融合数模地面线与人工实测地面线横断面面积互差区间分布统计表　　表7-22

互差(m^2)	≤1	1~3	3~5	5~10	≥10	合计
挖方横断面个数(个)	135	50	5	1	10	201
百分比(%)	67.16	24.88	2.49	0.50	4.98	100
填方横断面个数(个)	109	31	30	25	6	201
百分比(%)	54.23	15.42	14.93	12.44	2.99	100

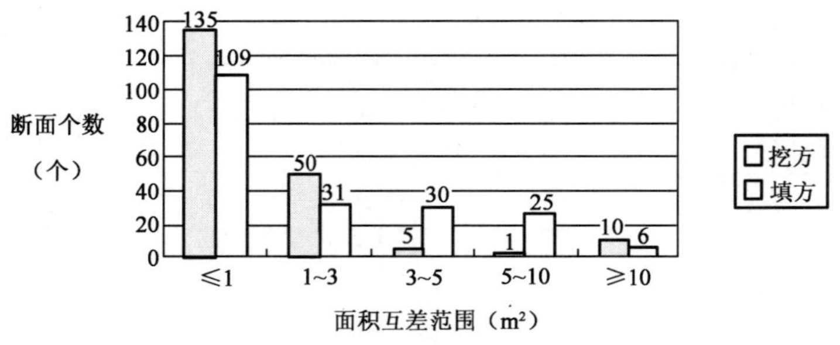

图7-39　融合数模地面线与人工实测地面线横断面面积差分布直方图

②土石方体积互差比较

将以融合数模地面线生成的土石方体积与以人工实测地面线生成的土石方体积进行对比,就可得到该路段的土石方体积互差值,互差统计结果见表7-23。

融合数模地面线与人工实测地面线土石方体积互差统计表(m^3)　　表7-23

段　落	融合数模地面线		人工实测地面线		体积互差		百分比(%)	
	挖方	填方	挖方	填方	挖方	填方	挖方	填方
K101+100~K102+953	180 578	180 338	184 197	187 518	3 619	7 180	1.96	3.83
K103+040~K103+860	29 677	18 878	30 306	17 826	629	1 052	2.08	5.90
K103+908~K105+140	47 767	38 498	48 633	38 146	866	352	1.78	0.92
合计	258 022	237 714	263 136	243 490	5 114	5 776	1.94	2.37

对比路段的挖方总量,融合数模地面线为258 022m^3,人工实测地面线为263 136m^3,相互差为5 114m^3,挖方体积相对互差为1.94%,平均每千米差为1 324m^3。

对比路段的填方总量,融合数模地面线为237 714m^3,人工实测地面线为243 490m^3,相互差为5 776m^3,填方体积相对互差为2.37%,平均每千米差为1 495m^3。

从以上比较结果分析可知，融合数模地面线与人工实测地面线形态基本一致，未发现地面线严重失真的情况。两种测量方式进行对比设计的相互土石方基本一致，较差均在规范控制范围之内。修正后融合数模直接插值得到的横断面地面线精度得到了极大的提高，完全可以满足道路改扩建施工图设计的要求。

整体数字模型精度满足施工图，包括路线平、纵、横拼接的精度要求，使设计方案的任意修改都无需进行新的测量工作，大大提高了后期勘察设计的工作效率。

第8章 数字正射影像图

8.1 引 言

数字正射影像图(Digital Orthophoto Map,DOM)是对航空/航天图像进行数字微分纠正并镶嵌影像图。DOM同时具有地图几何精度和图像特征,精度高、信息丰富、直观真实、制作周期短。它可作为背景控制信息,评价其他数据的精度、现实性和完整性,也可从中提取自然资源和社会经济发展信息,为公路建设规划等应用提供可靠依据,还可从中提取和派生新的信息,实现地形图的修测更新。

正射影像图是一种新型数字测绘产品,有着广阔应用前景的基础地理信息数据。它不仅可用于对数字线划地图数据的更新,提高数据的现势性,加快地形图的更新速度,也可作为背景图直接应用于各种地理信息系统;它广泛应用于道路规划、土地管理、环境分析、绿地调查、地籍测量等方面,也可以与线划图、文字注记进行叠加形成图像地图,丰富地图的形式,增加地图的信息量。利用数字正射影像图与数字地面模型或者道路模型可建立三维立体景观图,丰富公路勘察设计的手段与方法。

在公路勘察设计中的,通过数字正射影像图提供大量的信息,可以用直观、详实的图像来反映许多实地踏勘中的盲点。同时,利用数字正射影像图作为路线方案底图,使路线方案与周边环境的关系更加清晰,并对可能的路线方案进行优化、比选。

公路卫星数字正射影像图是依据图像的传感器模型利用数字高程模型,经过像元纠正、图像镶嵌等步骤,对原始遥感图像经过辐射校正、几何校正等处理后,消除各种图像畸变和位移误差,形成带有公路特有的线路方案及注记的图像平面图。公路数字正射影像图与城市数字正射影像图或区域数字正射影像图最大的区别在于它根据线状的公路走向呈带状分布。

卫星数字正射影像图的制作工序一般如下:

(1)搜集测区内已有的地形图等基础地形资料。

(2)获取测区内时相较新、满足图像质量要求的全色及多光谱卫星图像,同时搜集与图像相关的星历、姿态角等精密参数数据。

(3)对立体卫星图像进行区域网平差。

(4)根据微分纠正对高程精度的实际需要,采集公路工程区域内的数字地面模型。

(5)结合卫星图像与数字地面模型进行微分纠正。

(6)图像融合。

(7)图像镶嵌。

(8)图像调色与质量控制。

(9)成果提交。

8.2 数字微分纠正

根据有关的参数与数字地面模型，利用相应的构像方程式，或按一定的数学模型通过将原始图像划分为很多微小的区域，逐一进行纠正，叫做数字微分纠正或数字纠正。数字纠正的概念在数学上属于映射的范畴。

数字摄影测量与遥感中的许多有关图像处理及产品制作不属于数字微分纠正的范畴，但属于变换或映射。例如图像到其他增强图像的变换、图像的彩色变换、卫星全色图像与多光谱图像到其复合图像的映射、航空航天图像到景观图像的映射等。

数字微分纠正与光学微分纠正一样，其基本任务是实现两个二维图像之间的几何变换。因此与光学微分纠正的基本原理一样，在数字微分纠正过程中，必须首先确定原始图像与纠正后的图像之间的几何关系。设任意像元在原始图像和纠正后图像中的坐标分别为(x,y)和(X,Y)。它们之间存在着映射关系：

$$x = f_x(X,Y);y = f_y(X,Y) \tag{8-1}$$

$$X = \varphi_x(x,y);Y = \varphi_y(x,y) \tag{8-2}$$

式(8-1)是由纠正后的像点坐标(X,Y)出发反求其在原始图像上的像点坐标(x,y)，这种方法称为反解法(或称为间接解法)。而式(8-2)则相反，它是由原始图像上像点坐标(x,y)解求纠正后图像上相应点坐标(X,Y)，这种方法称为正解法(或直接解法)。

在数控正射投影仪中，一般是利用式(8-1)求解缝隙两端点(X_1,Y_1)和(X_2,Y_2)所对应的像点坐标(x_1,y_1)和(x_2,y_2)，然后由计算机解求微分线元素的纠正参数，通过控制系统驱动正射投影仪的机械、光学系统，实现线元素的纠正。在数字纠正中，则是通过解求对应像元的位置，然后进行灰度的内插与赋值运算。

从被纠正的最小单元来区分微分纠正的类别，基本上可分为两类：一类是点元素纠正；另一类是线元素纠正。有时亦有第三类，即面元素纠正。多数光学微分纠正的仪器属线元素微分纠正，即以很窄的缝隙作为纠正的最小单元。而数字图像则是由像元排列而成的矩阵，其处理的最基本的单元是像素。因此，对数字图像进行数字微分纠正，在原理上最适合点元素微分纠正。但实际上，能否真正做到点元素微分纠正，取决于能否真实地测定每个像元的物方坐标(X,Y,Z)。实际上，大部分像元的物方坐标一般采用线性内插获得，此时数字纠正实际上还是线元素纠正或面元素纠正。

8.2.1 框幅式遥感图像数字微分纠正

1)反解法

(1)计算地面点坐标

设正射影像图上任意一点(像素中心)P的坐标为(X',Y')，由正射影像图左下角图廓点地面坐标(X_0,Y_0)与正射影像图比例尺分母M计算P点所对应的地面坐标(X,Y)(图 8-1)。

$$\begin{cases} X = X_0 + MX' \\ Y = Y_0 + MY' \end{cases} \tag{8-3}$$

式中：X'、Y'——像点坐标；

X_0、Y_0——正射影像图左下角图廓点地面坐标；

X、Y——像点所对应的地面坐标；

M——正射影像图比例尺分母。

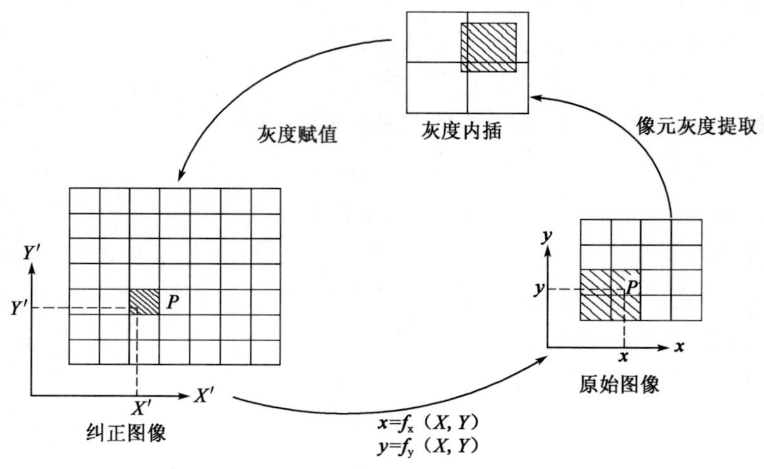

图 8-1　反解法数字纠正

(2)计算像点坐标

应用反算式(8-1)计算原始图像上相应像点坐标 $p(x,y)$，反算公式为共线方程：

$$\begin{cases} x-x_0=-f\dfrac{a_1(X-X_S)+b_1(Y-Y_S)+c_1(Z-Z_S)}{a_3(X-X_S)+b_3(Y-Y_S)+c_3(Z-Z_S)} \\ y-y_0=-f\dfrac{a_2(X-X_S)+b_2(Y-Y_S)+c_2(Z-Z_S)}{a_3(X-X_S)+b_3(Y-Y_S)+c_3(Z-Z_S)} \end{cases} \tag{8-4}$$

式中：X,Y,Z——像点所对应的地面坐标；

X_S,Y_S,Z_S——摄影中心 S 的坐标；

x,y——像点的像片坐标；

x_0,y_0——像主点坐标；

a_1、a_2、…、c_3——旋转矩阵元素；

f——摄影焦距。

但应注意的是，原始数字化图像是以行、列数进行计算的。为此，应利用图像坐标与扫描坐标之间的关系，求得相应的像元坐标，但也可以由 X,Y,Z 直接解求扫描坐标的行、列号 I,J。

简化后即可得：

$$\begin{cases} I=\dfrac{L_1X+L_2Y+L_3Z+L_4}{L_9X+L_{10}Y+L_{11}Z+1} \\ J=\dfrac{L_5X+L_6Y+L_7Z+L_8}{L_9X+L_{10}Y+L_{11}Z+1} \end{cases} \tag{8-5}$$

式中：L_1、L_2、…、L_{11}——变换参数；

I、J——扫描行列号。

(3)灰度插值

由于所得的像点坐标不一定落在像元中心，为此必须进行灰度内插，一般可采用双线性内插，求得像点 p 的灰度值 $g(x,y)$。

(4)灰度赋值

最后将像点 p 的灰度值赋给纠正后像元 P，即：

$$G(X,Y)=g(x,y) \tag{8-6}$$

依次对每个纠正像素完成上述运算，即能获得纠正的数字图像，这就是反解算法的原理和基本步骤。因此，从原理而言，数字纠正是属点元素纠正。

2)正解法

正解法数字微分纠正的原理如图 8-2 所示，它是从原始图像出发，将原始图像上逐个像元求得纠正后的像点坐标。但这一方案存在很大的缺点，即再纠正后的图像上，所得的像点是非规则排列的，有的像元内可能出现“空白”(无像点)，而有的像元可能出现重复(多个像点)，因此很难实现灰度内插并获得规则排列的数字图像。

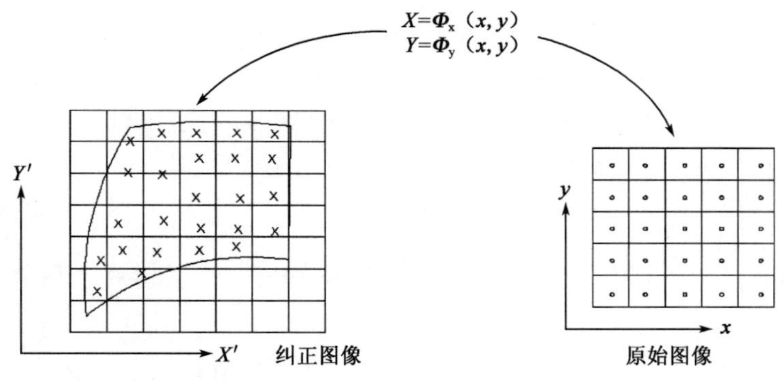

图 8-2　正解法数字微分纠正

8.2.2　线阵遥感图像数字微分纠正

卫星遥感图像一般为线阵推扫式成像，由于线阵推扫式图像多中心成像的特点，当采用严格几何模型进行数字微分纠正时，必须通过迭代计算物方点在成像时刻对应的扫描行，然后再精确计算物方点对应的像点坐标。因此，坐标反投影计算的效率直接影响了线阵推扫式图像数字微分纠正的处理效率。对于高分辨率线阵遥感图像，有理函数模型不仅可以达到与严格几何模型相当的定位精度，而且具有与传感器无关、形式简单、计算方便等优点，可以完全替代严格几何模型进行图像几何纠正。下面分别介绍利用有理函数模型的间接法和直接法线阵遥感图像进行数字微分纠正。

1)反解法

基于有理函数模型的间接法线阵遥感图像数字微分纠正，在方法流程上与框幅式遥感图像基本一致，不同之处在于像点坐标的计算。将线阵遥感图像的严格几何模型用有理函数模型替代后，像点坐标的计算非常简单，无需迭代。此时数字微分纠正所采用的反解公式就是

RFM 表达式(3-23)和式(3-24)。首先,利用式(3-23)计算地面点对应像点的规格化坐标($\bar{x}$,$\bar{y}$)。然后,利用式(3-24),即可解算出利用 RPC 参数计算的像点坐标(x,y):

$$\begin{cases} x = \bar{x} \cdot \text{SAMP\_SCALE} + \text{SAMP\_OFFSET} \\ y = \bar{y} \cdot \text{LINE\_SCALE} + \text{LINE\_OFFSET} \end{cases} \tag{8-7}$$

式中:x、y——像点坐标;

$\bar{x}$、$\bar{y}$——像点坐标(x,y)的规格化坐标;

SAMP_SCALE、LINE_SCALE——像方坐标规格化缩放参数;

SAMP_OFFSET、LINE_OFFSET——像方坐标规格化平移参数。

由于图像中提供的 RPC 参数通常含有误差,一般采用像方仿射变换模型实现像点坐标与地面点坐标的精确表达。仿射变换系数可通过区域网平差利用一定数量的地面控制点的方式计算得到。通过对式(5-11)变形,可得到最终的像点坐标(sample,line)的计算公式如下:

$$\begin{cases} \text{sample} = p_{x0} + p_{x1}x + p_{x2}y + x \\ \text{line} = p_{y0} + p_{y1}x + p_{y2}y + y \end{cases} \tag{8-8}$$

式中:sample、line——最终的像点坐标;

x、y——利用 RPC 参数将地面点投影到图像的像点坐标;

p_{xi}、p_{yi}——仿射变换系数(i=0,1,2)。

2)*正解法*

基于有理函数模型的直接法线阵遥感图像数字微分纠正,关键在于解算出原始图像上像点对应的地面点坐标。

对于原始图像上某一像点(x,y),假设其近似高程为 $Height_0$,利用式(3-24)可以计算出它们对应规格化坐标($\bar{x}$,$\bar{y}$,H),利用 RFM 公式(3-28),可以计算出像点投影到该高程面上物方点大地坐标的规格化坐标(P,L),通过式(3-24)可以计算出大地坐标(Lat_1,Lon_1)。利用(Lat_1,Lon_1)从 DEM 中内插出新的高程值 $Height_1$,如果高程值之差小于给定阈值,则迭代收敛,此时平面坐标即为所求;否则,利用新的高程值 $Height_1$,重新计算偏导数矩阵,更新大地坐标,直至收敛。

在得到原始图像像点对应的平面坐标后,根据正射影像图左下角图廓点地面坐标和图像比例尺计算其在微分纠正图像上的地面坐标。同样,基于有理函数模型的线阵遥感图像微分纠正面临所得像点非规则排列的问题,难以实现灰度内插,获得规则排列的纠正数字图像。

8.2.3 基于 ERDAS LPS 的卫星图像数字微分纠正

ERDAS IMAGINE 是美国 ERDAS 公司开发的遥感图像处理系统,以其先进的图像处理技术,友好、灵活的用户界面和操作方式,面向广阔的应用领域。它服务于不同层次用户的模型开发工具以及高度的遥感图像处理和地理信息系统集成功能,为遥感及相关应用领域的用户提供了内容丰富、功能强大的图像处理工具,代表了遥感图像处理系统未来的发展趋势。

LPS 模块则是 ERDAS 公司与 Leica 公司在原有的 IMAGINE OrthoBase 基础上进行改进后的产品。LPS 将正射的过程进行了梳理，仅在这一模块中就完成了摄区正射影像图的纠正及以前的版本中要转到 Data Preparation 模块下进行的纠正后的正射影像图拼接，从而提高了工作效率、使软件更加人性化。

1)创建 LPS 工程

在 LPS 中进行正射影像图的制作，首先必须按照工程区域内的坐标基准及投影信息，创建 *.blk 工程，选择获取卫星数据的传感器模型，并导入 RPC 参数，如图 8-3 和图 8-4 所示。

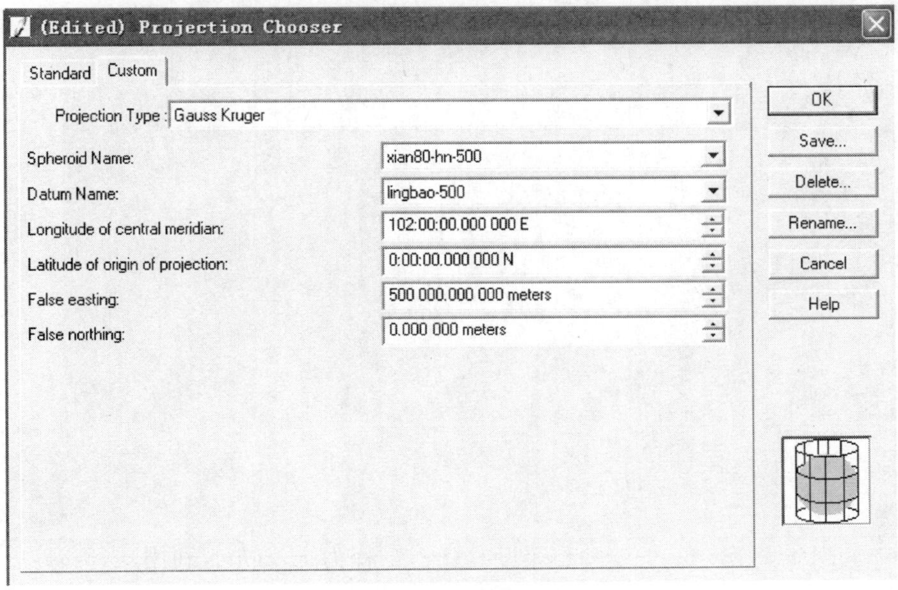

图 8-3　定义正射影像图投射

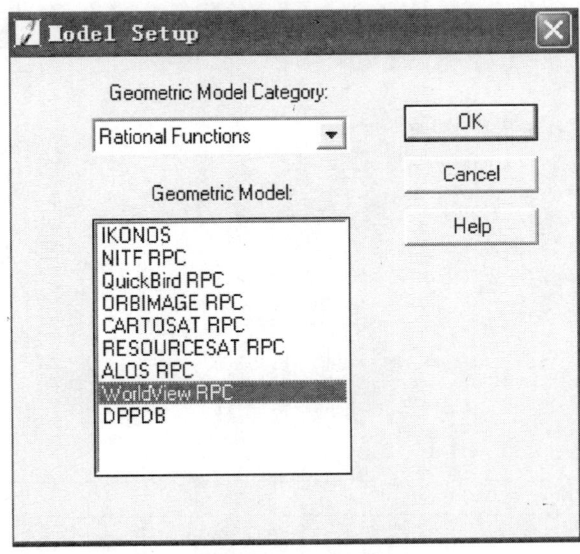

图 8-4　选择卫星传感器模型

2)区域网平差

区域网平差利用点量测工具选择连接点、像控点。地面控制点的精确量测,对平差结果的图像至关重要。为了获取地面控制点精确的像点坐标,首先,通过图像匹配自动获取的图像间连接点,来消除立体模型间的上下视差。然后,在立体观测环境下,参考地面控制点的点位说明,对地面控制点进行精确的量测(图 8-5)。

控制点及连接点量测完成后,设置好相关的参数,即对立体卫星图像进行区域网平差(图 8-6 和图 8-7)。

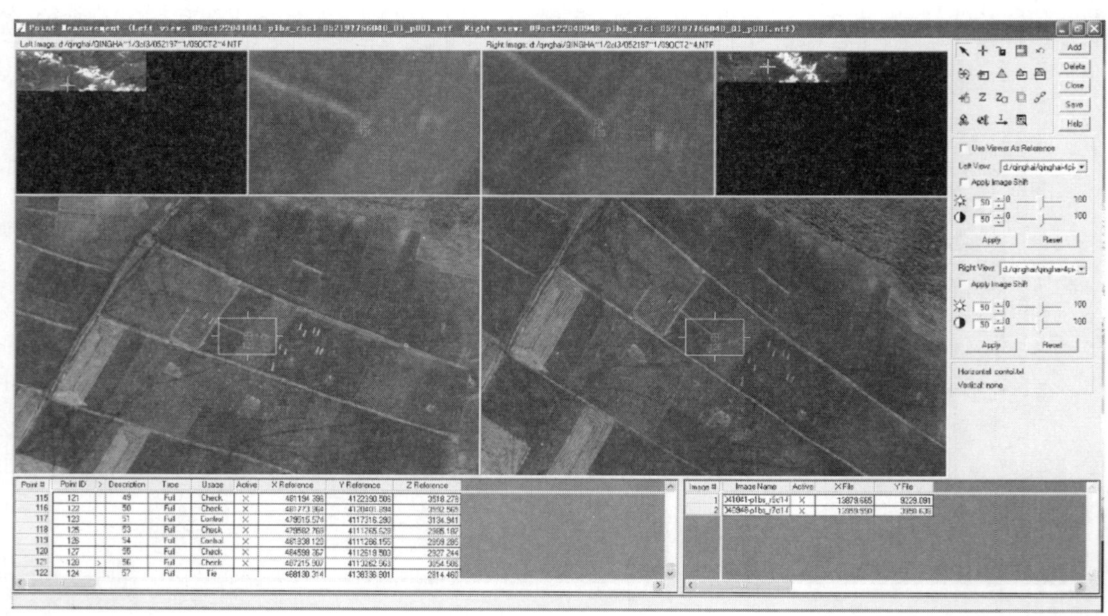

图 8-5　量测同名点及像控点

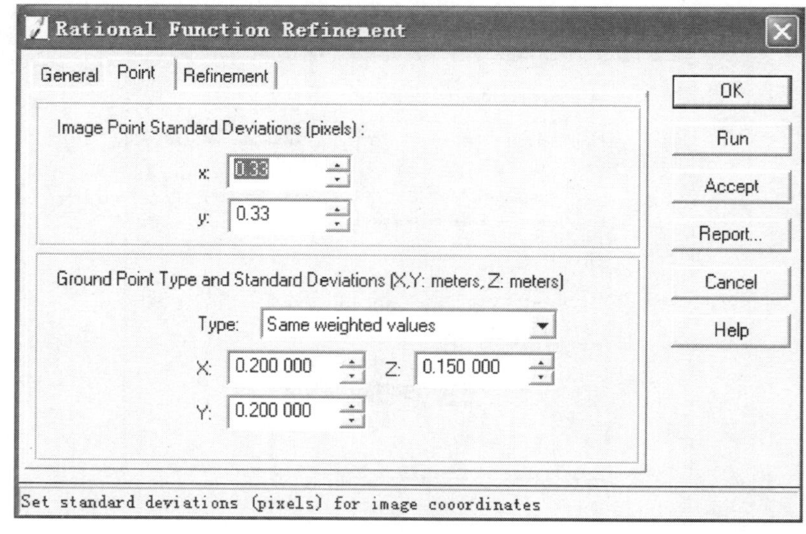

图 8-6　少量控制点区域网平差参数设置

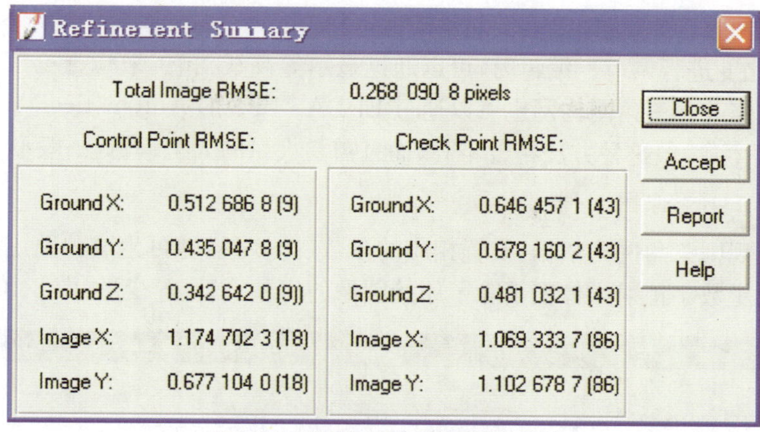

图 8-7　立体卫星图像区域网平差结果

3)采集不规则三角网

建立 DTM 的方法与 DTM 的形成密切相关,在大比例数字测图系统中,由于精度、速度等方面的原因,一般采用不规则三角网的形式,直接利用原始离散点建立数字高程模型。三角网法直接利用原始数据,对保持原始数据的精度,引用各种地性线信息非常有用;尤其是对于地面测量获得数据,其数据点大多为地形特征点、地物点,它们的位置含有重要的地形信息。

按照公路工程的测区范围在 ERDAS LPS 主菜单中新建 *.pro 工程,并导入到 Terrain Editor 中,通过 Point Tool 添加地面点,构建三角网。点的密度根据等高线的间距进行调节,局部突变地形需增加点密度,以便更好地反映地形、地貌情况(图 8-8)。

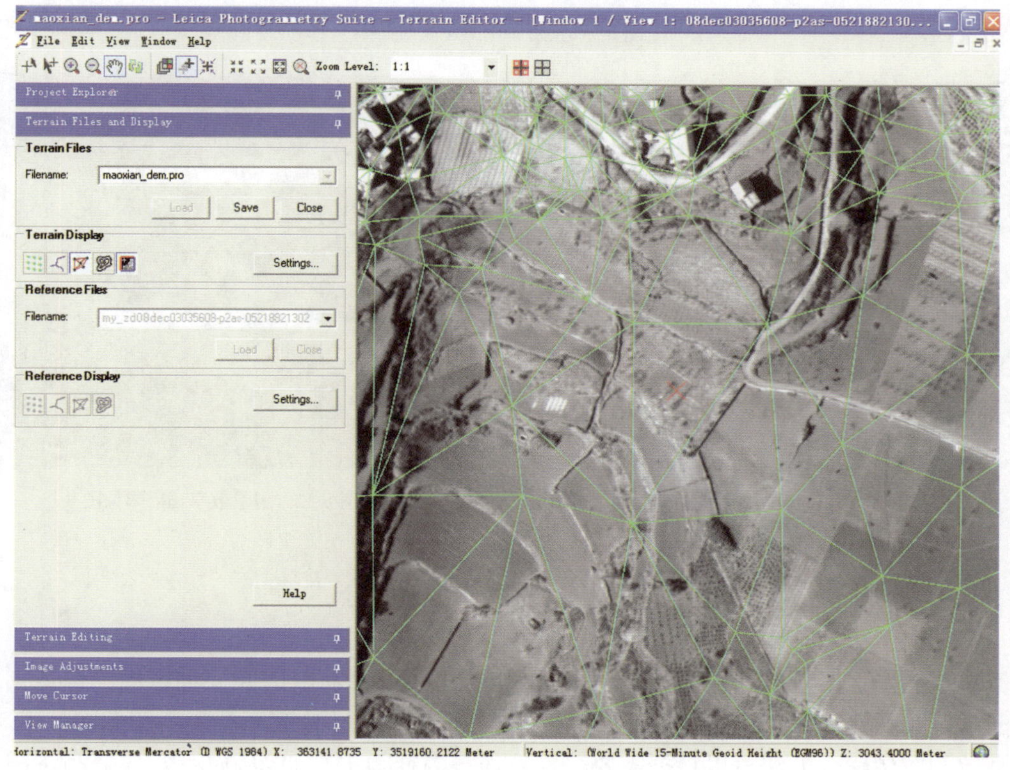

图 8-8　构建三角网图

在构建三角网时，为了更清楚地的显示图像，可在 Image Adjustments 菜单中对立体卫星图像的亮度、对比度进行调节。编辑时，可以通过显示等高线信息，来检查三角网构网的准确性，并进行编辑、修改。三角网构网也可以通过 ERDAS LPS 的 Automatic Terrain Extraction (ATE)工具自动生成，但这种方法精度不高，而且需要大量的人工编辑，一般不采用此方法。

4)生成数字正射影像图

以采集的不规则三角网为依据，设置相应的参数(图 8-9)，即可生成公路工程区域的数字正射影像图。卫星数字正射影像图消除了原始图像的房屋、田块等变形(图 8-10 和图 8-11)。

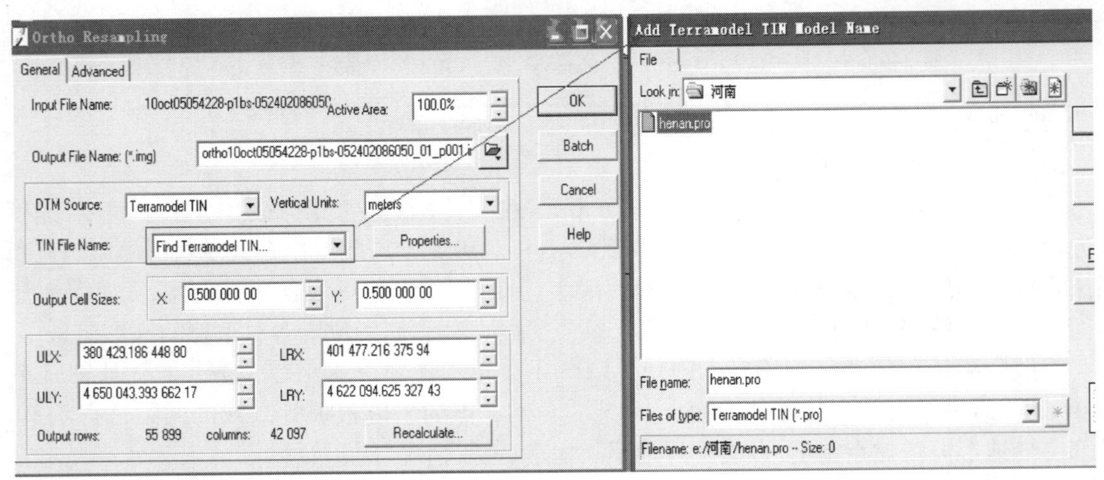

图 8-9　正射影像图参数设置

图 8-10　原始卫星图像

图 8-11　卫星数字正射影像图

8.3　遥感图像融合

卫星遥感图像融合(Image Fusion)是将不同类型传感器获取的同一地区的图像数据进行空间配准，然后采用一定方法将各图像的优点或互补性有机结合起来产生新图像的技术。

高效的图像融合方法可以根据需要综合处理多源通道的信息，从而有效地提高了图像信息的利用率、系统对目标探测识别地可靠性及系统的自动化程度。其目的是将单一传感器的多波段信息或不同类传感器所提供的信息加以综合，消除多传感器信息之间可能存在的冗余和矛盾，以增强图像中信息透明度，改善解译的精度、可靠性以及使用率，以形成对目标的清晰、完整、准确的信息描述。

在航天、航空多种运载平台上，各种遥感器所获得的大量光谱遥感图像(其中分辨率差别、灰度等级差别可能很大)的复合融合，为信息的高效提取提供了良好的处理手段，取得明显效益。

卫星遥感图像在融合前，首先应作几何校正，使不同遥感图像在几何上能完全匹配，空间分辨率归化一致。目前主要的融合方法包括：主成分分析法、IHS变换法和小波变换。

8.3.1 主成分分析法

主成分分析法的几何意义是把原始特征空间的特征轴旋转到平行于混合集群结构轴的方向去，得到新的特征轴。实际操作是将原来的各个因素指标重新组合，组合后的新指标是互不相关的。在由这些新指标组成的新特征轴中，只用前几个分量图像就能完全表征原始集群的有效信息，图像中彼此相关的数据被压缩，而特征得到了突出。

PCA(Principal Component Analysis)也叫主分量分析、K-L变换等，是统计特征基础上的多维正交线性变换，是通过一种降维技术，把多个分量约化为少数几个综合分量的方法。PCA广泛应用于图像压缩、图像增强、图像编码、随机噪声信号的去除及图像旋转等各种应用。

对图像数据进行主成分变换首先需要计算出一个标准变换矩阵，通过变换矩阵使图像数据转换成一组新的图像数据——主成分数据，从而提高图像的主成分特征，由此构造出的每个新特征都是原特征的线性函数。其变换公式可以用下式表示：

$$Y = TX \tag{8-9}$$

式中：X——待变换图像的数据矩阵；

Y——变换后图像的数据矩阵；

T——变换矩阵。

若T是正交矩阵，并且由待变换图像的数据矩阵的协方差矩阵C的特征矢量所组成，则此变换称为K-L变换，称变换的数据矩阵的每一行矢量为K-L变换的一个主分量。对低分辨率多光谱图像与高分辨率图像融合时，主成分变换的融合方法的基本思想是首先对多光谱图像进行主成分变换，然后用拉伸的高分辨率图像代替第一主分量进行逆主分量变换，得到融合的图像。

PCA算法主要步骤如下：

(1)对参加融合的源图像进行配准。

(2)计算多光谱图像的主成分变换矩阵的特征值与对应的特征向量。

(3)将特征值按从大到小的顺序排序，相应的特征向量也要跟着变动，将最终的结果记为$\lambda_1,\lambda_2,\cdots,\lambda_n,\varphi_1,\varphi_2,\cdots,\varphi_n$。

(4)各主分量按如下方式计算：

$$p_{\mathrm{ck}} = \sum_{j=1}^{n} x_{\mathrm{j}} \varphi_{\mathrm{ik}} \tag{8-10}$$

式中：k——主分量序数($k=1,\cdots,n$)；

p_{ck}——第 k 主分量；

j——输入波段序数；

n——总的波段数；

x_j——第 i 波段图像；

φ_{ik}——特征向量矩阵在 i 行、k 列的元素。

(5)将全色图像和第一主分量图像进行直方图匹配，然后将第一主分量用全色图像替换。

(6)做逆主分量变换，得到融合图像。

图 8-12 反映了主成分方法的卫星图像融合效果。

a)

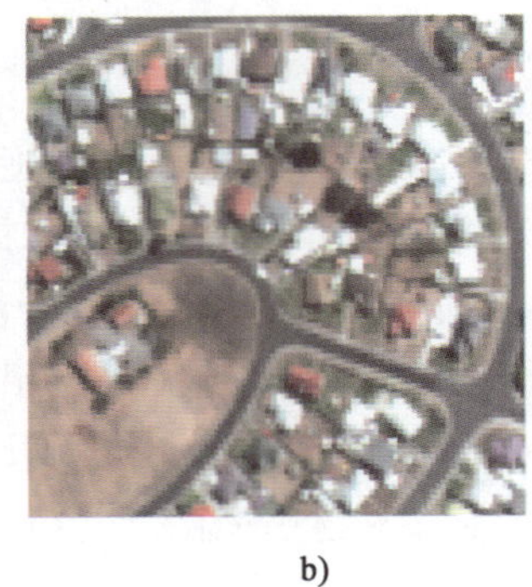

b)

c)

图 8-12　GeoEye 卫星图像的主成分融合

a)0.5m GeoEye 全色图像；b)2.0m GeoEye 多光谱图像；c)0.5m GeoEye 融合图像

PCA 变换融合法的主要优点是融合后的图像光谱特性保持好，尤其在波段较多的情况下；缺点是由于要对自相关矩阵求特征值和特征向量，计算量非常大，实时性比较差。

8.3.2　IHS 变换法

在图像处理中经常应用的彩色坐标系统(或称彩色空间)有两种。一种是由红(R)、绿(G)、蓝(B)3 原色组成的彩色空间即 RGB 空间。另一种颜色坐标系统是 IHS 模型，它是基于视觉原理的一个系统，定义了 3 个互不相关、容易预测的颜色属性，代表空间信息的明度(I)，代表光谱信息的色调(H)和饱和度(S)。为利用 RGB 系统和 IHS 系统各自在显示与定量计算方面的优势，需要建立它们之间的转换关系。两种坐标系的变换称为彩色坐标变换，通常把由 RGB 向 IHS 空间的变换称为 IHS 变换，其反向变换即由 IHS 空间向 RGB 空间的转换，称为 RGB 变换。IHS 空间中 3 分量 I、H、S 具有相对独立性，可分别对它们进行控制，并且能够准确定量地描述颜色特征。因此，在遥感图像融合中，经常需要把 RGB 空间转换为 IHS 空间，在 IHS 空间复合不同分辨率的数据，即基于 IHS 变换的遥感图像融合技术。

RGB 转化为 IHS(正变换)：

$$\begin{bmatrix} I_0 \\ v_1 \\ v_2 \end{bmatrix} = \begin{bmatrix} 1/3 & 1/3 & 1/3 \\ -\sqrt{2}/6 & -\sqrt{2}/6 & 2\sqrt{2}/6 \\ 1/\sqrt{2} & -1/\sqrt{2} & 0 \end{bmatrix} \begin{bmatrix} R_0 \\ G_0 \\ B_0 \end{bmatrix} \tag{8-11}$$

相应的逆变换：

$$\begin{bmatrix} R_{new} \\ G_{new} \\ B_{new} \end{bmatrix} = \begin{bmatrix} 1 & -1/\sqrt{2} & 1/\sqrt{2} \\ 1 & -1/\sqrt{2} & -1/\sqrt{2} \\ 1 & \sqrt{2} & 0 \end{bmatrix} \begin{bmatrix} I_{new} \\ v_1 \\ v_2 \end{bmatrix} \tag{8-12}$$

上述式中：$(R_{new}、G_{new}，B_{new})^T$——融合后的图像三波段；

I_0——图像空间信息的明度，相当于笛卡儿坐标系中的 Z 轴；

$v_1、v_2$——中间变量，相当于笛卡儿坐标系中的 X 轴和 Y 轴；

$(R_0，G_0，B_0)^T$——原始图像三波段。

基于 IHS 空间的图像融合方法的一般步骤包括：

(1)将多光谱图像的 R、G、B 三个波段转换到 IHS 空间，得到 I、H、S 三个分量。

(2)将全色图像与多光谱图像经 IHS 变换后得到的亮度分量 I，在一定的融合规则下进行融合，得到新的亮度分量(融合分量)I'。

(3)用第(2)步得到的融合分量 I'代替亮度分量，并同 H、S 分量图像一起转换到 RGB 空间，最后得到融合图像。

在上述步骤中，第(2)步的融合规则可以选取直方图匹配法，以 I 分量图像为参考，对全色图像进行直方图匹配，使得匹配后的图像 I_{new} 与原多光谱图像保持较高的相关性，然后用 I_{new} 分量替换多光谱图像中原来的 I 分量，再转换到 RGB 空间，得到最终的融合结果(图 8-13)。

a)

b)

c)

图 8-13　GeoEye 卫星图像的 IHS 融合

a)0.5m GeoEye 全色图像；b)2.0m GeoEye 多光谱图像；c)0.5m GeoEye 融合图像

相对于原始图像，IHS 变换融合获取的高分辨率彩色图像既具有较高空间分辨率，同时又赋予了彩色颜色信息，并具有与原始图像相同的色调和饱和度。但它存在严重的光谱畸变现象。IHS 变换可以提高图像的地物纹理特性，增强其空间细节表现能量，但是由于在变换中 I 分量被高分辨率全色图像取代，因此变换的结果会产生较大的光谱失真，融合后图像识别精度不高。

8.3.3　小波变换

1989 年 Mallat 在构造正交小波基时提出了多分辨率分析(Multi-Resolution Analysis)的概念，从空间的概念上形象地说明了小波的多分辨率特性。如果一个图像进行 L 层小波分解，将得到$(3L+1)$层子带，其中包括低频的基带 C_j 和 $3L$ 层的高频子带 D^h、D^v、D^d。用 $f(x,y)$代表源图像，记为 C_0，设尺度系数 $\Phi(x)$和小波系数 $\Psi(x)$对应的滤波系数矩阵分别为 H 和 G，则二维小波分解算法可描述为：

$$
\begin{aligned}
C_{j+1} &= HC_{j}H \\
D_{j+1}^{h} &= GC_{j}H \\
D_{j+1}^{v} &= HC_{j}G \\
D_{j+1}^{d} &= GC_{j}G
\end{aligned}
\tag{8-13}
$$

式中：D^{h}、D^{v}、D^{d}——分别表示水平、垂直、对角分量；

j——分解层数（$j=0,1,\cdots,J-1$）；

C_{j}——低频的基带；

H、G——共轭镜像滤波器组。

小波重构算法为：

$$
C_{j-1} = H'C_{j}H + G'D_{j}^{h}H + H'D_{j}^{v}G + G'D_{j}^{d}G \quad (j = J, J-1, \cdots, 1) \tag{8-14}
$$

式中：H'、G'——分别是 H、G 的共轭转置矩阵。其他参数含义同上。

小波分解的层数越高，对应图像的尺寸将越小，因此图像小波分解的各个图像也具有金字塔形结构，可称为小波分解金字塔。图像的小波变换是一种图像的多分辨率、多尺度分解。

基于小波多尺度分解图像融合的过程如图 8-14 所示。设 A、B 为两幅原始图像，F 为融合后的图像。其融合处理的基本步骤如下：

(1)图像的预处理(图像滤波、图像配准)。

(2)对图像 A 和图像 B 进行小波变换，建立图像的小波塔形分解，得到图像的低频和高频分量。

(3)对各分解层分别进行融合处理，根据低频和高频分量的特点，按照各自的融合算法进行融合处理，最终得到融合后的小波金字塔。

(4)对融合后所得小波金字塔进行小波逆变换(即进行图像重构)，以获得更高质量融合图像(图 8-15)。

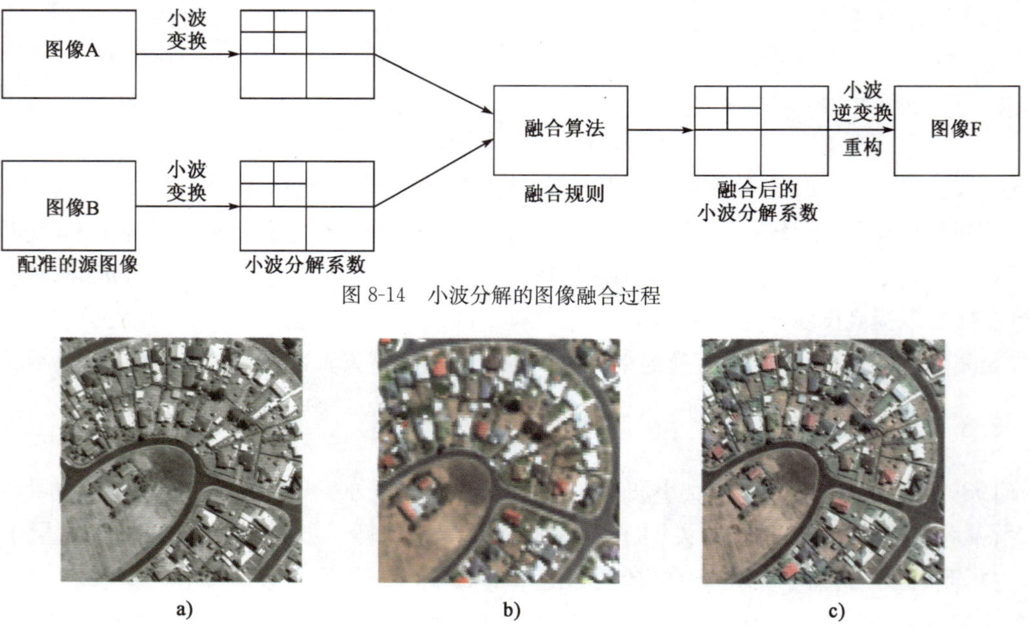

图 8-14　小波分解的图像融合过程

图 8-15　GeoEye 卫星图像的小波变换融合

a)0.5m GeoEye 全色图像；b)2.0m GeoEye 多光谱图像；c)0.5m GeoEye 融合图像

小波变换应用于图像融合的优势在于它可以将图像分解到不同的频率域，在不同的频率域运用不同的融合算法，得到合成图像的多分辨率分解，从而在合成图像中保留原图像在不同频率域的显著特征。

8.4　遥感图像镶嵌

遥感图像的镶嵌是将两幅或多幅数字图像拼在一起，构成一幅整体图像的技术过程。图像镶嵌有着重要的应用，例如，为了获得更大范围的地面图像，通常需要将多幅(景)遥感图像拼成一幅图像。图像镶嵌的技术问题之一是如何将多幅图像从几何上拼接起来，这一步通常是先对每幅图像进行几何校正，将它们规划到统一的坐标系中，然后对它们进行裁剪，去掉重叠的部分，再将裁剪后的多幅图像装配起来形成一幅大幅面的图像。

公路路线一般比较长，区域内的卫星图像有很多景，为了公路勘察设计的方便，需要对数字正射影像图进行镶嵌处理。卫星遥感图像镶嵌主要包括以下内容和步骤：

(1)数据准备

首先要根据公路工程勘察设计区域，挑选数据合适的卫星图像。选好卫星图像后，订好实施方案。每景参与镶嵌的卫星图像的质量要尽可能好(无云或少云)，同时各图像的拍摄时间和成像条件尽可能比较接近，以减少后续的色调调整等工作量与难度。

(2)图像配准

在卫星图像的处理中，经常需要对不同传感器在不同时间获得的同一景物图像，或者在不同的时间用同一个传感器所拍摄的同一景物的图像进行分析和比较，如彩色合成、图像配准和导航用的地图匹配、图像库的建立等。这些都需要先将它们在空间上进行几何精度的配准。

所谓图像配准就是将地面上的目标与图像上所对应的像点具有相同的平面坐标的过程，也就是进行几何校正，保证每景卫星图像的地理坐标等参数信息相同。

(3)确定实施方案

在进行多幅图像的镶嵌时，镶嵌方案的确定是较为重要的，镶嵌实施方案确定得好，可以节省时间和工作量。为此，首先应确定标准像幅，标准像幅往往选择处于公路工程区域中央的图像，以后的镶嵌工作都以此图像作为基准进行，其次确定镶嵌的顺序，即以标准像幅为中心，由中央向四周逐步进行。值得注意的是，镶嵌工作的着眼点是全部待镶嵌的图像，而落脚点却总是两幅相邻图像间的镶嵌。

(4)重叠区的选定

遥感图像镶嵌工作的进行主要是基于相邻图像的重叠区。无论是色调调整，还是几何镶嵌，都是将重叠区作为基准进行的。重叠区确定是否准确直接影响到镶嵌的效果。

(5)色调调整

色调调整是卫星遥感图像数字镶嵌技术中的一个关键环节。不同时相或成像条件存在差异的图像，由于要镶嵌的图像辐射水平不同，图像的亮度差异较大，若不进行色调调整，镶嵌在一起的几幅图，即使几何位置配准很理想，由于色调各不相同，也不能很好地应用于公路勘察设计中。另外，成像时相和成像条件接近的图像，也会由于传感器的随机误差造成不同像幅的图像色调不一致，从而影响应用的效果，因此必须进行色调调整。

进行颜色匹配应遵循的原则：

①为了使建立的颜色匹配方程更准确，所选的用于相邻两图像色调匹配、调整的共同区域要尽可能大，这样才能提高图像匹配的质量。

②选择有代表性的区域用于色调匹配。在遥感图像上有时会有云及各种噪声，在选择匹配区域时要避开这些区域，否则会对匹配方程产生影响，从而降低色调匹配的精度。要想选择有代表性的区域、建立准确的色调匹配方程，应认真、仔细地分析、对比相邻两图像公共区域的图像质量和特点，然后采用不规则的多边形（而不是简单的矩形）来界定用于建立色调匹配方程的图像区域。这样既可避开云、噪声，又可获得尽可能大的、有代表性的图像色调匹配区域。

（6）图像镶嵌

在重叠区已确定和色调调整完毕后，即可对相邻图像进行镶嵌。所谓镶嵌就是在相邻两幅待镶嵌图像的重叠区内找到一条接缝线。接缝线的质量直接影响镶嵌图像的效果。在镶嵌过程中，即使对两幅图像进行了色调调整，但两幅图像接缝处的色调也不可能完全一致，为此还需对图像的重叠区进行色调的平滑（亮度镶嵌），这样才能在镶嵌后的图像中无接缝存在。为此需要在重叠区内选择一条连接两边图像的拼接线，使得根据这条拼接线拼接起来的新图像浑然一体，不露拼接的痕迹。

①进行图像镶嵌时，首先要指定一幅参考图像，作为镶嵌过程中对比度匹配及镶嵌后输出图像的地理投影、像元大小、数据类型的基准。

②图像镶嵌中，一般均要保证相邻图幅间有一定的重复覆盖区，镶嵌之前有必要对各镶嵌图像之间在全幅或重复覆盖区上进行匹配，以便均衡化镶嵌后输出图像的亮度值和对比度。

③在重复覆盖区，各图像间应有较高的配准精度，必要时要在图像之间利用控制点进行配准。

④选择合适的方法来决定重复覆盖区上的输出亮度值，常用的方法，包括取覆盖同一区域图像之间：a. 平均值；b. 最小值；c. 最大值；d. 指定一条切割线，切割线两侧的输出值对应于其邻近图像上的亮度值；e. 线性插值，根据重复覆盖区上像元离两幅相邻接图像的距离指定权重，进行线性插值。

⑤镶嵌线要尽可能沿着线性地物走，如河流、道路、线性构造等；当两幅图像的质量不同时，要尽可能选择质量好的图像，用镶嵌线去掉有云、噪声的图像区域，以便于保持图像色调的总体平衡，产生浑然一体的视觉效果。

卫星图像的重叠度很大，为了提高镶嵌的效率及消除接边带来的图像色调差别，一般在ERDAS 中先描绘出待镶嵌的卫星图像的镶嵌线，即镶嵌的有效区域（AOI）。

在 ERDAS Mosaic Tool 中导入要镶嵌的卫星图像及其对应的 AOI，设置图像相交类型与重叠图像像元灰度计算（包括 Overlay、Average、Minimum、Maximum、Feather 等），然后进行镶嵌处理（图 8-16）。

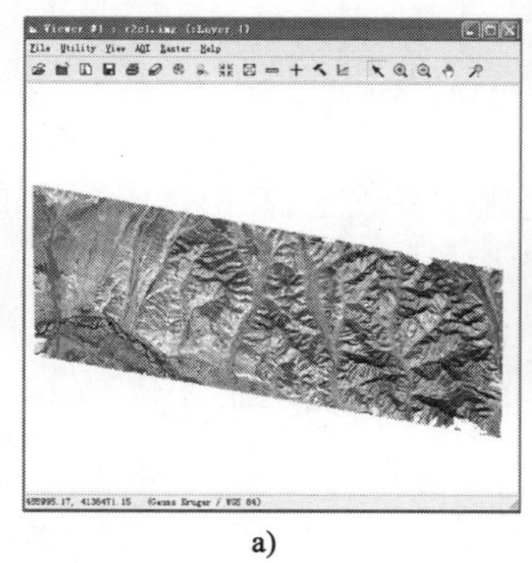
a)

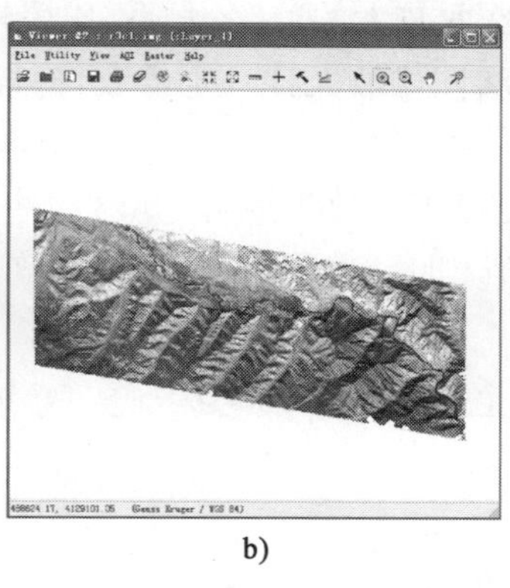
b)

c)

图 8-16 基于 ERDAS 卫星图像镶嵌

8.5 数字正射影像图的质量检查

正射影像图作为一种产品，需对其进行精度检查和质量控制。质量检查是对产品质量控制的有效手段。数字正射影像图的产品通过一系列检查，分析比较其地理数据、图像数据、图廓整饰数据等动态信息是否符合规范和技术要求等，以确认数字正射影像图精确性、正确性、可靠性，对产品质量进行客观、公正、正确的质量评定。

图像的整体视觉效果要好，地物大块面积模糊的图像属不合格图像，每个图像块范围中的95%区域都必须没有地物模糊的情况。所收集的卫星图像数据要检查图像的时相、产品的级别，然后检查图像的整体质量，集中的云层覆盖面积应少于5%，且不能覆盖重要地物，分散的云层其总和不应超过20%。相邻景之间应有重叠区。图像层次丰富、图像纹理细节清晰、色调均匀、反差适中。此外还应检查数据是否存在有噪声、斑点、接痕、条带、行丢失等。

控制资料采用相应比例尺(一般大于或等于5倍成图比例尺)的地形图或 DRG 数据。根据正射影像图的实际需要，收集相应的 DEM 数据。检查 DEM 是否存在粗差，高程中误差是否满足要求，控制点点位是否正确，控制点残差是否超限等。

数字正射影像图在镶嵌时要求在不同图像之间接缝处几何位置相对误差不大于一个像素。检查地物点平面位置中误差、图幅接边精度、模型接边精度、图像外观质量、图像分辨率是否符合要求。彩色正射影像图的色彩真实性，图像数据的正确性及完整性，文件命名、数据组织和数据格式的正确性、完整性等。图像之间过渡平缓自然，图像范围内色调均匀、灰度反差适中，重叠部分不应有明显的模糊或重影。镶嵌后的图像应是一幅信息完整、比例尺统一、灰度一致的图像。

接边线处的地物必须无错位，相邻的地物必须保证比例一致和方向一致等，数字正射影像图的平面精度应满足规范要求。

具体可以采用以下几种方法来检验正射影像图的质量：

(1)利用立体模型检查。利用原像控点、加密点在立体模型上采集检测点坐标并与 DOM 相应地物点坐标比较，检测两者之间的误差。

(2)利用已有成图检查。在 GIS 软件(如 ArcGIS 软件)中同时调入已有数字化成图和

DOM,对比检查误差情况。一般选取较大的道路、水系、居民地等进行对比。

(3)在 Photoshop 等软件中,将图像放大到一定倍数,检查是否存在扭曲变形、重影、斑点、划痕、模糊等现象。

(4)检查拼接后的地物色彩反差不一致等地方,并对这些问题一一改正、修饰。图面应清晰易读,反差适中,色调均匀,灰度无明显变化,色彩平衡一致,无明显拼接线等。

8.6 三门峡至淅川高速公路数字正射影像图

8.6.1 工程概况

三门峡至淅川高速公路灵宝—卢氏—西坪段(图 8-17),是交通运输部《促进中部地区崛起公路水路发展规划纲要》中侯马至十堰高速公路的重要组成部分,同时也是《河南省高速公路网规划》中豫西一纵,编号 S59。规划的侯马至十堰高速公路北起山西侯马,途经运城,跨越黄河,经河南灵宝、卢氏,止于湖北十堰,是河南省连接山西省、湖北省的重要通道。

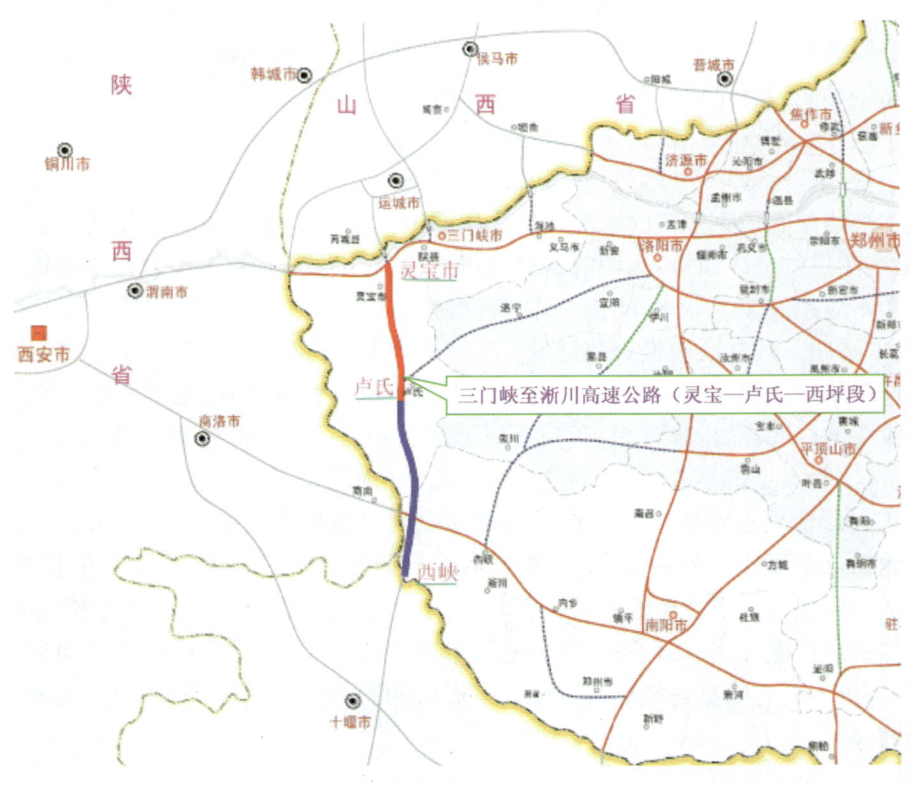

图 8-17　三门峡至淅川高速公路(灵宝—卢氏—西坪段)平面位置图

三门峡至淅川高速公路灵宝至卢氏段,起于灵宝市东北佛家湾东南,设枢纽互通式立交和连霍高速公路连接,远期向北跨黄河接山西省运城至灵宝高速公路。向南沿涧河东岸布设,经灵宝市规划区的东侧,并在川口乡东侧跨国道 310,设互通式立交作为灵宝市出入口。然后,跨过陇海铁路,沿国道 209 东侧山坡布设,至南朝街南侧跨过国道 209 和川口河,进入深山区。

路线沿国道 209 向南，至官道口设互通式立交连接 209，作为附近村镇及东南部豫西大峡谷的出入口。继续沿 209 向南，至杜关东侧，设杜关立交连接国道 209 及附近乡镇，至王家河附近设特长隧道穿越崤山。然后沿 209 西侧山坡顺地形向南，至李家沟东侧向西拐，沿卢氏规划区北侧山坡，直至卢氏县城西南竹园村北，设卢氏互通式立交作为县城出入口，并连接国道 209，路线总长 80.778km。

三门峡至淅川高速公路卢氏至西坪段，起自卢氏县城西南竹园村北，沿洛河北岸经山坡至黄村西侧跨过洛河，进入瓦瓮沟，之后从豹子岔越岭，沿淤泥河东侧山坡布线，经桦栎树等地后，设西安岭隧道穿过熊耳山麓。然后与 G209 在同一山谷布线，经过马连村，至前坪向西偏离 G209 通道，避开大红岩峡谷路段，在其西侧布线。路线至小河面再次进入 G209 通道，并转弯向东，至五里川南侧设置五里川立交连接 G209，为附近各乡镇服务。路线向东南沿灌河南侧布设，经温口、莫家营、槐树等村庄，转弯向南在碾子沟南设隧道穿过温家岭。出隧道后继续向南，跨过珠宝沟，过宽坪、后坪，沿赛岭沟向南，设赛岭隧道穿至峡河上游。经过赛岭、捷道沟、方庄等村庄后到达寨根乡，在寨根乡北侧设置寨根互通式立交。之后继续沿峡河河谷南下，经过太山庙、界牌、唐家湾等村庄后，到达西坪镇东侧，上跨 G209 公路，并利用宁西铁路峡河大桥下穿宁西铁路。随后路线沿柳林沟向南，与上海至陕西国家高速公路交叉，设置枢纽互通式立交，到达路线终点，路线全长 85.9km。

项目区地处河南省西部(图 8-17)，大部分处于三门峡灵宝市卢氏县，北部与山西省接壤，此区域属太行山脉和华北平原交汇处，地形复杂，海拔在 70～1 200m，地势西高东低，坡度较大，从西向东可分为重丘、微丘、平原三种地形，东西部高差为 1 000m，沿线植被较为茂密。

项目地质条件复杂，沿线出露地层古老，经历了多次的地质构造运动，岩石强烈风化破碎，地表植被丰厚，地下水发育，自然稳定的山体经扰动后，极易造成滑坡、碎落及崩塌。

该项目受到空域的限制，以飞机为载体的测量手段难以实施。利用 WorldView 卫星在 15d 内便获得了测区灵宝至卢氏约 165km 的高分辨率图像，并进行了数字正射影像图的快速生产，为工程的顺利实施提供了技术保障。

8.6.2 卫星图像的拍摄及正射影像图的制作

立体卫星图像的订购范围结合公路工程路线方案来确定，最小采集宽度为 5km。由于公路是一种线状的工程构筑物，在测绘公路地形图时，为了节约公路勘察设计的成本，以路线设计方案为中心线，一般两边各偏移 2.5km，确定图像采集范围。特殊地方，如互通等可适当加宽范围。

三门峡至淅川高速公路灵宝至卢氏至西坪段路线里程长约 165km，共 10 景 0.5m 分辨率的 WorldView 全色立体像对，两个条带，拍摄日期主要为 2010 年 1 月～4 月。

野外像控或检测点测量工作采用双频 Leica GPS 530 接收机进行静态 GPS 测量。以两台 GPS 接收机固定架设在基础控制点上，另两台 GPS 接收机移动于选择的像控点或检测点上，像控点或检测点与固定站构成三角形环，以获得 WorldView 平面控制资料。像控点高程测量采用四等水准测量。测区内沿图像中心线每隔 5km 布设一对像控点，共测量 78 个 WorldView 野外控制点和 74 个 WorldView 检测点。

在ERDAS LPS数字摄影测量工作站中对区域内的立体卫星图像进行连接点量测、像控点区域网平差等处理，其结果见表8-1。

WorldView立体卫星图像区域网平差结果(m)　　表8-1

	X	Y	Z
控制点	0.318	0.265	0.142
检查点	0.600	0.378	0.372

区域网平差完成后，利用ERDAS LPS设置相应参数(图8-18)，自动生成高分辨率的汉字正射影像图，点击Process→Ortho Rectification→Resampling，定义输出的正射影像图名、分辨率、成图范围以及图像坐标系统，并结合区域内DEM进行纠正，以提高DOM精度。最后对图像进行融合、镶嵌、图幅裁切和图幅整饰，如内外轮廓线、格网、注记、境界等要素，完成正射影像图的制作。

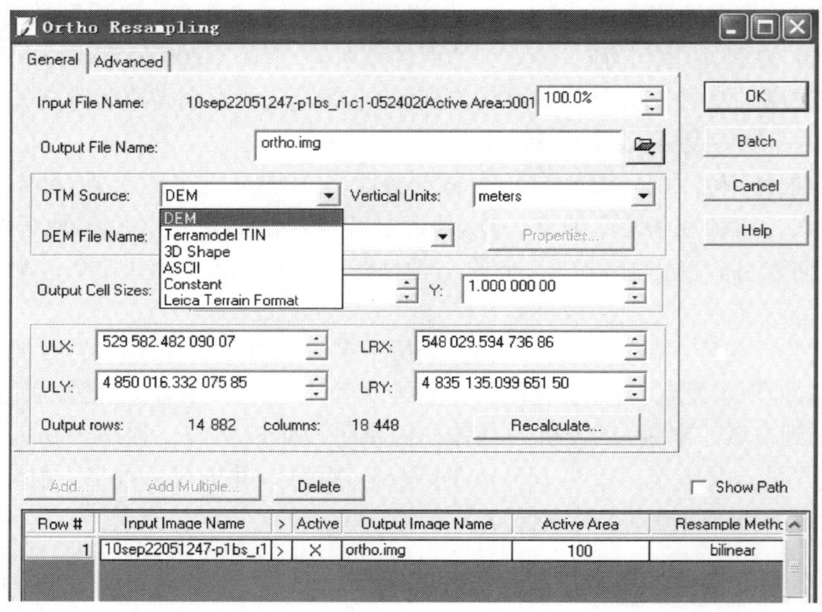

图8-18　ERDAS LPS数字正射影像图参数设置

8.6.3　精度检查

基于ERDAS LPS生成的数字正射影像图格式为 *.img 或者 *.tiff，带有地理坐标。为了检测三门峡至淅川高速公路灵宝至卢氏至西坪段公路工程区域内的数字正射影像图精度，沿路线布设74个检查点。将数字正射影像图与检测数据的点图形矢量文件叠在一起，根据野外检测点的记录，量出其对应在数字正射影像图上的坐标值，并与检测点进行对比分析。

首先分别计算出X、Y方向的中误差分量m_x、m_y，然后再利用公式$m_s=\sqrt{m_x^2+m_y^2}$计算出数字正射影像图的中误差。其各种统计数据见表8-2。

数字正射影像图的精度(m)　　表 8-2

X				Y				S
X_{max}	X_{min}	X_{ave}	m_x	Y_{max}	Y_{min}	Y_{ave}	m_y	m_s
1.596	−1.397	0.079	0.550	1.038	−1.402	0.104	0.518	0.756

在 74 组平面误差中，大于 2 倍中误差的检测数据一共有 1 个，占总共 74 个误差数据的 1.35%。立体卫星图像生成的 DOM 的精度达到了 0.756m，满足 1∶2 000 比例尺的数字正射影像图成图精度要求。

为了直观的表现立体卫星图像生成的数字正射影像图误差的分布，在 XOY 平面坐标系中，对 74 个检测数据进行绘图，得到立体卫星图像生成的数字正射影像图误差分布图(图 8-19)。可以看出，数字正射影像图坐标的误差比较均匀地分布在 2 倍中误差以内。

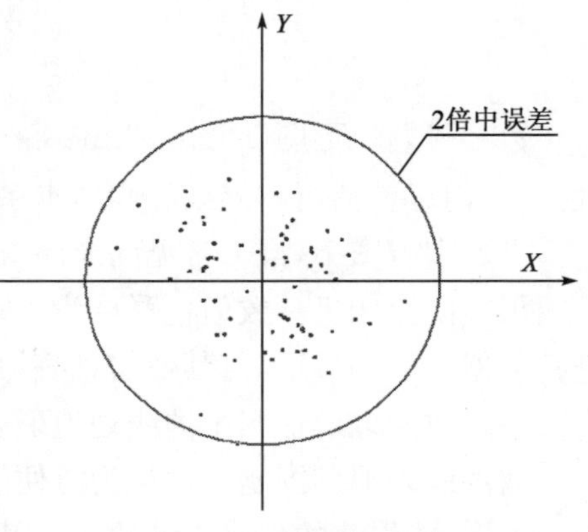

图 8-19　DOM 平面误差分布图

在河南省三门峡至淅川高速公路的勘察设计中，利用实时采集的高分辨率卫星生成数字正射影像图，获取了公路沿线区域环境的信息，由于其具有视域广、整体感强、图像逼真、信息量丰富、宏观、直观等特点，特别对地形、地貌、植被、地物等信息反映的最为直接，使得设计人员可以快速的了解路线走廊带的情况，为合理确定路线方案、桥址、隧道位置等提供了科学的依据。

第9章 数字线划地形图

9.1 引 言

数字线划地形图(Digital Line Graphic,DLG)是地形图上现有核心要素信息的矢量格式数据集,内容包括行政界线、地名、水系及水利设施工程、交通网和地图数学基础。

在数字测图中,最为常见的产品就是数字线划地形图。该产品较全面地描述地表现象,目视效果与同比例尺一致但色彩更为丰富。数字线划地形图满足各种空间分析要求,可随机地进行数据选取和显示,与其他信息叠加,可进行空间分析、决策。其中部分地形核心要素可作为数字正射影像地形图中的线划地形要素。

数字线划地形图是一种更为方便的放大、漫游、查询、检查、量测、叠加地图。其数据量小,便于分层,能快速的生成专题地图,所以也称作矢量专题信息(Digital Thematic Information,以下简称 DTI)。此数据能满足地理信息系统进行各种空间分析要求,视为带有智能的数据。可随机地进行数据选取和显示,与其他几种产品叠加,便于分析、决策。

数字线划地形图的技术特征包括:地图地理内容、分幅、投影、精度、坐标系统。图形输出为矢量格式,任意缩放均不变形。

利用数字线划地形图进行公路勘察设计,可以比较方便获取路线设计中所需的各种地理信息,如量测各个点的坐标、量测点与点的水平距离、测量直线的方位角、确定点的高程和计算两点间的坐标、坡度以及图上设计坡度线,而且精度较高、速度较快。

公路工程卫星图像生成数字线划地形图的数字化测图工序如下:

(1)资料收集与分析:主要包括测区内的及其外围的国家等级 GPS 点、三角点、水准点、区域似大地水准面模型数据等成果。收集测区内可供数据采集参考使用的地形图。

(2)卫星图像采集。

(3)确定测区坐标系统与其数学基础等。

(4)立体卫星图像匹配。

(5)区域网平差。

(6)等高线采集。

(7)地物采集。

(8)数字线划地形图编辑。

(9)数字线划地形图质量检查与图形输出。

9.2 符号线型库、图层的建立

地物一般分为两大类：一类是自然地物，如河流、湖泊、森林、草地、独立岩石等。另一类是经过人类物质生产活动改造了的人工地物，如房屋、输电线、道路、水渠、桥梁等。

地物绘制前必须按照国家基础地形图图示建立符号库，并按照各类地物进行分层。公路勘察设计中一般使用1：500～1：10 000数字线划地形图。

Microstation具有强大的绘图功能，目前大多数数字摄影测量软件都使用其作为联机测图软件。在MicroStation的library manager中按照《1：5 000、1：10 000地形图图式》和《1：500、1：1 000、1：2 000地形图图示》的标准制作符号库，并配置相关的图层，以便在联机测绘地物绘制时调用。

1）符号库的建立

以制作一个园地（不依比例尺经济林）符号为例，在MicroStation中地物符号制作的具体过程如下（图9-1）：

（1）通过Element→Cells菜单进入符号库界面，新建一个符号库guoshu.cel。

（2）在地形图中取定位的点为圆心，高3mm，宽1.6mm。可用16个坐标单位作为圆的半径绘圆，用14个坐标单位长度绘短线，然后使用选择器或FENCE框选定这两个要素。

（3）通过CELLS工具中的CELL ORIGIN来设定原点，设置圆心为符号原点，此时Create按钮由灰变亮，点击该按钮，在弹出的界面中定义符号名称及简单注释，选择符号类型为GRAPHIC。点击CREATE即完成符号制作。

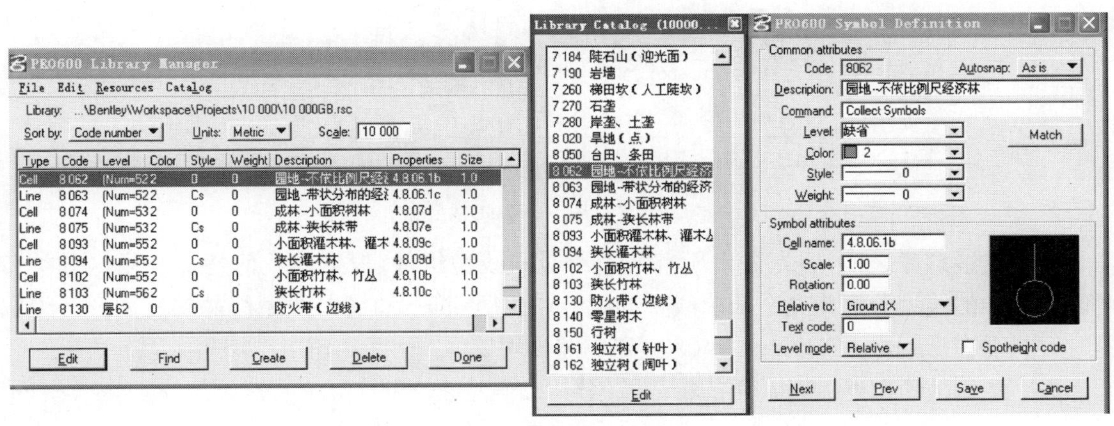

图9-1 地物符号库的建立

2）线型库的建立

以制作一个标准铁路（Railroad）线型为例，在MicroStation中线型制作的具体过程如下：

（1）选择PRO600→Library→Manager，点击creat，在Line codes from中输入40（图9-2）。

（2）选中code40，然后点击Edit，在Level中选择Road，Color中选择3（红色），Style中选择{Rail Road}，如图9-3所示。

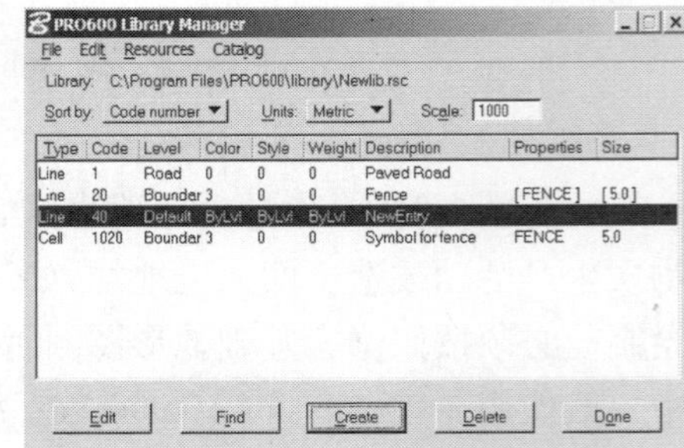

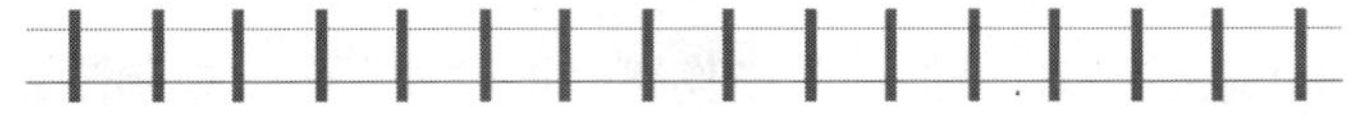

图 9-2 创建线型库

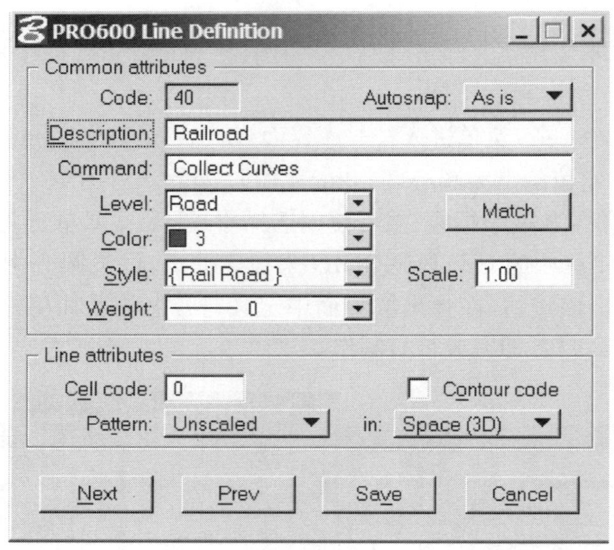

图 9-3 定义铁路(RailRoad)线型符号

在创建线型库之前，应先提出所有的点符号和线型组件，根据其几何特征和用途分类命名。把复杂的线型分解为几个简单线型的组合，提高点符号和简单线型组件的复用率。绘图的时候只需在 Library Catalog 中调入线型符号即可。

数字线划地形图绘制时常用的符号及编号、编码见表 9-1。

数字线划地形图常用地物符号 表 9-1

编　　号	编码(图层号)	符号名称	符　　号
4.1.1	1 011	三角点	△ 张湾岭/156.71
4.1.2	1 021	小三角点	▽ 摩天岭/294.91
4.1.3	1 031	埋石图根点	⊡ 江山/275.4

续上表

编 号	编码(图层号)	符号名称	符 号
4.1.4	1 040	水准点	⊗ $\frac{\text{Ⅱ京石5}}{32.80}$
4.2.1	2 011	地面河流	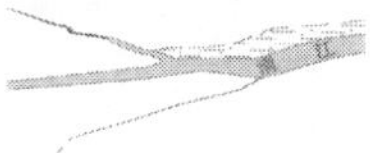
4.2.4	2 042	时令河	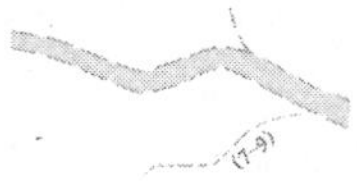 (7-9)
4.2.5	2 051	干河床(干涸河)	
4.2.7	2 071	沟渠	
4.2.13	2 130	涵洞	
4.2.14	2 041	干沟	
4.2.15	2 150	湖泊、池塘	
4.2.18	2 081	水库	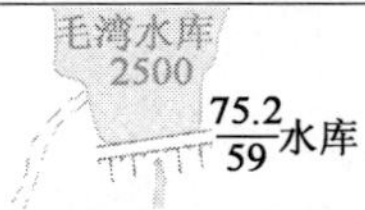 毛湾水库 2500 $\frac{75.2}{59}$水库
4.2.19	2 091	海岸线、干出线	
4.2.27	2 270	泉(矿泉、温泉、毒泉、间流泉、地热泉)	 温 51.5
4.2.28	2 281	水井、机井	
4.2.32	2 351	沼泽、湿地	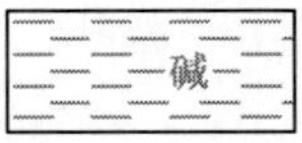 碱
4.2.36	2 362	堤	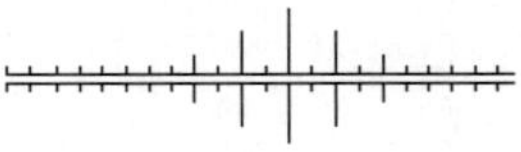
4.2.37	2 371	水闸	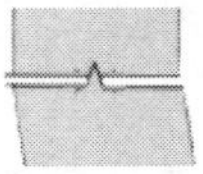
4.2.42	3 421	加固岸	

续上表

编　　号	编码(图层号)	符号名称	符　　号
4.2.43	2 341	陡岸	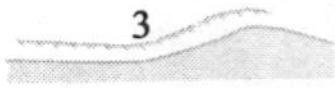 3
4.3.1	3 018	街区	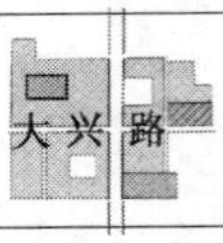 大 兴 路
4.3.1.1	3 026	房屋	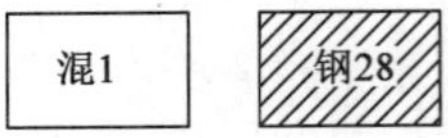 混1　钢28
4.3.4	3 041	破坏房屋	 破
4.3.7	3 051	窑洞	
4.3.8	3 060	蒙古包	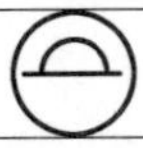
4.3.10	3 162	露天采掘场、乱掘地	 石
4.3.19	3 180	水塔	
4.3.21	3 200	烟囱	
4.3.23	3 222	盐田(盐场)	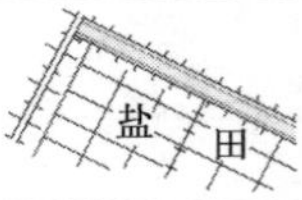 盐　田
4.3.24	3 231	窑	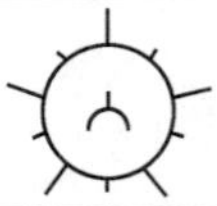
4.3.59	3 481	坟地、公墓	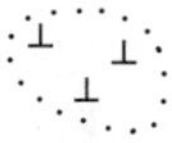
4.3.60	3 490	独立大坟	
4.3.72	3 590	庙宇	 混
4.3.87	3 730	围墙	
4.3.88	3 740	栅栏、栏杆	

续上表

编　号	编码(图层号)	符号名称	符　号
4.3.89	3 741	篱笆	
4.3.90	3 742	铁丝网、电网	×——×—电—×——×
4.3.92	3 750	地类界	
4.3.104	3 780	门墩	
4.4.1	4 011	标准轨铁路	
4.4.4	4 041	高速公路	
4.4.5	4 051	国道	①(G305)
4.4.6	4 061	省道	①(S305)
4.4.7	4 071	专用公路	②(Z301)
4.4.8	4 081	县道、乡道及其他公路	⑨(X301)
4.4.12	4 111	快速路	
4.4.13	4 124	高架桥	
4.4.17	4 140	机耕路(大路)	
4.4.18	4 150	乡村路	
4.4.19	4 160	小路、栈道	
4.4.28	4 240	立交桥、匝道	
4.4.35	4 300	隧道	
4.4.38	4 310	路堑	
4.4.39	4 320	路堤	

续上表

编　　号	编码(图层号)	符号名称	符　　号
4.4.61	4 530	渡口(汽车渡、火车渡、人渡)	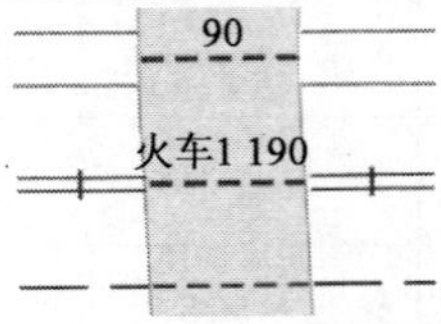 90 火车1 190
4.5.1	5 011	高压输电线	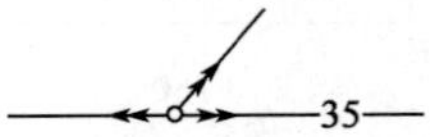 35
4.5.2	5 012	配电线	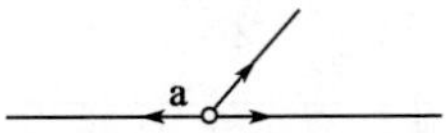 a
4.5.3	5 013	电力线	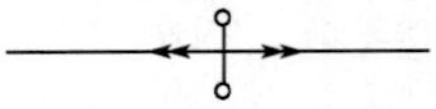
4.5.4	5 020	变电室(所)	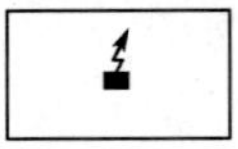
4.5.6	5 030	通信线	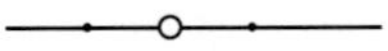
4.5.7	5 040	管道	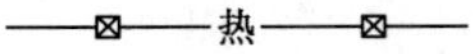 热
4.6.1	6 011	国界(已定界、未定界)	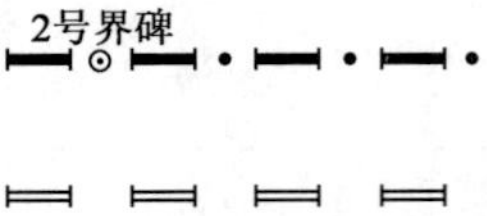 2号界碑
4.6.2	6 021	省级行政区界线和界标(已定界、未定界)	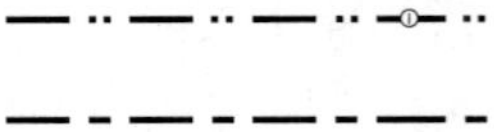
4.6.3	6 030	特别行政区界线	
4.6.4	6 040	地级行政区界线(已定界、未定界)	
4.6.5	6 050	县级行政区界线(已定界、未定界)	
4.6.6	6 060	乡、镇级界线(已定界、未定界)	
4.6.7	6 070	村界	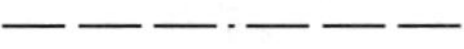

续上表

编　　号	编码(图层号)	符号名称	符　　号
4.7.1	7 010	等高线及其注记(首曲线、计曲线、间曲线)	25
4.7.2	7 030	示坡线	
4.7.4	7 040	比高点及其注记	·6.3　20.1
4.7.6	7 070	水下高程注记及等高线	-3 -5
4.7.9	7 110	石堆	
4.7.10	7 120	岩溶漏斗、黄土漏斗	
4.7.11	7 132	坑穴	2.6
4.7.12	7 140	山洞、溶洞	
4.7.13	7 160	冲沟	
4.7.15	7 170	陡崖、陡坎	18.6 300
4.7.16	7 170	人工陡坎	
4.7.21	7 180	斜坡	
4.7.22	7 260	梯田坎	2.5 0.5 2.0
4.8.1	8 010	稻田	

续上表

编　　号	编码(图层号)	符号名称	符　　号
4.8.2	8 020	旱地	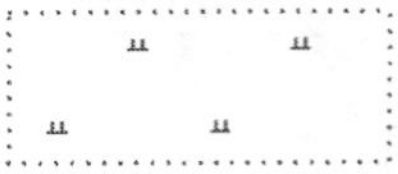
4.8.3	8 030	菜地	
4.8.4	8 040	水生作物地	 菱
4.8.6.1	8 060	经济林(果园、桑园、茶园、橡胶园、其他经济林)	
4.8.7	8 070	成林	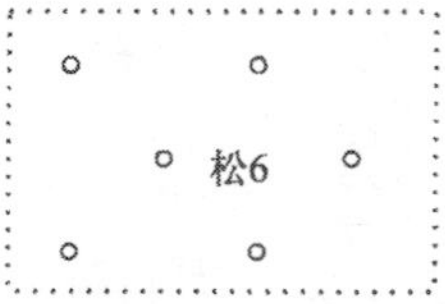 松6
4.8.8	8 080	幼林、苗圃	 幼
4.8.9	8 090	灌木林	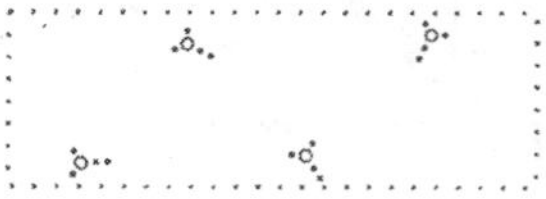
4.8.10	8 102	竹林	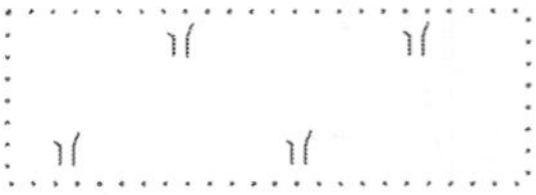
4.8.13	8 160	独立树(阔叶、针叶)	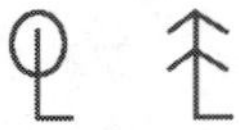
4.8.18	8 210	草地	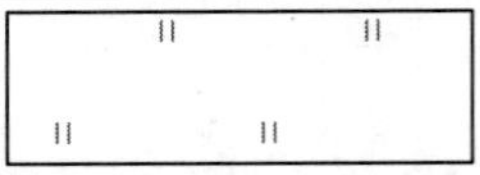

9.3　数字线划地形图绘制

在公路勘察设计中,立体卫星图像的数字线划地形图一般分为 1∶10 000 和 1∶2 000 两种比例尺测图,由于立体卫星具有严格的几何定位参数,在无控点的情况下,高分辨率立体卫星图像可以进行 1∶10 000 测图,在只需少量控制点的情况下,就可以进行区域网平差测绘 1∶2 000 地形图。

立体卫星图像对外业像控点的位置、数量没有严格的要求,只需少量的地面控制点,一般 10km 只布设一个像控点,就可以实现区域网平差。像控点外业测量成果采用 CGCS2000 国家坐标系。

为了实现GPS网测量结果的转换，一般采用布测公共点的方法，即在GPS网中联测不少于3个已知所采用坐标系中坐标的控制点，然后按不同坐标系转换公式反求出GPS坐标系和工程系的转换参数，进而实现GPS网点坐标的转换。

立体卫星图像区域网平差完后，可产生对应的支持文件。这些支持文件主要是恢复卫星图像的像方与物方坐标关系的。有了这些文件，立体卫星图像的数字线画图的生产如同常规的数字摄影测量，就非常方便。

9.3.1　数学基础

地形图数学基础是地图上确定地理要素分布位置和几何精度的数学基础。包括：①坐标网。地理坐标网是按照一定投影方法，将地球椭球面上的经纬线描绘在平面上的网格。因地图投影不同，坐标网常表现为不同系统和形状，构成有一定变形规律的经纬网格。②比例尺。比例尺表示地图图形缩小程度。通常绘注在地图上的为主比例尺，只有某些线或点符合比例尺。一般大比例尺地图，内容较详细，几何精度高，可用于图上量测。③大地控制网。将地球上的自然表面转移到椭球面上，并使地图上的地理要素对于坐标网具有正确的位置。大地控制网包括平面控制网和高程控制网，前者作为平面位置的基本控制，由三角测量或导线测量方法建立，大地点的大地坐标通过投影换算成平面直角坐标，可直接控制地形测图；后者用水准测量方法建立，作为地形图上高程的基本控制。

高分辨率立体卫星图像的坐标系统为WGS-84坐标系统。

数字线划地形图测绘时要进行坐标转换，一般平面系统采用高斯－克吕格投影的平面直角坐标系。按3°分带，也可选择任意经度作为中央子午线。在无法联测国家控制网时，也可采用独立坐标系。高程基准一般采用“1985国家高程基准”。

1∶10 000比例尺采用卫星参数测图，1∶2 000比例尺采用实测的立体卫星图像控制点测图。

9.3.2　等高线绘制

在数字线划地形图上，显示地貌的方法很多，目前常用的是等高线法。它能真实反映出地貌形态和地面高低起伏。等高线是一定高度的水平面与地面相截的截线。地形图上相邻两高程不同的等高线之间的高差称为等高距。等高距越小则等高线越密。等高线显示就越详细、确切。等高距越大则图上等高线就越稀，地貌显示就越粗略。但不能由此得出结论认为等高距越小越好，如果等高距很小，等高线就非常密，不仅影响地形图图面的清晰，而且使用也不方便，同时测绘工作量也大大增加。因此，等高距的选择必须根据地形高低起伏程度、测图比例尺的大小和使用地形图的目的等因素来决定。

公路勘察设计中常用比例尺的数字线划地形图等高距规定如表9-2所示。

基本等高距(m)　　表9-2

比例尺	平原	微丘	重丘	山岭
1∶2 000	1.0	1.0	2.0	2.0
1∶5 000	1.0	2.0	5.0	5.0
1∶10 000	2.0	2.0	5.0	10.0

等高线分为首曲线、计曲线、间曲线和助曲线。

(1)首曲线。在同一幅图上,按规定的基本等高距描绘的等高线称为首曲线,也称基本等高线。它是宽度为 0.15mm 的细实线。

(2)计曲线。凡是高程能被 5 倍基本等高距整除的等高线,称为计曲线。为了读图方便,计曲线要加粗(线宽 0.3mm)描绘。

(3)间曲线和助曲线。当首曲线不能很好地显示地貌的特征时,按二分之一基本等高距描绘的等高线称为间曲线,在图上用长虚线表示。有时为显示局部地貌的需要,按四分之一基本等高距描绘的等高线,称为助曲线,一般用短虚线表示。间曲线和助曲线可不闭合。

在数字测图中,一般的方法是先利用地形碎部点建立某种形式的数字地面模型,然后利用数字地面模型内插出等高线。

数字测图系统绘制等高线的步骤如下:

(1)建立数字地面模型。

(2)内插等高线上的点。

(3)跟踪等高线上的点以形成等高线。

(4)对已形成的等高线进行光滑。

建立数字地面模型是绘制等高线的基础。建立数字地面模型的方法与数字地面模型的形成密切相关,在大比例数字测图系统中,由于精度、速度等方面的原因,一般采用不规则三角网的形式,直接利用原始离散点建立数字高程模型。三角网法直接利用原始数据,对保持原始数据的精度,引用各种地性线信息非常有用;尤其是对于地面测量获得数据,其数据点大多为地形特征点、地物点,它们的位置含有重要的地形信息。对于数字测图直接利用原始离散点建立数字高程模型是比较合适的。

不规则三角网(TIN)的每个基本单元的核心是组成不规则三角形的三个顶点的三维坐标,这些坐标数据完全来自原始测量成果。TIN 是不规则三角网中最简单的形态,而且在等高线追踪、三维显示及数据面处理等应用中也是最常用的最简单的结构。

建立 TIN 的基本过程可参考本书第 7 章。在生成 TIN 的过程中,还要考虑地性线、地物等的影响。为了保证数字地面模型最大限度地符合实际地形,应将通常地性线等地形特征线作为 TIN 中三角形的边。

(1)断裂线的处理。对于坡度变化陡峭的地形,如陡坎、河岸等,其变化不连续处的地形边线成为断裂线,在建 TIN 时,必须包含剧烈变化的地形——断裂线的特征信息,才能使模型最大限度地准确反映出实际地形。

(2)陡坎的处理。坎上、坎下各点分别连成折线,等高线遇闭合(折)线断开。坎上、坎下之间则绘制陡坎的图式符号。

(3)在绘制数字线划地形图时,等高线与地物是分层处理的,等高线层中等高线绘到闭合(折)线处断开,而在地物层闭合折线处正是陡坎等地物符号绘制的地方,两层叠加输出,绘出的就是数字线划地形图。

(4)地物的处理。绘制数字线划图时,要求等高线遇地物断开,如等高线遇房屋、道路等都需要断开,其处理的方法类似,也是将它们处理成闭合区。

(5)地性线的处理。由于 TIN 结构是以三角形为基本单元表达实际地形的,山谷线、山脊线等地性线不应该通过 TIN 的三角形的内部，否则三角形就会“进入”或“悬空”于地面。因此构造 TIN 时应使地性线包含在三角网的三角形边的集合中，以山谷线、山脊线为三角形的边。

(6)影响三角形结构的其他因素，如不规则区域边界可能使程序在无数据区构造出三角形，或构造出与实际地形特征不相符的部分三角形格网，从而影响了三角形格网结构。为了解决这些问题，需要在构建三角形格网过程中加入对区域边界的识别，不允许 TIN 向区域边界外扩展，同时检查边界附近的三角形中是否有异常的三角形(如某个三角形的部分区域已处于边界以外)。

在三角网数字地面模型建立以后，可生成等高线。三角网法绘制等高线的主要过程如下：

(1)自动联结三角网。

(2)在三角形边上内插等值点。

(3)寻找等值线起始点和追踪等值点。

(4)联结等值点绘制光滑曲线

在数字摄影测量软件 ERDAS LPS 中，生成不规则三角网后，按照成图比例尺要求，设置等高距等相关参数(图 9-4)，即可导出等高线。

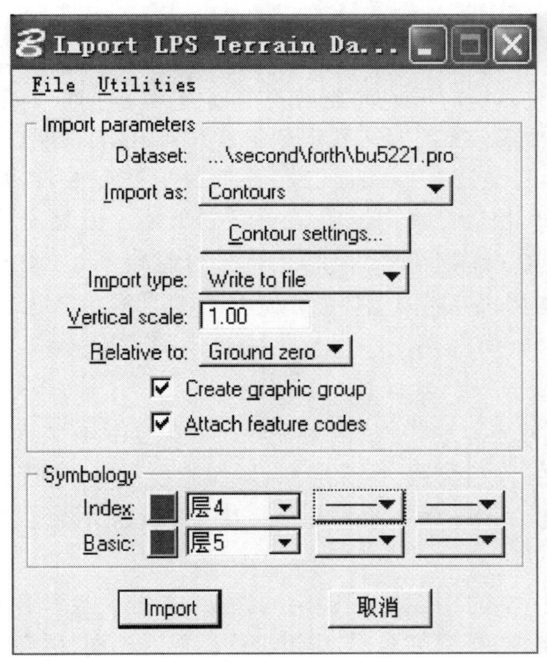

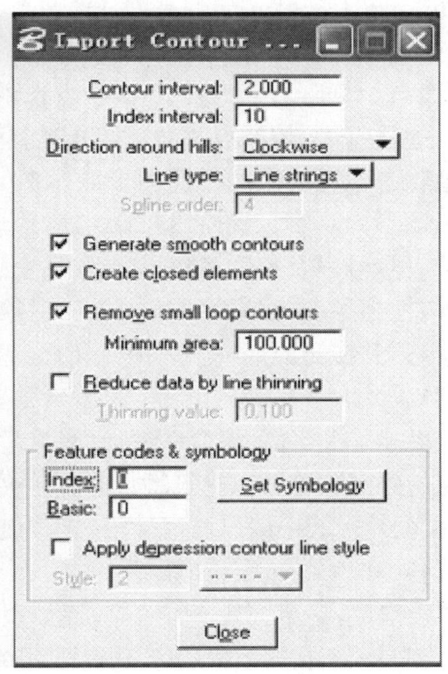

图 9-4　等高线参数设置

9.3.3　地物绘制

地物符号库建立后，利用数字摄影测量软件与 Microstation 软件联机测绘地物。地物在数字线划地形图上的表示原则是：凡是能依比例尺表示的地物，则将它们水平投影位置的几何形状相似地描绘在地形图上，如房屋、河流、运动场等，或是将它们的边界位置表示在图上，边界内再绘上相应的地物符号，如森林、草地、沙漠等。对于不能依比例尺表示的地物，在地形图上是以相应的地物符号表示在地物的中心位置上，如水塔、烟囱、纪念碑、单线道路、单线河流等。

测绘地物必须根据规定的测图比例尺，按规范和图式的要求，经过综合取舍，将各种地物表示在图上。地物测绘主要是将地物的形状特征点测定下来，得到与实地相似的地物形状。如地物的转折点、交叉点、曲线上的弯曲交换点、独立地物的中心点等。按照地物类别的不同，在测绘地形图时需进行分层设类。

(1)测量控制点

测量控制点时是测制地形图和工程测量的主要依据，在图上必须精确表示。它们包括：三角点、图根点(包括埋石的和不埋石的)、导线点、水准点、GPS 点、天文点。其中，三角点、图根点(包括埋石的和不埋石的)、导线点，为平面控制点。水准点为高程控制点。GPS 点为 GPS 控制点。天文点为其他控制点。

图上各测量控制点的几何中心，表示地面上控制点标志的中心位置。高程注记表示实际标志顶的高程或者桩顶的高程。点名和高程以分式表示，分子为点或点号，分母为高程，一般注在符号右方。水准点和经水准联测(或者代水准联测)的三角点、小三角点的高程一般注至 0.001m；用三角高程测定的高程一般注至 0.01m。

图形上属于独立符号，先绘定位点，后绘其余部分。绘制顺序为：天文点、三角点、图根点、导线点、水准点、GPS 点。当与其他地物符号相遇时，则地物符号不绘；重合时，绘重合的那个地物符号，控制点符号省略不绘。但是，注记方式要以控制点的注记方式进行注记。如果地物是依比例尺的平面图形表示时，且地物平面图形内能容纳控制点符号时，则在地物平面图形内真实位置绘出控制点符号。相应的地物说明符号可以不绘。但是需要注出点名或者点号以及地物名称，否则，只绘独立地物符号，控制点符号可省略不绘，除注点名外，还应注出控制点的类别。位于房屋顶上的控制点，应在房屋符号的真实位置上绘出控制点符号，并注出点名。

(2)居民地

居民地是大比例尺数字线划地形图上的主要地物要素，测绘居民地要求准确反映实地各个房屋的外围制轮廓和建筑特征。其包括：普通房屋、特殊房屋、房屋附属设施、垣栅四类要素，房屋的轮廓线一般以墙基外角连线为准。城区居民地的主要街道边线以路沿线绘出，次要街道以各类地物的边线绘出。

普通房屋：房屋一般不综合，应逐个表示，不同层数、不同结构性质、主要房屋和附加房屋都应分割表示。在城镇内的老居民区，房屋毗连、庭院套递、应根据房屋形式不同、屋脊高低不一、屋脊前后不齐等因素进行分割表示。

以钢、钢混、砖混结构为主和土(石)木结构为主的称为一般房屋。普通房屋还包括简单房屋、建筑中的房屋、破坏房屋、棚房等。

特殊房屋：包括突出房屋、窑洞、蒙古包等。

房屋附属设施：主要是指走廊、门、台阶、楼梯、房屋中的通道等。

垣栅：主要是指长城和城墙、围墙、栅栏、栏杆、篱笆、铁丝网等。

测绘居民地根据所需测图比例尺的不同，在综合取舍方面就不同，对于居民地的外轮廓，都应准确测绘，其内部的主要街道以及较大的空地应区分出来；对散列式的居民地，独立房屋分别测绘。1∶10 000或更大比例尺测图，房屋应逐个测绘；1∶2 000测图房屋适当综合取舍。围墙、栅栏、栏杆等可根据其永久性、规整性、重要性等综合考虑取舍。

(3)交通及附属设施

交通是各种交通运输线路的总称。它包括陆地交通、水路交通、空中交通和管线运输等几类。在数字线划地形图上应正确表示交通网的类型和等级、位置和形状、通行程度和运输能力。要正确表示附属设施的结构和关系，正确处理道路的相交关系及与要素的关系，正确表示水运和海运的航行标志，河流的通航情况。

陆地交通：数字线划地形图上应表示铁路、公路和其他道路三类。

铁路：在大比例尺数字线划地形图上，应区分单线铁路和复线铁路，以及高速铁路，普通铁路和窄轨铁路，普通牵引铁路和电气化铁路，现有铁路和建设中铁路等。

公路：在地形图上，主要以双线符号表示，再配合符号宽窄、线号粗细和说明注记等反映其他各项技术指标。例如，注明路面的性质，在大比例尺地形图上，要详细表示涵洞、路堤、路堑、隧道等道路的附属建筑物。图式上的公路，依据交通部的技术标准来划分，将公路分为汽车专用公路和一般公路两大类。汽车专用公路包括高速公路、一级公路和部分专用的二级公路；一般公路包括二、三、四级公路。

其他道路：有大车路、乡村路、小路、时令路、无定路等。低级别的道路在地形图上也根据其主次分别用虚实双线、虚线、点线并配合线号的粗细和线型区分。

水路交通：水路交通主要区分为内河航线和海洋航线两种。地图上常用短线(有的带箭头)表示河流通航的起讫点。在大比例尺地图上应准确表示渡口、码头、航行标志、航行险区等。

空中交通：在普通地形图上，空中交通是由图上表示的航空站体现出来的，一般不表示航空线。

(4)管线

①地面管线

电力线、电信线的电杆、铁塔位置应实测。电杆上有变压器时，变压器的位置按其与电杆的相应位置绘出。架空的、地面上的、有堤基的管道应实测，当架空管道直线部分的支架密集时，可适当取舍。地下管线检修井测定其中心位置按类别以相应符号表示。

②地下管线

地下管线包括地下的给水、排水(雨水、污水)、煤气、热力、电力、电信和工业等七类。地下管线测绘应测定地下管线的平面位置和埋深(高程)。管线点分为明显管线点和隐蔽管线点。

(5)境界

在数字线划地形图上，境界区分为政区境界，包括国界(已定、未定)，省、市、自治区、中央直辖市界，自治州、盟、省辖市界，县、自治县、旗界等。其他境界包括地区界、停火县界、禁区界等。地图上所有境界线都是用不同结构、不同粗细与不同颜色的点线符号来表示的。如果有界桩、界碑、界标的要精确的按坐标值展绘出来，并注出编号和尽量注出高程，其他标记不得压盖国界。

境界以线状地物的中心线为界时，须调绘绘出境界。

在数字线划地形图上应十分重视境界描绘的正确，以免引起各种领属的纠纷，尤其是国界线的描绘，更应慎重、精确，要按有关规定并经过相关部门的审批才能出版发行。

(6)水系

水系包括河流、渠道、湖泊、池塘等地物，通常无特殊要求时均以岸边为界，如果要求测出水涯线、洪水位及平水位时，应按要求在调查的基础上进行测绘。

河岸的两岸一般不规则，在保证精度的前提下，对于小的弯曲和岸边不甚明显的地段可进行适当取舍。对于在图上只能以单线表示的小沟，不必测绘其两岸，只要测出其中心位置即可。渠道比较规则，有的两岸有堤时，测图时可以参照公路的测法。

湖泊的边界经人工整理、筑堤、修有建筑物的地段是明显的，在自然耕地的地段大多不甚明显，测图时要根据具体情况和用途要求来确定以湖岸或水涯线为准。在不甚明显地段确定湖岸线时，可采用调查平水位的边界或根据农作物的种植位置等方法来确定。

(7)植被与土质

地表除水面和荒漠之外，几乎为各种植被所覆盖，植被是各种植物的总称。它们有的是天然生长的，例如天然林、灌木丛、芦苇、草地等。有的是人工种植的，水稻、树苗、人工经济林等。在地形图上反映各种植物的分布状况。各种不同植被分布区域的界限称为地类界，植被绘制就是绘制地类界。当地类界线与线状地物重合时，可略去地类界。在各地类界圈定的范围内，填绘相应的植被符号，必要时还可配以文字说明和高程注记。农田要用不同的地类符号区分种植的不同作物的地块和土地的特性，如水稻、旱地、菜地等。田埂在图上的宽度大于 1mm 时用双线表示，各地块内应测注代表性的高程点。

土质是指地面表层覆盖物的类别和性质，是经济建设部门规划设计、资源调查的基本依据之一，图上要求正确表示其形态、类别和分布特征，土质主要分为沙地、沙砾地、戈壁滩、盐碱地、小草丘地、龟裂地、沼泽地等。土质符号的绘制与植被符号相似。

9.4 数字线划地形图注记

数字线划地形图起作用的文字和数字称为注记。注记是地形图内容的基本要素之一。注记分为专有名称注记(如房屋、河流等)、说明注记(如房屋结构、树种等)和数字注记(如地面店高程、比高、房屋层数等)。

注记主要有标识各种现象、指示对象的属性等功能。

(1)标识各种现象。各种地理名称，如武汉、南极、纬度 38°、太平洋等。它们与地图符号(居民地、经纬度、海洋等)配合，形成地理名称与地物之间的映射关系，以便地图的阅读。

(2)指示对象的属性。有各种说明性注记，如森林符号中注记“松”，补充说明森林的性质以松树为主；塔形符号注以“伞”，即指跳伞塔；管线符号以“油”，即指为输油管；道路的路面上注某个数字，表示其路面宽等。

数字线划地形图注记的要素主要包括字体、大小、字向、字空、字列和字位等，它们使注记具有某种符号性意义。注记的绘制一般通过人机交互完成。注记内容，除一部分(等高线计曲线高程、高程点高程等)可从文件中调出,其他通过键盘输入。

(1)字体。字体是指地图上注记的体裁。字体主要有仿宋体及其变形体(倾斜)、等线体及变形体(耸肩)、宋体等。

(2)字大。字大指注记字的大小。字大是以注记字格尺寸大小计算。在地形图图式中都有规定。一般正方形字格以边长为标准。长方形字格以高为标准,扁或斜体的字格以宽为标准,耸肩体字格以侧边长为标准,阿拉伯数字以字格高为准。

(3)字位。字位是指注记的数字或文字与被说明要素的相对位置。字位的选择,应与被说明的物体靠近,又不遮盖重要的地物。达到标示明确、清晰易读、整齐美观的目的。

(4)字向。字向是注记的文字和数字的字顶所朝的方向。分为直立与斜立两种。

(5)字隔。注记字隔是指注记字相邻两字格间的空白距离。一般根据被注记符号的面积大小或长短来确定。分为三种情况:接近字隔、普通字隔、隔离字隔。

(6)字列。根据被注物体的特点,字列主要有水平字列、垂直字列、雁形字列和屈曲字列四种。

(7)字色。字色注记用色可与被注记要素颜色一致。为了醒目,其颜色也可与被说明物体颜色不同。

高程注记点应该分布于方位物(水塔、烟囱等),地形变化处,坎上坎下,沟底及山顶,山谷,鞍部等,以及道路交叉口,道路上的点也应均匀分布,高程注记点切勿只顾均匀分布而忽略了重要位置。在没有特殊要求时,一定要保证每格网 12～15 个高程注记点。

9.5　数字线划地形图编辑

在数字线划地形图测图中,由于碎部点数据采集的有限性、局限性和计算机制图的辅助性,都必须对图形进行大量的人工修改和编辑,才能得到高质量的数字地形图。特别是复杂地形和破碎地形地区,图形的修改和编辑占了整个制图周期一半以上的时间,修改和编辑工作的优劣,直接决定了成品图的质量。

对采集的数字线划地形图进行编辑,重点内容如下:

(1)依据相应比例尺图式和数据字典的要求,按照综合取舍的原则进行数据编辑,做到不失真、不遗漏,主次有别、层次分明;消除定位错误、拓扑错误、图层错误、属性错误等。

(2)消除要素的图形遗漏、属性遗漏、注记遗漏等。

(3)消除要素间相互矛盾、线条不平滑等不合理现象。

地形图经过编辑后需要进行整饰,使地物符号、注记符号完全符合地形图图式的规定,等高线光滑、合理,最后形成正式的地形原图。

整饰的顺序是:先图内后图外、先地物后地貌、先注记后符号。具体要求如下:

(1)地物、地貌均按地形图图式符号绘制、线条清晰、位置准确。沟坎、池塘、田埂线点拐弯处要求适当加点,能进行曲线拟合的应拟合以使之平滑。应特别注意的是沟坎、田块间的高程关系,严禁出现水田中高程高于田埂高程的情况。坑塘说明注记应置于中心位置。

(2)文字注记一般字头朝北、书写清楚。对于性质说明的注记,必须按照规范要求简洁易懂,不能用通俗的口语,如坑塘水面应注"塘"而非"池塘"、乱掘地应注"掘"而不是"开挖"等。注记字体字形应严格按规范要求进行。注记的排列方式可采用水平字列、垂直字列、雁行字列或屈曲字列。水平字列,又称"横字列",注记文字的中心连线与上下图廓线平行,排列方向是从左至右，如居民点注记；垂直字列，又称“竖字列”，注记文字的中心连线与上下图廓相垂直，文字从上到下排列；雁行字列，又称“斜字列”，注记文字中心连线为直线并与上下图廓斜交，交角小于45°时，文字由左向右排列，大于45°时，从上到下排列；屈曲字列，又称“曲线字列”，注记文字中心连线呈曲线或折线，文字排列随所注地物而定，如河流注记等。

(3)初绘的等高线不拟合，在考虑就近高程点和不规则三角网的基础上对不光滑的等高线进行线上移点和加点，修改完毕后进行计曲线的注记，并打断通过计计曲线注记的等高线，然后再进行二次拟合。高程注记必须分布均匀，并注在特征地物、特征地貌的特征点上，高程注记点与线重合的应将高程点注记进行适当平移。

(4)测区各级基础控制点及埋石图根点均应注记，不埋石图根点可根据图面要求进行适当取舍，但均应将控制点符号标注于图面。控制点注记一般放在点符号的正右侧，若压线则进行适当的平移，注记文字离控制点符号应不小于图上距离1mm。

(5)所有管线、光缆桩标、里程碑都应表示，且必须标清其来龙去脉，做到有始有终一目了然。管线设施为线状或面状的其骨架线不可删除，以免改变比例尺时丢失。

(6)图幅左侧为路线起点方向，右侧为路线终点方向。

(7)图名、图号、地形图比例尺、方格网坐标、坐标系、高程系和等高距、测图人员、检查人员、复核人员、测图时间书写正确齐全。

9.6 质量控制

传统测绘产品的制作过程和产品形式都很直观，作业过程中出现错漏比较容易发现。数字测绘产品的中间过程是以数据处理的形式在计算机内进行的，最终结果也是以数据的形式存在于计算机内，错漏的隐蔽性强，质量跟踪检查有着更大的难度，所以完善质量检查的方法是必要的。

就误差来源看，由于各种数据都在一定的仪器设备和软件上完成，因此不可避免产生系统误差；而在空间关系的处理上，每个人的操作方法、视觉判读的能力也存在差异，这就出现了偶然误差。

为确保数据的可靠性和稳定性，在生产过程中都必须对三维线划地形图产品进行全面的检查验收工作。根据数字线划地形图产品质量标准，地形图产品质量的检查主要分为室内检查和室外检查两部分。

9.6.1 室内检查

测图工作完成后，测图人员对测图全部资料进行检查，主要包括：

(1)回放图检查。这是最常用的一种质量检查方法，视野开阔，各种要素关系清晰明确。要素的编码、属性也可以在回放图上通过符号、颜色、线型、注记等体现出来，加以检查。

(2)屏幕图形检查。优点是可放大，局部关系清楚，而且可以将相邻图幅的数据拼接检查、将不同格式的数据叠合检查；但视野较小，缺乏全局感。

(3)数据检查。对于编码、属性、拓扑关系等在回放图上和屏幕上都难以检查的内容，要一一进行数据检查。

(4)编程自动检查。对于一些有规律的、有内在联系的、可用程序计算生成的内容，如图号、图廓点坐标、分层与编码、属性项及值域等，可编程自动检查，提高效率和准确性。

9.6.2 室外检查

对室内检查发现的问题,应到实地进行检查、修正。室外检查分为野外巡查和设站检查。

(1)野外巡查:到测区将地形图与实际地形对照检查,着重注意地物、地貌有无遗漏、取舍是否合理。等高线勾绘是否符合实际。

(2)设站检查:把测图仪器在选定的控制点上设站,对上述检查发现的问题及测站附近重要的地物重新测量。设站抽查的误差应不超过有关规范的限差。

9.7 三门峡至淅川高速公路数字线划地形图

数字线划地形图提供了公路工程建设地区的地形和环境等条件资料,是工程建设中必不可少的重要依据和基础性资料。为了选择一条经济而合理的路线,必须进行路线勘测,路线勘测一般分为初测和定测两个阶段。

路线勘测是一个涉及面广、图像因素多、政策性和技术性都很强的工作。利用地形图选择路线走向,对山区和地形复杂、外界干扰、牵涉面大的段落进行重点研究。诸如,路线可能沿哪些溪流、越过哪些垭口,路线通过城镇或工矿区时,是穿过、靠近、还是避开而以支线连接等。研究时,应进行多种方案的比较。

在河南省三门峡至淅川高速公路灵宝至卢氏段的公路工程应用中(工程概况见第八章第六节第一部分),利用少量外业控制点对立体卫星图像进行区域网平差,然后生成数字线划地形图。

为了检查其是否满足公路勘察设计精度要求,结合立体卫星图像,判读出清晰可见的707个GPS四等网点、一级导线点、放样点等的具体位置,并与野外实测的坐标进行比较。

9.7.1 公路工程区域数字线划地形图

三门峡至淅川高速公路灵宝至卢氏至西坪段路线里程长约165km,工程采用0.5m分辨率全色WorldView卫星图像,采集日期主要为2010年1月至4月(表9-3、图9-5),主要有两个扫描条带。

三门峡至淅川高速公路灵宝至卢氏至西坪段 WorldView 卫星数据拍摄情况　　表9-3

卫星序列号	采集日期	最大天底角(°)	太阳高度角(°)	云层覆盖量
102001000B575B00	2010-04-03	18.23	58.20	5%
102001000CEA1900	2010-04-03	30.63	58.49	0%
102001000CBE3800	2010-03-26	22.70	54.13	20%
102001000CE05500	2010-03-26	32.76	54.00	2%
102001000C1CB700	2010-03-26	28.21	53.9	10%
102001000CD02E00	2010-03-26	34.60	54.23	14%
102001000C484900	2010-04-03	15.62	58.43	0%
102001000D532C00	2010-04-03	34.60	58.29	3%
102001000C7A6800	2010-02-20	23.71	41.84	0%
1030010003D16C00	2010-01-13	39.13	30.85	0%
1030010005825900	2010-04-30	41.37	64.11	1%
102001000B8C2A00	2010-01-08	4.62	32.32	0%

测区内沿图像中心线每隔5km布设一对像控点,共测量78个WorldView野外控制点,

如图 9-5(点为像控点、折线框架区域为公路工程区域)所示。

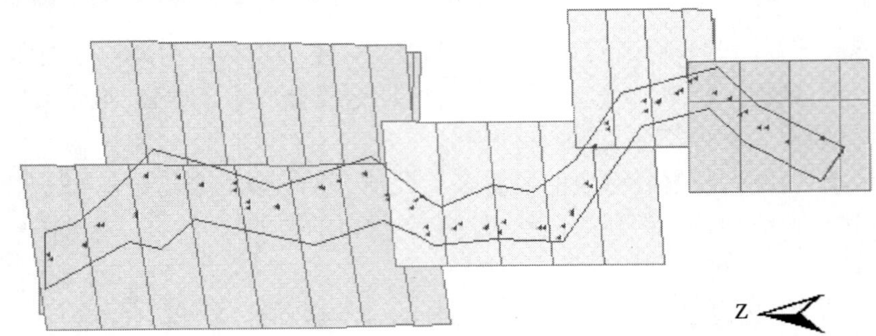

图 9-5 三门峡至淅川高速公路灵宝至卢氏至西坪段 WorldView 卫星图像与像控点分布图

数字线划地形图的生成是在 ERDAS PRO600 与 Microstation V8 联机测图环境下进行。在 ERDAS PRO600 中导入编辑好的地面点,进而按规定的等高距生成相应比例尺的等高线。然后,在立体观测环境下,按已制作好的地形图符号库绘制地物,同时展绘野外调绘资料、地面控制点、三角点等数据,具体流程如图 9-6 所示。

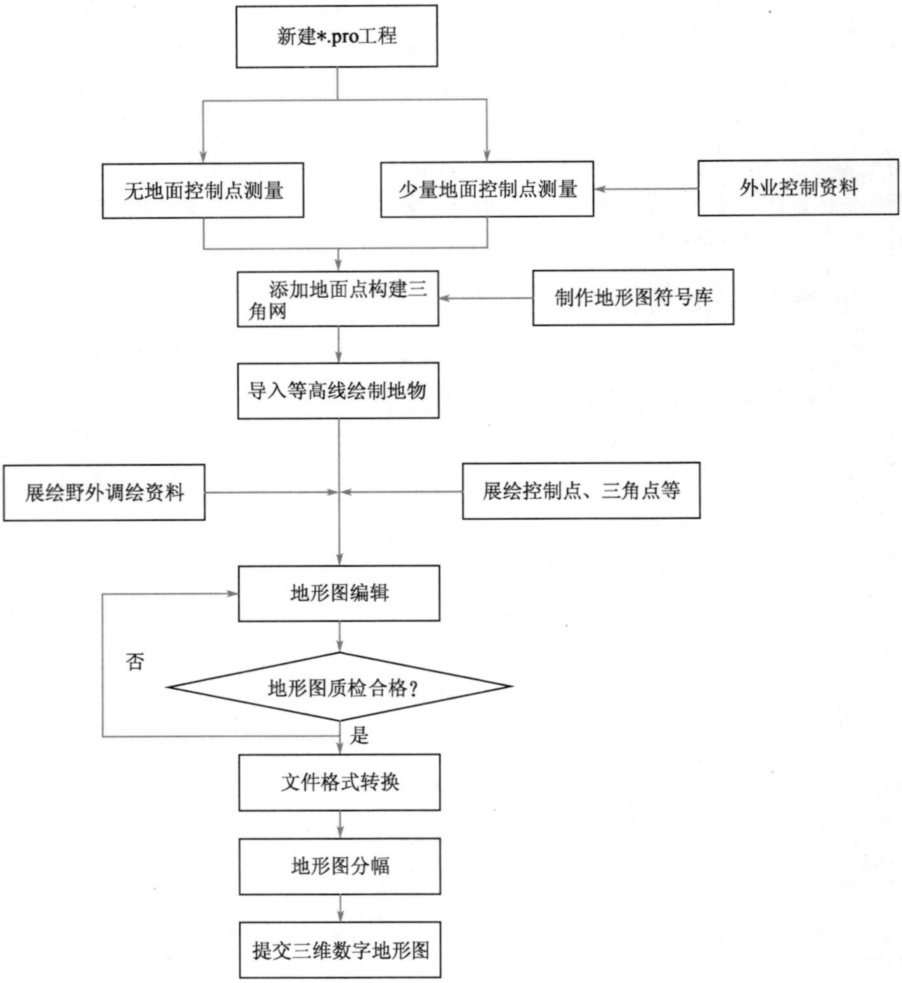

新建*.pro工程

无地面控制点测量

少量地面控制点测量

外业控制资料

添加地面点构建三角网

制作地形图符号库

导入等高线绘制地物

展绘野外调绘资料

展绘控制点、三角点等

地形图编辑

否

地形图质检合格?

是

文件格式转换

地形图分幅

提交三维数字地形图

图 9-6 ERDAS LPS 中数字线划地形图生产流程图

结合外业像控资料，对测区内的10景立体卫星图像进行区域网平差，进行有控测量，构建区域内的三角网，绘制等高线及地物，编辑检查完成后按路线走向，从路线起点到路线终点进行分幅。ERDAS PRO 600与MicroStation V8联机测图的数据以*.dgn格式存储。为了方便公路勘察设计，通常将其转换为AutoCAD通用的*.dwg格式。

9.7.2 无地面控制点的线划地形图精度

在没有地面控制点的情况下，直接利用立体卫星图像RPC参数生成的线划地形图，在公路工程区域内共有36个可以找到确切位置的点，用以检测线划地形图的平面精度。

为了计算无地面控制点的线划地形图平面位置的中误差，首先分别计算出X、Y方向的中误差分量m_x、m_y，然后再利用公式$m_s=\sqrt{m_x^2+m_y^2}$计算出无地面控制立体卫星图像生成的线划地形图平面中误差。其各种统计数据见表9-4。

无地面控制立体卫星图像生成的DLG平面精度(m) 表9-4

X				Y				S
X_{max}	X_{min}	X_{ave}	m_x	Y_{max}	Y_{min}	Y_{ave}	m_y	m_s
2.69	−2.65	−0.61	1.649	2.91	−4.45	−1.06	2.290	2.820

为了直观的表现立体卫星图像生成的数字线画图的平面误差的分布，在XOY平面坐标系中，对36个检测数据进行绘图，得到无地面控制立体卫星图像线划地形图的平面误差分布图，见图9-7。可以看出，平面坐标的误差比较均匀地分布在2倍中误差以内。

为了检测无地面控制点的线划地形图的高程精度，在AutoCAD中，将无地面控制点立体卫星图像生成的线划地形图与野外测量获取的检测数据叠加后，利用分布在检测点附近的高程注记点及等高线，并考虑地形的起伏变化，推算出检测点处的线划地形图的高程。在检测点附近没有高程注记点时，通过内插等高线的方法进行估读。将线划图上的高程值与检测点实际高程值进行对比，得出检测点处的高程差值，并进行统计与分析。

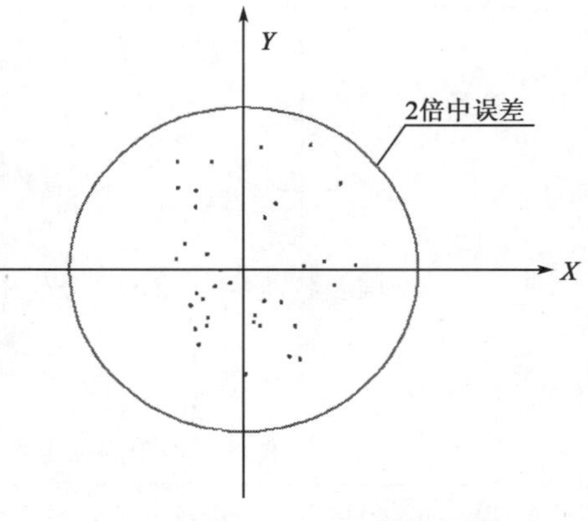

图9-7 无地面控制DLG的平面误差分布图

高程点平均分布在公路工程区内，在重丘、微丘等各种地形选择了92个高程检测点。

在上述92个误差统计数据中，按照高程误差的数值大小分区进行了统计，其具有很好的系统性，见表9-5。

无地面控制立体卫星图像生成的DLG高程精度统计(m) 表9-5

最大值	最小值	均值	中误差
−1.589	−4.309	−2.932	2.975

可以看出，无控制点的WorldView高分辨率卫星图像测图的精度满足1∶10 000地形图的要求。

9.7.3 有地面控制点的线划地形图精度

为了检测有地面控制点的线划地形图的平面精度，在线划地形图中找到30个可以确定位置的点。其各种统计数据见表9-6。

有地面控制立体卫星图像生成的DLG平面精度(m) 表9-6

X				Y				S
X_{max}	X_{min}	X_{ave}	m_x	Y_{max}	Y_{min}	Y_{ave}	m_y	m_s
1.16	−1.39	−0.005	0.654	1.17	−1.01	−0.008	0.582	0.875

为了直观的表现有少量控制点情况下立体卫星图像生成的线划地形图的平面误差的分布，在XOY平面坐标系中，对30个检测数据进行绘图，得到有地面控制线划地形图的平面误差分布图(图9-8)。可以看出，平面坐标的误差比较均匀地分布在2倍中误差以内。

为了检测有地面控制点的线划地形图高程精度，在AutoCAD中，将有地面控制立体卫星图像生成的线划地形图与野外测量获取的检测数据叠加后，利用分布在检测点附近的高程注记点及等高线，并考虑地形的起伏变化，推算出检测点处的线划地形图上的高程。在检测点附近没有高程注记点时，通过内插等高线的方法进行估读。将线划图上的高程值与检测点实际高程值进行对比，得出检测点处的高程差值，并进行统计与分析。

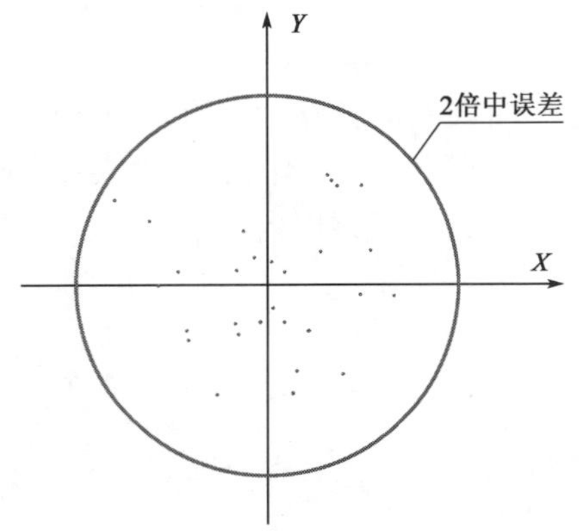

图9-8 有地面控制DLG的平面误差分布图

高程点平均分布在沿路线区域内。为了检测有地面控制点的线划地形图成图的高程精度，在重丘、微丘、平原等各种地形、地貌均选择了707个高程检测点，沿路线检测约80km。

按照高程误差的数值大小分区进行了统计，统计结果见表9-7。

有地面控制立体卫星图像生成的DLG高程误差分布统计表(m) 表9-7

误差(m)	<−2.0	−2.0～−1.5	−1.5～−1.0	−1.0～−0.5	−0.5～0
检测点数(个)	1	8	31	71	211
误差(m)	0～0.5	0.5～1.0	1.0～1.5	1.5～2.0	>2.0
检测点数(个)	265	81	27	9	3

利用表9-7的统计结果，以数字线划地形图的高程误差为横轴X，以每一区间内分布的检测点数量为纵轴Y，绘制出数字线划地形图的高程误差分布直方图(图9-9)。从图中可以清楚地看出数字线划地形图的高程误差分布范围符合正态分布。

数字线划地形图的高程误差统计特征见表9-8。

检测中，高程大于2倍中误差的检测点共36个，占总数的5.09%。

有地面控制立体卫星图像生成的 DLG 高程精度(m)　　表 9-8

最大值	最小值	均值	中误差
2.737	−2.515	0.042	0.634

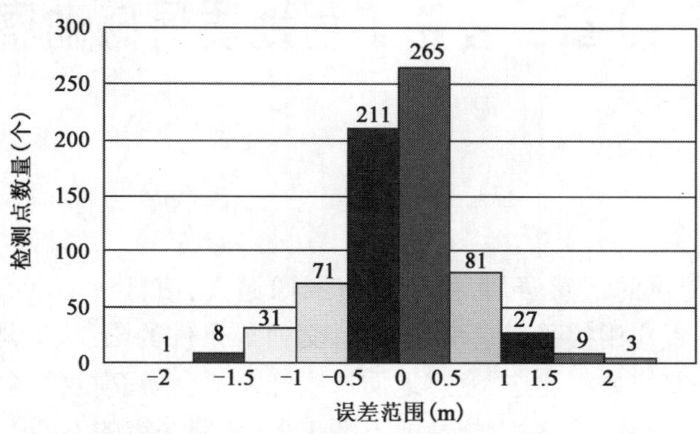

图 9-9　有地面控制点生成的 DLG 高程误差分布直方图

从表 9-6 和表 9-8 中可以看出,河南省三门峡至淅川高速公路灵宝至卢氏段的公路工程的精度检测表明在有控制点的情况下,WorldView 立体卫星图像生成的数字线划地形图满足 1∶2 000 比例尺的精度要求。

第10章　公路工程地质遥感勘察

10.1　引　　言

遥感技术及其所提供的遥感资料，由于具有图像逼真、信息量丰富和资料获取迅速等特点，自出现以来就被工程应用接受。它不受地形、交通等条件的限制，为地质研究和勘察提供了先进的手段，为公路路线方案比选、遥感地质选线开辟了全新、高效的途径，是对地质调查勘探的一种有力的补充。随着公路建设规模的不断扩大、公路等级的不断提高，对工程地质工作的要求也不断提高，应用遥感技术进行公路工程地质勘察、不良地质现象调查，已成为公路工程勘察中重要的先进技术方法之一。

随着公路建设的发展，遥感技术被用作公路建设工程地质条件、水文地质条件与环境地质条件的分析与评价，在公路建设的质量与水平的提高方面发挥了巨大的作用。公路工程地质遥感勘察的主要内容包括：

(1)识别图像上的地质体和地质现象，并尽可能地详细判明它们的各种特征。

(2)从遥感图像上判明它们的延伸方向、分布范围，并圈定其边界。

(3)量测一些地质体的有关数据，如地质体产状、地理位置、岩体的出露面积等。

(4)解译各种地质体、地质现象之间在时间上、空间上、成因上的相互关系。

(5)从工程地质遥感的角度评价工程区域的地质条件，论述公路工程与地质现象之间的关系，预测各种不良地质对公路工程的影响。

(6)编绘地质遥感解译报告及图件，为工程建设、环境保护、灾害预报等提供基础地形、地质资料，为进一步研究工作区域地质构造、现场地质调查提供指导。

公路工程地质遥感勘察包括资料收集、解译、验证及报告编制等几个方面。其工作程序一般如下：

(1)按任务要求搜集已有的遥感资料及有关其他资料。

(2)遥感图像处理。

(3)建立解译标志。

(4)初步解译。

(5)野外调查验证。

(6)详细解译与成图。

(7)补充性重点调查验证。

(8)遥感地质资料的分析整理与工程地质遥感勘察报告的编制。

公路工程地质勘察不同的测设阶段有不同的技术要求。从工程可行性研究阶段到详细勘察阶段，工程地质勘察从宏观的地质问题逐步转化到微观的地质问题，从定性分析逐步过渡到定量分析。作为工程地质勘察的一种新的技术手段，工程地质遥感勘察已能达到初步勘察阶段，做到定性和半定量分析。

10.2 遥感图像处理

10.2.1 遥感图像选择

公路工程地质遥感勘察可供选择的遥感图像种类繁多，有卫星图像、航空像片、地面拍摄图像等，也有按波段划分的紫外、可见光、近红外、热红外、微波和多光谱、高光谱图像；同时，遥感图像还有黑白和彩色之分。不同的图像有不同的适用范围，应根据公路勘察设计的阶段及工程特点，经济合理地选用。

公路工程地质遥感选用的遥感图像需要能全面反映区域内地面物体的特性，并满足地质解译及地质测绘的精度要求。如果用于解译大的地质构造、宏观地质现象，以比例尺小、分辨率低的遥感图像为宜；相反，若用于解译细小地质体或地质现象及其细节，则以比例尺大、分辨率高的遥感图像为宜。另外，考虑研究对象所处时态，充分利用多时相图像，能分析出被研究对象的整个发展过程。

遥感图像的质量对公路工程地质遥感勘察十分重要。对于航空像片，需要图像清晰，对比度适中，覆盖整个解译的路线走廊区域，且区域内无云影，比例满足相应阶段工程地质遥感工作的需要；对于航天图像，其数据应覆盖整个工作区域，图像清晰；解译的路线走廊区域内不应有云影、噪声和条带缺失。

公路工程地质遥感勘察可参照表10-1、表10-2进行遥感图像选择。

常用遥感图像适用范围 表10-1

遥感种类	图像类型	适用范围	分辨率或比例尺
航天遥感	Landsat卫星图像	宏观地质背景，中、大型断裂、褶皱解译，概略评价工程地质条件	30m/15m
	CBERS卫星图像		20m
	SPOT卫星图像	宏观地质背景、中型构造、大型不良地质解译，概略评价工程地质条件，地貌测绘	10m/2.5m
	侧视雷达图像	隐伏地质信息、线性构造、环形构造解译	
	合成孔径干涉雷达(INSAR)	地震、火山、冰川、活动构造、滑坡、崩塌等不良地质动态变形，大坝变形，大型桥梁变形动态监测评价；地形测绘	
	ALOS卫星图像	地形测绘，地貌、岩组、地质构造、不良地质、植被等解译	2.5m
	IKONOS卫星图像		1m
	Quickbird卫星图像		0.6m
	WorldView图像 GeoEye卫星图像		0.5m

续上表

遥感种类	图像类型	适用范围	分辨率或比例尺
航空遥感	全色黑白航空像片	地形测绘，地貌、岩组、地质构造、不良地质、植被等解译	1:10 000～1:50 000
	天然彩色航空像片	裸露良好且色彩鲜艳的岩石分布地区，或植被作为间接解译标志地区的解译	1:10 000～1:50 000
	黑白红外航空像片	雾霾严重地区的摄影，水或植被等现象的解译	1:10 000～1:50 000
	彩色红外航空像片	地貌、岩组、地质构造、不良地质、水体、植被等解译，第四纪松散沉积物含水性的解译	1:10 000～1:50 000
	热红外航空扫描图像	温泉、地下水、充水断层、隐伏断层、岩溶、人工采空区等解译	1:50 000 左右
	机载侧视雷达图像	线性构造和岩性组合的解译	1:50 000 左右

遥感数据的选用与组合 表 10-2

测设阶段	地质复杂程度	常用遥感数据的选用与组合
预可行性研究	一般	30m 分辨率的 Landsat TM 数据或 19m 分辨率的 CBERS 卫星数据
	复杂	15m 分辨率的 Landsat ETM 数据或 10m 分辨率的 SPOT 卫星 HRV 数据等
工程可行性研究	一般	Landsat ETM 数据，SPOT 卫星 HRV 数据或其他具有 10～30m 分辨率的卫星图像数据，重点地区应将 SPOT 卫星数据同 TM 图像融合，以保持 SPOT 卫星的几何精度和 TM 图像的光谱特征
	复杂	以 SPOT 卫星数据为主，选择 10m 左右分辨率的图像；宜采用 SPOT 卫星图像同其他遥感数据的信息融合；独立的桥梁、隧道构造物地段宜采用不小于 1:50 000 的航空遥感，并以航片解译为主，局部地段应采用计算机图像放大与增强处理
初步勘察	一般	宜采用 1～3m 分辨率的航天遥感图像数据，或 1:50 000 的航空遥感图像；遥感解译与地面调查相结合；重点地段可选用不小于 1:20 000 的航片进行地质解译工作
	复杂	宜采用不小于 1:20 000 航空遥感像片或 1m 分辨率的卫星遥感图像进行地质解译工作；重点地段、独立的桥梁、隧道构造物尽可能选择彩色航片或彩红外航片

10.2.2 遥感图像增强处理

遥感图像处理的方法、技术手段很多。不同的处理方法应用于遥感图像处理的不同阶段，有着不同的目的和功能。遥感图像处理依据适用原则，亦即图像处理的目的是能分辨所关注的地质体或地质现象，便于地质解译与分析以及地质条件稳定性评价。

遥感图像增强处理，以突出图像中的某些有用信息并抑制或去除某些不需要的信息，从而达到改善图像质量、提高图像目视效果、突出所需要的信息、压缩数据量的目的，为进一步的为图像分析解译做好预处理工作。常用的图像增强处理方法主要有辐射增强、彩色增强、变换处理等。

1)辐射增强

辐射增强通过直接改变图像中像元的亮度值来改变图像的对比度,从而改善图像的质量。辐射增强可将原始遥感数据的灰度值范围拉伸到 0～255 的灰度级,使其充分利用成像设备,达到最佳动态范围。

(1)线性变换

灰度的线性变换就是将图像中所有点的灰度按照线性灰度变换函数进行变换。线性变换是按比例扩大原始灰度级的范围,以充分利用显示设备的动态范围,使变换后图像的直方图的两端达到饱和。

线性灰度变换函数 $f(x)$是一个一维线性函数:

$$f(x) = f_A x + f_B \tag{10-1}$$

灰度变换方程为:

$$D_B = f(D_A) = f_A D_A + f_B \tag{10-2}$$

式中:f_A——线性函数的斜率;

f_B——线性函数在 y 轴上的截距;

D_A、D_B——分别表示原始图像与线性变换后图像的灰度值。

当 $f_A>1$ 时,变换后图像的对比度将增大;当 $f_A<1$ 时,变换后图像的对比度将减小;当 $f_A=1$ 且 $f_B\neq0$ 时,变换后图像将整体变亮或变暗;当 $f_A=-2$,$f_B=255$ 时,变换后图像的灰度正好反转。图 10-2 即为图 10-1 的原始遥感图像经线性变换($f_A=2.8$,$f_B=2$)产生的新图像,线性变换后的图像质量大为提高。

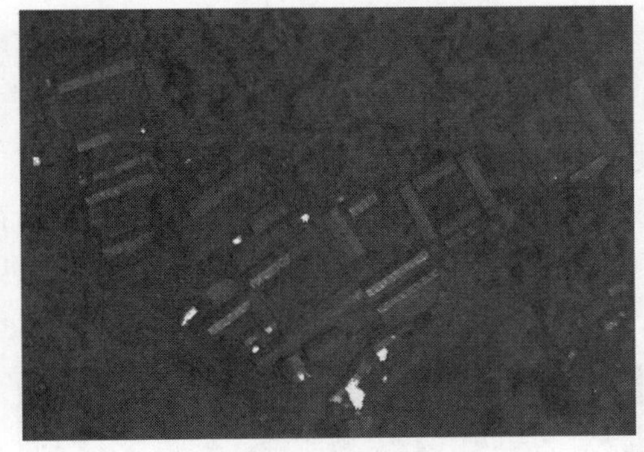

图 10-1　未经辐射增强的原始图像

图 10-2　线性变换后的图像($f_A=2.8$,$f_B=20$)

(2)非线性变换

非线性变换的灰度变换函数是非线性的,可以有选择的对原始图像的某些灰度范围进行扩展,其他范围的灰度值则有可能被压缩。常用的非线性变换函数有指数变换和对数变换。

①指数变换

指数变换主要用于增强图像中亮的部分,扩大灰度间隔,进行拉伸;而对于暗的部分,缩小灰度间隔,进行压缩。

指数变换的转换公式为

$$D_B = b e^{aD_A} + c \tag{10-3}$$

式中:D_A、D_B——分别表示原始图像与变换后图像的灰度值;

a、b、c——可调参数。

可以调整函数曲线的位置和形态，从而实现不同的拉伸或压缩比例。图 10-3 为图 10-1 的遥感图像经指数变换增强获取的图像。

图 10-3　指数变换

②对数变换

与指数变换相反，对数变换主要用于拉伸图像中暗的部分，而在亮的部分进行压缩。其转换公式为：

$$D_B = b\lg(aD_A + 1) + c \qquad (10\text{-}4)$$

式中，D_A、D_B、a、b、c 的含义与式(10-3)相同。图 10-4 为图 10-1 的遥感图像经对数变换增强产生的新图像。

(3)直方图调整

灰度直方图是灰度级的函数，描述的是图像中具有该灰度级的像元的个数，它是辐射增强分析处理的基础。常常通过调整直方图的方法来调整图像的灰度分布情况，以改善图像的灰度层次，使图像表现得清晰明亮。直方图调整主要有直方图均衡化和直方图规定化两种。

①直方图均衡化

直方图均衡化是将原图像的直方图通过变换函数变为均匀的直方图，然后按均匀直方图修改原图像，从而获得一幅灰度分布均匀的新图像。直方图均衡化是以累积分布函数处理原始图像，使得新图像在灰度层次上有相同的像元点分布。

直方图均衡化后，原图像上频率小的灰度级被合并，频率高的灰度级被拉伸，各灰度级出现的频率近似相等，能增强图像上大面积地物与周围地物的反差。

图 10-5 为图 10-1 的遥感图像经直方图均衡化产生的新图像，可以看出直方图均衡化之后，图像质量得到了明显的改善。但从图 10-6 直方图均衡化前后的灰度直方图对比可以看出，均衡化后的直方图并不是像理论上的那样均衡，其主要原因是图像的灰度级是离散的且有限。

图 10-4　对数变换

图 10-5　直方图均衡化

②直方图规定化

直方图规定化也称直方图匹配，是指使一幅图像的直方图变成规定形状的直方图而对图像进行变换的增强方法。规定的直方图可以是一幅参考图像的直方图，通过变换使两幅图像的亮度变化规律尽可能地接近；也可以是特定函数形式的直方图，从而使变换后图像的亮度变化尽可能地服从这种函数分布。

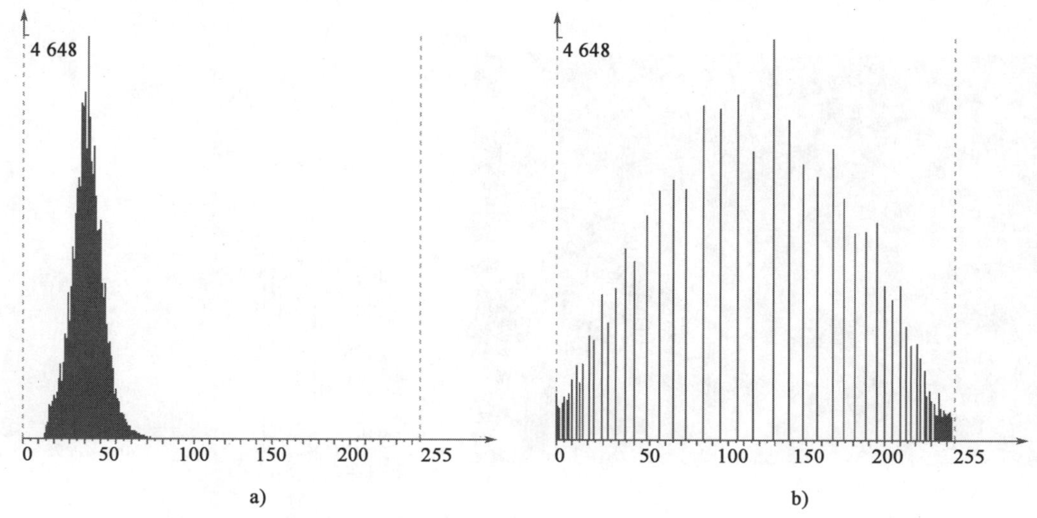

图 10-6 直方图均衡化前后的灰度直方图

a)原始灰度直方图；b)变换后的灰度直方图

遥感图像处理中，直方图规定化经常作为图像镶嵌或应用遥感图像进行动态变化研究的预处理，通过直方图规定化还可以部分消除由于太阳高度或大气影响造成的相邻图像的色调差异。

以图 10-7 的遥感图像为参考图像，图 10-1 的原始遥感图像经直方图规定化后产生了图 10-8 的新图像。可以看出直方图规定化后，图像的灰度直方图形状与原始的灰度直方图相比发生了很大的变化，并与参考图像的灰度直方图形状基本相同，增强处理后的图像质量得到了较大程度的改善。

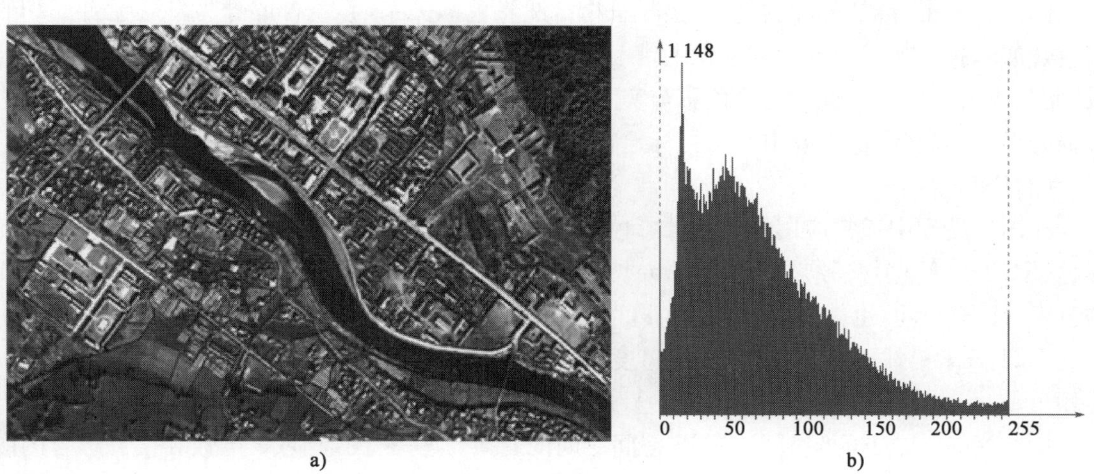

图 10-7 参考图像及其灰度直方图

2)彩色增强

人眼对彩色的分辨能力远远高于对灰度的分辨能力，因此将灰度图像变成彩色图像以及进行多种彩色变换可以明显地改善图像的可视性。

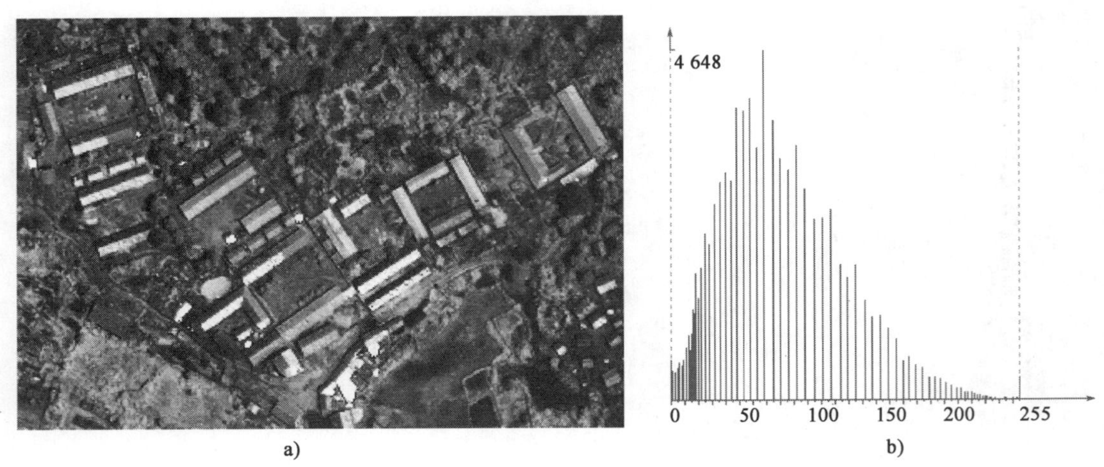

a)　　b)

图 10-8　直方图规定化后的图像及其灰度直方图

(1)伪彩色增强

在工程应用中，有时为了更好地利用单波段黑白遥感图像进行遥感解译和信息提取，通常将原始黑白图像的不同灰度按三个独立的数学变换产生红、绿、蓝三个组分图像，然后合成伪彩色图像。这种伪彩色增强能把人眼不易区分的微小的灰度差别显示为明显的色彩差异，既可以增强地物波谱特征的差别，也可以增强地形、地质构造等形态特征。

(2)彩色合成

在多波段遥感图像处理中，彩色合成是最常用、最基本的一种增强处理方法。它与伪彩色增强不同，彩色合成是选择多波段遥感图像的三个波段图像，分别用红、绿、蓝显示变换为合成彩色图像。根据合成图像的彩色与实际景物自然彩色的关系，彩色合成分为真彩色合成和假彩色合成两种。如果合成后的彩色图像上地物色彩与实际地物色彩接近或一致即为真彩色合成，而合成后的彩色图像上地物色彩与实际地物色彩不一致则为假彩色合成。通过彩色合成增强处理，可以从图像背景中突出目标地物，便于遥感图像解译。

(3)IHS 变换

在图像处理中通常应用的有两种彩色空间：一种是由红(R)、绿(G)、蓝(B)三原色构成的彩色(RGB)空间；另一种是由色调(Hue)、饱和度(Satuation)及亮度(Intensity)三个变量构成的色度(IHS)空间，也就是说一种颜色既可以用 RGB 空间的 R、G、B 来描述，也可以用 IHS 空间的 I、H、S 来描述，前者是从物理学角度出发描述颜色，后者则是从人眼的主观感觉出发描述颜色。

IHS 变换就是 RGB 空间与 IHS 空间之间的变换，是一种图像显示、增强和信息综合的图像处理方法。通过 IHS 变换，可以进行不同分辨率遥感图像的合成显示，可以使合成图像更加饱和。除此之外，还可以进行其他处理以达到特定的增强和信息提取的目的，比如，可不改变图像色调、将亮度和饱和度置为常数，以突出地物色调在空间上的分布。

图 10-9 为 IHS 变换的图像。通过 IHS 正变换可以将图中 RGB 空间的 a)图像变换成 IHS 空间的 b)图像，同样，通过 IHS 逆变换也可以将图中 IHS 空间的 b)图像变换成 RGB 空间的 a)图像。

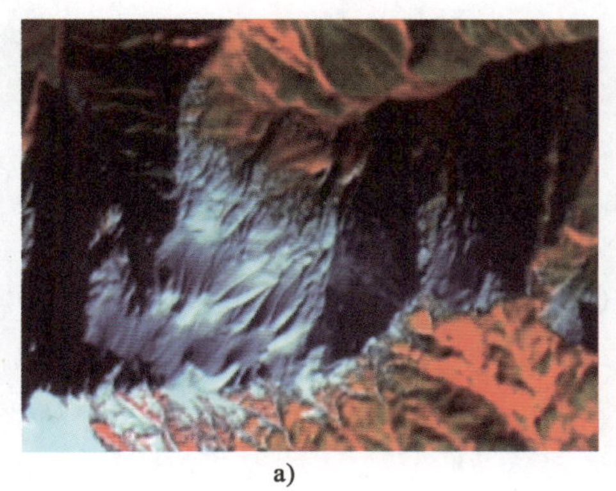

a)

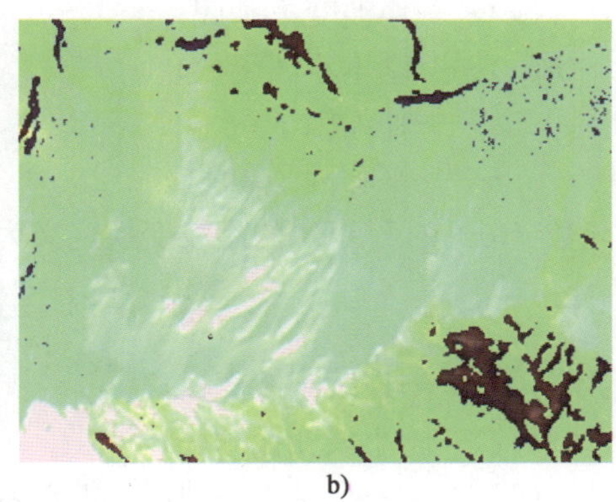

b)

图 10-9　IHS 变换

a)RGB 空间；b)IHS 空间

3)变换处理

在图像处理中，常常将图像从空间域转换到另一种域，利用这种域的特性来快速、方便地处理或分析图像。将空间域的处理转换为变换域的处理，不仅可减少计算量，而且可以获得更有效的处理，有时处理结果需要再转换到空间域，这种转换过程称为图像变换。

(1)傅立叶变换

傅立叶变换是一种正交变换。它在图像平滑、边缘增强、去噪声、纹理分析等图像处理和分析中得到了广泛的应用，取得了良好的效果。它不仅能把空间域中复杂的卷积运算转化为频率域中的乘积运算，还能在频率域中简单而有效地实现增强处理和进行特征抽取，其物理意义是将图像的灰度分布函数变换为图像的频率分布函数。

(2)K-L 变换

K-L 变换在遥感图像处理中又称为主成分分析，是在统计特征基础上的多维(或多波段)正交线性变化。遥感多光谱图像波段多，一些波段的遥感数据之间有不同程度的相关性，造成了数据冗余。主成分分析能将多波段图像的各个波段中的有用信息集中到数目尽可能少的新的组分图像中，并使这些组分图像之间互不相关，即各自包含不同的地物信息，并大大减少总的数据量。在遥感数据处理时常常用 K-L 变换作数据分析前的预处理，可以实现数据压缩和图像增强的效果。

(3)小波变换

小波变换是一种信号的时间—尺度分析方法，它具有多分辨率分析的特点，在时频平面不同位置具有不同的分辨率，而且在时频两域都具有表征信号局部特征的能力，是一种窗口大小固定不变但其形状可变，时间窗和频率窗都可变的时频局部化分析方法。即在低频部分具有较高的频率分辨率和时间分辨率，在高频部分具有较高的时间分辨率和较低的频率分辨率。

小波分析的基本思想是用一族函数去表示或接近一信号或函数，这一族函数称为小波函数系，它是通过基本小波函数的不同尺寸的平移和伸缩构成的。若设基本小波函数为 $h(x)$，伸缩和平移因子分别为 a 和 b，则小波变换基底定义为：

$$h_{a,b}(x) = |a|^{\frac{1}{2}} h\left(\frac{x-b}{a}\right) \tag{10-5}$$

式中：$h_{a,b}(x)$——小波变换基底；

$h(x)$——基本小波函数；

a——伸缩因子；

b——平移因子。

函数 $f(x) \in L^2(R)$ 的小波变换定义为：

$$W_{a,b}(f) = \int_{-\infty}^{\infty} h_{a,b}(x) f(x) \mathrm{d}x \tag{10-6}$$

式中：$W_{a,b}(f)$——连续小波变换；

$h_{a,b}(x)$——小波变换基底；

$f(x)$——一个基本小波或小波母函数。

它对应于 $f(x) \in L^2(R)$ 在函数族 $h_{a,b}(x)$ 上的分解，这一分解必须满足如下可容性条件：

$$W_h = \int_0^{\infty} \frac{|H(f)|^2}{|f|} \mathrm{d}f < \infty \tag{10-7}$$

式中：W_h——可容性条件；

$H(f)$——$f(x)$ 的傅立叶变换。

10.2.3 遥感图像几何校正

遥感图像几何校正是指从具有畸变的图像中消除几何畸变的处理过程。各种遥感图像均存在几何校正的问题。通过对遥感图像进行几何校正处理，实现图像配准，是数据融合处理、数字图像镶嵌处理等后续图像处理中的关键步骤和前提，几何配准精度直接影响后续遥感图像处理和图像应用的质量。

1）几何校正处理

几何校正的方法一般是以其中的一幅图像作为参考图像，通过分别选择同名控制点建立两者之间的投影关系，将其他图像变化到参考图像上，或是直接利用实地测量的地物的真实坐标值对图像进行配准。在配准过程中控制点选取要尽量挑选那些位置准确、与周围差异显著、范围窄小的图像，最好是孤立的像元，如河流的干流、支流交汇点，拐流点，独立的小水体，特征明显的地物，地形点等。选择控制点的数目要适中，在图像上分布要均匀，位置精度一般应小于 0.5 个像元。根据图像的几何畸变性质及地面控制点的多少来确定校正数学模型，建立起图像与参考图像之间的空间变换关系，如多项式方法、仿射变换方法等。然后进行重采样内插，得到几何校正处理后的新的遥感图像。

2）重采样

数字图像是通过采样从连续的模拟信号中抽取离散的数值构成的，而从数字图像再进行采样以构成经过校正或几何变换的新图像，则为重采样。重采样首先是一个图像恢复程序，就是从离散的数字图像尽可能重建代表原来景象的二维连续函数。这个函数可以想象为由不同的亮度值构成的画面，然后再从这个画面上按照新的像元间距和位置进行采样。

重采样在数学上相当于用一个选定的空间函数与原图像进行二维卷积运算。常用的重采样或内插方法有最邻近法、双线性内插法及立方卷积法三种。最邻近法保持了原来的光谱信息不变，但却挪动了空间位置，几何精度差；双线性内插法在几何上较准确，但原来的光谱信息发生了变化；立方卷积法则能减少由于内插造成的高频信息损失。

在实际工作中，也可以统一采用数字化地形图作为基础底图，分别对不同遥感器产生的图像进行几何精校正，使它们具有统一的投影方式和坐标系统，以便不同类型或不同时相的遥感图像之间的几何配准和精确融合。

图 10-10 为 Landsat ETM＋卫星图像的几何纠正。左中部分为待纠正的 Landsat ETM＋图像，右中部分为用作参考图像的 1∶10 000 比例尺地形图，下方为选取的同名地物点（几何控制点）的坐标及误差信息。

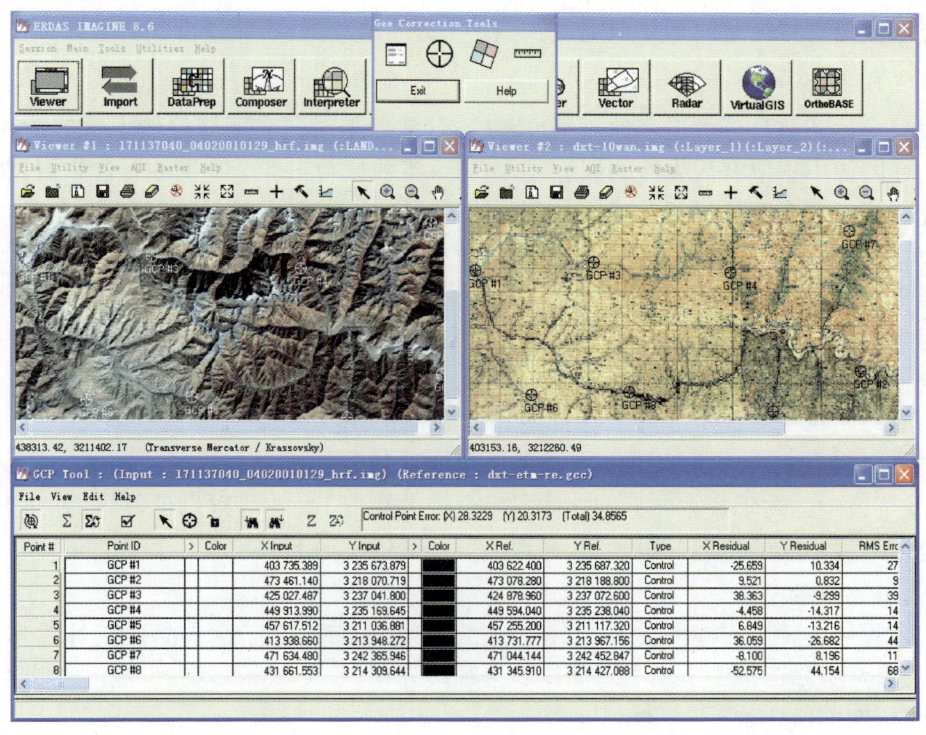

图 10-10　Landsat ETM＋卫星图像的几何纠正

10.2.4　遥感图像分类

遥感图像的计算机分类，就是对地球表面及其在遥感图像上的信息进行属性的识别和分类，从而达到识别图像信息所相应的实际地物，提取所需地物信息的目的。

遥感卫星图像通过反映地物波谱特征的亮度值或像元值的高低差异以及反映地物结构特征的空间变化而显示出不同的地物类型，如不同类型的植被、土壤、岩石及水体等。同一遥感图像中的同类地物在相同的条件下，应具有相同或相似的光谱信息特征和空间信息特征，从而表现出同类地物的某种内在的相似性，即同类地物像元的特征向量将集群在同一特征空间区域;而不同的地物其光谱信息特征或空间信息特征将不同,集群在不同的特征空间区域。

图像分类的关键问题之一是选择适当的分类规则(或分类器),通过分类器把图像数据划分为尽可能符合实际情况的不同类别。

在遥感图像分类中,分类方法又分为监督分类与非监督分类。两者的最大区别在于,监督分类首先给定类别,而非监督分类则由图像数据本身的统计特征来决定。

1)非监督分类

遥感图像的非监督分类是在没有先验知识(训练场地)的情况下,根据图像本身的统计特征及自然点群的分布情况来划分地物类别的分类处理,事后再对已分出的各类地物属性进行确认,也称作"边学习边分类法"。使用非监督分类时,原始图像的所有波段都参与运算,分类结果往往是各类像元数大体等比例。由于人为干预较少,非监督分类的自动化程度较高,用于对波谱特征十分复杂的地质体进行分类可以取得非常好的效果。遥感图像处理中常用的非监督分类方法主要有特征空间图形识别、系统聚类、分裂法分类、集群分析和动态聚类等。

2)监督分类

监督分类比非监督分类更多地要用户来控制,常用于对研究区域比较了解的情况。监督分类首先在图像中选取有代表性的训练区,由训练组数据得出各个类别的统计数据,然后根据这些统计数据对整个图像进行分类。用于监督分类的训练区需要是波谱特征比较均一的地区,在显示的图像中根据均一的色彩或色调估计只有一类地物。

一般来说,监督分类比非监督分类的精度高、准确性好,但是工作量也比非监督分类的工作量大得多。遥感图像处理中常用的监督分类方法有最小距离分类法、费歇尔判别分类法、贝叶斯判别分类法等。

采用遥感图像分类技术进行生态景观分析、土地利用现状调查等优势明显。图 10-11 为西藏墨脱公路起点波密县的 IKONOS 卫星图像的监督分类结果。西藏波密地区的高山峡谷地形,造就了该地区在垂直方向上的立体气候分带。从图 10-11 可以看见,垂直方向上可以清晰地划分出 6 种不同的生态景观类型,高程从上到下依次如下。

(1)高山冰雪带

高山冰雪带主要分布在海拔 4 800m 以上的山顶,表面覆盖有较厚的积雪,冰雪作用强烈,无植被生长,在卫星图像图上易于与周围的景观区分开。

(2)高山寒冻风化带

图 10-11 IKONOS 卫星图像的监督分类

高山寒冻风化带主要分布在海拔 4 700m 以上地区,大部分山体基岩裸露,寒冻风化作用强烈,无植被生长。

(3)亚高山草甸灌丛带

亚高山草甸灌丛带主要分布在海拔 4 100m 以上的亚高山地区,该带寒冻风化作用强烈,植被主要以高寒灌丛、高寒草甸为主。

(4)山地寒温带暗针叶林带

山地寒温带暗针叶林带主要分布在海拔

3 200～4 100m 的广大地区，该带气温低，降雨量小，冷杉、云杉等各种暗针叶林较为发育。

(5)重力作用强烈带

重力作用强烈带主要分布在针叶林带与针阔叶混交林带之间的地区，该带地形陡峭，滑坡、崩塌等重力地质作用强烈，由于滑坡、崩塌等地质灾害带走了植被生长所需的松散物质及土壤，该带的植被主要以草甸、灌丛为主。

(6)山地针阔叶混交林带

山地针阔叶混交林带主要分布在海拔 2 700m 以上地区，植被为针阔叶混交林。

10.3 公路工程地质遥感勘察

公路工程地质遥感勘察主要是基于遥感图像信息增强处理技术和目视经验判别技术，通过相关地质现象、地质体、地物的遥感解译标志，对区域地质条件、地形地貌条件、工程地质条件、地质灾害与不良地质现象以及生态景观环境信息进行遥感解译、识别与信息采集及分析评估，从而为路线走廊的确定，大型桥梁、隧道等构造物选址和路线方案比选和确定提供地质依据。

10.3.1 公路工程地质遥感勘察方法

与公路工程地质勘察相对应，公路工程地质遥感勘察分预可行性研究阶段工程地质遥感勘察、工程可行性研究阶段工程地质遥感勘察、初步勘察阶段工程地质遥感勘察和详细勘察阶段工程地质遥感勘察几个阶段。在这几个阶段中，工程地质遥感勘察的技术要求是由浅入深，由定性分析逐步深化到定量分析。在开始进行公路工程地质遥感勘察之时，首先应根据路线方案及通过区域的地质背景，按照勘察阶段及工程的特点，确定相应的工程地质遥感工作的深度与方法。

各个阶段的公路工程地质遥感勘察，均需要首先进行遥感图像初步解译。遥感图像初步解译应按照任务要求及路线方案，参考区域地质特点，结合搜集的遥感图像，确定解译原则、解译范围和解译深度。应结合工作区的区域地形、地质特点，详细研究各种资料，选择各类地物或地质现象中有代表性的图像特征，建立解译标志，并在解译中不断补充、修改、完善解译标志。

针对不同的公路工程勘察设计阶段以及工程特点，各个阶段的公路工程地质遥感勘察的工作内容与技术要求存在差异。

1)预可行性研究阶段工程地质遥感勘察

预可行性研究阶段工程地质遥感勘察，主要是从大的区域上比选路线走廊带的地质条件。其主要任务是根据搜集到的遥感资料、地质资料和拟订路线的地理位置等，对遥感图像进行地质解译，概略了解区域的地形、地貌、岩性、地质构造及不良地质现象，概略掌握路线走廊带的工程地质条件，推荐工程地质条件相对较优的路线走廊带。

公路工程地质遥感关注的是公路路线方案通过区域内的地质问题。在进行工程地质遥感勘察时，首先应搜集测区范围内已有的地形、地质资料，以备地质遥感解译时参考和地质填图使用。同时，还需要搜集所有可能的公路工程资料及其他影响到公路工程的已建和在建的工程，如电站、水坝等的资料，以便确定工程地质遥感勘察的工作量，并制订工作计划。

预可行性研究工程地质遥感勘察的主要工作内容与技术要求包括以下几个方面。

(1)按照路线的地理位置、工程的特点和规模，图像解译的范围应为图上路线两侧至少各 100mm。

(2)根据搜集到的资料，解译拟订路线走廊带的地形、地貌、地层、岩性、地质构造、大型不良地质现象与特殊性岩土分布范围等。

(3)应对代表不同岩性类别、地貌、地质构造等解译成果，以及大型不良地质地段的范围、位置等进行外业调查验证，必要时应辅以其他适当的勘察工作来验证。

(4)概略掌握拟订走廊带的工程地质、水文地质条件，论证不良地质与地震活动的作用对拟订路线走廊的影响，从工程地质、水文地质、环境地质等角度进行综合分析、比选、论证公路工程建设的地质环境，评价拟订路线走廊带的建设条件。

2)工程可行性研究阶段工程地质遥感勘察

工程可行性研究阶段工程地质遥感勘察，主要是针对拟订的路线、构造物位置和搜集到的地质资料，通过地质遥感解译和外业验证，调查路线走廊带的地质条件，为工程可行性研究阶段路线走廊带的确定、大型构造物的设置和投资规模的控制提供宏观的地质资料，从而编制工程可行性研究报告。

工程可行性研究阶段工程地质遥感勘察的主要工作内容与技术要求包括以下几个方面。

(1)工程地质遥感解译的范围应至少为图上路线两侧各 100mm。

(2)宽度大于 100m 的地层在图像上应进行解译区分。地质条件简单时，对延伸大于 1 000m以上的断裂带应进行标注。在地质条件复杂时，对影响路线工程的主要断裂带应特别加以标注。

(3)不良地质现象，应对地面上 100m×100m 以上的大型滑坡进行解译；对路线有影响的滑坡、崩塌应采用大比例尺、高分辨率的遥感图像进行解译。

(4)与路线有关的重大不良地质现象都应进行外业验证，走廊带内其他不良地质现象应抽样进行外业验证。

(5)制图时，对可能影响路线安全的某些较大的不良地质现象应依比例表示，较小的不良地质现象可不依比例，仅以符号表示其位置。

(6)路线所经过的地层、岩性及不良地质现象与特殊性岩土等工程地质条件应进行评价，尤其是大型桥梁或隧道选址的地质条件应进行综合分析、论证，为路线的可行性、安全性、经济性、合理性提供可靠的地质依据。

3)初步勘察阶段工程地质遥感勘察

初步勘察阶段工程地质遥感的目的和任务是在工程可行性研究的基础上，初步查清路线的地质条件，不良地质分布范围及其对公路工程影响程度与方式，论证其对公路工程安全性、稳定性的影响等，为编制初步设计文件提供所需的地质资料。

初步勘察阶段工程地质遥感勘察的目的与任务是为初步设计阶段的方案设计和比选提供宏观上的工程地质依据，是在工程可行性研究的基础上，为工程方案进一步比选和优化、大型构造物的选址、地质环境与生态环境的保护和合理利用等的论证与评价提供地质依据。

初步勘察阶段工程地质遥感勘察的基本任务包括：

(1)搜集工程可行性研究阶段的各类地质资料和初测阶段所需的区域地质资料。

(2)搜集与本阶段相适应的各类遥感图像资料和工程资料等。

(3)进行工程地质遥感解译和外业调查与验证。

(4)初步查明全线工程地质、水文地质条件，从地质角度对路线方案和大型构造物的安全性、稳定性宏观地做出评价。

根据地质条件和成果要求的精度，初步勘察阶段工程地质遥感勘察的工作内容和技术要求应满足以下规定。

(1)解译的范围为路线方案两侧图上各100mm。

(2)地层、岩性应按对应的色调和纹理，参照相应的区域地质资料或地面调查，对其类别、名称及成因进行解译。

(3)地面50m以上的构造应进行解译。

(4)实地分布30m以上的第四纪地质应进行解译与圈定。

(5)实地20m以上的不良地质现象应进行解译与圈定。

(6)根据区域地层、岩性，对可能成为公路建筑所需材料的场地进行解译与圈定。

(7)对特殊、不良地质地段和地层界线，地质构造线等进行外业地质调查验证。

10.3.2 公路路线地质遥感勘察

公路路线地质遥感勘察是指沿线除单列的大桥和隧道以外的包括小桥涵在内的遥感地质勘察工作。公路工程地质勘察中往往重视构造物的勘察工作，而对路线工程地质勘察工作重视不够。近年来，随着山区高速公路的建设，越来越重视路线工程地质勘察工作。公路路线地质遥感勘察需要了解整个路线走廊的区域地质环境与工程地质条件，其重点是沿线的不良地质与特殊性岩土，如滑坡、泥石流、崩塌等。这些不良地质与特殊性岩土往往分布范围广、种类多，勘察的难度大，尤其是山区高速公路，用一般的勘察方法往往很难全面调查清楚，通过地质遥感工作能较好地解决这个问题。

1)地貌景观遥感勘察

公路工程地貌景观遥感解译的任务，除识别各种地貌形态要素及其分布、研究地貌形成的地质地理因素、对地貌进行分类、评价地貌景观与公路路线之间的关系外，对于岩性地层、地质构造分析及地质灾害分析等工作也有着重要意义。特别是第四纪地质的成因类型、时代的新老与空间分布将直接影响泥石流、滑坡、软土与沼泽等不良地质的产生与演化趋势。在地貌景观遥感解译中，应圈定第四纪地质的地貌形态范围。

公路工程地貌景观遥感勘察的主要工作内容包括以下几个方面。

(1)河流水系遥感解译

①水系形态、密度及方向特征，冲沟形态及其成因，河流袭夺现象。

②大型泉水点或泉群出露位置和范围，湖泊、沼泽的分布。

③地下水的补给、径流、排泄、分布范围及相互关系。

④水系发育与岩性、地质构造的关系等。

(2)地貌景观遥感解译

①地形、地貌的形态、成因、特征类别及地貌分区界线。

②地貌的个体特征、组合关系和分布规律。

③地貌与岩性、地层和地质构造的关系。

④地貌景观与公路路线之间的关系。

(3)第四纪地质遥感解译

①圈定第四纪坡积、崩积、冲积、洪积、河漫滩、河流阶地等地貌形态范围。

②第四纪地质的分布与路线之间的关系。

公路工程地貌景观遥感勘察应采用先宏观后微观、先整体后局部、先已知后未知、先易后难等原则进行,以使地貌景观遥感解译结果充分、准确与直观。地貌景观解译过程的注意事项包括以下内容。

①小型地貌是叠加在大型地貌之上的,在成因上是相互依存的,其展布特点服从于剥蚀—搬运—堆积统一的外力作用过程,应做到剥蚀地貌与堆积地貌相结合。

②大型地貌类型总是与区域地质构造密切相关,在地貌的形成过程中强烈地受到岩石结构、地质构造演化背景和自然地理条件等控制,所以要把构造地貌解译与新老构造解译、地貌解译与第四纪地质解译结合起来。

③地貌景观遥感解译重点突出地形地貌与地质构造、不良地质的关系,并利用遥感图像上的微观地貌形态促使区域地质构造的遥感解译。

④解译时充分利用自然图集和大比例尺地形图进行综合对比,使解译成果得到验证,并从定性阶段深化到定量阶段。

2)地质构造遥感勘察

公路工程地质构造遥感解译就是利用卫星遥感图像的光谱特征和几何图形特征,在现代构造理论的指导下,发现和判别地球表层的各类线性构造的分布规律及其构造属性特征。地质构造遥感解译主要是基于图像处理技术和目视经验判别识别技术。这两种方法是进行地质构造遥感解译的最基本的方法,且缺一不可。

对公路工程安全构成威胁的地质构造主要有褶皱构造和断裂构造两种。褶皱构造对工程的影响程度与工程类型及褶皱类型、褶皱部位密切相关,对于某一具体工程来说,所遇到的褶皱构造往往是其中的一部分,因此褶皱构造的工程地质评价应根据具体情况作具体的分析。而断裂构造是影响地质灾害发生、发展,危害公路工程及桥梁、隧道等构造物安全的最主要地质构造。

公路工程地质遥感勘察识别的褶皱构造、断裂构造均应在工程地质遥感勘察平面图上进行标识。活动断裂构造应特别标识,以区别于一般断裂构造。文字说明应阐述褶皱构造、断裂构造与公路工程的关系及影响程度。对公路工程的安全性、稳定性应进行评价与论证,为进一步地质勘察提出指导性意见。

公路工程地质构造遥感勘察的主要工作内容包括:

(1)地质构造的地质学成因、分类及其几何特征。

(2)地质构造的区域特征,包括构造层属性、运动学特征、构造格局特征等。

(3)褶皱构造类型、性质、轴线位置、长度、倾覆方向。

(4)断裂构造性质特征、位置、规模、产状、延伸方向及长度,出露的地层、岩性。

(5)地质构造的分布特征及其构造统计学特征等。

(6)地质构造与公路路线及桥梁、隧道等大型构造物的关系,危害程度。

3)地层岩性遥感勘察

公路工程地层岩性遥感勘察的基本任务是识别出图像中的各种岩性单位,并圈定各种岩性的边界,分析和推断各岩性解译单位的地质时代,分析各种岩性在空间上的变化、相互关系以及与其他地质体的相互关系,进而推断它们的成因类型。

公路工程地层岩性遥感勘察的主要工作内容包括:

(1)参照已有地质资料确定地层、岩性的类别、岩层产状。

(2)按工程地质条件划分工程地质岩组,并根据遥感图像分辨率和地质学解译推断其厚度。

(3)对工程区域有影响的岩性、地层进行勾绘。

(4)评价地层岩性与公路工程及桥梁、隧道等构造物的关系。

公路工程地层岩性的遥感勘察,遵照从宏观到微观的原则,从界到组,按工程地质条件由浅入深地以组划分。首先在遥感图像上划分出松散沉积物,接着把区域三大岩类的主要分布地段划分开来,最后再进行局部地区的岩性综合解译。

4)不良地质遥感勘察

公路工程不良地质遥感勘察,是按遥感图像勾绘出活动断裂、滑坡、崩塌、雪崩与雪害、泥石流、软土与沼泽、冻土、岩溶、活动沙丘等不良地质体和特殊性岩土的分布范围,并确定其性质,查明其产生原因、分布发展规律和危害程度。

基于卫星图像进行地质灾害与不良地质现象遥感勘察,为从宏观至微观、从定性至定量了解一个地区地质灾害发育状况提供了一种最经济、高效、便捷的方法。利用遥感图像能对较大规模的不良地质现象与灾害地质体及隐伏地质灾害,如滑坡、崩塌、泥石流、采空区等,进行很好的遥感识别、分析。

运用不良地质现象分析评价的方法体系,将遥感地质构造信息与工程地质、山地灾害地质紧密结合进行综合分析和评价,初步确定工程勘察区域的重大不良地质现象及成因机理,并判断其对公路路线及构造物的影响方式及危害程度。

公路工程不良地质遥感勘察的主要工作内容包括:

(1)遥感解译识别断裂构造、滑坡、崩塌、泥石流等各种不良地质现象与特殊性岩土,并圈定其分布边界。

(2)对不良地质现象与特殊性岩土的规模大小、分布范围及厚度、体积等进行定性—半定量分析。

(3)研究不良地质现象与特殊性岩土的分布规律,分析其产生原因、危害程度、发展趋势。

(4)评价、论证不良地质现象与特殊性岩土对公路路线和构造物之间的关系及影响程度等,提出工程绕避或优化方案及进一步地质勘察的指导意见。

(5)对遥感解译发现的不良地质现象与特殊性岩土进行外业地质调查验证。

公路工程不良地质遥感勘察方法主要包括以下几种:

(1)直接解译法。直接解译法主要是依据图像色调标志和地貌地形几何标志对不良地质体单元进行直接识别和制图。

(2)关联解译法。关联解译法是运用图像的岩石、地貌、构造、土壤、植被、图形结构等信息在成因上的关联性,结合专业理论和知识,围绕灾害地质体的色调、形态、物质构成、生态结构、覆盖特征、活动特征等关联信息进行空间推理分析或基于知识的相关解译。

(3)三维立体解译法。三维立体解译法是在 ERDAS LPS 图像处理与数字摄影测量工作站上,对 WorldView 高分辨率卫星图像进行区域网平差及立体恢复后,进行地质灾害的三维立体遥感解译与属性数据采集。

(4)测量评估法。测量评估法是运用 GIS 的空间可测量性,基于 RS 与 GIS 应用平台,对滑坡、崩塌、泥石流等地质体或灾害体的构成要素进行测量,并引用一些定量的方法来评价灾害体的规模或等级。

10.3.3 桥梁地质遥感勘察

1)工程可行性研究阶段工程地质遥感勘察

工程可行性研究阶段大型桥梁工程地质遥感工作具有涵盖面大、速度快、宏观性强的特点。本阶段主要是解决路线大致走向,桥梁、隧道等构造物位置选择等方案性问题,而这些方案是否成立,主要依据地质条件,尤其是山区高速公路中的有控制路线走向的大型桥梁、隧道构造物,其工程的可行性、可靠性、工期、造价、日后营运期的安全等问题无不与工程地质条件直接关联。桥头的大型滑坡等原则上可直接否定该工程方案,甚至要否定该路线的局部乃至全线的线型走向方案。

桥梁工程可行性研究阶段工程地质遥感勘察应符合以下技术要求:

(1)遥感图像解译宽度应包括所有桥位方案范围和桥头接线部分。解译宽度不宜小于图上桥轴线两侧各 100mm,桥头部分不应小于 120mm。山区高架桥桥头部分还应与深路堑和隧道方案统筹考虑,解译范围宜加宽。对于解译发现的大断裂,尤其是活动断裂,应补充搜集该地区断裂带附近相应的大比例航空图像资料,并进行解译。

(2)解译的重点是地层、岩性以及不良地质现象和特殊性岩土。

(3)外业调查验证应在每个桥头接线部分至少布设 1 个验证点,独立的跨江、跨海特大型桥梁水中至少应布设 1 个验证点。

(4)应结合区域地质资料和外业调查验证资料进行综合分析,为大型桥梁的选址、桥型方案的确定提供可靠的地质依据。

2)初步勘察阶段工程地质遥感勘察

桥梁初步勘察阶段工程地质遥感勘察的任务是在工程可行性研究的基础上,对独立的大型、特大型桥梁及可能存在重大地质问题的桥梁,应利用遥感图像资料进行解译,来指导其他地质勘察工作,以减少野外勘察工作量,并优化工程可行性研究阶段的桥址与工程方案。

桥梁初步勘察阶段工程地质遥感勘察应符合以下技术要求:

(1)解译范围不宜小于图上桥轴线两侧各 100mm,跨江、跨海的特大型桥梁不宜小于图上桥轴线两侧各 150mm,桥头不宜小于 120mm。

(2)解译范围应覆盖所有的桥梁方案。地质条件复杂的山区高架桥,其解译宽度必须大于不良地质对大桥建设有影响的范围。

(3)对跨江河、跨海峡的特大型桥梁，除按一般桥梁进行解译外，还宜采用穿透性强的遥感图像资料对河床冲淤、河岸变迁、水底地貌、地质等进行解译。

(4)外业调查验证应在桥头、桥轴线上必须有地质验证点，特大桥的桥轴线上验证点不宜少于3个；地形陡峻、地质条件复杂的山区高架桥，斜坡地段的桥台应布设不少于2个地质验证点；跨江、跨海的特大型桥梁，在主墩、塔或锚碇处应有地质观测验证点，必要时，水下部分对水深、水底地形、地貌宜有不少于2个地质观测验证点，并应结合钻探、物探进行验证。

(5)对于外业验证发现有严重不良地质并可能对桥梁的安全产生危害，或存在桥梁、隧道方案比选时，应根据需要，搜集大比例航空像片，进行深入的工程地质遥感勘察工作，为工程选址和方案的确定提供地质依据。

10.3.4　隧道地质遥感勘察

1)工程可行性研究阶段工程地质遥感勘察

特长隧道、控制路线方案的长隧道、水下隧道及水文、工程地质条件极复杂的隧道，往往决定了公路路线的局部乃至全线的线型走向方案。仅靠常规的工程地质勘察技术手段，虽然可以准确获取隧道工程选址的工程地质和水文地质条件，但其外业工作量大，难以从宏观上了解区域地质背景及地质环境条件，隧道地质遥感勘察为常规工程地质勘察提供了有效补充。

隧道工程可行性研究阶段工程地质遥感勘察应符合以下技术要求：

(1)分左右线的山区越岭隧道，遥感图像解译除两隧道轴线外侧不小于图上150mm范围，两轴线中间的范围应进行解译；山区高速公路连拱隧道地质解译的范围应为图上隧道轴线两侧各200mm；海底隧道和过江隧道的解译范围应为图上隧道轴线外侧各200mm。解译范围应覆盖多个可能的方案。

(2)隧道工程地质遥感解译重点是岩性和地质构造，尤其是导水构造和隧道附近有大的地表水体的地质构造。

(3)对于控制路线走向的特长隧道，工程地质、水文地质极复杂的长隧道、水下隧道，必须在洞口和洞身地质构造极发育地段设立验证点，进行野外踏勘，调查验证。水下隧道还应对可能出现危害隧道安全的导水断裂带采用钻孔、物探等方法和手段进行验证。

(4)隧道工程地质遥感综合解译必须对区域地质资料、外业调查验证资料和其他资料等进行综合分析研究，必要时应进行专题研究，基本查明影响隧道安全的断裂构造性质及其他重大地质问题。

(5)评价与论证隧道区域的工程地质、水文地质条件，为隧道的方案设计与施工提供科学的、合理的指导性意见与建议。

2)初步勘察阶段工程地质遥感勘察

隧道初步勘察阶段工程地质遥感勘察的任务是在工程可行性研究的基础上，对特长隧道、控制路线方案的长隧道、水下隧道以及水文地质、工程地质条件复杂的隧道进行工程地质遥感勘察工作，并指导其他勘察工作，通过综合勘察来确定隧道的最佳方案。

隧道初步勘察阶段工程地质遥感勘察应根据工程可行性研究阶段所拟订的隧道位置和已掌握的区域地质资料，建立与地质体相适应的解译标志，对隧道周边地形、地貌、岩性、地质构造等进行解译。其内容与技术要求如下：

(1)隧道工程地质遥感解译宽度不应小于图上隧道轴线两侧各150mm；高速公路连拱隧道和水下隧道轴线两侧各不小于图上200mm；隧道洞口不小于图上150mm。

(2)山区高速公路隧道宜从水系发育，再到岩性、地质构造进行解译，重点应放在地质构造、水文地质条件上。水下隧道则以地层、岩性、地质构造、水下地形、地貌为重点进行解译。实地宽度在10m以上的地质构造应进行解译。

(3)水下隧道或水文地质条件复杂的隧道对$100m^2$以上的地表水体应进行解译与圈定。

(4)隧道洞口附近实地$50m^2$以上的不良地质体应进行解译与圈定。

(5)外业调查验证洞身部分图上距离20mm宜有一个验证点，洞口部分图上$100mm^2$内宜有一个验证点。

(6)隧道的进、出口和洞身的地质构造和不良地质现象必须结合外业调查验证，隧道的超前水文地质、工程地质资料及前期所作的各种地质工作，应进行综合分析与对比；对地形、地貌、地质条件等进行综合解译；必要时，应进行多次外业调查验证。

10.4 外业地质调查验证

地质遥感解译标志是根据遥感图像上不同物体所具有的不同图像特征，并结合该地区区域地质资料的基础上综合总结出来的，具有一定的普遍性。但是，同一种地质体在不同的地区往往有着截然不同的图像特征；即便是在同一个地区，当其出露面积、厚度、所处构造部位、岩层产状以及覆盖厚度不同时，也能表现出不同的色调、水系或地貌形态。正是由于解译标志的这种局限性和可变性，才需要对工程地质遥感勘察进行外业地质调查验证。

外业调查验证主要是对地质遥感解译标志、工程地质遥感勘察成果进行野外的实地确定，排除由于图像中的假象造成的错误，初步查明沿线工程地质、水文地质条件以及控制路线方案的不良地质与特殊性岩土对路线的影响，补充搜集有关地质资料，修改、完善上一阶段公路工程地质遥感解译成果，提出补充解译范围。外业调查验证的重点是对拟订的路线方案有影响和有疑问的地质现象或地质体，尚未确定的地层、岩性界线、地质构造、不良地质及解译结果与现有资料不一致的内容。其中，对工程有影响的重大地质问题、不良地质与特殊性岩土地段，必要时，应在综合解译的基础上，再次进行外业调查验证。

针对地质遥感解译中发现的地质问题以及公路沿线重点工程地段，有针对性地进行野外调查验证，以保证解译成果的可靠性。调查内容包括有与公路路线直接相关的岩性、构造(活动构造、一般性构造、褶皱、节理、裂隙等)、不良地质现象(滑坡、泥石流、崩塌、岩堆、岩溶)、水文地质等方面情况，要求详细观测地貌与植被特征、水文地质及新构造运动现象以及路线重点工程地段构造破碎带与隧道、桥梁走向关系。

外业调查验证是公路工程地质遥感勘察中不可缺少的一项工作，也是检验、提高解译成果质量的关键步骤。外业验证的密度随遥感解译资料而定，应以解决公路工程地质问题为目的开展工作。

10.4.1 验证点的选取与确定

在进行外业调查验证时，需要做好外业验证计划，对不同的地质现象和地质体的调查，根据区域地质背景，统一验证人员的认识。应首先选择典型地段进行解译标志及解译成果验证，在此基础上，进行整个工程区域的遥感地质验证与调查。并结合解译所用遥感图像及地质图，采用特征观察与测量取证相结合进行外业调查验证。对典型验证点的地质体或地质现象，采用摄像或拍照的方式作为说明工程地质特征的依据。

外业验证点应按地质体和地质现象、地质界线及其对路线方案的影响程度进行布设。在地质条件复杂地区、不良地质与特殊性岩土分布地区，应至少抽取10%的遥感解译成果进行验证；在地质条件一般地区，每千米设计里程至少需要1个验证点。单个的地质体或地质现象的验证应至少布设1个验证点，而对于图像特征清晰的地质界线的外业验证点则不能低于2个。对那些影响路线方案和有疑问的地质现象或地质体，以及尚未确定的岩组界线、地质构造应全部进行验证。

针对重大或严重不良地质地段对特大型桥梁、隧道等构造物的影响，外业调查验证应提出需要其他勘探手段与方法配合的指导性意见。对于大桥桥头、桥轴线上必须布设地质验证点，特大桥的桥轴线上验证点不宜少于3个；地形陡峻、地质条件复杂的山区高架桥，斜坡地段的桥台应布设不少于2个地质验证点；跨江、跨海的特大型桥梁，在主墩、塔或锚碇处应有地质观测验证点，水下部分必要时对水深、水底地形、地貌宜有不少于2个地质观测验证点，并结合钻探、物探进行验证。

对于隧道的进、出口和洞身的地质构造和不良地质现象必须进行外业调查验证。隧道洞身部分图上距离20mm宜有一个验证点，洞口部分图上100mm^{2}内宜有一个验证点。验证点的实地平面位置误差和高程误差均应小于1m。跨海隧道和城市过江隧道水下部分的调查验证，可结合前期地质资料和两岸地形、地质情况来进行。必要时，应对有可能严重危害隧道的不良地质地段进行钻探、物探验证。

初步解译结果与外业验证结果不一致时，应重新建立解译标志，在解译区内对同类地质体根据新的解译标志进行重新解译并再次进行外业调查验证。在外业调查验证的基础上，应进行综合解译，以求获得公路路线区域内地质条件准确的、全面的认识。钻探、物探等其他地质勘察的成果也可作为外业调查验证的依据。对解译标志进行补充、修改，并建立符合实际的解译标志。对各类地质体、地质现象、地质构造、不良地质现象与特殊性岩土等进行全面解译。修改、补充和完善公路工程地质遥感解译成果。最终的遥感解译结果及图件应与外业验证结果保持一致。

10.4.2 各种地质现象的验证方法

1)断裂构造的调查验证

对断裂构造的调查验证，应代表性地验证断层两盘的岩性、断层破碎带宽度、充填情况等，并对断层与路线交叉部位进行验证。对于活动断裂构造，还应指导或布置其他勘察方法进一步验证。断层每盘岩性应至少布设1个验证点，断裂带上应至少布设2个验证点。

断裂构造验证的方法和依据主要是根据断层在野外表现的特征采取相应的验证方法，以判别断层的活动性，如活动断层造成第四系地层抬升或错断，泉水呈线状分布，尤其是温泉呈带状分布，就可以判定其是否为活动断层。断层的上下盘必须进行验证，只有验证了断层的上下盘，才能判定断层的性质、规模。断层带验证点必须2个以上，只有在断层带验证了2个以上的地方，才能确定断层带的延伸方向，确定断层与路线的关系，进而判定断层构造对公路的危害程度等。

在京承高速公路古北口至双峰寺段工程可行性研究中，项目根据遥感解译成果，有针对性的进行了野外地质验证，尤其是对路段内有影响的地质构造、滑坡、地下水分布进行了重点的验证和分析，及时地否定了构造、滑坡十分发育的北一方案。

经外业地质调查验证核实，ZXK40＋000～ZXK44＋800段断裂构造带存在，沿断裂岩石切割破碎，见图10-12，图中可见断层处地层错动明显，沿断裂面有中基性岩脉侵入，从而及时的对路线进行了调整和绕避，避免了巨额的经济损失。

图10-12　断裂构造外业验证照片

2)滑坡的调查验证

滑坡必须对其各种形态要素，特别是其后壁、前缘鼓丘等主要形态要素进行外业调查验证，各滑坡形态要素应至少布设1个验证点。若滑坡对公路危害较大，还应提出滑坡详细勘察意见或其他路线方案。

滑坡的验证比较容易。有了航片上滑坡的大致位置，可以直接找到滑坡后缘的拉裂缝或由拉裂缝等形成的积水洼地。另外，滑坡前缘一般岩层产状比较混乱，用罗盘在比较大的范围进行产状测量，统计比较岩层产状的规律。对滑坡两侧对比滑坡体岩层和周围岩层的差别来确定滑坡体的移动。另外，从滑坡体顶部向滑坡滑动的方向仔细观察也可以发现滑坡体的诸多形态要素。滑坡前缘有时发育一些泉水点，这是因为滑坡的滑动体一般属于比较透水的部位，而滑动面则相对比较隔水。按以上一些有关滑坡的特征在现场就可验证滑坡是否存在。

图10-13为西藏省道306线加查至桑日段改建工程沿江线路线方案经过地区的滑坡灾害。在15m分辨率的遥感卫星图像上，A处滑坡的滑坡后壁十分清晰，其平面形态呈半圆形，后壁陡坎有一定高度，滑坡体表面较平整，根据其图像特征分析，该处滑坡物质整体向下移动一定距离，物质间无相对位移，滑坡体表面未受到破坏，表面植被覆盖较好，图像信息表明，该滑坡为新发生不久的滑坡。B、C两处的滑坡体规模较大，滑坡后壁清晰，后缘陡坎较高，滑坡体前缘受冲沟流水的冲刷作用失去平衡，其上发育有新的小规模的滑坡现象。图10-14为A处滑坡的现场验证照片。

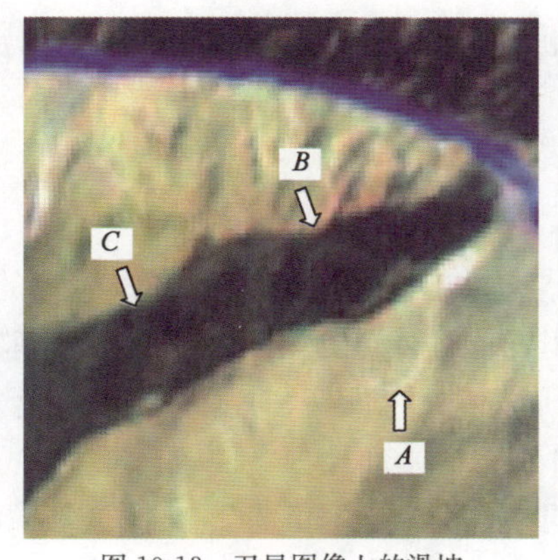

图 10-13 卫星图像上的滑坡

图 10-14 滑坡实地调查照片

3)崩塌的调查验证

崩塌的验证可以通过对比山坡坠落的岩石与山体基岩的结构构造来确定(图 10-15)。可以通过进一步的地面调查,确定崩塌的具体规模,影响范围,对工程的影响程度及可能的防护手段等。

对崩塌发育的地层、岩性、地质构造等必须进行外业调查验证,对于可能产生崩塌的危岩体应在野外调查验证中予以查明。典型崩塌体验证点不少于 3 个。

根据解译及验证结果,编制崩塌分布图,在图上标明崩塌体、危岩体的分布范围。当崩塌对工程有影响时,应根据崩塌与路线的关系、崩塌影响程度,论证与评价崩塌对公路工程的危害,并提出工程绕避或优化方案和进一步地质勘察的指导意见。

4)泥石流的调查验证

泥石流的验证主要是对泥石流的堆积物进行分选性、岩石块体大小、岩石成分、分布范围等进行调查验证,从而对泥石流的破坏能力有一个初步的估计,并提出相应的防护措施(图 10-16)。对泥石流的流通区,考察泥石流的侵蚀性及破坏性,考察泥石流对沟边的剥蚀情况等;另外重要的一点是确定泥石流的物质来源,确定物源区的大小,固体物质来源、成分等。由于物源区范围较大,因此一般只进行代表性验证即可。

图 10-15 崩塌

图 10-16 泥石流

泥石流的外业验证应着重调查泥石流发生时的最高泥位(水位)及其流通区情况。泥石流的形成区、流通区、堆积区应各布设 1 个验证点。路线通过泥石流的部位,必须进行验证。

根据解译与验证的结果，绘制泥石流的分布图，评价泥石流对公路工程的危害。根据泥石流对公路工程的危害程度，推荐工程绕避或优化方案。对通过泥石流地段的公路工程的线形展布、构造物的设置提出建议，为进一步地质勘察提出指导意见。

5)岩溶的调查验证

岩溶现象的外业验证是根据实际的岩溶发育现象来确定岩溶的存在，但应该注意的是解译成果中非岩溶原因造成的岩溶现象误判，并在外业调查验证中予以纠正。岩溶外业验证应选取有代表性的岩溶类别，如落水洞、岩溶漏斗等岩溶形态进行验证。对溶沟、溶槽、落水洞、地下暗河及石牙、石笋、石林等岩溶微地貌，验证点应分别不少于1个。

根据解译结果和外业验证，绘制岩溶分布图，并说明岩溶与岩性和地质构造的关系，分析岩溶现象发育的性质、规模、规律以及地下水出露的高度，评价其对公路工程的影响，论证桥梁、隧道的设计高程，并对岩溶地区路线的展布、构造物的设置提出绕避或优化方案，为进一步地质勘察提出指导意见。

6)软土与沼泽的调查验证

软土与沼泽的外业调查验证应在现场沿设计路线每千米至少布设1个验证点。有条件时，应对软土与沼泽的物理性质，特别是含水率进行取样、分析，并与解译结果进行对比，也可结合现有资料进行调查验证。

软土区宜选取代表性地段1～2处进行土体的实际含水率测定。软土的验证，一般初步确定地表一定深度范围内土的含水率即可，一般土体天然含水率大于30%即可确定为软土。一般软土可以通过直观的手工鉴别即可，其土体含水率明显很大，并且具有很强的可塑性，可以看到游离水的存在，用手捏可以顺手指缝出水等。沼泽一般地下水已溢出地面，而且人无法在上面行走，气温过高时，有气泡从中溢出等现象。沼泽在野外很容易识别。

根据解译结果和外业验证，提交相应的地质图件，并说明软土与沼泽分布范围、厚度、成因以及对公路工程的影响等，并根据其影响程度，提出软土与沼泽地区处治的建设性意见。

7)冻土的调查验证

外业验证应根据冻土分布特点及厚度，在路线通过地区，分季节按冻融期进行验证。每千米应至少布设1个验证点，对冻融厚度及规律予以验证。外业验证冻土的存在，在夏季可以用一根钢钎手工进行触探。一般的永久冻土的上界在东北地区是0.8～1.2m。

根据解译结果和外业验证，绘制冻土发育分布图，并根据冻害种类划分不同的分区，说明冻土性质、热融规律，评价其对公路工程的危害程度，推荐公路工程通过冻土地区的较优方案，并提出冻土处治的建设性意见。

10.4.3 外业地面调查验证表的填写

在外业调查验证的过程中应认真做好各项记录，并填写外业调查验证表。外业工作结束后，进行资料的整理与归档工作。

外业调查验证表格式如表10-3所示。

外业调查验证表

表 10-3

工程名称：西藏省道 306 线加查至桑日段公路改建工程沿江线工程地质遥感勘察

测设阶段：工程可行性研究　　　　图像类型：Landsat-7 ETM＋

验证点编号：dz-01　　　　天气：晴

序　号	01	调查验证内容	滑　坡
验证点坐标	B＝29.159 157N L＝92.539 271E		点位略图
地点及描述	K322＋100～K324＋400		
遥感解译结果	利用遥感卫星图像分析，该地段刚好处于雅鲁藏布江断裂带上，地形较陡，岩体十分破碎，滑坡发育。整个山坡可以视为一大型滑坡体，山脊线便是其滑坡后壁，具有一定的阴影，图像形态特征清晰。在整个大的滑坡体上，又发育了许多规模略小的新老滑坡。该滑坡群目前处于极不稳定状态，破坏力极强，在地震、公路开挖等内外应力的作用下极易诱发规模更大的滑坡、崩塌灾害		
外业调查验证结果	现场地质调查表明，该处发育有规模巨大的滑坡群，由一系列中、小规模的滑坡体组成，各个滑坡体后壁清晰，后壁上均无植被生长，各个滑坡均处于极不稳定状态。滑坡体从坡脚到山顶均有分布，此处突出的山嘴整体处于失稳状态，组成物质松散		
备注			

解译者：×××　　　　验证者：×××

2005 年10 月10 日　　　　2005 年10 月26 日

10.5 公路地质灾害危险性评估

公路工程作为一项庞大而复杂的带状工程，地形地貌、地质条件复杂，地质灾害危险性评估十分困难。公路地质灾害危险性评估可供选择的危险性评估模型众多，即便同一个危险性评估模型，也会因地质灾害因子的选择与取值等各方面原因，导致最终的地质灾害危险性评估结果存在差异。本节以二态变量的多元回归模型为例，举例阐述四川省道 302 线道路恢复重建工程的滑坡、崩塌地质灾害危险性评估。

四川省道 302 线道路恢复重建工程地处川西北高原东北部深切的中山～中高山峡谷地貌，属长江流域岷江及涪江水系上游强烈抬升区。区内山势巍峨，沟谷深切，总的地势北西高、南东低，山岭海拔高度一般 2 500～3 000m，岭谷高差 1 000m 以上，河流强烈侵蚀下切，河谷成“V”形或“U”形。受岩性和地质构造的控制，宽谷河段两岸谷坡往往不对称，一侧为陡坡，一侧为缓坡，缓坡侧表面堆积有较厚的第四系松散堆积物。

在区域宏观地质构造上，区域地处龙门山中央断裂带“北川—映秀断裂”以北、“若尔盖盆地”以南、近南北向“北川—映秀断裂”以南的褶皱束构造带内。构造形式主要表现为一系列北东～北东东向斜列的倒转褶皱群。四川省道302线茂县境内的回龙乡段整体位于龙门山断裂带以西的川西北强烈抬升区，新构造活动强烈，新生代以来主要表现为大面积抬升隆起和断块差异升降，并导致岷江及湔江强烈溯源侵蚀。区域构造活动强烈、岩体破碎，加之山体中下部植被较稀少。5.12汶川大地震后，由强震造成的山体滑坡、崩塌、堰塞湖、泥石流等直接灾害和次生灾害组合的灾害链对震区的交通设施造成了极大的破坏，四川省道302线等多条途经地震核心区的国道、省道受到了毁灭性打击。

为获取区域大比例尺高精度地形资料，同时为进行区域地质灾害的遥感解译与地质灾害危险性评估，选择2008年12月3日成像的0.5m分辨率的WorldView高分辨率立体卫星图像为数据源，基于ERDAS LPS数字摄影测量和遥感图像处理工作站，进行WorldView高分辨率立体卫星图像的大比例尺测图工作，生成区域1m间距的规则格网数字高程模型，制作了0.5m分辨率的数字正射影像图。

10.5.1 地质灾害因子研究

地质灾害孕灾环境复杂，致灾因素众多。根据各种常见地质灾害的特性及其所处地质环境条件与外界诱发因素等，通常可将地质灾害因子划分为地形条件、地质条件、地貌条件、灾害信息、监测信息及其他因素6大Ⅰ级灾害因子，其中还可进一步细分为更多的Ⅱ级灾害因子。

根据各个地质灾害因子获取方式的差异性，往往可将地质灾害因子划分为基于图像的地质灾害因子、基于数字高程模型的地质灾害因子、基于地面仪器跟踪监测的地质灾害因子和其他地质灾害因子4种类型。

(1)基于图像进行遥感解译获取的地质灾害因子，主要包括：地层岩性、地质构造、地形地貌、河流水系、生态景观类型等。

(2)基于DEM进行GIS分析获取的地质灾害因子，主要包括：坡度、坡向、坡长、山体阴坡/阳坡、水流流向、水流累积量等。

(3)基于地面仪器跟踪监测获取的地质灾害因子，主要包括：位移量、大气降水、降雪、温度、湿度等。

(4)其他方式获取的地质灾害因子，主要包括：历史地质灾害资料、人类活动、经济状况等。

在实际的公路地质灾害危险性评估中，并非上述所有地质灾害因子都是必需的、可靠的和可获取的。为提高地质灾害危险性评估的精度与可靠度，可以首先采用以下原则对地质灾害因子进行筛选与简化处理。

(1)地质灾害因子需具有显著的差异性。需要重点关注的地质灾害因子主要为区域内客观存在并有着显著差异的地形、地貌、地质等环境因子。而对于一定区域范围内，相关度高、条件十分相似或相近的地质灾害因子，可以不予考虑；同时，根据地质灾害危险性评估所针对的具体地质灾害类别，对其孕育、发生与发展影响十分有限的因素也可不予考虑。

(2)地质灾害因子需具有普遍的适用性。要实现地质灾害危险性快速评估与危险区段的自动划分，相关地质灾害因子需具有便于提取、量化的特性。通过遥感手段获取较为困难而且对灾害发育、发生的影响作用有限的地质灾害因子，特别是一些动态变化的灾害因子，不宜纳入地质灾害因子体系中。

在四川省道302线道路恢复重建工程的滑坡、崩塌地质灾害危险性评估中，最终采用了基于图像和基于数字高程模型的两个类别的地质灾害因子。

(1)基于图像的地质灾害因子

基于图像的地质灾害因子主要是基于遥感图像信息增强处理技术和目视经验判别技术相结合，通过相关地质现象、地质体、地物的遥感解译标志，对区域地质条件、地形地貌条件、工程地质条件、地质灾害与不良地质现象以及生态景观环境信息进行遥感解译、识别与信息采集及分析评估。

在 ERDAS LPS 数字摄影测量软件系统对 WorldView 高分辨率卫星图像进行区域网平差及立体恢复后，综合运用直接解译法、三维立体解译法、关联解译法、测量评估法等多种方法，对四川省道 302 线茂县境回龙乡段的地层岩性、地形地貌、地质构造、生态景观以及滑坡、崩塌等地震次生灾害与不良地质现象等进行立体遥感解译，并进行遥感信息数据的数字化采集。

研究区出露地层岩性条件单一，主要为泥盆系危关组地层(D)，岩性主要为变泥砂质岩炭硅质岩夹碳酸盐岩，部分位置有一定量的第四系松散堆积物覆盖。根据第四系的成因类型，将研究区的第四系划分为：残坡积物、坡积物、坡冲积物、冲积物等四种类型，并对区域内各个地质灾害的地层分布情况进行统计分析(图 10-17)。

研究根据植被类型、植被覆盖度等，将生态景观类型分为无植被覆盖、稀疏植被、低矮灌木林、乔灌混交林、低矮乔木林、乔木林 6 种类型，并对区域内各个地质灾害的生态景观分布情况进行统计分析(图 10-18)。

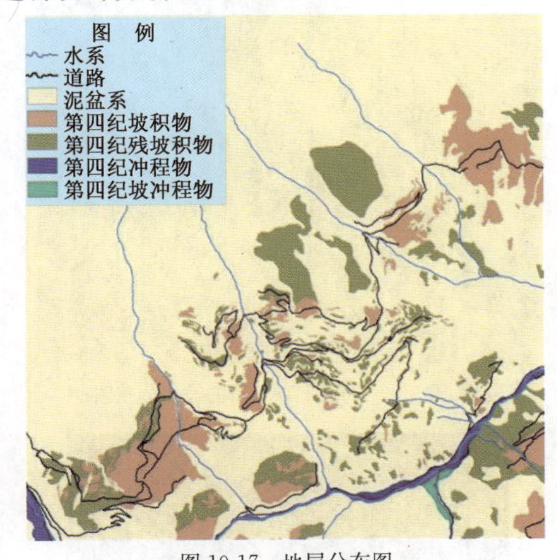

图 10-17　地层分布图

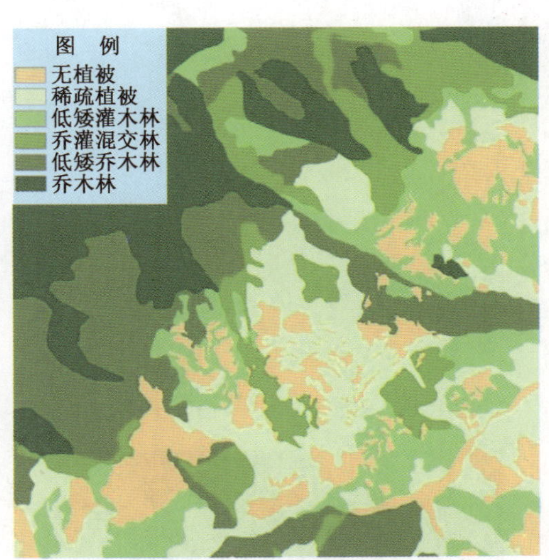

图 10-18　生态景观遥感解译图

地质灾害遥感解译共识别出 115 处地质灾害，其中滑坡灾害 80 处，崩塌灾害 35 处，地质灾害分布详见图 10-19。

(2)基于数字高程模型的地质灾害因子

基于 WorldView 高分辨率卫星图像建立的 1m 格网间距的区域高密度、高精度数字高程模型，对各个地质灾害信息进行了 GIS 量化分析，获取了各个地质灾害的中心点坐标(X,Y,Z)、面积、周长、底部高程、顶部高程、相对高差等地质灾害量化信息。同时，通过地形曲面几何分析和流水物理模拟分析等数字地形分析计算，进行了包括坡度、坡向、坡长、水流流向、阴坡/阳坡、水流累积量等地质灾害因子的提取与量化分析，如图 10-20～图 10-23 所示。

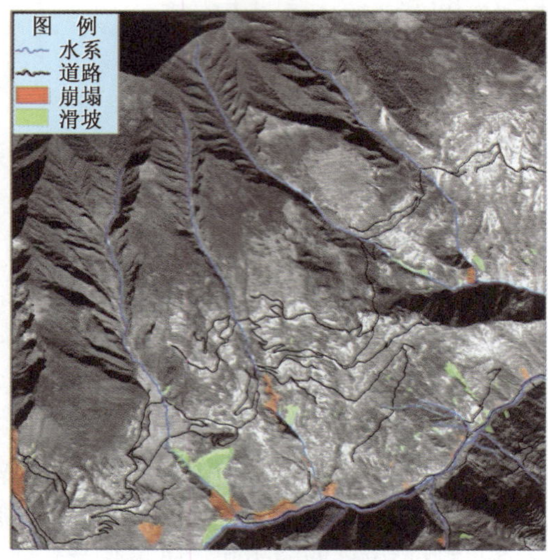

图 10-19 地质灾害遥感解译结果

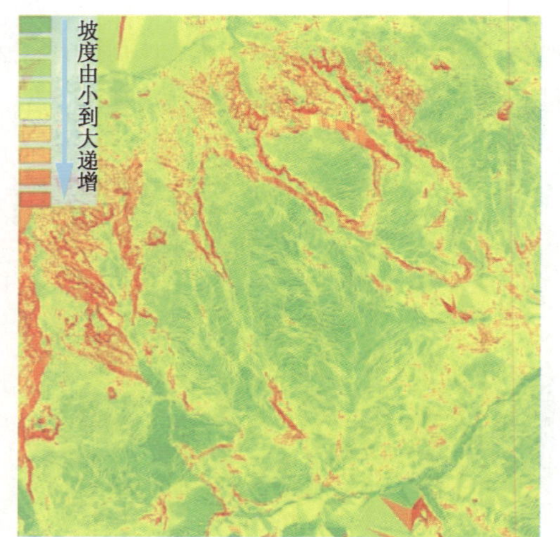

图 10-20 基于 DEM 分析的坡度分布图

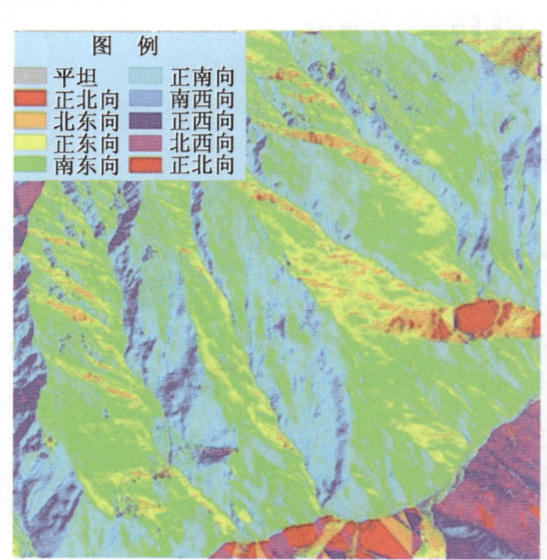

图 10-21 基于 DEM 分析的坡向分布图

图 10-22 基于 DEM 分析的山体阴影图

（太阳方位角:315°,太阳高度角:45°）

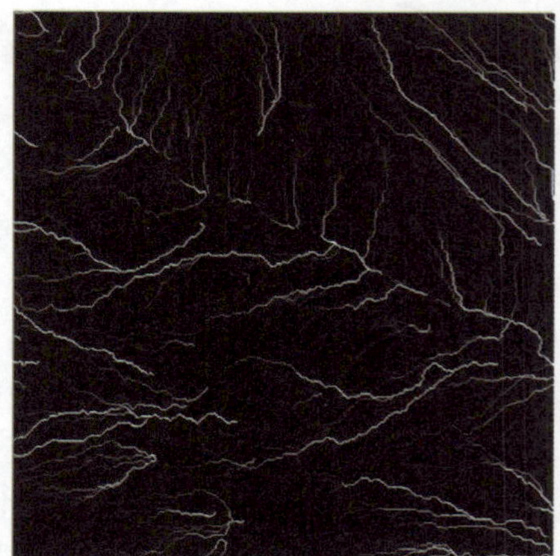

图 10-23 基于 DEM 分析的水流汇集图

10.5.2 地质灾害因子分析

在获取研究区基于图像和基于数字高程模型的两类地质灾害因子后，为了解研究区滑坡、崩塌等地质灾害发育、发生与区域地质环境条件的关系，排除部分与地质灾害关系不明显的地质灾害因子以及部分相关度高的地质灾害因子，对获取的各地质灾害因子进行了统计分析。

(1)斜坡底部高程因子统计分析。研究区滑坡、崩塌等地质灾害主要发生在坡底高程1 900～2 000m 地带，而高程大于 2 250m 的地带发生地质灾害的频率相对较小。

(2)地层岩性因子统计分析。研究区滑坡、崩塌等地质灾害主要发生在泥盆系地层覆盖区域，而残坡积物、坡积物、坡冲积物、冲积物等第四系松散堆积物发生地质灾害的频率相对较小。

(3)生态景观因子统计分析。研究区无植被覆盖区域以及植被非常密集茂盛区域，滑坡、崩塌等地质灾害极不发育，而乔灌混交林生长区域最容易发生滑坡、崩塌等地质灾害。

(4)坡度因子统计分析。研究区坡度在 38～51°的斜坡最容易发生滑坡、崩塌等地震次生灾害，而坡度小于 30°或大于 62°的斜坡发生地震次生灾害的可能性较小，属于相对稳定区域。

(5)坡向因子统计分析。研究区坡向在 165～195°的斜坡最容易发生滑坡、崩塌等地震次生灾害，而坡向小于 135°或坡向大于 215°的斜坡相对较不容易发生地震次生灾害。

(6)坡长因子统计分析。研究区滑坡、崩塌等地质灾害的发生、发展与其所在斜坡的坡长有一定关系。斜坡坡长越长，斜坡越不容易发生滑坡、崩塌等地震次生灾害，斜坡越稳定。其中，坡长在 10～50m 的斜坡最容易发生滑坡、崩塌等地质灾害，坡长在 110～400m 的斜坡有少量地质灾害发生，而坡长大于 400m 的斜坡没有地质灾害发生，属极稳定斜坡区域。

采用相同的方法，分别对研究区各地质灾害的阴坡/阳坡因子、水流累积量因子、水流流向等灾害因子进行了统计分析，发现这些地质灾害因子对地质灾害发育、发生影响较小。

10.5.3 危险性评估模型建立

研究根据滑坡、崩塌等地质灾害发生的区域地质环境和基本规律，并结合各地质灾害因子量化统计分析结果，对用于构建地质灾害危险性评估模型的地质灾害因子进行了筛选与分析，共确定了 19 个预测变量用于构建地质灾害危险性评估模型(表 10-4)。

在对斜坡坡度、坡向、坡长等连续变量进行合理的状态划分时，充分利用直方图、折线图、面积图等多种工具进行统计分析，对连续变量进行若干状态的合理划分，确保所划分状态之间具有尽可能大的差异性。

地质灾害危险性评估模型的预测变量 表 10-4

灾害因子	状　态	变　量
地层岩性	泥盆系	x_1
	第四系	x_2
斜坡坡度(°)	30～38	x_3
	38～51	x_4
	51～62	x_5
	<30 或>62	x_6

续上表

灾害因子	状　态	变　量
斜坡坡向(°)	135～165	x_7
	165～195	x_8
	195～215	x_9
	<135 或>215	x_{10}
斜坡坡长(m)	10～50	x_{11}
	0～10 或 50～110	x_{12}
	>110	x_{13}
斜坡底部高程(m)	1 900～2 000	x_{14}
	<1 900 或 2 000～2 250	x_{15}
	>2 250	x_{16}
生态景观	乔灌混交林	x_{17}
	稀疏植被、低矮灌木林、低矮乔木林	x_{18}
	无植被或乔木林	x_{19}

采用迭代消元法求解线性方程组，得到地质灾害危险性评估模型的回归系数(a_j)，回归系数越大，表明对滑坡、崩塌等地质灾害的发生、发展越有利。

各变量回归预测值详见表 10-5。

各变量回归预测值　　表 10-5

变量	x_1	x_2	x_3	x_4	x_5	x_6	x_7	x_8	x_9	x_{10}
a_j	0.093	0.066	0.165	0.283	0.146	−0.069	0.108	0.197	0.112	−0.042
变量	x_{11}	x_{12}	x_{13}	x_{14}	x_{15}	x_{16}	x_{17}	x_{18}	x_{19}	
a_j	0.148	0.086	0.028	0.095	0.066	0.025	0.138	0.069	−0.042	

根据表 10-4，得到回归预测模型：

$$P_i = 0.093x_{i1} + 0.066x_{i2} + \cdots + 0.069x_{i18} - 0.042x_{i19} \tag{10-8}$$

式中：P_i——回归预测值，P_i 值越大，发生滑坡、崩塌等灾害的危险性越大；

x_{ij}——第 i 号单元中 j 变量的取值，当该状态存在时取值为 1，否则取值为 0。($i=1,2,3,\cdots;j=1,2,\cdots,19$)

回归预测模型的显著性检验，借助连续变量的回归分析方法，F 统计计算检验。

$$\begin{aligned} F &= \frac{SS_R/p}{SS_D/(n-p-1)} \\ &= \frac{10.54/19}{22.63/(150-19-1)} \\ &\approx 3.19 \end{aligned} \tag{10-9}$$

$F > F_{19\ 130}^{0.01} \approx 2.05$，回归方程显著。

从计算出来的回归系数值可以看出，斜坡坡度、坡向、坡长等斜坡自身地形特征(x_4、x_8、x_{11})对滑坡、崩塌等地震次生地质灾害的敏感性较高，与地形地貌特征、沟谷展布特征等一致。回归系数间的相对大小，也与遥感解译发现的区域地质灾害的量化统计分析结果一致。

10.5.4　地质灾害危险区段划分

通过对遥感解译发现的115处地质灾害进行回归预测值计算(表10-6)和统计分析,并作地质灾害回归预测分布图(图10-24)。

滑坡、崩塌地质灾害回归预测值统计　　表10-6

预测值	面积(m^2)	百分比(%)	预测值	面积(m^2)	百分比(%)
0.05	800.351	0.173	0.60	52 032.588	11.243
0.10	1 244.426	0.269	0.65	61 037.182	13.189
0.15	2 601.189	0.562	0.70	68 742.682	14.854
0.20	3 502.009	0.757	0.75	49 528.668	10.702
0.25	5 002.241	1.081	0.80	33 020.312	7.135
0.30	8 504.050	1.838	0.85	15 009.523	3.243
0.35	14 889.041	3.217	0.90	9 005.794	1.946
0.40	21 120.127	4.564	0.95	2 302.068	0.497
0.45	26 515.638	5.730	1.00	1 570.624	0.339
0.50	40 023.729	8.649			
0.55	46 329.065	10.011	合计	462 781.308	100.000

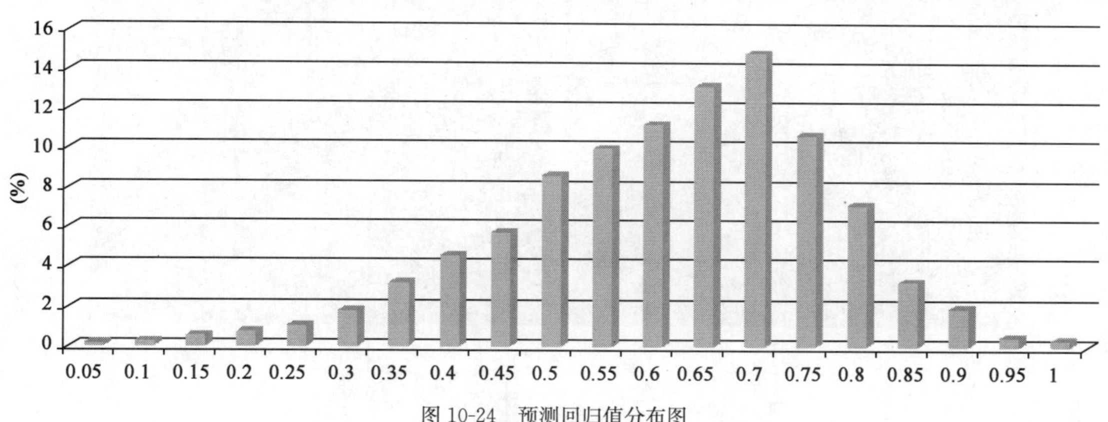

图10-24　预测回归值分布图

根据滑坡、崩塌等地震次生灾害回归预测分布图,确定P_{cr}=0.50作为回归预测的灾害临界值。

根据Fisher准则,分别计算得到P_{u_1}=0.70、P_{u_2}=0.25分别是回归预测的两个亚类等级划分界线。

据此把区域划分为极危险区$P \geqslant 0.70$,危险区$0.70 > P \geqslant 0.50$,较稳定区$0.50 > P \geqslant 0.25$,稳定区$P \leqslant 0.25$。

10.5.5　地质灾害危险区段分布图

在四川省道302线茂县境内的回龙乡段,地质灾害遥感解译识别的地质灾害的最小单元大小为10m×5m。将区域划分为10m×10m、20m×20m、50m×50m、100m×100m、200m×200m等不同大小的预测单元,分别进行区域地质灾害危险性预测值计算,并编制不同大小单元的地质灾害危险区段分布图。

不同大小预测单元的地质灾害危险区段分布图如图10-25所示。

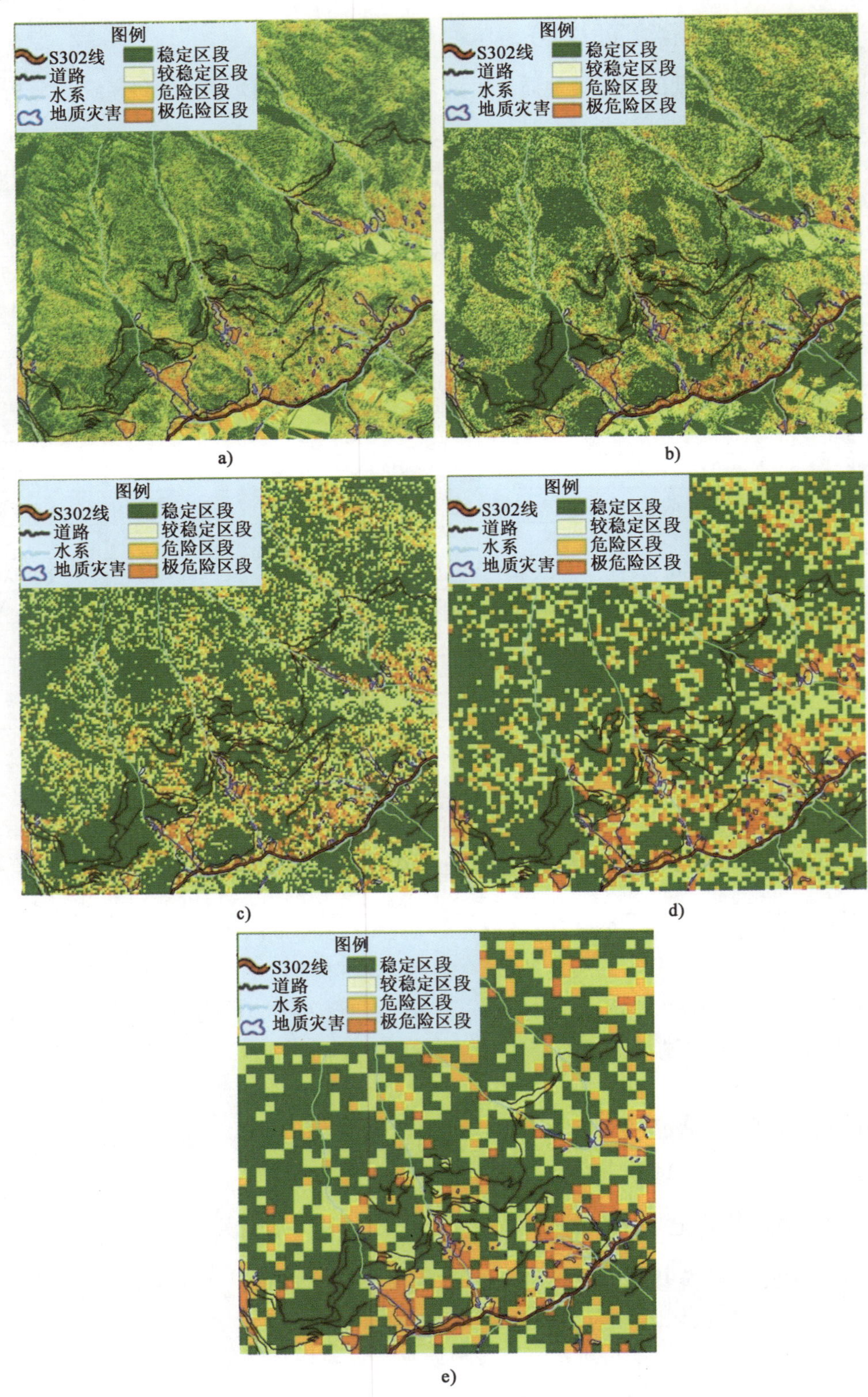

图 10-25 不同大小单元地质灾害危险区段划分图

a)10m×10m;b)20m×20m;c)50m×50m;d)100m×100m;e)200m×200m

根据 10m×10m、20m×20m、50m×50m、100m×100m、200m×200m 等不同大小预测单元的地质灾害危险区段划分图进行对比分析，发现 20m×20m 大小的预测单元是相对合适的，研究区地质灾害危险区段划分情况统计如表 10-7 所示。

研究区地质灾害危险区段统计 表 10-7

危险等级	稳定区	较稳定区	危险区	极危险区	合 计
面积(m^2)	11 420 693.71	5 234 780.95	2 772 488.01	822 037.33	20 250 000.00
百分比(%)	56.40	25.85	13.69	4.06	100.00

从地质灾害危险区段划分图可以发现，遥感解译的滑坡、崩塌等地质灾害，均位于地质灾害预测的危险区域，特别是极危险区域内。同时可以发现，地质灾害预测的危险区段与极危险区段，大多位于河流沟谷两侧。检测结果表明，地质灾害危险性预测结果具有较高的可靠性。

从地质灾害危险区段划分图可以看出，S302 线茂县境内的回龙乡段道路工程绝大部分位于地质灾害危险区段与极危险区段内，将路线方案整体往南平移一定距离，即可有效避开绝大部分地质灾害的危害。

10.6 工程地质遥感勘察专题图制作

10.6.1 遥感信息采集

在遥感图像处理平台中对遥感图像及各种资料图件进行图像处理、信息融合后，遥感解译、遥感信息提取、专题图件制作等工作则主要在 GIS 平台中进行，基于地理信息系统软件平台的专题解译制图是地理信息技术的核心应用之一。地理信息系统技术是对多种来源的时空数据进行综合处理、集成管理、动态存取，作为新的集成系统的基础平台，并为智能化数据采集提供地学知识。遥感数据是其主要数据源，而地理信息系统则是遥感图像数字处理及解译的系统平台。

在 GIS 平台上，以处理好的数字图像为背景进行专题数据采集作业(图 10-26)。采集时，既要保证对图像图形结构信息宏观全面的区域理解，又要保证每个弧段数据采集的几何准确性。在进行地形地貌、岩石地层、线性构造、不良地质等遥感数据采集时，充分利用各个图层信息数据进行相互印证、相互补充，提高地质遥感识别的准确性，并充分利用遥感图像信息、前人的地质图件等作为信息采集和区域不良地质现象分析的参考信息源，借以提高专业系列图的质量和准确性。

GIS 平台中最常见的地理特征类型包括弧(Arc)、结点(Node)、标识点(Label Point)、多边形(Polygon)、配准控制点(Tics)、注记(Annotation)等，公路工程地质遥感勘察采集的各种专题信息数据主要有 Arc、Polygon 两种。Arcs 表示线特征、多边形边界或两者组合，如公路设计线、地质构造线、岩层边界线。Polygon 表示面特征，如岩层范围、地貌分区、不良地质现象的分布范围等。对于 Polygon 面状图斑数据，必须具有严格的拓扑结构。

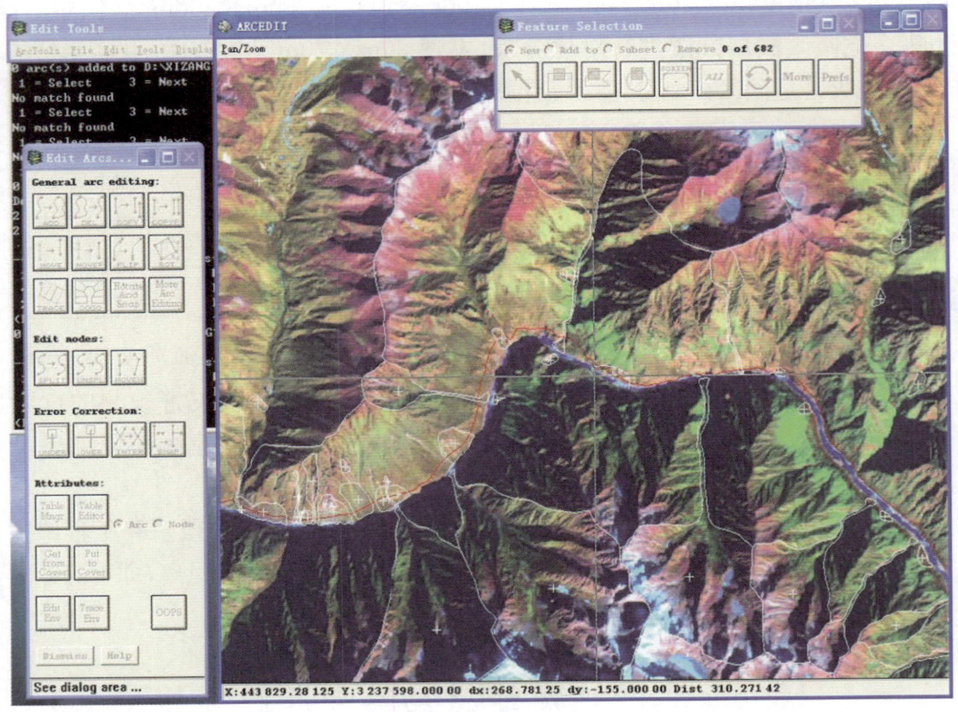

图 10-26 遥感信息采集

10.6.2 专题图件制作

各种专题图件的制作通常是公路工程地质遥感的核心内容之一，是遥感图像上所提取的地学信息遥感数据的具体实现。公路勘察设计所处的阶段不同，公路工程地质遥感勘察的目的、内容与详细程度也会有所不同，所需要提交的工程地质遥感解译成果图表的种类、比例尺大小也就不尽相同。

公路勘察设计的各阶段的工程地质遥感勘察工作需要提交的解译图表及比例尺大小分别如下。

1)预可行性研究阶段工程地质遥感勘察

(1)遥感勘察工程地质平面图，比例尺不小于 1∶100 000。

(2)遥感勘察工程地质分区图，比例尺不小于 1∶100 000。

(3)遥感勘察构造纲要图，比例尺不小于 1∶200 000。

2)工程可行性研究阶段工程地质遥感勘察

(1)遥感勘察工程地质平面图，路线部分比例尺不小于 1∶50 000，独立的桥梁、隧道部分比例尺不小于 1∶10 000。

(2)遥感勘察水文地质图，路线部分比例尺不小于 1∶50 000，独立的桥梁、隧道部分比例尺不小于 1∶10 000。

(3)遥感勘察地质构造纲要图，比例尺不小于 1∶100 000。

(4)遥感勘察地貌、不良地质分区图，比例尺不小于 1∶10 000。

3)初步勘察阶段工程地质遥感勘察

(1)遥感勘察工程地质平面图(图10-27),路线部分比例尺不小于1∶10 000,独立的桥梁、隧道部分比例尺不小于1∶5 000。

(2)遥感勘察地貌、第四纪地质分布图,比例尺不小于1∶10 000。

(3)遥感勘察不良地质与特殊性岩土分布图,路线部分比例尺不小于1∶5 000,独立的桥梁、隧道部分需要制作该专题图时,比例尺不小于1∶2 000。

在具体操作时,可依据实际情况适当调整专题图件的内容及比例尺大小(图10-28)。

图10-27　遥感勘察工程地质平面图

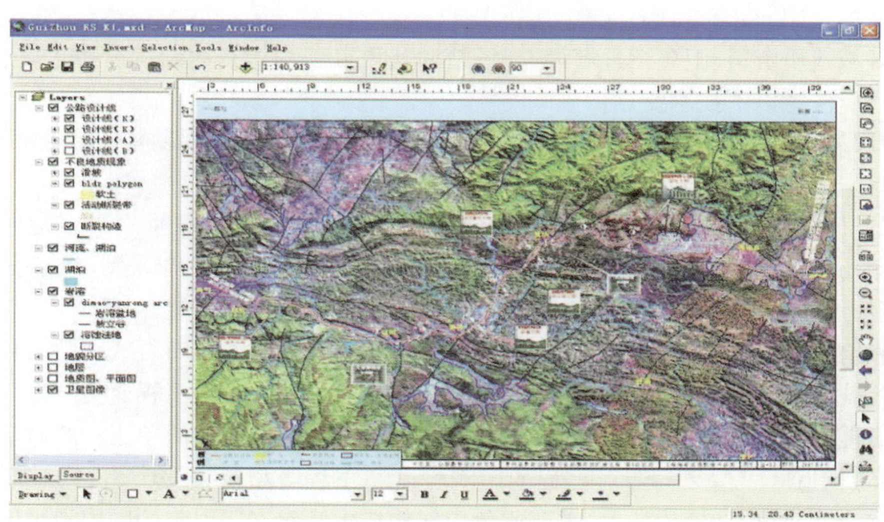

图10-28　遥感影像平面图

根据公路工程勘察设计所处的阶段及所要解决的目的,将遥感解译获取的路线走廊带内的地层岩性、地形地貌、不良地质、断裂构造、水文地质等地学信息,与路线设计资料、遥感图像、注记等在GIS平台上进行综合处理、叠加,并自动生成公里格网,添加路线牌、里程桩、路线起讫点等公路信息及指北针、图例、图名等地图信息后即生成相应的专题图件。从而突出某种地质信息与公路设计线的关系,为路线CAD提供路线选线和方案的优化设计,给设计人员以形象直观的表达。

10.7　公路工程地质遥感选线

公路工程地质选线是一个复杂的系统工程,直接关系到工程技术质量、环境技术质量及工程造价,是体现一个项目设计特点和设计水平的关键。要做到所选线路在技术上可行、经济上合理、安全上可靠，从宏观至微观地了解工程所在区域的环境地质条件至关重要，特别是在工程地质条件复杂和不良地质广泛分布的地段，往往对线路方案具有决定性的影响。

作为路线设计人员，要充分掌握各项技术标准的应用条件，并应对区域地质情况进行详细了解，清楚线路所处的地形条件、区域内的主要地质构造和岩性对工程情况产生的影响。因此，选线时要做到有的放矢，以达到地质选线的目的。

常规的公路工程地质选线主要通过地面调查、工程地质勘探等技术手段对工程区域的宏观地质情况进行调查，并根据地质条件的优劣，从工程地质角度提出推荐方案。由于区域地质调绘工作量大，要研究的问题多，地质工作所做的深度往往不能满足最优的工程地质选线要求，特别是在复杂地形、地质条件地区，更是如此。

公路工程地质遥感选线是在充分收集区域地质资料、航(卫)片判释地质信息、现场调查核对的基础上，根据该区域内地质灾害的空间分布特征和影响因素，选取优势工程地质、水文地质、环境地质条件下的区域通过，以减小工程处理难度和后续隐患，这样选择确定的线路方案才具有可行性、可靠性，并可减少或避免不必要的同精度比较方案勘察工作量，以缩短勘察工期和节省勘察费用。

根据区域地质资料、卫星图片解译、现场踏勘及重点工程调查测绘综合考虑，公路工程地质遥感选线应注意以下技术要点：

(1)地层岩性。对于地层出露较齐全、岩性复杂、岩体破碎的工程勘察区域，线路宜选择从岩性单一且岩体完整性较好的地段通过。

(2)采空区。路线通过采空区，应选择在矿层薄、埋藏深、倾角缓、垂直矿层走向等有利条件处。对于历史久远的采空区、无规划开采的小型矿区，由于无设计开采图、坑道分布图等资料，很难查清地下采空区的空间展布，线路方案比选中一般应尽量绕避。

(3)断裂构造区。线路应尽可能绕避或远离全新活动断裂、深大断裂或在断裂较窄处以大交角度通过；不应在断裂带中，特别是断裂密集处、交汇处通过；重点工程避免直接跨越活动断层和避开可能的构造闭锁部位、在活动断裂中选择“安全岛”，以一般简单工程跨越活动断层。

(4)褶皱构造区。褶皱构造对工程的影响程度与工程类型及褶皱类型、褶皱部位密切相关。公路路线及桥梁、隧道构造物，需要避免单斜构造中倾斜岩层引起的顺层滑坡问题。对于隧道工程来说，从褶皱的翼部通过一般较为有利。

(5)强震区。对于高地震区，地震可能造成的灾害主要有滑坡、崩塌、落石，高边坡和顺层斜坡失稳，水库溃坝等。线路工程要尽量避开现有的不良地质地段，应尽量选择简单工程如路基、低桥、短隧道通过，避免高桥、长大隧道通过，应尽可能减少边坡挖方高度，不宜设置高边坡。

(6)崩塌与岩堆区。线路应绕避稳定性差的巨型、大型的不良地质群或治理难度极大的不良地质地段；地形陡峻傍山地带，落石威胁，难以彻底处理，后患难免，路线不宜紧靠崩塌体脚下，并设置遮挡建筑物或最好以隧道通过。

(7)滑坡区。公路工程，特别傍山公路，应尽量绕避滑坡、古滑坡集中的地带。若难以绕避，则根据路线高低选择布线位置，一般是滑坡上缘或下缘比滑坡中部好。通过滑坡上缘，一般以挖方路基为宜；通过下缘，以路堤为宜。并采取相应的防护措施，避免因公路建设带来突发灾害，突出以防为主的设计思想。

(8)泥石流区。路线方案应尽可能绕避泥石流灾害，对于无法绕避的泥石流灾害，路线方案应最好从泥石流流通区或河床比较稳定、冲淤变化不大的冲积扇顶部以桥跨越；基本稳定或规模不大的泥石流，路线可从堆积区通过，但应注意路桥结合和导流防护措施。

(9)岩溶区。碳酸盐岩分布广泛地区，岩溶发育，水文地质条件复杂，路线应布设在可溶岩与非溶岩互层的岩溶发育相对较弱区；地表岩溶发育的规律及地下岩溶分带的位置对线路走向及高程的选择影响较大，线路应绕避或以大交角通过岩溶强烈发育、地表塌陷、土洞分布密集地带、可溶岩与非可溶岩的接触带、岩溶水富集区及排泄带；隧道尽可能通过岩溶安全带、地下分水岭地带，以减小地下水的危害。

(10)特殊性岩土区。对于软土、膨胀土、红黏土等特殊岩土发育区域，线路应尽量避开长大、深厚的特殊岩土地段，在不能完全避开的情况下，宜短距离通过。

(11)选线中，应尽量避免出现过多的傍山隧道；短隧道的地质勘察，应着重查明地质构造条件，并评价其对山体、斜坡稳定性的影响，在此基础上，方能落实隧道主体工程的具体工程地质条件。陡坡设桥须落实陡坡的整体稳定性和局部稳定性，以避免建桥的同时，需进行坡面乃至山体的防护加固；陡坡稳定性较差时，应考虑线路内靠外移的方案比选。对规模较大的堆积体，应结合区域地质环境和地貌演变等多方面条件，分析其成因类型，并进行整体稳定性分析，以使选线合理。

10.8　国家重点公路杭州至兰州线巫山至奉节段地质遥感勘察

国家重点公路杭州至兰州线巫山至奉节段位于重庆市巫山县、奉节县境内，路线总体位于长江北岸，全长约64km。路线所在区域地貌属长江北岸构造侵蚀低山、中低山、局部显中山斜坡地貌。自西向东次级地貌有低山丘陵地貌、陡崖地貌、岩溶地貌、沟谷地貌等。地貌受地质构造、岩性控制明显，山岭走向近东西向，与地层走向及区域构造线基本一致。沿线地质复杂，地形陡峭，线路展布区总体地势东高西低，各种不良地质现象广泛发育。

10.8.1　资料收集

巫山至奉节段公路工程地质遥感勘察的目的是为公路工程地质提供满足初测阶段要求的地质、地貌、第四纪、灾害地质及生态环境条件等基础资料，进行地质遥感选线，并指导外业地质调查。在明确工程所处阶段及工程特点后，根据路线方案及通过区域的地质背景，确定相应的工程地质遥感工作的深度与方法，并以此为基础收集工程地质遥感勘察相关资料。

(1)地形、地质资料

项目收集了路线所在地区1：10 000比例尺的地形图，以及路线区域内各种比例尺区域地质资料和已有的各种地质资料。

(2)遥感图像资料

根据勘察阶段及工程特点，项目收集了该地区15m分辨率的Landsat ETM+、5m分辨率的SPOT-5卫星图像及1：8 000比例尺的航空像片。

(3)工程资料

项目收集了有关公路的等级、路线走廊位置及主要公路构造物位置等公路工程资料,以及路线走廊范围内对公路工程有影响的已建、在建或拟建的重大工程相关资料。

10.8.2 遥感图像处理

项目采用 2002 年 3 月 8 日成像的 15m/30m 空间分辨率的 126 带 038 轨 Landsat-7 ETM+卫星图像、2004 年 3 月 10 日和 2004 年 4 月 21 日成像的 5m 空间分辨率的 SPOT-5 卫星图像以及最新的 1∶8 000 比例尺的航空立体像对为数据源进行初测阶段工程地质遥感勘察。

1)几何校正与镶嵌

工程所在地区属于地形起伏较大的山区,Landsat-7 ETM+、SPOT-5 卫星图像的几何畸变明显。在对卫星图像进行融合处理、图像镶嵌及遥感解译前,必须对它们分别进行几何纠正与空间配准。Landsat-7 ETM+、SPOT-5 卫星图像的几何纠正以该地区 1∶10 000 比例尺的地形图为参照图像,分别在地形图与待纠正卫星图像上选取相同的地物点、地形点作为图像纠正的几何控制点,然后在 ERDAS IMAGINE 遥感图像处理平台中进行多项式几何纠正。

由于研究区域由左、右两景 SPOT-5 卫星图像组成,为了更好地统一处理、解译与分析,在对图像进行空间配准、信息增强、几何纠正和色调调整后,项目在 ERDAS IMAGINE 平台上进行了数字图像镶嵌工作并生成了一个在几何形态上和色调分布上协调一致的新图像。

2)遥感信息融合

遥感图像融合处理是增强图像空间分辨率最有效的方法之一。项目采用 K-L 变换、IHS 变换、乘积变换、Brovey 变换、小波变换等多种融合处理方法,对 Landsat-7 ETM+、SPOT-5 卫星图像进行了融合处理(图 10-29)。通过对原始遥感数据进行信息融合处理,使得融合后的图像产品的空间分辨率成倍提高,并保留了原始多光谱图像的光谱信息,极大地提高了地质现象、地物、地形的可识别能力,提高了地质遥感解译和景观生态分析的精度与准确度。

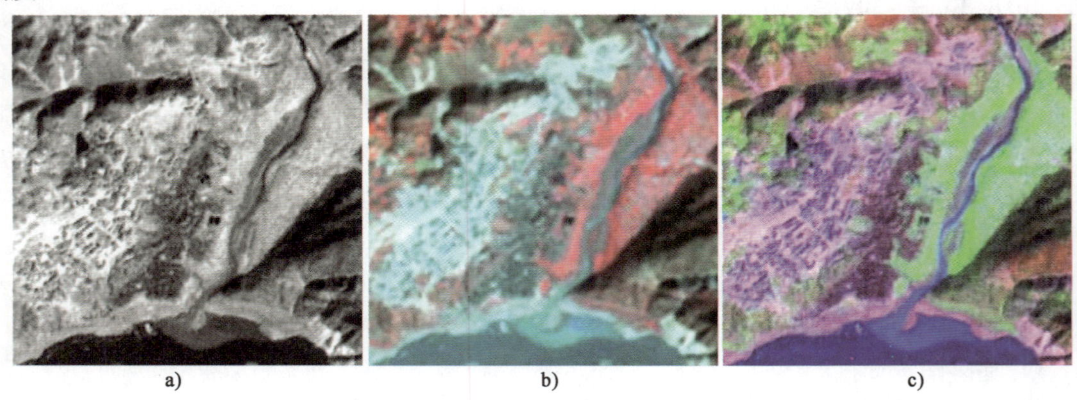

图 10-29 Landsat-7ETM+卫星图像的融合

a)15m ETM+全色图像;b)30m ETM+多光谱图像;c)15m IHS 融合图像

10.8.3　工程地质遥感勘察的初步解译

1)地层岩性

区内出露地层较完整，地表为第四系全新统崩坡积层、坡残积层，但厚度不大，沟谷中零星分布冲洪积堆积物。地层分布上西段（以分界梁隧道为界）为大片中生代红色地层；分界梁隧道穿越下沙溪庙组至巴东组地层，进入线路中段后，出露地层以巴东组一、二段为主；线路东段出露地层仍以巴东组为主，但褶皱发育，在摩天岭隧道进口至大宁河路段（穿越齐岳山背斜）出露嘉陵江组地层。基岩以中生代陆相和海相巨厚沉积为特征，主要为侏罗系中统上沙溪庙组、下沙溪庙组、新田沟组、中下统自流井组、下统珍珠冲组；三叠系上统须家河组、中统巴东组、下统嘉陵江组等。

2)地质构造

勘察区所处一级构造单元为新华夏系第三隆起带和第三沉降带的结合部位，属四川省沉降褶皱带之川东褶皱带的一部分。北缘与北西向的大巴山弧形构造斜接、重接复合。线路展布区域内褶皱发育，大型断裂构造稀少，总的构造方向为北东—北东东向。西段北侧为杨柳湾向斜，南侧为故陵向斜，构造相对较简单；东段北侧为大巴山北西向弧形构造带前缘，南侧主体褶皱为横石溪背斜，线路斜穿齐岳山背斜，齐岳山背斜两侧次级褶皱发育，呈左行雁行式排列，构造较复杂。

综合分析遥感图像的光谱信息与空间信息，采用色调（色彩）标志、水系网络标志、构造地貌标志等地质构造解译标志。在遥感解译过程中，综合运用各种遥感解译标志，互相印证、互相补充，保证了构造解译的深度与可信度。从遥感图像上分析，区内各种规模的褶皱构造、线性构造与断裂构造较为发育，在 Landsat-7 ETM＋、SPOT-5 卫星图像上都的图像特征明显，易于识别（图 10-30）。

(1)褶皱构造

路线所在区域地处大巴山弧、川东褶带、川鄂湘黔隆起褶带结合部，区域内褶皱构造发育，邻近路线方案的有横石溪背斜、巫山向斜、齐岳山背斜等褶皱构造。

图 10-30　SPOT-5 图像上的断层三角面

①横石溪背斜

横石溪背斜在遥感图像上特征表现明显，背斜轴向 N60 °～70 °E，在公路路线南侧穿越长江两岸。轴部地表出露纵、横张裂构成脊骨状特征，在背斜两翼及核部未见规模较大的断裂，对公路没有影响。

②巫山向斜

巫山向斜在巫山县穿越长江向两端延伸较远，向斜轴向为 N45 °～60 °E，在遥感图像上表现为一谷地。巫山向斜主要由三叠系中统巴东组地层组成，向斜南西段出露有三叠系上统须家河组地层。核部产状平缓，路线经过该向斜北西翼。

③齐岳山背斜

齐岳山背斜在奉节县东侧穿越长江，两端延伸远，为复式背斜，背斜轴向为 N60°，构造较复杂，与路线的关系较密切。齐岳山背斜两侧次级褶皱发育，呈左行雁行式排列，其两侧的图像色彩具有明显的对称性，在该背斜的西北端，局部可见该背斜的弧形转折端（图 10-31）。

(2)断裂构造

路线展布区内大型断裂构造稀少，地质构造西段较简单，东段较复杂，主要构造为齐岳山断裂及其衍生的一些同方向的小的断裂、节理构造。从宏观区域地质上分析，路线方案总体平行于齐岳山断裂带，除了整体上受北东—北东东向齐岳山断裂带的影响外，局部地段还存在有一些小的断裂构造和断层(图 10-32)。

其中，以下路段受断裂构造影响较严重。

图 10-31　卫星图像上的褶皱构造

图 10-32　卫星图像上的断裂构造

①骡坪隧道

该路段的主体构造为齐岳山背斜，地质构造相对较复杂。除了邻近北东向的齐岳山断裂带外，还有一北西向断裂构造在 AK8＋700 附近与齐岳山断裂带相交。在两个断裂的相交部位，岩体受两个方向断裂构造的控制作用及多组节理交切，岩体较为破碎，岩层易沿结构面形成危岩而产生崩塌，对比较线 A 线的骡坪隧道影响较大。此外，在 GK5 附近还发育有小规模的北东向断裂构造。

②摩天岭隧道

遥感卫星图像上，摩天岭隧道段的图像特征十分破碎，发育有一组规模较小的、近于平行的、北东向的断裂构造，线性图像特征清晰。摩天岭隧道垂直通过此断裂构造带。由于此处断裂构造、节理、裂隙较为发育，在层面、节理的交切下，岩体完整性变差，岩体十分破碎，在隧道进出口仰坡、侧坡、洞身围岩有发生滑塌、崩塌的可能，对摩天岭隧道的影响较大。

摩天岭隧道除了受此组断裂构造的影响外，其出口还以 55°左右的斜交角通过齐岳山断裂构造，齐岳山断裂构造对其也有一定的影响。

3)水文地质

区内水文地质条件简单，地表水系主要为长江一级支流及所属横向溪沟，总体流向由北向南汇入长江。地下水类型以浅层裂隙水为主，地下水不丰富。灰岩出露段显岩溶地貌，在地下水垂直循环带，赋存有一定的岩溶水。大气降水为其补给水源，补给条件及径流条件差，排泄条件好。地下水的分布、埋藏、运移受岩性、构造、地貌和水文网的切割程度影响较大。根据地下水赋存条件，区内地下水可分为三类。

(1)松散岩类孔隙水

松散岩类孔隙水主要赋存于河漫滩及Ⅰ级阶地，在残坡积崩滑体及Ⅱ～Ⅳ级阶地内有零星分布。该类型的水富集程度除河谷平坦地段较好外，其他地段由于透水性差，并被地形切割的不完整性而赋水性很差，仅有不连续的上层滞水分布，无统一的地下水面。

(2)基岩风化裂隙水

基岩风化裂隙水主要分布在三叠系巴东组地层的泥岩风化裂隙中，由于该层岩性以泥岩为主，为相对隔水的岩层，但浅部由于风化裂隙发育，张开度及连通情况均较好，因而在地表浅部构成了一定的储水空间，赋存有一定量的地下水。

(3)碳酸盐岩裂隙岩溶水

碳酸盐岩裂隙岩溶水主要分布在巴东组第一段和第三段、嘉陵江的第三段和第四段的碳酸盐岩溶隙、溶孔及岩溶管道系统中。巴东组第一段和第三段的岩性以泥岩为主，岩溶特征以溶隙、溶孔为主，一般无溶洞分布，受构造及地形地貌影响，地下水常呈带状分布于斜坡中上部，且范围狭小，常沿灰岩与泥岩的接触面出露成泉。嘉陵江组第三段和第四段岩性则以灰岩、白云质灰岩为主，岩溶现象发育，常发育有溶洞，成为地下水富集和运移的主要管道，地下水主要通过岩溶洼地和落水洞接受补给。

4)不良地质及特殊性岩土的遥感解译

路线经过区域地形起伏大，区域内小型断层、褶皱发育，岩石完整性较差，岩层节理及层理发育，岩性软硬相间，且易风化，发育有滑坡、岩溶、崩塌、泥石流等多种不良地质现象。利用Landsat-7 ETM＋、SPOT-5 遥感卫星图像及 1∶8 000 比例尺航空像对，工程地质遥感勘察的初步解译阶段重点解译出了以下一些不良地质现象及特殊性岩土。

(1)岩溶

通过对该地区 Landsat-7 ETM＋、SPOT-5 卫星图像上的岩溶地貌进行分析，建立了岩溶的遥感解译标志，对路线所在的整个区域的岩溶地貌形态进行了解译划分。遥感解译表明，该地区的岩溶主要发生在质地较纯、可溶的石灰岩、白云质灰岩、灰岩地层中，岩溶地区的边界与地层岩性的边界基本一致。

路线通过地区的地层岩性以泥岩、页岩等碎屑岩类为主，岩溶较不发育，但在线路遇灰岩、泥灰岩路段，岩层普遍具溶蚀现象。对路线有影响的岩溶主要分布在以下路段。

①骡坪隧道

比较线 A 线的骡坪隧道从岩溶地区通过，该处岩溶发育。骡坪隧道洞身段可能遇溶洞、溶隙等岩溶形态，施工难度大，同时，地下水沿上述通道进入隧道的可能性较大，对骡坪隧道会有一定有影响。

②摩天岭隧道

摩天岭隧道的岩性主要为灰色中－厚层状灰岩、白云质灰岩，夹角砾状灰岩及黄灰色薄至中厚层状泥灰岩夹紫红色、灰绿色含钙泥岩等，易发生岩溶。同时，隧道处节理、断裂构造十分发育，岩体非常破碎，这在一定程度上加剧了该处岩溶地貌的发育强度。

(2)滑坡与崩塌

利用综合建立的滑坡、崩塌的遥感解译标志，通过对 Landsat-7 ETM+、SPOT-5 卫星图像的图像特征进行分析，对路线走廊带内的滑坡、崩塌等进行了遥感解译。在采用遥感卫星图像进行宏观解译的基础上，还利用航空立体像对在 JX4 数字摄影测量工作站上进行了滑坡、崩塌的专题解译，特别是对不良地质现象较为发育的 K5～K8、K18～K22 等路段进行了重点解译。

图 10-33 为滑坡的航空像对。箭头所示为一典型的滑坡，滑坡的围椅状后壁清晰可见，具有较高的滑坡陡坎，滑坡前缘穿过公路，虽然经过清理但在公路的另一侧尚可见部分堆积物，滑坡表面植被稀疏，呈"醉汉林"形式，表明该滑坡是新近发生的。

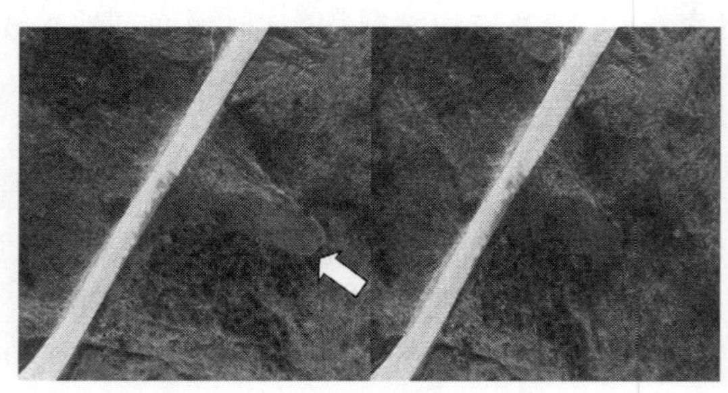

图 10-33　航空像对上的滑坡

遥感解译表明，路线走廊范围内，大规模的滑坡、崩塌较少，但中小规模的滑坡、崩塌、不稳定斜坡及采空区等不良地质现象极为发育，它们在航空像对上的形态要素清晰，可分辨性好，立体感强，解译结果真实可信。

(3)岩体破碎带

通过对路线区域内的断裂构造进行解译，发现摩天岭隧道处存在有一组平行的、北东向的小型断裂。由于受此组断裂构造与齐岳山断裂带的控制作用，此处节理、裂隙较为发育，岩体十分破碎，表现在卫星图像上就是图像特征十分破碎。此处岩体破碎带对摩天岭隧道安全会有一定的威胁。同时，该路段也是滑坡、崩塌等不良地质易发地段。

10.8.4　外业地质调查验证与综合解译

初步解译完成之后，对遥感解译成果进行了外业地质调查验证。地面地质调查验证情况如下：

(1)GK5 附近的断裂构造

北东东向、北西向的两组大的断裂构造在 AK8+700 附近以约 70°的交角相交，由于 AK 线已经取消，没有在现场对此进行地调验证。但在 GK5 西的北东向断裂构造在本地区存在，该断裂造成南东盘沿沟一带古滑坡及新滑坡、崩塌较多，较大程度影响线路安全。

(2)K25～K30 段的近东西向断裂

该段中遥感解译的近东西向断裂存在。受其影响，K25～K30 段内崩塌、滑坡较多，对路基和桥涵安全有较大影响。

(3)K50 附近的岩体破碎带

据调查资料，在 K50 附近和 MK50 附近解译出的北东向断裂存在。该断裂多为张扭性断裂，断距不大，断层两盘岩石破碎，落水洞、岩溶漏斗、岩溶洼地多分布在断裂走向一线。该区内部分地段破碎，总体较完整。

(4)滑坡与崩塌

根据滑坡、崩塌及不稳定斜坡等重力地质现象的形成条件、诱因、形态特征等因素，对遥感解译的滑坡、崩塌等不良地质进行了外业地质调查验证，结果表明，相对于地面分辨率较低的 Landsat-7 ETM＋、SPOT-5 等遥感卫星图像而言，在 JX4 上采用航空像对解译出的滑坡、崩塌等不良地质体的位置、规模等较为准确。

在地面地质调查验证的基础上，对沿线进行了工程地质遥感勘察的综合解译。综合解译主要是在 JX4 数字摄影测量工作站上采用航空立体像对进行。对比分析初步解译成果与外业地质调查验证结果，工程地质遥感勘察的综合解译阶段重点对二者存在不一致的地方进行了详细解译，对各个滑坡体的发育条件与图像特征进行了重新分析判断，并对初步解译时一些与地形上的沟谷走向有关的线性图像被误判为断裂构造进行了修改。此外，综合解译还在路线沿线新发现了许多中、小型的滑坡、崩塌及不稳定斜坡等不良地质体。

10.8.5　工程地质条件评价

工程地质遥感勘察表明，该公路工程地质条件总体较好，但局部路段受断裂构造、岩溶、岩体破碎带的影响较大，部分路段还发育有较多的滑坡、崩塌、不稳定斜坡等不良地质现象。

通过本次工程地质遥感勘察工作，结合外业地质调查验证结果，各路线方案的工程地质条件评价如下。

(1)K0＋000～K15＋000

该段主要存在有北东东向、北西向两组大的断裂构造，二者在 AK8＋700 附近以约 70°的交角相交，同时，在 GK5 以西还存在有一条近北西方向的断裂构造，此外，该段还存在有一组北东向的小型节理、断裂构造。受 GK5 以西的北东向断裂构造的影响，使得此处的岩体较为破碎，断裂南东盘沿沟一带古滑坡及新滑坡、崩塌较多，较大程度影响路线安全，隧道工程开挖易诱发崩塌等地质灾害。

同时，比较线 A 线的骡坪隧道位于岩溶地区，水文地质条件相对复杂，隧道洞身段可能遇溶洞、溶隙等岩溶形态，地下水也可能对骡坪隧道构成威胁，同时，该隧道位于两个断裂构造的相交部位，节理、次级褶皱发育，岩石完整性遭到破坏，施工难度大。

该路段中小规模的滑坡体及不稳定斜坡较发育。其中在 GK3＋300 左侧 70m、K5＋700 右侧 30m、K6＋300 左侧 30m、K7＋40 左侧、K7＋300 右侧 120m、GK2＋750 左侧、K8＋200右侧、K8＋550 右侧 70m、K10 两侧、K10＋600 等处的滑坡体及 GK2＋800～GK4＋300 右侧的不稳定斜坡等不良地质体离路线较近或处于路线方案之上，对路线安全会有一定影响。

(2)K15＋000～K42＋000

从 SPOT-5 遥感卫星图像上分析，K15＋000～K32＋000 段以北存在有一条与路线接近平行的断裂构造。同时，K22＋000～K28＋000 段还存在有一条近东西向的断裂构造，其断层三角面发育较好。公路路线走向基本与上述两条断裂构造平行并与其保持有一定距离，断裂构造本身不会对公路工程有直接影响。但受上述两组断裂构造的影响，断裂附近的崩塌、滑坡分布较多，对路基和桥涵安全有较大影响。

K18～K22 段地形陡峭，山高谷深，具有较好的滑坡、崩塌发育条件，发育了许多中、小型的滑坡与崩塌体，并大多分布于路线右侧的高处，由于这些滑坡均属浅层滑坡，路线方案在此以隧道方案通过，隧道埋深大，滑坡、崩塌等不良地质体对路线的影响不大。

K22～K31 段路线两侧发育了众多的崩塌、滑坡等灾害地质体，其中 K22＋700 左 80m、K22＋750 右 100m、K23＋000 右 400m、K23＋800 右侧、K25＋300 右 250m、CK27＋150～CK27＋380、CK29＋780 右 200m 等处的滑坡体，K23＋200～K24＋750、K25＋300～K25＋480、K26＋250～K26＋780、CK28＋550～CK29＋100 等处的不稳定斜坡及 K23＋460 左 140m、K24＋550 左 100m、K28＋890 右 70m 等处的崩塌体对路线有一定影响。

(3)K42＋000～K58＋000

该段工程地质条件相对较差。摩天岭隧道处发育有一组北东向的断裂构造，该断裂为张扭性断裂，断距不大，断层两盘岩石破碎，落水洞、岩溶漏斗、岩溶洼地等岩溶形态较发育，并多分布在断裂走向一线。此外，该段还发育有许多小的断裂构造、节理、裂隙等。各组断裂构造、节理、裂隙将岩体切割成块状，岩体较为破碎，围岩强度降低，稳定性减弱，易发生滑塌、崩塌等不良地质现象。同时，该路段也是岩溶发育地区和岩石强风化带。岩溶和构造裂隙是影响摩天岭隧道洞身段的主要因素。而风化裂隙主要发生在地表浅部，对洞口会有一定影响。

该段在在的不良地质体主要有 K54＋050 右 70m、MK55＋440 右 70m、MK56＋345、MK56＋850～MK57＋770、IK59＋400 左 130m 等处的滑坡以及 K45＋010 右 160m、K45＋560 右 140m、K46＋800 右 50m、K53＋770、K56＋710 右 130m、MK56＋410 左 40m、MK57＋100 右 80m 等处的崩塌，对线路的稳定性及路基安全会有一定的影响。

(4)K58＋000～K65＋000

该路段岩体略显破碎，没有大的断裂构造，节理、裂隙不发育，工程地质条件相对较好。在 K60＋410 处存在有一滑坡体，线路从滑坡体前缘通过，可能导致滑坡复活，冲毁路基。

10.8.6　工程地质遥感勘察成果

在国家重点公路杭州至兰州线巫山至奉节段初测阶段工程地质遥感勘察中，采用基于 Landsat-7 ETM＋、SPOT-5、航空立体像对等多源、多尺度、多时相遥感图像数据的信息融合、图像分析与多级遥感识别技术，获取了路线走廊带内多方位、高可信度的区域地质信息，特别是滑坡、崩塌及不稳定斜坡等不良地质体的分布位置、规模大小、稳定状况等信息，其中有部分不良地质体是采用航空像对综合解译发现的，是外业地质调查验证结果中没有的，为灾害地质的防治和不良地质体的绕避提供了全新高效的方法和丰富的信息源，并从工程地质勘察的角度提出公路建设应注意的问题，极大地提高了工作效率，缩短了工期，减少了外业工作量，降低了勘察成本，其经济效益、社会效益和生态效益非常显著。

完成的工程地质遥感勘察成果主要包括：

(1)初测阶段工程地质遥感勘察报告。

(2)遥感勘察地质构造纲要图(图 10-34)。

(3)遥感勘察工程地质影像平面图(图 10-35)。

(4)遥感勘察工程地质平面图(图 10-36)。

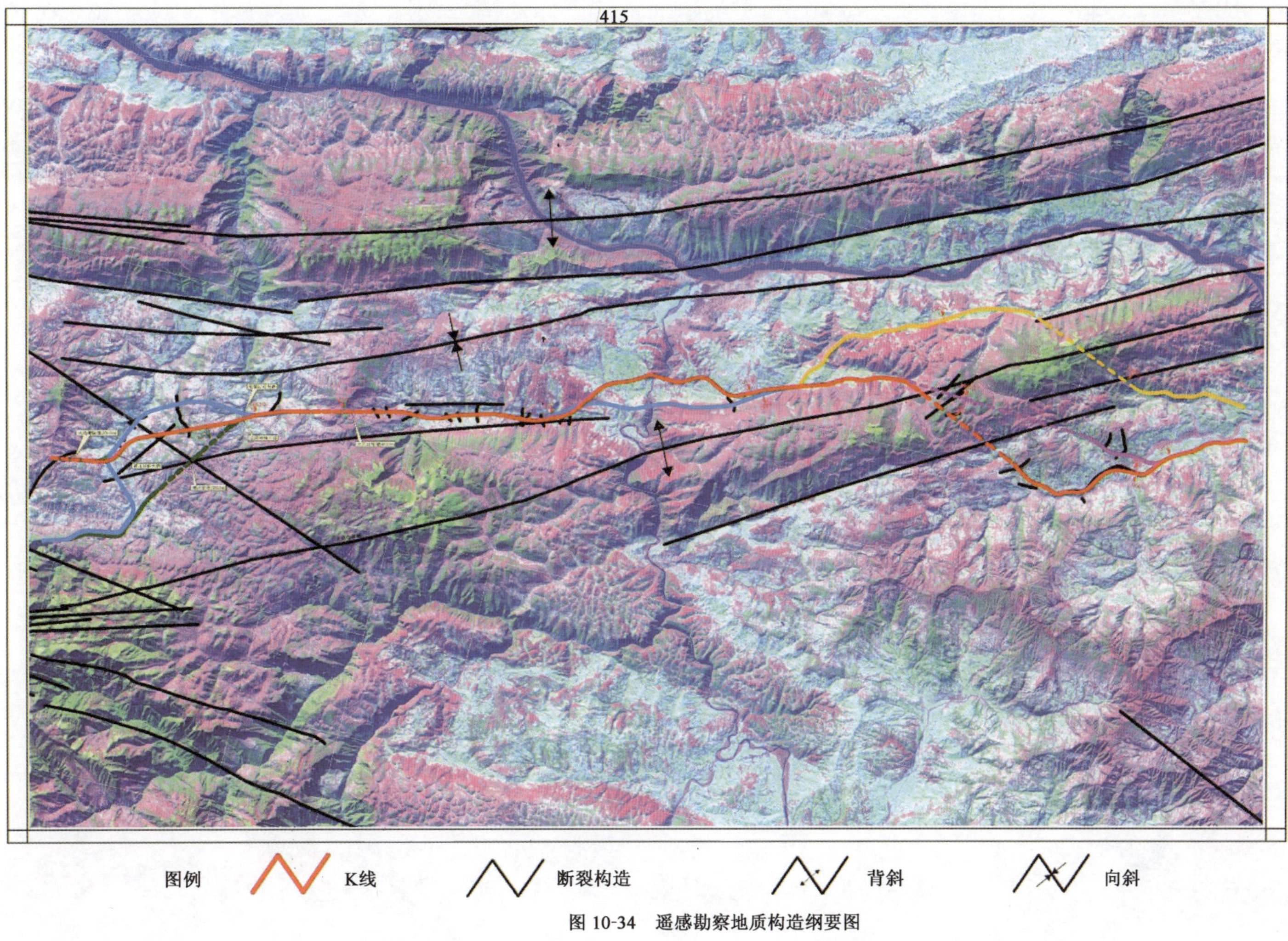

图 10-34　遥感勘察地质构造纲要图

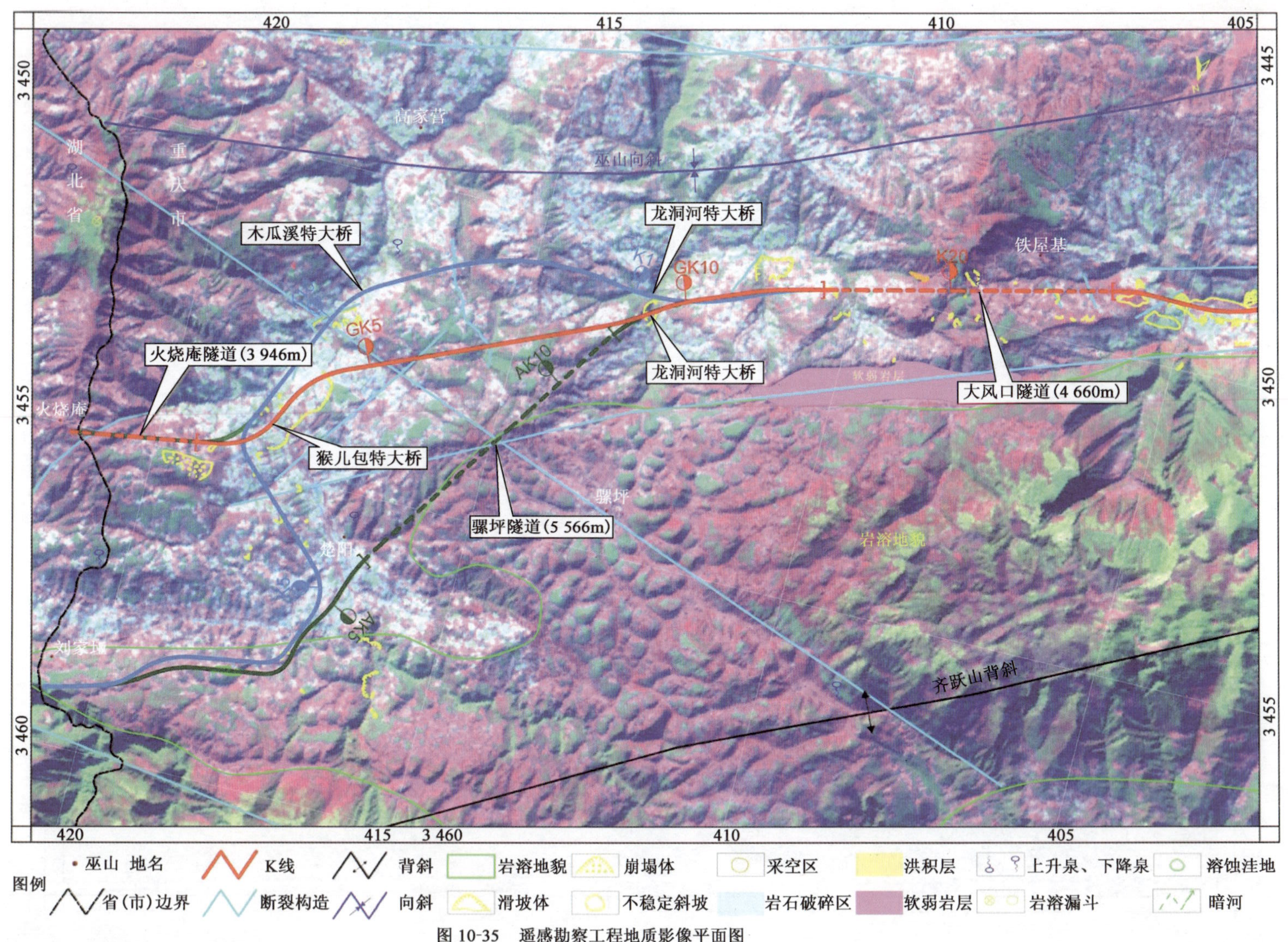

图 10-35 遥感勘察工程地质影像平面图

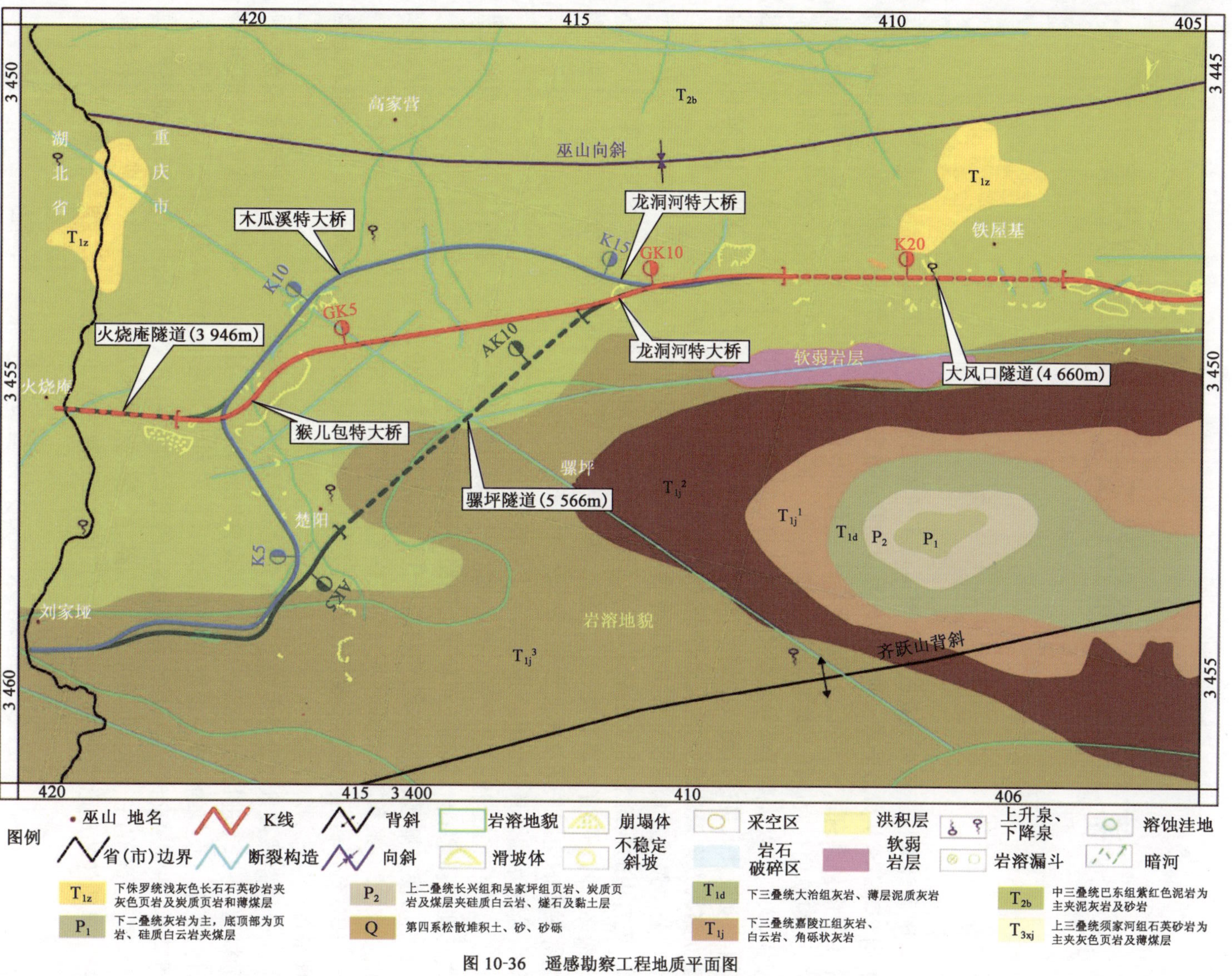

图10-36 遥感勘察工程地质平面图

第11章　公路路线及景观设计虚拟仿真

11.1　引　　言

随着计算机三维可视化技术和虚拟现实技术的快速发展，公路工程设计已从2D-GIS发展到3D-GIS，从分散的单一要素设计发展到基于数字地球的综合要素的统一设计。而高分辨率卫星图像具有快速、地表纹理清晰丰富、图像面积范围广、地形与地质信息直观等优点，能高效、大规模地获取设计走廊带数字化地面信息。基于高分辨率卫星图像的公路勘察设计技术模式，人们可以从高分辨率卫星图像获取的地表信息生产得到DOM、DEM、DLG、地质信息等，辅助设计人员进行路线的地形、地质、生态环境选线，将设计成果与DOM、DEM自动整合建立路线方案景观模型，建立公路路线及景观设计虚拟仿真平台。

公路路线及景观设计虚拟仿真平台基于真实工程设计数据及空间坐标建立，可以从更丰富、更自由的视角来对公路路线方案及景观设计进行分析与评价，不仅服务于景观设计功能，其最终目的是贯穿公路勘察、设计、施工、养护、管理、重建、规划的全生命周期，便于后期的模型等对象的空间关系及属性管理、数据分析等工程分析。

公路路线及景观设计虚拟仿真的主要作用包括：

(1)使卫星遥感技术产品可视化，提供最直观、准确的公路地形、地质、生态及景观路线选线三维可视化平台，提高工可阶段公路路线选线效率。

(2)使卫星遥感勘察与公路路线设计作业协同化，丰富设计手段，使设计成果立体化、真实化，为设计方案和工程建设环境评估提供客观的可视化评判依据。

(3)充分利用公路勘察及设计成果，为公路交通的后期运营及养护提供三维可视化信息管理平台。

公路路线及景观设计虚拟仿真，首先建立道路、桥梁、隧道的主体三维设计模型及数字地面模型，将二者进行无缝嵌入叠加，根据提供的地质信息构建地层三维模型；然后，对于项目设计过程中可收集的景观三维模型可分需求进行再利用，根据设计资料对部分人工物体进行三维建模，并完成交通安全设施、服务设施、管理设施等路、桥、隧相关附属设施的三维建模；最后，选择适合的三维虚拟仿真平台，实现路、桥、隧三维模型及附属设施模型，映射了工程走廊带卫星图像的地形模型，以及项目工程信息的公路数字化、信息化三维仿真与管理。

11.2　道路及地形模型的建模与管理

11.2.1　道路设计三维建模

道路数字化勘察设计为实现公路虚拟现实仿真提供了准确而快速的模型数据来源。

公路路线的设计分为平面设计、纵断面设计、横断面设计，简称平、纵、横设计（图 11-1、图 11-2 和图 11-3）。平面选线后，根据平面线位进行纵断面交互设计，如无序拉坡，动态增加、删除、移动坡点，并严格遵守设计标准；横断面设计以平面、纵断面设计结果为依据，采用基于模板的智能化自动设计，实时更换边坡模板类型及修改横断面任意部分，如地面线、路幅设计线、边坡、边沟、挡墙、截水沟等，同时，对土石方量进行计算、分析和调配，并获得最佳设计方案。平、纵、横设计，是个不断反复的调整及微调整的过程，既要综合考虑，又要分别处理。在所有路基组成部分完成后，即可输出得到路基部分的 CAD 三维模型。

图 11-1 平面设计

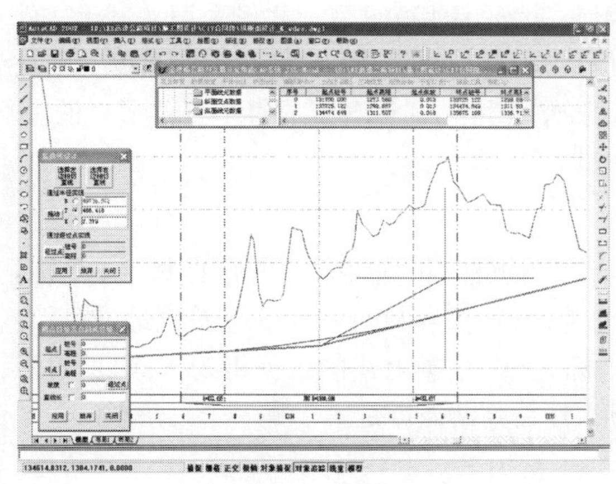

图 11-2 纵断面拉坡

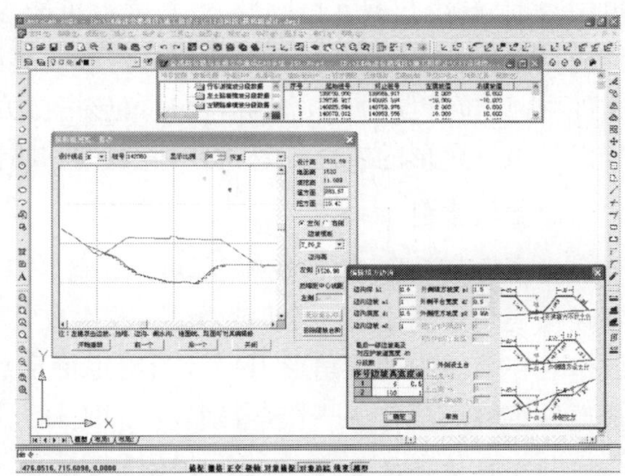

图 11-3 横断面设计

对于公路行业的所有已实现与 CAD 环境集成的公路路线设计软件，道路模型在路线设计完成的同时，即可根据平、纵、横数据，以及边坡、边沟、挡墙、截水沟等信息，进行道路模型的输出，以“公路与互通立交集成 CAD 系统”路线设计软件为例，主要步骤如下：

(1)输出坡脚线

输出横断面左右坡脚的宽度和高程，以用于建立路基模型边界。

(2)指定输出线位名称

公路路线的平面线位根据地形及线形设计的需要，可能由多条线位共同组合而成，每条线位有对应的线位名称。建立道路模型，首先需要根据要求选择要输出的路线设计线位名。

(3)指定输出线位的长度

根据道路建模范围，按线位指定中桩起始桩号。

(4)选择要输出的道路模型内容

确定要输出的道路模型内容，如车道线等。

(5)确认任务参数，输出道路模型

通过以上步骤，可以在CAD图形环境中实时输出并显示道路三维模型。该模型通常是以横断面为基本模型单位，以三角形或者四边形为基本面元，建立起道路设计三维模型。

11.2.2 地形模型数据的组织与空间索引

与道路及桥、隧等构造物模型相连的数字地面模型的数据量随路线长度的增加而增长。由于组成数字地面模型的规则正方形格网或者任意形状的多边形都可以分解为一系列的三角形，同时，三角形在形状和大小方面有很大的灵活性，所以三角网建模很容易地融合断裂线、特征线或其他任何数据。因此，基于三角形的建模方法成为表面建模的主要方法之一。

1)数据组织

实现道路和地形表面的三维实时显示，最重要的基础是三角网的组织及高效查询等管理方式。尤其在路线里程较长的情况下，离散点及三角形的数量巨大，其有效的管理方式是数字地面模型应用的关键。

从dxf、dwg等CAD文件中读取每一个三角形的直接坐标，需要预先对其进行整理，重新组织数据，解决数据冗余(同一个数据点可能被多个三角形引用)问题。这里采用从dxf文件导出点文件，三角形拓扑关系数据文件和二进制分块索引文件的方式来重新组织数据。在点文件中，只包含点的直接坐标，在三角形拓扑关系数据文件中，则包含组成每个三角形点的ID号以及该三角形的属性代码，将空间数据和属性数据关联在一起。

2)空间索引

为了提高TIN的查找速度，可采用分块建立索引的办法，根据每个三角形的中心点坐标，判断该三角形属于哪一个地形分块，并生成索引文件，文件头存放每一块的起始地址，然后存放包含在该块中的三角形ID号，当给定待定点坐标X、Y，根据上述的数据组织方式，就可以快速确定该点落在哪一块，得到该块的所有三角形，然后判断该点是属于哪一个三角形。

3)属性文件及点、线、体文件的结构

在对三维漫游场景的地形数据管理中，通过三角形拓扑关系数据文件，可得到每个三角形的属性代码。通过属性代码，可以在属性文件中查询到该三角形所具备的一系列属性：颜色、材质、纹理以及多媒体信息，如文本、电影媒体、图像和声音等。在对底层的数据管理中，采用了面向对象的思想，一些常用的数据类型及函数都采用类的方法封装起来，类的内容包括地物的地理位置信息和属性。

11.2.3　道路与地形模型的嵌入

在与CAD系统密切集成的公路路线设计软件中，路基、桥梁、隧道三维模型随着路线设计工作的结束同步建立。公路路线及景观设计虚拟仿真在进行公路设计成果的三维展示前，必须将路线设计模型与地形模型无缝拼合起来。

由于路面模型与桥梁、隧道等构造物模型是基于真实设计数据建立，模型上各点都具有精确的空间坐标，因此，组成道路设计模型的路、桥、隧模型，按其自身坐标即可实现在三维空间的无缝拼合，形成路线整体模型。主要步骤如下：

(1)生成路线模型边界：沿路线走向，按横断面生成路线模型的三维坡脚线，将形成的封闭空间多边形作为路线模型的边界线。路线模型的封闭多边形边界可以有多条，其中道路立体交叉、桥、隧等构造物的边界取如下3部分：

①道路立体交叉部分的模型边界，取匝道端部与地面相接处的横断面三维边界。

②桥梁模型取桥台耳背墙及匝道桥与地面相接部分的横断面三维边界。

③隧道模型边界仅取隧道出入口与地面相交的三维边界。

(2)加入地形特征线：将路线模型的边界作为特征线嵌入到地形模型中，特征线外侧的地形模型进行局部调整构网。

(3)删除多余的地形面：去掉特征线内部的三角形或对其作出特别标识。

(4)模型叠加：将路线模型叠加到地形模型上，嵌入路基设计的三维模型。

图11-4是地形模型与包含立交互通的路线模型的嵌入成果的局部效果展示。这样，地形模型与路基模型就融为一体，构成了整体模型，可方便对其进行操作处理。

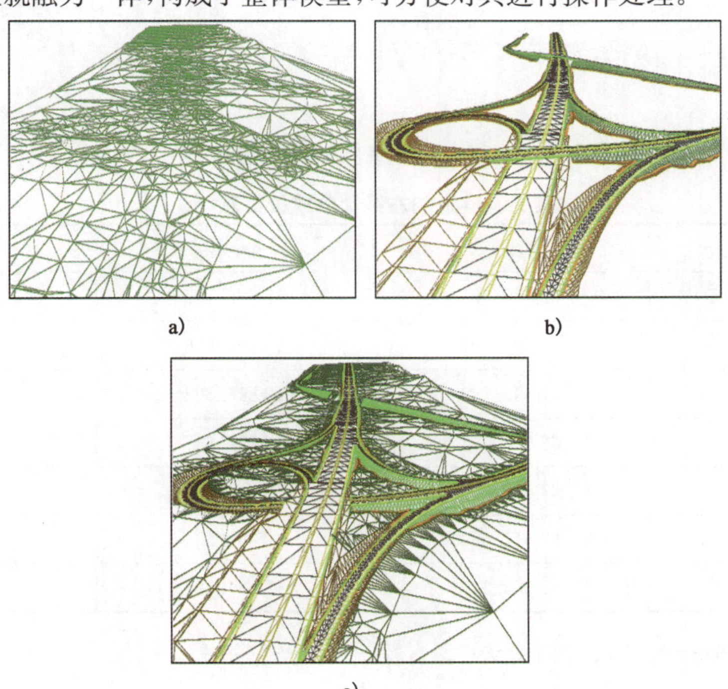

a)　　b)

c)

图11-4　地形三维模型与道路立交三维模型的嵌入

a)地形三维模型；b)带立交的路线三维模型；c)两者的无缝拼合

11.3 隧道、桥梁构造物三维建模

11.3.1 复杂隧道的三维建模

隧道设计文件包括隧道断面设计文件、路线设计文件、交通工程及沿线设施设计文件、路基路面设计文件、桥梁涵洞设计文件等，而与隧道建模关系紧密的是隧道断面设计文件以及隧道路线设计，其直接决定隧道断面形态以及走向。

1)隧道桩号信息处理及线位表达

隧道附属设施的定位是以隧道主线位桩号为依据的。因隧道设计文件较多，涉及到的隧道主线位及各洞室以及附属设施的位置信息即桩号分散在各设计文件中。根据隧道设计的线位数量、类型对桩号及对应的坐标进行整理并按线位单个存储。

整理出的隧道桩号以隧道线位为单元，根据隧道线位延伸方向依次存储(图 11-5)。存储为 *.xls 格式，列信息依次存储桩号、X 坐标、Y 坐标、桩号点高程。以三孔隧道为例，其左线位隧道的部分线位信息如表 11-1 所示。

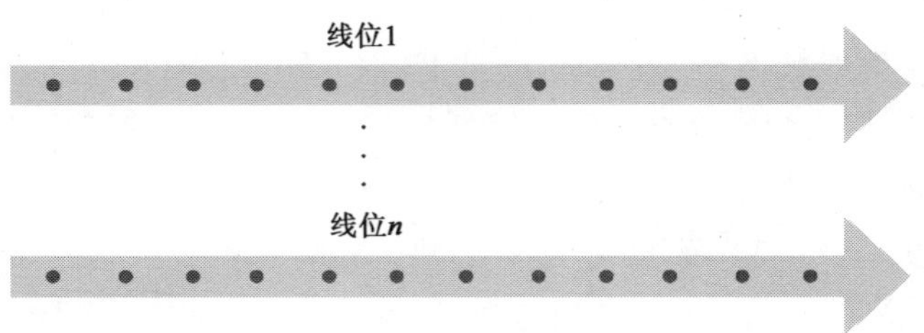

图 11-5 隧道线位及桩号示意图

某三孔隧道的左线部分线位信息(m) 表 11-1

桩号	x 坐标	y 坐标	z 坐标
ZK6+540	67 585.709	12 782.197	−1.224
ZK6+560	67 596.807	12 798.836	−1.796
ZK6+580	67 607.733	12 815.588	−2.368
ZK6+600	67 618.942	12 832.637	−2.940
ZK6+620	67 630.295	12 849.102	−3.512
ZK6+640	67 641.697	12 865.534	−4.084
ZK6+660	67 653.219	12 881.881	−4.656

2)隧道设计断面处理及空间变换

(1)断面处理

隧道设计断面直接决定着隧道模型的断面形态。隧道设计断面可以从隧道设计文件中直接得到。隧道断面设计文件中包括丰富的信息(图 11-6)。

从复杂的隧道设计文件中对隧道断面信息进行信息抽象提取是隧道建模的第一步，也是关键的一个内容。对隧道建模而言，断面的关键信息是隧道外断面、内断面、隧道路面断面、测量基点等信息。隧道设计中对各种断面的控制是通过严格的图形元素及数值完成的，隧道建模直接采用经抽象后的断面图形即可，如图 11-7 所示。

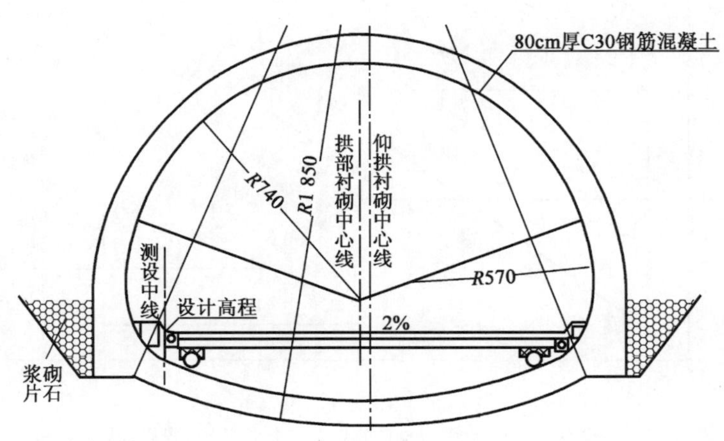

图 11-6　隧道原始设计文件(局部)

断面抽象要求包括内容如下：

①抽象的断面位于 XY 平面内，且图形尺寸比例为 1∶1，即从其图形上得到的尺寸数值是以“m”为单位的隧道真实尺寸。

②保留隧道外断面、内断面轮廓图形信息，隧道路面断面的外轮廓图形信息。

③确保隧道外断面、内断面、路面断面为闭合多段线。

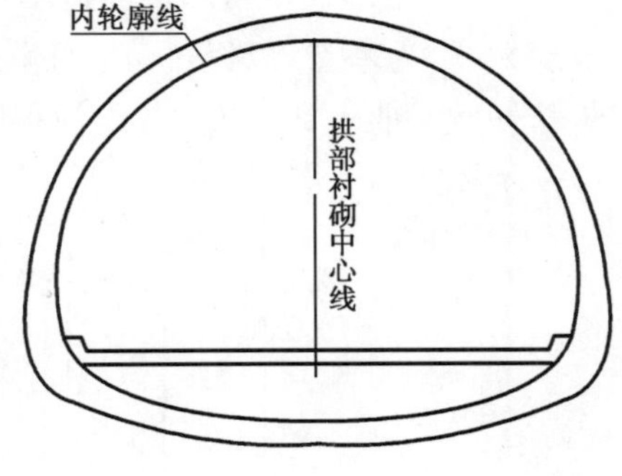

图 11-7　整理出的隧道断面图

(2)隧道断面空间变换

隧道线位是一条三维空间曲线，隧道断面在隧道线位的任意点都与走向垂直。隧道断面设计图纸中断面整体平面位置一般由设计人员随意指定，所以在隧道建模前要进行必要的空间变换，使得隧道断面在任意点垂直于隧道线位，且变换后的隧道断面测量基点位于隧道线位的起始点处。

以图 11-8 为例，在三维空间 $O—XYZ$ 中 pt_1、pt_2 为隧道线位中相邻点的第一点与第二点，定义如下符号及涵义：

pt_2-pt_1：从点 pt_1 出发指向 pt_2 的矢量；

α：矢量 pt_2-pt_1 在 $O—YZ$ 平面上的投影与 X 轴的夹角；

β：矢量 pt_2-pt_1 在 $O—XY$ 平面上的投影与 Y 轴的夹角；

γ：矢量 pt_2-pt_1 在 $O—XZ$ 平面上的投影与 Z 轴的夹角。

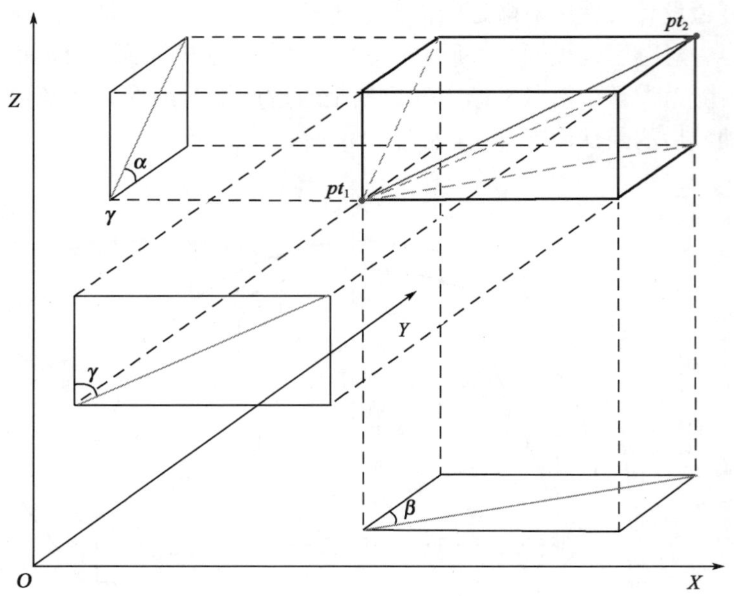

图 11-8　三维空间由 pt_1 指向 pt_2 的直线在三个平面上的投影与轴的夹角

通过如下的变换可将为位于 $O—XYZ$ 空间内法向为 $-Z$ 方向的隧道断面变换为法向为 pt_2-pt_1 并且测量基点位于点 pt_1 点的空间断面。

①平移隧道断面使得断面测量基点位于线位起始点 pt_1 处。

②以 pt_1 为基点，以经过 pt_1 且垂直于 $O—YZ$ 的直线为旋转轴，将隧道断面逆时针方向旋转 $\pi-\alpha$ 度（即 $\pi/2-\alpha+\pi/2$），使得隧道断面垂直于线位直线在 $O—YZ$ 平面的投影线，如图 11-9所示。

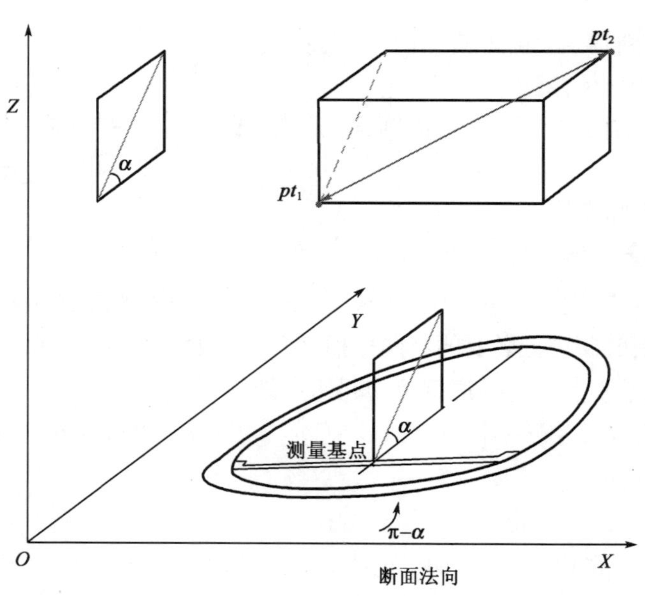

图 11-9　平移后的断面以垂直于 $O—YZ$ 的直线为旋转轴逆时针旋转 $\pi-\alpha$ 度

③在上述变换的基础上，以 pt_1 为基点，以经过 pt_1 且垂直于 $O—XY$ 的直线为旋转轴，将隧道断面顺时针方向旋转 β 度，得到垂直于矢量 $pt_2—pt_1$ 的隧道断面，如图 11-10 所示。

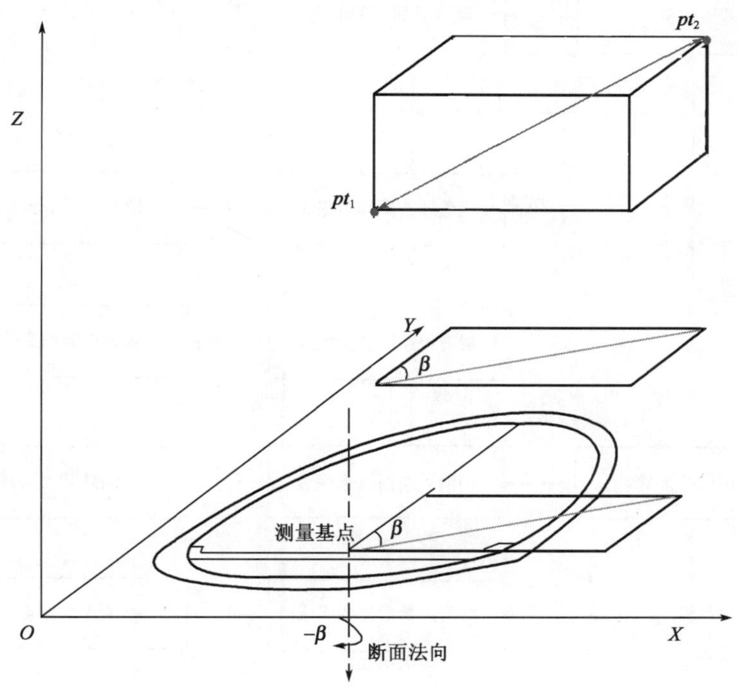

图 11-10　平移后的断面以垂直于 O-XY 的直线为旋转轴顺时针旋转 β 度

④因设计的隧道断面在 $O—XY$ 平面内，隧道路面保持一定的横向坡度，即与 X 轴的夹角在上述变换后还应该保持一致，所以最后得到的隧道断面为测量基点在线位起始点、法向平行于线位最近两点的连线、隧道路面横向坡度保持一致的三维空间断面。

3)基于扫描法与 CSG 法的隧道快速建模

三维几何形体中的扫描法是将空间中的二维形体沿着某一路径扫描定义一个二维或三维物体。扫描生成法的两个要素分别是基体和扫描轨迹。CSG 法是指用简单实体(称为体素)通过集合运算交、并、差构造复杂实体的方法。对于隧道模型的快速构建，不但要建立且各隧道洞体，而且隧道洞体之间相互贯通，利用单一的建模方法都不能完成构建。

当采用扫描法与 CSG 法结合的方法完成隧道快速建模时，首先利用扫描法生成原始隧道实体，即生成扫描法中的体素，然后在原始隧道实体基础上利用 CSG 生成法完成复杂隧道的快速建模。

(1)基于扫描生成法的隧道原始体素生成

扫描法的两个要素分别是基体和扫描轨迹。采用经空间变换后的隧道断面作为“基体”，隧道线位作为扫描轨迹生成隧道原始体素，流程如图 11-11 所示。

对于横洞，先根据横洞起、终点桩号计算坐标生成横洞线位，再生成横洞原始体素。所有隧道主线(图 11-12)及横洞断面都利用外断面与内断面及相应的线位分别建立外断面与内断面原始体素(图 11-13)。

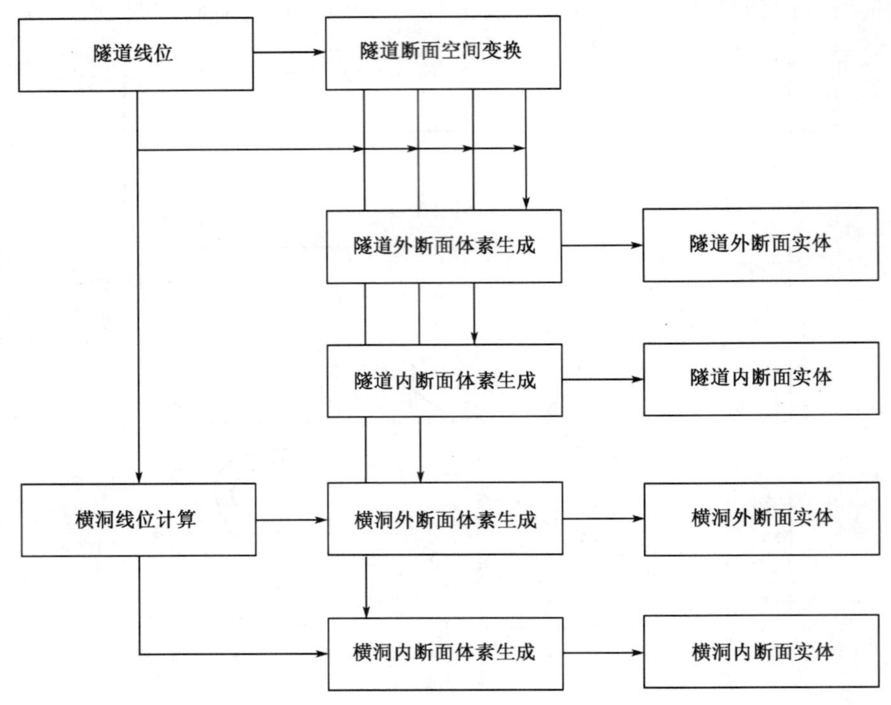

图 11-11　基于扫描法生成隧道原始体素

隧道及横洞断面沿相应路径扫描生成隧道实体，生成的实体主要有隧道外断面实体、隧道内断面实体、横洞外断面实体、横洞内断面实体。生成的实体作为体素利用 CSG 法再生成复杂隧道。

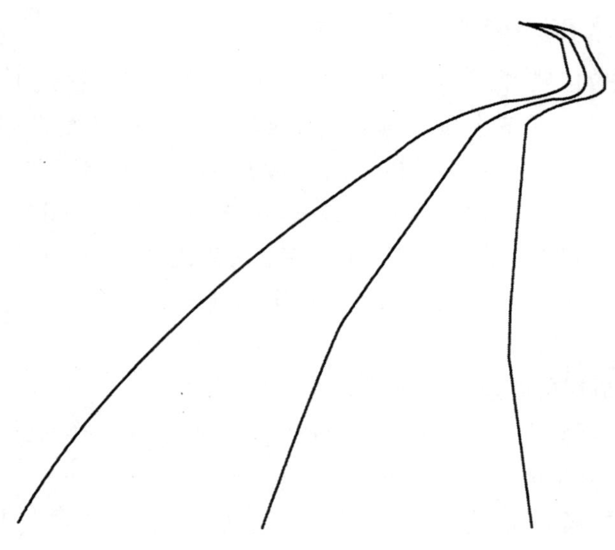

图 11-12　三孔隧道线位

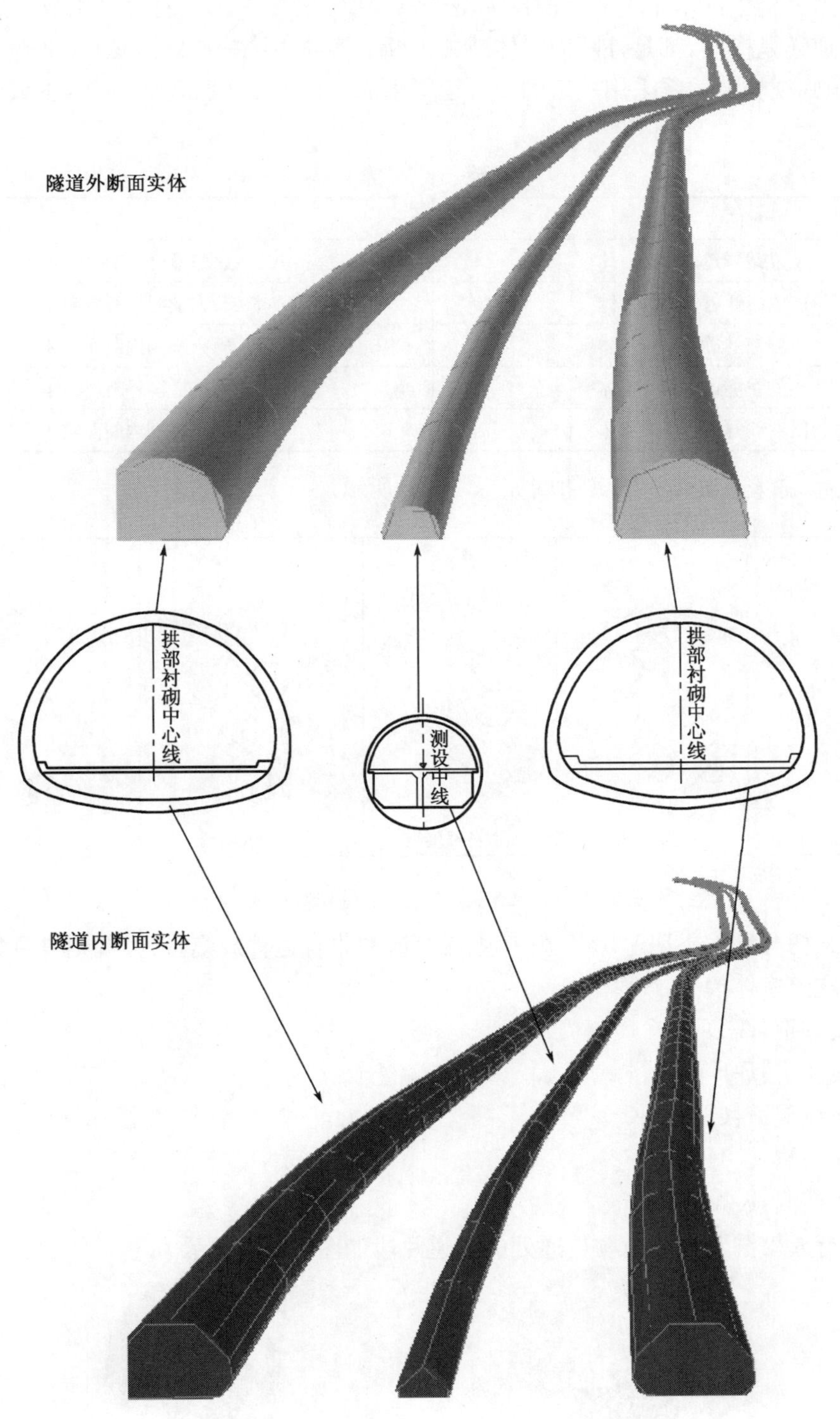

图 11-13　基于扫描法生成的隧道内断面与外断面体素

(2)基于CSG生成法的复杂隧道快速构建

复杂隧道的构建即基于生成的简单模型体素,利用集合并、交、差运算生成。所有隧道不论是主线隧道还是横洞,都是外断面实体减去内断面实体生成中空的隧道体,而对于像人行横洞、车行横洞则视交差关系采用一定的集合运算生成。以复杂三孔隧道为例,生成的体素如表11-2所示。

隧道体素　　表11-2

体　素	体　素
A:左线隧道外断面实体	F:服务隧道内断面实体
B:右线隧道外断面实体	G:行人横洞外断面实体
C:服务隧道外断面实体	H:行人横洞内断面实体
D:左线隧道内断面实体	K:行车横洞外断面实体
E:右线隧道内断面实体	M:行车横洞内断面实体

CSG法生成隧道实体的二叉树图如图11-14所示。

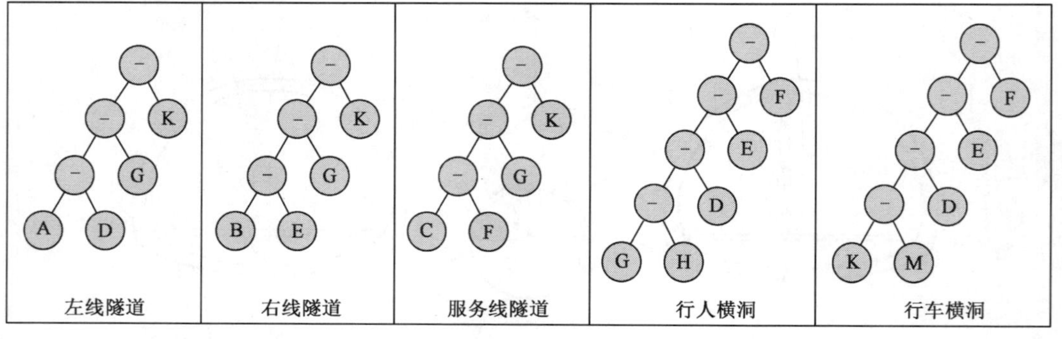

图11-14　二叉树表示的复杂隧道CSG生成方法

上述二叉树分别按中序遍历各节点,生成相应的集合运算规则,按其规则进行集合运算即可生成最终隧道实体模型。

(1)左线隧道:A-D-G-K。

(2)右线隧道:B-E-G-K。

(3)服务线隧道:C-F-G-K。

(4)行人横洞:G-H-D-E-F。

(5)行车横洞:K-M-D-E-F。

隧道与行人横洞及行车横洞贯通处的隧道片段如图11-15所示。

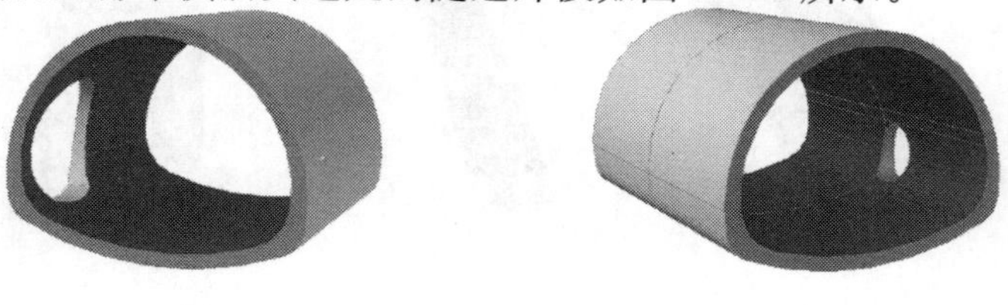

图11-15　左线隧道与车行横洞[a)]右线隧道与人行横洞[b)]贯通后的隧道片段

服务隧道与行人横洞或行车横洞贯通处的隧道片段如图 11-16 所示。

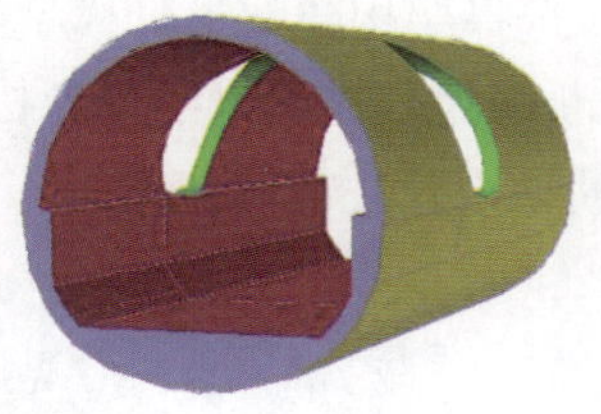

a)

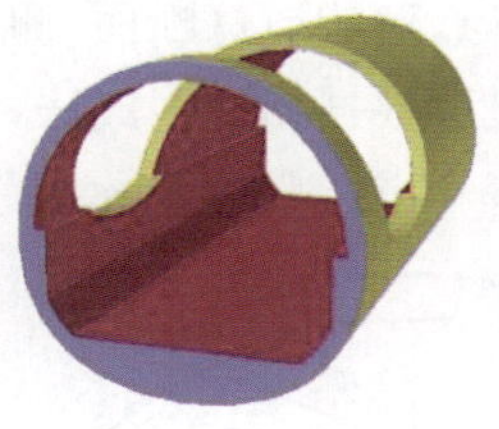

b)

图 11-16 服务隧道与行人横洞[a)]以及行车横洞[b)]贯通后的隧道片段

所有隧道片段的构建是按其真实地理位置坐标精确构建，无拓扑关系的隧道片段模型自动构成隧道整体，如图 11-17 所示。

4)隧道内部结构建模

(1)路面三维建模

隧道内剖路面建模采用与隧道体建模同样的方法，即在拾取路面断面及测量基点基础上选择隧道路面的线位，根据扫描法生成隧道内部路面实体。对路面断面要求为闭合多段线。具体步骤如下：

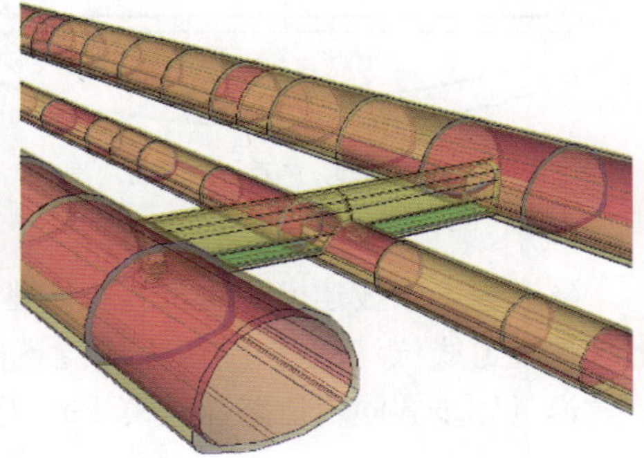

图 11-17 隧道三维模型(绿色横洞为车行横洞，黄色横洞为人行横洞)

①路面断面、测量基点拾取：在二维图纸平面空间内进行对象拾取。

②线位选择：选择与路面相对应的隧道线位。

③断面空间变换：根据拾取的路面断面及测量基点以及线位的方向根据本节第二部分中的断面变换方法将断面变换为三维空间内垂直于线位的断面。

④路面实体生成：根据扫描生成法，以三维空间断面为扫描体以线位为扫描路径生成路面实体。图 11-18 所示为服务隧道 T 形路面断面及扫描生成的模型。

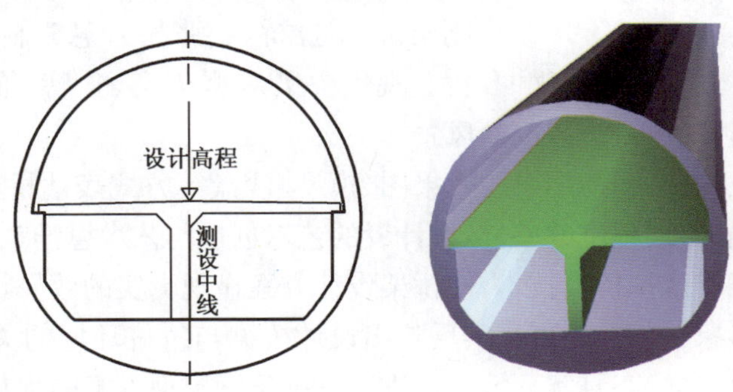

图 11-18 隧道断面及其生成的路面模型(图中绿色部分所示)

(2)隧道照明设施三维建模

隧道照明设施(隧道灯)采用与隧道体相似的建模方法。在设定了断面中灯体相关参数后拾取灯体断面以及测量基点，之后选择隧道线位，根据扫描法生成隧道灯模型实体。对隧道灯断面要求为闭合多段线。

建模时，首先要对隧道灯参数，如同一断面隧道灯个数、灯长度、灯间距等进行设定，然后与路面建模步骤相似，对隧道灯断面、测量基点拾取，选择要构建隧道灯模型的隧道线位，并进行断面空间变换，最后根据扫描生成法，以三维空间断面为扫描体以线位为扫描路径生成隧道灯实体。如图 11-19 和图 11-20 所示分别为隧道灯断面以及生成的隧道灯。

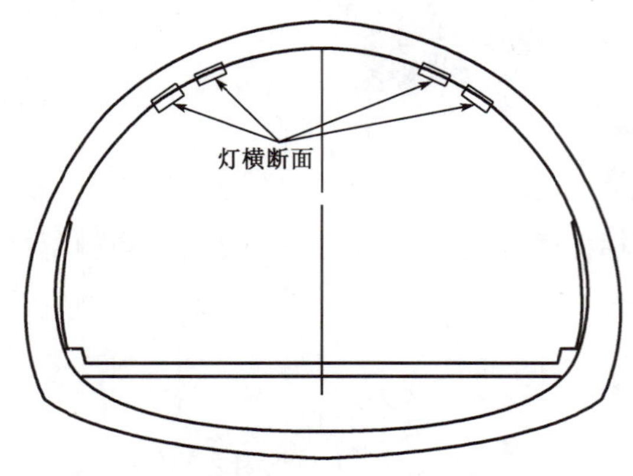

图 11-19 隧道灯体断面

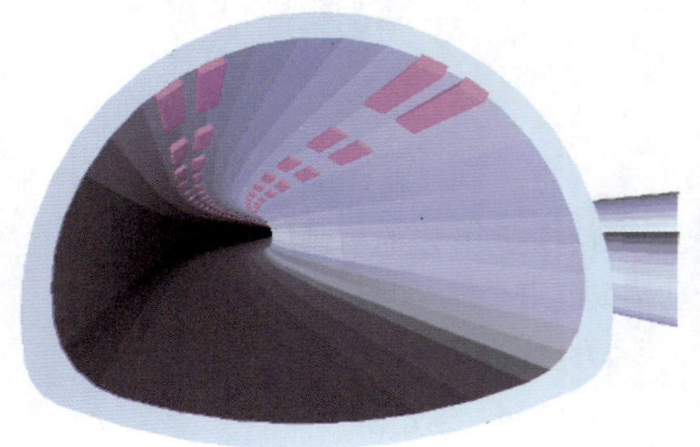

图 11-20 生成的隧道灯体模型(紫色部分)

(3)卡索板三维建模

隧道内卡索板建模采用与隧道体建模同样的方法，即在拾取卡索板断面及测量基点基础上选择隧道线位，根据扫描法生成隧道内部卡索板模型。对卡索板断面要求为闭合多段线。其建模具体步骤同隧道路面建模步骤，生成的模型如图 11-21 所示。

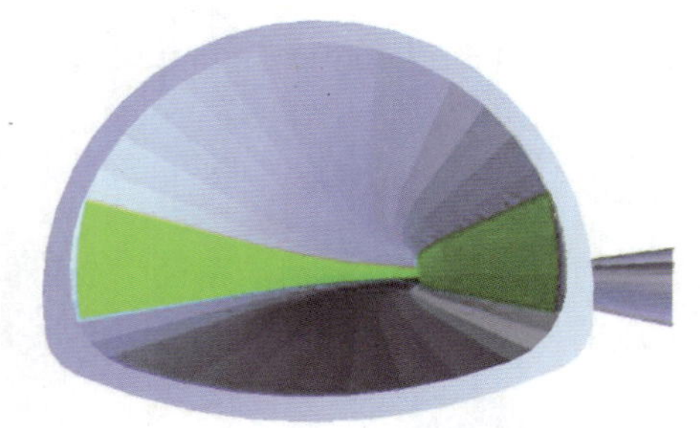

图 11-21 生成的卡索板模型(图中绿色部分所示)

11.3.2 桥梁三维建模

1)桥梁三维模型的建立

目前，人们见到的桥梁类型种类繁多，它们都是在长期的生产活动中，通过反复实践和不断地总结而逐步创造发展起来的，主要分为梁式桥、拱式桥、刚架桥、斜拉桥(斜张桥)、悬索桥(吊桥)、组合体系桥。现代桥梁造型丰富、独特，同时充满了地方特色，通常是城市及自然环境中一道靓丽的风景。

三维仿真技术开发之前，只能用手绘效果图、模型、沙盘等方式表达桥梁设计者的设计构思，但与实际景观存在着不同程度的差异，设计者的艺术创造与艺术思维难以准确地传递给观赏者。桥梁建筑运用三维虚拟仿真技术，使桥架设计方案显现真实的效果，为研究桥梁造型和美学因素提供直观的形象，同时，还可真实反映出设计桥型与桥位环境的关系，把模型放置在数码相机拍摄的环境里，在静态真实环境下可进行三维仿真模型方案的优化；运用动画更能在全视角视域下，观察桥梁的整体效果，使各种情况的真实感都能达到仿真的程度。

桥梁三维模型从用途上分为两类，一种是严格遵循于桥梁设计文件的桥梁模型，它们基于力学、材料学、施工条件等要素进行设计，同时，与工程区域独有的自然环境相关，多融入了环保与景观设计要素；另一种是箱梁结构的桥梁模型，也是公路路线设计软件中最常用的一种公路桥梁模型，它仅仅用于展示连接不同区段的公路与公路、公路与隧道等路基与构造物间的桥梁的存在，并不代表真实的桥梁设计结构方案。

实际工程建设中，桥梁设计往往依赖专业桥梁设计软件，根据工程属性在桥梁设计结束的同时，也即完成了桥梁的三维建模，由于其工程的独立性与形式的多样性往往成为一对矛盾，也使桥梁的快速、自动建模方式必须依赖具体工程要求而复杂存在。

对断面外型较简单的箱梁结构桥梁(图 11-22)，根据设计线位信息、桥梁横断面模板，可以快速的生成主梁及桥墩三维模型。这类桥梁有单排双墩和独墩两种类型，以单排独墩为例，其建模的主要步骤如下：

(1)计算桥梁横断面数量。读取路线中的桥梁部分线位信息，计算桥梁桥面总长度，以单个路基横断面距离为桥梁横断面长度，计算要生成的桥梁横断面个数，不足一个横断面长度的部分，其长度取实际断面长度。

图 11-22　吊装的箱梁

(2)计算桥梁横断面尺寸。以箱梁结构模板为标准横断面，以所连接路基横断面宽度为桥面横断面宽度，对桥面横断面模板进行缩放，得到具体公路项目中桥梁横断面模型的合适尺寸。

(3)计算横断面坐标。根据桥梁起止位置路基的路面高度，推算桥梁每个横断面桥面部分四个角点的高程；根据桥梁中心线位信息，推算这四个角点的平面坐标，进而推算出横断面上各点的空间三维坐标。

(4)建立桥梁上构三维模型。基于扫描法，生成桥梁上构模型，实现与桥梁两端路面的连接。

(5)计算桥墩高程坐标。取固定大小的六角或四角面作为桥墩横断面，每两个横断面为一组，取第一个断面的中心作为桥墩中心的平面坐标，通过该断面下表面四角坐标推算桥墩平面位置的中心高程，将该高度加约 50cm 作为桥墩的上表面高度(简化桥墩模型与桥梁上构模型相接处的复杂计算，同时避免破面)；计算该中心点的地形高程，并降低约 50cm 作为桥墩下表面高程。

(6)建立桥梁下构模型。根据桥墩的平面中心坐标推算出桥墩横断面坐标，并根据上下横断面高程，利用扫描法生成桥墩三维模型(图 11-23)。

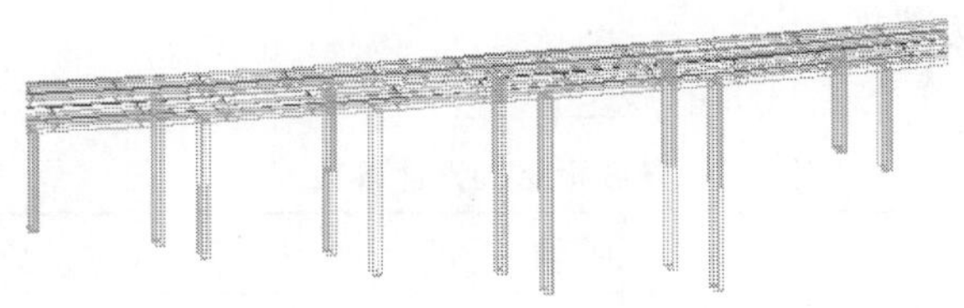

图 11-23　简易分离式桥梁三维模型

桥梁三维模型建立中的坐标变换及扫描法建模，可参见“基于扫描法与 CSG 法的隧道快速建模”。

2)桥梁附属设施建模

桥梁三维模型的组成,可以总体分为上部结构、下部结构两部分,如上部结构建模可分为主梁、行车道板、桥面铺装、栏杆等构件的建模;按桥梁三维模型的实体组成部分来分,则主要包括主梁、桥塔、桥墩、栏杆、拉索等,此外还包括防眩板、灯等附属设施。

桥梁景观设计效果每个部分的建模都有不同,使用的技术和方法不同。下面以部分组成为例,对建模方法作简要阐述。

(1)栏杆三维建模

随着对审美及工程环境要求的提高,桥梁栏杆的设计在严格遵循设计规范的同时,结构与形式愈来愈丰富多样。对公路虚拟仿真场景的三维漫游而言,桥梁栏杆的三维建模在形式美观与数据量间存在矛盾。通常,其建模手段有以下几种:

①简易栏杆建模。在桥梁栏杆不是主要建模对象时,以简单的四边形竖立柱及横栏为主,指定竖立柱及横栏造型参数,以桥梁中线为扫描路径,采用扫描法快速生成桥梁栏杆三维模型;对建好的三维模型采用相同的混凝土材质贴图即可。

②采用贴图方式:对于某些设计为细长桥梁栏杆的条形物体,可以尽量不要模型而用贴图的方式表现,这是因为细长的条形物体会增加当前场景的模型个数及面的数量,并且在渲染时出现锯齿与闪烁现象;只需通过程序按模型位置自动生成相应桥梁栏杆的面,然后通过带 alpha 通道的镂空贴图形式,对桥梁栏杆进行展示。

③3dmax 建模:当栏杆的外观设计兼带美学展示功能,其外形较传统钢筋混凝土栏杆要复杂,为与设计方案的效果一致,通常需要在 3dmax 中进行精细三维建模,针对不同的结构部分单独进行三维造型建模及分块贴图,最后导入三维虚拟仿真场景。

上述建模方法中,简易栏杆建模方法的建模速度最快,贴图法所需的模型面数据量最少,3dmax 建模方法的表达效果最好,但所需的模型面的数量及建模时间也最多。这三种建模方法基本可以满足桥梁栏杆的不同建模需求。

(2)防眩板、路灯三维建模

防眩板是高速公路上为解决对向车灯眩光,安装在中央分隔带上的一种交通安全产品。它既要有效地遮挡对向车辆前照灯的眩光,也应满足横向通视良好、能看到斜前方、并对驾驶员心理影响小的要求。

夜间通行量大或大型车比例较高的直线较长的路段,或中间带宽度等于或小于 2m 的路段应设置防眩板。中间带宽度等于或大于 12m,或上下行车道中心线高差大于 2m,或路段有连续照明时,可不设置防眩板。

防眩板结构设计应符合表 11-3 的规定。

防眩板结构设计参数 表 11-3

设计要素	直线路段	平、纵线形组合路段
遮光角(°)	8	8～15
防眩高度(cm)	160～170	120～180
板宽(cm)	8～25	
间距(cm)	50～100	

随着经济发展的进步，防眩板也开始承载了地方文化宣传功能，外形也有了很大变化，如竹子、古钱币、芭蕉叶等(图 11-24～图 11-27)。

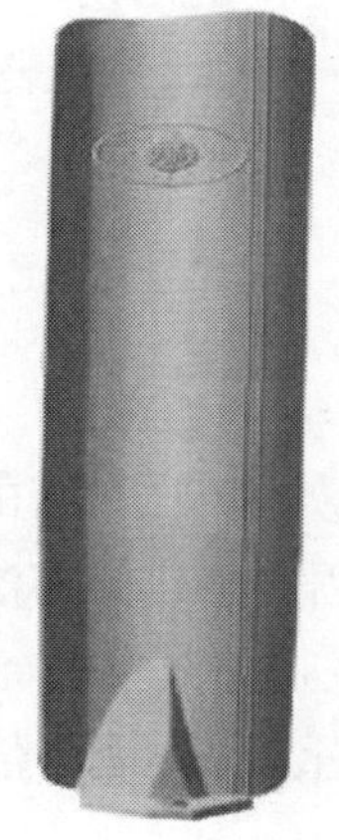

图 11-24　传统防眩板

图 11-25　成都机场高速的竹子外观防眩板

图 11-26　西安三环上的古钱币防眩板

图 11-27　芭蕉叶防眩板

①简易传统防眩板三维建模。可按照隧道灯的建模方法，在 CAD 中设定防眩板及基座的断面样式、尺寸等参数，并指定桥梁中心线为路径，通过扫描法生成防眩板及基座模型。

②特殊造型的防眩板三维建模。对于带造型的特殊防眩板，可以将其分为防眩板及基座两部分分开建模。对防眩板的面模型及基座体模型，可以在 CAD 中利用程序自动生成断面后采用扫描法按指定路径自动生成曲面及基座，然后在 3dmax 中将图案设计通过贴图方式进行展示。

③3dmax 三维建模。直接在 3dmax 中建立防眩板及基座三维模型，并通过沿桥梁中心线放样的方法，完成防眩板整体三维建模。

图 11-28　桥梁路灯

当桥梁采用防眩网时，其建模方法可采

用桥梁栏杆建模的第二种方式即贴图方法进行。

在城区交通道路上，路灯也是桥梁景观中的重要组成，其外形、颜色等外观设计均体现出与设计桥形与桥位环境的关系的整体效果（图 11-28）。同样，路灯三维模型与防眩板类似，可直接采用 3dmax 三维建模方法，在 3dmax 中先建立单个模型，然后在 3dmax 中通过放样进行批量摆置。

11.4　地层模型建立

地层模型的数字化，即数字地层，是利用现代的计算机技术，将原始地层信息（由地壳运动和周围环境引起的）和施工扰动地层信息（由人类工程活动引起的），用数字化的方法直观地展现出来。在公路路基、桥梁、地表浅层隧道尤其隧道的施工设计中，工程路线穿越地区的区域地质条件、尤其是地层信息，对于路线方案设计及施工工艺选择非常重要，而地层信息往往来自地层钻孔。

因此，根据钻孔数据建立地层模型，即数字地层，实现公路地质现象的三维可视化，是开展公路地质选线和直观地质分析的必要基础。

11.4.1　基于地质勘探数据的三维钻孔建模

因本身依存的地质环境的复杂性与预测的高误差性，钻孔数据作为地质勘探的主要成果之一，对于隧道设计人员准确了解地下空间的地层情况尤其重要。钻孔成果主要包括钻孔平面坐标信息、孔口高程、地层岩性、地层层底高程、地层厚度等，如图 11-29 所示。

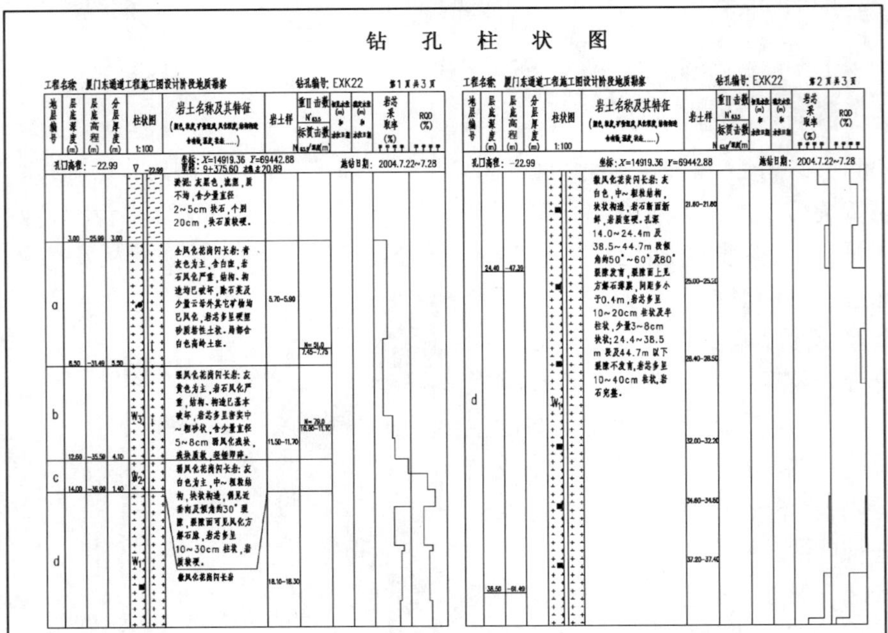

钻　孔　柱　状　图

图 11-29　原始钻孔柱状图

钻孔模型的建立即根据钻孔柱状图提供的相关地层信息生成柱状钻孔实体。钻孔建模算法的整体思想是根据钻孔位置信息生成圆并根据层底高程信息依次扫描一定长度的路径生成钻孔实体。具体步骤如下：

(1)地层岩性信息统计及颜色配置：遍历钻孔及地层，统计所有的地层类型并根据地层配色标准赋以不同地层相应的颜色。

(2)生成钻孔扫描面：对每一钻孔中的地层，根据其层底高程以及钻孔位置建立一定直径的圆，对孔口高程也建立圆，以此作为扫描面，如图 11-30 所示。

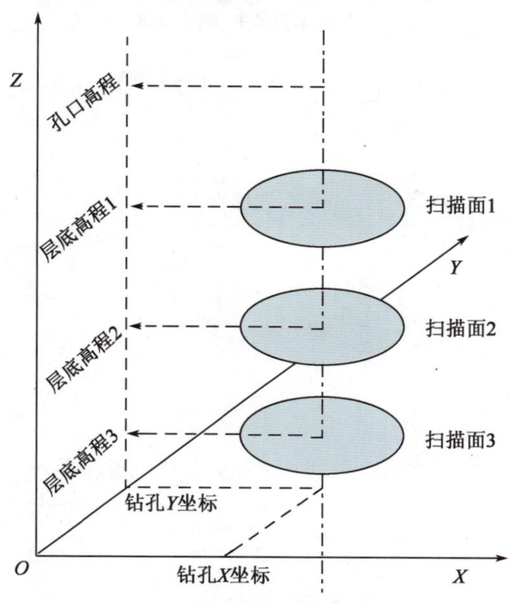

图 11-30　由地层层底高程生成扫描面

(3)生成钻孔扫描路径：根据每一钻孔中的地层高程从下往上建立扫描路径，对于最上层地层，扫描路径到孔口高程的位置为止，如图 11-31 所示。

图 11-31　地层信息生成三维钻孔模型

11.4.2　地质剖面约束信息采样

钻孔信息是地质勘探的主要成果之一，除此之外还有地质剖面图。地质剖面图是经地质专业人员综合多方数据对地质构造进行分析、判别得到的按一定比例尺表示地质剖面上的地质现象及其相互关系的图件。因地下空间的地质现象的不可见性、复杂性等原因，地质剖面图作为地质勘探成果的重要成果之一，其重要性紧次于实际钻孔数据，对于地下构筑物的设计同样具有重要参考价值。

地质剖面图表达的是一连续面状区域的地层信息，引入虚拟钻孔将地质剖面图引入地层建模，将连续面状信息采用离散的虚拟钻孔形式表达，其优点包括以下几个方面：

(1)表达精度可根据采样间隔人为控制。

(2)信息存储量小。

(3)数据结构简单。

(4)采样信息与真实钻孔数据结构相同方便信息使用。

地质剖面图分为地质横剖面与地质纵剖面。地质横剖面一般为与线位相交的俯视时呈直线状的地质剖面,而地质纵剖面为沿线位行进方向切开的剖面(图 11-32 和图 11-33)。

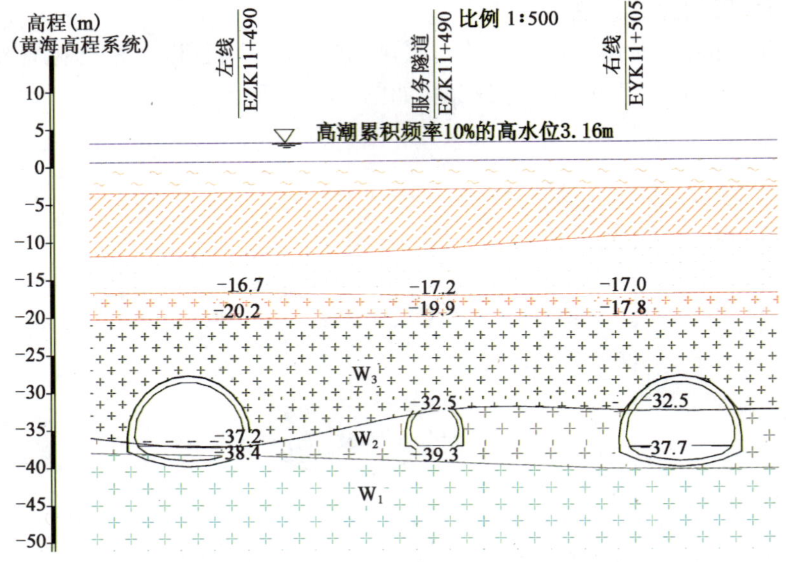

图 11-32　隧道地质勘探一般剖面成果图(高程单位:m)

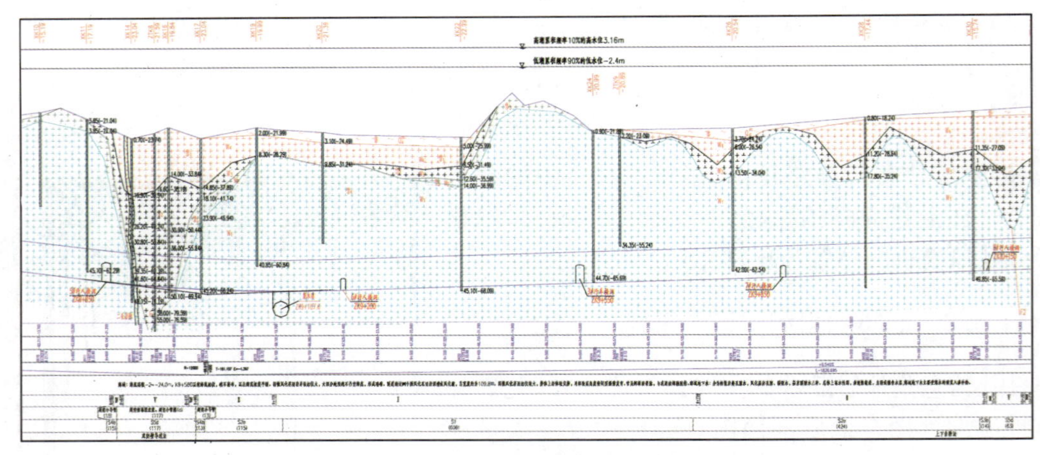

图 11-33　隧道地质勘探纵剖面成果图

对地质剖面图进行虚拟钻孔采集整体步骤为:图纸平面到真实地理空间坐标转换关系确定、钻孔孔口采样、地层采样、虚拟钻孔生成及入库,如图 11-34 所示。

具体采样方法如下:

(1)图纸平面到真实地理空间坐标转换关系确定(图 11-35)。地质剖面是位于 XY 平面的剖面图、分别在图纸平面内拾取地质剖面的定位桩号 A 和 B(记为 Sta_1、Sta_2)以及定位点的坐标(记为 Pt_1、Pt_2)。计算出 Sta_1、Sta_2 桩号对应的真实地理空间坐标(记为 PtReal_1、PtReal_2)。在图纸平面的断面刻度零刻度处拾取剖面垂直零刻度点(记为 PtOrient)并量取零刻度点到任意刻度 n 处在图纸平面内 y 方向上的距离 Dist$Y$,得到垂直比例因子(记为 Fscale)。利用上述

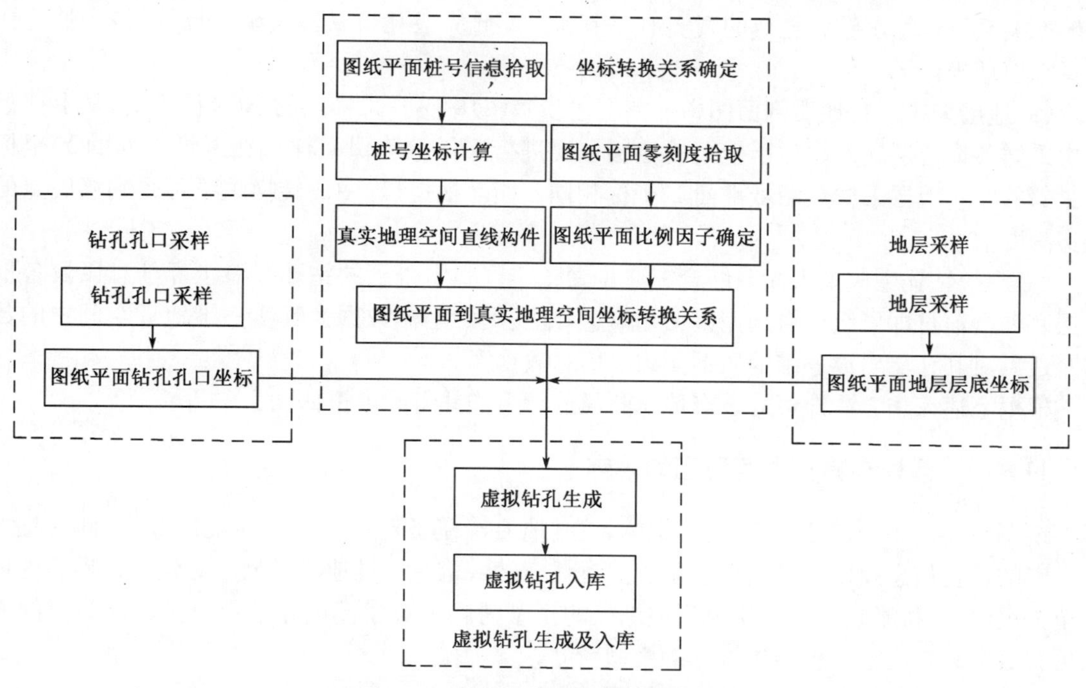

图 11-34　隧道地质勘探断面图采样流程

pt_1、pt_2、PtOrient、$PtReal_1$、$PtReal_2$、LineReal、Fscale 可得到图纸平面采样点 PtSampleDrill 到三维地理空间坐标 PtRealDrill 的坐标转换关系式。上述方法可确定一般横断面的转换关系，对于地质纵断面，其平面位置根据线位曲线确定，同理可确定坐标转换关系。

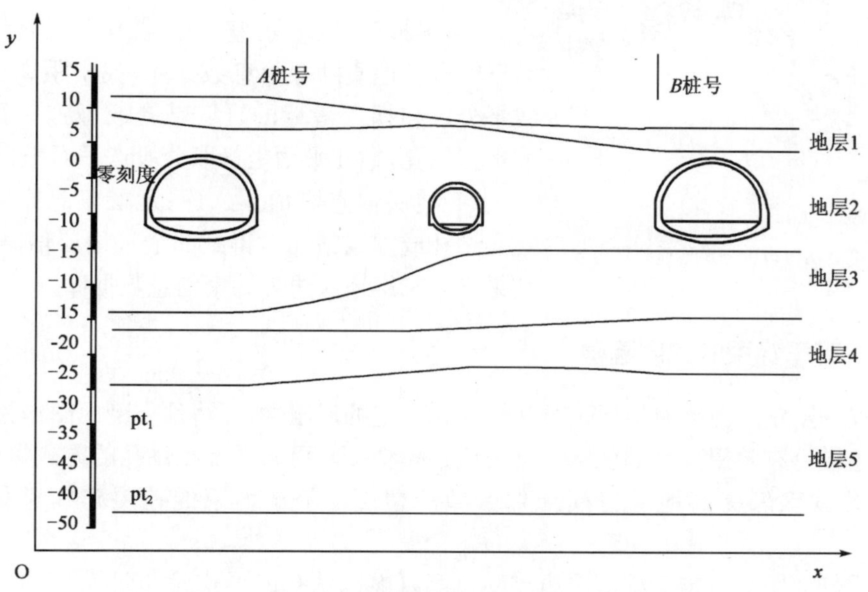

图 11-35　地质剖面图采样示例

(2)钻孔孔口采样。地质剖面采样位置选择在地层线变化剧烈的地方，在地质剖面图中最上层位置拾取地质剖面图纸平面中的钻孔孔口点 PtSampleDrill，则根据上述步骤(1)中的坐标转换关系可计算出钻孔孔口的真实地理坐标。至此完成孔口采样及坐标计算，得到钻孔孔口真实地理坐标。

(3)地层采样。在地质剖面图中保持上述步骤(2)中钻孔采样点的 X 坐标不变，从上往下依次采样各地层层底点。对于尖灭的地层也要进行采样且确保采样点在图纸平面的 Y 坐标与紧邻的上一地层采样点图纸平面 Y 坐标相同。同时根据(1)中的转换关系可得到层底点的真实深度信息。

(4)虚拟钻孔生成及入库。结合上述步骤(2)与(3)中得到的钻孔孔口坐标信息以及各地层层底深度信息即可组合得到完整钻孔信息，涉及到的坐标数据为真实三维地理空间中的数据。最后对其存储生成三维地质剖面约束信息数据库。

根据上述采集方法即可对所有地质断面进行采样并得到虚拟钻孔。

11.4.3 建模边界约束信息自动采样

地下空间是一个连续、不均匀三维体，三维地质建模是对一定区域地质构造的有限描述。在一定的钻孔信息及虚拟钻孔信息基础上对任意区域构建三维地质模型时对建模边界的处理也至关重要，直接影响三维地质模型边缘处的模型精度。对建模边界采用分段加入约束的方法可有效提高三维地质模型边缘处的模型精度。

建模边界约束信息自动采样方法如下：

(1)划定建模边界：通过人机交互的二维视图窗口划定建模边界，如图 11-36 所示。

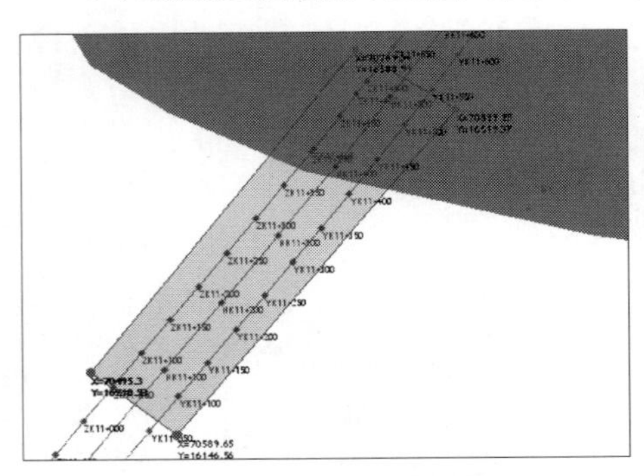

图 11-36　二维地图窗口中划定地质建模边界

(2)边界范围线分段：根据一定间距对边界范围线进行分段，得到所有边界上的平分点坐标，并加入拐点坐标。

(3)虚拟钻孔生成：基于三维地质剖面约束信息数据库以及地质勘探信息数据库，找出距离边界范围线平分点和拐点最近的真实钻孔或虚拟钻孔并新生成虚拟钻孔，钻孔平面坐标取分段点平面坐标。

(4)地层信息赋值及入库：地层信息则直接复制真实钻孔或虚拟钻孔中得到的最近地层信息，将最后结果存入三维地层边界约束信息数据库。

11.4.4 基于约束的地层建模

传统的仅利用钻孔数据对地层进行建模存在一定的局限性，而将地质剖面图作为约束，引入三维地质建模可有效提高局部区域三维地质建模精度。可采用虚拟钻孔的方式将地质剖面引入地层建模过程来提高地层建模局部区域的精度。基于约束的地层建模整体步骤如图 11-37所示。

三维地质剖面图约束与三维地层边界约束都以虚拟钻孔的形式参与建模，虚拟钻孔与真实钻孔一起完成模型构建。围岩建模采用基于三棱柱体的建模方法，方法如下：

(1)标准化钻孔：由地质勘探结果得到标准化地层，根据标准地层的上下关系以及地层岩性与标准化地层的分类关系对钻孔数据进行标准化处理。对于尖灭地层，要补充零厚度地层。

最后得到每一钻孔处的标准化地层。

(2)构建钻孔孔口 Delaunay 三角网：利用真实钻孔以及虚拟钻孔离散点平面坐标构建钻孔孔口 Delaunay 三角网[图 11-38a)]。

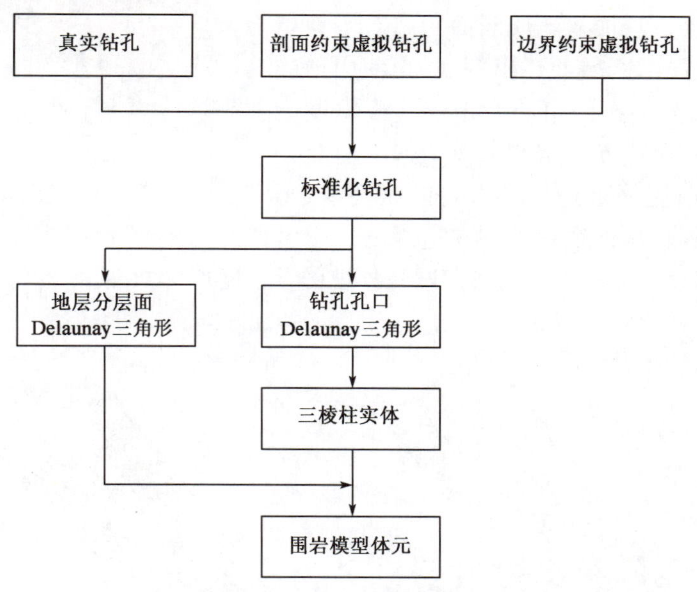

图 11-37　基于约束的地质建模整体步骤

(3)构建地层分层面 Delaunay 三角网：以钻孔孔口 Delaunay 三角网为基础，每一三角形顶点平面坐标不变，Z 坐标赋对应钻孔各地层的层底高程，以此生成地层分层面 Delaunay 三角网[图 11-38b)]。

(4)构建地层三棱柱实体：沿深度方向生成地层实体三棱柱[图 11-38c)]。

(5)地层实体三棱柱分割：步骤(3)中生成的三棱柱为贯穿上下所有地层的整体地层三棱柱体模型，以各个地层分层面对其进行切割即可得到分属不同地层的不规则三棱柱体[图 11-38d)]。

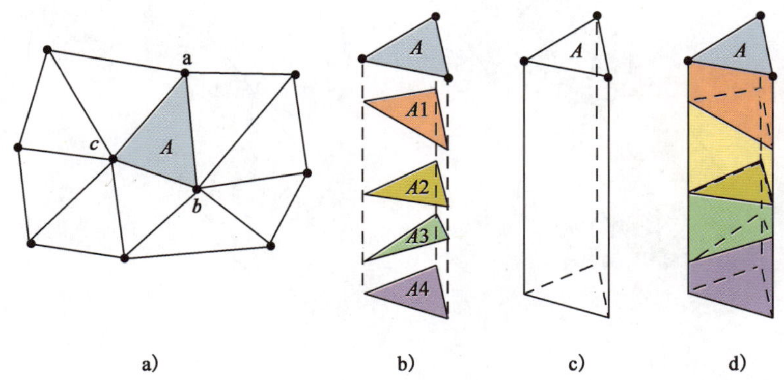

图 11-38　地质建模示意图

a)钻孔孔口平面 Delaunay 三角网；b)地层分层面三角面；c)地层三棱柱体；d)三棱柱体分割

图 11-38 中 a、b、c 表示构建 Delaunay 三角网的三个钻孔，A 为 a、b、c 三个钻孔构成的三角面，$A1$、$A2$、$A3$、$A4$ 对应于 A 的地层分层面。

图 11-39 为生成的地层实体图。

如图 11-40 所示分别为四种情况构建的地层模型的顶视图对比效果。如果只用真实钻孔进行建模其地层模型块精度较差；只加入地质断面约束对于地层建模则会改善内部局部区域的建模精度；当使用地质断面约束并进行边界加密约束时则地层建模精度会整体上有较大改善，但边界加密时的阈值选择也至关重要；当阈值过小时边缘处地层会有台阶状突变，不符合地层的走向规律，从顶视图看则在边缘处产生过密的三角形。阈值设定原则以所构三角网从顶视图看密度均匀为准。

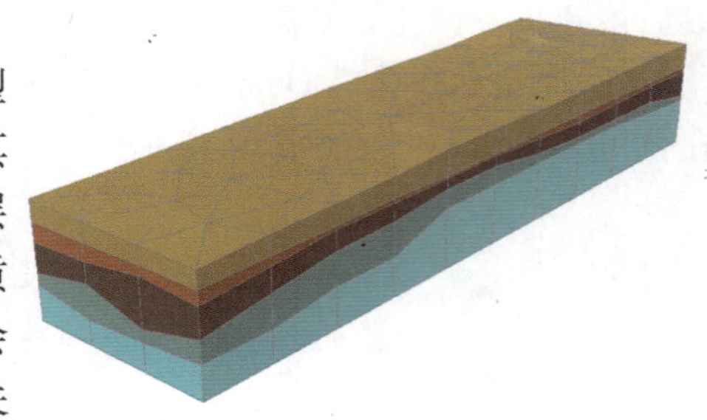

图 11-39　地层实体模型

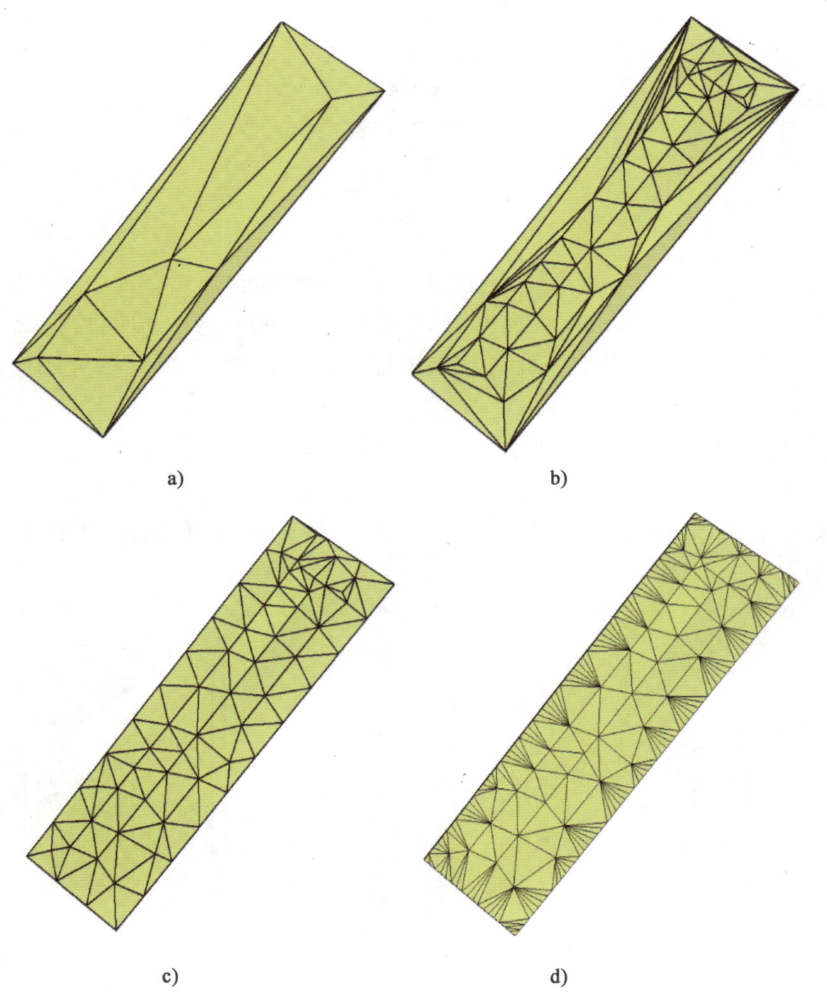

图 11-40　真实钻孔与加入约束以及设定不同参数时的地质建模效果对比(顶视图)

a)真实钻孔；b)使用地质断面约束；c)使用地质断面约束边界加密(阀值为 50)；d)使用地质断面约束边加密(阀值为 8)

11.5　道路景观模型建立

11.5.1　道路景观及其重要性

随着我国社会经济的不断发展，公路设计理念亦在不断进步。二十世纪六七十年代以“通”为主，八九十年代以“快”为主，现在则以“精细化”为主。“精细化”里面包含了很多内容，如可持续发展、以人为本、安全概念、环保概念、人与自然的和谐、节约土地等。其中，环保概念如道路景观，已成为交通设计工作中一个愈来愈重要的部分。

道路景观是指道路的立体线形、构造物形式和色调，与沿线自然景观相协调所构成的风景。道路景观设计的目的是使道路与自然景观融为一体，并将对视觉、环境和社会的不利影响降低到最小程度。

道路景观可分为内部景观和外部景观两部分。内部景观是指行驶在道路上的驾驶员看到的景观及在停车场、服务区等休息设施散步时看到的景观，它是动景观，不注重构造物的细部，而注重运动状态下道路及其与周围环境协调的程度，注重线形对视觉的诱导作用。线形设计是内部景观设计的主体，直接影响道路景观设计的效果。此外，沿线绿化、标志标线、边坡处治、景点造型与设计、道路色彩等对道路景观设计也有很大影响。外部景观是指从道路外侧任意观察点看到的道路景观，它是静景观，强调道路的整体印象，是从道路外部审视道路与环境的一致性。外部景观要求道路及沿线构造物与环境融为一体，协调一致，成为环境的一部分。

而根据道路性质的不同，道路景观又可分为公路景观、城市景观和风景区道路景观。对于公路景观，可按照不同的研究方法和不同的研究角度进行分类，概况起来如图 11-41 所示。

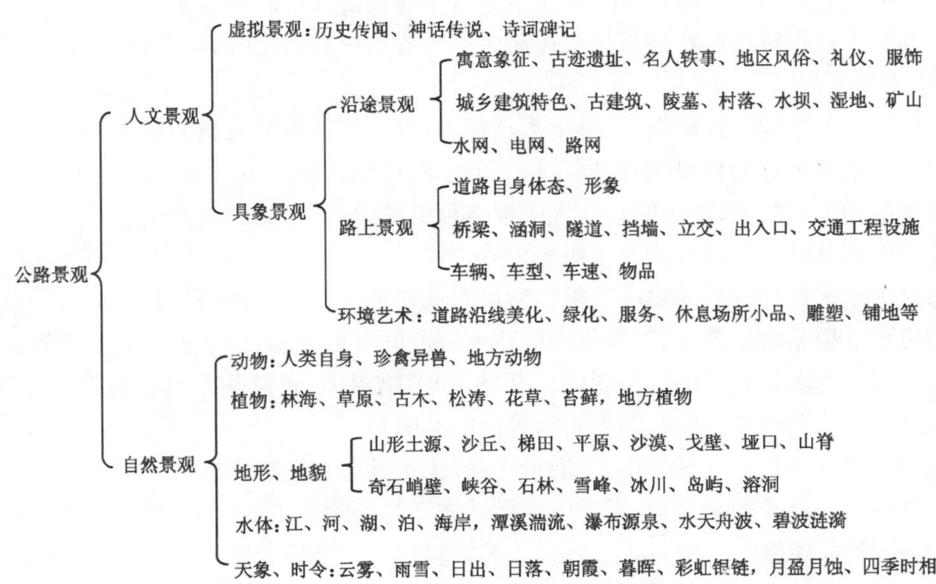

图 11-41　按公路景观的客体构成要素分类图

公路景观规划设计是对公路用地范围内及用地范围外一定宽度的带状走廊里的自然景观与人文景观的保护、利用、开发、设计与完善，是实现公路建设可持续发展、延续历史文脉、弘扬民族文化、保护生态环境质量的需要。公路景观设计内容主要包括绿化设计、桥梁景观设计和铺装景观设计三部分。

随着高速公路建设向山区推进，尊重自然、保护环境的意识显得尤为迫切。利用三维虚拟仿真手段辅助公路设计，重建路线及其走廊带三维场景，运用社会学、美学、心理学等多门学科和观点，对拟建公路所在区域景观环境的现状进行调查与评价，预测拟建公路在其建设与运营中可能给景观环境带来的不利和潜在影响，提出景观环境保护、利用、开发及减缓不利影响措施，具有重要的实用意义。

11.5.2 三维模型的收集与利用

在公路交通建设项目的招投标与初步设计过程中，除工程项目报告、设计文件外，公路设计者常用多媒体对工程设计理念与方案进行描述。

平面效果图及视频动画是最常用的展示手段。在二者的制作过程中，路线中重要的构造物如大型互通立交、大跨径桥梁等往往是方案汇报重点。场景中的地形数据主要来自于地形图、数字高程模型、航摄像片、卫星图像、激光点云数据等；地形建模时，或采用真实地形数据，或仅重点突出局部地形特征，并不严格遵循地形资料。构造物的数据来源主要有设计模型、平面设计图纸；在项目工可阶段，也可能仅根据设计草图建模而成。

通过对重点构造物及主要路线场景的建模及平面、视频动画展示，对设计方案进行描述与比选。其中，模型与视频的优势主要包括：

(1)模型能较好展示重点构造物的设计方案。

(2)模型能较好展示景观设计方案。

(3)视频能较好地满足沿最佳视角对路线进行快速漫游或鸟瞰的需求。

然而当前，上述三维模型在项目招投标或工可阶段结束后，往往因缺乏再次利用的价值而被废弃。这主要是：

(1)模型的空间结构往往较简单、模型数据量小，以方案的意境表达为主。

(2)模型的空间坐标为相对坐标，同一场景的不同模型比例尺不严格一致。

(3)模型的构成不完整，建模时仅有人眼视点可见的面，不可见的面并未建立。

(4)模型的部分贴图近看可能显得粗糙。

因此，对于景观设计场景的中的三维模型可有选择地进行利用，主要内容如下：

(1)分级建立模型数据库，用于提供不同精细程度的模型，提高场景模型调度效率。

(2)为虚拟仿真场景直接提供景观设计素材，如植物模型，道路指示牌、路灯、隧道鼓风机等基础设施模型，公路边坡、路面、隧道内墙等面的贴图等。

(3)道路选线或初步设计平台中，作展示用途，用于设计方案的比选。

(4)项目施工建设管理平台中，用于前期设计方案与实际施工的效果对比。

(5)公路养护及运营平台中，对工可、设计的资料进行文档综合管理。

(6)部分模型可缩放至与公路虚拟场景模型比例尺相同，主要针对场景中离路线较远的次要模型。

随着对公路景观设计的重视、景观设计理念的逐步深入，人们对三维景观设计建模的要求也越来越高，有些公路建设项目对工程的重点路段提出公路走廊带沿路线两侧的模型场景必须与实景一致、场景建模必须参照真实场景尺寸等要求，以更好地还原项目现场，对公路景观设计进行自然景观、人文景观、公路建设影响方面的评价，这样的模型及场景由于制作要求较高，后期能更快、更好地服务于公路数字化信息化管理平台。

11.5.3　人工物体的自动建模方法

相比自然景观中的植物、河溪、砂石等物体自身形状的不规则及多样性，管线、简单房屋等人工物体往往因为具有一定的形状规则及相似性，适合通过建模算法研究实现计算机自动快速、批量自动建模。

1)基于大比例尺地形图的地表简单建筑快速建模

对于简单模型的建立，首先是提取建筑物轮廓信息，其次是建筑物高度信息最后是建筑物基高信息。即通过建筑物轮廓向上拉伸一定高度并置于一定基高处从而生成建筑物精确位置处的简单模型。

对于简单地表建筑的快速建模其相关信息为建筑物轮廓信息、建筑物高度信息、建筑物基高信息。对于上述三种信息的提取可以通过大比例尺地形图提取。

(1)建筑物轮廓信息。大比例尺地形图中的建筑物轮廓信息如图 11-42 所示。

基体工程项目中，地形图因制作软件的不同及数据格式转换等原因，原始图通常较凌乱，建筑物轮廓可能由若干条分散的线段组成。因此，需要将建筑物轮廓连成首尾相接的段线并闭合，以避免模型破面。

(2)建筑物高度信息。大比例尺地形图中建筑物高度信息是以楼层数标注，同时标注了对应的建筑类型，如图 11-42 所示，实际建模仅需每个房屋的楼层信息。整理后的建筑物轮廓以高度信息如图 11-43 所示。

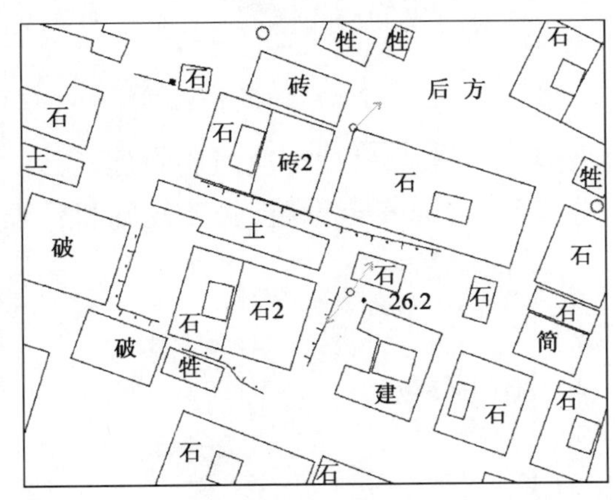

图 11-42　原始地形图中的建筑物

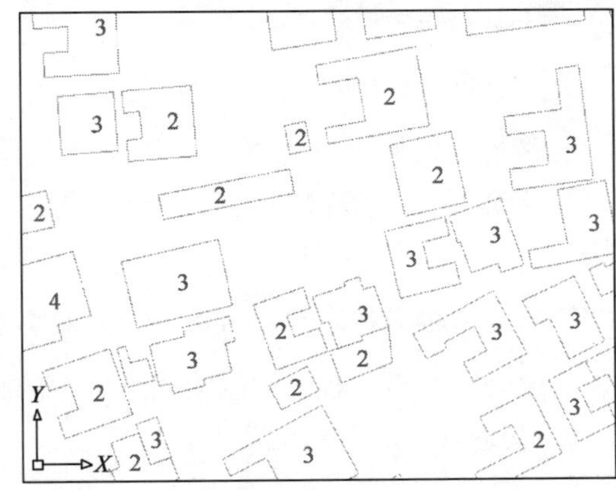

图 11-43　从形图中整理出的建筑物轮廓及其层数

(3)建筑物基高信息：建筑物基高信息即建筑物所在的地形高度，可通过大比例尺地形图中建筑物附近最近的高程信息得到。

(4)基于三维地形的地表建筑建模：确保上述房屋底部的封闭多边形及房屋楼层信息分别

位于同一图层内，通过 ObjectArx 编程工具即可自动获取图层中的房屋轮廓、层数并从地形图上读取建筑物基高等信息。

基于以上提取的建筑轮廓以及建筑高度信息即可建立建筑物简单模型(图 11-44)；建筑物一般每层高度为 3m，楼层数乘以 3 即可得到建筑物高度。

2)管线建模

管线建模采用与隧道体建模同样的方法，即在拾取管线断面及测量基点基础上选择管线线位，根据扫描法生成管线模型。对管线断面要求为闭合多段线或圆。其建模具体步骤可参考隧道路面建模步骤。

该方法亦可用于隧道管线的建模。生成的部分管线模型如图 11-45 所示。

11.5.4 高速公路附属设施及模型

公路附属设施是指公路的排水设施、安全设施、防护设施、监控设施、通讯设施、收费设施、绿化设施、服务设施、管理设施、照明设施、消防设施、通风设施、渡口码头、交叉道口、苗圃菜地、界桩、测桩、里程碑等统称为公路附属设施。

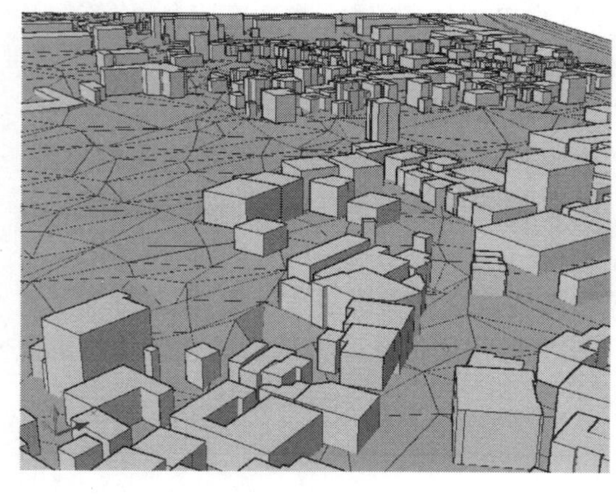

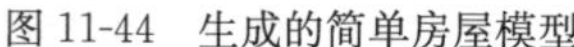

图 11-44 生成的简单房屋模型

图 11-45 生成的管线模型(图中左下角所示)

公路附属设施可分为高速公路交通工程及沿线附属设施和城市交通附属设施。其中高速公路交通工程及沿线附属设施主要有三类，分别是：交通安全设施、服务设施和管理机构。

1)高速公路交通工程及沿线附属设施类型

高速公路交通工程及沿线附属设施中的交通安全设施主要包括：

(1)交通标志、标线、隔离栅。

(2)桥梁防护网与防眩设施。

(3)桥梁护栏：半刚性或柔性桥梁护栏，刚性桥梁护栏。

(4)路基护栏：缆索护栏、波形护栏、混凝土护栏。

(5)中央分隔带，中央分隔带开口处两端护栏端头、活动护栏。

(6)里程碑、百米桩、公路界碑。

服务设施主要包括：服务区、停车区、公共汽车停靠站。

管理设施主要包括：

(1)监控设施外场设备。

(2)收费广场：行车道、收费岛、收费亭、收费天棚。

(3)埋设在路基横断面内的通信系统管道。

(4)桥梁构造物上的照明、供电设施。

(5)斜拉桥、悬索桥等特大桥的结构监测或隧道监控系统。

(6)管理设施的房屋建筑。

(7)超限超载检测站。

2)交通安全设施

(1)标志

公路交通标志用于向用路者提供警告、禁令、指示、指路、安全等信息，标志板要求内容准确、醒目，标志的任何部位不得侵入公路建筑限界。标志板形状应符合表 11-4 规定。

标志板面形状　　表 11-4

标志板形状	适用范围
矩形(含正方形)	指路标志、旅游区标志、辅助标志、指示标志(部分)、施工标志
正等边三角形	警告标志
圆形	禁止标志、指示标志
倒等边三角形	减速让行标志
菱形	分、合流诱导标志
八角形	停车让行标志

标志板尺寸应符合表 11-5 规定。

标志板尺寸　　表 11-5

设计速度(km/h)		120	100	80
警告标志	三角形边长(cm)	130	130	110
禁令标志	圆形标志外径(cm)	120	120	100
指示标志	圆形标志外径(cm)	120	120	100
	正方形边长(cm)	120	120	100
	长方形边长(cm)	190×140	190×140	160×120
指路标志	汉字高度 h(cm)	60～70	60～70	50～60
	拼音字、拉丁字、少数民族文字高	大写(1/2)h；小写(1/3)h		
	阿拉伯数字高	字高 h；字宽 0.6h		

注：指路标志板尺寸根据字数、文字高度及其间隔等计算确定。

标志板的颜色应符合表 11-6 规定。

标志板面颜色 表 11-6

颜　色	含　义	适用范围
红色	停止或禁止	各类禁止标志
黄色	警告	警告标志
绿色	允许行驶、方向指导	指路标志
蓝色	为用路者提供服务指引、行驶信息	指示标志
黑色	交通控制	警告标志、禁令标志、辅助标志
白色	交通控制	禁令标志、指示标志、道路标志、旅游区标志、施工标志、辅助标志
棕色	为旅游区提供指引	旅游区标志

标志支撑方式根据标志所提供信息的重要程度、标志板尺寸、公路交通量及其组成、车道数、设计风速、路侧基础条件等可采用柱式、悬臂式、门架式或附着式。

(2)标线

路面标线是确保车流分道行驶,导流交通行驶方向,加强车辆行驶纪律和秩序,增加公路通行能力,更好地组织交通,引导用路者视线,管制用路者驾驶行为的重要手段,它可以有效地指引车辆在汇合或分流前进入合适的车道。交通标线与交通标志一起构成了公路的立体交通语言,两者应相辅相成,不应相互冲突。

由各种路面标线、箭头、文字、立面标记、突起路标和道路边线轮廓标等构成的交通安全设施。它可以与道路交通标志配合使用,也可单独使用。交通路面标线的设置应同交通标志内容相互配合,相辅相成。根据《道路交通标志和标线》的规定,我国现行的道路交通标线分为指示标线、禁止标线和警告标线三类。高速公路交通标线内容要求如下:

①指示标线

指示标线是指示车行道、行驶方向等设施的标线。

a. 车行道边缘线:用来指示机动车道边缘的分界线,为白色实线。

行车道边缘线、车道分界线宽度应符合表 11-7 规定。

行车道边缘线、车道分界线宽度 表 11-7

设计速度(km/h)	行车道边缘线(cm)	车道分界线(cm)
120、100	20	15
80	20 或 15	15

b. 左转弯导向线:表示左转弯的机动车与非机动车之间的分界。机动车在线的左侧行驶,非机动车在线的右侧行驶。线为白色虚线。

c. 高速公路车距确认标线:用以提供车辆机动车驾驶人保持行车安全距离之参考线。线为白色平行粗实线。

d. 高速公路出入口标线:是为了驶入或驶出匝道车辆提供安全交汇,减少与突出部缘石的碰撞的标线,包括出入口的横向标线、三角地带的标线。

e. 港湾式停靠站标线:表示公共客车通过专门的分离引道和停靠位置。

f. 收费岛标线:表示收费岛的位置,为驶入收费车道的车辆提供清晰的标记。

g. 导向箭头:表示车辆的行驶方向,主要用于交叉道口的导向车道内、出口匝道附近及对渠化交通的引导。

导向箭头尺寸与重复设置次数应符合表 11-8 规定。

导向箭头尺寸与重复设置次数　　表 11-8

设计速度(km/h)	120、100	80
导向箭头(cm)	900	600
重复设置次数	≥3	≥3

h. 路面文字标线：是利用路面文字，指示或限制车辆行驶的标记。

路面标记尺寸与重复设置次数应符合表 11-9 规定。

路面标记尺寸与重复设置次数　　表 11-9

<table>
<tr><th rowspan="2">项　目</th><th colspan="3">字高(cm)</th><th rowspan="2">字宽(cm)</th><th colspan="2">间隔(cm)</th></tr>
<tr><th>120km/h</th><th>100km/h</th><th>80km/h</th><th>横向</th><th>纵向</th></tr>
<tr><td>汉字</td><td colspan="2">900</td><td>600</td><td>150</td><td>—</td><td>700</td></tr>
<tr><td>阿拉伯数字</td><td colspan="3">700</td><td>120</td><td>60</td><td>—</td></tr>
<tr><td>重复设置次数</td><td colspan="6">≥3</td></tr>
</table>

②禁止标线

禁止标线是告示道路交通的通行、禁止、限制等特殊规定，机动车驾驶员需严格遵守的标线。

a. 减速让行线：表示车辆在此路口必须减速或停车，让干道车辆先行。

b. 网状线：用以告示驾驶人禁止在该交叉路口临时停车。

c. 专用车道线：用以指示仅限于某车种行驶的专用车道，其他车辆、行人不得进入。

d. 禁止掉头标记。

③警告标线

警告标线是促使机动车驾驶员了解道路变化的情况，提高警觉，准确防范，及时采取应变措施的标线。

a. 车行道宽度渐变标线：用以警告车辆驾驶员了解路宽缩减或车道数减少，应谨慎行车，禁止超车。其主要包括三车道缩减为双车道、四车道缩减为双车道、四车道缩减为三车道、四车道缩减为二车道、双向两车道改变为双向四车道。

b. 减速标线：用以警告车辆驾驶员前方应减速慢行。

c. 立面标记：上跨高速公路跨线桥中墩的端面，或紧邻路基的桥台、隧道洞口侧墙的端面，或收费岛、安全岛的端面等处，设置有黄黑相间的立面标记。用于提醒驾驶员注意，在车行道或近旁有高出路面的构筑物，以防止碰撞。

(3)视线诱导标

连续设置视线诱导标是标明公路几何线形走向、线形突变或车流交织，诱导驾驶员视线并予以警示的有效办法。连续设置视线诱导标使用路者能明了前方公路情况，从而能快速、舒适地行驶，增加行车安全，有效避免交通事故。高速公路、一级公路上车辆行驶速度很高，为提高行车的安全性和舒适性，指示道路前方线形非常重要，在夜间视线诱导标的作用就更加明显。

车道数及车道宽度或路肩宽度发生变化的路段，是造成交通流不稳定的重要原因，在夜间往往会引起交通安全方面的问题。高速公路主线、出入口、匝道以及线形变化较大的路段，应视需要设置轮廓标、分流或河流合流诱导标、线形诱导标等视线诱导标。

高速公路主线应连续设置轮廓标，轮廓标的设置间距最大为50m。主线为曲线的路段或匝道处，轮廓标的间距不应大于表11-10规定。

曲线路段、匝道处轮廓标间距 表11-10

圆曲线半径R(m)	<90	90<R≤180	180<R≤275	275<R≤375	375<R≤1 000	1 000<R≤2 000	≥2 000
间距(m)	8	12	16	24	32	40	48

互通式立体交叉、服务区、停车区、公共汽车停靠站等的出入口应设置分流或汇流诱导标。

主线线形变化较大路段、匝道等处，应设置引导驾驶者行驶方向的线形诱导标。线形诱导标每处设置数量不应少于3块，且应保证在用路者视野内线形诱导标的数量不少于3块。

(4)隔离栅与防护网

①隔离栅

隔离栅能阻止人、畜进入高速公路或其他禁入的区域，防止非法侵占公路用地，可有效地排除横向干扰，避免由此产生的交通延误或交通事故，保障高速公路效益的发挥。高速公路沿线两侧应连续设置隔离栅。

桥梁、隧道等人工构造物处，或挡土墙高度大于1.5m，或两侧有天然屏障的地段，可不设置隔离栅，但隔离栅与人工构造物或天然屏障相连接处应予以封闭。隔离栅高度可根据公路两侧地形及其周边具体情况等因素确定，主要以成人身高为参考标准，以1.50～1.80m为宜。

②防护网

上跨高速公路的桥梁两侧和人行天桥两侧应设置防护网。桥梁防护网高度可根据桥梁两侧及其周边具体情况等因素确定，以1.80～2.10m为宜。在可能落方的挖方路段，也应设置防护网。

3)服务设施

根据服务设施的功能，应设置服务区、停车区和公共停靠站。据调查，各地区根据情况设置的观景台，实质是停车区。

(1)服务区

服务区的平均间距不宜大于50km；最大间距不宜大于60km。服务区内各类设施应按功能分区布置，将为人服务的设施和为车服务的设施以及服务区内的附属设施分开放置。

服务区广场应结合服务主楼、停车场、公共厕所、加油站、维修站等的布设，做交通流线设计。其中人流、车流的路线应明确、简捷、安全。服务区附属设施的房屋建筑，应根据功能分区、交通流线、停车方式确定其平面布置。服务主楼宜布置在景观、朝向较好的位置，且结合自然环境进行景观设计。

(2)停车区

停车区应设置停车场、公共厕所、长凳，仅给用路者提供最低限度的服务。

停车区可在服务区之间布设一处或多处，其平均间距不宜大于15km，最大间距不宜大于25km，停车区的布设宜采用分离式，但无须对称布置。

停车区的建筑规模，应根据交通量、交通组成、公路用地条件等因素确定，宜结合沿线自然环境、工程条件等布置。有条件时宜结合周围环境、地形条件等,设置在便于眺望大型人工构造物、自然风景的地点,或适合休息的位置。

(3)公共汽车停靠站

公共汽车停靠站的布置可根据公路沿线城镇布局、城镇人口、公共交通状况与客流量、自然与地形条件等确定。公共汽车停靠站宜与服务区、互通式立体交叉合并设置。

独立设置的公共汽车停靠站,应结合主线平、纵面设计,确保公共汽车出、入,公共汽车停靠站的运行安全,并必须采取相应措施严格保证乘客上、下车及等候车时的安全。

上、下行线的公共汽车停靠站应易于识别,相互间的联络必须利用人行通道或设置专用联络通道。公共汽车停靠站必须设置防止乘客等进入高速公路的设施,以确保车辆、人员的安全。

4)管理设施

高速公路的管理设施应体现出管理和服务的功能,其管理、监控、收费、通信、配电、照明和养护等均为管理设施中的子设施。

(1)监控系统

①信息采集:交通流信息、气象信息、事件及路况信息。

②信息处理与决策。

③信息发布与控制。

(2)收费广场

①收费广场中心线至匝道分流点的距离不小于75m,至相交公路平面交叉的距离不小于150m。

②收费岛宽度宜采用2.2m,收费岛侧面高度宜采用0.30m。

③收费岛长度应根据收费广场类型及其安装的收费设备确定。主线收费广场收费岛长度为28～36m;匝道收费广场为18～36m;不停车收费车道可根据实际需要确定。

④收费车道宽度应采用3.2m;行驶方向右侧应设置超宽车道,宽度为4.0m。

⑤收费天棚净高应大于或等于5.5m。

(3)配电照明

根据电力负荷因事故中断供电在政治上造成影响或在经济上造成损失的程度,区分其对供电可靠性要求,进行负荷分级,包括一级负荷、二级负荷、三级负荷。

为保证供电可靠性和电压质量,以及经济合理、维护管理方便的原则,应在适当地点设置变电所。

停车场的占地面积较大,以高杆照明为宜,否则达不到照度和均匀度的要求。

车道数小于12的收费广场照明,采用中杆灯即能满足广场照明的要求。

监控中心机房设备和备用照明,应为一级负荷,故需保证双路电源供电。

(4)通信系统

通信系统管理机构应由通信中心、通信分中心、通信站组成。高速公路通信网从功能上可分为传送网、业务网、支撑网,主要包括语音、数据、图像信号的传输与交换等。现阶段主要业务包括:业务电话、指令电话、会议电视、紧急救援、路侧广播、移动通信及监控系统、收费系统的数据、图像传输。高速公路通信的业务网应由电话交换网、数据通信网、图像传输网、会议电视网、路侧广播系统和移动通信系统等组成。

(5)可变信息标志字模

车道上方可变信息标志字模形式应符合表 11-11 规定。

可变信息标志字模形式 表 11-11

类　别	车道数	字模高(cm)	字模点阵	字模数(个)
小型标志	—	60～80	24×24	双列≤8
大型标志	四车道	≤80	24×24	单行≤10
	六、八车道	80 或 100	24×24 或 32×32	单行≤12

①大型可变信息标志应采用门架式支撑方式。

②四车道高速公路小型可变信息标志的支撑方式可采用立柱式或悬臂式。

③六车道及其以上高速公路小型可变信息标志的支撑方式宜采用悬臂式。

公路附属设施的建模,由于与具体工程的设计相关,通常以手工建模方法为主。由于模型数量较多,从制作上具体有以下几种建模方法。

①单独建模:如交通标志牌等,由于工程自身的多样性,需要单独建模,并布置于道路沿线。

②批量建模:对于路灯、护栏、防眩板、紧急电话等同类物体外观完全相同的模型,可在单独建立首个模型后采用复制、放样等技巧批量生产,仅根据道路情况进行局部方位调整。

③用贴图替代建模:如交通标线,可直接采用带交通标线的路面纹理,减少模型面数,不单独建模。

在景观设计模型场景中,对植物等既有个性又有共性的物体,通常采用批量与单独建模的方式。批量建模指对大量相同的树种,直接采用复制方式;单独建模则多针对重要的景观植物,甚至对每株植物的叶片也用面的方式来表达,以取得最佳的三维建模效果。

11.5.5 高分辨率卫星图像的利用

高分辨率卫星图像不仅能获取大比例尺地形、地质资料,而且真实、直观地反映了地球表面的地质、地形、地貌等情况。利用 DTM 数据和地面纹理数据构造三维地形景观模型是公路虚拟现实的关键步骤,而用数字图像进行纹理映射则是建立逼真虚拟地形环境的重要手段,其实质就是把经过纠正后的数字图像映射到地面模型上。

1)数字图像的叠加

(1)地面图像纹理映射

在虚拟景观系统中,地面图像是由一个二维图像阵列——数字图像数据定义,它是一个离散的栅格数据。因此在映射之前,要将这些离散的数据构造成连续的纹理函数,采用了进行双线行内插确保图像的平滑过渡。纹理映射涉及到纹理空间(像片平面)、景物空间和图像空间(屏幕)。首先将纹理映射到三维地面,然后再映射到屏幕空间。从纹理空间到三维地面的映射,最精确的方法是根据投影变换建立纹理坐标到视见点坐标的直接映射,就是从像点坐标到大地坐标的直接线性变换 DLT,建立此映射关系至少需要 4 个已知其纹理坐标和视见坐标的控制点。

(2)屏幕投影、透视、消隐

将具有纹理特征的三维地面映射到屏幕空间的投影是利用具有消隐功能的逆映射——屏幕空间扫描法描绘深度排序的三角面，根据每个三角形顶点的屏幕坐标和视见点坐标内插出三角形内部的各点的视见坐标，有了视见坐标，就可以根据上面的直接线性变换 DLT 计算每个像素点对应的纹理坐标。

地面图像数据采用卫星图像，也能采用航片(包括正射影像图与“数字航片＋定位点”两种方式)、普通图片(地面摄影像片，无定位点)和一般色彩或纹理等方式贴图。其中平原区数字影像可不作严格正射纠正，按给定的控制点作比例、方位等进行概略纠正。

2)卫星图像的管理

(1)LOD 技术

LOD(Level of Detail，LOD)意为多细节层次，LOD 技术指根据物体模型的节点在显示环境中所处的位置和重要度，决定物体渲染的资源分配，降低非重要物体的面数和细节度，从而获得高效率的渲染运算。

运用 LOD 技术，将卫星图像分块并分别抽成不同分辨率的图像，可以为场景生成不同的细节层次，同时建立卫星图像金字塔数据库(图 11-46)；通过对漫游时中心视点距离的计算和判断，调度不同分辨率的卫星图像，可大大减少场景绘制的计算量，提高系统运行效率、优化视觉效果。

(2)光照模型

真实感图像是通过景物表面的颜色和明暗色调来表现景物的几何形状，空间位置及表面材料。所以为了计算屏幕像素上相应景物可见点的颜色，需建立一个计算物体表面在空间给定方向上光亮度的光照明模型。

图 11-46　影像金字塔

①定义光的组成：它包括辐射光、环境光、漫射光、镜面光。它们从不同方面影响物体在光照下所呈现的颜色及光亮度。

②创建光源：确定光源特性，如颜色、位置、方向等。

③启用光源：调用明确指出光源有效。

在光照模型下可以得到较具有真实感的三维地形实景图像，尤其是地面采用纯色贴图时，系统中创建了一个形象的对话框，在一个圆形区域中用一个圆球来模拟光源，只要转动圆球，就可以实时改变光源照射的方位。

(3)数据动态装载技术

公路路线具有带状分布的特点，虽然常用路线走廊带范围宽度较小，但由于路线里程较长、像素的地面分辨率较高，当公路路线及景观设计虚拟仿真平台中集成的海量的卫星图像往往以 GB 级计算。当进行大范围场景浏览时，需要在精确程度和绘制速度两方面取一个折中值，即既满足一定的绘制真实感，又不造成观察者的动态不适感。

考虑到计算机硬件如内存及显存的限制，以及公路场景三维模型数据量的巨大，可在公路路线及景观虚拟仿真场景的漫游过程中采取图像的分段处理技术，即为了保证段与段之间的连续显示，不产生停滞，段与段之间的DEM应有一定的重叠度。在系统显示前一段时，由辅助线程将下一段调入系统内存。

(4)多线程技术

在虚拟仿真的三维漫游场景数据调度中，采用Windows线程控制技术启动多个辅助线程，每个线程独立执行程序码中的一系列指令，主线程专门处理信息，使程序能快速响应命令和其他事件。辅助线程用于完成费时的工作，以免在由主线程处理这些工作时阻碍程序交互消息的处理。该技术确保程序运行中可以在屏幕图像处理的同时能够响应菜单、键盘、鼠标等消息。

3)卫星图像的应用

(1)卫星影像景观图

在公路路线及景观设计虚拟仿真平台中，利用GIS技术将数字正射影像图作为地表真实纹理叠加到数字高程模型上，即制成卫星影像景观图，全面直观、形象、准确地反映真实的区域地形及自然环境。

(2)带真实地形纹理的公路路线三维模型

当人们将路、桥、隧等路线设计模型嵌入到地形模型中，建立公路整体三维模型后，再利用GIS技术、RS技术及三维建模技术将数字正射影像图与公路整体三维模型进行叠加，并删除道路范围内的图像，从而全面直观、形象、系统地展示公路设计效果及其景观。

11.6 虚拟现实技术与公路GIS

11.6.1 国外三维地理信息及虚拟现实软件

1)Skyline三维地理信息软件

Skyline软件是美国Skyline公司开发的一款三维地理信息软件(图11-47)，分为TerraExplore，TerraBuilder，TerraGate3个部分。它的企业版SkylineGlobeEnterprise则包含用户进行自定义的所有必要的软件，来建立完全属于自己的三维可视化解决方案。

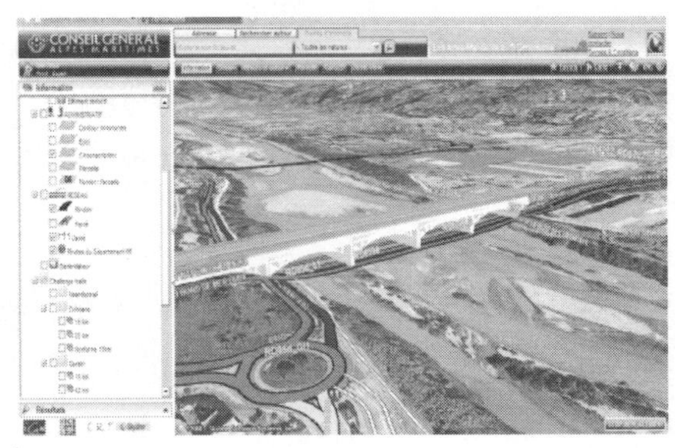

图11-47 Skyline软件界面

Skyline软件家族系列产品为网络和非网络环境提供了一个三维交互世界的窗口，应用范围包括国土、数字城市、测绘、交通、水利、能源、地质灾害等多个领域。该软件在交通领域的典型应用案例包括福建省交通运输厅GPS监控系统、交通运输部"全路通"网络信息平台等，并且均以高分辨率卫星图像为公共路网的可视化展示基础。

2)Virtools虚拟现实软件

Virtools是法国Virtools公司开发的一套集成软件，可以将现有常用文档格式整合在一起，如3D模型、平面图形、音效等，是一套具备丰富交互功能模块的3D环境虚拟现实编辑软件，可以制作出许多不同用途的3D产品，如3D游戏、教育培训、仿真与产品展示等(图11-48)。2005年Virtools被法国达索系统公司收购，并于2010年推出新一代的Virtools Dev 5.0。新版本整合了许多最新技术，有效提升了互动3D研发环境的制作过程及品质。使用者在制作作品时不用担心被Virtools现有的功能和程序开发所限制，只需充分发挥自己的创意。

a)

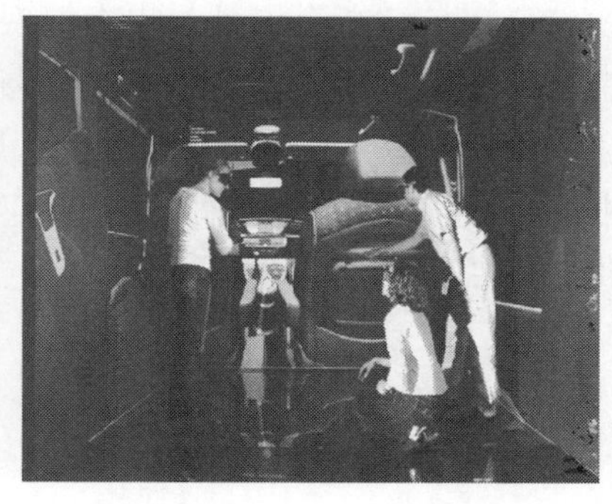

b)

图11-48　基于3DVIA Virtools的3D游戏与汽车工业虚拟现实

11.6.2　国内三维仿真软件

1)EV-Globe三维海量数据管理平台

EV-Globe是北京国遥新天地自主研发并拥有知识产权的核心平台软件，该平台技术得到了国家"863"技术支持和国家中小企业创新基金支持。

EV-Globe产品的主要提供形式包括：EV-GlobeSDK，EV-GlobePro，EV-Globe Creator，EV-Globe Datase 4种，具有大范围、海量、多源(包括DEM、DOM、DLG、三维模型等)数据一体化管理和快速三维实时漫游功能，支持三维空间查询、分析和运算，可与常规GIS软件、三维CAD设计成果无缝集成，提供全球范围基础图像资料，方便快速构建三维空间信息系统，亦可快速完成二维GIS系统向三维的扩展，是新一代大型三维空间信息平台。

典型应用包括"嫦娥二号"三维可视化测控指挥系统(图11-49)，全国海岛海岸带三维可视化信息系统，中国海洋石油总公司平台及海管海缆电子信息系统，军事三维仿真指挥系统等。

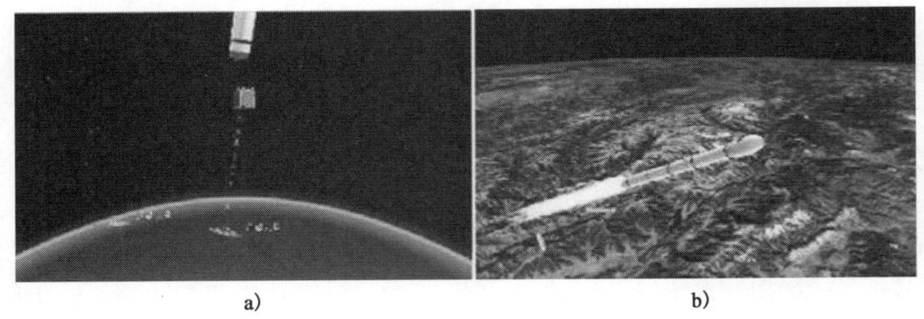

图 11-49 “嫦娥二号”星箭分离及助推器分离三维仿真效果

2)Converse3D 虚拟现实软件

Converse3D 虚拟现实引擎是由北京中天灏景网络科技有限公司自主研发的一款三维虚拟现实平台软件,可广泛的应用于视景仿真、城市规划、室内设计、工业仿真、古迹复原、娱乐、艺术与教育等行业。

Converse3D 产品核心引擎是整个虚拟现实系统的核心部分(图 11-50),采用 DirectX9.0 和 C++编写,系统强大而稳定。系统包括场景管理、资源管理、角色动画、Mesh 物体生成、3dmax 数据导出模块、粒子系统、LOD 地形、UI、服务器模块等。支持 3dsmaxMesh 物体、角色动画、相机动画、烘焙贴图等各种数据的导出与引用;使用脚本配置粒子系统和 UI,功能强大而灵活;支持顶点渲染和像素渲染。

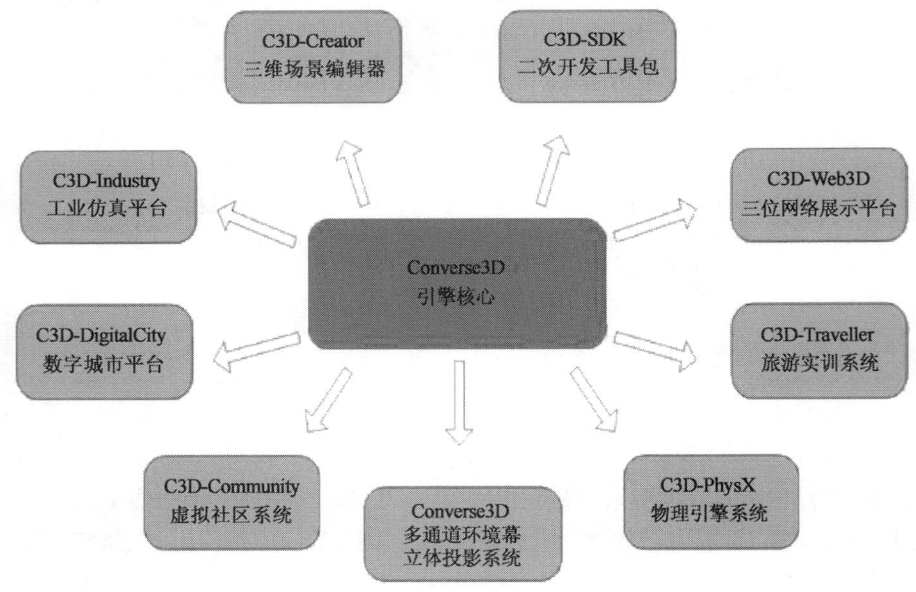

图 11-50 Converse3D 系统构成

Converse3D 软件在虚拟旅游、电力安全仿真系统、石油生产辅助决策系统、三维数字化管道、3D 网络游戏等方面取得了较成功的应用。

3)公路路线漫游系统

公路路线漫游系统 JSL-RoadVR 是中交第二公路勘察设计研究院有限公司结合国内公

路勘察行业公路路线设计需求开发的一款公路路线虚拟现实漫游系统。系统于2006年初首次对国内公开发布。

JSL-RoadVR在我国公路勘察设计行业内完美实现了路线设计成果与基于GIS环境的公路三维漫游场景的无缝集成(图11-51)。它不依赖于3dMAX模型制作,直接利用路线设计系统(JSL-Road)和数字地面模型系统(JSL-Land)导出的路线设计数据快速、自动地建立路线及地形三维模型,并通过三维仿真虚拟展示待建道路与真实地表的融合景观,不仅为道路设计的方案比选提供有力的决策支持,亦为项目验收和行车安全检查提供实时真三维演示。

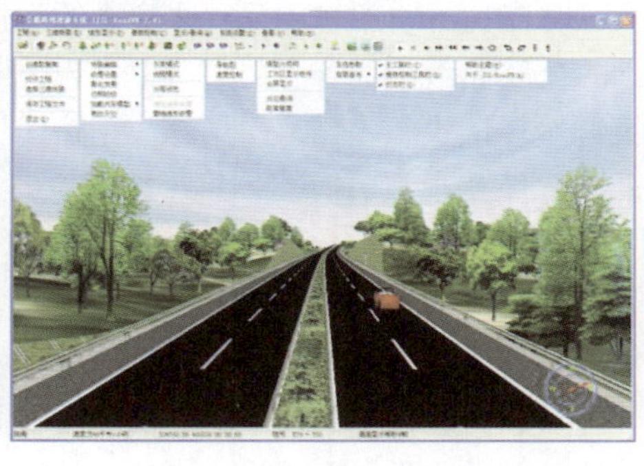

图11-51　公路路线漫游系统界面

JSL-RoadVR软件的主要特点如下。

(1)快速自动建模

完全无需手工建立三维场景,极大降低了按照真实工程环境下虚拟仿真场景建模的工作强度。所有地形和路基模型数据能自动从路线设计系统导出到路线漫游系统,自动按流程建立地形和路基模型库。支持桥梁、隧道、河流等数字模型的建模。

(2)实时三维漫游

①漫游速度和视点可随时调整,对大范围场景可进行任意角度的旋转观察。

②丰富实用的漫游方式,如自定义路径漫游、按中心线漫游、按桩号范围漫游等。

(3)丰富的场景编辑功能

①场景布置

a.提供树木、房屋等按行/桩号范围的批量插入和随机插入。

b.支持汽车模型、路灯模型、栏杆、各种交通标牌的插入。

②场景修饰

a.多种天气天空背景和雾化效果可供选择,可调整日照时段和光照效果。

b.按计算机系统配置,提供三维仿真场景的材质和纹理两种可选建库方式。

c.对路基模型上的纹理/材质提供多种编辑方式(图11-52)。

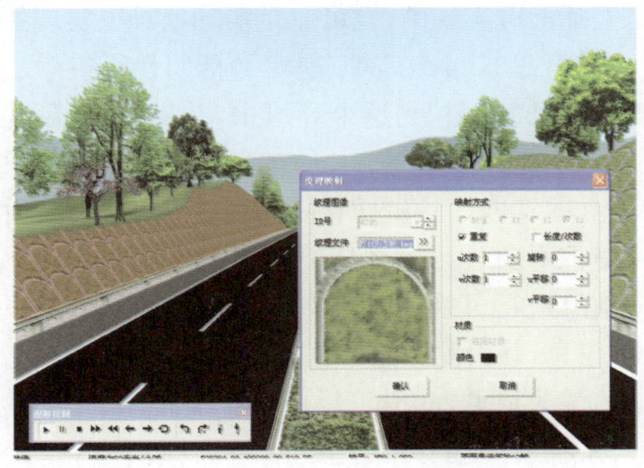

图11-52　单个边纹理编辑

d.地形颜色可编辑,可通过高程分带对地形进行分层设色。

e.纹理模式下可任意修改地形纹理。

f.可对整个场景在线框效果和纹理/材质效果间切换,随时展现设计数据原型。

g.支持夜景显示,提供夜间路灯的照明特效;支持wav格式背景音乐。

③人机界面友好

a.工具栏区按钮按功能分类为主工具栏和漫游控制工具栏,可方便地随意拖动。

b.支持键盘控制,热键方便快捷。

c. 丰富的状态栏信息显示，可实时提供按钮功能、漫游速度、桩号等信息。

d. 支持全屏模式。

e. 支持 mpg4、avi 等多种格式的漫游场景实时动画录制。

公路路线漫游系统 JSL-RoadVR 直接按真实空间比例及拓扑关系对公路设计项目现场的自然环境进行三维场景仿真，在路线设计阶段即直观展示未来公路建成的道路景观，并对场景进行任意视点、速度的快速浏览。

JSL-RoadVR 软件集公路路线设计方案的快速展示、道路行车安全性分析、道路景观设计等功能于一体，并实现了工程场景进行空间关系准确、快速分析，在利用 GIS 技术进行面向对象的工程数据管理与决策分析、利用虚拟现实技术对路线设计方案进行汇报与展示等方面做了公开、有意义的技术尝试。软件已在国内外高速公路新建及改扩建项目中成功应用，在路线设计者及业主单位中取得了广泛好评。

11.6.3 虚拟现实技术与公路 GIS 漫游系统

1)虚拟现实技术

早在 20 世纪 60 年代初，随着 CAD 技术的发展，人们就开始研究立体声与三维立体显示相结合的计算机系统。20 世纪 80 年代，JaronLanier 提出了“虚拟现实”VR(Virtual Reality, VR)的观点，目的在于建立一种新的用户界面，使用户可以置身于计算机所表示的三维空间资料库环境中，并可以通过眼、手、耳或特殊的空间三维装置在这个环境中“环游”，创造出一种“亲临其境”的感觉。

虚拟现实是人们通过计算机对复杂数据进行可视化、操作以及实时交互的环境。虚拟现实系统有 4 个基本特征：多感知性(Multi-Sensory)、浸没感(Immersion)、交互性(Interactivity)和构想性(Imagination)。一般来说，一个完整的虚拟现实系统由虚拟环境，以高性能计算机为核心的虚拟环境处理器，以头盔显示器为核心的视觉系统，以语音识别、声音合成与声音定位为核心的听觉系统，以方位跟踪器、数据手套和数据衣为主体的身体方位姿态跟踪设备，以及味觉、嗅觉、触觉与力觉反馈系统等功能单元构成。

与传统的计算机人机界面(如键盘、鼠标器、图形用户界面以及操作系统等)相比，虚拟现实无论在技术上还是思想上都有质的飞跃。虚拟现实中的“现实”泛指在物理意义上或功能意义上存在于世界上的任何事物或环境，它可以是实际上可实现的，也可以是实际上难以实现的或根本无法实现的。而“虚拟”是指用计算机生成的意思。因此，虚拟现实是指用计算机生成的一种特殊环境，人可以通过使用各种特殊装置将自己“投射”到这个环境中，并操作、控制环境，实现特殊的目的，即人是这种环境的主宰。

传统的人机界面将用户和计算机视为两个独立的实体，而将界面视为信息交换的媒介，由用户把要求或指令输入计算机，计算机对信息或受控对象作出动作反馈。虚拟现实则将用户和计算机视为一个整体，通过各种直观的工具将信息进行可视化，形成一个逼真的环境，用户直接置身于这种三维信息空间中自由地使用各种信息，并由此控制计算机。

虚拟现实的技术难点主要有 4 点：海量数据的快速提取，实时三维图形生成技术、人与场景的融合技术、应用系统(即成熟的桌面虚拟现实系统)开发工具。主要技术特点如下：

(1)虚拟现实首先是一种可视化界面技术，可以有效地建立虚拟环境，这主要集中在两个方面，一是虚拟环境能够精确表示物体的状态模型，二是环境的可视化及渲染。

(2)虚拟现实仅是计算机系统设置的一个近似客观存在的环境，为用户提供逼真的三维视感、听感、触感和嗅感的感受。它是硬件、软件和外围设备的有机组合。

(3)用户可通过自身的技能以6个自由度在此仿真环境里进行交互操作。

(4)虚拟现实的关键是传感技术。

(5)虚拟现实离不开视觉和听觉的新型可感知动态数据库技术。可感知动态数据库技术与文字识别、图像理解、语音识别和匹配技术关系密切，并需结合高速的动态数据库检索技术。

(6)虚拟现实不仅是计算机图形学或计算机成像生成的一幅画面，更重要的是人们可以通过计算机和各种人机界面与机交互，并在精神感觉上进入环境。它需要结合人工智能和神经元技术。

虚拟现实技术由于其独特的技术魅力，已在许多行业进行了应用，如城市规划、医学、娱乐、艺术、教育、军事与航天工业、室内设计、房地产开发、工业仿真、应急推演、文物古迹、游戏、Web3D/产品静物、道路桥梁、地理、虚拟演播室、水文地质研究、特殊设备维修等，并已为大众广泛接受。

2)基于GIS及虚拟现实技术的公路GIS三维漫游

GIS即地理信息系统(Geographic Information System)，是以地理空间数据库为基础，在计算机软硬件的支持下，运用系统工程和信息科学的理论，科学管理和综合分析具有空间内涵的地理数据，以提供管理、决策等所需信息的技术系统。简单地说，地理信息系统就是综合处理和分析地理空间数据的一种技术系统。

基于GIS的虚拟现实技术有以下特点：

(1)与面向对象编程语言相结合。

(2)与其他各种信息管理系统相结合。

(3)在虚拟现实技术的支持下，“赛博空间”(Cyberspace)代替了传统的抽象地图以及用来解释、分析和讨论设计思想及城市进展的描述性文件，而以生动的图像展现在用户眼前。

GIS技术经过了近40年的发展，到今天已经逐渐成为一门相当成熟的技术，并且得到了极广泛的应用。近些年，GIS更以其强大的地理信息空间分析功能，在资源管理与配置、城市规划、应急响应、地学研究与应用、基础设施管理、可视化应用、分布式地理海量信息管理、网络分析、三维可视化分析等方面发挥着越来越重要的作用。

传统的公路路线设计系统通常都与AutoCAD图形环境密切结合，项目路线方案设计及工程信息与路线设计三维展示成果分离，两者不能有效地实现信息的实时交互与查询，设计信息与三维设计成果间“能漫游就不能分析，能分析就不能漫游”，始终未能完整地将路线设计信息与三维设计成果有机结合在一起。

公路GIS漫游技术则是将基于GIS的虚拟现实技术应用到公路三维漫游中。它同时采用了虚拟现实中的视觉仿真技术及GIS中的海量地理信息管理技术，并与公路设计特点密切结合起来，利用虚拟仿真技术对路、桥、隧、景观等设计成果以三维模型的形式进行直观、生动的细节表现，以展示设计方案及其与工程走廊带自然环境的整体融合效果；同时采用GIS技术对模型数据、工程属性数据、工程项目文件等项目资源进行基于地理位置的数据库管理及空间数据分析，打破了传统的技术，为人们创建了一个直接面向工程对象、集成了多种工程数据及信息管理、分析服务的三维可视化漫游平台，特别有助于大型路、桥、隧公路工程的数字化、信息化平台的建设与管理。

3)公路 GIS 的应用

在我国，广泛应用的各种公路 CAD 设计系统早已不同程度地融入了 GIS 技术、甚至虚拟现实技术，它们在工程建设中的应用体现在以下几个方面：

(1)辅助路线设计。将公路三维 GIS 与路线平、纵、横设计相结合，使三维可视化技术能贯穿整个路线设计过程的始终，从而实现二维与三维相结合的设计思想。每一次路线方案的调整，均能根据调整后的成果数据实时呈现三维仿真成果，辅以飞行浏览功能，更能模拟出汽车行驶时驾驶员的动态视觉映像，从而使路线设计由静态设计转换为动态设计，显著提高设计质量与设计效率。

(2)辅助控制分析。基于可量测特性，起到辅助施工控制的作用。如利用 GIS 提供的位置查询、属性查询、坡度查询、填挖方计算、缓冲区分析、水淹模型等功能，能够方便地实现 CAD 系统中无法实现的空间数据检索、分析、汇总的功能。

(3)辅助决策管理。如在公路景观设计中的应用，在公路三维 GIS 中，由于集成地形景观与边坡、中央分隔带、行道树、沿线绿化带等各种虚拟的景观设施，能充分评价道路设计与自然地形的协调效果。又如将工程档案(如涵洞施工期间的图像照片、进度报告等与构造物实体直接链接起来，建立基于公路三维 GIS 平台的工程档案管理系统，实现工程档案的电子化管理。

根据用户的需求，还可以在公路三维 GIS 平台上开发出适合不同专题管理需要的程序包，如养护维护管理、计划进度管理等。随着用户需求的不断细化和深入，基于公路三维 GIS 的各项专题应用也必将在公路信息化和数字公路建设中发挥更大的作用。

11.7 厦门翔安海底隧道信息化与三维仿真系统

11.7.1 厦门翔安海底隧道

厦门翔安海底隧道由中交第二公路勘察设计研究院有限公司主持设计，是我国大陆第一条海底隧道。该项目是一项规模宏大的跨海工程，它起自厦门市湖里区五通，止于厦门市翔安区西滨，其中连接厦门市本岛和翔安区陆地的翔安隧道全长 5 950m，跨越海域总长约 4 200m，按双向六车道标准设计，是我国大陆第一座大断面的海底隧道。

隧道采用三孔建设形式修建，两侧为行车主洞，中间一孔为服务隧道。根据通风要求设置了两处竖井和 12 处行人横洞、5 处行车横洞，根据防排水需要在两端洞口设置了地下室集水池和隧道内最低处设置了横向集水通道。

该项目地质条件复杂，隧道穿过多处海底风化带，地质条件较差，施工风险较大。工程设计中突出“以人为本、安全第一”的总体思路，考虑了对付各种突发性灾害的处治预案。整个设计方案在保证工程经济性和适用性基础的上，兼顾了工程结构的安全性和耐久性。项目设计于 2005 年，2010 年 4 月 26 日建成通车，从厦门岛到达对岸的大陆端，比原来整整节省了 82min。

厦门翔安海底隧道通道是厦门岛第五条出入岛通道，兼具公路和城市道路双重功能，它的建成通车使厦门出入岛形成了从海上到海底的全天候立体交通格局。该项目的建成对我国隧道建设技术的进步和发展，缩小与世界先进水平的差距将起到里程碑式的作用。

11.7.2　三维数字化与信息化平台建立

中交第二公路勘察设计研究院有限公司采用 GIS、虚拟仿真、计算机自动化等信息技术，标准化和整合跨海峡隧道多来源、多个时期、多样格式和多数据标准的工程信息，对海底公路隧道中的三维地表数据、水下地质结构、隧道设计方案、地上景观设计等进行综合管理和快速建模，并在虚拟环境中实现人机实时交互。

该平台集成了 CAD 图形环境，基于 GIS 与虚拟现实技术实现了厦门翔安海底隧道通道的数字化与信息化，构成了完善的海底公路隧道勘察、设计、施工、养护、管理、重建、规划的全生命周期基础信息平台，也为我国公路行业探索出一套先进的数字海底公路隧道工程建设与管理的技术手段与方法(图 11-53 和图 11-54)。

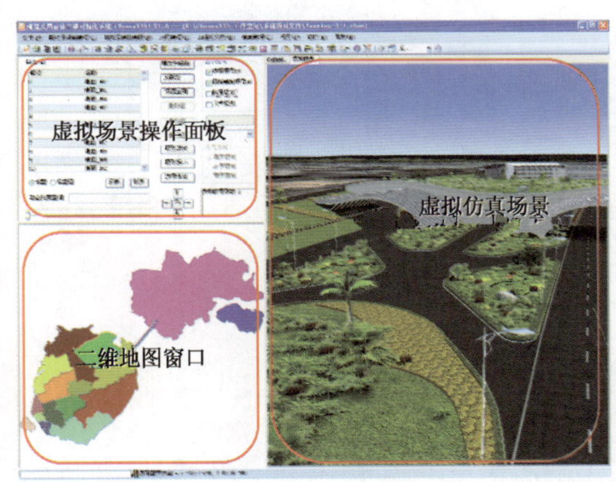

图 11-53　以虚拟仿真为主窗口的工作模式界面

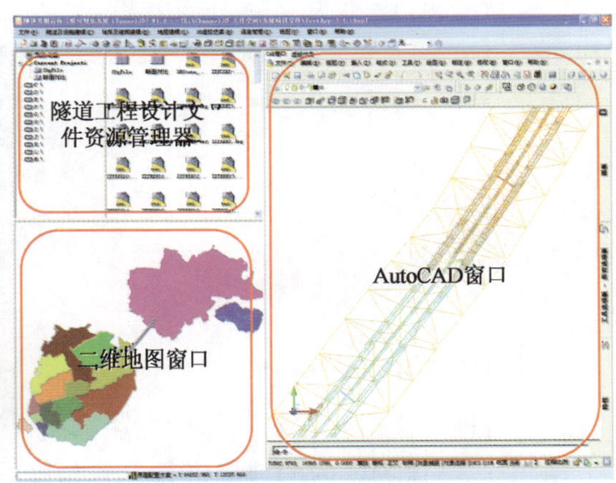

图 11-54　以 CAD 为主窗口的工作模式界面

平台系统实现了以下主要功能：

(1)海底隧道自动、快速建模

基于真实的隧道线位信息和横断面设计图，自动构建了厦门翔安海底隧道的隧道行车主洞、服务洞、车行横洞与人行横洞(图 11-55)。

(2)基于地质勘探数据的钻孔及地层快速建模

利用地质勘探钻孔数据、地质剖面图信息，并对地层边界进行加密，自动生成了准确的地层模型(图 11-56)。经与实地地层勘探检测数据的对比，建立的地层三维模型完全符合真实地质勘探结果。

(3)隧道穿越地层开挖

对隧道模型与地层模型进行空间位置关系运算，准确生成隧道开挖后的地层模型(图 11-57和图 11-58)。

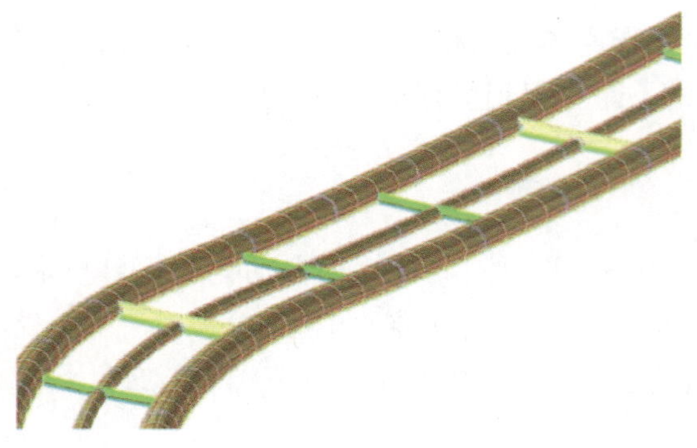

图 11-55　生成的厦门翔安海底隧道透明显示

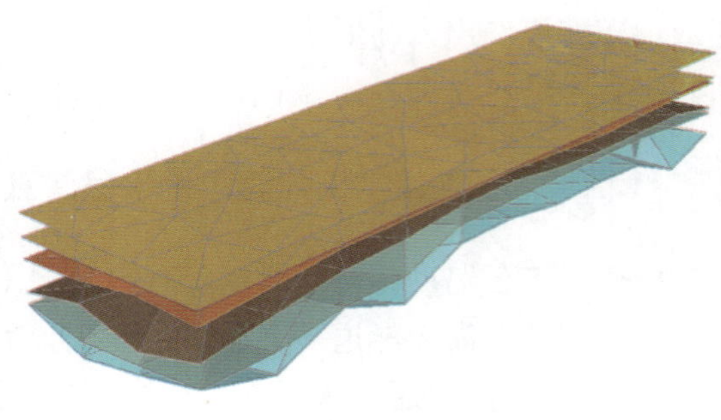

图 11-56　由地层信息生成的各地层平面

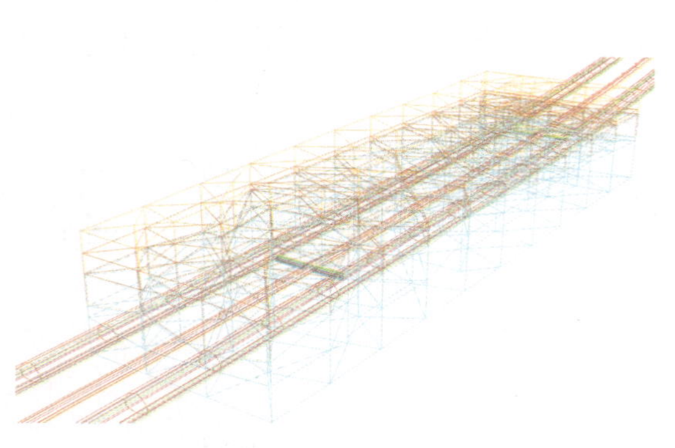

图 11-57　开挖前隧道与地层的关系线框

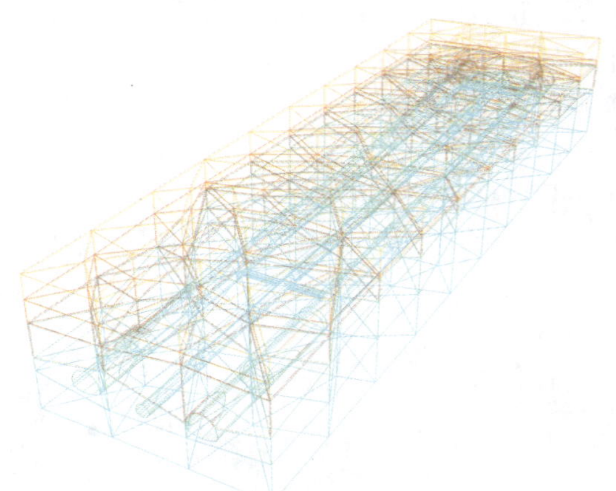

图 11-58　隧道穿越地层开挖后的效果图

(4)对地层进行任意切割后的地层剖面模型

对海底隧道场区内的地层进行任意角度的人工剖面切割，平台快速、自动生成地层剖面模型(图 11-59、图 11-60 和图 11-61)。

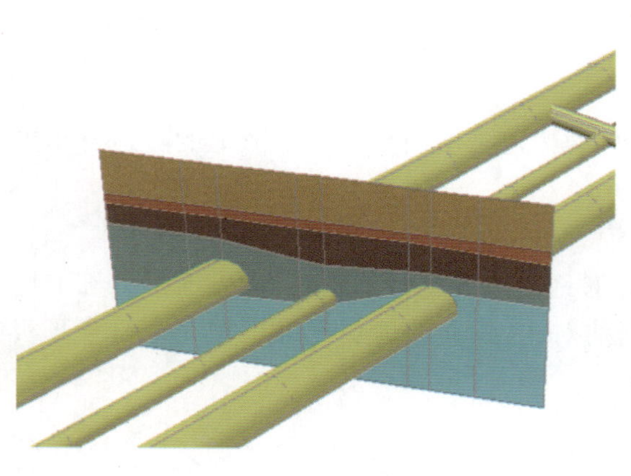

图 11-59　AutoCAD 窗口中生成的剖面

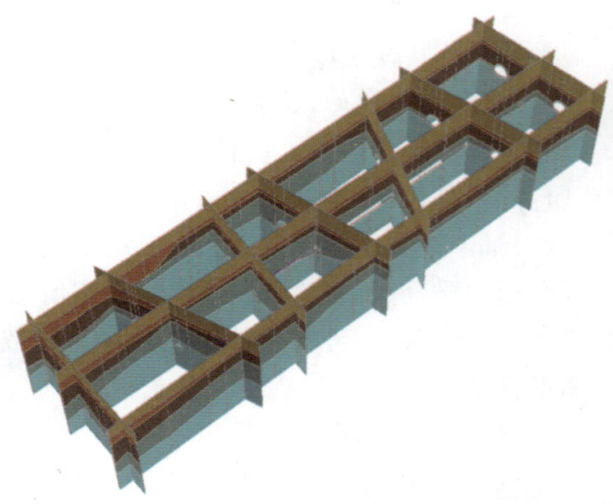

图 11-60　切割若干剖面形成的地层栅栏图

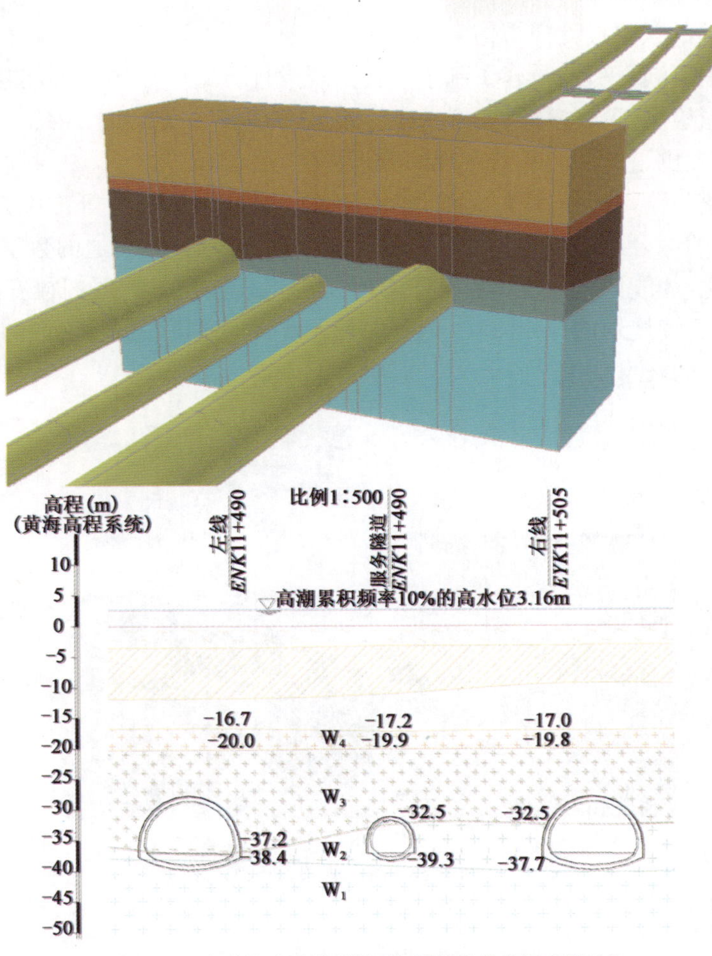

图 11-61　生成的地质模型断面与原始地质勘探成果对比

(5)隧道附属设施的自动建模及设施信息管理

实现了隧道内卡索板、照明灯、隧道路面、隧道服务洞管线的自动、快速三维建模,隧道相关设施的属性及符号化管理(图 11-62)。

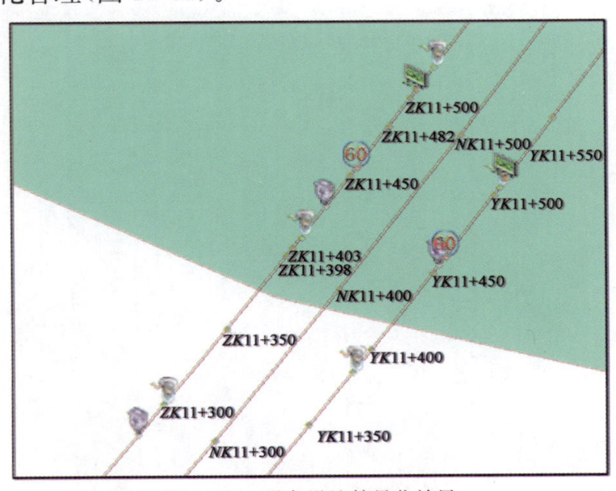

图 11-62　设备设施符号化效果

(6)基于 VRP 的景观设计虚拟仿真

基于 VRP 虚拟仿真平台，重建了基于工程景观设计方案的三维模型场景，并实现了虚拟仿真场景内的碰撞检测、天气模拟、模型变换等效果，为项目景观设计方案与隧道出入口城市环境的美观、协调提供了准确、快速、直观的分析平台(图 11-63)。

相比常规高速公路，公路海底隧道的设计、施工、建设、运营管理等都极为复杂，社会影响极大，要发挥最大的综合经济效益和最大化的社会效益，必须依靠交通的数字化与信息化。只有数字化与信息化，才能使之智能化。基于 GIS 的虚拟现实技术在厦门翔安海底隧道中的成功应用，将为我国后续规划的琼州海峡、渤海湾等大型海上通道(隧道工程)的立项建设和设计施工等提供强有力的技术支撑。

图 11-63　厦门段入口的景观设计虚拟仿真场景

第12章 公路卫星勘察技术模式

12.1 引 言

公路设计的必备基础之一便是精确快速的获取各种基础资料，如地形资料、地质资料、景观资料等。在传统的公路勘察设计中，这些基础资料一般通过工程技术人员现场测绘、调查得到，不仅作业强度大、周期长，而且精度得不到保障。GPS、航测遥感和CAD集成关键技术的进步，有力推动了公路建设的技术进步。但是，随着我国公路建设向中、西部崇山峻岭以及老、少、边、穷地区延伸，建设环境异常恶劣，生态环境保护与可持续发展意识的增强，快速、完整和精确的获取路线走廊带的基础资料，为路线方案的优化设计提供强大的技术支撑的要求越来越迫切。

近年来，随着空间对地观测技术的飞速发展，基于卫星的测量勘察技术日益完善。目前，太空运行的卫星种类有定位卫星、地球重力卫星、对地观测的高分辨率卫星、地球资源卫星、军用侦察卫星等。在空间定位方面，美国的GPS和俄罗斯的GLONASS卫星已经广泛应用，而且定位精度最高可以达到cm级甚至mm级。我国的北斗系统，也在如火如荼地开展，并加入了欧洲的伽利略计划。GPS+GLONASS为工程应用打开了更加广阔的空间，使得用户即使在深山峡谷，也有可能观测到足够多数量的定位卫星，从而实现精确目标定位。各种空间对地观测重力卫星，使得全球地球重力场模型不断精细，地球重力场模型向高阶发展，cm级的局部区域的工程精化似大地水准面也陆续建立，使得GPS测量的大地高可以更为精确、快速的转换为工程所需要的正常高。此外，IKONOS、QuickBird、GeoEye和WorldView-Ⅰ/Ⅱ等高分辨率卫星，可实现不间断的对任何地区重复观测，卫星图像覆盖范围往往十分宽广，成果精度高，可以方便地让我们了解大范围走廊带的地形、地貌、路网分布、土地利用及沿线自然与环境因素等，其丰富的地表信息和直观图像给路线走廊带以及路线方案的优化、比选提供了重要数据保障。

12.2 公路卫星勘察技术模式

随着地球空间信息技术和公路勘察设计技术的日益进步，以及不同学科与专业之间的日益交叉和融合，形成了以GPS、RS、GIS技术为基础，利用各种卫星对地观测数据进行公路的规划、勘察与设计的全新的公路卫星勘察技术模式。它涉及到地球物理学、大地测量学、摄影测量与遥感、工程地质学、公路工程等多种学科与专业。

以现代地球空间信息技术为核心的公路勘察设计技术体系见图12-1，所涉及的研究内容及技术流程框图见图12-2。

从技术体系图和技术流程图中可以看出，其主要包含地面空间卫星定位、航空航天测量、

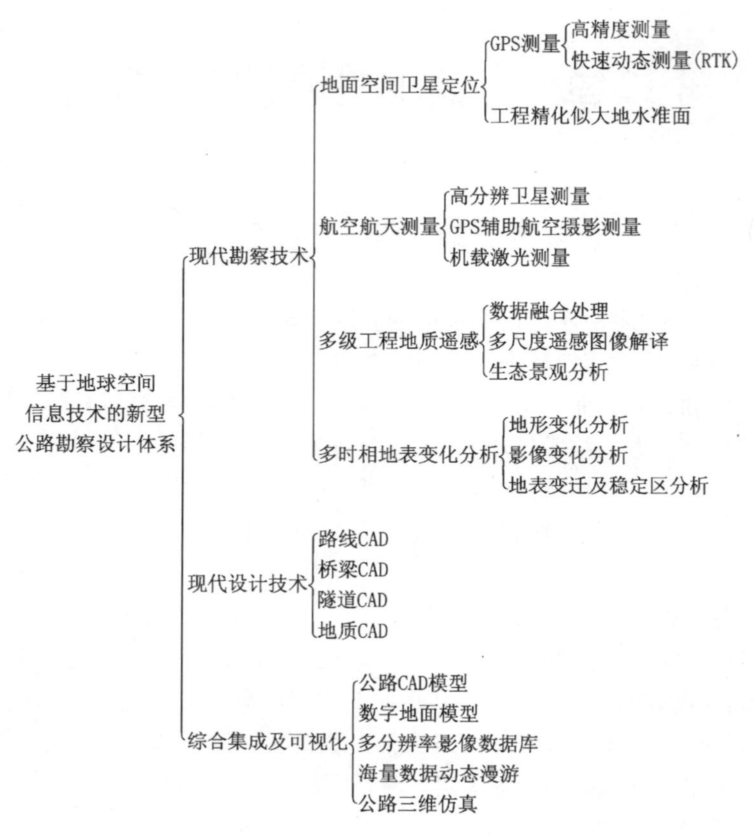

图 12-1　基于空间信息的公路勘察设计技术体系

多级工程地质遥感勘察、多时相地表变化分析、公路 CAD、多尺度公路景观漫游与虚拟现实等方面的内容。其中，地面空间卫星定位主要涉及 GPS 卫星测量和工程精化似大地水准面的建立，在此基础上可以快速精确的获取工程所需的平面坐标和正常高程；航空航天测量主要包括基于高分辨率卫星图像的卫星测量、GPS 辅助航空摄影测量和机载激光测量测量这三种技术手段，通过区域网平差的方法，得到满足精度的 3D 产品(DLG、DEM、DOM)；多级工程地质遥感勘察，主要通过信息融合、遥感图像解译等方法，掌握工程地质构造、地质灾害、自然灾害、生态景观、土地利用、资源分布等情况，并生成地质平面图、灾害分布图、生态景观图和资源分布图等，实现工程地质的遥感勘察和生态景观分析；多时相地表变化分析，主要针对在有多时相遥感数据的条件下，通过地形变化分析、图像变化分析等方法，来确定地表变迁情况，从而分析地表稳定性并确定地表稳定区域；公路 CAD 是在获取上述基础资料的基础上，依据相应的规范标准、地面调查资料和地方规划资料等，进行公路 CAD 设计，具体包括地质 CAD、路线 CAD、桥梁 CAD 和隧道 CAD，生成三维道路模型；利用多分辨率图像数据库和海量数据动态漫游等技术，实现多尺度景观动态可视化；通过 GPS-RTK 放样，可以用于公路的施工和运营管理。

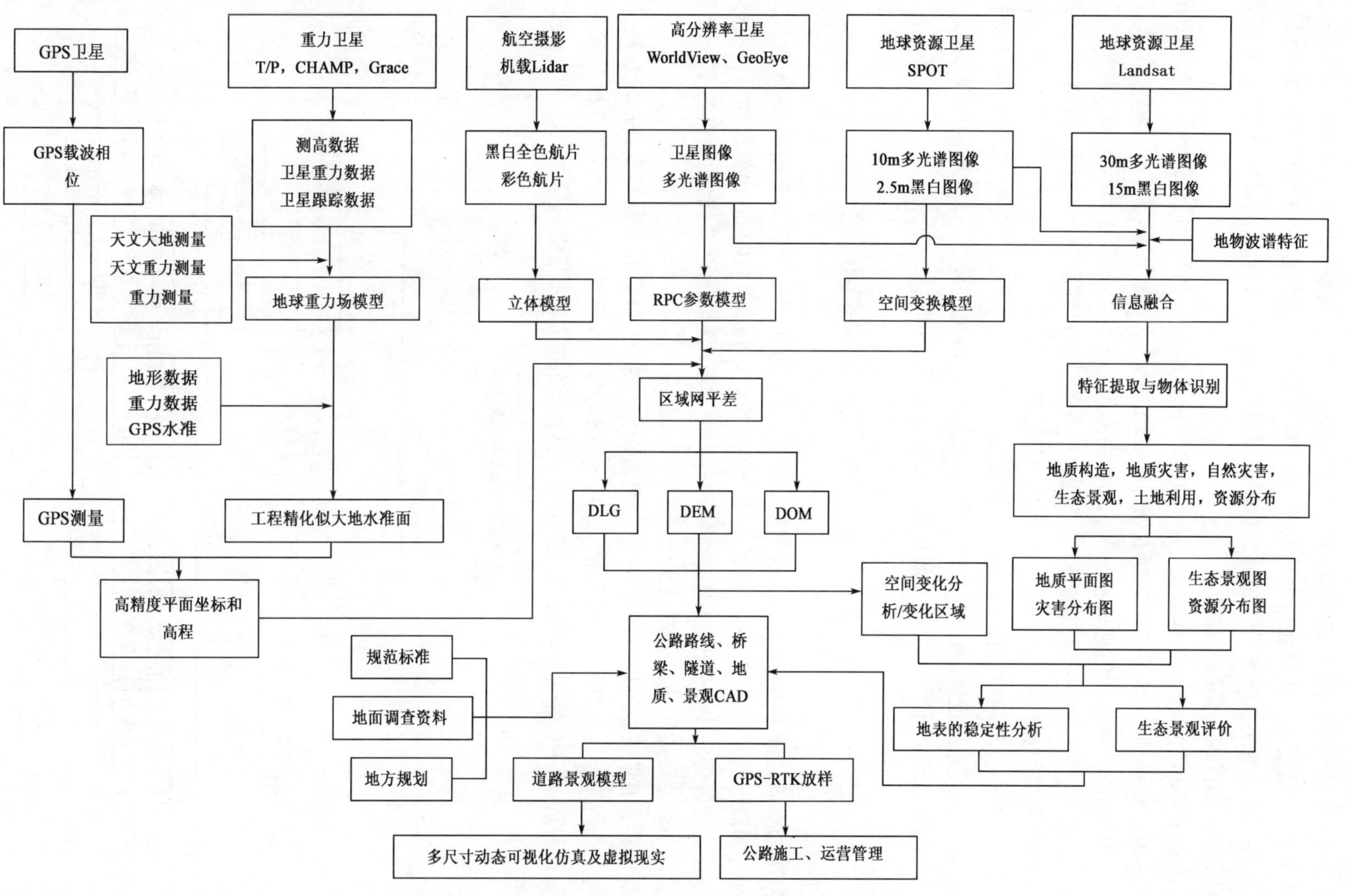

图12-2 基于空间信息的公路勘察设计技术流程

相比于传统公路勘察设计技术，基于空间信息技术的公路勘察技术模式具有如下特点：

(1)GPS测量配以工程精化似大地水准面模型，可代替水准测量，其相对精度达到cm级；

(2)高分辨率卫星图像测量代替航空摄影测量，可达到1∶2 000比例尺精度要求，非常适合于困难复杂地区的公路勘察设计。

(3)多种空间数据的集成，能综合分析和处理多种数据源(地形、地质、设计等线划与图像数据)、多时相数据(同一地区不同时期数据)，从宏观到微观分析公路勘察设计区域的情况。

(4)现代高新地球空间信息技术与先进的公路CAD的集成，改变了传统勘察设计模式下的CAD技术，主要注重于公路路线、桥梁、隧道、互通等计算机辅助设计与优化，使地质、路基稳定与防护、特殊结构以及三维设计和可视化设计达到新的阶段。

(5)多尺度的公路勘察设计景观的实时动态漫游，实现了公路设计真实景观的实时观察与动态漫游，为路线通道走廊的选择、路线方案的评估、生态环境的评价、设计质量控制、路线方案比选与优化、公路建设的可持续发展提供可视化的评估手段。

12.3 卫星勘察与多阶段公路测设

公路勘察设计分为可行性研究、初测初步设计、详测施工图设计等几个阶段，每个阶段对线路经过的地形资料的要求是不一样的。可行性研究阶段需要1∶10 000比例尺地形资料；初测初步设计阶段需要1∶2 000比例尺地形资料；详测、施工图设计阶段，地形资料精度一般要求优于0.3m，主要通过地面实测或激光测量等方式获得。

高分辨率卫星图像不仅覆盖范围宽广，而且图像自带的RPC参数具有很高的定位精度，直接将其进行无控区域网平差，可生成1∶10 000比例尺的DEM、DOM、DLG，并进行1∶10 000地质遥感勘察，用于公路工程可行性研究阶段，进行公路路线走廊带的选择和确定。

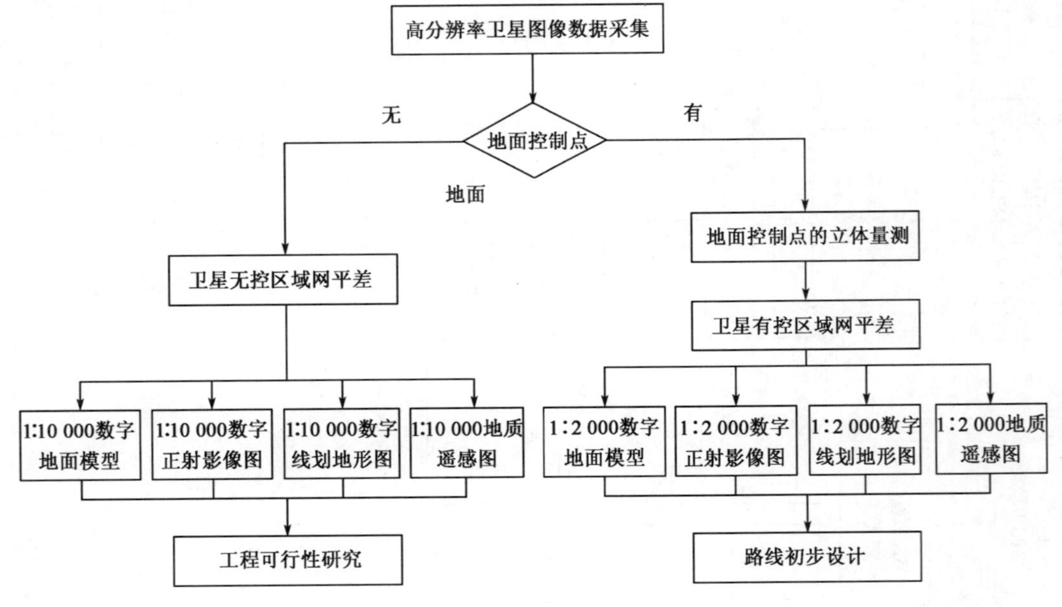

图12-3 基于高分辨率卫星图像的公路勘测设计模式

在初测初步设计阶段，需要 1∶2 000 地形资料时，可沿工程可行性研究确定的走廊带，在交通条件好的地方布设控制点，进行卫星有控区域网平差，生成 1∶2 000 比例尺的 DEM、DOM、DLG 以及 1∶2 000 地质遥感图，用于公路初步设计，进行路线方案的优化和比选，计算工程数量，生成设计图表。

不难发现，卫星勘察模式具有一次卫星图像数据采集，多测设阶段利用的优势。在我国广大的中西部地区，由于经济、社会等原因，许多地方 1∶50 000、1∶10 000 地形基础资料为空白或者过于陈旧，利用卫星图像对这类地方进行勘测设计具有更为明显的优势。

对于边境地区、海外工程建设地区，由于所处地理位置特殊、地面作业不便，而卫星测量具有全球覆盖、不受空域影响等优势，利用卫星图像进行工程建设设计是一种优先考虑的技术手段与方法。

高分辨率卫星测量多阶段公路勘测设计模式见图 12-3。

12.4　卫星勘察与公路 CAD 协同

卫星勘察与公路 CAD 系统的数据交互与集成，不仅节省人工野外作业环节，更能缩短路线测设周期。卫星测量系统与道路 CAD 系统协同设计的示意图如图 12-4 所示。

利用卫星测量，根据设计人员提供的路线方案范围，可快速生成所需要的数字高程模型、数字正射影像图和数字线划地形图。在此基础上，可进一步得到工程地质方面的相关资料，如生态景观图、遥感地质图和地质灾害危险区段图。通过数据流的协同，可以将这些数字形式的资料全部集成到道路 CAD 环境中，设计人员在此基础上，进行地形选线、地质选线和景观选线。

数字地形图是一种重要表示地面形态的数字化矢量地图，含地面三维信息和地物属性编码。其中三维地形数据可直接生成数字地面模型提供路线设计使用，同时其在标准图形环境下生成的矢量电子图形又是进行道路设计所必需的一份重要图纸，用于公路的方案设计和文件出版制作。

大比例尺数字正射影像图，通过数字高程模型对卫星图像的各种几何变形进行纠正得到。在实际作业过程中，可将数字高程模型自动产生的等高线或人工立体量测产生的等高线、高程点信息套合在数字图像上，从而产生数字正射影像地形图（图 12-5）。数字正射影像地形图与常规地形图的差别仅仅在于其地物是数字正射影像图为背景，其余信息与表示方法等均与常规地形图一样，可在数字正射影像地形图上进行量算、定位等各种操作。因此，这种以图像方式表示的地形图产品具有较线划地形图更直观和信息更丰富的特点，地形起伏、道路、水系、村舍、林木、农作物等一目了然，在工程可行性研究、路线选线、人工构造物布设、经济调查等方面有广泛的用途。

数字高程模型，在公路 CAD 系统中扮演着重要的角色。路线的选择是一个渐进的过程，为了找到一条最优的方案，需要对各种方案进行比较，其中涉及大量的计算工作。一旦建立起选线区域的数字高程模型，利用相关程序可以帮助路线设计人员进行方案设计、各种工程数量计算，如横断面的自动生成、土石方量数量的计算等。此外，在得到初步路线设计结果后，可以

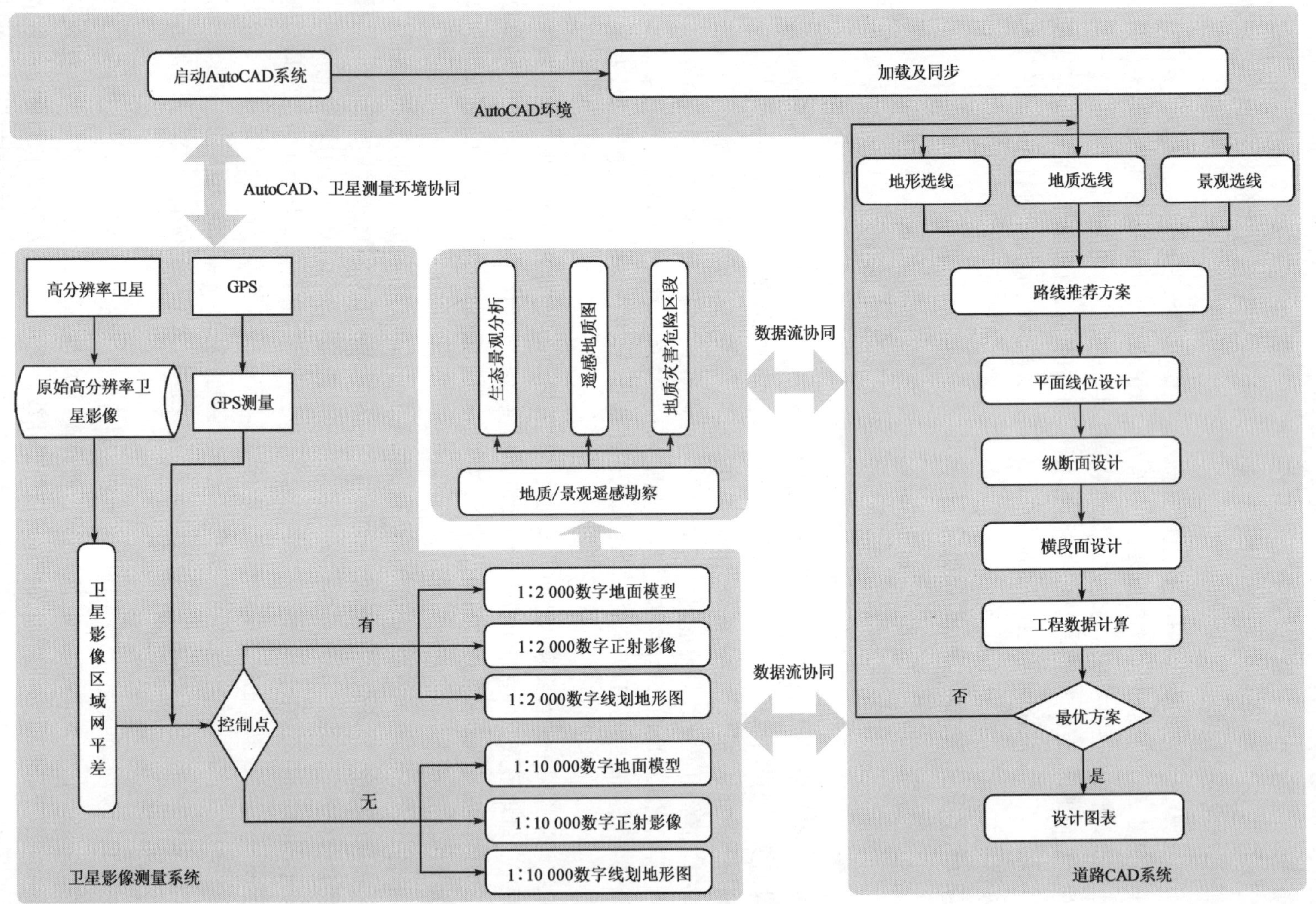

图12-4 高分辨率卫星勘察与公路CAD的协同

将设计模型与地面模型叠加，并粘贴特定材质及地表真实图像，构成路线的虚拟景观，实现路线虚拟景观的透视、漫游，并对路线质量进行评价(图 12-6)。

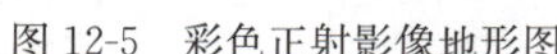

图 12-5 彩色正射影像地形图

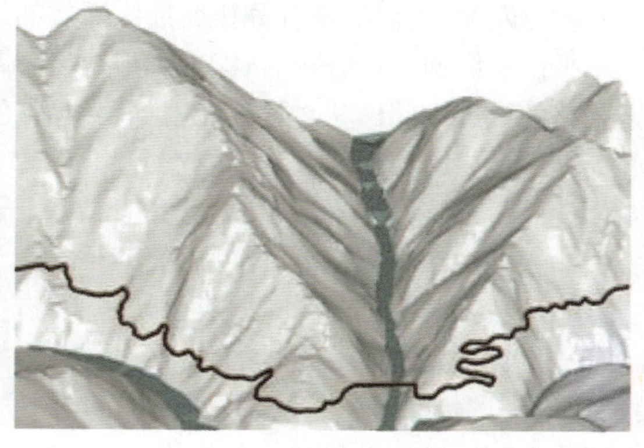

图 12-6 数字高程模型与路线叠加

在集成系统中，勘察与道路、桥梁、隧道、环保景观等各专业、各环节之间，无论是软、硬件系统还是数据流均实现了相互间的无缝衔接，在生产组织上形成了各专业的协同化作业。同时，设计过程中随时可建立道路、互通、桥梁、隧道等各种三维设计模型，用于设计可视化检查和可视化质量控制。并且系统能快速地进行地面模型、设计模型和数字图像模型叠加，生成三维动态景观漫游效果，用于设计成果的综合评价、环境评价和优化设计。

当遇到路线方案变更，需要提交新的地形资料时，只需从公路 CAD 系统反馈变更后路线走廊带的范围，卫星测量系统可以对该范围的卫星图像进行 3D 产品生产，通过数据接口转换，将这些数字化的产品资料集成到公路 CAD 系统中，设计人员即可对新的路线方案进行设计、比选，直至获得最优的路线方案。卫星图像宽广的覆盖范围，保证可以涵盖几乎所有可能的路线方案，卫星勘察与公路 CAD 的协同，真正实现了路线方案的最优比选。

12.5 基于卫星图像的路线方案设计与比选

利用卫星图像获取公路沿线区域环境的信息，具有视域广、整体感强、图像逼真、信息量丰富、宏观、直观等特点，特别对地形、地貌、植被、地物等信息的反映最为直接，使得设计人员可以快速的了解路线走廊带的情况，为合理确定路线方案、桥址、隧道位置等提供科学的依据。通过卫星图像测量，可以快速生成我们所需要的数字线划地形图、数字正射影像图和数字高程模型。

基于卫星图像的路线方案设计与比选主要包括以下四个步骤：平面线形设计、纵面线形设计、横断面设计和方案比选。

以数字正射影像图为背景，并参照地形和环境条件，在平面图上研究公路中心线的形状，即进行线形的设计。将平面设计资料输入公路 CAD 系统，例如交点坐标、平曲线半径、平曲线类型、缓和曲线长度等，计算机可以根据这些资料自动计算路线里程、平曲线要素和曲线上各特征点的桩号以及逐桩坐标。设计者可以根据设计结果，反复的调整设计参数，直至满意为止。

道路平面位置确定以后，计算机利用卫星测量系统提供的DEM进行高程内插，得到道路中线上任一点的高程值，从而获得纵断面的地面线。设计者可以采取自动的方式让计算机产生最优纵断面，然后交给计算机完成纵断面的计算和输出工作。

平面和纵面设计完成后，能准确地定出公路中线的空间位置。通过横断面设计，则可以确定公路的三维空间形状。设计者根据路线所经地区的地形、地质、水文、气候等条件，确定各段的标准设计横断面形式及构造物布置形式，在道路CAD系统可根据标准横断面自动进行横断面设计。道路CAD系统可显示设计成果，设计人员可以在屏幕上修改不合理的设计断面。根据输入的数字高程模型和横断面设计结果，道路CAD系统可以计算土石方工程数量和土石方累计数据，并最终输出横断面设计图和有关图表。

方案比选是在路线设计的基础上，结合方案周围的地形、地质、人文及工程数量、造价等各项社会、经济指标，综合对比、分析，推荐出科学、合理、技术条件较好的路线方案。根据各路线方案的土石方工程数量和工程造价，同时将设计好的路基模型融入到DEM中，用DOM附上纹理，通过三维漫游和缩放，从宏观上把握路线的走向、从微观洞察沿线周围的地形、地质、人文、景观条件，最终确定出满意的路线设计方案。

以河南省三门峡至淅川高速公路的公路勘察设计为例，在勘察设计初期，根据路线范围，购买立体卫星图像，在无控的情况下，测绘出1∶10 000地形资料。沿线布设了少量的地面控制点，测绘出1∶2 000地形资料。在灵宝至卢氏段，结合1∶10 000地形图，在工程可行性研究阶段确定出路线走廊带，在初步设计阶段，利用1∶2 000地形资料，综合考虑影响本项目的主要控制因素，直接否定明显有缺陷的C线（穿越军事禁区的方案）、L线（避免长大纵坡提出的长16km长隧道方案）、M线（14km隧道穿越塔子山方案）、K1线、K2线（绕避回民墓葬区方案）等方案，对11条路线比选方案进行了比较，最终确定了推荐线K线。各种路线比选方案与K线相比的优缺点详见表12-1。

灵宝至卢氏路线方案一览表　　表12-1

名称	起讫桩号	长度(km)	对应正线桩号	优　点	缺　点
K线	K1＋840.619～K81＋220	80.778		综合兼顾了路网交叉、自然环境、施工难易、工程造价、经济社会影响等因素，总体最优	由于地形起伏较大，长大纵坡难以避免。特别是K63＋700～K77＋400段连续下坡长约13.7km、平均纵坡达2.93%
G线	GK0＋000～GK83＋500	82.85	K1＋358.365～K81＋775	桥隧总长较K线有所缩短	平面线形指标不如K线，互通位置条件不如K线；施工时对国道G209正常运营干扰较大，卢氏停车区设置较为困难；峭山隧道长6 035m，工程造价高、运营费用大、施工工期长
B线	BK25＋033.139～K33＋377.241	8.344	YK25＋033.139～K33＋100	与K线平纵面指标相当，且里程较K线段少396m，对G209的干扰小，工程建安费比K线少2 416万元	岭西隧道长度达到2804.5m，施工周期较长，对项目实施进度影响较大，后期运营管理、维护费用较高

续上表

名称	起讫桩号	长度(km)	对应正线桩号	优　点	缺　点
T线	TK68＋400～TK79＋075.637	10.676	K68＋400～K79＋100	少建2座隧道,隧道总长较K线缩短1 458.5m,后期营运费用省;桥隧总长比K线短274.55m;降低了白水峪大桥的设计和施工难度;对回民墓葬区干扰小	有近3km沿河沟山坡布线,桥墩位于陡坡上,施工难度大;在K66＋800～TK75＋850路段行车安全性不及K线;本路段海拔高度高,T线多以桥代隧,抗冰雪灾害能力较差;平面指标低,超高偏大;绕避回民墓葬区方案不及K线的路基方案
H线	HK71＋000～HK79＋699.417	8.7	K71＋000～K79＋100	桥梁高度和规模小	里程较K线长600m;存在滑坡体,有安全隐患
A线	AK11＋000～AK17＋081.873	6.082	K11＋000～K17＋300	A线相比K线里程较短,征地较少	较K线桥梁长234m,工程造价略高,对铁路运营期间的影响较大,存在一定的安全隐患
F线	FK4＋000～FK16＋050.061	12.050	K4＋000～K15＋000	跨越G310、陇海铁路夹角大(近正交)	施工期间对铁路运营影响较大,总体工程造价高于K线6 500万
E线	EK25＋033.139～EK33＋294.896	8.262	YK25＋033.139～YK33＋100	基本利用工可走廊,平面线性指标较好	需拆迁2处部队营房,工程实施难度大,予以放弃
D线	DK33＋100～DK39＋863.111	6.763	K33＋100～K39＋500	避开峡谷地段,工程建设条件好	公路施工期间对G209国道运营存在一定干扰;DK35＋750～DK36＋000段路线从前孟家河村经过,房屋拆迁量较大,对当地居民的生活也会造成一定的影响;工程规模上,D线相比K线桥长短700m,但需增设980m座(3)隧道,工程造价高于K线
I线	IK64＋000～IK77＋260	13.260	K64＋000～K76＋000	走G209东侧	较K线里程增长1.26km,但长大纵坡没有得到有效改善;在IK68～IK69段,施工难度大,对G209Z干扰大;在IK71～IK72、IK73～IK74＋600两路段,极易形成大面积的滑坡和泥石流等自然灾害,存在很大的安全隐患

续上表

名称	起讫桩号	长度(km)	对应正线桩号	优　点	缺　点
W 线	WK64＋500～WK70＋077	5.577	K64＋500～K70＋700	平面线形顺直，较对应 K 线短 623m；隧道长度较对应 K 线减少约 1 080m	W 线平均纵坡较对应 K 线大；桥梁长度较对应 K 线增长约 2 060m；W 线在 G209 西侧布线，施工时与 G209 有一定干扰；W 线受地形限制，不具备在此设置停车区的条件
V 线	VK72＋000～VK76＋848	4.848	K72＋000～K76＋000	利用山坡布线，隧道少	地质条件差，存在巨大安全隐患，不符合地质选线要求

注：比较线合计：159.611km，其中定性比较 131.891km，同等深度比较 27.72km(占推荐线长度的 34.32%)

在卢氏至西坪段，工可阶段结合 1∶10 000 地形图确定了可能的 10 条路线走廊带方案，9 条比较线里程长达 123.5km，推荐线里程为 52.5km，所有路线方案间的最大距离跨度达到了 8km。在路线方案优化、比选的过程中，最终确定出项目的推荐线和适合的 2 条比较线，比较线路线里程缩短至 15.5km。具体路线方案平面图局部如图 12-7 所示。

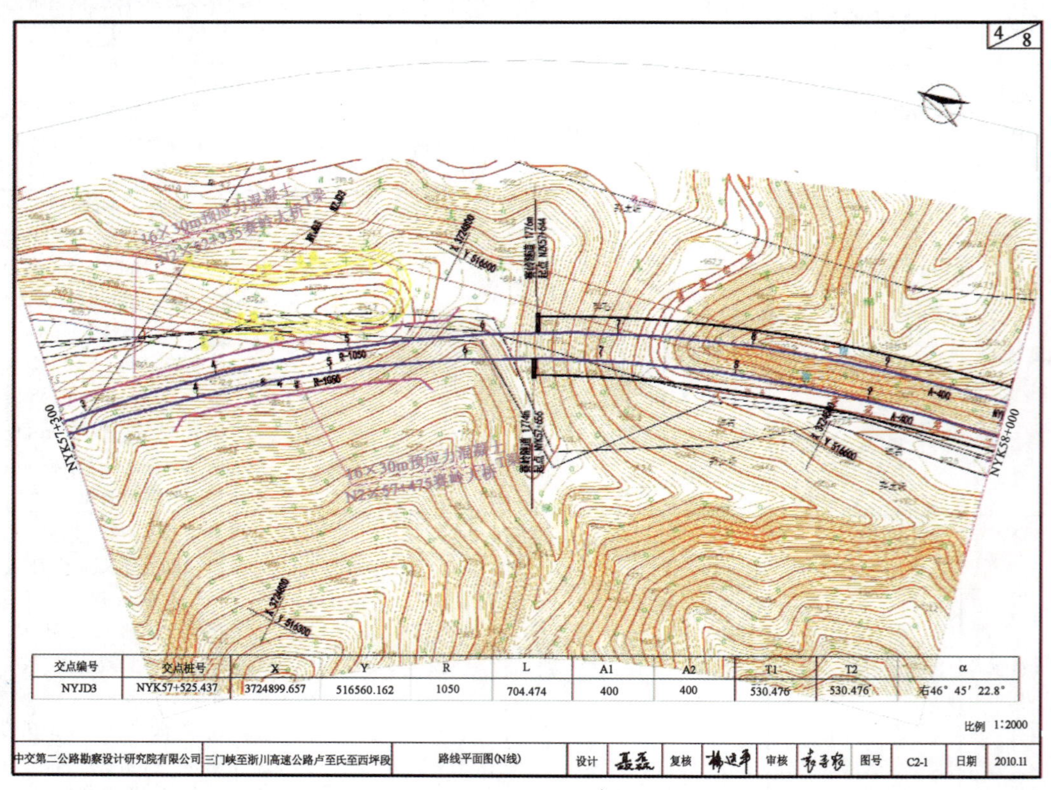

图 12-7　河南省三淅高速公路卢氏至西坪段路线平面图(局部)

12.6　基于地质灾害的路线设计与比选

公路工程地质遥感勘察视域范围广，对物体的特性、地质构造和布局、不良地质现象反映全面、客观。公路工程地质遥感勘察能宏观、快速、准确地调查和定位公路路线走廊区域内的地质现象和地质条件，为公路地质选线和大型构造物的地质选址中的重大地质问题的宏观避绕，微观处理提供了科学依据。

基于地质灾害遥感勘察的路线设计与比选，主要包括公路工程地质遥感解译、地质灾害危险区段划分、地质灾害对公路工程的危害度评价、最优方案推荐等环节。

公路工程地质遥感解译对于确定路线走廊的作用是最大的，其经济、技术效益也是最高的。通常采用美国15m分辨率的Landsat-7ETM＋卫星图像等中低分辨率遥感资料，基于地学遥感和图像分析技术，对区域地质环境、水文地质、断裂构造和灾害地质体的发生机理、规模等级和危害程度进行初步分析，获取区域地形、地貌、地层、岩性、水文地质、地质构造等分布范围、性质资料，对遥感解译结果及其对公路路线及桥梁、隧道等大型构造物工程地质稳定性进行综合分析、评价和论证。对拟订路线走廊带的经济性、可行性做出结论，并提出建议，从而确定最优的路线走廊。

地质灾害危险区段划分为公路路线方案设计与方案比选提供了最客观、直接的基础资料。在中低分辨率工程地质遥感勘察基础上，采用高分辨率、大比例尺遥感图像资料，对确定的路线走廊范围进行较详细的地质灾害遥感勘察。结合区域高精度数字高程模型数据，对路线走廊的地质灾害因子进行自动提取与量化分析。采用地质灾害危险性评估方法，对路线走廊的工程地质条件进行危险区段划分。

基于地质灾害危险性分区结果，参照高分辨率、大比例尺工程地质遥感勘察资料，从区域地质、从水文地质、工程地质及不良地质角度对路线方案的选择，桥位选址、桥型方案、墩、塔设置，隧道的走向、洞口位置的设置、隧道底板设计高程、洞外接线的配合等的经济性、安全性、稳定性做出评价与论证，推荐合理的路线方案及大型构造物的设置方案。

公路工程作为一项庞大而复杂的带状工程，难以避免各种地质灾害的安全威胁与危害，特别是山区高速公路更是如此。基于地质灾害的路线设计与比选，应对那些与公路工程关系密切的地质灾害进行重点关注，对各个地质灾害的位置、规模、大小等进行定性—半定量分析，对地质灾害的分布规律、产生原因与发展趋势进行判断，对地质灾害与公路工程的相互关系及影响程度进行评价，并推荐最优的公路路线方案及构造物布置方案。

基于地质灾害的最优方案推荐原则主要包括以下几方面：

(1)“避”。公路工程路线布局，大型桥梁、隧道选址，应尽量避开大的断层破碎带以及危险性大的地质灾害点以及地质灾害集中分布带。

(2)“绕”。对于必须通过的地质灾害区，应尽可能选择地质灾害危险性相对较小的位置通过，如在褶皱构造发育地带修建隧道，应选择从褶皱的翼部通过。

(3)“防”。对于无法避、绕的地质灾害，应尽量以路基形式通过，并采取相应的防护措施，确保公路工程安全。

(4)“稳”。有的地质灾害存在于公路工程附近并处于稳定状态，并不会直接危害公路工程安全，在公路施工过程中，应避免工程施工的填、挖方破坏其稳定状态。

12.7　西藏墨脱公路高分辨率卫星勘察设计

西藏墨脱公路位处与印度有争议的麦克马洪线边境县——墨脱县，跨越喜马拉雅山脉。墨脱公路不仅是公路建设的一件大事，而且也是我国政治、经济、军事上的一件大事。

墨脱公路的建设，自新中国成立以来，国家一直相当重视。为了寻找一条进入墨脱的道路，自 20 世纪 50 年代开始调查研究，工程师、地方官员、部队驻军进行了不懈的努力，设计了波密至墨脱路线方案。该路线全长约 141km，于 1974～1979 年历经 5 年时间完成勘察设计，概算总投资 3 296 万元。1975 年 7 月开始修建，历时 5 年，至 1980 年停工。以后每年拨款进行整治维修，不能从根本上解决问题。墨脱公路建设失败的根本原因在于当时技术手段比较落后，无法获取设计所需的地形、地质、气候、水文等资料，对自然条件缺乏深刻了解，对雪崩、泥石流等地质灾害无法进行全面正确的评估，致使路线方案设计不合理，对灾害防备能力极差。当时，墨脱军民所需的各种物资每年约 600t 全靠人背马驮。

2002 年，中交第二公路勘察设计研究院开展了西部交通建设科技项目“IKONOS 卫星图像在西藏墨脱公路勘察设计中的应用研究”，对以现代空间信息技术为核心的全新的公路勘察设计技术体系进行研究，并成功用于西藏墨脱公路的建设。该项目利用 IKONOS 卫星图像，填补墨脱公路路线方案走廊内大比例尺地形、地质资料的空白，有效解决了墨脱公路建设的关键技术难题。

12.7.1　西藏墨脱公路概况

墨脱，《甘珠尔》藏经里称为“佛之净土白马岗，隐秘圣地最殊胜”，人称隐秘的孤岛(图 12-8)。墨脱县是我国西部的边境县，也是我国当时唯一不通公路的县。

墨脱，位于西藏东南部，雅鲁藏布江大拐弯处，那里有世界著名的“雅鲁藏布大峡谷”。墨脱西面、北面与隆子县、米林县、林芝县、波密县毗壤，被喜马拉雅山所阻，那儿有至今人类没能征服的“冰山之父”南迦巴瓦峰(7 782m)；南面有令人伤心忧虑的“麦克马洪线”；东边接察隅，被横断山脉所挡。墨脱层峦叠嶂，雪山起伏，峰高路险，雾罩云遮。真可谓“一景观四季，十里不同天”。墨脱，神秘而又令人恐惧。那里是“地质灾害博物馆”。当时，去墨脱唯一的办法就是用双脚攀登高山峡谷，过溜索，野外宿营，还要冒雪崩、泥石流、塌方、飞石、猛兽、毒虫等危险。去过那里的人，回来时，都带着令人神往而又使人生畏的感受。

图 12-8　秘境墨脱

墨脱公路建设的所在区域(图 12-9)与其他工程相比有以下几个显著的特点。

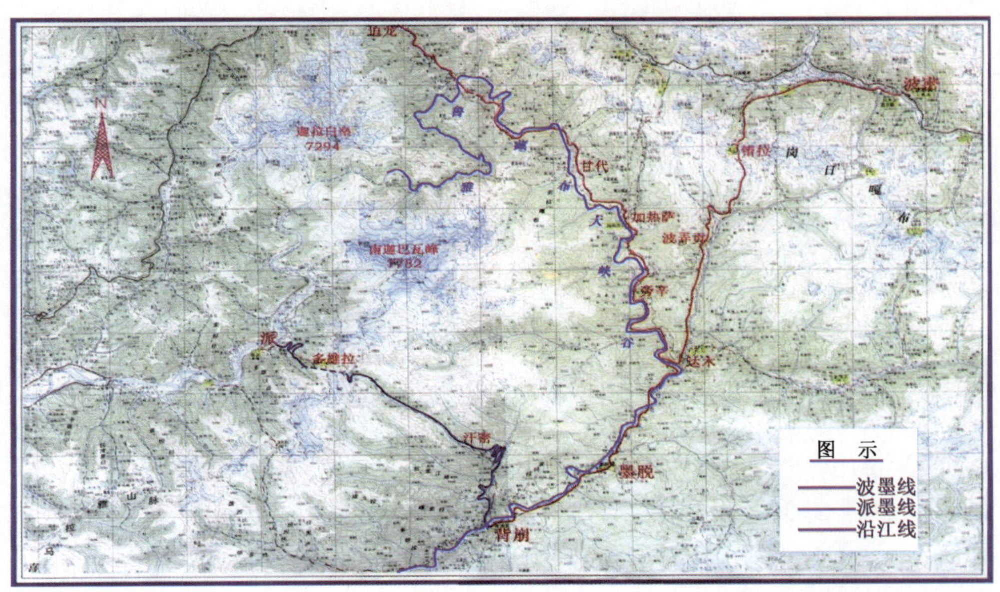

图 12-9　墨脱公路区域地理位置图

(1)墨脱公路所在地位于印度洋板块与欧亚板块结合处，雅鲁藏布江为两个板块的缝合线。雅鲁藏布江以南出露的是一套中、深程度的变质岩系，地质年龄为 7.4 亿年。它是很古老的寒武系的岩层，和南侧印度地台的地质年龄相仿。古地磁测量表明，前寒武纪时，南迦巴瓦峰的位置还在北纬 13°附近，而现在已处在北纬 29°30′附近，印度板块的漂移北进自白垩纪以来，已向北东方向推进楔入欧亚板块达 15 个纬度之遥。雅鲁藏布江的外侧(即北侧)属欧亚板块南部，地壳的组成物质是以火山岩、碎屑岩为原岩的上古生界变质岩系。印度板块的北北东进和欧亚板块的碰撞和低角度俯冲，造成了板块之间的雅鲁藏布地缝合线带。

(2)墨脱地区位于喜马拉雅山脉、念青唐古拉山脉与横断山脉的交会部，地质构造极为复杂。这里的内营力方面以强烈的地壳构造运动为主，地壳强烈上升，地幔上涌，作用于岩石圈和地表，至今还有温度高达 90℃以上的高温地热沸泉出露，显示墨脱地区仍处在强烈上升为主的强烈构造活动时期。

(3)墨脱县地处有争议的麦克马洪线附近，至今仍有大片的领土被印度非法占领。1914 年，英国外交大臣麦克马洪背着中国中央政府，大笔一挥将墨脱县中部喜马拉雅南坡划了一条以他的名字命名的非法“麦克马洪线”作为中印边界线，致使墨脱县仍有 2/3 的土地，包括 250km 长的雅鲁藏布江的下游河段，至今仍被印度非法侵占。

(4)墨脱公路的落差最大，公路设计的最高点与最低点在平面直线距离 33.87km 范围内，其相对高差达 2 700m。墨脱地区的高山峡谷地形，从海拔 4 200m 多雄拉到墨脱县海拔 700m 背崩，山峦起伏，地无三尺平。

(5)墨脱县地形资料基本上为空白，1∶50 000、1∶100 000 地形图都不全。部分地区的地形图还是用罗盘、气压表和测绳、珠子数步等原始方法测绘并手工勾绘的地形图。

(6)墨脱县地质资料为空白，仅有 1∶500 000 区域地质图。在区域性的小比例尺地形图上，地质构造线等一些地质信息都是画着一些稀松的虚线。这些都是根据外围资料推测、延伸进去的，根本没有实地调查资料。

(7)墨脱县境内地质情况相当复杂，地质灾害众多(图 12-10)，如冰川、雪害、雪崩、泥石流、沼泽、滑坡等，第四纪最新的造山运动—喜马拉雅运动就在此处。地质体裂变迳迹的测量表明，南迦巴瓦峰地区 15 万年以来的平均隆起速度达到每年 30mm，是地球上最强烈上升地区。由于地处印度板块、欧亚板块相互碰撞的地区，岩石较为破碎，新构造运动强烈，加之山高坡陡、淋蚀与水力侵蚀作用强，从而导致山体崩塌、滑坡、泥石流等频频发生。这些灾害甚至造成雅鲁藏布江河道的堵塞乃至断流。

图 12-10 地震引发的泥石流

(8)地震烈度最高。有史记载以来，发生的最大震级 8.5 级地震的震中就在墨脱县。大地震使南峰周围大拐弯河谷中的村庄全部毁灭，有的村庄直接被抛落入江，田野普遍受到破坏。由于地震引起山崩、滑坡，河谷为之阻塞。据说当时地震烟雾经久不散。

(9)水资源极为丰富，年降水量 2 350mm 左右。每当春夏之交(一般 5～6 月)印度洋的西南季风带着充足的水分和热量向北东方向运行向大陆，低层的水汽在运行过程中必然会受到地形的影响和制约。在平原中部途中遇上海拔 2 000m 左右的卡西低山地，湿热气流留下大量水分和热量，出现了山前的乞拉朋齐地方具有世界最多降水中心的地理极值，年降水量达到 10 000 多 mm。越过卡西低山继续北上的水汽，最终遇上青藏高原和喜马拉雅山的迎面横空阻挡，除一部分高层气流能越过喜马拉雅的低山口，进入青藏高原外，大部分被逼抬升形成地形雨，使喜马拉雅的南坡成为世界有名的高温多雨的湿热环境地区。

(10)墨脱地处青藏高原最大的水汽通道上。充足的水分和热量，导致广大藏东南受海洋性气候的影响而独具特色，沿水汽通道，热带山地的环境向北伸 6 个纬度，达到北半球水平分布的最北限和垂直分布的最高限。大气物理测试表明，夏季，沿布拉马普得拉河－雅鲁藏布－帕隆藏布－易贡藏布一带为输送的水汽量最大，其强度可达 500～1 000g(cm/s)，为青藏高原四周其他地区的 3～10 倍，相当于夏季从长江流域南岸向北岸的水汽输送强度。

(11)墨脱生物多样性最全，是我国的综合自然生态保护区。不同自然带景观各异，蕴含的生物多样性资源特别丰富，浓缩着全球变化诸多自然信息体的储存。这里是世界上山地垂直自然带最完整、齐全的地方，生物的多样性资源特别丰富。据统计，这里集中分布着青藏高原 60%～70%的物种类型，其中维管束植物就有 208 科、110 余属、3 600 多种，约占西藏总数的 2/3；昆虫有 2 000 余种，约占西藏总种数的 60%以上；大型真菌有 400 余种，占西藏总数的 80%；锈菌 200 余种，约占我国锈菌总种数的 25%。

(12)植被类型丰富，是植被天然博物馆、高原上的“西双版纳”，为我国除云南、东北以外的第三大森林区(图 12-11)。墨脱河谷，完全是低山河谷季风雨林带景观。不同于赤道附近的热带雨林，它是在热带海洋性季风条件下形成的有明显季节变化的雨林生态系统。林冠参差，组成复杂。这里的季风雨林可说是丛林郁闭，阴暗潮湿，藤蔓交织，幽兰蕊香，其环境与我国的海南岛、西双版纳相仿。高大的乔木如千果榄仁、阿丁风、天料木、尼泊尔桤木等高达三四十米；有些树干基部常有板状根。这些高大乔木之间还生长着印度栲、蒲桃、厚壳桂、黏果榕等稍矮一些的乔木。该地区生长着野芭蕉、桄榔和叶如鱼尾的鱼尾葵，以及原始古老的树蕨——桫椤。

(13)受海洋性气候的控制，季风型温性冰川发育，是世界上海拔最低冰川所在地。冰川的发育主要受雪崩的补给为主。以南迦巴瓦峰为中心的冰川发育是不对称的掌状分布，迎风的东南坡发育着德母弄巴、白弄巴、央朗藏布三条长大的山谷冰川，而背风的西北坡仅有一条则隆弄冰川。这类山谷冰川可长达10多km，在陡峭的地形下常出现巨大的冰瀑布和弧拱构造。它们往往蜿蜒到亚热带的森林之中，末端可到达海拔2 000多m的地方，构成又一种自然奇观。截止到目前，我国发现并进行过现场考察的仅有的两条具有特殊运动状态的冰川——表现出跃动形迹的超长运动冰川，也分布在该地区。

图12-11　墨脱冷杉

(14)墨脱县有著称于世的世界第一大峡谷——雅鲁藏布大峡谷。经科学论证认定，雅鲁藏布大峡谷入口处在派乡转运站，出口处在巴昔卡村，实际长度为504.6km。其最深峡谷处位于南迦巴瓦峰和里勒峰与雅鲁藏布江交汇处——宗容村，谷深6 009m，单侧峡谷最深处在得哥村附近，谷深7 057m，大峡谷平均深度为2 268m，核心地段平均深度为2 673m。

(15)当地的生产方式遵循原始落后的刀耕火种，广种薄收，多余的玉米等粮食大多用于酿酒。与外界交往相对封闭，文化相对落后。当地人主要信奉藏传佛教。

以前的墨脱公路建设之所以屡建屡毁，究其原因，主要包括以下几个方面：

①地形、地貌条件极差，海拔高，山体陡峭，地形起伏大，选线与施工困难。

②雪灾严重，无法查明积雪厚度，易发生雪崩。对雪崩的规模及其防治认识不足。

③地质条件恶劣，区域地质构造运动剧烈，地应力集中。岩体破碎，风化严重，有大量坡面松散物质，加上印度洋暖湿气流的影响，降水量巨大，使坡面松散物质产生位移，形成大量泥石流、滑坡、塌方等灾害。

④公路设计所需的地形、地质、水文、气象等基础资料为空白。地形图仅为20世纪60年代徒步勾绘的1∶100 000草图。

⑤技术经济条件落后，仅仅依靠人力进行实地定线，无法进行路线方案走廊的比选与优化。

⑥施工条件落后，缺少必要的灾害防护和整治措施。

⑦施工中缺乏对自然生态条件的保护，过度砍伐诱发了二次自然灾害，从而造成道路的毁坏。

12.7.2　IKONOS卫星图像高精度三维测量

墨脱公路对IKONOS立体卫星图像进行了大规模的应用研究，并采用国际上著名的Helava DPW数字摄影测量工作站对IKONOS卫星图像进行处理。在完成IKONOS立体卫星图像加密后，产生了对应的支持文件，其包含了能精确恢复卫星图像像方与物方坐标关系的相关参数，用于 IKONOS 立体卫星图像的 3D(DLG、DEM、DOM)的生产。

IKONOS 生产 3D 产品的平面系统采用 1954 年北京坐标系；高程系统为 1985 国家高程基准；地图投影为 3°高斯—克吕格投影，中央经线为东经 95°20′，投影基准面为 2 700m；DLG 基本等高距为 5m，在地形平坦的地方，加绘半距等高线；DEM 格网点间距是 10m×10m；DOM 的像点分辨率采用 1m。

IKONOS 立体卫星图像 3D 产品的生产流程如下：

(1)建立工程。

(2)建立单个立体模型。

(3)坐标系统转换。

(4)建立区域网并进行连接点量测。

(5)整体平差计算。

(6)3D 产品的数据采集。

为了检测 IKONOS 立体卫星图像的 DLG、DEM、DOM 等产品的精度，采用 Leica GPS530 实地测量了 336 个外业检测点。这些检测点有用于平面精度检测，有用于高程精度检测。通过这些检测点的误差分析，计算出 IKONOS 立体卫星图像生成的 DLG、DEM、DOM 实际精度。

1)IKONOS 线划地形图的精度

IKONOS 立体图像生成的线划地形图的平面和高程精度进行了实地检测(图 12-12)。在成图区域范围内，实地每隔 100～200m，选择一个平面或高程检测点。为检测线划地形图，共用了 62 个平面检测点和 330 个高程检测点。将 IKONOS 线划图的坐标值与实地测量坐标值进行对比，其平面、高程误差以及高程注记点的误差统计结果见表 12-2。从表 12-2 可看出，IKONOS 线划地形图的精度已满足 1∶2 000 比例尺成图的精度要求。

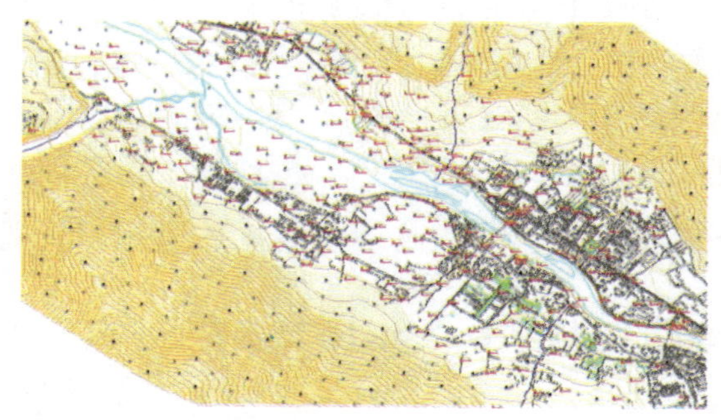

图 12-12 DLG 精度检测

IKONOS 线划地形图的平面精度统计表(m) 表 12-2

误差	平面		高程	高程注记点
	X	Y		
误差上限	2.4	2.6	4.0	1.9
误差下限	−1.7	−2.3	−3.2	−1.6
误差均值	0.4	−0.4	0.4	0.3
中误差	0.8	1.0	1.1	0.6

2)IKONOS 数字高程模型的精度

IKONOS 生成的数字高程模型是在 IKONOS 立体像对恢复的空间模型上，每隔 5m 间距采集高程点形成的矩形高程阵列(图 12-13)。

外业检测点在 DEM 上的高程可以通过 DEM 双线性内插计算。IKONOS 生成的 DEM 精度检测共用了 330 个检测点。将检测点高程值与对应的 DEM 高程值比较，统计出 IKONOS 生成的 DEM 的精度。其误差统计结果如下：最大误差为 4.2m、最小误差为 −3.6m、误差均值为 0.3m、中误差为 1.2m。

3)IKONOS 正射影像图的精度

IKONOS 立体卫星图像采用微分纠正技术生成 DOM。将检测点展绘到 IKONOS 立体卫星图像制作的正射影像图上(图 12-14)，并找到其对应的图像点，量测出与检测点的距离及其在 X、Y 方向上距离的分量，对 IKONOS 卫星图像制作的数字正射影像图的精度进行检测。IKONOS 制作的 DOM 精度检测共用了 91 个检测点。对检测点的 X,Y 分量误差分别进行统计，并计算其平面位置误差。其统计结果见表 12-3。

图 12-13 IKONOS 生成的 DEM

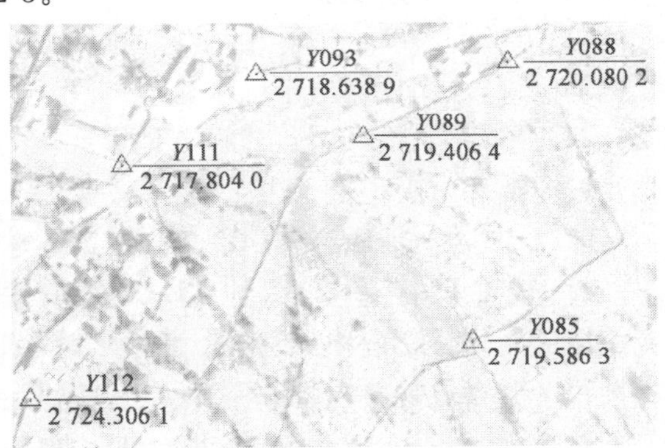

图 12-14 DOM 检测

IKONOS 制作的 DOM 精度统计表(m) 表 12-3

误 差	误差上限	误差下限	误差均值	中误差
X	1.6	−1.3	0.1	0.4
Y	1.4	−1.4	0.0	0.5
S				0.7

12.7.3 多时相地表空间变迁分析

西藏墨脱地区由于地质构造剧烈活动，地震频繁，地壳高度现每年以 2.74cm 的速度向上抬升，同时由于泥石流、雪灾、滑坡、崩塌等地质灾害广泛分布等，地表变化剧烈。从图 12-15 中可看出，1998 年与 2001 年两个时相的 LandsatTM/ETM 图像上，西藏易贡藏布两侧的变化是相当剧烈的。

西藏墨脱地表变迁分析以 1971 和 2001 年相隔 30 年的两个时相的航摄资料，各自生成对应的 DEM 和 DOM 数据，联合进行地表空间变迁的检测，找出 30 年间地表发生的变化的范围、趋势及规律。

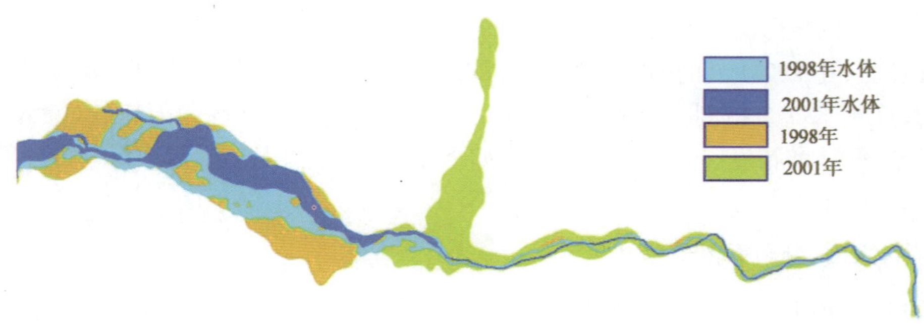

图 12-15　1998 年与 2001 年 LandsatTM/ETM 图像上的地表空间变化

将 DEM 变化探测分析与 DOM 变化探测分析结合使用，极大地增强了探测的变化结果的可信度。将两期图像数据中图像灰度相关性弱的像素，视为地表发生变迁的区域，并与从 DEM 提取的高程变化边界相结合，通过人机交互的方法，仅将两者的重合部分视为真正发生变化的区域，从而探测出正确和可靠的变化区域，同时正确分析变化引起的原因及变化的性质。基于 DEM 地形变化与 DOM 地表变化的协同分析，并结合工程地质学的综合分析，为工程建设防灾和减灾提供了大量的科学依据。

西藏墨脱是"地质灾害博物馆"，公路通过的区域，泥石流、滑坡等地质灾害、山地灾害相当多。对于诸如泥石流这样大的地质灾害，其流域广，影响范围大，灾害威力强。地面调查泥石流流域的变化及影响相当困难。通过多时相遥感资料分析，不仅发现了泥石流物源区、流通区和堆积区的变化趋势，而且也发现了一些曾经发生过泥石流的地区逐渐稳定下来，并且生长了多种植物和森林，出现了良好的生态发展趋势，为墨脱地区环境保护和恢复提供了宝贵的资料。

通过多时相地表空间变迁分析发现，某些重大的山地灾害系人为因素造成。由于环境保护意识的缺乏，以及生存、经济发展的压力所迫，盲目砍伐森林，开荒种地及在道路建设中，造成原有的地面相对稳定环境的破坏，大量的降水使原本松散地表物质失衡，引起山体滑坡、撕坡等地质灾害(图 12-16)。这也提示人们在公路建设中应尽量维护本来就脆弱的生态环境，尽量减少大填大挖，尽可能的不在同一坡面上回头展线，有意识的做好地表防护工作。

同时，还发现了一些其他的有趣的现象，如地表植被的生长变化、植被种类变化等。这些变化是生态环境、地质现象的间接标志，反映了 30 年间该地区的生态环境的发展与变化情况，植被生长的茂盛程度从另一侧面可反映出地下水的富集程度，地下土壤的情况，也为地质现象的遥感解译提供了有用的参考信息，为公路建设的环境与生态保护及可持续发展提供了有价值的资料。

30 年的地表变迁分析为地表的稳定性评价提供了科学的技术手段与方法。在寻找出相对稳定区域后(图 12-17)，工程方案应尽量布设在该区域，设计的技术指标就应在规范允许范围内，进行合理调整。即使不得已要通过不稳定区域时，也明确了那些地方该整治或加强防护措施，做到有的放矢。这样，有力地保证了路线"站得住，立得稳"。

图 12-16 森林砍伐引起的山地灾害

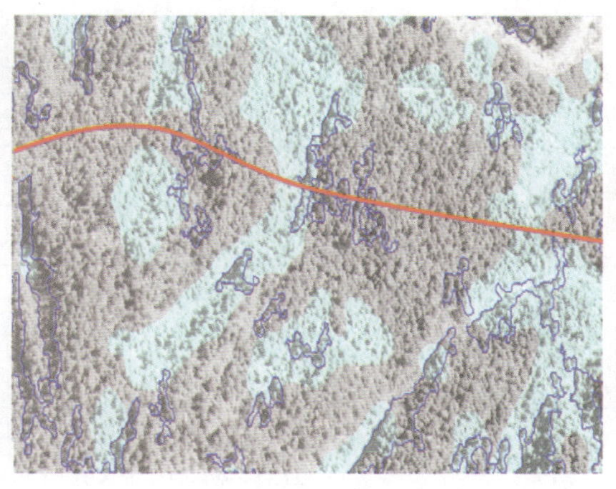
图 12-17 公路工程设计在地表相对稳定的地区

12.7.4 高精度平面与高程整体空间定位

墨脱测区位于我国基础参考框架的外侧(图 12-18)。该地区公共点稀少,距测区远,且受条件限制,联测费时费力。为实现 GPS 测量的 WGS-84 坐标成果精确换算为工程建设所需的坐标系统中,项目研究了 cm 级的工程精化似大地水准面模型。采用 GPS 一次测量,可同时提交高精度的平面和高程测量成果,满足了公路勘察设计需要,取代了原来的水准测量作业模式,实现了三维物理空间整体高精度的定位。

图 12-18 工程区域位于中国控制框架外

首先以距测区最近(约 49km),既有 WGS-84 坐标,又有 1954 北京坐标的 GPS B 级网的一个点——位于八一镇的Ⅲ8(BT14)为基点。然后以该点与拉萨 GPS 跟踪站的连线作为方向,将两个坐标系统进行定位与定向,并进行换算,同时进行两个系统的尺度改正。将 WGS-84 坐标系换算成 1954 北京坐标。除此之外,还找到了 1998 年大峡谷科考队在雅鲁藏布大峡谷布设的三个高等级 GPS 控制点。当时科考队员们在大峡谷同拉萨 GPS 跟踪站联测,每点达 14h,点位精度在 5cm 以内。

为选择在控制框架外侧的墨脱基准,特将科考队 KX01 点与Ⅲ8(BT14)点的基线在 WGS-84、1954 年北京坐标系、1980 西安坐标系间进行了计算。从计算结果(表 12-4)看,不同坐标系统间存在差距。但 1980 西安坐标系与 1954 年北京坐标系间差距相对较小,为 1×10^{-6}m。

为进一步确定平面基准,在实地采用全站仪观测几条边。将其与 GPS 观测值归算到平面直角坐标系的成果进行对比(表 12-5)。从表中可看出,1954 年北京坐标系和 1980 西安坐标系更接近于实测边长。证明这两个系统是该地区的最佳密合椭球。为此，将 1954 年北京坐标系作为平面测量基准，GPS 测量成果以此进行处理和换算。

不同椭球基线长比较表(m)　　表 12-4

坐　标	投影面	0		3 200		3 400	
	点号	BT14	KX01	BT14	KX01	BT14	KX01
WGS-84	X	3 278 991. 192	3 270 993. 155	3 280 214. 819	3 271 234. 800	3 280 318. 119	3 271 337. 818
	Y	634 314. 066	683 122. 091	408 275. 811	456 925. 103	408 272. 943	456 923. 757
	BT14-KX01	49 458. 991		49 471. 147		49 472. 694	
1980	X	3 278 972. 232	3 270 974. 241	3 280 197. 911	3 271 217. 947	3 280 301. 210	3 271 320. 964
	Y	634 212. 051	683 019. 648	408 173. 258	456 822. 153	408 170. 387	456 820. 803
	BT14-KX01	49 458. 563		49 470. 746		49 472. 293	
1954	X	3 279 040. 909	3 271 042. 580	3 280 264. 568	3 271 284. 270	3 280 367. 868	3 271 387. 288
	Y	634 314. 311	683 121. 802	408 272. 082	456 920. 836	408 269. 215	456 919. 489
	BT14-KX01	49 458. 512		49 470. 668		49 472. 215	

实测数据基线长比较表(m)　　表 12-5

基　线	实 测 长 度	84(3 200)	84(3 400)	80(3 200)	80(3 400)	54(3 200)	54(3 400)
GPS01-GPS02	412. 252	412. 276		412. 273		412. 272	
SD01-SD02	437. 035		437. 034		437. 030		437. 031
SD04-SD05	567. 049		567. 063		567. 058		567. 058
SD05-SD06	81. 002		81. 001		81. 000		81. 000

工程所在区域都是深山峡谷区域，GPS 控制点依据工程方案沿山谷布设。在 GPS 选点与观测中，充分利用地形条件及卫星星历，合理组织和规划。GPS 测量采用双频 GPS 接收机进行静态和快速静态测量，控制网以边连接的图形进行传递，GPS 测量相关技术指标严格执行有关的国家标准和规范。最终，GPS 测量的平面成果精度达到了±5cm，满足了四等控制的精度要求。

通常的高程测量是采用水准仪进行的，并起闭于国家水准点上。而墨脱地区没有高等级国家水准点，即使采用局部坐标系，由于地形，地貌的条件限制以及测区内植被多为原始森林，高程测量还是无法采用水准仪来实施，采用红外高程作业难度也很大。相比之下，采用 GPS 来测量大地高，并设法换算成正常高(即所说的海拔高)是一种好的技术方案。

GPS 测量的高程为 WGS-84 中的大地高。它是以椭球面为基准的高程系统。我国高程控制测量采用的是正常高系统。只要确定了高程异常值，或确定了似大地水准面，利用 GPS 测量不仅能获取高精度的平面控制坐标，还能确定高精度的正常高。

项目研究按 1′X1′工程精化似大地水准面模型理论和方法，对墨脱地区纬度 29°00′～30°30′，经度 94°30′～96°00′的区域构建了 1′X1′工程精化似大地水准面模型。该模型透视图见图 12-19。

经实际高精度的检测，似大地水准面的相对精度达到了±0.025m，最大误差未超过规范中规定的高程中误差±3cm的两倍。在地形、地貌、地质、气候条件极为恶劣，基础地理信息资料为空白，地面高程测量无法实施的墨脱地区，该处大地水准面的相对精度达到了山区工程四等水准测量的精度要求，可代替几何水准测量，进行大比例尺测图的高程控制和工程测量的高程控制。

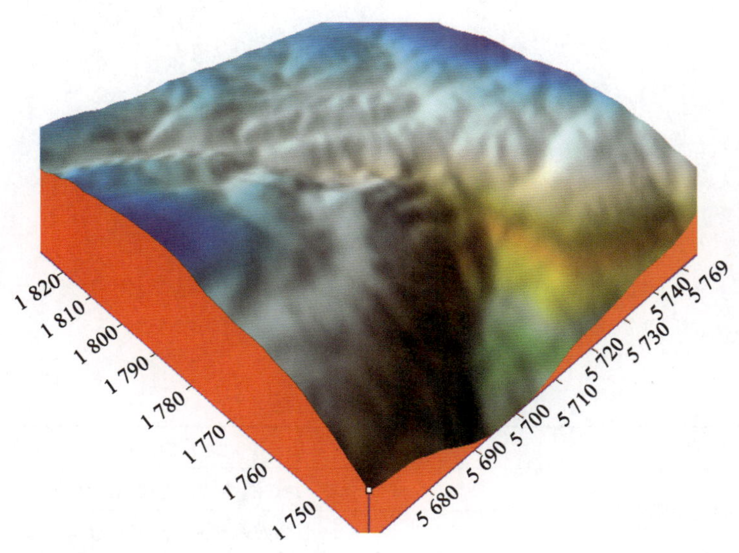

图12-19 墨脱地区的1′X1′工程精化似大地水准面模型

墨脱公路区域的GPS测量不仅提供了高精度的四等平面控制测量成果，应用研究的高精度似大地水准面模型，GPS测量的大地高也以四等水准的精度转化为工程所需的正常高，实现整体三维高精度的空间定位。

12.7.5 多级工程地质遥感勘察

遥感图像信息的多级识别包含几何尺度上和目标对象上的两层含义：几何尺度体现在遥感图像信息的多级分辨率和多波段图像的光谱分辨力定制；目标对象则体现在对地理实体特征要素的尺度识别等级和内部结构信息划分等级上。

多级遥感地质识别是基于ArcGIS地理信息平台和ERDASIMAGINE图像处理平台上建立的。针对墨脱地区所在特殊地质位置，并结合遥感图像中的地貌结构特征、地表覆盖特征及其特殊的雪山冰川景观单元，基于IKONOS、LandsatETM、航空像片等遥感图像建立了不同阶段、尺度、灾害对象类和地理要素类的多级识别概念模型与分层信息采集机理。

1）地质构造的遥感解译

(1)区域地质构造

项目研究的LandsatETM遥感信息解译将该区的岩石地层区域划分为3个地质构造区

和 4 个地质构造亚区(图 12-20 和表 12-6)。

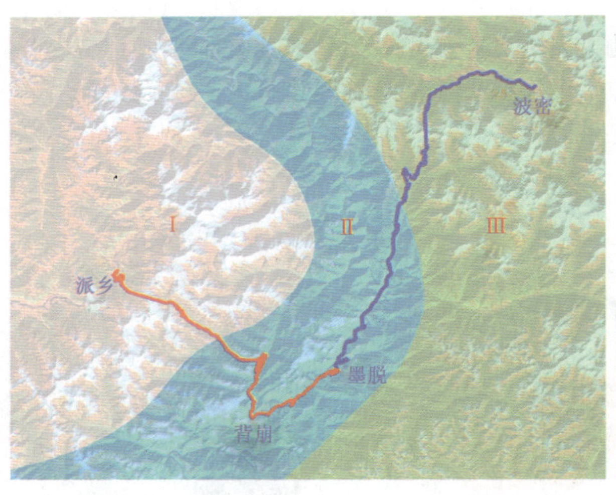

图 12-20　地质构造分区

地 质 构 造 分 区　　表 12-6

<table>
<tr><th>地质构造区</th><th>地质构造亚区</th></tr>
<tr><td rowspan="2">Ⅰ南峰前寒武纪古隆地区</td><td>Ⅰ-1 南峰早元古代结晶地块亚区</td></tr>
<tr><td>Ⅰ-2 南峰晚元古代长垣状隆起亚区</td></tr>
<tr><td colspan="2">Ⅱ雅鲁藏布江大拐弯中生代复杂弧形构造带区</td></tr>
<tr><td rowspan="2">Ⅲ岗日嘎布海西—印支褶皱区</td><td>Ⅲ-1 岗日嘎布晚古生代褶皱亚区</td></tr>
<tr><td>Ⅲ-2 冈底斯喜马拉雅期花岗岩带亚区</td></tr>
</table>

(2)断裂构造

墨脱是著名的"构造结",主要存在有北东、东西、北西和北北西 4 个优势方位。路线通过的大的断裂带主要有派走滑断裂带、马尼翁北东向活动断裂、拉格断裂带、岗日嘎布断裂带、邦辛断裂带等。其中马尼翁北东向活动断裂、拉格断裂带、岗日嘎布断裂带这三个活动断裂带共同构成区域上的"嘉黎右行走滑断裂带"。研究中,还发现了帕隆藏布北北西向活动断裂带。

2)地貌景观的遥感解译与分区

本区地貌宏观上属于喜马拉雅极高山—高山亚区、藏东南山地河谷区,两者以岗日嘎布山脉为界,前者发育有雅鲁藏布江深切峡谷,后者发育有迫龙藏布中等切割峡谷。经地质遥感解译,该区的地貌单元划分为高山冰雪作用带,亚高山寒冰风化作用带,山坡洪流、重力作用带,山麓谷底流水作用带这四个地貌带。

3)岩性地层解译

在已有地质资料的基础上,结合现场地质调查结果,根据遥感图像上不同地层的色调、色彩、地形、水系、植被等岩性地层解译标志,进行了西藏墨脱公路所在地区的地层解译。解译结果表明,沿公路路线两侧的岩性、地层大致可以划分为:古乡花岗岩,大理岩,石英岩和片麻状花岗岩,云母石英片岩,片麻岩等岩性组合单元。

4)第四纪地质解译

西藏墨脱地区的第四系按其成因类型可以划分为冰川成因和非冰川成因。冰川成因的第四系有冰川与常年积雪区、冰蚀湖、冰水扇沉积、冰碛物、U 形谷等。西藏墨脱地区非冰川成因的第四系主要有冲积层、崩积物、坡积物、洪积物等。

5)不良地质及特殊性岩土的解译

(1)泥石流

墨脱地区是我国泥石流最发育、最活跃、类型最齐全、危害最严重的地区之一。泥石流对公路的损害非常巨大。泥石流的类型主要有四大类(图 12-21)。

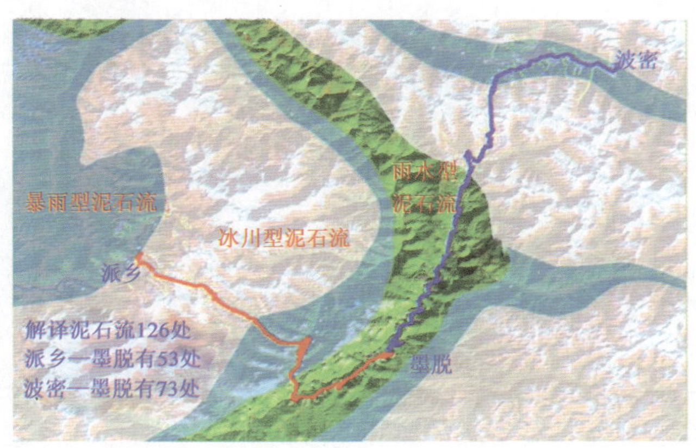

图 12-21　墨脱泥石流类型及分布

①冰川型泥石流。主要分布在海拔 2 500m 以上地区。

②暴雨型泥石流。主要分布在海拔 1 500～2 500m 地区。

③雨水型泥石流。主要分布在海拔 1 500m 以下地区。

④冰湖溃决型泥石流。它是冰川型泥石流的亚类。由于它的机理不同,单独作为一类。主要分布在冰川泥石流的区域内。

(2)滑坡与崩塌

墨脱的滑坡成因分属松散层型、基岩型,其中包括部分古滑坡。松散层型滑坡多是在早期泥石流堆积扇的基础上形成,其中以墨脱县城东南处最典型。嘎龙寺基岩滑坡的所有滑坡要素在采用主成分变换的融合图像上能清晰分辨。

从遥感卫星图像上初步分析,墨脱公路方案沿线规模较大的滑坡体,分别属于两种类型,一为碎屑型,另一类为基岩型,主要分布在仓孔、墨脱和洒拉库等地。该地区的崩塌主要集中分布在岗乡—波密县、细弄—马迪一带。

(3)软土与沼泽

墨脱公路路线方案经过的软土与沼泽,主要为冰湖沉积物,分布在错拉隧道的两侧,对公路的路基有一定的影响。除了冰蚀湖沉积的软土外,冰蚀湖对公路的另一类影响是湖堤易于决口形成泥石流。

(4)雪崩

雪崩是大量积雪从高处突然崩塌下落的一种自然现象。墨脱公路路线方案的部分路段经过高山区域，斜坡上的积雪往往处于不稳定状态，大风或温度的悬殊变化很容易造成大量积雪的突然坍塌并顺坡下滑，形成雪崩。雪崩一旦发生，破坏力相当惊人。

雪崩在遥感图像上的图像特征表现明显，主要表现为积雪区图像较为破碎，表面粗糙不平，有时可清楚地见到许多大裂缝。根据积雪区的面积大小以及地形情况，还能有效地区分出雪溜和跳跃式雪崩等雪崩类型。

(5)不良地质的解译成果

西藏墨脱公路两个主要方案沿线的不良地质体或特殊性岩土工程地质遥感勘察，解译出了多处滑坡、古滑坡、浅层滑坡、泥石流等公路病害。西藏墨脱公路遥感解译出的不良地质数量见表 12-7。

墨脱公路遥感解译的不良地质统计表(处)　　表 12-7

路线方案 不良地质	派乡—背崩	背崩—墨脱	波密—墨脱
泥石流	49	4	73
崩塌	13	6	11
滑坡		1	16
雪崩	1		3
软土			2
断裂构造	22	3	19
线性构造	43	53	94

12.7.6　与公路 CAD 的集成

1)墨脱公路的地形选线、定线与比选

(1)墨脱公路路线方案筛选

进入墨脱的公路可能的路线方案，归纳起来有 8 个。通过工程可行性研究对每个方案的地形、气候、地质条件进行初步研究，结合西藏自治区领导四套班子对墨脱公路的考察意见，从政治、军事、地方经济发展等方面考虑，通过各方案优劣对比，采用排除法，筛选出 3 个方案，分别是波墨线(穿错拉)，派墨线(穿多雄拉)，沿江线(迫龙藏布——雅鲁藏布)。

①波墨线

该方案的优势主要包括：路线走廊带穿过的大断裂相对少，基岩多为花岗岩体或花岗片麻岩等基性或超基性岩体或相应的变质岩体。该方案地形起伏相对和缓，平坦路段所占比例较大，且平坦路段灾害相对较少，多表现为可避可防可治灾害。现有老路，在波密境内有 5km 稍做改造就可利用，除此之外，其他均可作为施工便道，节省了修筑便道的时间与经费。在错综复杂的地形地质条件下，所选择的路线仍显得顺直。克服了老路因线位低而遭水毁、松散体滑塌等灾害多的致命缺陷。

该方案存在的主要问题是：路线中段处于南迦巴瓦地区最不稳定范围之内，受地震、活动性断裂、地应力集中、地热异常控制明显，不确定因素多。松散体、块体运动灾害比较多而分散，比较集中的主要分布在波弄贡至达国桥段，此段路线位于嘎弄曲右岸，泥石流、浅层滑坡、崩塌、山坡扒皮等灾害现象比较频繁，甚至还有潜在的滑坡，重点灾害段长度约 20km。错拉隧道两端雪害的影响未能彻底查清，还需做进一步调查研究。

②派墨线

派墨线总体顺直，沿途基本为基岩，岩体坚硬，相对完整，松散物质薄且少，沿线滑坡、崩塌分布有限，公路建成后路基相对稳定，灾害不多。最重要的是该方案路线距南迦巴瓦地区最不稳定范围较远，受地震、活动性断裂、地应力集中、地热异常控制不如沿江线和波墨线明显，不确定因素相对不多。

该方案存在问题包括：白母西日河谷两岸的稳定性尚不能给出确切的结论。拉格至汗密段的阶地和山坡泥石流的整治仍需做进一步的地质工作。该方案地形险峻，多绝壁，隧道里程长，工程难度大，代价高。多雄拉隧道南端雪害严重。

③沿江线

沿江线海拔高程相对较低，冰雪灾害相对较轻，可望四季通行。但从工程地质角度看，沿江线有许多问题。迫龙藏布两岸地质病害发育密集，其密度达到 2.15 个/km，这种密度在国内外都是少见的。这些地质病害大规模发生，虽然是由于易贡洪水诱发引起，但迫龙藏布和雅鲁藏布自身的地质条件是病害多发的根本。

本方案路线大部分处于南迦巴瓦地区最不稳定范围之内，受地震、活动性断裂、地应力集中、地热异常控制最明显，不确定因素最多。迫龙藏布与雅鲁藏布大峡谷均是欧亚板块与印度板块碰撞带边缘，属高地应力区。目前研究表明，加热萨——旁辛一带是未来强震发生区。南迦巴瓦一带为强烈上升区，河谷下切剧烈。因此，河谷两岸岩体卸荷十分强烈。这一点可从调查区内迫龙藏布显示的“V”形峡谷与其上游波密一段所显示的宽谷及其发育的阶地可以得到证明。

喜马拉雅山强烈上升，构成了印度洋暖湿汽流向北运移的天然屏障，而在大峡谷和迫龙藏布形成天然水汽通道。因此，水汽通道内的大气降雨量明显高于其他地区，道路遭水毁可能性大，路基与边坡稳定性减小，维护费用高，且易诱发各类地质病害。沿江两岸岩体破碎，松散堆积物发育是必然的。因此考察区内迫龙藏布和雅鲁藏布两岸不良地质现象的强烈发生是长期的、必然的。易贡洪水的冲刷仅是使这些地质病害提前发生、集中表现而已。

通过初步分析，发现沿江线地质条件复杂，灾害众多，类型多样，成因复杂，不确定因素多，施工难度和运营期保通的代价远远高于波墨线和派墨线，实地考察认为，沿江线从工程地质角度出发是基本不可行的。而波墨线和派墨线的综合条件明显优于该方案。从我国现在的实际情况（经济实力和科技手段）出发，考虑该方案恶劣的地质环境，本着实事求是和科学的态度，沿江线暂不具备修建等级公路的条件，应放弃。若从开发大峡谷旅游资源出发，可考虑修建旅游便道。派墨线的工程地质条件和地质环境优于波墨线，绝大部分路段建成后比较稳定，隐患相对较少，维护工程难度较小，但地形复杂，施工难度大，代价高。局部地段还存在地质方面的不确定因素，需要通过地质勘察进一步论证。波墨线地形条件相对较好，工程难度最低，但公路建成后维护难度较大，其中波弄贡至达国桥段地质灾害和水害突出，主要问题还未彻底查清，仍存在诸多难以确定的因素，需进一步重点研究。

（2）墨脱公路的定线

利用 IKONOS 卫星图像获取的地形地质资料，墨脱公路走廊带的 1∶10 000 和 1∶2 000 比例尺路线带状数字地形图、1:10 000 卫星数字正射影像地形图、1:50 000 工程地质遥感图和墨脱公路派墨线和波墨线 2 个方案的数字地面模型等，使得我们可以非常清楚的了解选线地区的山脉、水系以及工程地质等情况。

图 12-22 为利用数字地形图对派墨线 K3～K9 进行定线，从图 12-22 中可以看到这是一段回头弯，如果没有地形图完全依靠人工直接定线那是难以想像的事情。首先，地表被原始森林覆盖，通视条件非常差，不可能因为定线工作大面积砍伐森林，地面定线工作基本无法开展，其次需要丰富的定线经验，第三在 3 000 多 m 的高山上反复上下就是对人生理和心理的极大挑战。回头弯设计时要求提供的地表几何信息非常准确，如果设计时采用的地表几何数据与实际出入较大，整个方案将以失败告终。

图 12-22 基于三维 DLG 的公路勘察设计

项目利用 IKONOS 卫星生成的全套的大比例尺数字正射影像图用于墨脱公路方案选线，使其在众多可比方案中选择了危害性最小、技术方案可行性的通道(图 12-23)。在任何可能的通行走廊范围内，墨脱公路路线都必定是在纵坡陡峭、横坡险峻的地方穿行，林密沟深，不可能进行实地多方案反复测量。利用 IKONOS 卫星图像生成的高精度数字高程模型，使得我们可以快速的对路线的平纵横设计参数进行反复、仔细调整，可以说，离开 IKONOS 卫星图像测量将不可能进行墨脱公路设计。正是由于数字高程模型系统与公路 CAD 系统的集成，使真正的路线多方案比选成为可能。

图 12-23 IKONOS 卫星正射像图用于墨脱公路选线

2)墨脱公路地质选线与比选

(1)路线方案比选

采用研究的多级工程地质遥感勘察模式，利用 IKONOS 卫星图像，LandsatTM/ETM 卫星图像及其融合图像，解译出了墨脱公路所在地区的各种地质现象。公路地质遥感选线就是依据解译出的地质现象，合理布设路线，对大的不良地质现象尽可能的绕避，不得已应采取防护措施，而对微观不良地质现象采取防治处理措施，使工程方案经济、合理、科学。

对于墨脱公路方案，根据遥感地质勘察情况，分别进行了方案的优化。

①波密—墨脱方案

通过工程地质遥感勘察研究，并结合现场地质调查工作，对原先的路线方案作了较大的改进。

a. 错拉隧道及进出洞口(图 12-24)：多次展线，绕避泥石流及浅层滑坡，保护了错拉湖的生态环境。

b. 波弄贡—达国桥一带(K60～K80)：建桥或隧道，绕避泥石流、滑坡、崩塌等不良地质体。

c. K90～K105 段：建隧道，避开泥石流和崩塌等不良地质现象。

②派乡—墨脱方案

通过工程地质遥感，并结合现场地质调查，在以下路段对原路线方案进行了改进。

a. 派乡—多雄拉隧道进口段：改线，减少暴雨型泥石流的影响。

b. 多雄拉隧道出洞口：建桥将方案改直，减少浅层滑坡和土溜的影响。

c. 多雄拉河谷段：路线方案抬升，减轻泥石流、崩塌的影响。

a)CK50～CK70 段：减少反复回头展线，避免施工引起的二次地质灾害。

b)CK70～CK80 段：布设桥、隧工程，避开不良地质的影响。

c)CK84～CK87 段：设立隧道，避开泥石流的威胁。

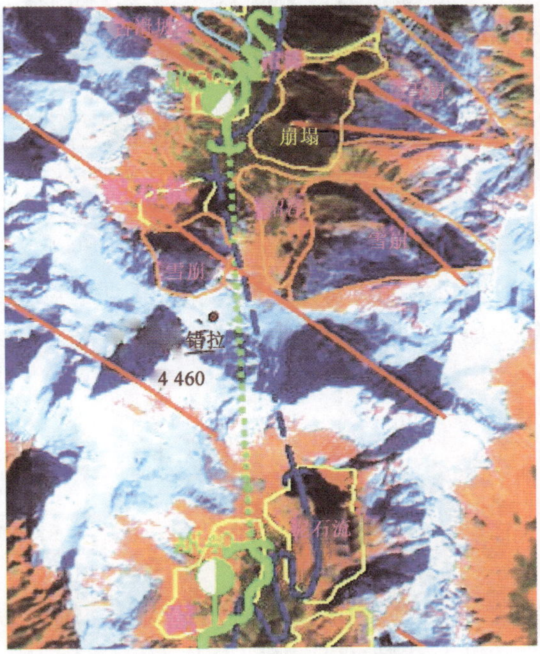

图 12-24　错拉隧道路线方案优化

(2)隧道洞口方案比选

以西藏墨脱公路嘎隆拉隧道工程地质遥感勘察为例，其位于岗日嘎布山脉海拔 4 300m 以上的嘎隆拉山口，因海拔高，常年大部时间冰雪覆盖，冰崩、雪崩灾害严重。为减少雪崩灾害对工程的危害，对工程勘察区域的雪崩灾害进行遥感专项调查，并基于雪崩灾害进行道路工程方案选线与优化设计。

采用高分辨率 IKONOS 卫星获取了嘎隆拉隧道工程区域积雪量较少(2006 年 1 月 6 日)

和较多(2006 年 4 月 30 日)两个时相的立体图像(图 12-25),并对每一时期的高分辨率卫星图像,分别建立能用于雪崩量化分析的高密度、高精度数字地面模型,并生成高分辨率数字正射影像图。

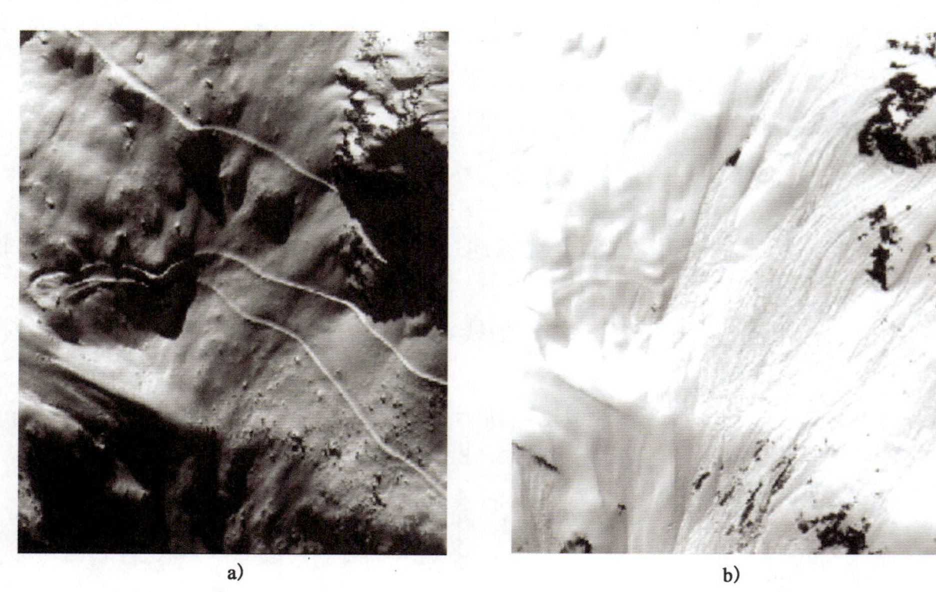

图 12-25　勘察区域不同时相的 IKONOS 图像

a)2006 年 1 月 5 日成像;b)2006 年 4 月 30 日成像

通过雪崩灾害的遥感量化分析评估,在工程勘察区域共发现了 113 处雪崩灾害,其中,Ⅰ级雪崩 12 处,Ⅱ级雪崩 23 处,Ⅲ级雪崩 31 处,Ⅳ级雪崩 47 处(图 12-26)。

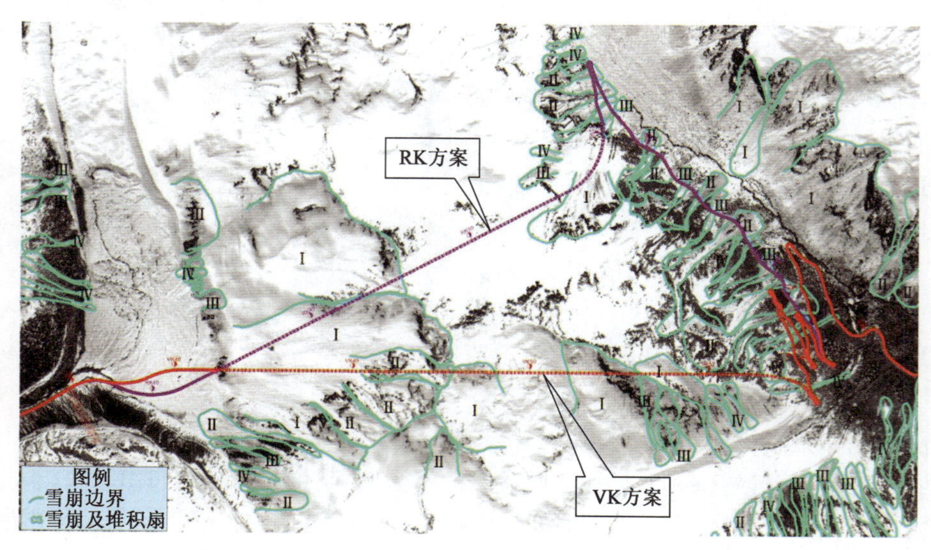

图 12-26　嘎隆拉隧道工程雪崩灾害遥感量化分析评估与工程选线

在雪崩灾害的遥感量化分析与评估基础上,对西藏墨脱公路嘎隆拉隧道段 VK、RK 这两个有价值的方案(图 12-26)进行方案比选与优化设计。工程选线与优化的原则是:(1)对各Ⅰ级雪崩灾害采取绕避,或"早进洞、晚出洞"措施进行避让;(2)对可能危及路线方案安全的Ⅱ、Ⅲ、Ⅳ级雪崩灾害采用"稳(雪)"、"导(雪)"、"缓(减缓雪崩运动速度)"、"阻(雪)"等技术手段加以处治;(3)隧道洞口应处于地表稳定,积雪少,无雪崩影响的区域。

西藏墨脱公路嘎隆拉段 VK、RK 方案雪崩灾害遥感量化分析、评估及基于雪崩灾害的工程方案选择、优化处理情况见表 12-8。

VK、RK 方案雪崩灾害情况表(处)　　表 12-8

方案	Ⅰ级雪崩			Ⅱ级雪崩			Ⅲ级雪崩			Ⅳ级雪崩		
	工程相关	避让	需防治	工程相关	避让	需防治	工程相关	避让	需防治	工程相关	避让	需防治
VK 方案	5	5	0	8	5	3	7	5	2	11	6	5
RK 方案	4	4	0	10	3	7	9	3	6	16	10	6

从表 12-8 可看出,VK 方案优于 RK 方案,最终作为工程的推荐方案。VK 方案洞口选定见图 12-27。

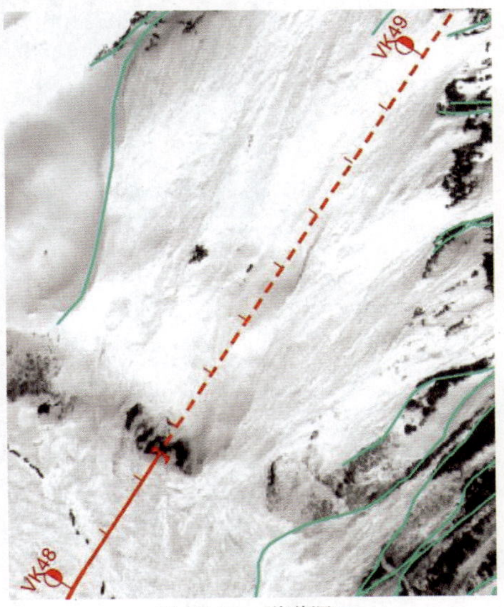

图 12-27　隧道洞口

3)路线方案三维浏览

(1)多模型的叠加

在路基设计完成之后,公路数字地面模型系统 BID-Land 将路基三角形读入,在不破坏原来的三角形形状的前提下,建立路基模型的点、线、面之间的关系,形成与原表面相同但结构不同的不规则三角网模型。

系统采取局部更新算法和优化算法处理海量数据,维护拓扑关系,使路基模型与地面模型形成新模型。新模型的可操作性与原始模型完全等同。图 12-28为派墨线 K54～K66 设计模型与地表模型的叠加图。

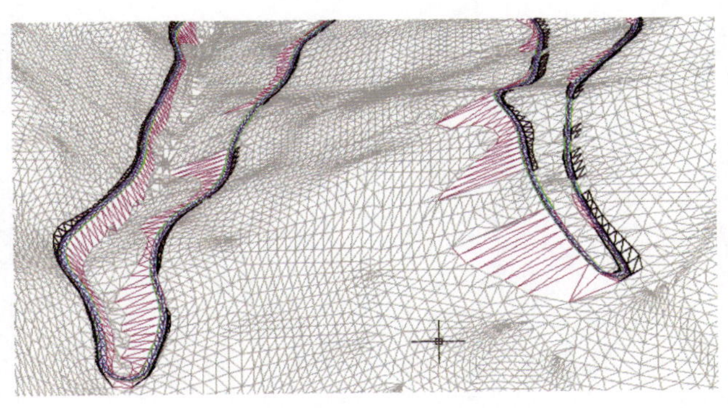

图 12-28　设计模型与地表模型叠加

(2)多尺度公路勘察设计景观实时动态漫游

多尺度地形景观模型的动态漫游技术,充分利用了真实地表图像具有现时性强、直观性好的优点，解决了图像数据量庞大和图像数据与三维矢量数据管理与操作的问题，实现了实时公路设计景观浏览。通过与公路CAD的集成，实现了在三维地表数据的基础上进行建模、动态设计、设计模型与地表模型的叠加及景观实时动态漫游（图12-29），在真实地表上进行实时公路勘察设计，并进行设计质量检查，同时也使公路勘察设计能直接与生态环境保护相衔接，从而提高设计质量和水平，保证公路建设的可持续发展。

图12-29　多尺度公路堪察设计景观实时动态漫游

参 考 文 献

[1] Ackermann F. High Precision Digital Image Correlation [C]//Proceedings of the 39th Photogrammetric Week. 1984, 231-243.

[2] Ackermann F. s Krzystek P. Complete Automation of Digital Aerial Triangulation [J]. Photogrammetric Record, 1997, 15(89): 645-656.

[3] Agouris P. s Schenk T.. Automated Aerotriangulation Using Multiple Image Multipoint Matching [J]. ISPRS Journal of Photogrammetry and Remote Sensing, 1996, 62(6): 703-710.

[4] Andreas Kaab. Monitoring High-mountain Terrain Deformation From Repeated Airand Spaceborne Optical Data: Examples Using Digital Aerial Imagery and ASTER Data [J]. ISPRS Journal of Photogrammetry and Remote Sensing, 2002, (57): 39-52.

[5] Baker H. s Binford T.. Depth from Edge and Intensity Based Stereo [C]//Proceedings of 7th International Conference on Artificial Intelligence. 1981.

[6] Ballard C. ,Dissard O. A Stereo Matching Algorithm for Urban Digital Elevation Models [J]. Photogrammetric Engineering and Remote Sensing, 2000, 66(9): 1119-1128.

[7] Baltasvias E. P.. Multiphoto Geometrically Constrained Matching [D]. ETH Zurich, Switzerland, 1991.

[8] Beatrice C. ,高国龙. 中分辨率分像光谱仪(MERISFM)的性能(上)[J]. 红外,2001(8): 28-32.

[9] Beatrice C. ,高国龙. 中分辨率成像光谱仪(MERISFM)的性能(下)[J]. 红外,2001(9): 36-41.

[10] Claessens L. ,Heuvelink G. B. M, et al. DEM Resolution Effects on Shallow Landslide Hazard and Soil Redistribution Modeling [J]. Earth Surface Processes and Landforms, 2005, 30(4): 461-477.

[11] Cohen L. ,Vinet L. ,Sander P. T. , Gaqalowicz A.. Hierarchical Region Based Stereo Matching [C]// Proceedings of Computer Vision and Pattern Recognition. 1989, 416-421.

[12] David A. Image Merging and Data Fusion by Means of the Discrete Two-dimensional Wavelet Transform [J]. Journal of the Optical Society of America, 1995, 12(9): 1834-1841.

[13] David M. T. ,Ronald G. B. ,Victor Z. Satellite Remote Sensing of Earthquake, Volcano, Flood, Landslide and Coastal Inundation Hazards [J]. ISPRS Journal of Photogrammetry and Remote Sensing, 2005, 59(4): 185-198.

[14] Dowman I. An Evaluation of Rational Functions for Photogrammetric Restitution [C]//International Archives of Photogrammetry and Remote Sensing, 2000, 01(B3).

[15] Förstner W. A Feature Based Correspondence Algorithm for Image Matching [J]. In-

ternational Archives of Photogrammetry and Remote Sensing, 1986, 26(3): 150-166.

[16] Frank W., Leonhard B.. Comparison of Satellite and Air Photo Based Landslide Susceptibility Maps [J]. Geomorphology, 2007, 87(4): 352-364.

[17] Fracer C., Dial G., Grodecki H.. Sensor Orientation via RPCs [J]. ISPRS Journal of Photogrammetry and Remote Sensing, 2006, 60(3):182-194.

[18] Fracer C. Yamakawa T. Bias Compensation in Rational Functions for Ikonos Satellite Imagery [J]. Photogrammetric Engineering and Remote Sensing, 2003, 69(1):53-57.

[19] Fracer C., Hanley H. Bias-compensated RPCs for Sensor Orientation of High-Resolution Satellite Imagery [J]. ASPRS Annual Conference, 2004.

[20] Graciela M., Lorenz H, Radu G. Remote Sensing of Landslides: An Analysis of the Potential Contribution to Geo-spatial Systems for Hazard Assessment in Mountainous Environments [J]. Remote Sensing of Environment, 2005, 98(2-3): 284-303.

[21] Gomeza H., Kavzoglub T.. Assessment of Shallow Landslide Susceptibility Using Artificial Neural Networks in Jabonosa River Basin, Venezuela [J]. Engineering Geology, 2005, 78(1-2): 11-27.

[22] Greenfeld J. S., Schenk A. F. Experiments with Edge-Based Stereo Matching [J]. Photogrammetric Engineering and Remote Sensing, 1989, 55(12): 1771-1777.

[23] Grodecki J., Dial G. Block Adjustment of High-Resolution Images described by Rational Functions [J]. Photogrammetric Engineering and Remote Sensing, 2003, 69(1): 59-69.

[24] Gugan D. J., Dowman I. J. Accuracy and Completeness of Topographic Mapping from SPOT Imagery [J]. Photogrammetric Record, 1988, 12(72): 247-253.

[25] Hickey, R. Slope Angle and Slope Length Solutions for GIS [J]. Cartography, 2000, 29(1): 1-8.

[26] Hu Y., Tao V. Updating Solutions of the Rational Function Model Using Additional Control Information [J]. Photogrammetric Engineering and Remote Sensing, 2002, 68(7): 715-724.

[27] Italian Space Agency. COSMO—SkyMed SAR Products Handbook [EB/OL]. http://www.cosmo-skymed.it/docs/ASI-CSM-ENG-RS-092-A-CSKSARProductsHandbook.pdf, 2010.

[28] Jacobsen K.. Comparison of Mapping with MOMS and SPOT Images [J]. IAPRS, 1994, 30(B4): 225-230.

[29] Janet E. N., Ahmed S., Wong M. S, Application of High-resolution Stereo Satellite Images to Detailed landslide Hazard Assessment [J]. Geomorphology, 2006, 76(1-2): 68-75.

[30] Kornus W., Lehner M., Ebner H., et al. Photogrammetric Point Determination and DEM Generation Using MOMS-2P/PRIRODA Three-Line Imagery [C]//ISPRS Commission IV. 1998.

[31] Kratky V. Rigorous Photogrammetric Processing of SPOT Images at CCM Canada [J]. ISPRS Journal of Photogrammetry and Remote Sensing, 1989, 44(2): 53-71.

[32] Kratky V. On-Line Aspects of Stereo Photogrammetric Processing of SPOT Images [J]. Photogrammetric Engineering and Remote Sensing, 1989, 55(3): 311-316.

[33] Lewis J. P. Fast Template Matching [C]//Vision Interface. 1995, 120-123.

[34] Marapance S. B. Trivedi M. M. Multi-Primitive Hierarchical (MPH) Stereo Analysis [J]. IEEE Transaction on Pattern Analysis and Matchine Itelligence, 1994, 16(3): 227-240.

[35] McKeana J. ,Roering J. Objective landslide Detection and Surface Morphology Mapping using High-resolution Airborne Laser Altimetry [J]. Geomorphology, 2004, 57(3—4): 331-351.

[36] Moravec H. P.. Towards Automatic Visual Obstacle Avoidance [C]//Proceedings of the 5th International Joint Conference on Artificial Intelligence. Cambridge, Massachusetts, 1977,584-591.

[37] Ohta Y. ,Kanade T. Stereo by Intra-and Inter-scanline Search [J]. IEEE Transactions on Pattern Analysis and Matchine Intelligence, 1985, 7(2): 139-154.

[38] Okamoto A. ,et al. Geometric Characteristics of Alternative Triangulation Models for Satellite Imagery [C]//ASPRS-RTI, Annual Conference. 1999.

[39] Poli D. Modeling of Spaceborne Linear Array Sensors [D]. Zurich: Swiss Federal Institue of Technology, 2005.

[40] Rosenfeld A. , Hummel R. A. , Zucker S. W.. Scene Labeling by Relaxation Operations [J]. IEEE Transaction on System, Man and Cybernetics, 1976, 6(6): 420-433.

[41] Stephen J. W. ,Daniel J. W,An Assessment of Snow Avalanche Paths and Forest Dynamics Using Ikonos Satellite Data [J]. Geocarto International, 2004, 19(2): 85-93.

[42] Susumu H. ,et al. Orientation of High—resolution Satellite Images based on Affine Model [C]//International Archives of Photogrammetry and Remote Sensing. 2000, 359-366.

[43] Tao C. V. ,Yong H. Image Rectification using a Generic Sensor Model—Rational Function Model [C]//International Archives of Photogrammetry and Remote Sensing. 2000, 874-881.

[44] Tao C. V. ,Yong H. Use of Rational Function Model for Image Rectification [J]. Canadian Journal of Remote Sensing, 2001a, 27(6): 593-602.

[45] Tao C. V. ,Yong H.. A Comprehensive Study on the Rational Function Model for Photogrammetric Processing [J]. Photogrammetric Engineering and Remote Sensing, 2001b, 67(12): 1347-1357.

[46] Testu O. ,et al. Digital Mapping using High Resolution Satellite Imagery Based on 2D Affine Projection Model [C]//International Archives of Photogrammetry and Remote Sensing. 2000, 672-677.

[47] Toutin T. Spatiotriangulation with Multisensor VIR/SAR Images [J]. IEEE Transactions on Geoscience and Remote Sensing , 2004, 42(10): 2096-2103.

[48] Westin T. Precision Rectification of SPOT Imagery [J]. Photogrammetric Engineering. and Remote Sensing, 1990, 56(2): 247-253.

[49] Yang X. Accuracy of Rational Function Approximation in Photogrammetry [C]//Proceeding of ASPRS Annual Convention. 2000.

[50] Zheng S. ,Zhang Z. ,Zhang J. Image Relaxation Matching Based on Feature Points for DSM Generation [J]. Geo-spatial Information Science, 2004, 7(4): 243-248.

[51] Zhu Q. ,Zhao J. ,et al. Triangulation of Well-defined Points as a Constraint for Reliable Image Matching [J]. Photogrammetric Engineering and Remote Sensing, 2005, 71(9): 1063-1069.

[52] 爱迪斯通(北京)科技有限公司. 3D VIA Vrirools5. 0 简介 [EB/OL]. http://www. axis3d. com. cn/product3. phpid=465.

[53] 百度百科. Virtools 词条[EB/OL]. 2010-05-15. http://baike. soso. com/v7837396. htm.

[54] 北京国遥新天地信息技术有限公司. EV-Globe 软件简介[EB/OL]. http://www. ev—image. com/software. asp? id=1.

[55] 北京中天灏景网络科技有限公司. Converse3d 产品体系[EB/OL]. http://vip. converse3d. com/index. php?m=content&c=index&a=lists&catid=98 .

[56] 曹伯勋. 地貌学及第四纪地质学[M]. 武汉:中国地质大学出版社,1995.

[57] 常庆瑞,蒋平安,周勇,等. 遥感技术导论[M]. 北京:科学出版社,2004.

[58] 陈楚江. 基于地球空间信息技术的新型公路勘察设计的关键技术问题研究[D]. 武汉:武汉大学,2004.

[59] 陈楚江,等. 跨海峡海底隧道公路隧道数字化、信息化技术研究分报告[R]. 武汉:中交第二公路勘察设计研究院有限公司,2011.

[60] 陈楚江,薛重生,余绍淮. 西藏墨脱公路的灾害地质遥感识别[J]. 工程地质学报,2004,12(1):57-63.

[61] 陈楚江,薛重生,余绍淮. 基于地质遥感技术的道路工程地质勘察的方法和实践[J]. 测绘信息与工程,2003,28(4):4-6.

[62] 陈楚江,王德峰. 公路数字地面模型系统 BID-Land2000[C]//“九五”国家重点科技攻关项目成果论文集. 2001.

[63] 陈楚江,余绍淮,等. 雪崩灾害的遥感量化分析与工程选线[J]. 山地学报,2009,27(1):63-69.

[64] 陈华慧. 遥感地质学[M]. 北京:地质出版社,1984.

[65] 陈述彭. 遥感大辞典[M]. 北京:科学出版社,1990.

[66] 陈述彭. 地球信息科学的新天地[J]. 地球信息科学,2006,8(1):3-6.

[67] 陈述彭. 从地质遥感迈向国土资源普查[J]. 遥感学报,2005,9(2):113-116.

[68] 程建耀. 最新桥梁设计实用手册[M]. 吉林:吉林电子出版社,2005.

[69] 程凌鹏,杨冰,等. 区域地质灾害风险评价研究述评[J]. 水文地质工程地质,2001,28(3):

75-78.

[70] 杜艺,龚循平,林祥国.一种 FFT 增强的 IHS 变换融合方法研究[J].测绘通报.2010,10(10):44-46.

[71] 邓涛,王国锋.数字摄影测量与公路 CAD 集成技术的研究与应用[J].中国公路学报,1999,12(2):7-12.

[72] 邓绶林.地学辞典[M].石家庄:河北教育出版社,1992.

[73] 东方道迩 GIS 事业部.Skyline 软件体系[EB/OL].http://www.skysymbol.com.cn/pro/.

[74] 丰茂森.遥感图像数字处理[M].北京:地质出版社,1992.

[75] 高中灵,汪小钦,陈云芝.MERIS 遥感数据特性及应用[J].海洋技术,2006,25(3):61-65.

[76] 龚健雅,李德仁.论地球空间信息服务技术的发展[J].测绘通报,2008,(5):5-10.

[77] 郭海涛,张保明,归庆明.广义岭估计在解算单线阵 CCD 卫星图像外方位元素中的应用[J].武汉大学学报(信息科学版),2003,28(4):44-47.

[78] 黄长生,彭红霞,杨桂芳.中国地质灾害与气候波动的耦合性探讨[J].地质科技情报,2002,21(4):89-92.

[79] 黄家洁,万幼川,刘良明.MODIS 的特性及其应用[J].地理空间信息.2003,(4):20-28.

[80] 黄润秋.20 世纪以来中国的大型滑坡及其发生机制[J].岩石力学与工程学报,2007,26(3):433-454.

[81] 黄玉琪.基于岭估计的 SPOT 影像外方位元素的解算方法[J].解放军测绘学院学报,1998,15(1):25-27.

[82] 江万寿.航空影像多视匹配与规则建筑物自动提取方法研究[D].武汉:武汉大学,2004.

[83] 江万寿,郑顺义,张祖勋,等.航空影像特征匹配研究[J].武汉大学学报·信息科学版,2003,28(5):510-513.

[84] 樊旭艳,付春龙,石继海,等.基于主成分分析的遥感图像模拟真彩色融合法[J].测绘科学技术学报,2006,(4):287-289.

[85] 中华人民共和国国家标准.GB/T 20257.1—2007 国家基本比例尺地图图式第 1 部分:1:500 1:1 000 1:2 000 地形图[S].北京:中国标准出版社,2010.

[86] 中华人民共和国国家标准.GB/T20257.2—2006 国家基本比例尺地图图式第 2 部分:1:5 000 1:10 000 地形图图式[S].北京:中国标准出版社,2010.

[87] 姜晨光,朱佑国,黄奇璧,等.公路控制测量中 GPS 坐标向国家坐标转换的三维分离回归法[J].中国公路学报,2005,18(1):19-23.

[88] 中华人民共和国行业标准.JTG C10—2007 公路勘测规范[S].北京:人民交通出版社,2007.

[89] 中华人民共和国行业标准.JTG D80—2006 高速公路交通工程及沿线设施设计通用规范[S].北京:人民交通出版社,2006.

[90] 孔祥元,郭际明,刘宗泉.大地测量学基础[M].武汉:武汉大学出版社,2005.

[91] 李德仁.地球空间信息学的机遇[J].武汉大学学报·信息科学版.2004,29(9):753-756.

[92] 李德仁,李清泉.地球空间信息学与数字地球[J].电子科技导报.1999,(5):33-36.
[93] 李德仁,龚健雅,邵振峰.从数字地球到智慧地球[J].武汉大学学报·信息科学版,2010,35(2):127-132.
[94] 李德仁,袁修孝.误差处理与可靠性理论[M].武汉:武汉大学出版社,2002.
[95] 李德仁,周月琴,金为铣.摄影测量与遥感概论[M].北京:测绘出版社,2001.
[96] 李德仁,朱庆,李霞飞.数码城市CyberCity:概念、技术支撑和典型应用[J].武汉测绘科技大学学报,2000,25(4):283-288.
[97] 李德仁,郑肇葆.解析摄影测量学[M].北京:测绘出版社,1992.
[98] 李德仁,程家喻.SPOT影像的光束法平差[J].测绘学报,1988,17(3):162-170.
[99] 李秀智,张广军.一种基于边缘线的三目立体匹配方法[J].光电工程,2007,34(2):22-26.
[100] 李征航,黄劲松.GPS测量与数据处理[M].武汉,武汉大学出版社,2005.
[101] 李志林,朱庆.数字高程模型[M].武汉:武汉大学出版社,2008.
[102] 李智毅,杨裕云.工程地质学概论[M].武汉:中国地质大学出版社,1994.
[103] 刘传正,刘艳辉.地质灾害区域预警原理与显式预警系统设计研究[J].水文地质工程地质,2007,34(6):109-115.
[104] 刘传正,李铁锋,程凌鹏.区域地质灾害评价预警的递进分析理论与方法[J].水文地质工程地质.2004,31(4):1-8.
[105] 刘传正,李铁锋,温铭生.三峡库区地质灾害空间评价预警研究[J].水文地质工程地质,2004,31(4):9-19.
[106] 刘传正.区域滑坡泥石流灾害预警理论与方法研究[J].水文地质工程地质,2004,31(3):1-6.
[107] 刘广润.关于环境地质学若干基本问题的探讨[J].中国工程科学,2001,3(4):27-30.
[108] 刘妍,怀艳杰.浅谈利用DEM制作等高线的新方法[J].测绘与空间地理信,2012,(6):224-225.
[109] 刘哲,郝重阳,刘晓翔,等.多光谱图像与全色图像的像素级融合研究[J].数据采集与处理,2003,(3):296-301.
[110] 刘正东,孙权森,杨静宇.基于特征约束及区域相关的体视匹配方法[J].计算机工程与应用,2003,39(34):37-39.
[111] 明洋.特殊航空影像自动匹配的关键技术研究[D].武汉:武汉大学,2009.
[112] 聂让.高等级公路控制测量[M].北京,人民交通出版社,2001.
[113] 潘正风,杨正尧,程效军,等.数字测图原理与方法[M].武汉,武汉大学出版社,2004.
[114] 秦军.铁路工程地质遥感信息的处理方法研究[J].中国铁道科学,2003,24(1):28-32.
[115] 仇彤.基于小波变换的松弛法影像匹配[J].武汉测绘科技大学学报,1998,23(3):145-148.
[116] 邱振戈.影像匹配算法模型[J].测绘学院学报,2000,17(2):115-119.
[117] 容观澳.计算机图像处理[M].北京:清华大学出版社,2000.
[118] 单杰.多次计算可靠性矩阵QvvP的逐次递归快速算法[J].测绘学报,1988,17(4):

1-9.
[119] 汤国安,张友顺,刘咏梅. 遥感数字图像处理[M]. 北京:科学出版社,2004.
[120] 铁道部第三勘察设计院. 铁路工程地质遥感技术规程[M]. 北京:中国铁道出版社,2003.
[121] 万洪涛,陈述彭. 特大自然灾害的综合观测和预测方法的探索[J]. 地球信息科学,2000,(1):42-47.
[122] 王风雷. 1∶10 000 数字线划图(DLG)的生产方法浅析[J]. 地理空间信息,2007,(8):24-25.
[123] 王锦萍. 数字线划地形图(DLG)质量控制的有效手段探析[J]. 城市勘测,2007,(5):104-108.
[124] 武汉大学测绘学院测量平差学科组. 误差理论与测量平差基础[M]. 武汉:武汉大学出版社,2003.
[125] 吴强,杨季湘. "GPS、航测遥感 CAD 集成技术"主要研究成果的推广应用[C]//中国公路学会计算机应用学会 2002 年年会学术论文集. 2002.
[126] 王思敬. 地球内外动力耦合作用与重大地质灾害的成因初探[J]. 工程地质学报,2002,10(2):115-117.
[127] 王治华. 青藏公路和铁路沿线的滑坡研究[J]. 现代地质,2003,17(4):355-362.
[128] 王治华. 青藏交通线的地质环境及地质灾害[J]. 地学前缘,2007,14(6):31-37.
[129] 王智均,李德仁,李清泉. 利用小波变换对影像进行融合的研究[J]. 武汉测绘科技大学学报,2000,25(2):137-142.
[130] 吴益平,殷坤龙,陈丽霞. 滑坡空间预测数学模型的对比及其应用[J]. 地质科技情报,2007,26(6):95-100.
[131] 王之卓. 摄影测量原理[M]. 北京:测绘出版社,1979.
[132] 王之卓. 摄影测量原理续编[M]. 北京:测绘出版社,1986.
[133] 吴波. 自适应三角网约束下的立体影像可靠匹配方法[D]. 武汉:武汉大学,2006.
[134] 吴晓良. 影像匹配的松弛途径[D]. 武汉:武汉测绘科技大学,1993.
[135] 肖育明. 数字地形图与正射影像图叠加的方法[J]. 江西测绘,2008,(3):502-503.
[136] 许殿元,丁树柏. 遥感图像信息处理[M]. 北京:宇航出版社,1990.
[137] 许强,黄润秋,李秀珍. 滑坡时间预测预报研究进展[J]. 地球科学进展,2004,19(3):478-483.
[138] 杨季湘. 公路 CAD 技术研究[C]//"九五"国家重点科技攻关项目成果论文集. 2001.
[139] 杨启和. 地图投影变换原理与方法[M]. 北京,解放军出版社,1989.
[140] 叶俊林,黄定华,张俊霞. 地质学概论[M]. 北京:地质出版社,1996.
[141] 殷坤龙. 滑坡灾害预测预报[M]. 武汉:中国地质大学出版社,2004.
[142] 殷坤龙,陈丽霞,张桂荣. 区域滑坡灾害预测预警与风险评价[J]. 地学前缘,2007,14(6):85-97.
[143] 殷坤龙,韩再生. 国际滑坡研究的新进展[J]. 水文地质工程地质,2000,27(5):1-4.
[144] 余俊鹏. 高分辨率卫星遥感影像的精确几何定位[D]. 武汉:武汉大学,2009.

[145] 张过. 缺少地面控制点的高分辨率卫星遥感影像几何纠正[D]. 武汉:武汉大学,2005.

[146] 张丽丽,付炜,赵娜. 多小波变换在遥感图像融合中的应用[J]. 电子技术应用,2006,(11):28-30.

[147] 张力,沈未名,张祖勋,等. 基于空间约束的神经网络影像匹配[J]. 武汉测绘科技大学学报,2000,25(1):55-59.

[148] 张力,张祖勋,张剑清. Wallis 滤波在影像匹配中的应用[J]. 武汉测绘科技大学学报,1999,24(1):24-27.

[149] 张剑清,张祖勋. 高分辨率遥感影像基于仿射变换的严格几何模型[J]. 武汉大学学报(信息科学版),2002,27(6):55-59.

[150] 张树铭,王昕,魏月英. 数字化地形图编辑简介[J]. 黑龙江科技信息,2011,(6):20-22.

[151] 赵喜安,等. GPS、航测遥感、CAD 集成技术开发——数字摄影测量(DPS)技术的应用研究[R]. 武汉:中交第二公路勘察设计研究院有限公司,2000.

[152] 赵喜安. GPS、航测遥感、CAD 集成技术[C]//"九五"国家重点科技攻关项目成果论文集. 2001.

[153] 张勇. 铅垂线辅助空中三角测量的应用研究[D]. 武汉:武汉大学,2006.

[154] 张永生,巩丹超. 高分辨率遥感卫星应用[M]. 北京:科学出版社,2004.

[155] 张正禄,等. 工程测量学[M]. 武汉,武汉大学出版社,2005.

[156] 张祖勋,张剑清. 数字摄影测量学[M]. 武汉:武汉测绘科技大学出版社,1996.

[157] 郑肇葆. 数字影像匹配的动态规划方法[J]. 测绘学报,1989,18(2):100-107.

[158] 朱亮璞. 遥感地质学[M]. 北京:地质出版社,1994.

[159] 朱亮璞,承继成,潘德杨,等. 遥感图像地质解译教程[M]. 北京:地质出版社,1981.

[160] 朱志澄. 构造地质学[M]. 武汉:中国地质大学出版社,1999.

[161] 朱金英,江瑞. 利用 WorldView-1 卫星数据制作正射影像图[J]. 浙江测绘,2009,(2):32-33.

[162] 朱庆,吴波,钟正. 三维 GIS 与公路 CAD 的集成[J]. 中国公路学报,2006,19(4):1-6.

[163] 朱述龙,钱曾波. 遥感影像镶嵌时拼接缝的消除方法[J]. 遥感学报,2002,(3):183-187.

[164] 卓宝熙. 工程地质遥感判释与应用[M]. 北京:中国铁道出版社,2002.

[165] 卓宝熙. 工程地质遥感图像典型图谱[M]. 北京:科学出版社,1999.

[166] 卓宝熙. 提高遥感图像判释能力和应用效果的综合研究[J]. 中国铁道科学,2003,24(2):34-38.

[167] 中华人民共和国行业标准. JTG C21-2001—2005 公路工程地质遥感勘察规范[S]. 北京:人民交通出版社,2005.

[168] 周成虎,骆剑承,杨晓梅,等. 遥感影像地学理解与分析[M]. 北京:科学出版社,1999.

索　引